本书是教育部人文社会科学重点研究基地重大项目《外儒内法，霸王二道：中国传统刑事法律与社会控制》（项目批准号：16JJD820020）的阶段性研究成果。由该项目资助出版。

中国传统刑法
——发展线索、生成方式与变通适用

ZHONGGUO CHUANTONG XINGFA
——FAZHAN XIANSUO、SHENGCHENG FANGSHI YU BIANTONG SHIYONG

刘广安　孙　斌　王虹懿 著

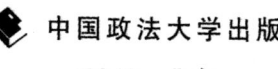

2019·北京

  中国传统刑法源远流长，内容丰富。传统刑法思想和刑法制度的很多内容，具有跨时代的生命力和影响力，值得深入研究，不断反思。本书由三个部分组成：第一部分以历代刑法的发展线索为脉络，从六个方面论述了传统刑法的发展线索与社会变化的相关问题；第二部分以清代刑法因案生例为典型，从五个方面考察了传统刑法的生成方式的具体问题；第三部分以清代刑法在彝族地区的适用为典型，从三个方面考察了传统刑法的变通适用的具体问题。通过宏观综论与微观考察的相互配合，本书为深化认识中国传统刑法的内容、特点和价值提供了新的成果。

  本书作者与分工：

  刘广安，现为中国政法大学教授，指导孙斌撰写博士学位论文《清代因案生例考》，指导王虹懿撰写博士学位论文《清代法律在彝族地区的适用》。撰写本书第一部分，删定第二部分和第三部分。

  孙斌，法学博士，现在南京律师事务所工作，撰写本书第二部分。

  王虹懿，法学博士，现为中国民航大学法学院讲师，撰写本书第三部分。

2019 年 5 月 15 日于京华东斋

第一部分　传统刑法的发展线索

第一章　传统刑法思想的发展线索 ………………………………（ 3 ）

第二章　传统刑法体系的发展线索 ………………………………（ 35 ）

第三章　传统刑法解释的发展线索 ………………………………（ 76 ）

第四章　传统刑法原则的发展线索 ………………………………（ 86 ）

第五章　传统刑罚制度的发展线索…………………………………（ 107 ）

第六章　传统罪名制度的发展线索…………………………………（ 118 ）

第二部分　传统刑法的生成方式
（以清代刑法因案生例为典型的论证）

第一章　因案生例的原因……………………………………………（ 135 ）

第二章　因案生例的程序……………………………………………（ 182 ）

第三章　因案生例的方法……………………………………………（ 216 ）

第四章　因案生例的法律推理………………………………………（ 268 ）

第五章　因案生例的积极作用与弊端………………………………（ 296 ）

第三部分 传统刑法的变通适用
（以清代刑法在彝族地区的适用为典型的论证）

第一章　清代刑法在彝族地区变通适用的文化背景……………………（315）

第二章　清代刑法在彝族地区变通适用的具体内容……………………（321）

第三章　清代刑法在彝族地区变通适用的主要特点……………………（418）

主要参考文献……………………………………………………………（423）

附录1　求学小传………………………………………………………（427）

附录2　学位论文的典范——读王名扬先生的博士学位论文………（428）

附录3　法史学论文的选题及论证……………………………………（431）

附录4　中国传统刑法的发展线索及主要特点………………………（438）

后记………………………………………………………………………（448）

第一部分　传统刑法的发展线索[1]

---

[1]　第一部分根据刘广安《中国法律思想简史》（高等教育出版社 2011 年版）《中国法制史》（高等教育出版社 2014 年版）的相关内容修改增补而成。传统刑法体系和传统刑法解释部分增加了较多内容。每章之后的"本章小结"是对该章内容的概括提炼或补充说明。

传统刑法思想的发展线索

一、传统刑法思想的产生

据《尚书》等古代文献记载,传统刑法思想在夏代已经产生。夏禹的儿子夏启在讨伐有扈氏时,曾以奉天命征伐的身份声称:"天用剿绝其命,今予惟恭行天之罚"[1]。借助神意说明统治权力的合理性和权威性,这是古代君王共有的一种思想意识。这一方面反映了古代君王对神权思想的有意利用;另一方面也反映了古代社会人的认识水平的低下。人们在自然界的强大威力和种种奇异现象面前软弱无力,无法解释,逐渐形成了崇拜神灵的思想,相信神权的力量。商朝的统治者也信仰"天命""天罚"的神权法思想,商汤曾把征伐诸侯、方国的行为说成是"行天之罚"[2]。商王在动用刑罚前,都要进行占卜,征求鬼神的意见,甲骨文中有明确的记载。神权法思想是商朝处于支配地位的统治思想。凡是国家大事,如征伐诸侯、惩处官吏、兴建城邑等,商王都要通过占卜向上天和祖先进行祈祷和请示。有充分的史料证明,商王曾用大批战俘和奴隶作为牺牲(供品)祭祀上天和祖先,以表示对神灵的虔诚,从而提高刑罚的威慑力,进而提高其统治权的神圣性。

夏、商的统治者尽管信奉"天命""天罚"的神权法思想,但由于他们的暴虐统治,激起了奴隶的反抗,引来了诸侯的征伐,都先后走向了灭亡。夏、商灭亡的教训,引起了西周统治者的反思。西周统治者认识到,单依靠天命神权的威力是不足以长治久安的。统治者必须争取民众的拥护,具有使民众归顺的"德",才能得到天命神权的护佑。有德者就有天命,无德者就失去天命。所以,

---

[1]《尚书·甘誓》。《十三经注疏》本,中华书局1980年影印版。下同。

[2]《尚书·汤誓》。

他们提出了"皇天无亲，惟德是辅"[1]的观点。他们认识到天命的不确定性和不稳定性，认识到重视人事、重视民心向背对建立和维护统治权的重要性，进而形成了"以德配天"的思想。他们要利用民众归顺之德去争取上天的保佑。西周初期"以德配天"的"德"主要是指"保民"。统治者只有关心民瘼，"知小民之依（隐痛）"[2]，能"怀保小民"，才能配享天命。西周统治者"以德配天"的思想是对夏、商天命、天罚思想的重大发展。这种思想虽然还没有超越神权法思想的范围，但已使神权法思想增加了新的内容，发生了深刻的变化。西周统治者后来又进一步提出了"天视自我民视，天听自我民听"[3]，"民之所欲，天必从之"[4]的观点，提出了"明德慎罚"[5]的观点。这些观点的提出标志着中国古代民本思想的萌芽和德治思想的产生。西周的神权法思想有了民本思想和德治思想的支撑，使其统治权具有了更大的合理性和权威性。

"明德慎罚"的思想，又是对"以德配天"思想的深化和发展，在一定程度上已经超越了神权法思想的范围。这一思想经西周统治者的大力提倡，成为了西周法制的重要指导思想，对西周时期区分故意与过失的刑法原则的出现，对反对乱杀无辜，主张罪止一身观点的形成都有直接的影响。这一思想后来经过儒家的继承和发展，形成了"德主刑辅"的法律思想，成为了中国传统法律思想的重要内容。

民本思想的萌芽和德治思想的产生，虽然对神权法思想有一定的冲击，但没有改变神权法思想在西周的支配地位。相反，它们经过统治者提倡利用之后，补充了神权法思想的不足之处。

二、儒家的刑法思想

（一）孔子的刑法思想

孔子主张重礼轻刑、德主刑辅、先教后罚，这是孔子刑法思想的基本内容和特点。在礼、刑关系问题上，孔子强调礼的主导地位，要求以礼作为刑罚适用的

---

[1] 《尚书·周书》。
[2] 《尚书·无逸》。
[3] 《尚书·泰誓中》。
[4] 《孟子·万章下》引《泰誓》佚文。
[5] 《尚书·康诰》。

指导。他认为:"礼乐不兴,则刑罚不中;刑罚不中,则民无所措手足。"[1]并且认为,在治理国家中,用政令来指导,用刑罚去惩罚民众的言行,民众只会谋求免于受罚,心中不会产生耻辱的感觉。用德来指导,用礼来约束民众的言行,民众会具有违礼的耻辱感,会自觉地遵守礼的规范。即"道之以政,齐之以刑,民免而无耻;道之以德,齐之以礼,有耻且格。"[2]重礼轻刑、德主刑辅是后人对孔子刑法思想的概括认识和总结。

在重民思想的基础之上,孔子特别强调道德教化的作用,他提出了"道(导)之以德"[3]的主张。用道德来引导民众的言行,在孔子的思想中,就是要教育民众懂得"孝悌之道""忠恕之道""爱人之道",教育民众培养出"仁"的精神。为了实现道德教化的目的,孔子身体力行,提倡"有教无类"[4],主张不分贵贱等级对民众进行教育,从而在一定程度上突破了西周"礼不下庶人"的传统。孔子反对不进行教化就使用刑罚的统治者,称"不教而杀"[5]是一种暴虐的统治方式。孔子认为,好的统治者治理国家,可以通过长期实行道德教化的方式,克服残暴行为,免除刑杀手段。即所谓"善人为邦百年,亦可以胜残去杀矣"[6]。孔子还希望通过长期的道德教化,使社会充满"礼让"精神和"仁爱"精神,从而达到"无讼"的境界。[7]孔子提出的"胜残去杀"的观点和"无讼"的观点,成为儒家"以德去刑"思想的理论根据。

孔子主张用道德教化民众,但他并没有否定刑罚的功用。他认为:"政宽则民慢,慢则纠之以猛。猛则民残,残则施之以宽。宽以济猛,猛以济宽,政是以和。"[8]当民众对国家政令没有敬畏之心,并有违犯政令的犯罪行为时,孔子是主张用刑罚制裁犯罪行为的。特别是对盗贼重罪处以刑罚,孔子是持赞成态度的。所以当郑国执政者以刑杀禁大盗时,孔子作出了"宽猛相济"以安定社会的肯定性评论。但孔子反对"苛政",也反对滥用刑杀,并认为使用刑罚要适

---

[1]《论语·子路》。
[2]《论语·为政》。
[3]《论语·为政》。
[4]《论语·卫灵公》。
[5]《论语·尧曰》。
[6]《论语·子路》。
[7] 参见《论语·颜渊》。
[8]《左传·昭公二十年》。

当，民众才会畏服。如果"刑罚不中，则民无所措手足。"[1]

（二）孟子的刑法思想

孟子主张"省刑罚"，反对滥用死刑，这是他刑法思想的主要特点。战国时期，诸侯争霸，战争不断，各诸侯国相继制定了严酷的刑罚，加之商鞅等法家人物推行重刑主义，刑罚的作用被片面地夸大了。孟子针对时弊，提出了"省刑罚"，反对滥用死刑的主张。[2]他希望减少刑罚，减轻刑罚，实行"仁政"而治平天下。他劝告国君一定不能轻率地使用死刑，认为"行一不义，杀一不辜，而得天下，皆不为也"[3]。适用死刑，一定要广泛地听取民众的意见。"左右皆曰可杀，勿听；诸大夫皆曰可杀，勿听；国人皆曰可杀，然后察之；见可杀焉，然后杀之。"[4]只有少用刑罚、慎用死刑的国君，才"可以为民父母。"而滥用刑罚，暴虐百姓的国君，本身就会被杀，国家也会灭亡。他甚至主张大夫可以背叛"无罪而杀士"的国君，士可以离开"无罪而戮民"的诸侯，臣下可以讨伐残害民众的君主。

（三）荀子的刑法思想

荀子十分推崇礼，也非常重视法。他多次将礼法并提，认为"隆礼重法则国有常"[5]。这就是法史学界通常所说的荀子"隆礼重法"的观点。从荀子的整个思想体系来看，他所讲的"礼"含有国家根本法的性质，所讲的"法"主要是指刑法。他说："由士以上则必以礼乐节之，众庶百姓则必以法数制之。"[6]这里所说的"法"就是指刑法，所反映的思想还有西周时期"礼不下庶人，刑不上大夫"的精神。但荀子主张的等级制度不是固定不变的，贵族子孙不遵守礼义，要依法施加惩罚，剥夺贵族地位；平民子孙，求学上进，遵守礼义，可依法奖励获得贵族地位。这与商鞅、韩非的有关法律思想又有一定的联系。他在另一篇中又说："之所以为布陈于国家刑法者，则举义法也。"[7]这里所说的"法"也是指刑法。荀子重视刑法的思想表现在以下几个方面：

---

[1]《论语·子路》。
[2] 参见《孟子·梁惠王上》。
[3] 参见《孟子·公孙丑》。
[4]《孟子·梁惠王下》。
[5]《荀子·君道》。
[6]《荀子·富国》。
[7]《荀子·王霸》。

1. 礼刑关系论

荀子有关礼刑关系的论述，主要反映在刑法的作用方面。他说"听政之大分：以善至者待之以礼，以不善至者待之以刑。"[1]意思是说，处理政务的要领是：对怀着善意而来的人，用礼义去对待他；对怀着恶意而来的人，用刑法去对待他。他在《性恶》篇中谈到圣人治国之道时，也将刑法与礼义并提，"明礼义以化之，起法正以治之，重刑罚以禁之，使天下皆出于治。"在《成相》篇中，荀子把礼和刑都视为治理国家的纲领，即所谓："治之经，礼与刑。"从以上论述可以看出，荀子在把礼作为治理国家的基本准则看待时，也注重刑法的作用。实际上，荀子是把刑法作为推行礼制的主要手段看待的。

2. 先教后罚论

荀子主张改造人的"性恶"，应首先采用礼义教化的方式，在教化无效时，才使用刑罚去惩治。他既反对"不教而诛"，也反对"教而不诛"。他说："故不教而诛，则刑繁而邪不胜；教而不诛，则奸民不惩。"[2]荀子先教后罚的思想继承了孔子反对"不教而杀"的德治思想，但进一步指出了"教而不诛"的社会危害性。先教后罚的思想为后世儒家所继承和发扬，形成了"礼禁于将然之前，法禁于已然之后"的思想。

3. 有罪必罚论

荀子虽然强调礼义教化的作用，但他对有罪的人却主张严格依照刑法惩处。他认为，如果杀人者不处死，伤人者不处刑，一般人就不知道犯罪的危害性后果，就会导致社会出现严重的混乱。杀人者不处死，伤人者不处刑，这是对暴徒的优惠，对强盗的宽恕，是对邪恶的放纵。杀人者被处死，伤人者被处刑，这是历朝历代相同的。[3]荀子甚至主张"元恶不待教而诛"[4]，即对罪大恶极者可以不经过教化就处死。

4. 罪刑相称论

荀子主张对有罪者必须处以刑罚，但处以的刑罚应当与其所犯的罪行相称。刑罚与罪行相称就有威力，与罪行不相称就会受到轻视。他认为："刑称罪则治，

---

[1]《荀子·王制》。
[2]《荀子·富国》。
[3] 参见《荀子·正论》。
[4]《荀子·王制》。

不称罪则乱。"[1]把刑罚与罪行是否相当，视为关系到社会的治平和混乱的重要问题。他既反对杀人者不处死刑，伤人者不被处刑的现象，也反对重罪处以轻刑，认为"罪至重而刑至轻"，是"罚不当罪，不祥莫大焉"[2]。基于罪刑相称的主张，荀子否认古代曾经有过"象刑"。他认为，如果古代的治世真的使用象征性的刑罚，用黑墨画脸来代替黥刑，用系上草制的帽带来代替劓刑，用割去衣服前的蔽膝来代替宫刑，用穿麻鞋来代替剕刑，用穿不带衣领的红褐色衣服来代替死刑，那就是重罪轻罚，只会助长邪恶，导致社会混乱。[3]基于罪刑相称的主张，荀子也反对滥用刑罚。认为"刑滥则害及君子"，宁可多用奖赏的方式去治理社会，也不可滥用刑罚去治理社会。与其滥用刑罚伤害了好人，还不如多用奖赏便宜了小人。[4]在反对滥用刑罚方面，荀子继承了孔、孟的仁义思想，认为"行一不义、杀一无罪而得天下，仁者不为也。"[5]基于罪刑相称的主张，荀子坚决反对使用族刑，认为"一人有罪而三族皆夷"[6]的族诛是暴政的表现，必须废除族刑。

（四）儒家刑法思想的基本特点

1. 推崇礼治，相对轻视刑法的作用

孔子主张要用礼作为刑罚适用的指导原则，如果不以礼作为指导原则，刑罚的适用就会轻重失当。所以，他说："礼乐不兴，则刑罚不中。"[7]他还认为，好的执政者治理国家，应该做到"为国以礼"，克服残暴行为，免除刑杀手段。荀子虽然说："治之经，礼与刑"，把礼和刑都作为治理国家的纲领看待，但他也强调礼对刑的指导作用。所以，他说："礼者，法之大分，类之纲纪也。"[8]

2. 重视教化的作用

孔子、孟子和荀子都十分重视教化的作用。孔子认为，最好的统治者是能够通过长期的道德教化、礼义教化来实现国家的大治，并克服残暴行为，不用刑杀手段。孔子特别反感不进行教化就使用刑杀的统治者，认为"不教而杀"是一

---

[1]《荀子·正论》。
[2]《荀子·正论》。
[3] 参见《荀子·正论》。
[4] 参见《荀子·致士》。
[5]《荀子·王霸》。
[6]《荀子·君子》。
[7]《论语·子路》。
[8]《荀子·劝学》。

种残暴凶恶的统治行为。孟子则希望通过"教以人伦",使人们知道"父子有亲,君臣有义,夫妇有别,长幼有序,朋友有信"[1]。孟子还主张"设为庠、序、学、校以教之"[2],就教化的制度建设提出了许多具体的意见。荀子重视教化的作用,也指出了教化的局限性。他希望通过教化来改造人的"性恶",反对"不教而诛",但又认为对罪大恶极的人,可以"不待教而诛"。他主张在教化无效时,就要"起法正以治之,重刑罚以禁之"[3]。

3. 主张少用刑罚,反对滥用死刑

儒家虽然不否认刑罚的作用,但比较轻视刑罚的作用。孔子把刑罚放在低于道德的层次上评价,促使了儒家"重德轻刑"思想传统的形成。孔子认为,善于治理国家的人,是不能轻易使用死刑的。所以,当季康子问政于孔子:"如杀无道,以就有道,何如?"孔子回答说:"子为政,焉用杀?"[4]孟子则以"省刑罚"作为实现"仁政"的主要条件提出来。他希望统治者少用刑罚,即使不得已而使用刑罚,也要尽可能减轻刑罚,特别是不能滥用死刑;并要求统治者使用死刑时,一定要广泛听取民众的意见;甚至主张臣下可以背叛滥用死刑的国君,可以讨伐残害民众的君主。在儒家学派中,孟子是反对滥用死刑最突出的人物。荀子比孔子、孟子要重视刑法的作用,但他也主张不要轻易使用刑罚的手段治理社会。刑罚手段与奖赏方式相比,荀子更注重奖赏的社会效果。并且认为,即使奖赏了小人,也不能滥用刑罚伤害好人。荀子也同意孟子反对滥用死刑的观点,认为"杀一无罪而得天下,仁者不为也。"[5]

三、法家的刑法思想

(一) 商鞅的刑法思想

在商鞅的刑法思想中,最引人注目的是他提出的"刑无等级"的思想。他说:"所谓壹刑者,刑无等级。自卿相将军以至大夫庶人,有不从王令、犯国禁、乱上制者,罪死不赦。有功于前,有败于后,不为损刑。有善于前,有过于后,

---

[1]《孟子·滕文公上》。
[2]《孟子·滕文公上》。
[3]《荀子·性恶》。
[4]《论语·颜渊》。
[5]《荀子·王霸》。

不为亏法。忠臣孝子有过，必以其数断。"[1]值得注意的是，商鞅所说的统一刑罚的标准，无论何种等级的人，犯了罪都要受到刑罚的惩处，并不是指所有的人。君主是超越于法律之上的。如前所述，太子犯法，因是君主的继承人，不可施刑，遂处罚太子的老师以代其过。所以，商鞅的"刑无等级"的主张，还不能与西方近代法律面前人人平等的思想相提并论。

重刑轻罪的思想是商鞅刑法思想的主要内容。商鞅认为，治理国家应当轻罪重罚，这样，人们既不敢犯轻罪，更不敢犯重罪。刑罚的威力得到实现，就会提高统治效能，促使国家强大。如果重罪重罚、轻罪轻罚或重罪轻罚，就达不到制止犯罪的效果，就会降低统治效能，导致国力衰弱。他说："行刑，重其轻者，轻者不生，则重者无从至矣，此谓治之于其治也；行刑，重其重者，轻其轻者，轻者不止，则重者无从止矣，此谓治之于其乱也。故重轻，则刑去事成，国强；重重而轻轻，则刑至而事生，国削。"[2]"行罚，重其轻者，轻者不至，重者不来，此谓以刑去刑，刑去事成。罪重刑轻，刑至事生，此谓以刑致刑，其国必削。"[3]

为了充分发挥刑罚的威力，商鞅除主张重刑轻罪之外，还主张实行连坐。他说："守法守职之吏有不行王法者，罪死不赦，刑及三族。……重刑，连其罪，则民不敢试。民不敢试，故无刑也。……故曰：明刑之犹至于无刑也"[4]。商鞅又提出不赦不宥的重刑主张。他说："圣人不宥过，不赦刑，故奸无起。圣人治国也，审壹而已矣。"[5]

在商鞅的法治思想中，重视刑赏的结合和应用是一个突出的部分。由于商鞅过于迷信暴力的作用，所以特别强调刑罚的威力，甚至认为治理国家应当刑多赏少。他说："治国刑多而赏少，故王者刑九而赏一，削国赏九而刑一。夫过有厚薄，则刑有轻重。善有大小，则赏有多少。此二者，世之常用也。刑加于罪所终，则奸不去。赏施于民所义，则过不止。刑不能去奸而赏不能止过者，必乱。故王者刑用于将过，则大邪不生。赏施于告奸，则细过不失。治民能使大邪不

---

[1]《商君书·赏刑》。
[2]《商君书·去强》。
[3]《商君书·靳令》。
[4]《商君书·赏刑》。
[5]《商君书·赏刑》。

生,细过不失,则国治。国治必强。"[1]从此段论述看,商鞅不仅主张刑多赏少,甚至主张惩罚未遂犯和只有犯意的人,奖赏告奸者,使犯罪消灭于萌芽状态。

商鞅提出重刑的主张,最终目的是为了达到少用刑罚和不用刑罚,就能震慑犯罪,治国强国。所以他说:"以杀去杀,虽杀可也。以刑去刑,虽重刑可也。……刑重者,民不敢犯,故无刑也。而民莫敢为非,是一国皆善也。"[2]

(二) 韩非的刑法思想

韩非在商鞅"刑无等级"的思想基础之上,进一步提出了"法不阿贵""刑过不避大臣"的主张,否定了战国以前"刑不上大夫"的刑法观念,使刑法的适用向平等原则的方向迈近了一步。但商、韩的主张把君主置于刑法之上,不受平等原则的制约,则反映了专制政权下刑法思想的特点和局限性。

韩非继承和发扬了商鞅刑赏结合的刑法思想,提出了刑赏并用的主张。他认为,英明的君主控制臣下的手段是刑、德两种权柄。"杀戮之谓刑,庆赏之谓德"[3]。君主掌握刑、赏的权柄,"功当其事,事当其言,则赏;功不当其事,事不当其言,则诛。""诚有功,则虽疏贱必赏;诚有过,则虽近爱必诛。"[4]如果刑、赏使用得当,就会促使国家富强;如果刑、赏使用不当,就会给国家带来危害。所以他说:"赏罚敬信,民虽寡,强;赏罚无度,国虽大,兵弱者,地非其地,民非其民也。……用赏过者失民,用刑过者民不畏。有赏不足以劝,有刑不足以禁,则国虽大,必危。"[5]韩非论述刑、赏结合的问题,与商鞅刑多赏少的主张有所不同。韩非认为,必须厚赏重罚,才能提高统治的效能。他说:"赏莫如厚而信,使民利之。罚莫如重而必,使民畏之。……故主施赏不迁,行诛无赦,誉辅其赏,毁随其罚,则贤、不肖俱尽其力矣。"[6]在《六反》篇中,他说:"赏厚,则所欲之得也疾;罚重,则所恶之禁也急。……是故欲治甚者,其赏必厚矣;其恶乱甚者,其罚必重矣。"但韩非也不反对刑多赏少的主张。他认为"重刑少赏,上爱民,民死赏;多赏轻刑,上不爱民,民不死赏"[7]。"刑胜

---

[1] 《商君书·开塞》。
[2] 《商君书·画策》。
[3] 《韩非子·二柄》。
[4] 《韩非子·主道》。
[5] 《韩非子·饰邪》。
[6] 《韩非子·五蠹》。
[7] 《韩非子·饬令》。

而民静，赏繁而奸生。故治民者，刑胜，治之首也；赏繁，乱之本也。……故明主之治国也，明赏，则民劝功；严刑，则民亲法。"[1]

韩非继承了商鞅严刑重罚的思想。他说："夫严刑重罚者，民之所恶也，而国之所以治也。哀怜百姓轻刑罚者，民之所喜，而国之所以危也。"[2]在韩非看来，只有严刑重罚，才能禁邪防奸，儒家倡导的仁义之说是不足以治国的。所以他说："夫严刑者，民之所畏也；重罚者，民之所恶也。故圣人陈其所畏以禁其邪，设其所恶以防其奸，是以国安而暴乱不起。吾以是明仁义爱惠之不足用，而严刑重罚之可以治国也。"[3]

韩非赞成商鞅重刑轻罪的主张。他说："重罪者，人之所难犯也。而小过者，人之所易去也。使人去其所易，无离其所难，此治之道。夫小过不生，大罪不至，是人无罪而乱不生也。"[4]"明君见小奸于微，故民无大谋。行小诛于细，故民无大乱。"[5]"行刑，重其轻者，轻者不至，重者不来，此谓以刑去刑。罪重而刑轻，刑轻则事生，此谓以刑致刑，其国必削。"[6]

韩非驳斥了提倡"轻刑"的主张。他说："学者之言，皆曰'轻刑'，此乱亡之术也。"[7]他认为只有使用重刑，才能达到迅速制止邪恶的效果。使用重刑的目的不是为了伤害犯罪者本人，而是为了发挥刑罚的震慑作用，达到惩一儆百的效果。所以他说："且夫重刑者，非为罪人也。……重一奸之罪而止境内之邪，此所以为治也。重罚者，盗贼也；而悼惧者，良民也。"[8]韩非还驳斥了"重刑伤民"的观点。他说："今不知治者皆曰：'重刑伤民，轻刑可以止奸，何必于重哉？'此不察于治者也。夫以重止者，未必以轻止也；以轻止者，必以重止矣。是以上设重刑者而奸尽止，奸尽止，则此奚伤于民也？所谓重刑者，奸之所利者细，而上之所加焉者大也。民不以小利加大罪，故奸必止者也。所谓轻刑者，奸之所利者大，上之所加焉者小也。民慕其利而傲其罪，故奸不止也。……今轻刑罚，民必易之。犯而不诛，是驱国而弃之也；犯而诛之，是为民设陷也。是故轻

---

[1]《韩非子·心度》。
[2]《韩非子·奸劫弑臣》。
[3]《韩非子·奸劫弑臣》。
[4]《韩非子·内储说上七术》。
[5]《韩非子·难三》。
[6]《韩非子·饬令》。
[7]《韩非子·六反》。
[8]《韩非子·六反》。

罪者，民之垤也。是以轻罪之为民道也，非乱国也，则设民陷也，此则可谓伤民矣。"[1]

(三) 法家刑法思想的基本特点

主张重刑，反对轻刑和赦宥是法家刑法思想的基本特点。法家以"好利恶害"的人性论作为依据，认为治理国家有效的手段就是刑和赏。韩非说："凡治天下，必因人情。人情者，有好恶，故赏罚可用。赏罚可用故禁令可立，而治道具矣。"[2]在刑、赏的运用上，法家更注重刑的效能。法家认为"禁奸止过莫若重刑"，因而主张轻罪重刑，刑多赏少。他们认为"行刑，重其轻者，轻者不至，重者不来。此谓以刑去刑，刑去事成。"法家既从人性的角度论述重刑的合理性，又从政治的角度说明重刑的必要性。他们认为："以战去战，虽战可也；以杀去杀，虽杀可也；以刑去刑，虽重刑可也。"

法家反对儒家的轻刑之说，认为只有使用重刑，才能实现刑罚的威慑作用，达到禁奸止邪、惩一儆百的效果。如果使用轻刑，民众则不畏惧刑罚，容易实行犯罪。所以，不是"重刑伤民"，而是"轻刑伤民"。法家反对轻刑，主张轻罪重罚，有罪必罚。因而反对赦罪和减免刑。他们认为，"赦死宥刑"，是危害国家的主张。"不赦死，不宥刑"，"有过不赦，有善不遗"，才能达到"信赏必罚""以刑去刑"的效果。

法家的重刑理论，完全否定了道德教化在预防犯罪和改造罪犯方面的作用，否定了轻刑和减免刑的意义，走向了依靠暴力、迷信暴力的极端境地。虽然能够有功效于一时，但是不可作为长久的治国方针，最后为包容性、适应性更强的儒家学说所战胜。

秦朝推行重刑主义失败之后，法家重刑治国的思想受到许多政治家、法律家的严厉批判。今天我们重新审视法家重刑治国的主张，既要看到其中的消极因素，又要看到其中含有的某些合理因素。刑法苛酷，轻罪重刑等消极因素是应当继续批判并否定的。法家反对"同功殊赏，同罪殊罚"，要求"赏誉同轨，非诛俱行"，"信赏必罚"和"以刑去刑"等主张，含有一定的合理的因素，应当加以认真地分析总结并继承发展。不能因重刑主义总体特征的概括和否定，而抛弃了法家重刑治国思想中含有的某些合理因素。对轻刑治国的主张，也要进行历史

---

[1]《韩非子·六反》。
[2]《韩非子·八经》。

的、具体的分析，不能笼统地加以肯定和赞扬。使用轻刑，如果不能做到罚当其罪，不能达到预防犯罪、惩罚犯罪的目的，就不能完全否定在一定时期内保持某些重刑的必要性和合理性。所以，法家反对轻刑的主张，与重刑治国的主张一样，都值得进一步具体分析和慎重评价。

四、汉代以后正统思想家的刑法思想

汉代正统思想家提出的德主刑辅理论，渊源于先秦时期明刑弼教、明德慎罚的法律思想。孔子主张"礼治""德治"的思想，重视德、礼而相对轻视政、刑的观点，为汉代德主刑辅理论的形成奠定了基础。汉代思想家对法家重刑主义的批判，对儒家德治主义的倡导为德主刑辅理论成为正统法律思想的重要内容起到了极大的促进作用。特别是正统思想家的代表人物董仲舒系统地阐述了德主刑辅的理论，使该理论不仅具有突出的政治法律特点，而且具有哲理化、神学化的特点。董仲舒论述德刑关系时，提出的"重德轻刑"、"大德小刑"、"先德后刑"、"阳德阴刑"、"厚德简刑"、"尊德卑刑"和"刑者德之辅"等观点，是德主刑辅理论形成的标志。汉代以后的统治者和正统思想家，完全继承了德主刑辅的理论。《唐律疏议》以"德礼为政教之本，刑罚为政教之用"作为立法、执法的指导思想确定之后，德主刑辅理论完成了制度化、法律化的进程。唐代之后的正统思想家朱熹、丘濬、曾国藩等人都不同程度地继承和发展了德主刑辅的理论。特别是朱熹，认为"德"是"礼之本"，突出了"德"在正统法律思想中的重要性。

正统思想家主张德主刑辅，促进了德治思想、教化思想在中国传统社会的发展，不仅使道德原则成为法律的重要内容，而且使道德原则具有了优先于一般法律原则的地位。这在相当大的程度上抑制了一般法律原则的发展，特别是抑制了一般刑法理论的发展，并且造成了轻视法律的思想传统。

（一）董仲舒的刑法思想

1. 主张德主刑辅，任德不任刑

在"三纲"之外，董仲舒谈得最多的就是道德与法律的关系问题。在不同的文章中，他用了不同的表述方式。计有"重德轻刑""大德小刑""阳德阴刑""先德后刑""任德远刑""厚德简刑""尊德卑刑""任德不任刑""务德而不务刑""刑者德之辅"等多种表述方式。

董仲舒对德刑关系的论证，也是以阴阳学说结合儒家学说进行的。他认为：

"天道之大者在阴阳。阳为德，阴为刑。刑主杀而德主生。是故阳常居大夏，而以生育养长为事；阴常居大冬，而积于空虚不用之处。以此见天之任德不任刑也。天使阳出布施于上而主岁功，使阴入伏于下而时出佐阳。阳不得阴之助，亦不能独成岁。终阳以成岁为名，此天意也。王者承天意以从事，故任德教而不任刑。刑者不可任以治世，犹阴之不可任以成岁也。为政而任刑，不顺于天，故先王莫之肯为也。"[1]"天出阳，为暖以生之。地出阴，为清以成之。不暖不生，不清不成。然而计其多少之分，则暖暑居百，而清寒居一。德教之与刑罚，犹此也。故圣人多其爱而少其严，厚其德而简其刑，以此配天。"[2]"与天同者大治，与天异者大乱。故为人主之道，莫明于在身之与天同者而用之。使喜怒必当义乃出，如寒暑之当其时乃发也。使德之厚于刑也，如阳之多于阴也。"[3]"天之志，常置阴空处，稍取之以为助。故刑者德之辅，阴者阳之助也。"[4]

先秦儒、法两家论述德刑关系，多是从利害关系上，从统治策略上论述的，带有很强的功利主义色彩。董仲舒把德刑关系与君臣关系一同上升到哲学的高度说明，利用阴阳学说把德刑关系说成是一种天经地义，只能顺而行之，不能逆而变之，从而使德主刑辅的主张成为一种神圣的法律原则。这样，先秦已经产生的明德慎罚、德主刑辅的法律思想，经董仲舒继承并发展之后，具有了更高的合理性和权威性。德主刑辅的原则与君权至上的原则，一同成为了正统法律思想的基本原则，对中国传统法律思想与法制建设产生了深远的影响。董仲舒之后的历代正统法律思想家继续讨论德刑关系的问题，但都未超出德主刑辅这一原则的限度。特别是《唐律疏议》确定了"德礼为政教之本，刑罚为政教之用"的指导思想，德主刑辅的原则就完全法律化、制度化了。

2. 主张秋冬行刑

刑罚的执行应当适应天象，合于季节的变化，这种司法时令说在先秦时代已经产生。《礼记·月令》等书中有大量的记载。《左传襄公二十六年》也有"赏以春夏，刑以秋冬"的记载。董仲舒利用天道的四时（四个季节）与王道的四政（庆赏罚刑）相配，进一步发挥了秋冬行刑的思想。他说："天之道，春暖以生，夏暑以养，秋清以杀，冬寒以藏。暖暑清寒，异气而同功，皆天之所以成岁

---

[1] 董仲舒：《天人三策·第一策》。
[2] 董仲舒：《春秋繁露·基义》。
[3] 董仲舒：《春秋繁露·阴阳义》。
[4] 董仲舒：《春秋繁露·天辨人在》。

也。圣人副天之所行以为政，故以庆副暖而当春，以赏副暑而当夏，以罚副清而当秋，以刑副寒而当冬。庆赏罚刑，异事而同功，皆王者之所以成德也。庆赏罚刑与春夏秋冬，以类相应也。……天有四时，王有四政，四政若四时，通类也，天人所同有也。庆为春，赏为夏，罚为秋，刑为冬。庆赏罚刑之不可不具也，如春夏秋冬不可不备也。庆赏罚刑，当其处不可不发，若暖清寒暑，当其时不可不出。庆赏罚刑各有正处，如春夏秋冬各有时也。四政者，不可以相干也，犹四时不可相干也。四政者，不可以易处也，犹四时不可易处也。故庆赏罚刑有不行于其正处者，《春秋》讥也。"[1] 董仲舒的论述使刑罚的执行这一世俗化的政治法律问题，上升成为了一个神圣的哲学问题，既发展了先秦的天命天罚的神权法思想，也改造了先秦儒家所倡导的德治思想。在先秦儒家的德治思想中，王者要做到"成德"，应当重视民众，重视教化，少用刑罚，慎用死刑。在董仲舒的思想中，"王者之所以成德"，是要顺应天意，做到庆赏行刑都不违反天道的四时春夏秋冬的变化。

经董仲舒发展的秋冬行刑的思想成为了正统法律思想的重要组成部分，对传统法制产生了深远的影响。东汉章帝元和二年（58年）有诏说："朕咨访儒雅，稽之典籍，以为王者生杀宜顺时气"。东汉和帝时曾盛夏断狱，司徒鲁恭上疏说："臣伏见诏书，敬若天时，忧念万民，为崇和气，罪非殊死，且勿案验。进柔良，退贪残，奉时令，所以助仁德，顺昊天，致和气，利黎民者。旧制，至立秋乃行薄刑。自永元十五年以来，改用孟夏，而刺史太守不深惟忧民息事之原，进良退残之化，因以盛夏征召农人，拘对考验，连滞无已。司隶典司京师，四方是则，而近于春月分行诸部，托言劳来贫人，而无恻隐之实。烦扰郡县，廉考非急，逮捕一人，罪延十数。上逆时气，下伤农业……《月令》'孟夏断薄刑，出轻系，行秋令，则苦雨数来，五谷不熟'。又曰：'仲夏挺重囚，益其食，行秋令，则草木零落，人伤于疫'。夫断薄刑者，谓其轻罪已正，不欲令久系，故时断之也。臣愚以为，今孟夏之制，可从此令。其决狱案考，皆以立秋为断，以顺时节，育成万物，则天地以和，刑罪以清矣。"[2] 这篇上疏丰富了董仲舒论述秋冬行刑的思想。作者不仅从顺应天意的角度，而且从保护农业、忧念万民的角度论述。这就使被董仲舒神学化了的秋冬行刑思想和先秦儒家的民本思想和德治思想结合起

---

[1] 董仲舒：《春秋繁露·四时之副》。
[2] 转引自杨鸿烈：《中国法律思想史》（下册），商务印书馆1998年版，第16页。

来了。

秋冬行刑的思想在其发展过程中,曾出现异说质疑。隋文帝时,想在六月杀人。大理少卿赵绰劝说:"季夏之月,天地成长庶类,不可以此诛杀"。文帝说:"六月,虽曰生长。此时必有雷霆,天道既于炎阳之时震其威怒,我则天而行,有何不可?"[1]终于杀了人。唐代思想家柳宗元对秋冬行刑说提出了尖锐的批评。他说:"夫圣人之为赏罚者非他,所以惩劝者也。赏务速而后有劝,罚务速而后有惩。必曰赏以春夏,刑以秋冬而谓之至理者,伪也。使秋冬为善,必俟春夏而后赏,则为善者必怠。春夏为不善,必俟秋冬而后罚,则为不善者必懈。为善者怠,为不善者懈,是驱天下之人而入于罪。又缓而慢之,以滋其懈怠,此刑之所以不措也。必使为善者不越月逾时而得其赏,则人勇而有劝焉。为不善者不越月逾时而得其罚,则人惧而有惩焉。为善者不越月逾时而得其罚,则人惧而有惩焉。为善者日以有劝,为不善者日以有惩,是驱天下之人而从善远罪也。驱天下之人而从善远罪,是刑所以措而化所以成也。""或者务言天而不言人,是惑于道者也。胡不谋之人心以熟吾道,吾道之尽而人化矣。是苍苍者焉能与吾事而暇知之哉?果以为天时之可得顺,大和之可得致,则全吾道而得之矣。全吾道而不得者,非所谓天也,非所谓大和也。是亦必无而已矣。又何必枉吾之道,曲顺其时以谄是物哉?吾固知顺时之得天,不如顺人顺道之得天也。何也?使犯死者自春而穷其辞,欲死不可得。贯三木,加链锁,而致之狱吏。大暑数月,痒不得搔,痹不得摇,痛不得摩,饥不得时而食,渴不得时而饮,目不得瞑,肢不得舒,怨号之声,闻于里人。如是而大和之不伤,天时之不逆,是亦必无而已矣。彼其所宜得者死而已,又若是焉何哉?""或者乃以雪霜者,天之经也。雷霆者,天之权也。非常之罪不时可以杀,人之权也。当刑者必顺时而杀,人之经也。是不然,夫雷霆雪霜者,特一气耳,非有心与物者也。圣人有心于物者也。春夏之有雷霆也,或发而震破巨石,裂大木,木石岂为非常罪也哉?秋冬之有霜雪也,举草木而残之,草木岂有非常之罪也哉?彼岂有惩于物也哉?彼无所惩,则效之者惑也。"[2]柳宗元不仅从刑罚功能的有效性的角度批评秋冬行刑说,而且从人道重于天道的角度提出批评。特别是直接否定了自然现象与人间刑罚之间的关系,从根本上动摇了秋冬行刑说的哲学基础,否定了正统法律思想中的神学化的

---

[1] 转引自杨鸿烈:《中国法律思想史》(下册),商务印书馆1998年版,第17页。
[2] 《河东集》卷三,《断刑论》。

内容。柳宗元的论述，实在是批判秋冬行刑思想的一篇力作，是一篇在中国法律思想史上能够光照古今的文章。但由董仲舒奠定的正统法律思想，已经适应了统治集团的需要。秋冬行刑说既能为神化皇权服务，又能与儒家的德治思想、民本思想结合起来阐发，所以柳宗元的批评没有对正统法律思想的支配地位造成影响，也没有改变秋冬行刑的法制传统。秋冬行刑的思想一直影响到清朝时期，并由此形成了复杂而严密的秋审制度。

（二）朱熹的刑法思想

朱熹主张执法从严，反对滥用轻刑，这是他刑法思想的主要特点。朱熹认为治理国家应当"以严为本，而以宽济之"〔1〕。他说"号令既明，刑罚亦不可弛。苟不用刑罚，则号令徒卦墙壁尔。与其不遵以梗吾治，曷若惩其一以戒百？与其蓺实检察于其终，曷若严其始而使之无犯？做大事，岂可以小不忍之心。"〔2〕从"以严为本"的立场出发，朱熹赞成使用肉刑。他说："虽或伤民之肌肤，残民之躯命，然刑一人而天下之人耸然不敢肆意为恶，则是乃所以正直辅翼而若其有常之性也。"〔3〕他认为，汉代废除肉刑后，刑罚体系中轻重失当。"今徒流之法，既不足以止穿窬、淫放之奸，而其过于重者，则又有不当死而死，如强暴脏满之类者。"因此，他主张恢复肉刑。"苟采陈群之议，一以宫剕之辟当之，则虽残其肢体，而实全其躯命，且绝其为乱之本，而使后无以肆焉，岂不仰合先王之意，而下适当世之宜哉。"〔4〕

朱熹不仅赞成使用肉刑，而且反对无原则地使用轻刑。他说："至于鄙儒姑息之论，异端报应之说，俗吏便文自营之计，则又一以轻刑为事。然刑愈轻，而愈不足以厚民之俗，往往反以长其悖逆作乱之心，而使狱讼之愈繁，则不讲乎先王之法之过也。"〔5〕"今人说轻刑者，只见所犯之人为可悯，而不知被伤之人尤可念也。如劫盗杀人者，人多为之求生，殊不念死者之为无辜，是知为盗贼计，而不为良民计也。若如酒税伪会子，及饥荒窃盗之类，犹可以情原其轻重大小而处之。今之法家，惑于罪福报应之说，多喜出入人罪以求福报。夫使无罪者不得直，而有罪者得幸免，是乃所以为恶尔。何福之有？《书》曰：'钦哉！钦哉！

---

〔1〕《朱子语类·论治道》。
〔2〕《朱子语类·论治道》。
〔3〕《朱子全书·戊申延和奏札一》。
〔4〕《朱子全书·答郑景望》。
〔5〕《朱子全书·戊申延和奏札一》。

惟刑之恤哉。'所谓钦恤者，欲其详审曲直，令有罪者不得免，而无罪者不得滥刑也。今之法官，惑于钦恤之说，以为当宽人之罪而出其死。故凡罪之当杀者，必多为可出之途，以俟奏裁，则率多减等。当斩者配，当配者徒，当徒者杖，当杖者笞。是乃卖弄条贯，舞法而受赇者耳，何钦恤之有？罪之疑者从轻，功之疑者从重。所谓疑者，非法令之所能决，则罪从轻而功从重，惟此一条为然耳。非谓凡罪皆可以从轻，而凡功皆可以从重也。今之律令，亦有此条，谓法所不能决者，则俟奏裁。今乃明知其罪之当死，亦莫不为可生之途以上之，惟寿皇不然，其情理重者皆杀之。"[1]

朱熹对鄙儒、俗吏的轻刑之说，对佛教报应观念影响导致的轻刑思想，进行了系统地批驳。朱熹执法从严的主张反映了他的法律思想中儒、法结合的特点，也反映了他对佛教报应观念的拒斥的态度。应当注意的是，朱熹以严为本的思想与法家重刑轻罪的重刑主义是不同的，朱熹所说的严只是严格执法、罚当其罪的严。

(三) 丘濬的刑法思想

1. 继承德主刑辅思想，重视刑法教育作用

丘濬在论述道德与法律的关系时，引用了朱熹的观点：圣人之治，以德为化民之本，而刑特以辅其所不及而已。然后指出："刑之制，非专用之以治人罪，盖恐世之人不能循夫五伦之教，故制刑以辅弼之。使其为子皆孝，为臣皆忠，为兄弟皆友。居上者则心慈，与人者则必信。夫必守义，妇必守礼。有一不然，则入于法，而刑辟之所必加也。"[2]丘濬既从伦理教化与刑罚作用的角度，又从礼刑关系的角度阐发德主刑辅的思想。他说："礼乐者，刑政之本。刑政者，礼乐之辅。古之帝王，所以同民心，出治道，使天下如一家，中国如一人者，不过举四者措之而已。是则所谓修道之教，王者之道，治天下之大经大法者也。……行此礼乐之道，则有法制禁令。防此礼乐之道，则有刑罚宪度。"[3]丘濬多从历史经验的角度说明德主刑辅的思想。"有虞为治，专以礼教为主，而刑辟特以辅其所不及焉耳。礼典之降，而折以刑，所以遏其邪妄之念，而止刑辟于未然。刑罚之制而教以德，所以启其祗敬之心，而制刑辟于已然。礼教刑辟之相为用如此。

---

[1]《朱文公政训》。
[2]《大学衍义补·总论制刑之义》。
[3]《大学衍义补·总论朝廷之政》。

帝世之制，所以本未兼举，而民协于中，自不犯于有司也欤。"[1]丘濬认为，德与刑虽有主次、本末之分，但其作用是相互配合的，其目的是一致的。所以他说："礼乐刑政，其致一也。必有礼乐以为刑政之本，则政事之行，刑罚之施，皆本乎自然之理，以立为当然之制，使民知所避而不敢违。是以民生日用之间，心志有所主，耳目有所加，举动云为有所制，是以不犯于有司。"[2]丘濬从理学的角度把德礼政刑关系解释为合乎"自然之理"的关系，又从天命神权思想的角度进行解释。他说："人君奉天道以出治，所以为治者德也，刑非所先也。民有不齐者，不得已而用刑以治之，姑以为一日齐民之用也。……敬五刑以为一日之用，成三德以立万世之则。"[3]

丘濬的刑法思想继承和总结了儒家的慎刑恤刑思想和刑法教育思想。丘濬对西周明德慎罚的思想和实践十分称道，他对《尚书》中的有关记述给以高度的评价。在论及《康诰》中"义刑义杀"的观点时，他说："所谓合义与否，又不可专用以就己意也。夫既合于义，又不徇己，则刑罚当其罪矣。……盖刑杀关乎人之性命，一人负冤，天地为之变色，和气为之感伤，人心为之丧失，乌可以轻忽哉。"[4]他将慎刑思想与天罚思想联系起来评论。他说："刑无大小，皆上天所以讨有罪者也。为人上者，苟以私意刑戮人，则非天讨矣。一人杀人有限，而下之人效之，其杀戮滋多。为人上者，奈何不谨于刑戮？上拂天意，下失人心，皆自此始。衰世之君，往往任意恣杀，享年所以不永，国祚所以不长，其以此失。"[5]在丘濬看来，统治者能否慎重地使用刑罚，是关系到天理、人心的问题，关系到国家命运的大问题。所以，刑罚的适用必须考虑其社会效果。他说："王者之刑，刑一人而千万人惧，刑之可也。唐杀刘晏不以其罪，天下为之愤悒，叛臣藉以称兵。然则人主于刑戮，其可轻哉。"[6]

丘濬强调慎刑的重要性，指出滥用刑罚或刑不当罪的危害性，但他并不是简单地主张少用刑罚或多用轻刑。他认为，对犯罪行为，不论大小都必须惩罚，才能实现刑法的作用。他说："人之真有所犯者，则必决然而不宥焉。其罪虽小，

---

[1]《大学衍义补·总论制刑之义》。
[2]《大学衍义补·总论制刑之义》。
[3]《大学衍义补·总论制刑之义》。
[4]《大学衍义补·总论制刑之义》。
[5]《大学衍义补·总论制刑之义》。
[6]《大学衍义补·详听断之法》。

不可不为之惩。不为之惩，则必有仿而为者于其后矣。吁，惩之于细，则大者不作；戒之于先，则后者不继。惩一人以惧千万人，戒一事以遏千万事，圣人之虑远矣。圣人之心仁矣。彼以姑息为仁者，真不仁者也。"[1]他特别指出惩小罪防大罪的意义："惩之于小，所以诫其大；惩之于初，所以诫其终。使其知善不在大而皆有所益，恶虽甚小而必有所伤。不以善小而弗为，不以恶小而为之。不至于恶积而不可掩，罪大而不可解，以伤其肤，殒其身，亡其宗。"[2]

丘濬坚持德主刑辅的主张，特别重视刑法的教育作用。他反复阐明刑以弼教的思想。他说："刑以弼教，论罪者必当以教为主。"[3]"刑者，所以辅政弼教。圣人不得已而用之，用之以辅政之所不行，弼教之所不及耳。非专恃此以为治也。"[4]在论及刑法的教育作用、震慑作用和惩治作用时，丘濬特别强调教育作用的优先性。

2. 其他刑法主张

关于重刑问题，丘濬以明太祖对子孙的训示表明了看法。他说："我圣祖作为条训以示子孙，有曰：'朕自起兵至今四十余年，人情善恶、真伪，无不历涉其中，奸顽刁诈之徒，情犯深重，灼热无疑者，特令法外加刑。使人知所警惧，不敢轻易犯法。然此特权时处置，顿挫奸顽，非守成之君所常用。以后子孙做皇帝时，止守《律》与《大诰》，并不许用黥刺、荆劓、阉割之刑。敢有请用此刑者，将犯人凌迟，全家处死。'由是观之可见，圣祖以乱国待前元，而用重刑，盖非得已也。文子文孙当承平之时，守祖宗之训，一用平典，以安兆民。"[5]丘濬赞成治乱世用重刑的思想，但更为注重的是刑法要宽严适中、罪刑相称。他说："帝王之道，莫大于中。中也者，在心则不偏不倚，在事则无过不及。帝王传受心法，以此为传道之要，以此为出治之则。……非独德礼乐政为然，而施于刑者亦然。盖民不幸犯于有司，所以罪之者，皆彼所自取也。吾固无容心于其间，不偏于此，亦不倚于彼，一惟其情实焉。既得其情，则权其罪之轻重，而施以其刑。其刑上下，不惟无太过，且无不及焉，夫是之谓中，夫是之谓祥刑。"[6]

---

[1]《大学衍义补·谨详谳之议》。
[2]《大学衍义补·总论制刑之义》。
[3]《大学衍义补·谨详谳之议》。
[4]《大学衍义补·存钦恤之心》。
[5]《大学衍义补·总论制刑之义》。
[6]《大学衍义补·总论制刑之义》。

"先王立法制刑，莫不用中。中则无过，无不及，可以常用而无弊。不过而严亦不及而宽，过而严，则民有不堪，而相率为伪以避罪。不及而宽，则民无所畏，而群聚竞起以犯罪。"[1]

丘濬反对君主恣意用刑。他说："刑者，天讨有罪之具。人君承天以行刑，无罪者固不可刑，有罪者，亦不敢纵也。人君不循天理而以己意操纵乎人，亦犹人臣不奉国法，而以己意操纵乎囚也。……人君以己意纵罪人，而又以己意舍之，独不畏天乎。"[2]他进而反对君主使用不当其罪的重刑。他说："天生物以养人，非专为君也。而君专其利，已违天意矣。为之禁且不可也，况又为不称其罪之重刑哉。……后世法令，所以禁愈严而犯愈多者，以不称其罪也。夫立法者，君也，而导君而为是法者，左右之臣也。而行法者，未必皆无仁心，未必皆欲从君之欲。彼见法之过于严，而民之愚而贫，无知而冒法，不得已而犯禁，不肯尽行其法。故法虽行于暂，而不能行之于久，而卒归于废驰，此非独人心之不然，而天理亦不之然也。"[3]

丘濬特别反对君主使用酷刑。他说："人君之酷刑，皆足以失人心而亡国。"[4]他认为酷刑是酷吏作恶的工具，不仅有失人心，而且违反天理。丘濬多从天理的角度反对重刑和酷刑，反映了宋明理学对他的刑法思想的影响。

关于肉刑问题，丘濬对汉以后恢复肉刑的思想和行为进行了严厉的抨击。他认为："自汉除肉刑，古刑不用久矣。而五代中，晋复创刺面之刑，是肉刑皆废，而黥刑复用于数百年之后。彼衰世庸君，固无足责。宋太祖以仁厚立国，乃因之而不革。其后，乃至以刺无罪之士卒，其为仁政累大矣。"[5]"自汉文帝废肉刑，后有议欲复之者，仁人君子必痛止之。夫于人之有罪者，尚不忍戕其生，绝其世。乃有一种悖天无亲之徒，自宫其身以求进，以祖宗百世之脉，云仍万世之传，而易一身之富宠。……愚民无知而自落陷阱，上之人亦恬然视之而不加禁止，何哉？兹亦 彝伦，败风化，感伤和气之一端。有国者所当严为之禁，而罪其主使用力之人，是亦不忍人之政之大者也。"[6]在丘濬看来，恢复肉刑是与儒

---

[1]《大学衍义补·戒滥纵之失》。
[2]《大学衍义补·存钦恤之心》。
[3]《大学衍义补·戒滥纵之失》。
[4]《大学衍义补·戒滥纵之失》。
[5]《大学衍义补·明流赎之意》。
[6]《大学衍义补·制刑狱之具》。

家的仁政思想相背离的,也是有害于天理、人伦、风化的。他对自宫为宦的深恶痛绝,甚至指向了朝廷支持的宦官制度。他说:"自废肉刑之后,惟宫一刑尚存,然多取反叛余孽为之。亦或有生而隐宫及自宫以求进者,官府不以为刑也。唐初,虽断右趾,太宗以为肉刑久除,不忍复。而房玄龄亦谓:'今肉刑既废,以笞杖徒流死为五刑,又刖人足,是六刑也。'于是除之。宋人于今五刑之外,又为刺配之法,岂非所谓六刑乎?聚罪废无聊之人于牢城之中,使之合群以构怨,其愤愤不平之心,无所于泄心中之意。虽欲自新,而面上之文已不可去。其亡去为盗,挺起为乱,又何怪哉?宋江以三十六人,横行河朔,迄不能制之,是皆刺配之徒在,在而有以为之耳目也。"[1]丘濬在这段议论中,既指出了使用肉刑是对五刑体制的破坏,又指出了使用肉刑所造成的社会危害性。

关于复仇问题,丘濬所著《明复仇之义》以专章进行了系统的论述。他从天理、人情、国法、私义等角度全面阐释对复仇问题的看法。他说:"复仇之义,乃生民秉彝之道,天地自然之理。……人知所生者,必报其所由生。是以相保爱,相护卫,不敢相戕杀,非但畏公法,亦畏私义。非但念天理,亦念人情。此人所以与人相安相忘,而得以遂其有生之乐。然人世有无穷之变,王法有不到之处,天理有未定之时。或相杀焉,杀之不以其罪,泯之不存其迹,急之不容其缓。……天下之人,凡有生者,皆相为死,则彼不逞之徒,不仁之辈,不敢起杀人之念。盖虑其人之有子若孙,有兄若弟,若交好,若游从,将必上告天子,下告方伯,赴诉于有司,声冤于鼓石也。然而王法虽公,刑官虽明,然无诉告者,则其冤又不能上达,此圣人制其法于礼,使凡为人子,为人兄若弟,有父母兄弟之仇,则必起诉于官。不幸而无子孙兄弟,则其所交游者,虽非血属,亦得以为之伸理焉。苟诉于公而公不为之报,或其势远而力弱,事急而情切,一时不能达诸公,奋其义而报之,则亦公义之所许也。……自秦汉以来,此义不明,一切以法律持世,惟知上之有法,而不知下之有义。所谓复仇之义,世不复讲。……盖人君立法将以生人,无罪者,固不许人之枉杀,有罪者亦不容人之擅杀,所以明天讨而安人生也。苟杀人者,人亦杀以报之,曰吾报吾所亲交之仇也。不分其理之可否,事之故误,互相报复,无有已时,又乌用国法为哉?孟子曰:为士师则可以杀人,明不为士师,则不可以杀人也。朝廷当明为之法曰:"凡有父兄亲属为人所杀者,除误杀戏杀过失杀外,若以故及非理致死者,亲属邻保即为之护

---

[1]《大学衍义补·明流赎之意》。

持，其子若孙及凡应报复之人，赴官告诉，如无亲属，其邻里交游皆许之。府县有碍，赴藩臬，藩臬有碍，赴阙庭。径赴者，不在越诉之限。若官司徇私畏势，迁延岁月，不拘系其人而为之伸理，其报复之人，奋气报杀所仇者，所在即以上闻，特敕理官鞠审。若其被杀者委有冤狱，而所司不拘其人，不具其狱，即根究经由官司，坐以赃罪除名，而报仇者不与焉。若所司方行拘逮而或有他故以致迁延，即坐杀者以擅杀有罪者之罪，而不致死焉。若不报官，不出是日而报杀者，官司鞠审，杀当其罪者不坐。若出是日之外，不告官而擅杀者，即坐其亲属邻保以知情故纵之罪。而其报复之人，所杀之仇果系可杀，则谳以情，情有可矜，坐其罪而免其死。若官吏假王法以制人于死，律有常条，不许私自报复，必须明白赴诉，若屡诉不伸而杀之者，则以上闻，委任大臣鞠审。如果被杀者有冤，而所司不为伸理，则免报仇者死，而流放之。……若被杀之人不能无罪，但不至于死，则又在随事情而权其轻重焉。如此，则于经于律两无违悖。人知仇之必报，而不敢相杀害以全其生，知法之有禁而不敢辄专杀以犯于法，则天下无难处之事，国家无难断之狱，人世无不报之仇，地下无枉死之鬼矣。"[1]。

　　丘濬关于复仇问题的论述，是反映他的法律思想特点的一篇重要文章。此文具体体现了他"应经合义"的法律主张，表达了他想把天理、人情、国法、私义调和为一体的愿望，也表达了他完善具体法律制度的建议。

　　关于赎刑问题，丘濬认为："夫罪入五刑而可疑者，使富而有金者，出金以赎其罪可矣。若夫无立锥之民而犯大辟之罪，何从而得金千锾乎？如是，则罪之疑者，富者得生，贫者坐死，是岂圣人之刑哉？"[2]在丘濬看来，赎刑只有利于富人，不利于穷人，不符合刑以弼教的目的。所以，他建议对疑罪的处罚应遵循"罪疑惟轻"的原则，而不别采用赎刑。丘濬对先王制定赎刑的目的和后世滥用赎刑的弊端进行了分析。他认为："赎刑乃帝王之法，孔子修书载在圣经，盖惟用之学校，以宽鞭扑之刑，所以养士大夫之廉耻也。后世乃一概用之以为常法。遇有边防之警，则俾之纳粟于边；遇有帑藏之乏，则俾之纳金于官。此犹不得已而用之。是以职金纳金货于司兵之意也。若当夫无事之时，而定以为常制，则是幸民之犯以为国之利，可乎？然此犹为国也。今之藩臬州邑，往往假以缮造公宇，修理学校为名，随意轻重取之，名虽为公，实则为己。朝廷虽有明禁，公然

---

[1]《大学衍义补·明复仇之义》。
[2]《大学衍义补·明流赎之意》。

为之,恬无所畏。乞敕法司,申明旧比,再有犯者,坐以枉法,终身不齿。庶几奸弊少息乎。"[1]从丘濬的论述,我们可以看出,赎刑的发展已经背离了先王创制此刑的目的,成为官吏敛财的工具。

五、几种刑法制度的争论

（一）关于肉刑制度的争论

夏商至秦朝的刑罚体系是以肉刑为中心构成的。汉初文、景时期的刑法改革,废除了以肉刑为中心的刑罚体系。此后,汉魏晋至宋代的统治者围绕肉刑的废复问题展开过多次争论。主张恢复肉刑的观点主要有以下一些:

东汉仲长统认为:"肉刑之废,轻重无品。下死则得髡钳,下髡钳则得鞭笞。死者不可复生,而髡者无伤于人。髡笞不足以惩中罪,安得不至于死哉？夫鸡狗之攘窃,男女之淫奔,酒醴之赂遗,谬误之伤害,皆非值于死者也。杀之则甚重,髡之则甚轻,不制中刑以称其罪,则法令安得不参差,杀生安得不过谬乎？今患刑轻之不足以惩恶,则假赃货以成罪,托疾病以讳杀。科条无所准,名实不相应。恐非帝王之通法,圣人之良制也。或曰:'过刑恶人可也,过刑善人,岂可复哉？'曰:'若前政以来,未曾枉害善人者,则有罪不死也。是为忍于杀人也,而不忍于刑人也。今令五刑有品,轻重有数,科条有序,明实有正,非杀人、逆乱、鸟兽之行甚重者,皆勿杀。嗣周氏之秘典,续吕侯之祥刑,此又宜复之善也。"[2]

曹魏时陈群说:"臣父纪以为汉除肉刑而增加笞,本兴仁恻而死者更众,所谓名轻而实重者也。名轻则易犯,实重则伤民。《书》曰:'惟敬五刑,以成三德'。《易》著劓刖趾之法,所以辅政助教,惩恶息杀也。且杀人偿死,合于古制,至于伤人,或残毁其体,而裁剪毛发,非其理也。若用古刑,是淫者下蚕室,盗者刖其足,则永无淫放穿窬之奸矣。"[3]

晋代廷尉刘颂上言:"臣昔上行肉刑,从来积年,遂寝不论。臣窃以为议者拘孝文之小仁,而轻违圣王之典刑,未详之甚,莫过于此。今死刑重,故非命者众。生刑轻,故罪不禁奸。所以然者,肉刑不用之所致也。今为徒者,类性元恶

---

[1]《大学衍义补·明流赎之意》。
[2]《后汉书·仲长统传》。
[3]《三国志·陈群传》。

不轨之族也，去家悬远，作役山谷，饥寒切身，志不聊生，虽有廉士介者，苟虑不首死，则皆为盗贼，岂况本性奸凶无赖之徒乎。又令徒富者输财，解日归家，乃无役之人也。贫者起为奸盗，又不制之虏也。不刑，则罪无所禁；不制，则群恶横肆。为法若此，近不尽善也。是以徒亡日属，贼盗日烦，亡之数者至有十数，得辄加刑，日益一岁，此为终身之徒也。自顾反善无期，而灾困逼身，其志亡思盗，势不得息，事使之然也。古者用刑以止刑，今反于此。诸重犯亡者，发过三寸辄重髡之，此以刑生刑。加作一岁，此以徒生徒也。亡者积多，系囚猥畜。议者曰囚不可不赦，复从而赦之，此为刑不制罪，法不胜奸。下知法之不胜，相聚而谋不轨，月异而岁不同。故自顷年以来，奸恶陵暴，所在充斥。议者不深思其故，而曰肉刑于名忤听，忤听孰与贼盗不禁？圣王之制肉刑，远有深理，其事可得而言，非徒惩其畏剥割之痛而不为也。乃去其为恶之具，使夫奸人无用复肆其志，止奸绝本，理之尽也。亡者刖足，无所用复亡。盗者截手，无所用复盗。淫者割其势，理亦如之。除恶塞源，莫善于此，非徒然也。此等已刑之后，便各归家，父母妻子，共相养恤，不流离于涂路。有今之困，创愈可役，上准古制，随宜业作，虽已刑残，不为虚弃，而所患都塞，又生育繁阜之道自若也。

今宜取死刑之限轻，及三犯逃亡淫盗，悉以肉刑代之。其三岁刑以下，已自杖罚遣，又宜制其罚数，使有常限，不得减此。其有宜重者，又任之官长。应四五岁刑者，皆髡笞，笞至一百，稍行，使各有差，悉不复居作。然后刑不复生刑，徒不复生徒，而残体为戮，终身作诫。人见其痛，畏而不犯，必数倍于今。且为恶者随发被刑，去其为恶之具，此为诸已刑者皆良士也，岂与全其为奸之手足，而蹴居必死之穷地同哉。而犹曰肉刑不可用，臣窃以为不识务之甚也。

臣昔常侍左右，数闻明诏，谓肉刑宜用，事便于政。愿陛下信独见之断，使夫能者得奉圣虑，行之于今。比填沟壑，冀见太平。《周礼》三赦三宥，施于老幼悼耄，黔黎不属逮者，此非为恶之所出，故刑法逆舍而宥之。至于自非此族，犯罪则必刑而无赦，此政之理也。暨至后世，以时崄多难，因赦解结，权以行之，又不以宽罪人也。至今恒以罪积狱累，赦以散之，是以赦愈数而狱愈塞，如此不已，将至不胜。原其所由，肉刑不用之故也。今行肉刑，非徒不积，且为恶无具则奸息。去此二端，狱不得繁，故无取于数赦，于政体胜矣。"〔1〕

---

〔1〕《晋书·刑法志》。

第一章 传统刑法思想的发展线索

刘颂之后,廷尉卫展等人又主张恢复肉刑。他们认为:"肉刑之典,由来尚矣。肇自古先,以及三代,圣哲明王所未曾改也。岂是汉文常主所能易者乎!时萧曹已没,绛灌之徒,不能正其义。逮班固深论其事,以为外有轻刑之名,内实杀人。又死刑太重,生刑太轻,生刑纵于上,死刑冤于下,轻重失当,故刑政不中也。且原先王之造刑也,非以过怒也,非以残人也,所以救奸,所以当罪。今盗者窃人之财,淫者好人之色,亡者避叛之役,皆无杀害也,则加之以刑。刑之则止,而加之斩戮,戮过其罪,死不可生,纵虐于此,岁以巨计。此迺仁人君子所不忍闻,而况行之于政乎!若乃惑其名而不练其实,恶其生而趣其死,此畏水投舟,避坎蹈井,愚夫之不若,何取于政哉!今大晋中兴,遵复古典,率由旧章,起千载之滞义,拯百残之遗黎,使皇典废而复存,黔首死而复生,至义畅于三代之际,遗风播乎百世之后,生肉枯骨,惠侔造化,岂不休哉!惑者乃曰,死犹不惩,而况于刑?然人者冥也,其至愚矣,虽加斩戮,忽为灰土,死者日往,生欲日存,未以为政。若刑诸市朝,朝夕鉴戒,刑者咏为恶之永痛,恶者觌残刖之长废,故足惧也。然后知先王之轻刑以御物,显诫以惩愚,其理远矣。"[1]

直到宋朝,仍有人主张恢复肉刑。宋神宗时,曾布上奏说:"先王之制刑罚,未尝不本于仁,然而有断肢体,刻肌肤以至于杀戮,非得已也。盖人之有罪,赎刑不足以惩之,故不得已而加之以墨、劓、剕、宫、大辟。然审适轻重,则又有流宥之法。至汉文帝除肉刑而定笞箠之令,后世因之以为律。大辟之次,处以流刑,代墨、劓、剕、宫,不惟非先王流宥之意,而又失轻重之差。古者乡田同井,人皆安土重迁,流之远方,无所资给,徒隶困辱,以至终身。近世之民,轻去乡井,转徙四方,固不为患。而居作一年,即听附籍,比于古亦轻矣。况折杖之法于古为鞭扑之刑,刑轻不能止恶,故犯法日益众,其终必至于杀戮,是欲轻而反重也。今大辟之目至多,取其情可贷者处之以肉刑,则人之获生者必众。若军士亡去应斩,贼盗赃满应绞,则刖其足。犯良人于法应死而情轻者,处以宫刑。至于劓、墨则用刺配之法。降此而后为流徒杖笞之罪,则制刑有差等矣。"[2]此后,宋代大儒朱熹也主张恢复肉刑。

主张恢复肉刑的代表性观点如上所引。其理由可概括为三点:一是认为废除肉刑之后,死刑与生刑之间,缺乏过渡的中间刑,定罪量刑轻重失当,违背了宽

---

[1]《晋书·刑法志》。
[2]《宋史·刑法志》。

严适中的刑法原则；二是认为死刑过多，造成了比肉刑更为严重的伤害后果，违背了先王制刑的本意；三是认为恢复肉刑可以根除事主重新犯罪的手段，并能更好地教育威慑他人，达到减少犯罪的效果。尽管主张恢复肉刑的人提出了一些理由，但受到了很多人的反对，肉刑再没有作为一种刑罚体系得到恢复了。反对恢复肉刑的人主要提出了以下一些观点：一是认为刑罚应当适应社会的发展而有变化。肉刑太残酷，不适应推行仁政德治的需要，不应当恢复；二是认为汉文帝废除肉刑，已有广泛的社会影响，"百姓习俗日久，忽复肉刑，必骇远近"[1]，"惨酷之声以闻天下"[2]不利于统治，不能够恢复肉刑；三是认为恢复肉刑使犯者失去了改恶自新的机会，"被刑之人虑不念生，志在思死，类多趋恶，莫非归正"[3]，增加了反对统治的人数。并且认为在死刑都起不到威慑作用的情况下，恢复肉刑也起不到减少犯罪的作用。

统治者害怕恢复肉刑带来的残酷名声不利于统治，所以在汉文帝废除肉刑后，虽然有过多次关于肉刑废复的争论，但肉刑只在个别方面有变相的恢复，在体系方面再也没有作为正刑得到恢复了。

(二) 关于复仇制度的争论

复仇是形成于氏族社会的一种习俗，是民间自我救助的一种方式。在以家族为本位的中国传统社会，复仇问题是一个长期争论而没有彻底解决的问题。主张复仇的观点以儒家为代表。先秦儒家即支持复仇的行为。他们认为，杀父之仇和弑君之仇，为子者和为臣者必须复仇。如果不复仇，子则非子，臣则非臣。但认为复仇应当有所限制，复仇应当先向官府报告，复仇只能杀仇人本身，不能杀害仇人的子弟。而且不赞成"父受诛，子复仇"的行为。对兄弟及一般亲属的复仇也有区别对待。秦汉之后，特别是儒家思想成为正统思想之后，主张有限制的复仇的观点进一步发展。代表者如唐代的柳宗元，他写了《驳复仇议》的专文，赞成《周礼》和《春秋·公羊传》中的观点，主张有限制的复仇，认为对"父不受诛"和"杀人而不义"者可以复仇，对"父受诛"和"杀人而义"者不应当复仇。明代的丘濬进一步发挥了柳宗元的观点，他写了《明复仇之义》的专文，比较系统地表达了封建正统法律思想家关于复仇问题的观点。他从天理、人

---

[1] 杨鸿烈：《中国法律思想史》(下册)，商务印书馆1998年影印本，第213页。
[2] 杨鸿烈：《中国法律思想史》(下册)，商务印书馆1998年影印本，第213页。
[3] 杨鸿烈：《中国法律思想史》(下册)，商务印书馆1998年影印本，第218页。

第一章 传统刑法思想的发展线索

情、国法、私义等角度全面阐述了对复仇问题的看法。他认为复仇是符合天理、人情的道义行为，如果父兄被人故杀，已报官府而官府没有纠察，子弟复仇，官吏应当免职，报仇者不应定罪。如果报仇者没有报告官府而擅自杀之，杀之有理，可减轻处罚。这样，"人知仇之必报而不敢相杀害以全其生，知法之有禁而不敢辄专杀以犯于法。则天下无难处之事，国家无难断之狱，人世无不报之仇，地下无枉死之鬼矣。"[1]

反对复仇的观点以法家为代表。法家认为刑罚的适用权力属于国家，只有君主才有权力施用刑罚。民间私斗是一种危害国家扰乱社会秩序的行为，必须禁止。所以，法家是反对私人复仇的。秦汉之后，倾向于法家主张的人，也不赞成私人复仇。突出者如王安石，他认为："复仇非治世之道也。明天子在上，自方伯诸侯以至于有司，各修其职，其能杀不辜者少矣。不幸而有焉，则其子弟以告于有司。有司不能听，以告于其君；其君不能听，以告于方伯；方伯不能听，以告于天子。则天子诛其不能听者，而为之施刑于其仇。乱世则天子、诸侯、方伯皆不可以告。故《书》说纣曰：'凡有辜罪，乃罔恒获，小民方兴，相为敌仇。'盖仇之所以兴，以上之不可告，辜罪之不常获也。方是时，有父兄之仇而辄杀之者，君子权其势，恕其情，而与之可也。故复仇之义见于《春秋传》，见于《礼记》，为乱世之为子弟者言之也。《春秋传》以为'父受诛，子复仇不可也'，此言不敢以身之私而害天下之公。又以为'父不受诛，子复仇可也'，此言不以有可绝之义，废不可绝之恩也。《周官》之说曰：'凡复仇者书于士，杀之无罪'，疑此非周公之法也。凡所以有复仇者，以天下之乱而士之不能听也。有士矣，不使听其杀人之罪以施行，而使为人之子弟者仇之。然则何取于士而禄之也？古之于杀人，其听之可谓尽矣，犹惧其未也。曰：'与其杀不辜，宁失不经。'今书于士，则杀之无罪，则所谓复仇者，果所谓可仇者乎？庸讵知其不独有可言者乎？就当听其罪矣，则不杀于士师，而使仇者杀之何也？故疑此非周公之法也。或曰：世乱而有复仇之禁，则宁杀身以复仇乎？将无复仇而以存人之祀乎？曰：可以复仇而不复，非孝也。复仇而殄祀，亦非孝也。以仇未复之耻居之终身焉，盖可也。仇之不复者，天也。不忘复仇者，己也。克己以畏天，心不忘其亲，不亦可矣？"[2]在王安石看来，复仇是乱世所产生的迫不得已的行为，在太平之

---

[1]《大学衍义补·明复仇之义》。
[2] 转引自杨鸿烈：《中国法律思想史》（下册），商务印书馆1998年版，第193页。

世则不能主张复仇的行为，不能以私复仇而损害天下的公义。这与法家禁止私斗以维护国家法制的观点是一致的。但反对复仇的观点，在儒家思想占统治地位的时代，没有产生较大的影响。

（三）关于连坐制度的争论

族诛产生很早，夏商时期已有"孥戮"和"罪人以族"的记载。春秋时期，秦文公年间正式成为法定刑。连坐晚于族诛，战国时期成为法定刑，商鞅变法中使其制度化。

族诛、连坐是中国传统社会最为严酷的刑罚手段之一。一般来说，主张重刑治国的法家是支持施用族诛、连坐的。而主张德治仁政的儒家是反对施用族诛、连坐的。但在儒家思想成为封建正统思想之后，并没有根除族诛、连坐之刑，尤其是族诛的施用，一直延续到明清时期，产生了深远的恶劣的影响。杨鸿烈认为："按儒家'仁民爱物'的思想在两千多年以来本已成为社会上绝大的势力。'族诛连坐'乃和法家最有深厚的渊源，儒家也竟能听其存在，这不能不说是君主专制发达到高度的必然需要。帝王既能利用儒家学说以神圣自己，又何尝不能利用'族诛连坐'以保护自己？"[1]

在西汉昭帝年间的盐铁会议上，倾向法家观点的御史大夫与倾向儒家观点的贤良文学曾就族诛连坐问题发生过争论。御史大夫支持族诛连坐的主要理由：一是认为亲属之间互相知情，应负连带责任。"一室之中，父兄之际，若身体相属，一节动而知其心。""居家相察，出入相司。父不教子，兄不正弟，舍是谁责乎？"二是认为使用族诛连坐，可以发挥刑罚的威慑作用。"彼以知为非，罚之心加，而戮及父兄，必惧而为善。"贤良文学反对族诛连坐的理由：使用族诛连坐违背《春秋》之义，刑罚严酷，有罪的人太多，会造成民心离散政权灭亡的后果。他们说："《春秋》曰：'子有罪，执其父；臣有罪，执其君，听失之大者也'。今以子诛父，以弟诛兄，亲戚相坐，什伍相连，若引根本之及华叶，伤小指之累四体也。如此则以有罪诛及无罪，无罪者寡矣。……自首匿相坐之法立，骨肉之恩废，而刑罚多闻。父母之于子，虽有罪犹匿之，岂不欲服罪尔。子为父隐，父为子隐，未闻父子之相坐也。闻兄弟缓追以免贼，未闻兄弟之相坐也。闻恶恶止其人，疾始而诛首恶，未闻什伍之相坐。"[2]

---

[1] 杨鸿烈：《中国法律思想史》（下册），商务印书馆1998年版，第175页。
[2] 转引自杨鸿烈：《中国法律思想史》（下册），商务印书馆1998年版，第170页。

汉代之后，明代的丘濬较系统地提出了反对族诛连坐的理由。他认为："古者五刑极于大辟，死一身之外无余刑也，至秦人始有三族之法，罪及于妻子同产。夫以一人之有罪，而其妻子固无罪也，况一族乎？父之族同一气脉之相传，且犹不可。又况于母族、妻族乎？是人家以一女子适人之故，而累及其一家一族，无辜而至于绝宗殒祀。若推其类而至于义之尽，则生女可以不举矣。使家家皆惩之而不举，则人类不几于绝乎？……"〔1〕丘濬特别反对因诽谤妖言罪而使用族诛连坐。他说："所谓妖言之令，尤为无可凭据，言出于人之口，而入于人之耳，甚无形迹也。徒以一人之言，而坐其一人之罪且不可，况其家族乎？有国者恐其摇民惑众，或致奸宄之生，祸乱之作，必明立禁条，须必见于手书，着于简牍，成夫文理，质证对验，明白无疑，然后坐之。不然且将有如贾生之论秦者矣。生之言曰：'忠谏者谓之诽谤，深计者谓之妖言，非徒不能禁乱，且因以生乱而至于亡矣。'汉承秦后，而一切禁之，其享国至四百年，宜哉。"〔2〕丘濬认为，使用族诛连坐是秦朝短命的原因之一，汉文帝废除族诛连坐则是汉朝享国长久的原因之一。

（四）关于亲属相隐制度的争论

亲属犯罪应当互相隐瞒，不应当互相告发。这是儒家的一贯主张。其首倡者为儒家的创始人孔子。孔子认为，父为子隐，子为父隐，是一种合乎道德的行为。儒家思想在汉代取得正统地位之后，亲属相隐的主张被规定于法律之中，形成了"亲亲得相首匿"的法律原则。汉代之后，亲属相隐的范围不断扩大，相关的法律规定也更加严密。亲属相隐成为汉唐至明清时期历代王朝的一项重要法律原则。法律不仅规定亲属犯罪互相隐瞒，不须定罪，而且规定不许亲属在法庭上作证，如果子女作证父母有罪，要受到刑罚制裁。唐代至清代的法律都明文规定，应当相隐的亲属不得令其作证，官吏如有违反要处杖刑。在亲属相隐的主张之外，儒家又有"大义灭亲"的主张。后者在汉代以后的法律中也有明确的体现。法律规定对谋反等严重危害国家政权的犯罪，不得适用亲属相隐的原则，子孙必须告发这类犯罪。这反映了儒家法律思想中国家利益高于家族利益、君权高于父权、忠高于孝的特点。在中国传统社会，儒家是始终坚持亲属相隐的主张的。法家则是反对亲属相隐观点的。法家主张"任法去私"，"民人不能相为隐"。父

---

〔1〕 《大学衍义补·戒滥纵之失》。
〔2〕 转引自杨鸿烈：《中国法律思想史》（下册），商务印书馆1998年版，第174页。

子、亲属有罪必须揭发,否则连坐。法家的这种主张对战国时期和秦朝的法制有很大的影响。但对家庭内部发生的轻罪行为,睡虎地出土的秦律中也是禁止子女告到官府的。在儒家法律思想取得正统地位之后,法家反对亲属相隐的主张就没有再发生大的影响了。

(五) 关于赦罪制度的争论

对过失犯罪者和意外事故犯罪者免除刑事责任的制度,在《尚书》等先秦古籍中已有记载。后世的君主扩大了赦罪的范围。凡君主即位、改年号、册皇后、立太子、遇灾异等情况或君主郊祀天地、举行婚丧寿庆大典都要实行赦罪之制。赦名繁多,有大赦、曲赦、特赦、常赦、恩赦、郊赦,等等。赦罪的实行成了君主作威作福的一种方式。儒家主张"德治""仁政",一般是赞成赦罪的。法家主张"不赦过,不宥刑",认为实行赦罪会导致"民多重罪"而造成大害的后果,是坚决反对实行赦罪的。

在儒家思想取得正统地位后,东汉的王符,明代的丘濬等人都对赦罪之制提出过系统的看法。王符认为:"今日贼良民之甚者,莫大于数赦。赦赎数,则恶人昌而善人伤矣。奚以明之哉?曰:孝悌之家,修身慎行,不犯上禁,从生至死,无铢两罪。数有赦赎,未尝蒙恩,常反为祸。何者?正直之士之为吏也,不避强御,不辞上官,从事督察,方坏不快。而奸猾之党又加诬言,皆知赦之不久,则且共横枉侵冤,诬奏罪法,今主上妄行刑辟,高至死徙,下乃沦冤。而被冤之家,乃甫当乞鞫告,故以信直,亦无益于死亡矣。及隐逸行士淑人君子,为谗佞利口所加诬覆冒,下士冤民能至阙者万无数人。其得省问者,不过百一。既对尚书,空遣去者复十六、七,虽蒙考覆,州郡转相顾望,留苦其事,春夏待秋冬,秋冬复涉春夏。如此行逢赦者,不可胜数。又谨慎之民,用天之道,分地之利,择莫犯土,谨身节用,积累纤微,以致小过,此言质良盖民,惟国之基也。轻薄恶子,不道凶民,思彼奸邪,起作盗贼,以财色杀人父母,戮人之子,灭人之门,取人之贿。及贪残不轨,凶恶弊吏,掠杀不辜,侵冤小民,皆望圣帝当为诛恶治冤,以解蓄怨,反一门赦之,令恶人高会而夸诧,老盗服臧而过门,孝子见雠而不得讨,亡主见物而不得取,痛莫甚焉!"王符还引用"文王作罚,刑兹无赦"等儒家经典之说,强调刑法的作用,反对赦罪的实行。

崔实认为:"大赦之造,乃圣王受命而兴讨乱除残,诛其鲸鲵,赦其臣民,渐染化者耳。及战国之时,犯罪者辄亡奔邻国。遂赦之诱还其逋逃之民。汉承秦制,遵而不越。孝文皇帝即位二十三年乃赦,示不废旧章而已。"崔实分析了大赦之制产生和沿革的原因，认为汉文帝之后，多行大赦之制，有违大赦的本义，反而助长了犯罪的增多。"况不轨之民，孰不肆意，遂以赦为常俗，初期望之，过期不至，亡命蓄积，群辈顿聚，为朝廷忧。如是则不得不赦。赦以趣奸，奸以趣赦，转相驱踧，两不得息。虽日赦之，乱甫繁耳。"

荀悦认为："夫赦者，权时之宜，非常典也。汉兴，承秦兵革之后，大愚之世，比屋可刑，故设三章之法，大赦之令，荡涤秽流，与民更始，时势然也。后世承业，袭而不革，失时宜矣。"

丘濬认为："按当承平之世，赦不可有。有则奸宄得志而良民不安。当危疑之时，赦不可无，无则反侧不安，而祸乱不解。""按赦之为言，释其罪之谓也。后世之赦，乃以蠲逋负，举隐逸，荫子孙，封祖考，甚至立法制，行禁令，皆于赦令行焉。失古人眚灾肆赦，赦过宥罪之意矣。……凡夫赦文之初作，条件之初拟也，必须会集执政大臣，各拟所司合行条贯，从公计议。必于律例无碍，必于事体无违，必于人情不拂，断然必可行，的然必无弊，如蠲逋也，其物必可除，后决不至于复追。如宽征也，其事必可已，后决不至于再作。其文意必不至解而两通，其前后必不至言而相戾。即处置其事宜，复讲解其文理，明白切当，然后著于赦文，行于天下，则上之所颁者无虚文，下之所沾者皆实惠矣。""按人君为天子，奉天之祀，则当体天之心，以惠天之民。天之民不得已而误入于罪，赦之可也。不幸而为人所害焉，为天子者不能恭行天讨，使天之民冤苦莫伸，岂天意所欲哉？盖赦之初，设为眚灾也，后世相承既久，不能复古。然旷荡之恩，如雷雨之施不时而作，使人莫可测知，可也。宋人为之常制而有定时，则人可揣摩以需其期，非独刑法不足以致人惧，而赦令也不足以致人感也。"[1]

尽管有很多思想家对赦罪的大量施行提出了批评，但赦罪在中国传统社会依然长期得到实行，并发展成为一套完整的制度。

（六）关于刑讯制度的争论

刑讯是用拷打的手段逼取口供的一种审讯方法。中国传统社会定罪量刑的依据主要靠口供，为了获取口供，刑讯得到广泛的使用，并逐步发展成为一套完整的制度。

汉代已有人反对刑讯的滥用。路温舒在上汉宣帝书中说"夫人情安则乐生，痛则思死。捶楚之下，何求而不得？"对刑讯逼取的口供的真实性提出了质疑。

---

〔1〕 转引自杨鸿烈：《中国法律思想史》（下册），商务印书馆1998年版，第228～248页。

南北朝时，都官尚书周弘正认为："凡小大之狱，必应以情正言，依准五听，验其虚实，岂可全恣，拷掠以判刑罪？……岂是常人所能堪忍？所以重械之下，危堕之上，无人不服，诬枉者多。"[1]

在中国传统社会，反对刑讯制度的呼声很微弱，影响很小。刑讯制度一直沿袭到清末变法时，方再次受到批评。两江总督刘坤一和湖广总督张之洞，在《第二次会奏变法事宜疏》中说："敲扑呼号，血肉横飞，最为伤和害理，有悖民牧之义。地方官相沿已久，漠不动心。拟请以后除盗案命案证据已确而不肯供认者，准其刑吓外，凡初次讯供时及牵连人证，断不准轻加刑责。"江庸后来又谈到废除刑讯制度的困难。他说："停止刑讯，此议发之两江总督刘坤一，湖广总督张之洞，奉旨交法律馆核办经馆，议定办法，停止刑讯。……除死罪取具输服供词外，流徒以下拟证定谳。馆议在今日视之，殊未能令人满意。盖刑讯之必要在乎取供，逼供尤以重罪为较多较酷，死罪仍须取具供词，则刑讯之弊亦卒不能免。而御史刘彭言则力言停止刑讯之非，谓必致积压拖累。经馆反复陈明，以为不必过虑，乃未中梗。当时改革之困难，亦足见一斑矣。"[2]

六、本章小结

德刑关系的认识是贯穿传统刑法思想发展的主要线索。从西周"明德慎罚"思想的确立，到汉代"德主刑辅"思想的继承与发展，再到唐代以后"德本刑用"思想的传承与变化，历代政权都把德刑关系的把握作为治国理政的主导思想之一。在继承发展德刑关系的主导思想的同时，重视刑法统一、刑法简明、罪刑相称等思想的总结、传承和发展，是传统刑法思想具有跨时代影响力的重要体现。

罪刑关系的认识是贯穿传统刑法思想发展的又一条主要线索。法家主张重刑治国的思想，随着秦朝的灭亡，失去了正统思想的地位。汉代儒家思想确立为正统思想之后，吸收改造了法家的重刑思想。在西周时期已经形成的刑法世轻世重思想的继承发展中，实现了儒法两家刑法思想的合流，重刑思想在不同时期不同形势之下，继续发挥着不同程度的社会作用。

---

[1] 转引自杨鸿烈：《中国法律思想史》（下册），商务印书馆1998年版，第161页。
[2] 转引自杨鸿烈：《中国法律思想史》（下册），商务印书馆1998年版，第167页。

第二章 传统刑法体系的发展线索

一、先秦时期的刑法体系

（一）刑法的起源

古今许多学者就中国刑法的起源问题，提出了很多看法，但至今还没有取得一致的结论。关于中国刑法起源的时间，有些人根据《尚书》等古籍的记述，认为在夏朝之前的黄帝和尧舜时代已经产生了刑法。有些人把中国刑法的起源和中国国家的产生结合在一起考虑，认为在夏朝时，中国刑法随着国家的产生才产生。因缺乏直接的文字记载和实物史料的证明，以上看法只是根据古籍中的传说史料所作的推断，或是根据马克思的国家学说所作的推论。关于中国刑法起源的途径，主要有以下几种观点：

1. 刑法起源于天意

此说最早见于《尚书》。古人认为，上天为惩罚有罪的人，使用了刑罚。这反映了上古统治者借助神权的力量以增强刑罚的权威性的愿望，也反映了古人对刑法起源的一种认识。认为刑法起源于天意，这是神权法思想的产物。

2. 刑法起源于战争

此说在《易经》《国语》《汉书·刑法志》等古籍中都有记述。古人认为刑罚是伴随战争的发生而产生的，即所谓刑起于兵。这反映了古人对刑法起源的又一种看法。

3. 刑法起源于威慑犯罪、制止财产纷争

春秋战国时期的法家学派首先提出这种观点。管仲、商鞅、韩非等法家代表人物都有类似观点，即认为法律是"兴功惧暴""定分止争"[1]的产物。

---

[1]《管子·七臣七主》。

4. 刑法起源于礼俗习惯

现代学者很多持此种观点，认为刑法是由初民社会的禁忌习俗发展演变形成的。先秦的礼俗习惯与刑法的起源有密切的关系。这种观点吸收了历史学者、民族学者的研究成果，正在丰富深化之中。

此外，还有刑法起源于苗民之刑、起源于皋陶造律等观点。

（二）刑法的主要形式

先秦时期有关刑法的主要形式有礼、誓、诰、刑、法等数种名称。

礼是中国历史上含义十分复杂的一个概念。民俗史、宗教史、哲学史和法制史等许多学科都涉及到礼的问题。有习俗的礼，有制度的礼，有观念的礼。有的礼有法的性质，有的礼没有法的性质。礼的内容是综合性的，不是单一的，其中包含有法的成分。能够产生法律后果的礼就是法的形式，不能引起法律后果的礼，或是礼仪习俗，或是道德规范，或是宗教规范，要根据具体内容、具体情况，具体分析辨识。不能笼统地判定礼的性质，不能把礼的性质和概念绝对化。

誓是军队誓师时的命令。《尚书》中记载的《甘誓》是夏启发布的讨伐有扈氏的命令。《汤誓》是商汤讨伐夏桀时发布的命令。《泰誓》《牧誓》是周武王伐商时的誓师命令。

诰的内容比较复杂，包含有具有法的性质的讲话和命令等内容。商代有商汤发布的《汤诰》，内容是将夏王的罪恶和商的施政纲领告示万民百姓。西周的《大诰》是周公平定管叔、蔡叔及武庚反叛后，为安定天下人心而发布的。《康诰》是周公为告诫康叔如何治理国家而发布的。《酒诰》是周初为禁止群众饮酒闹事而发布的。《召诰》和《洛诰》是周公为营造洛邑而发布的。诰这种法律形式，后来明朝的明太祖还采用过。

刑的含义有广义、狭义之分。广义的刑是先秦时期法的一种通称。如"禹刑"是夏朝法的通称，"汤刑"是商朝法的通称，"九刑"是西周法的统称。《吕刑》是西周中期司寇吕侯奉周王命令编纂的刑法。狭义的刑只指刑罚方式。

法是春秋战国时期以刑为主的法律形式。

（三）礼刑关系

许多学者认为，礼起源于先民敬神求福的祭祀仪式。也有学者认为，饮食礼仪、生产礼仪、交换礼仪都可能是礼起源的途径之一。礼的起源与法的起源一样，其途径可能不是单一的，而是多元的。据史书记载，夏商时代已有内容丰富的礼。西周时期，政治家周公继承发展了夏商的礼，编纂出周礼。周礼内容广泛，涉及到政治、经济、军事、司法、外交、宗教、教育、伦理等许多方面，是一种综合性的社会规范。这就是历史上所说的"周公制礼"。传世的《周礼》一书，内容复杂，种类繁多，包含有西周礼的内容，也有后儒增加的内容。礼有严格的等级，贵族的礼平民不能享用，即所谓"礼不下庶人"。违犯了礼的等级，要受到刑罚的制裁，即所谓"出礼入刑"。大夫以上的贵族享有特权，受到法律的特殊保护，在适用刑罚上受到优待，即所谓"刑不上大夫"。下文刑法原则部分还要谈到这个问题。

（四）刑法的公布与法典化

夏商西周时期，中国古代法还处于习惯法时期。有些习惯法在西周时期经统治者的整理编纂，并用文字记录下来。用文字记录的习惯法虽有成文的形式，但还不是真正成文法意义的法律。真正的成文法是到春秋战国时期，才经统治者以立法的方式制定并向整个社会公布的。这种成文法与夏商西周的习惯法相比，具有公开性、统一性、普遍性等特点。成文法不再由贵族垄断处于秘密状态，而是向全社会公布，具有公开性的特点。成文法不像习惯法处于各处分散的状态，只在某些局部地区有效，而是在一国之内有统一的立法思想、立法原则，对该国人民有普遍的效力。这种成文法在春秋战国时期产生并法典化，与当时的政治需要和法治思想有直接的关系。春秋战国时期，周王室力量衰落，无法号令天下，统一天下。各诸侯国为富国强兵，壮大自身，需要统一法律，提高统治效能。法家学派适应当时的政治需要，提出了公布成文法、统一成文法、提高成文法权威性的法治主张。这种政治需要和法治思想的结合，促使了成文法的公布和法典化，主要是刑法的公布和法典化。

1. 郑国子产铸刑书

公元前536年，郑国的执政子产把法律铸在鼎上，率先公布了成文法。《左传》昭公六年记载此事说："郑人铸刑书"。子产铸刑书，是中国古代成文法产生的标志之一，曾受到保守派人物叔向的批评。叔向认为，以前的统治者是根据礼俗惯例治理社会的，不制定法律向民众公开。子产违反了先王治理社会的传统，将会导致社会秩序的混乱。子产没有为叔向的批评所动摇，他以社会变化的需要为理由，维护了公布的成文法。子产铸刑书的内容已难详知，据学者研究，主要是关于财产和司法方面的内容。

子产之后，郑国的贵族邓析私自编纂法律，写于竹简之上，历史上称为"竹刑"。邓析私造刑法被处死，但他编的竹刑为官方采用，也成为郑国的成文法。

2. 晋国铸刑鼎

子产铸刑书之后，公元前513年，晋国"铸刑鼎"，公布了成文法。晋国铸刑鼎的立法活动，受到儒家学派创始人孔子的批评。孔子认为，晋国铸刑鼎违反了先王的礼制，民众只知遵守刑鼎的制度，不知遵守先王的礼制，将会造成社会混乱，晋国灭亡。

3. 魏国李悝编纂《法经》

公元前445年，李悝在魏国主持变法。为适应变法的需要，他总结各诸侯国的立法经验，编纂了中国历史上第一部成文法典《法经》。《晋书·刑法志》等古籍保存了《法经》的篇目和部分内容。

《法经》由《盗法》《贼法》《囚法》《捕法》《杂法》《具法》六篇构成。《盗法》是保护财产惩处盗窃犯罪行为方面的法律；《贼法》是惩处杀人伤人犯罪行为的法律；《囚法》是关于诉讼、审判和刑罚执行方面的法律；《捕法》是关于追捕违法犯罪者的法律；《杂法》是惩罚盗、贼之外的一般犯罪的法律；《具法》是关于定罪量刑原则方面的法律。六篇中，《盗法》《贼法》两篇是《法经》的核心内容，最为重要。编纂者认为，帝王治理国家最要紧的是惩治盗贼。即所谓："王者之政莫急于盗贼。"这两篇相当于现代刑法中保护生命权和财产权方面的内容。《具法》一篇相当于现代刑法典的总则，也非常重要。从《法经》的篇目和内容来看，《法经》是以刑法为主要内容的一部法典，即后人所总结的以刑为主的法典。这种特点是受法家重刑思想影响所形成的。《法经》的编纂体例和主要内容对后来秦汉时期法典的编纂有直接的影响，对后世历代王朝刑法的发展也有深远的影响。

二、秦朝的刑法体系

秦王朝的法律是直接从战国时期秦国的法律继承发展而来的。商鞅变法建立的法律体系是秦王朝法律的主要来源。商鞅在秦孝公时期推行变法改革，参照李悝的《法经》制定了秦律。法史学者把商鞅的立法称为"改法为律"。"法"的名称改为"律"的名称，是中国法制发展史上值得注意的重要变化。这一变化的意义是强化了法律的统一性、普遍性和权威性。这正是法家法治思想追求的主要目标。律的名称为秦以后的历代王朝所沿用，成为中国传统刑法的主要表现形式。清末著名法学家沈家本认为，商鞅改法为律是变法的重大事件。[1]

商鞅制定的秦律没有完整的流传下来。1975年12月，在湖北云梦出土的睡虎地秦墓竹简中，发现了大量的抄录的秦律。计有《田律》《厩苑律》《仓律》《金布律》《关市律》《工律》等数十种，名称繁多，内容庞杂。其中，《田律》是有关农田水利、山林保护等方面的法律；《厩苑律》是有关牛马放牧饲养等方面的法律；《仓律》是有关国家的粮食保管、储藏和发放的法律；《金布律》是有关货币流通、市场交易的法律；《关市律》是有关税收管理方面的法律；《工律》是有关手工业生产管理方面的法律；《徭律》是有关徭役征发的法律；《司空律》是有关工程建设管理方面的法律；《军爵律》是有关奖励军功方面的法律；《置吏律》是有关设置任用官吏方面的法律；《效律》是有关考核官吏工作效率和业绩方面的法律；《传食律》是有关驿站饭食供给的法律；《行书律》是有关公文传送时间和要求方面的法律；《尉杂律》是有关廷尉职责方面的法律；《属邦律》是有关少数民族事务管理方面的法律。据有关专家研究，这些秦律还不是秦朝法律的全部，但已反映了商鞅变法后的秦国至秦王朝建立初年的法制的主要内容，刑法也包含在其中。

（一）刑法指导思想

秦朝刑法的指导思想主要是法家的法治思想。商鞅、韩非、李斯的法治主张对秦朝刑法的制定和发展有直接的影响。

商鞅十分重视法律在治理国家中的重要作用。他认为：法律是治理国家的根本标准。依法治国是关系到人民生存死亡的根本问题。他特别强调立法、执法的公开性和权威性，认为法律一旦制定公布，就必须严格执行，决不能徇私废法。他主张统一刑罚的适用标准，除了君主及其继承人之外，无论官僚贵族，还是普通百姓，只要违犯国家法律，就要严刑惩处。他极力主张重刑治国。认为治理国家应当轻罪重罚。这样，人们就既不敢犯轻罪，更不敢犯重罪。刑罚的威力就能实现，就会提高统治效能，促使国家强大。如果重罪重罚、轻罪轻罚或重罪轻罚，不仅重罪制止不了，轻罪也制止不了。刑罚的威力就会减低，就会降低统治效能，导致国力衰弱。为了充分发挥刑罚的威力，商鞅除主张重刑轻罪之外，还主张对重罪实行连坐。一人犯了重罪，他的亲属、邻居或上下级都要负连带责任。对一般犯罪的处罚，既不能赦免，也不能宽大。

---

[1] 参见（清）沈家本：《历代刑法考·律令考》（二），中华书局1985年版，第847页。

商鞅的刑无等级、重刑轻罪、重罪连坐和不赦不宥的主张，得到韩非、李斯的赞扬和发展。韩非在商鞅"刑无等级"的思想基础之上，进一步提出了"法不阿贵""刑过不避大臣"的主张。韩非继承商鞅严刑重罚的思想，赞成重刑轻罪的主张。他认为，只有实行严刑重罚，才能禁止邪恶防止犯罪，使国家得到治理。如果哀怜百姓，使用轻刑，犯罪就会增多，国家就危险了。他对儒家倡导的仁义学说轻刑主张进行了系统的驳斥。李斯为了维护君主的最高威权，极力推行重刑主义。他称赞商鞅重刑轻罪的主张和立法，认为只有英明的君主才能"深督轻罪"。轻罪重罚，民众就不敢犯罪，君主就能独制天下，享有天下之利。

韩非得到秦始皇的赏识，李斯得到秦始皇的重视，他们的法治思想都直接影响了秦朝的刑法。

（二）刑法主要形式

1. 律

秦朝律的形式是从商鞅改法为律继承发展而来的，是秦朝刑法体系的主要组成部分，是系统性的成文法文件。但商鞅改《法经》为律典的文本没有保留下来，出土秦简中律的种类繁多，与《法经》是什么关系，学界还没有定论。律这种形式成为秦朝之后历代王朝法典的基本形式，也是刑法的基本形式。

2. 令

令是皇帝发布的命令。秦始皇时称命为制，称令为诏，都是皇帝直接发布的法律形式。出土秦简中，有律令名称并列使用的情况。令中包含有刑法的内容。

3. 式

出土秦简中有《封诊式》，是关于司法审判制度方面的法律形式。式作为法律形式，最早见于出土秦简，在汉代成为法律体系的重要组成部分，其中含有刑法的内容。

4. 法律解释

秦朝的法律解释是以答问的形式表现的。睡虎地秦墓竹简的整理者将秦的法律解释定名为"法律答问"。这种解释具有明确法律含义，补充立法不足的作用，是具有法律效力的，也是刑法的渊源之一。

5. 廷行事

廷行事是官府编纂的先例，可以作为司法判决的依据，也是刑法的渊源之一。出土秦简中有依照廷行事判决的记载。

三、汉朝的刑法体系

（一）刑法指导思想

秦朝以法家思想作为立法的指导思想，尤其是片面推行重刑主义，用严刑苛法强征暴敛，激化了社会矛盾，促使了秦朝的迅速灭亡。汉朝统治者总结了秦朝迅速灭亡的历史教训，放弃了法家思想作为立法的指导思想，改变了严刑苛法强征暴敛的治国方针。汉初统治者崇尚黄老学派无为而治的思想，实行约法省禁、轻徭薄赋、保障民众生存发展的政策。

汉朝初年简化法律、少用刑法的政策，对缓和社会矛盾起了一定的作用。但黄老学派无为而治的思想过于消极保守，不利于提高统治效力，促使国家富强昌盛。汉武帝时期，采用董仲舒的建议，"罢黜百家，独尊儒术"，用儒家的三纲思想和德主刑辅思想作为治国的指导思想，也作为立法的指导思想。从此，儒家思想对汉代法制产生了深刻的广泛的影响，形成了汉代法制最重要的变化和特点。这种变化和特点对汉代以后历代王朝的法制也产生了深远的影响。儒家思想对汉代之后历代王朝法制影响和支配的过程，现代学者称之为中国法律的儒家化。习惯法的成文化，成文法的儒家化，是中国古代法制史上最重大的变化。我们将这两次重大的变化称之为中国法制发展史上的成文化运动和儒家化运动。在立法指导思想上，从汉代把儒家的三纲思想、德主刑辅思想确立为立法指导思想之后，魏晋隋唐至宋元明清历代王朝的立法指导思想没有再发生根本的变化。也就是说，儒家的三纲思想和德主刑辅思想是汉唐至明清时期历代王朝的立法指导思想，也是刑法的指导思想。

（二）刑法主要形式

汉朝建国前，刘邦为了争取民众的支持，曾宣布废除秦朝的严刑苛法，订立了"约法三章"："杀人者死，伤人及盗抵罪。"简要的规定了杀人罪、伤人罪和盗窃罪的处罚原则。汉朝建国后，三章之法过于简单，不能适应治理国家的需要，就逐步制定了形式更多、内容更丰富的成文法，建立了较为完善的法律体系。汉朝的刑法体系主要由以下几种法律形式构成。

1. 律

律是汉朝最稳定的法律形式，是汉朝法典的基本形式，也是刑法的基本形式。汉朝建立后，丞相萧何在《法经》六篇和秦律的基础之上，增加了《户律》《兴律》《厩律》三篇，称为《九章律》。法史学者历来多认为《九章律》是汉朝的基本法典。但《九章律》没有留传下来，只在《汉书·刑法志》中记载："三章之法不足于御奸，于是相国萧何攈摭秦法，取其宜于时者，作律九章。"《晋书·刑法志》中记载："汉承秦制，萧何定律，……益事律：兴、厩、户三篇，合为九篇。"据学者考证，萧何增加的《户律》是规定户籍、赋税和婚姻等方面的法律；《兴律》是规定工程建设、徭役征发和城防守备等方面的法律；《厩律》是规定牛马饲养和驿传等方面的法律。以行政、经济、民事为主要内容的"事律"编入法典，这是中国古代法典编纂史上值得注意的发展，是古代以刑为主、诸法合体的法典编纂体例的重要发展。萧何编纂《九章律》之后，叔孙通又编纂了《傍章律》18篇，张汤编纂了《越宫律》27篇，赵禹编纂了《朝律》6篇。规定了朝廷礼仪和宫廷警卫等内容。

　　1984年在湖北张家山汉墓出土的竹简中记载有大量汉律的内容。有《徭律》《效律》《吏律》《钱律》等篇目。有的篇目是从秦朝继承下来的，有的篇目是汉朝新制定的。所以，汉朝律的篇目、内容究竟有多少，法史学界还没有定论。我们现在暂且认为，《九章律》是汉朝的基本法典，规定了汉朝法律的基本原则与核心内容。其他称为律的篇目，是对基本法典《九章律》的补充。

　　2. 令

　　令，是指皇帝的命令，又称为"诏"或"诏令"，是皇帝根据需要发布的单行法规，具有补充律文不足或修正律文内容的作用，即《汉书·宣帝纪》中所说："天子诏所增损，不在律上者为令。"官方实际处理具体事务中，也有以令代律的情况。如汉宣帝时，有人责问廷尉杜周：为什么办案不遵循以前律文的规定，只奉行现今皇帝的旨意？杜周回答："前主所是著为律，后主所是疏为令，当时为是，何古之法乎。"[1]汉代令的范围很广，不局限于刑法的范围。汉宣帝时，曾对令进行分类整理，编为令甲、令乙、令丙等类别，方便了官吏的检索引用。

　　3. 科

　　科，又称"科条"或"事条"。是有关刑法方面的单行法规。东汉时期科条增多，使用频繁。

　　4. 比

　　比，又称为"决事比"，是指在律令没有明确规定的情况下，可以作为判决

---

[1]《汉书·杜周传》。

标准比照适用的典型案例。相当于秦朝的"廷行事"。汉代的决事比种类很多，数量也很庞大。《汉书·刑法志》记载，汉武帝时期，"死罪决事比"就有1万3千多件。

在典型案例之外，律学家对汉律的权威解释，经朝廷认可后，也可以作为判案的依据。西汉时期，一些司法官员对法律的解释世代相传，形成了著名的律学世家。东汉时期，一些儒学大师引用儒家经典解释法律，不仅促使了引经解律传统的形成，而且为案件判决提供了更多的依据。

四、魏晋南北朝时期的刑法体系

（一）主要法典

1. 曹魏《新律》

三国时期，蜀国、吴国虽然制定过一些科条，但没有编纂出系统的法典。魏国在魏明帝时期编纂了系统的法典，名为《新律》。这部法典具有以下特点：在体例方面，从汉代《九章律》的9篇，增为18篇。篇目增多，分类也增多了。特别是把《法经》到《九章律》中规定法律原则的篇目《具律》，改为《刑名》，并把此篇列为法典的第一篇。这样就突出了法律原则在法典中的统领地位。《法经》把《盗法》和《贼法》列为法典的第一和第二篇，突出了法典核心内容的重要性，但把《具法》列为最后一篇，却不能显现法律原则在法典体系中的统领地位。《九章律》把《具律》列为法典的第六篇，既不在开头，也不在结尾，更不能突出法律原则在法典中的统领地位。所以，曹魏《新律》把规定法律原则的篇章列在法典之首，不仅是对《法经》《九章律》的编纂体例的重大发展，而且为后世法典的编纂体例所长期遵循。在内容方面，曹魏《新律》规定了维护皇亲国戚官僚贵族等级特权的"八议"制度，将《周礼》中的"八辟"制度正式规定入法典之中。这是礼法结合的突出表现，也是法律儒家化的突出表现。

2. 《晋律》

《晋律》编纂于晋武帝泰始年间，又称作《泰始律》。这部法典的主要特点是：在体例方面，将曹魏《新律》规定法律原则的《刑名》篇，分为《刑名》和《法例》两篇，列在法典前面，处于统领法典各篇的地位。法典总的篇目增多至20篇。在内容方面，规定了根据服制定罪的制度，进一步促进了礼与法的结合，促进了法律儒家化的发展。特别是，律学家张斐、杜预对《晋律》的注释，经朝廷批准颁行后，与律文具有同等的效力。他们注释的《晋律》，历史上称作《张杜律》。张斐、杜预的注释，使《晋律》的基本概念更加明确、规范。张斐对20个重要概念的注释，在《晋书·刑法志》中保留下来。张、杜的注释既发展了汉代引经注律的成果，又为唐代律疏的完善提供了范例。他们的注释是中国古代律学发展水平的标志之一，也为后世法律解释的发展积累了宝贵的经验。

3.《北魏律》

《北魏律》是北魏孝文帝下诏编纂的基本法典。北魏是鲜卑族建立的政权，但这部法典总结了汉、魏、晋以来律典编纂的经验，吸收了礼制的很多成果，成为儒家化的重要法典。该法典规定的官当制度，是北魏时期法律儒家化的重要表现。

4.《北齐律》

《北齐律》是北齐高颖等人奉诏编纂的基本法典。这部法典的主要特点是：在体例方面，共分为12篇。把《晋律》规定法律基本原则的《刑名》和《法例》两篇，合并为《名例》篇，列为法典的首篇。这种编纂体例直接为隋唐时期的基本法典所继承。该法典12篇的篇目依次是：名例、禁卫、户婚、擅兴、违制、诈伪、斗讼、贼盗、捕断、毁损、厩牧、杂律。从《法经》6篇，到《九章律》9篇、曹魏《新律》18篇、《晋律》20篇，法典主要内容的分类都没有稳定下来。至《北齐律》12篇，法典内容的分类才稳定下来。《北齐律》的篇目反映了当时对法典内容分类的认识水平，并为隋唐时期法典篇目的分类提供了范本。特别是《名例》篇的名称和首篇的统领地位，为隋唐至明清时期的历代法典所继承。所以，《北齐律》的编纂体例，在中国古代法制史上具有承前启后的重要意义，受到法制史学家的充分肯定和高度评价。在内容上，《北齐律》规定了"重罪十条"，突出了法典中最严重的十类犯罪。为此后历代王朝法典所规定的"十恶"制度奠定了基础。《北齐律》规定的死、流、徒、杖、鞭五刑，为后世以徒、流为中心的五刑体系的建立也奠定了基础。

南北朝时期的法典还有东魏的《麟趾格》、西魏的《大统式》、北周的《大律》，但都没有流传于世。

（二）其它刑法形式

令，是上述法典之外的以行政机构、行政管理为主要内容的法规，其中存在与刑法相关的内容。曹魏时期有《郡令》《尚书官令》《邮驿令》等一百多篇。

西晋时期有《晋令》32篇，两千余条。北魏、北齐、北周都颁布了数量众多的令。

科，是汉、魏时期重要的法律形式，晋代以后逐步取消了"科"的形式。

格，是东魏时期创立的法律形式，为唐代所沿用。

式，在西晋、西魏时期成为专门的法律形式。名称为唐代沿用。

故事，是晋代的专门法律形式。

五、隋唐时期的刑法体系

（一）刑法指导思想

1. 立法必须宽简

隋文帝和唐太宗都特别强调立法必须宽简。宽简，主要是指立法内容要宽严适当，量刑标准要轻重适当，立法条文要简练概括，立法语言要明确易懂。法律要便于司法官吏掌握，也便于老百姓了解。这是对儒家立法思想和法家立法思想的继承和融合。

2. 德礼为本，刑罚为用

唐朝继承和发展了儒家德主刑辅的指导思想，《唐律疏议》提出"德礼为政教之本，刑罚为政教之用"。儒家始终把道德、礼制看作是推行政治和教化民众的根本措施，刑罚是辅助手段。这种思想成为唐朝编纂法典进行立法的指导思想。从西周明德慎罚思想，到儒家德主刑辅思想，再到唐朝德本刑用的思想，是一脉相传的。这是中国传统法律思想传承的主要线索，也是刑法指导思想传承的主要线索。

（二）主要法典

1.《开皇律》

《开皇律》是隋文帝开皇年间编纂的基本法典。这部法典在体例上，继承了《北齐律》的12篇分类，具体篇目略有变化，依次是：名例、卫禁、职制、户婚、厩库、擅兴、盗贼、斗讼、诈伪、杂律、捕亡、断狱。这种分类和篇目完全为唐代法典所继承，成为中国古代法典成熟和稳定的代表性作品。

在内容上，《开皇律》规定了以下重要制度：

（1）五刑制度

以肉刑为中心的先秦五刑制度经过汉初文景时期的改革，逐步演变为以徒、流刑为中心的刑罚体系，直到《开皇律》制定，笞、杖、徒、流、死这种新的五刑制度才正式确立起来。《开皇律》确立的五刑，是从重到轻排列的。依次是：死刑二等即绞、斩；流刑三等即一千里、一千五百里、二千里；徒刑五等即一年、一年半、二年、二年半、三年；杖刑五等即六十到一百，每等加十；笞刑五等即十到五十，每等加十。判处流刑的罪犯，还附加有"居作"的劳役。《开皇律》确定的五刑制度，是中国古代刑罚制度发展史上的重大进步。不仅彻底改变了以肉刑为中心的残酷的刑罚体系，而且废除了枭首、孥戮、车裂等许多酷刑。新建立的五刑制度，轻重较为适当，等级构成较为合理，为后世历代王朝的基本法典所肯定，直到清末法律改革引进西方近代刑罚体系后才被废除。

（2）八议制度

《开皇律》完全沿用了曹魏《新律》规定的八议制度，同时沿用了前代用官品折抵徒刑的官当制度。它保证了对官僚贵族等级特权的维护，适应了古代社会等级关系发展的需要。

（3）十恶制度

《开皇律》继承并发展了《北齐律》规定的"重罪十条"，确立了"十恶"罪名。具体罪名是：谋反、谋大逆、谋叛、恶逆、不道、大不敬、不孝、不睦、不义、内乱。"十恶"罪名为以后历代王朝的法典所继承，成为中国刑法史上非常重要的制度。

2. 《武德律》和《贞观律》

《武德律》是唐高祖武德年间颁布的基本法典，是唐朝建立后的第一部法典，是在《开皇律》的基础之上编纂的，共12篇，500条。原典没有保存下来。

《贞观律》是唐太宗贞观年间颁布的基本法典，仍以《开皇律》为基础，对《武德律》作了较大的增删修改，减少了死刑条款，缩小了反逆罪缘坐处死的范围。原典也没有保存下来。

3. 《永徽律》

《永徽律》是唐高宗永徽年间颁布的基本法典，是在《贞观律》基础之上编纂完成的。这部法典继承了《开皇律》12篇的分类和篇目名称，继承并发展了关于五刑、八议、十恶等重要制度的规定。特别是长孙无忌等人为《永徽律》作了详细注释，注释和律文合在一起，称为《律疏》。《永徽律》的注释，与律文具有同等的法律效力，是当时律学考试和司法判决的重要依据。这些注释，代表了中国古代立法解释的最高水平，也是中国古代律学发展成熟的标志。其对后世法典的编纂和法学的发展产生了极为深远的影响。

4.《开元律》

《开元律》是唐玄宗开元年间编纂的基本法典,是在《永徽律》基础之上编纂完成的。

《贞观律》、《永徽律》和《开元律》的基本特点,都存在于传世的《唐律疏议》(宋元以来对唐代《律疏》的统称)之中。《唐律疏议》是中国历史上完整保存至今的最早法典。《唐律疏议》在法典编纂体例上、内容设置上和法律解释上,都做到了集前代立法的大成,树后世立法的楷模,是中国古代法制史上登峰造极的典范作品。《唐律疏议》不仅对宋元明清各代法典的编纂有重大影响,而且对古代东亚各国的立法也产生了重大影响。朝鲜历史上的《高丽律》、日本历史上的《大宝律令》、越南历史上的《刑书》,都以《唐律疏议》为蓝本编纂。所以,《唐律疏议》又是中华法系的代表作。

《唐律疏议》总的特点是:"一准乎礼"。这是清代学者对《唐律疏议》的评语。当代法史学者引用这一评语,是指《唐律疏议》的内容贯穿了礼的原则,完全合乎礼的精神。《唐律疏议》对君权、父权、夫权的维护,对八议、官当、服制和同居相隐的规定,对各种违法行为和违礼行为的处罚,都全面体现了礼的要求。所以,法史学者认为《唐律疏议》是"礼法结合"的代表性法典,是"道德法律化"的代表性法典,是中国传统法律儒家化的代表性法典。

"中外学术界中有人把今传《唐律疏议》只看作《永徽律疏》,有人则只看作《开元律疏》,各执一偏,都不符合历史实际。《唐律疏议》撰于永徽,其所疏释的律条基本上定于贞观,而律疏的部分内容和文字又是永徽以后直至开元间多次修改的产物。这种整体的连续和局部的变化告诉我们:《唐律疏议》并非永徽或开元一朝之典,而是唐一代之典。"[1]

(三) 其他刑法形式

律是唐朝最重要的法律形式,是以刑法为主要内容的律典。在律之外,唐朝有关刑法的形式还有以下几种:

1. 令

令是规定各种行政管理制度的专门法规,包含有刑法的内容。违犯令的规定,有的受到降级、免职之类的行政处罚,有的要受到刑罚处罚。律典《杂律》中规定有"违令罪",凡违犯令的行为,处以笞五十的刑罚。

---

[1] (唐) 长孙无忌等撰:《唐律疏议》,刘俊文点校,中华书局1983年版,点校说明第3页。

2. 格

格是皇帝处理具体事务而发布的专门法规，包含有刑法的内容。唐代曾有《留司格》，是有关朝廷日常公务的格的汇编；有《散颁格》，是有关各级官府事务的格的汇编；还有《刑部格》《户部格》《兵部格》等名称和零散材料传世。唐格数量繁多，但多已失传。

3. 式

式是有关政府机关办事细则和公文程式方面的专门法规，包含有刑法的内容。违犯式的规定，有的给以行政处罚，有的给以刑罚处罚。律典《杂律》中有"别式罪"，处以笞刑四十。唐代有《吏部式》《户部式》《礼部式》《兵部式》《刑部式》《工部式》《屯田式》《水部式》等数十种名称，但多已失传。

在上述四种法律形式之外，还有两种含有刑法内容的法律汇编：

第一种是《唐六典》。这是在唐玄宗开元年间，模仿《周礼》的体例完成的一部重要典章制度的汇编。内容主要是行政机构的设置、职责和官员的选任、考核、退休制度等方面的规定，也含有刑法方面的内容。

第二种是《大中刑律统类》。这是在唐宣宗大中年间完成的一部以刑律为主体的法律汇编。把律、令、格、式合编在一起的"刑统"的体例，对五代、宋代的法典编纂产生了直接的影响。

六、宋元时期的刑法体系

（一）宋朝刑法体系的建立

1.《宋刑统》的编纂

宋初，沿用唐代的律令格式及五代编敕。建隆四年（963年），宋太祖命窦仪等人编纂了宋代第一部法典《建隆重详定刑统》，史书中简称为《宋刑统》。"刑统"的名称是从唐末的《大中刑律统类》和五代后周的《显德刑统》继承而来的。《宋刑统》继承了隋唐法典12篇的体例，但又有以下变化：首先，在每篇之下，按照法律调整对象的性质，将律文分成若干门。共有213门，502条。其次，在律文、疏议后，附有令、格、式、敕，共177条。令、格、式、敕前有一"准"字，表明经过皇帝的批准；再者，增设了"起请"条，共32条。"起请"条以"臣等参详"字样开头，是大臣对律文和敕令格式的补充，或作出的新的解释。内容上，《宋刑统》除继承《唐律疏议》的主要内容之外，在刑罚制度的适用方面也有改变。

2. 敕的汇编

敕是皇帝针对特定的人和事发布的单行法令，一般称为散敕。敕可以对律文不完备的地方进行补充。《宋刑统》没有规定的事项，就根据敕的规定处理。此外，由于《宋刑统》颁布之后变动不大，使律文难以满足社会变化的需要，敕作为一种灵活的形式，可以弥补律文的不足。律敕并用是宋代法制的一个特点。

但散敕只是针对特定的人和事发布的，不具有普遍适用性。将散敕进行分类整理，汇编颁行，使其具有普遍性的法律效力，称为"编敕"。编敕具有准法典的性质，始于唐代，宋代进一步发展，表现如下：第一，宋代设有专门编敕机构"编敕所"，进行敕的编定工作；第二，宋代敕的数量大、种类多，编敕活动频繁。其中神宗朝编敕最多；第三，编敕调整的范围扩大，遍及社会各个领域，其中关于民事、经济方面的比较突出，如《天圣户绝条贯》《遗嘱财产条法》等；第四，编敕的法律地位逐渐提高。北宋前期，敕律并行。神宗变法之后，敕的地位上升，以致以敕破律、以敕代律。

3. 例的汇编

宋代的例，分为断例、特旨为例和指挥。断例，是司法机关审断案件形成的成例；特旨为例，是皇帝针对特定的人或事，或应臣僚的请求发布的批诏；指挥，是中央官署对下级机关下达的命令。

由于例的形式灵活，更能切合实际等原因，宋代明文规定：法律中没有规定的，引用例的规定。但实践中例的使用越来越频繁，以致形成以例破法的现象。南宋时，例的地位进一步提高，虽然有律文，但是官吏一切以例为准，以致没有例事情就难于解决。《庆元条法事类》中规定：各种敕令没有相应的例的，适用律文规定；律文没有相应的例或者例有不同规定的，适用敕令的规定。可见，已经将例与律敕并列，例的适用甚至优先于律敕。

由于例的使用频繁，编例也成为一种重要的立法活动。与编敕一样，编例也使例从针对特定的人或事，上升为一种具有普遍法律效力的法律形式。编例始于北宋中期，盛于南宋。宋朝主要的编例有：宋神宗时的《熙宁法寺断例》《元丰断例》，哲宗时的《元符刑名断例》，南宋高宗时的《绍兴刑名法寺断例》、孝宗时的《乾道新编特旨断例》，等等。

4. 条法事类的汇编

南宋还有"条法事类"的法规汇编，是按事项把敕、令、格、式等法律形式分门别类的汇编。

宋初编敕，依律文的十二篇分敕为十二门。元丰年间，采用以事为经、以敕令格式为纬的统类合编体制。南宋孝宗淳熙年间，以事分门，调整同一对象的敕令格式随事分门编纂，即"条法事类"的编纂体例。

这种法规汇编更方便了司法官吏的检索引用。南宋编有《淳熙条法事类》《庆元条法事类》《淳祐条法事类》等，但保留至今的只有《庆元条法事类》的残卷。

（二）元朝的刑法体系

元朝建立之前，各蒙古部落采用世代相传的习惯法，蒙古语称为"约孙"。这是一种禁忌习俗、道德规范和法律规范相结合的习惯法。

成吉思汗在位时期，编纂颁布了蒙古族历史上最早的成文法，称为《大扎撒》。这是一部蒙古族传统习惯法和成吉思汗训令的汇编，具有法典的性质。《大扎撒》原文已失传，但有部分条文散见于中外多种史籍之中。

元朝建立之后，在至元二十九年（1291年），制定了第一部成文法典《至元新格》，经忽必烈批准颁行。在元英宗时期编纂颁行了综合性法典《大元通制》。该法典由诏制、条格、断例、别类四部分组成，共2539条。诏制，由皇帝发布，相当于唐宋的敕条；条格，是由皇帝发布、或由中央中枢机关颁布给下属部门的政令，其内容相当于唐朝令、格、式的内容；断例，是针对特定案件而成立的断案事例。《大元通制》吸收了唐宋法律的许多内容，是元代标志性的法典。后来又在《大元通制》的基础之上删改编成《至正条格》。

元英宗时期地方官府编制了《元典章》，全称《大元圣政国朝典章》，后由中书省批准在全国颁行。共六十卷，下分373目，目下列有条格，收录了元中期以前的部分诏令、条格和断例。《元典章》的部分内容，是按吏、户、礼、兵、刑、工六部职责分类汇编的。这种编纂体例，对后来《大明律》按六部分篇的体例有直接的影响。

七、明朝的刑法体系

（一）刑法指导思想的确立

1. 继承古法

明初，丞相李善长等言："历代之律，皆以汉《九章》为宗，至唐始集其成。今制宜遵唐旧。"[1]太祖从其言。在《御制大明律序》中，朱元璋特别强调

---

[1]《明史·刑法志》。

了"朕仿古为治"的立法继承性思想。朱元璋之后的明朝诸帝也不同程度地强调了立法继承性方面的思想。弘治十五（1502年）年的《御制明会典序》中专门申述说："我太祖高皇帝以至圣之德驱胡元而有天下，凡一政之举，一令之行，必集群儒而议之，遵古法，酌时宜……我太宗文皇帝、仁宗昭皇帝、宣宗章皇帝、英宗睿皇帝、宪宗纯皇帝，圣圣相承，先后一心，虽因时损益而率由是道，百有余年之太平，端有在矣。"正德四年（1509年）的《御制明会典序》中也说："我太祖高皇帝稽古创制……列圣相承，随时与事，因革损益，代各不同，而皆不失乎皇祖之意。"正德六年（1511年）《皇帝敕谕内阁》："朕嗣承丕绪，以君万邦，远稽古典，近守祖宗成法，夙夜祗惧，罔敢违越。"嘉靖八年（1529年）《皇帝敕谕内阁》同样强调了立法继承性方面的思想："朕躬承天命，入继祖宗大统，君临天下，凡致治保邦之道，远稽古典，近守祖宗成法，夙夜祗惧，罔敢违越。仰惟我皇伯考孝宗皇帝，命儒臣纂修《大明会典》一书。我圣祖神宗，累朝以来，创业垂统，守成致治。凡官职制度、事物名数、仪文等级，宏纲众目，本末备具，因时修改，损益具载，大要以祖宗旧制为主。节年事例，附书于后。我皇兄武宗皇帝，又命儒臣再加参校重进，然后刊印颁行。"万历四年（1576年）《皇帝敕谕内阁》，在申述修订《大明会典》理由之前，仍专门强调"惟我祖宗之旧章成宪，是守是遵。"

2. 维护稳定

用刑法统治的稳定，维护社会的治安，是历代君主的政治目标，也为明太祖朱元璋所强调。洪武三十年（1397年）修定《大明律》后，朱元璋即下诏："令子孙守之。群臣有稍议更改，即坐以变乱祖制之罪。"[1]在此思想指导之下，律成为"万世之常法"，在有明一朝，"历代相承，无敢轻改"[2]。洪武十八年（1385年）颁行的《大诰》初编时，朱元璋在《御制大诰序》中又特别申明"斯令一出，世世守行之。"朱元璋之后的明朝诸帝，每当修订法律时，也总是强调维护祖宗定律稳定的重要性。

3. 简明易知

明太祖朱元璋在吴元年（1367年），曾对议律官发布上谕："法贵简当，使人易晓。若条绪繁多，或一事两端，可轻可重，吏得因缘为奸，非法意也。夫网

---

[1] 《明史·刑法志》。
[2] 《明史·刑法志》。

密则水无大鱼，法密则国无全民。卿等悉心参究，日具刑名条目以上，吾亲酌议焉。"[1]洪武元年（1368年），朱元璋在《颁行大明令敕》中再次申述了立法简明的思想，敕文中说："古者律、令至简，后世渐以繁多，甚至有不能通其义者，何以使人知法意而不犯哉？人既难知，是启吏之奸而陷民于法。朕甚悯之。今所定律、令，芟繁就简，使之归一，直言其事，庶几人人易知而难犯。《书》曰：'刑期于无刑'。天下果能遵令而不蹈于律，刑措之效，亦不难致。兹命颁行四方，惟尔臣庶，体予至意。"在立法简明思想的指导下，明初统治者不仅制定了比唐律"简核"的《大明律》，而且颁发了文字浅显易懂的《大诰》，并把《大诰》发至每户人家，令"一切官民诸色人等"知悉守法。明代的政治家、律学家丘濬对立法简明的思想有过深入的考察和评论。他在《总论制刑之义》一文中考察了汉代君臣关于立法繁简的讨论。汉光武时，群臣上言：古者肉刑严重，则人畏法令。今宪令轻薄，故奸轨不胜，宜增科禁以防其源。大臣杜林上奏以为，法令繁苛，故国无廉士，家无全行。至于法不能禁，令不能止，上下相循，为敝弥深。他建议应当继续遵循简明的旧制。光武帝采纳了杜林的意见。丘濬在《定律令之制》一文中进一步论述了立法应如何做到简明适当的问题。他认为："后世律文深晦，故比拟之际，彼此可通，舞智之吏，得以轻重其罪……制律者当何如？亦曰：浅易其语，显明其义，使人易晓，避而不犯，可也……（唐）高宗时赵冬曦言：立法贵下人尽知，则天下不敢犯。何必饰其文义，简其科条哉？夫科条省，则下人难知而暗陷机阱。文义深，则法吏得便而比附行私。臣请律令格式，直书其事，无假文饰，其以准加减，比附量情，及举轻以明重，不应为而为之类，皆勿用之。使愚夫愚妇皆知，则相率而远之。故曰法明则人信，法一则主尊。臣按不简科条，不饰文义，惟直书其事，用世俗浅近之言，显委曲详尽之义。所谓以准加减等文，皆明著曰：该得某罪，该杖几十，所加何罪，所减几何？使天下共见共闻，粗知文义者，开卷即了，则民知趋避，不陷于机阱矣。"[2]

4. 因时制宜

立法简明虽有利于民众了解法律，但社会的发展、事势的变化，常使简明的法律不足以为用，所以明朝统治者又指出了立法因时制宜的思想。明初，朱元璋

---

[1]《明史·刑法志》。
[2]《大学衍义补辑要》卷九。

即对皇太孙说:"吾治乱世,刑不得不重。汝治平世,刑自当轻,所谓刑罚世轻世重也。"[1]朱元璋之后的明朝诸帝,在制定各种条例和纂修《大明会典》的过程中,又反复申述了立法因时制宜的思想。在弘治十五年(1502年)的《御制明会典序》和正德四年(1509年)的《御制明会典序》中都特别提到了历代立法因时制宜的问题。正德六年(1511年)的《皇帝敕谕内阁》,一方面强调了遵守祖宗成法,保持立法的连续性和稳定性的重要性。另一方面又指出了立法"因时制宜,或损或益,盖有不得不然者"的必要性。万历十五年(1587年)的《御制重修明会典序》开头即说:"朕惟自古帝王之兴,必创制立法,以贻万世。而继体守文之主,骏惠先业,润色太平,时或变通以适于治。故前主所是著为律,后主所是疏为令。虽各因时制宜,而与治同道,则较若画一焉。"在因时制宜立法思想的指导下,明朝统治者在保证《大明律》稳定性的前提下,采取了随时修例以补律之不足的立法方式,并在万历年间形成了律为正文,例为附注,律例合编的立法新体制。

5. 重礼轻刑

礼在汉唐时期逐步成为立法的核心内容。明初统治者也特别注重礼在立法中的重要性。明太祖朱元璋在《御制大明律序》中就以"明礼以导民,定律以绳顽"作为立法的指导思想。在给皇太孙的上谕中又说:《大明律》"首列二刑图,次列八礼图者,重礼也。顾愚民无知,若于本条下即注宽恤之令,必易而犯法,故以广大好生之意,总列《名例律》中。善用法者,会其意可也。"[2]建文帝即位后,进一步强调了重礼的立法思想。他在给刑官的上谕中说:"夫律设大法,礼顺人情,齐民以刑,不若以礼。其谕天下有司,务崇礼教,赦疑狱,称朕嘉与万方之意。"[3]

6. 遵循天理

弘治十五年的《御制明会典序》说:"朕惟自古帝王君临天下,必有一代之典,以成四海之治。虽其间损益沿革,未免或异,要之不越乎一天理之所寓也。纯乎天理,则垂之万世而无弊。杂以人为,虽施之一时而有违,盖有不可易焉者。唐虞之时,尧舜至圣,始因事制法。凡仪文数度之间,天理之当然,无乎不

---

[1]《明史·刑法志》。
[2]《明史·刑法志》。
[3]《明史·刑法志》。

在。故积之而博厚，发之而高明，巍然焕然，不可尚已。三王之圣，禹汤文武，视尧舜固不能无间，而典制浸备，纯乎是理则同。是以雍熙泰和之盛，同归于治，非后世所能及也。自秦而下，世之称治者，曰汉，曰唐，曰宋，其间贤君屡作，亦号小康。但典制之行，因陋就简，杂以人为，而未尽天理。故宋儒欧阳氏谓其治出于二，其不能古若也。"弘治帝在该序文中还认为明朝的立法能本于天理，取得超越前代的成就，是社会百有余年之太平的根由所在。在中国历史上，人们的行为应当遵循天理的思想早已有之。《庄子·天下》中说："顺之以天理。"《韩非子·大体》中说："不逆天理。"《经法·四度》中说："禁伐当罪，必中天理。"北宋张载在《正蒙·诚明》中认为"所谓天理也者，能悦诸心，能通天下之志之理也"，"天理者，时义而已。"在朱熹之前，"天理"一般是指合乎自然的准则和合乎社会公德的准则。朱熹则把天理认定为儒家维护的纲常伦理，"天理只是仁义礼智之总名。仁义理智便是天理之件数。"[1]明朝立法思想中所说的天理，从明统治者的立法旨意和明律体现的法律精神来看，主要就是指儒家维护的纲常伦理。纲常伦理上合天理，下通人情，是明统治者立法中最重要的指导思想。所以，在明初的立法中，明太祖曾采纳皇太孙的意见，修订法律七十余条，[2]以体现纲常伦理的精神。

7. 除恶安良

朱元璋在洪武十八年（1385年）的《御制大诰序》中提到了历代君臣，"立纲陈纪，昭示天下，为民造福"的思想。在洪武十九年（1386年）的《御制大诰三编序》中，朱元璋阐发了颁行《大诰》除恶安良的思想。他申明，《大诰》初编出后，"良民君子欣然遵奉"，恶人为非则未能禁止，故再出《大诰》续编，"警省愚顽"。"斯二诰于民间，良民君子坦然无忧，伸于诸恶之上。其奸顽之徒，屈于善良之下，虽不死者，终是囚徒。以前二《诰》，良民君子钦遵有益，人各获安。近来凶顽之人，不善之心，犹未向化，朕复出《诰》以三示之。奸顽敢有不钦遵者，凡有所犯，比《诰》所禁者治之。""此《诰》三颁，良民君子，家传人诵，以为福寿之宝，不亦美乎。"在洪武三十一年（1398年）发布的《教民榜文》中，朱元璋进一步申述了立法除恶安良的思想。

---

[1]《朱子语类》卷十三。
[2] 参见《明史·刑法志》。

(二) 刑法体系的建立

1.《大明律》的制定

《明史·刑法志》记载:"明太祖平武昌,即议律令。吴元年冬十月命左丞相李善长为律令总裁官,参知政事杨宪、傅瓛,御史中丞刘基,翰林学士陶安等二十人为议律官,……十二月,书成,凡为令一百四十五条,律二百八十五条。"此书所记"律二百八十五条",就是《大明律》的雏形。其内容是"准唐之旧而增损之,"计有"吏律十八、户律六十三、礼律十四、兵律三十二、刑律一百五十、工律八。"[1]此部《大明律》于洪武元年(1368年)正式颁行天下。因此律过于简略,不足以为用。洪武元年八月,朱元璋"又命儒臣四人,同刑官讲《唐律》,日进二十条。五年定宦官禁令及亲属容隐律,六年夏刊《律令》《宪纲》,颁之诸司。其冬,诏刑部尚书刘惟谦详定《大明律》。"[2]洪武七年(1374年)二月,重修《大明律》完成。此部《大明律》"篇目一准于唐:曰卫禁、曰职制、曰户婚、曰厩库、曰擅兴、曰贼盗、曰斗讼、曰诈伪、曰杂律、曰捕亡、曰断狱、曰名例。采用旧律二百八十八条,续律百二十八条,旧令改律三十六条,因事制律三十一条,掇《唐律》以补遗百二十三条,合六百有六条,分为三十卷"。[3]此部《大明律》虽然"篇目一准于唐",但条文比《唐律》多出104条,比洪武元年颁行的《大明律》多出321条。洪武九年(1376年),明太祖"览律条犹有未当者,命丞相胡惟庸、御史大夫汪广洋等详议厘正十有三条。十六年,命尚书开济定诈伪律条。"[4]洪武二十二年(1389年),明太祖采纳刑部奏言,命令翰林院同刑部官,将历年所增条例,分类附于《大明律》中,并改《名例律》于各篇之首。洪武二十二年所定《大明律》,共30卷,460条。具体篇次是:《名例》1卷即47条;《吏律》2卷即《职制》15条,《公式》18条;《户律》7卷即《户役》15条,《田宅》11条,《婚姻》18条,《仓库》24条,《课程》19条,《钱债》3条,《市廛》5条;《礼律》2卷即《祭祀》6条,《仪制》20条;《兵律》5卷即《宫卫》19条,《军政》20条,《关津》7条,《厩牧》11条,《邮驿》18条。《刑律》11卷即《贼盗》28条,《人命》20条,《斗殴》22条,《骂詈》8条,《诉讼》12条,《受赃》11条,《诈伪》12条,《犯

---

[1]《续文献通考》卷一百三十六。
[2]《明史·刑法志》。
[3]《明史·刑法志》。
[4] 参见《明史·刑法志》。

奸》10条,《杂犯》11条,《捕亡》8条,《断狱》29条;《工律》2卷即《营造》9条,《河防》4条。[1]洪武二十二年《大明律》卷首已列有五刑图、狱具图和丧服图。此部《大明律》制定后,明太祖采纳皇太孙的请言,修改与五伦相关者七十余条。洪武二十五年(1392年),刑部奏请,"律条与条例不同者宜更定。"太祖以条例特一时权宜,定律不可改,不从。[2]洪武三十年(1397年),《大明律》定本颁行天下。其篇目体例与洪武二十二年(1389年)《大明律》相同。《明史·刑法志》记述了《大明律》制定的整个过程,并总结说:"盖太祖之于律令也,草创于吴元年,更定于洪武六年,整齐于二十二年,至三十年始颁示天下。日久而虑精,一代法始定。中外决狱,一准三十年所颁。"[3]洪武三十年《大明律》颁行后,明太祖命令子孙世代遵守,"群臣有稍议更改,即坐以变乱祖制之罪。"[4]《大明律》遂成为有明一代最重要的法典。

据法律史学者研究,"《大明律》的篇名源于唐律而细于唐律,其中《名例》、《职制》、《贼盗》、《诈伪》、《捕亡》和《断狱》六篇名与唐律相同,但各篇内容少于唐律,因为从中分出若干罪名另为新篇。《户役》《田宅》《婚姻》从《户婚》中分出。《市廛》《关津》篇名已有。《祭祀》篇名当合并北周《祀享》和元《祭令》而令。《杂役》当依元,北周亦有之。《宫卫》略同于晋、北周之《卫宫》。《厩牧》《仓库》系析《厩库》为二,晋、北齐、北周等律均有《厩牧律》,梁律和《大业律》都有《仓库》一篇。《受赃》略同于魏、晋的《请赇律》。《邮驿》略同于魏《邮驿令》。《斗殴》《诉讼》当是分《斗讼》为二。《公式》、《课程》、《钱债》、《仪制》、《军政》、《人命》、《骂詈》、《犯奸》、《营造》和《河防》十篇才是明所创立的篇名。"[5]《大明律》编纂体例的发展变化,法律史学家杨鸿烈曾给予很高的评价:"洪武三十年更定的《大明律》,比较唐代的《永徽律》更为复杂,又新设许多篇目,虽说条数减少,而内容体裁俱极精密,很有科学的律学楷模。后来的《大清律》也都是大部分沿袭这部更定的《大明律》。可以见得,这书实在算得中国法系最成熟时期的难得产物。"[6]

---

[1] 参见《明史·刑法志》。
[2] 《明史·刑法志》。
[3] 《明史·刑法志》。
[4] 《明史·刑法志》。
[5] 张晋藩主编:《中国刑法史稿》,中国政法大学出版社1991年版,第334页。
[6] 杨鸿烈:《中国法律发达史》(下),上海书店1990年版,第746页。

2.《大明令》的制定

明令制定于朱元璋建国之初。"国初未制律之前，首著为令，以颁示天下，分为六科：吏令自选用以至宣使等，凡十八条；户令自漏、脱户至解纳官物，凡二十四条；礼令自朝贺班次至封赠，凡一十七条；兵令自额设只候人等至支给分例，凡十一条；刑令自五刑至里长犯赃至徒，凡七十条；工令则造作军器、织造缎匹二条。"[1]明令是一种内容比较简单的法律形式。丘濬认为："斯令也盖与汉高祖初入关，约法三章，唐高祖入京师，约法十二条，同一意也。"[2]洪武元年（1368年）颁布的《大明令》共有145条，是与285条律文同时颁布的。据《续文献通考》记载："凡为令一百四十五条：吏令二十、户令二十四、礼令十七、兵令十一、刑令七十一、工令二。律则准唐之旧而增损之，计二百八十五条：吏律十八、户律六十三、礼律十四、兵律三十二、刑律一百五十、工律八。命有司刊布中外。"[3]朱元璋于洪武元年正月十八日就律、令的颁行专门发布了诏书。诏书中说："朕惟律、令者，治天下之法也。令以教之以先，律以齐之于后。"[4]从此诏书的内容来看，令与律的关系是一种并行的关系，令起指导行为的作用，律起制裁违犯律、令行为的作用。《明史·刑法志》对明初律、令的关系有专门的说明："其洪武元年之令，有律不载而具于令者，法司得援以为证，请于上而后行焉。"《明律集解附例》纂注对明初律、令的关系有不尽相同的说明："国初未制律之前，首著为令，以颁示天下……其间有律条并载者，依律科断。若律无罪名，而令有禁制，则当守令，故违者笞五十。"[5]从以上史料来看，明初律、令两种法律形式虽然并行于世，但律的效力要高于令的效力。律、令都有规定的行为，应依律科断。在没有律条规定的情况下，才能依令处置。

明初颁行的《大明令》，至洪武三十年（1397年）颁布《大明律》时，为后者采用甚多。据日本学者内藤乾吉研究，《大明令》吸收入《大明律》的条文有以下数种：吏令，公事自觉改正；户令，和顾和买、解纳官物；兵令，军情、告给路引；刑令，五刑、十恶、八议、赎刑、原告合就被告、诉讼、二罪俱发、妇人犯罪、犯罪自首、职官犯罪、盗贼自首、徒流遇赦不还、亲属容隐、流囚家

---

[1]《大明律》卷二六《杂犯篇·违令条》万历三十八年（1610年）刻本纂注。
[2]《大学衍义补》卷三。
[3]《续文献通考》卷一百三十六。
[4] 怀效锋点校：《大明律》，辽沈书社1990年版，第229页。
[5]《明律集解附例》卷二十六《杂犯篇·违令条》纂注。

属、计赃估价、赃物给没、亲属代首、僧道犯罪、家人共犯、籍没遇革、军官犯罪、取受计赃、官员家人犯罪、特旨处决罪名、颁降律令、老幼犯罪、诬告抵罪、徒役；工令，造作军器、织造缎匹。以上令文采入《大明律》时，"未有一例是将明令条文原封不动地入律的。仅改一二字的虽有二三例，但多数是加以详密，或使法的内容多少变更，而且文法句式也显齐整。将数条令包含于一条律之中，当是出于文所述的合并条文之因，一条令仅占一条律中一部分的条文甚多。"[1]

《大明令》中未被吸收入《大明律》的条文，直到明代中、后期仍有法律效力。如明中叶颁行的《问刑条例》中即有"依《大明令》分给财产"的规定。

3. 《大诰》的编纂和颁行

洪武初叶，朱元璋制定颁行了《大明律》和《大明令》等法律，但贪官犯罪、奸民犯罪的情况未能减少。于是，朱元璋在洪武十八年（1385年）至二十年（1387年）之间，采辑官民犯罪的重要案例，模仿周公"陈大道以诰天下"之意，编成《大诰》四编相继颁行天下。《明太祖实录》记载了四编《大诰》颁行的经过："洪武十八年冬十月己丑朔，《御制大诰》成，颁示天下"[2]。"洪武十九年三月辛未，《御制大诰续编》成，颁示天下"[3]。"洪武十九年十二月癸巳，《御制大诰三编》成，颁示天下"[4]。"洪武二十年十二月，是月，《大诰武臣》……颁示中外"[5]。

四编《大诰》共有236个条目。其中《大诰》74条，《大诰续编》87条，《大诰三编》43条，《大诰武臣》32条。《诰》文系由典型案例、重刑法令和明太祖对臣民的"训戒"三个方面的内容构成。在《大诰》初编、续编和三编中，涉及官吏犯罪的条目有一百五十余条，涉及豪强犯罪的条目有三十余条，有关百姓违法的条目有二十余条。所以，《大诰》是一部以惩治官吏犯罪和豪强犯罪为主要内容的特别法。

关于《大诰》编纂和颁行的目的，朱元璋在四编《大诰》的序言中有清楚

---

[1] 内藤乾吉：《大明令解说》，载《日本学者研究中国史论著选译》第八卷，中华书局1992年版，第394页。

[2] 《明太祖实录》卷一百七十六。

[3] 《明太祖实录》卷一百七十七。

[4] 《明太祖实录》卷一百七十九。

[5] 《明太祖实录》卷一百八十七。

第二章 传统刑法体系的发展线索

的说明。在《大诰》初编序言中，朱元璋说："朕闻曩古历代君臣，当天下之大任，闵生民之涂炭，立纲陈纪，昭示天下，为民造福。当是时，君臣同心，志同一气，所以感皇天后土之监，海岳效灵，由是雨阳是若，五谷丰登，家给人足。斯君臣之逝，遐且久矣，育民之功，载诸方册，犹如见存。君子读诵至斯，陡然情怀感激，仰慕于千万古之下，恨不耳击目闻，乐此升平，以为庆幸。昔者元处华夏，实非华夏之仪，所以九十三年之治，华风沦没，彝道倾颓。学者以经书专记熟为奇，其持心操节必格神人之道，略不究衷。所以临事之际，私胜公微，以致愆深旷海，罪重巍山。当犯之期，弃市之尸未移，新犯大辟者即至。若此乖为，覆身灭姓，见存者曾几人而格非。呜呼！果朕不才而致是欤？抑前代污染而有此欤？然况由人心不古，致使而然。今将害民事理，昭示天下，诸司敢有不务公而务私，在外赃贪，酷虐吾民者，穷其原而搜罪之。斯令一出，世世守行之。"[1] 从此序言的内容来看，朱元璋颁行《大诰》的目的，一是为了仿古为治，顺天承运，建立升平社会；二是为了克服元朝为政的弊端，除暴安民。

在《大诰续编》序言中，朱元璋描绘了上古社会的理想图景，再次表明了仿古为治的愿望，并把"奸恶日增"的现象归咎于民众"效习夷风"导致"泯彝伦之攸叙"的结果，申述了复出《大诰续编》的目的。

在《御制大诰三编序》中，朱元璋针对《大诰初编》《续编》颁行后，良善有所安宁，而奸恶不能止息的情况，说明继续颁行《大诰三编》的原因，要使凶顽之徒得到严惩，使"良民君子"得到"福寿之宝"。

在《大诰武臣序》中，朱元璋针对军官欺压盘剥士兵的情况，说明了发布此《诰》文的目的。

明《大诰》颁行后，受到朱元璋的高度重视。朱元璋在洪武二十六年（1393年）三月颁行的《诸司职掌》中专门规定："凡本部问有应合充军者，必须照依《律》与《大诰》内议拟明白。"[2] 洪武三十年（1397年）五月，朱元璋在颁行《钦定律诰》时特别指出："凡法司今后议拟罪名，除繁文、烧毁卷宗、更名易讳、军人关赏征进在逃、死罪充军工役在逃、在京犯奸盗诈骗，仍依定例处治，及军官私役军人因而致死一名者偿命外，其余有犯，务要依《律》

---

[1] 明洪武十八年《御制大诰序》。转引自刘海东、杨一凡主编：《中国珍稀法律典籍集成》（乙编·第一册），洪武法律典籍，科学出版社1994年版，第51页。下文所引《大诰》序文均出自此书。

[2] 《诸司职掌·刑部职掌·司门科》。

与《大诰》拟罪，照今定条例，并不许将递年各衙门禁约榜文等项条例定罪。敢有违者，以变乱成法论。"[1]

明《大诰》颁行后，除独立适用外，部分条目又被吸收入《充军条例》《真犯杂犯死罪条例》等条例之中。据学者查考，洪武二十六年颁发的《充军条例》中列入了《大诰》条目5条：诡寄田粮；积年民害官吏；揽纳户；私充牙行；断指诽谤。另有符合《大诰》内容但条目文字有差异者3条：闲吏；游食；不务生理。《真犯杂犯死罪条例》中列入《大诰》条目28条。依次是：僧道不务祖风；说事过钱；冒解罪人；逸夫；滥设吏卒；耆民赴京面奏事务阻挡者；擅立干办等项名色；闲民同恶；官吏下乡；擅差职官；渔课扰民；经该不解物；不对关防勘合；关隘骗民；居处僭上用；市民为吏卒；造作买办不与价；庆节和买；空引偷军；臣民依法为奸；官吏长解卖囚；寰中士夫不为君用；乡民除患；阻挡耆民赴京；官民犯罪买重作轻或尽行买免；揽纳户；安保；断指诽谤。

朱元璋又定《应合札抄》16条，列入《大诰》条目10条。依次是：揽纳户；安保过付；诡寄田粮；民人经该不解物；洒派抛荒田土；倚法为奸；空引偷军；黥刺在逃；官吏长解卖囚；寰中士夫不为君用。

洪武三十年（1397年）初，朱元璋又把《大诰》条目3条列入《秋后处决》条款之中。条目依次是：朋奸欺罔；说事过钱；阻挡耆民赴京。同年，把《大诰》条目19条列入《工役终身》条例之中。条目依次是：逸夫；交结安置；居处僭用；空引偷军；闲民同恶；官吏下乡；乡民除恶；擅差职官；冒解罪人；庆节和买；关隘骗人；滥设吏卒；长解卖囚；市民为吏卒；经该不解物；僧道不务祖风；臣民倚法为奸；妄立干办等名；造作买办不与价。

洪武三十年五月，朱元璋把《大诰》附在《大明律》后同时颁布。所附《大诰》条目有不准赎死罪《诰》文12条，依次是：朋奸欺罔；说事过钱；代人告状；诡名告状；载刑肆贪；空引偷军；医人卖毒药；臣民倚法为奸；妄立干办等名；阻挡耆民赴京；秀才断指诽谤；寰中士夫不为君用。准赎死罪《诰》文24条，依次是：逸夫；居处僭分；闲民同恶；官吏下乡；擅差职官；揽纳户；冒解罪人；庆节和买；关隘骗人；滥设吏卒；长解卖囚；官民有犯；渔课扰民；钱钞贯文；路费则例；造作买力；市民为吏卒；经该不解物；阻挡乡民除患；僧

---

[1]（明）张楷：《律条疏议》。

道不务祖风;有司不许听事;不对关防勘合;有司逼民奏保;交结安置人。[1]

关于明《大诰》的效力,朱元璋有过多次声明。在《大诰初编》序言中,朱元璋就要求"斯令一出,世世守行之"。在《大诰初编》正式颁行时,朱元璋专门发布了"颁行大诰"令:"朕出是诰,诏示祸福,一切官民诸色人等,户户有此一本。若犯笞、杖、徒、流、罪名,每减一等;无者每加一等。所在臣民,熟观为戒。"[2]在《大诰续编》序言中,朱元璋又声明:"今朕复出是《诰》,大播寰中,敢有不遵者,以罪罪之,具条于后。"朱元璋就《大诰续编》的正式颁行,发布了"颁行续诰"令:"朕出斯令,一曰《大诰》,一曰《续编》。斯上下之本,臣民之至宝,发布天下,务必户户有之。敢有不敬而不收者,非吾治化之民,迁居化外,永不令归,的不虚示。"[3]朱元璋还在《大诰续编后序》中,就《大诰》翻刻印行中的文字错误问题专门指示:"今特命中书大书重刻颁行,使所在有司,就将此本,易于翻刻,免致传写之误。敢有仍前故意差讹,定拿所司提调及刊写者,人各治以重罪。"

在《大诰三编序》中,朱元璋就《诰》文的效力再次申明:"以前二《诰》,良民君子钦遵有益,人各获安。近来凶顽之人,不善之心,犹未向化,朕复出《诰》以三示之。奸顽敢有不钦遵者,凡有所犯,比《诰》所禁者治之。"同时,朱元璋发布了"颁行三诰"的法令:"此《诰》前后三编,凡朕臣民,务要家藏人育,以为鉴戒。倘有不遵,迁于化外,的不虚示。"

在《大诰武臣序》中,朱元璋就《诰》文的效力发出了更加严厉的声明:如果军管人员不知《诰》文,"那其间长幼都治以罪。为此,特将不才无藉、杀身亡家亡名之徒,条陈于后,仁者智者观之。军管人员,毋违我训,毋蹈前非,故敕序尔。"

由于朱元璋对《大诰》效力的再三强调,洪武后期的各种学校都采用《大诰》作为教材,科举考试也从中出题,"于时,天下有讲读《大诰》师生来朝者十九万余人,并赐钞遣还。"[4]民间讲读《大诰》,一时蔚然成风。又因犯罪者家属藏有《大诰》者,可减罪一等。无《大诰》者,应加罪一等。持诰入京呈控,无需路引,关津一律放行。所以,司法机关援引《大诰》,也一时风行。但

---

[1] 参见张晋藩主编:《中国刑法史稿》,中国政法大学出版社1991年版,第342~344页。
[2] 《御制大诰·颁行大诰第七十四》。
[3] 《御制大诰续编·颁行续诰第八十七》。
[4] 《明史·刑法志》。

《大诰》在明代风行的时间并不长,明中叶时,民间已很难找到《大诰》了。其原因主要是《大诰》的许多内容已被吸收入多种条例之中,作为条例适用了。而《大诰》的重刑手段又为后世所不取,《大诰》的教化内容也为历朝圣训所取代,《大诰》遂很少流传于世间。

4. 《教民榜文》的制定和颁行

洪武三十一年(1398年),明太祖为处理民间细微争纷,减少民间词讼,特命户部制定和颁行了《教民榜文》。这是明代历史上具有特殊意义的一部法律。朱元璋在诏令中说明了颁行《教民榜文》的动因及榜文的基本原则和效力:"朕自混一四海,立纲陈纪,法古建官,内设六部、都察院,外设布政司、按察司、府、州、县。名虽与前代不同,治体则一。奈何所任之官多出民间,一时贤否难知。儒非真儒,吏皆猾吏,往往贪赃枉法,倒持仁义,殃害良善,致令民间词讼,皆赴京来,如是连年不已。今出令昭示天下,民间户婚、田土、斗殴相争一切小事,须要经由本里老人、里甲断决。若系奸、盗、诈伪、人命重事,方许赴官陈告。是令出后,官吏敢有紊乱者,处以极刑。民人敢有紊乱者,家迁化外。"[1]

《教民榜文》作为"户部为教民事"而奉圣旨颁布的法律,与《大明律》存在着密切的关系。在《教民榜文》的规定中,下列情况须依《大明律》决断:

里甲、老人不能决断民间争纷小事,致令百姓赴官紊烦者,其里甲、老人各杖六十,年七十以上者不打,依律罚赎。

里甲、老人处理民间词讼,循情作弊,颠倒是非者,依出入人罪论。

里甲、老人挑起民间词讼,有赃者,以赃论。

榜文中笼统规定治罪或治以重罪的条文,都与《大明律》或条例相关。

《教民榜文》和明《大诰》也有密切的关系。《教民榜文》中规定,老人、里甲劝民为善,务要申明遵守《大诰》内已有条款。地方官员"果能公勤廉洁,为民造福者,或被人诬陷,许里老人等遵依《大诰》内多人奏保,以凭辨理。"教化民间子弟,须"早令讲读三编《大诰》。"

《教民榜文》与《大明律》、《大诰》和条例,共同构成了明太祖时期的法律体系。《教民榜文》的内容更为具体、更为贴近民间生活,是明代法律体系中不可忽视的组成部分。

---

[1] 明洪武三十一年颁行:《教民榜文》。

5. 《问刑条例》的编纂和修订

明太祖时期，在《大明律》《大明令》《大诰》之外，还有"条例"的法律形式。据《明史·刑法志》记述：洪武"二十五年，刑部言，律条与条例不同者宜更定。太祖以条例特一时权宜，定律不可改，不从。"从此段记述来看，明初的条例是一种尚未系统化的因时制宜的法律形式，没有律所具有的"不可改"的稳定性。明初的条例，现知有"真犯杂犯死罪条例""充军条例""抄札条例""赎罪条例""王府禁例"等多种。明初的条例，一般是由臣下议定，皇帝批准实施。条例或因案而生，或因事而生。其制定程序比律简便，可以补充律文的不足，减少律不可更改的弊端，提高统治的效能和灵活性。所以，条例数量增加很快，其前后混杂矛盾的地方也越来越多。明宪宗时期，朝臣已要求将数量众多的条例进行整理修订。据专家考察，成化十年（1474年）六月，兵科给事中祝澜曾上疏："五府六部都察院大理寺等衙门，备查在京在外、远年近日节次条例，开具揭帖，会同内阁重臣，精选符合律意，允协舆情，明白简约者，以类相从，编集奏闻，取旨裁决，定为见行条例，刊版印行。"[1]此后，成化十四年（1478年），刑科给事中赵艮又上疏："洪武以来所增条例，通行会议斟酌取舍"，"以定条例"。[2]但这两次上疏未能实现。弘治元年（1488年）九月、三年（1490年）二月，刑部尚书何乔新两次上疏奏请修订条例。弘治五年（1492年），鸿胪寺少卿李鐩、刑部尚书彭韶也上疏奏请修订条例。直到弘治十一年（1498年）十二月，明孝宗才下诏："法司问囚，近来条例太多，人难遵守。中间有可行者，三法司查议停当，条陈定夺。其余冗杂难行者，悉皆革去。"[3]刑部尚书白昂奉诏审看历年条例，于弘治十三年（1500年）二月，整理修订条例279条，报经皇帝批准，颁行天下，"永为常法"。弘治《问刑条例》遂由此产生。[4]从而正式形成了明代例以辅律的立法制度。

弘治《问刑条例》实行到嘉靖年间，由于社会世事的变化，其内容已不够

---

[1] 杨一凡主编：《皇明条法事类纂》（下册），载刘海东、杨一凡主编：《中国珍稀法律典籍集成》，科学出版社1994年版，第372页。

[2] 杨一凡主编：《皇明条法事类纂》（下册），载刘海东、杨一凡主编：《中国珍稀法律典籍集成》，科学出版社1994年版，第506页。

[3] 《明孝宗实录》卷一百四十五。

[4] 参见曲英杰、杨一凡："明代《问刑条例》的修订"，载《中国法律史国际学术讨论会论文集》，陕西人民出版社1990年版，第341~348页。下引此文材料不再一一注明。

用。嘉靖二十七年（1548年）九月，刑部尚书喻茂坚上疏奏请修订《问刑条例》，得到明世宗批准："会官备查各年问刑事例，定议来说。"[1]嘉靖二十九年（1550年）十月，刑部尚书顾应详将重修《问刑条例》奏进，世宗下诏："这问刑条例，你每既会议停当，着刊布，内外衙门一体遵行。今后问刑官敢有任情妄引，故入人罪的，依拟查参降黜。"[2]嘉靖《问刑条例》遂由此产生。此部《问刑条例》计有名例90条，吏例33条，户例65条，礼例9条，兵例51条，刑例121条，工例7条，共376条。嘉靖三十四年（1555年）二月，刑部尚书何鳌奏请增入九条，嘉靖《问刑条例》遂增至385条。其中，因袭弘治《问刑条例》252条，新增101条。至此，《问刑条例》已发展成为一部与《大明律》并用的大型法规。由于《问刑条例》数量的增多，地位的提高，有的法律史学者将它列入了"法典"的行列。

嘉靖《问刑条例》适用至万历时期，又再一次增修。万历二年（1574年），刑科给事中乌升等奏请续增条例，神宗下旨："《问刑条例》依拟参酌续附。"[3]刑部尚书舒化根据"立例以辅律"，"依律以定例"的原则，认真地修订了《问刑条例》。至万历十三年（1585年）方修订完毕。神宗批准颁行："这《问刑条例》，既会议详悉允当，着刊布，内外衙门永为遵守。仍送史馆纂入《会典》。各该问刑官如有妄行引拟，及故入人罪的，法司及该科参奏治罪。"[4]此后，神宗又批准舒化的建议，将《律》《例》合刻，"律为正文，例为附注，"[5]从而完成了律例合编的立法体制。

明代中后期三次修订《问刑条例》，是明朝立法史上的重要事件。《明史·刑法志》对此作了详细记述："弘治中，去定律时已百年，用法者日弛。五年，刑部尚书彭韶等以鸿胪寺少卿李鐩请，删定《问刑条例》。至十三年，刑官复上言：'洪武末，定《大明律》，后又申明《大诰》，有罪减等，累朝遵用。其法外遗奸，列圣因时推广之而有例，例以辅律，非以破律也。乃中外巧法吏或借便己私，律浸格不用。'于是下尚书白昂等会九卿议，增历年问刑条例经久可行者二百九十七条。帝摘其中六事，令再议以闻。九卿执奏，乃不果改。然自是以后，

---

[1]《明世宗实录》卷三十四。
[2]《明世宗实录》卷三百六十六。
[3]（明）舒化：《重修问刑条例题稿》。
[4]（明）舒化：《重修问刑条例题稿》。
[5]《明神宗实录》卷一百六十。

律例并行，而网亦少密。王府禁例六条，诸王无故出城有罚，其法尤严。嘉靖七年，保定巡抚王应鹏言：'正德间，新增问刑条例四十四款，深中情法，皆宜编入。'不从。惟诏伪造印信及窃盗三犯者不得用矜例。刑部尚书胡世宁又请编断狱新例，亦命止依律文及弘治十三年所钦定者。至二十八年，刑部尚书喻茂坚言：'自弘治间定例，垂五十年。乞敕臣等会同三法司，申明《问刑条例》及嘉靖元年后钦定事例，永为遵守。弘治十三年以后，嘉靖元年以前事例，虽奉诏革除，顾有因事条陈，拟议精当可采者，亦宜详检。若官司妄引条例，故入人罪者，当议黜罚。'会茂坚去官，诏尚书顾应详等定议，增至二百四十九条。三十四年又因尚书何鳌言，增入九事。万历时，给事中乌昇请续增条例。至十三年，刑部尚书舒化等乃辑嘉靖三十四年以后诏令及宗藩军政条例、捕盗条格、漕运议单与刑名相关者，律为正文，例为附注，共三百八十二条，删世宗时苛令特多。"[1]崇祯年间，刑部尚书刘泽深复请议定《问刑条例》，得到崇祯皇帝批准。因明统治局势危急，未及实行。

  关于明代修例的修订情况，杨一凡等法律史学者有过系统的考察。他们在《明代条例》的点校说明中作了扼要的总结："明代的条例，与宋代的'条例'、'断例'，元代的'条格'、'断例'等有类似之处，并在其基础上有发展和归总。重视制例，律、例并用，于洪武时已开其端，而后各朝沿相编例，从未中断。仁宗、宣宗、英宗、景帝四帝，即位时均颁诏，将前朝所定事例、条例革去，故这几朝颁行的定例已不多见。宪宗以后，新定的例辅律而行，故当时已有人将成化、弘治两朝的定例案牍全文抄录，或加以删节，按题奏时间先后编辑成书。……明代君臣经过长达一百余年的立法实践，到弘治时，已形成一套相当成熟的律例关系理论，'依律以定例，定例以辅律''律例并行'，被确认为制例的基本指导原则。依据这一立法原则，明中后期各朝进行了大量的制例、修例工作，其有史可查的重要条例有数十种。定例的案牍之繁，以数百万字计。"[2]

  6.《明会典》的编纂和修订

  《明会典》首次编成于弘治十五年（1502年）。《御制明会典序》对编修《明会典》的原因和意义有清楚的说明："累朝典制，散见叠出，未会于一。乃

---

〔1〕《明史·刑法志》。
〔2〕刘海年、杨一凡主编：《中国珍稀法律典籍集成》（乙编·第二册），科学出版社1994年版，"明代条例"卷首：点校说明。

敕儒臣发中秘所藏《诸司职掌》等书，参以有司之籍册，凡事关礼度者，悉分馆编辑之。百司庶府，以序而列。官各领其属，而事皆归于职。名曰：《大明会典》。辑成来进，总一百八十卷。朕间阅之，提纲挈领，分条析目，如日月之丽天，而群星随布。我圣祖神宗百有余年之典制，斟酌古今，足法万世者，会粹无遗矣。特命工锓梓，以颁示中外，俾自是而世守之。"[1]从上引序言可以看出，编修《明会典》是整理统一明开国百余年来重要典制的一项具有立法意义的活动。

弘治十五年编成的《会典》于正德四年（1509年）重校刊行。正德四年《御制明会典序》回顾了编纂《明会典》的经过："我太祖高皇帝稽古创制，分任六卿，著为《诸司职掌》……迨我英宗睿皇帝复辟之时，尝命内阁儒臣纂辑条格，以续《职掌》之后，未底于成。皇考孝宗敬皇帝继志述事，命官开局，纂辑成编，厘为百八十卷。其义一以职掌为主，类以颁降群书，附以万年事例，使官领其事，事归于职，以备一代之制。仍会府部院寺、大小诸司，面相质订。登进于廷，将欲布之天下，未及而龙驭上宾矣。朕嗣位之四年……复命内阁重加参校，补正遗阙，又数月而成。"该序还指出，祖宗成法繁多，"不能尽述"于《会典》之中，只将"其大而可见者，略在此书。"[2]从序言所说及《明会典》的编纂体例来看，《明会典》不是明朝所有法律的全编，只是重要法律的汇编。

嘉靖年间，明朝廷又续修了《会典》。嘉靖八年（1529年）四月"皇帝敕谕内阁"："自弘治十五年纂修之后，至今二十有八年，典礼之因革，事例之增损，又复烦多。恐数十年之后，卷册浩繁，条贯繁琐，失真之弊，又或如前。已纳卿等之言，先令六部、都察院、通政使司、大理寺等衙门，各委属官，将所载各司事例，再行检查校勘，若有差错，备细贴注明白，送史馆改正。仍将弘治十五年以后至嘉靖七年续定事例，照前例查出纂集，校勘停当，写成上进，续修附入。"[3]嘉靖续修《会典》进呈后，未及刊行。

万历四年（1576年），明朝廷再次修订《会典》。万历四年六月，"皇帝敕谕内阁"："自嘉靖己酉而来，又历二十余载。中间事体，亦复繁多……今特命卿等查照弘治年间创修，及我皇祖敕谕重修事理，择日开馆，分局纂修，校订差伪，补辑缺漏……以成一代画一经常之典。"[4]万历重修《会典》于万历十五年

---

[1] 弘治十五年《御制明会典序》。
[2] 正德四年《御制明会典序》。
[3] 《明会典》卷首：敕谕。
[4] 万历《明会典》卷首：敕谕。

(1587年）刊行。万历十年（1582年）二月《御制重修明会典序》记述了《明会典》编纂的始末："盖我孝宗皇帝，尝命儒臣纂述《大明会典》，辑累朝之法令，定一代之章程。鸿纲纤目，灿然具备。逮我世宗皇帝入承天序，时历四纪，而因革损益，代有异同，乃复下诏重修。续自弘治壬戌，迄嘉靖己酉。载在秘府，未及颁行。盖至于今，又三十八年矣。岁历绵远，条例盖繁。好事者喜纷更，建议者昧体要。甚则弄智舞文，奇请他比。自明曹者，莫知所从。小吏浅闻，何由究宜。朕甚闵焉。赖天之灵，社稷之福，国家闲暇，得及时而明政刑。乃命儒臣重加修辑，芟繁正伪，益以见行事例而折衷之。盖阅十有二载，其书始成。"

关于《明会典》与《大明律》、《大明令》、《大诰》和《问刑条例》的关系，可以从《明会典》的内容来源和编修凡例说明。据万历《会典》卷首所列"纂辑诸书"，《明会典》的内容来自下列法律典籍：《诸司职掌》、《皇明祖训》、《大诰》、《大明令》、《大明集礼》、《洪武礼制》、《礼仪定式》、《稽古定制》、《孝慈录》、《教民榜文》、《大明律》、《军法定律》和《宪纲》。据"弘治间凡例"所列："《会典》之作，一遵敕旨。以本朝官职制度为纲，事物名数仪文等级为目。凡有籍册可据者，先后具载。其因革损益，间与见行不同者，亦存其旧。""本朝旧籍，惟《诸司职掌》，见今各衙门遵照行事。故《会典》本《职掌》而作。凡旧文皆全录。而诸书所载，事有相关者，亦并录之。若《大明律》已通行天下，尤当遵奉。故于刑部照职掌律令条下，分类备载。而《服制图》则附于礼部。""凡事有纲有目，于目之中，又有分类。多不能悉举，则各以类书，而总注其后曰：已上某事。""事例出于朝廷所降，则书曰诏，曰敕。臣下所奏，则书曰奏准，曰议准，曰奏定，曰议定。或总书曰令。或有增革减罢者，则直书之。若常行而无所考据者，则指事分款，以凡字别之。其事系于年，或年系于事者，则连书之。繁琐不能悉载者，则略之。""各衙门事有相关者，皆互见。惟举其重者详书，其余则略……"。"诏、敕、诰、旨等文，不能悉载，止书其事。""凡各衙门职掌事重及新增者，于纲目之下略叙大意，以见始末。"

从以上所引《明会典》编修中的"纂辑诸书"和编修凡例可以看出，《明会典》与《大明律》、《大明令》、《大诰》和《问刑条例》的关系非常密切，《明会典》是律、令、诰、例、宪纲等法律形式的分类汇编和内容概要，是一部以行政法律为主又含有刑法内容的综合性法典。

7. 明朝刑法体系的内在关系

《大明律》《大明令》《大诰》《问刑条例》等法律典章构成了明朝的刑法体系。在律、令、诰、例等诸种法律形式中，律是最重要的法律形式，具有效力优先的地位。在没有律文规定的情况下，才依照其他法律形式裁决。这是明朝刑法体系内在关系的基本情况和总的原则。但在明朝刑法体系的具体运行过程中，皇帝往往根据需要，在某一时期特别强调某一种法律形式的效力，甚至屈法伸情，有时以礼代律，有时以例代律。所以，明朝刑法体系的内在关系是既有相对稳定的原则，又有因时制宜的变通的。相对稳定的原则，体现了明朝立法者对法治主义的追求。因时制宜的变通则体现了皇权至上的专制主义的特征。明朝刑法体系中内在关系的确定和变通，都取决于皇权。皇帝是解决各种刑法冲突的最高裁决者，但皇帝的裁决也不是完全随心所欲的。皇帝要提高某一种刑法规范的效力，既会受到古代刑统的约束，又会受到本朝祖宗遗训的限制，还会受到各派臣僚利益要求的制约。因此，认识明朝刑法体系的内在关系，不能只从法律形式的内部观察，还要从皇权与法治的关系去观察。

(三) 刑法制定权的行使

明朝刑法制定权原则上属于皇帝所专有，律、令、诰、例等重要法律形式的制定，都要经过皇帝的批准。皇帝行使制定权的方式有以下数种：

1. 皇帝亲自行使制定权

吴元年（1367年）《大明律》的制定，朱元璋就专门发布了上谕，要求议律官"日具刑名条目以上，吾亲酌议焉。每御西楼，诏诸臣赐坐，从容讲论律义。"[1]洪武六年（1373年）冬重修《大明律》时，朱元璋诏刑部尚书，"每奏一篇，命揭两庑，亲加裁酌。"[2]洪武三十年（1397年），《大明律》修纂完毕时，朱元璋就《大明律》的颁行专门制作了《御制大明律序》。明《大诰》的编纂和颁行，是明朝皇帝亲自行使立法权的典型事例。《大诰》初编完成时，朱元璋制作了《御制大诰序》，并就《大诰》的颁行发布了专门的诏令。《大诰》续编、三编和《大诰武臣》的编纂和颁行，朱元璋都亲自制作了序文，发布了颁行诏令。四编《大诰》中的案例、峻令和对臣民的训诫，也经过朱元璋亲定。

2. 皇帝任命议律官行使制定权

吴元年初定《大明律》时，朱元璋即"命左丞相李善长为律令总裁官，参

---

[1] 《明史·刑法志》。
[2] 《明史·刑法志》。

知政事杨宪、傅瓛、御史中丞刘基、翰林学士陶安等二十人为议律官",编纂《大明律》和《大明令》。洪武六年,明太祖"诏刑部尚书刘惟谦详定《大明律》"。洪武九年(1376年),明太祖命丞相胡惟庸、御史大夫汪广洋等详议厘正《大明律》13条。洪武十六年(1383年),明太祖命刑部尚书开济定诈伪律条。二十二年(1389年),命翰林院同刑部官将累年增加的条例,取其可以入律的,分类纂入《大明律》,并改《名例律》冠于《大明律》篇首。[1]任命议律官编修法律,具体内容和条文由议律官议决,皇帝可以随时亲自参与定夺,并行使批准颁行的最后决定权。在明代,议律官不是长期的专职修律人员,只是皇帝临时任命某些行政长官兼职修律的人员。在初定《大明律》和《大明令》及后来编修《明会典》时,皇帝都任命过议律官主持其事。

3. 皇帝通过内阁行使制定权

明太祖废除宰相制度后,立法、行政、司法等各种大权高度集于皇帝一身。权力高度集中的结果,虽然有利于皇帝"乾坤独揽",但是日理万机,却使皇帝不堪其劳。缺少亲近辅臣的商量,皇帝也难于处理各种重大事务。朱元璋遂仿宋制设置殿阁大学士,由殿阁大学士备顾问之用。明成祖时,大学士入直文渊阁参预机务,取得了辅佐皇帝决策的权力。明代内阁之制由此形成。《明会典》记载了内阁制度的形成:"成祖即位,特简解缙、黄淮入直文渊阁,胡广、杨荣、杨士奇、金幼孜、胡俨同入直,预机务,谓之内阁。内阁之名及参预机务自此始。"[2]内阁参预机务的一项重要内容,就是辅佐皇帝行使立法权。内阁下属有诰敕房和制敕房。诰敕房掌书办"立官诰敕,及番译敕书,并四夷来文揭帖,兵部纪功,堪合底簿等项"。制敕房掌书办"制敕、诏旨、诰命、册表、宝文、玉牒、讲章、碑额及题奏揭帖等项,一应机密文书,各王府敕符底簿"。[3]掌管制敕与诰敕一应文书,是内阁辅佐皇帝行使立法权的一个重要方面。更为重要的是,内阁享有票拟之权,即草拟谕旨之权。在明代,臣下的奏疏经御览后即发交文渊阁,由文渊阁大学士拟定皇帝的批答意见,再用小票墨书贴于奏疏之上进呈皇帝审定。明中后期,内阁票拟已形成一整套制度。内阁草拟诏敕"先得领受旨意,再根据具体的活动而确定敕制;草敕之后,定夺权掌握在皇帝手中,皇帝再根

---

[1] 上述修律材料均见《明史·刑法志》。
[2] 万历《明会典》卷29《职官一》。
[3] 万历《明会典》卷321《翰林院》。

据自己的意思修改敕的内容；然后，发内阁依此写黄，完成敕书制作的最后一道工序。"[1]

4. 皇帝通过六部行使制定权

明代废除宰相制度后，六部的地位和权力均高于前代。六部尚书直接隶属于皇帝，既按照皇帝的意旨处理国家的各种政务，又随时奉皇帝之命制定各种法律规章。洪武年间，刑部尚书就数次直接承受明太祖之命修订《大明律》。明中后期，刑部尚书又多次奉旨意修订《问刑条例》。户部依旨意颁布《教民榜文》，更是皇帝通过六部行使立法权的典型事例。

5. 皇帝利用宦官行使制定权

明中后期，皇帝疏于政务，却又想强化对臣下的控制，越来越重视对宦官的利用。司礼监秉笔太监代替皇帝行使朱批之权，遂成为明朝皇帝行使立法权的一种重要方式。据刘若愚的《酌中志》记载："凡每日奏文，自御笔亲批数本外，皆众太监分批，遵照阁中票束字样，用朱笔楷书批之。"[2]宦官代行批红权，是明中后期发布中央政令的突出特点。黄宗羲认为："入阁办事者，职在批答，犹开府之书记也。其事既轻，而批答之意又必自内授之而后拟之，……吾以为有宰相之实者，今之宫奴也。"[3]《明史》作者也认为："然内阁之票拟，不得不决于内监之批红，而相权转归之寺人。于是朝廷之纪纲，贤士大夫之进退，悉颠倒于其手。"[4]

6. 地方官员对制定权的行使

明代地方官员在处理地方事务中，如在朝廷现行法律之外有新的重要的制定法建议，须将建议写明上奏朝廷，听候朝廷定夺。但地方官员在处理基层社会的一般纠纷事务中，也会制定发布一些具有法律效力的文告或禁约。这些文告或禁约的制定和发布，是地方官员行使制定权的一种表现。王守仁创制"十家牌法"，就是明代地方官员行使制定权的典型。

（四）刑法编纂技术的运用

1. 法典式立法与编纂式立法相配合

《大明律》是明代法典式立法的典范作品。《大明律》具有系统性、稳定性、

---

[1] 谭天星：《明代内阁政治》，中国社会科学出版社1996年版，第50页。
[2] （明）刘若愚：《酌中志》卷十六。
[3] （清）黄宗羲：《明夷待访录·置相》。
[4] 《明史·职官一》。

概括性、普遍性和权威性等基本法典的特征。在明代各种法律形式之中,《大明律》的体系最为严密。《名例律》冠于法典之首,处于总纲的地位。吏律、户律、礼律、兵律、刑律、工律具体体现了《名例律》的原则,构成一个与六部所辖事务相对应的法律体系。《大明律》制定后,其体系和内容不能轻易更改,具有高度的稳定性。《大明律》包含了明朝法律最重要的内容和原则,在全国各地具有普遍的适用性,又有最高的权威性。其他法律形式,或被有选择地吸收入《大明律》之中,或附于《大明律》律文之后。在《大明律》不能很好地适应社会事务的发展变化时,则制定各种条例,并将重要的条例整理编纂为《问刑条例》。同时,将诸种法律形式的重要内容编纂为《明会典》。从而,以编纂式立法弥补了法典式立法的不足。编纂式立法既丰富了法律的内容,扩展了法律的体系,又增加了法律适用的灵活性。

2. 制定法与案例法相配合

《大明律》《大明令》《问刑条例》等制定法构成了明朝法律体系的主干。这些制定法虽有系统性、稳定性、概括性、普遍性等优点,但在形象性、通俗性和灵活性方面不如典型案例。为了使臣民百姓更好地遵守法律,减少犯罪,明朝廷整理公布了一系列典型案例。在四编《大诰》中,就有典型案例二百余个。典型案例的整理公布,形成了与制定法相配合的案例法。明朝的案例法经过皇帝的审核和批准,具有法律的效力。这与唐宋时期士大夫编写的未经皇帝批准公布的案例汇编是不同的。唐宋时期士大夫编写的案例汇编,主要帮助人们学习法律,了解法律之用,或供司法官员判案时作参考之用。明朝的案例法,则以《大诰》的形式表现出来,经过皇帝的审核批准,成为明朝法律体系的一个重要的组成部分。

3. 原则性立法与解释性立法相配合

明朝的基本法典《大明律》只规定了明代法律的主要内容和原则。《大明律》的内容简明,许多规定只是一种原则性的立法。为弥补《大明律》的不足,明朝的立法者用律文后加小注的解释方法,丰富明律的内容,使原则性立法趋于具体化。明朝律文后的小注比唐朝律文后的疏议,不仅数量减少了很多,而且省去了引经注解的论理解释部分和说明条文沿革的历史解释部分。这样,《大明律》的律文及其小注都满足不了明代社会发展变化的需要。为适应社会变化的需要,明朝的立法者在《大明律》之外新定了许多条例,并把部分条例附于《大明律》之后,形成律为正文,例为附注的立法模式。以例注律立法模式的建立,是明朝立法者的重要贡献。在明代之前，已有引经注律、引令注律等立法模式。引经注律增添了古代法律的伦理色彩，并丰富了法典条文的精神内涵。引令注律促进了法典内容的具体化，增强了法典的应变能力。以例注律则在增强法典的适应性和实用性方面，都起到了重要的作用。所以，明朝以例注律的解释性立法模式的建立，是明朝立法技术的重要发展。

4. 惩治性立法与训诫立法相配合

在明代法律体系中，《大明律》、《大明令》及《问刑条例》等制定法，条文中一般都列有刑罚制裁方面的内容。这种带有刑罚制裁手段的立法，我们可以称之为：惩治性立法。与惩治性立法相对应的是没有带刑罚制裁手段的训诫式立法。四编《大诰》和《教民榜文》中就有许多训诫式立法的内容。在《大诰》初编中，"君臣同游""官亲起稾""胡元制治""荐举首领官""谕官之任"等条目都是训诫式立法的典型。此以"谕官之任"条目为例，可见一斑。该条目云："朕命诸司官前往任所，每常数数开谕，导引为政，勿陷身家。其谕之辞曰：'汝知不才者乎？今所在有司，坐视患民，酷害无端，政由吏为。吏变为奸，交头接耳，议受赃私，密谋科敛。愚奸既成，帖下乡村，声徵遍邑，民人嗟怨。此果交头接耳，密谋徵敛，机轴之深乎！民人既怨，何谋之良哉！汝不见事觉之后，受刑在禁。议罪已明，身居工役之场，赃在数千里之外，妻子收存者有之，眷属无之者有之，多在异姓收藏，临期欲以为用，安得而至耶。是致家破身亡，赃为他人所有，比若是而无益。守俸如井泉，井虽不满，日汲不竭渊泉焉。贿赂之财何益之有哉！汝任往事，勿蹈前非。'"[1]在《御制大诰续编》"申明五常"的条目中，朱元璋云："今再《诰》一出，臣民之家，务要父子有亲；率土之民，要知君臣之义，务要夫妇有别；邻里亲戚，必然长幼有序，朋友有信。众尊有德，不拘年之壮幼，不序长幼之分，此古人之大礼也。此《诰》也，朕非本能，不过申明先王之旧章，而民从之，家和户宁，吉哉！倘有不如朕言者，父子不亲，罔知君臣之义，夫妇无别，卑凌尊，朋友失信，乡里高年并年壮豪杰者，会议而戒训之。凡此三而至五，加至七次，不循教者，高年英豪壮者拿赴有司，如律治之。有司不受状者，具在律条。慎之哉，而民从之。"[2]《教民榜文》中也有一些训诫式立法条目，如第25条云："乡里人民，贫富不等，婚姻、死丧、

---

[1]《御制大诰》"谕官之任第五"。
[2]《御制大诰续编》"申明五常第一"。

吉凶等事，谁家无之？今后本里人户，凡遇此等，互相周给。且如某家子弟婚姻，某家贫窘，一时难办，一里人户，每户或出钞一贯，人户一百，便是百贯；每户五贯，便是五百贯。如此资助，岂不成就？日后某家婚姻，亦依此法轮流周给。又如某家，或父或母死丧在地，各家或出钞若干，或出米若干资助，本家或棺椁，或僧道修设善缘等事，皆可了济。日后某家倘有此事，亦如前法，互相周给，虽是贫家些小钱米，亦可措办。如此，则众轻易举，行之日久，乡里自然亲爱。"

惩治性立法体现了明代立法中重刑的特点。训诫式立法则体现了礼的精神和明太祖重视教化的特点。

5. 中央立法与地方立法相配合

在明代，朝廷制定了律、令、诰、例等重要的法律形式，地方官员制定发布了多种具有法律效力的文告或禁约。朝廷制定法建构了明朝刑法体系的主体部分，地方制定法补充和丰富了朝廷的立法，成为刑法体系的从属部分。上下配合，构成了明代的刑法之网。

八、清朝的刑法体系

（一）律例的制定与发展

清朝正式建立之前，满洲社会处于从习惯法向成文法过渡的阶段。皇太极执政时期，确定了"参汉酌金"的立法方针，制定了一系列单行条例。顺治元年（1644年），清朝建都北京之后，在"详译明律，参以国制"的立法思想指导之下，开始了制定基本法典的工作。顺治四年（1647年），《大清律集解附例》制定完成，并颁行全国。这部法典是清代第一部系统的成文法典。由于其内容多来源于明律，所以被后人看作是"清承明制"的典型作品。康熙时期，鉴于该法典的内容不能完全适应形势变化的需要，新制定了一些"因时制宜"的条例。这些条例在康熙十八年被汇编为《刑部现行则例》，后来又附入大清律内。雍正时期，在《大清律集解附例》的基础之上，增删调整，于雍正五年（1723年）颁布了新的法典《大清律集解》。这部法典增加了律文的小注，使律义更加明确。乾隆时期，鉴于雍正朝颁行的《大清律集解》还不够完备，又"逐条考正，重加编辑"，于乾隆五年（1740年）编纂完成《大清律例》，乾隆帝亲自定名，并命令"刊布中外，永远遵行"。《大清律例》在体例上与《大明律》相同，由名例律、吏律、户律、礼律、兵律、刑律和工律七部分构成，法典前附有六脏、纳赎、五刑、狱具、丧服等图。《大清律例》的律文共436条，附例 1049 条。律文自乾隆五年颁行之后不再修改，附例在乾隆十一年（1746年）定为五年一小修，十年一大修后，不断增加，至乾隆三十三年（1768年）已增达 1456 条，道光五年（1825 年）增达 1766 条，同治九年（1870 年）达 1892 条。例本是为补充律文的不足而增加的，但因数量繁多之后，时有与律文不协调的内容，加之司法官吏"有例不用律"，使有的律文成为具文，但没有改变以例辅律的编纂传统。

清朝的基本法典《大清律例》，不仅总结了顺治朝至乾隆朝近百年的立法经验，而且吸收了明朝及以前各朝两千余年的立法成果，是集中国传统法典大成的以刑法为主的法典。这部法典一直适用到清朝末年法制改革时期，才被《大清现行刑律》代替。

（二）会典的编纂与修订

清朝会典是仿照明朝会典编成的，是以行政法律为主又含有刑法内容的综合性法典，具有确立法统和统一法律体系的作用。康熙二十三年（1684 年），清朝正式编纂会典。历时六年编成《大清会典》，史称《康熙会典》。后来，雍正、乾隆、嘉庆、光绪四朝又续修了会典。所以，清代有"五朝会典"留传下来。《大清会典》按行政机构分目，内容包括宗人府、内阁、吏、户、礼、兵、刑、工六部、理藩院、都察院、通政使司、内务府以及其他寺、院、府、监等机构的职掌及有关制度。

乾隆时期，为使典例不相混淆，将附于会典各条之下的则例分出编订，编成《乾隆会典》100 卷，《乾隆会典则例》180 卷。嘉庆朝沿袭此体例，编成《嘉庆会典》和《嘉庆会典事例》。光绪朝又以《嘉庆会典》为基础，编成《光绪会典》和《光绪会典事例》。会典所载是"经久常行"的大法，内容不得轻易更改。则例可以根据时势的变化有所增减。

九、本章小结

以刑为主的律典出现之后，即逐步形成了以律典为中心的传统刑法体系。其它包含有刑法内容的各种成文法形式，作为律典内容的补充或变通部分，共同构成了中国传统刑法的总的体系。每个朝代刑法体系的成文形式不尽相同，但以律典为内容中心，为统一原则，为稳定基础的基本特点没有根本的变化。

在传统刑法体系中，指导性规范与禁止性规范相互配合，实现了传统刑法治理社会的作用。在唐代，令规定指导性规范，律规定禁止性规范。违犯《职员令》的行为，依照《职制律》的罚则处罚，违犯《狱官令》的行为，依照《断狱律》的罚则处罚。律典中还规定有"违令罪"。在清代，一般则例规定指导性规范，处分则例和律典规定禁止性规范。违犯一般则例的行为，依照处分则例处罚，或依照律典罚则处罚。

第三章

传统刑法解释的发展线索

一、传统刑法解释的产生与发展

传统刑法解释伴随传统刑法的起源而产生。在《尚书》中已有传统刑法解释的记载。秦的《法律答问》已是刑法解释的专门记载。汉代已有大量的引经注律的著述,其中包含有丰富的刑法解释内容。魏晋的律学著作中,留传下来的刑法解释内容,已达到很高的法学水平。晋代律学家张斐对20个刑法专用名词的解释是突出标志:"其知而犯之谓之故,意以为然谓之失,违忠欺上谓之谩,背信藏巧谓之诈,亏礼废节谓之不敬,两讼相趣谓之斗,两和相害谓之戏,无变斩击谓之贼,不意误犯谓之过失,逆节绝理谓之不道,陵上僭贵谓之恶逆,将害未发谓之戕,唱首先言谓之造意,二人对议谓之谋,制众建计谓之率,不和谓之强,攻恶谓之略,三人谓之群,取非其物谓之盗,货财之利谓之赃。凡二十者,律义之较名也。"[1]这20个名词中,有关罪名的有5个:谩、诈、不敬、不道、恶逆。有关认定犯罪性质、区分犯罪情节的有15个:戏、斗、贼、盗、强、略、故、失、过失、戕、造意、谋、率、群、赃。有法史学者对这20个名词做了深入研究,认为:"张斐对《晋律》二十个重要名词的解释,尽管其中有些见解不是他先提出的,有些解释也过于笼统,不够确切。但总的来看,在所阐述的问题上,他为我国古代法学理论的发展,作出了贡献。"[2]张斐对故、失与过失等刑法专用名词的解释,对隋唐刑法的相关解释产生直接的影响。《唐律疏议》的相关规定和解释都更加具体而完善,并且对"失"与"过失"进行了明确的区分。"失"指官吏执行公务的过失行为,"过失"指杀伤人的过失行为。后来明清时

---

[1]《晋书·刑法志》。
[2] 高恒:"张斐的'律注要略'及其法律思想",载《中国法学》1984年第3期。

期的刑法又继承了唐代刑法的有关规定和解释。

二、传统刑法解释的成熟与规范化

传统刑法解释在隋唐宋元时期初步走向成熟与规范化。主要表现在刑法专用名词和刑法适用术语解释的成熟与完善方面。

在刑法专用名词的解释方面,据法史学者统计分类,《唐律疏议》中刑法的专用名词有一百多个,可以分为七类:第一类是表示特定场所的用语,如禁苑、太庙、关、津等;第二类是表示特定物品的用语,如笞、杖、金刃、禁书等;第三类是表示特定身份的用语,如亲、故、贤、能、功、贵、勤、宾、老、耄、悼、疾等;第四类是表示各种不同犯罪行为的用语,如谋反、谋大逆、谋叛、恶逆、不道、大不敬、不孝、不睦、不义、内乱、故杀、误杀、盗、诈、公坐、故纵、越度、私度、恐喝、和诱、和奸等;第五类是表示专门制度和法律原则的用语,如笞、杖、徒、流、死、议、请、减、赎、当、共犯、造意、自首、故、失、公罪、私罪等;第六类是表示行使政府职权事关定罪量刑方面的用语,如考校、课试、奏事、出降等;第七类是表示司法实际部门定罪量刑标准的用语,如类、各、众、加、减、载、年、期等。[1]这些刑法专用名词的解释,是秦汉魏晋刑法解释走向成熟与规范化的体现。

在刑法适用术语的解释方面,隋唐宋元时期逐步明确完善了"以、准、皆、各、其、及、即、若"八个术语的解释。即宋元律学家称的"八例",明清律学家称的"例分八字"。据法史学者考证,《唐律疏议》已明确解释了"以""准""皆"三个术语。关于"以"的解释,《名例律五十三》称:"以枉法论""以盗论"之类,皆与真犯同。《疏》议曰:"以枉法论"者。《户婚律》云:"里正及官司妄脱漏、增减,以出入课、役,赃重入己者,以枉法论。"又条:"非法擅赋敛入私者,以枉法论。"称以盗论之类者,《贼盗律》云:"贸易官物计所利,以盗论。"《厩库律》云:"监临主守以官物私自贷,若贷人及贷之者,无文记,以盗论。"所犯并与真枉法、真盗同,其除、免、倍赃,悉依正犯。其以故杀、伤,以斗杀伤及以奸论,亦与真犯同,故云"之类"。《名例律二十七》:诸条称"以盗论"及"以故杀伤论"、"以斗杀伤论"者,各同真盗及真杀伤之法。关于"准"的解释,《名例律五十三》:称"准枉法论""准盗论"之类,止流三千

---

[1] 何勤华:《中国法学史》(第一卷·修订本),法律出版社2006年版,第451~457页。

里,但准其罪。《疏》议曰:称准枉法论者,《职制律》云:"先不许财,事过之后而受财者,事若枉,准枉法论。"又条:"监临内强市,有剩利,准枉法论。"又称准盗论之类者,《诈伪律》云:"诈欺官、私,以取财物,准盗论。"《杂律》云:"弃毁符、节、印及门钥者,准盗论。"如此等罪名,是"准枉法""准盗论"之类,并罪之三千里。但准其罪,皆止准其罪,亦不同真犯。关于"皆"的解释,《名例律四十三》:若本条言"皆"者,罪无首从;不言"皆"者,依首从法。《疏》议曰:案《贼盗律》:"谋杀期亲尊长、外祖父母,皆斩。"如此之类,本条言"皆"者,罪无首从。不言"皆"者,依首从法科之。又《贼盗律》云:"谋杀人者,徒三年。假有二人,共谋杀人,未行事发,造意者为首,徒三年,从者,徒二年半。"如此之类,不言"皆"者,依首从法。"《唐律疏议》对'以'、'准'、'皆'三字进行了比较明确的解释,这一解释也为后来的律学家所接受。但《唐律疏议》对另外五个字(各、其、即、及、若)并没有解释。"〔1〕

宋元时期的律学家对这八个刑法适用术语进行了比较全面的解释。宋代律学家傅霖著《刑统赋解》:"《名例》内有八字,以、准、各、皆、及、其、即、若也。以者,谓以盗论,同真犯,当除名,有倍赃。准者,止准其罪,当复职,无倍赃。皆者,罪无首从,其罪皆同,谓如强盗及私度关桥病军人逃亡者也。各者,各重其事,谓二人俱得加减也。及者,连于上也。其者,反后意也。谓文义与前不同也。即者,文虽同而意殊。谓九十曰耄,七岁曰悼,虽有死罪而不加刑,即有教令者,坐在教令之人。若者,会于上意也,再缴前文也。若于词状文归及一切公式文状,亦用此八字也。"〔2〕元代徐元瑞著《习吏幼学指南》,更详细更明确地解释了这八个刑法术语:"以,罪同真犯谓之以。凡称以者,悉同其法而科之。假如不枉法,二十贯以上,三十贯以下,解见任别任求叙,其风宪之官,于任所并巡按去处,因而受人献贺财物,以赃论,故与真犯同。准,止准其罪谓之准。凡称准者,止同以赃计钱为罪。假如官吏勿得指克敌为名,取要一切撒花拜见礼物,如违并准赃论,故曰止准其赃定罪,不在除名倍赃之列。皆,罪无首从谓之皆。凡称皆者,不以造意随从人数多寡,皆一等科断也。假如强盗杀人,罪无首从,并皆处死者是也。各,各主其事谓之各。凡称各者,彼此各主其

---

〔1〕 陈锐:"'例分八字'考释",载《政法论坛》2015年第2期。
〔2〕 傅霖:《刑统赋解》,载沈家本辑:《枕碧楼丛书》,中国书店1990年版。

事而已。假如和诱人口者,各断一百七十下,盖为买主、卖主各主其事,同科此罪也。其,反与先义谓之其。夫犯罪之人,或先有事而后无事,或先是而后非,文意相违而不相通,曲直相背而不相入,若此之类,故称其以别之。假如伪造宝钞,但是同情并合处死,其买使、分使者,断一百七十下是也。及,事情连后谓之及。夫事陈于前,义终于后,进言数事而总之以一,若此类者故称及以明之。假如结揽税石及自愿令结揽与官司者,并断按打罪戾是也。即,即者,条虽同而首别陈,盖为文尽而后生,意尽而后明也。假如见血为伤,非手足者,其余皆为他物,即兵不用刃也是。所谓条虽相因,事则别陈是也。若,若者,文虽殊而会上意,盖因其所陈之事而广之,以尽立法之意。变此言彼而未离乎此,舍内言外而未离乎内。假如私宰牛马,正犯人决杖一百,仍征钞二十五两充赏。若马牛不堪为用者,依上申官,辨验烙印开剥,若禁月内杀者,并合一体断罪。所谓文虽殊而会上意也。"[1]

三、传统刑法解释的继承与变化

明清时期继承了前代的刑法解释成果,又有因时制宜的发展变化。

明朝的刑法解释始于明太祖立国之初。明太祖曾于吴元年冬十月命议律官编纂法律。"十二月,书成,凡为令一百四十五条,律二百八十五条。又恐小民不能周知,命大理卿周桢等取所定律令,自礼乐、制度、钱粮、选法之外,凡民间所行事宜,类聚成编,训释其义,颁之郡县,名曰《律令直解》。"[2]此部《律令直解》,因无传本可查,所以不知其解释的具体内容和特点。明太祖建国后,又于洪武六年(1373年)、九年(1376年)、十六年(1383年)、二十二年(1389年)、三十年(1347年)多次修定了《大明律》。洪武三十年,《大明律》和明《大诰》编纂告成之时,明太祖曾"命刑官取《大诰》条目,撮其要略,附载于律。"[3]以诰文附于律文之后,是明朝建国初期立法解释的一种发展。洪武三十年《大明律》颁行之时,明太祖在《御制大明律序》中指出:"今后法司祗依律与《大诰》议罪……杂犯死罪并徒、流、迁徙、笞、杖等刑,悉照今定《赎罪条例》科断。"从此,以例附律的立法解释方式也肇其端。明太祖之后的

---

[1] (元)徐元瑞:《吏学指南》,浙江古籍出版社1988年版,第79页。
[2] 《明史·刑法志》。
[3] 《明史·刑法志》。

明朝各代在以例解律的立法方式上又有不断的发展。

明朝的刑法解释，伴随《大明律》的制定走向规范化。洪武二十二年（1389年）《大明律》修纂完成时，立法者对律文中常用的八个术语进行了详细的解释，名之为"例分八字之义"，列于法典卷首。具体解释如下：

以：以者，与真犯同。谓如监守贸易官物，无异真盗，故以枉法论，以盗论，并除名、刺字，罪至斩、绞，并全科。

准：准者，与真犯有间矣。谓如准枉法、准盗论，但准其罪，不在除名刺字之列。罪止杖一百，流三千里。

皆：皆者，不分首从，一等科罪。谓如监临主守，职役同情，盗所监守官物，并赃满贯，皆斩之类。

各：各者，彼此同科此罪。谓如诸色人匠拨赴内府工作，若不亲自应役，雇人冒名私自代替，及替之人，各杖一百之类。

其：其者，变于先意。谓如论八议罪犯，先奏请议，其犯十恶不用此律之类。

及：及者，事情连后。谓如彼此俱罪之赃及应禁之物则没官之类。

即：即者，意尽而复明。谓如犯罪事发在逃者，众证明白，即同狱成之类。

若：若者，文虽殊而会上意。谓如犯罪未老疾，事发时老疾，以老疾论。若在徒年限内老疾者，亦如此之类。

《大明律》制定者对以上八个刑法适用术语的标准解释，比宋元律学家的相关解释简要明确，方便适用，并为后来的清律制定者所继承。明律制定者还对五刑、狱具、丧服、六赃等内容列出图表作了规范性的解释。在"五刑之图"中，立法者分别对笞刑、杖刑、徒刑、流刑、死刑以及迁徙作了适用方面或性质方面的解释。具体解释内容如下：

笞刑：笞者，谓人有轻罪，用小荆杖打。自一十至五十为五等，每一十下为一等加减。

杖刑：杖者，谓人犯罪，用大荆杖决打。自六十至一百为五等，亦每一十下为一等加减。

徒刑：徒者，谓人犯罪稍重，拘收在官，煎盐炒铁，一应用力辛苦之事。自一年至三年为五等，每杖一十及半年为一年加减。

流刑：流者，谓人犯重罪，不忍刑杀，流去远方，终身不得还乡。自二千里至三千里为三等，每五百里为一等加减。

死刑：绞，全其肢体。斩，身首异处。刑之极者。

迁徙：谓迁离乡土一千里之外。

唐宋时期的立法者对笞、杖、徒、流、死五刑已有详细的解释。明朝的解释比唐宋时期的解释更为简明扼要了。

在"狱具之图"中，明朝立法者对笞、杖、杖讯、枷、杻、铁索、镣等刑具从制作规格、适用方式、适用对象等方面作了详细解释。具体解释内容如下：

笞：大头径二分七厘，小头径一分七厘，长三尺五寸。以小荆条为之，须削去节目。用官降较板，如法较勘，毋令筋胶诸物装钉。应决者，用小头臀受。

杖：大头径三分二厘，小头径二分二厘，长三尺五寸。以大荆条为之，亦须削去节目。用官降较板，如法校勘，毋令筋胶诸物装钉。应决者，用小头臀受。

杖讯：大头径四分五厘，小头径三分五厘，长三尺五寸。以荆杖为之。其犯重罪，赃证明白，不服招承，明立文案，依法拷讯。臀腿受。

枷：长五尺五寸，头阔一尺五寸。以干木为之。死罪重二十五斤，徒流重二十斤，杖罪重一十五斤，长短轻重，刻志其上。

杻：长一尺六寸，厚一寸。以干木为之。犯死罪者用杻，犯流罪以下及妇人犯死罪者不用。

铁索：长一丈。以铁为之。犯轻罪人用。

镣：连环，共重三斤。以铁为之。犯徒罪者带镣工作。

在"丧服总图""本宗九族五服正服之图""妻为夫族服图""妾为家长族服之图""出嫁女为本宗降服之图""外亲服图""妻亲服图""三父八母服图"中，明朝立法者对各种亲属关系作了解释说明，并列出"服制"一项，对"斩衰三年""齐衰杖期""齐衰不杖期""齐衰五月""齐衰三月""缌麻三月"的具体内容作了详细解释。

在"六赃图"中，明立法者对监守盗、常人盗、窃盗、坐赃等罪的用刑标准作了列举解释。

在万历十三年（1585年）《大明律附例》的"纳赎诸图"中，立法者分在京、在外两种情形，对笞、杖、徒各等刑罚的纳赎标准作了详细说明，并有补充解释说明例外情况。

在万历十三年《大明律附例》的"律例钱钞图"中，立法者对"老小废疾收赎""妇人兼收钱钞""妇人余罪收赎""赎罪例钞"等情形的纳赎标准作了具体规定，并在图外补充解释："在京仍收钱钞。在外收赎钞，照例每贯折银一分二厘五毫。其妇人兼收钱钞及赎罪例钞，俱每笞杖一十，折银一钱。"

在万历三十八年（1610年）《大明律集解附例》的"收赎钞图"中，立法者对收赎标准分别情况作了进一步解释。"诬轻为重，已决全抵。剩罪未决，笞杖收赎，徒流杖一百，余收赎。""徒限内老疾收赎。"

明代立法者通过对"例分八字之义"的重点解释，通过上述各种图表对重要刑制的专门解释，使明代的立法解释进一步规范化。这种规范化使明代的刑法解释与前代相比较，具有了新的特点。洪武三十年（1347年）颁行的《大明律》，立法者的解释非常简略，除在个别律文后加小注作简要解释外，没有像唐宋时期那样在律文后作详细的解释。由于《大明律》的律文已比唐律"简核"，加之立法解释过于简略，明太祖又有后世子孙不得稍议更改律文的遗训，所以，明太祖之后的君臣不得不以制定各种条例的方式来补充律文的不足。条例除单行者外，有的则附于律文之后或列于律文之旁，从而逐步形成了以例辅律的刑法解释方式。

从洪武三十年《大明律》的解释和后来的《大明律附例注解》等书来看，明朝的刑法解释具有以下两个显著特点：

第一，从律文字面含义进行严格解释，极少作推理或评论方面的引申解释。如《大明律》对"谋反"重罪的解释，只有"谓谋危社稷"数字。而《唐律疏议》对"谋反"的解释，除指明此罪"谋危社稷"的基本含义外，还引用儒家经典《春秋·公羊传》、《左传》和《周礼》等书的内容作进一步的推论解释，从而说明"王者居宸极之至尊，奉上天之宝命，同二仪之复载，作兆庶之父母。为子为臣，惟忠惟孝。乃敢包藏凶慝，将起逆心，规反天常，悖逆人理，故曰'谋反'。"《大明律》对"不孝"的解释是："谓告言、咒骂祖父母、父母，夫之祖父母、父母，及祖父母、父母在，别籍异财，若奉养有缺；居父母丧，身自嫁娶，若作乐，释服从吉；闻祖父母、父母丧，匿不举哀；诈称祖父母、父母死。"《唐律疏议》对"不孝"的解释，除上述基本含义外，还特别指出："善事父母曰孝。既有违犯，是名'不孝'。"并以设置问答的方式对"诅詈"等情节作出专门的解释："问曰：依《贼盗律》：'子孙于祖父母、父母求爱媚而厌、咒者，流二千里。'然厌魅、咒诅，罪无轻重。今诅为'不孝'，未知厌入何条？""答曰：厌、咒虽复同文，理乃诅轻厌重。但厌魅凡人，则入'不道'；若咒诅者，不入十恶。《名例》云：'其应入罪者，则举轻以明重。'然咒诅是轻，尚入'不孝'；明知厌魅是重，理入此条。"对"别籍、异财"的含义，《唐律疏议》作了进一步的解释:"祖父母、父母在,子孙就养无方,出告反面,无自专之道。而有异财、别籍,情无至孝之心,名义以之俱沦,情节于兹并弃,稽之典礼,罪恶难容。二事既不相须,违者并当十恶。"对"供养有缺"等情节,唐律制定者也引用儒家经典作了进一步的解释。把《唐律疏议》与《大明律》的解释相比较,明律的解释只是一种严格的字面含义的直接解释,缺乏论理解释的深度和广度,虽称"简核",但不如唐律的解释详细清楚。因此,薛允升在比较明律与唐律之后,认为"明律虽因于唐,而删改过多,意欲胜于唐律,而不知其相去远甚也。"[1]

第二,明律制定者着重解释法律适用方面的具体问题,极少进行历史沿革或立法目的方面的广义的解释。附于《大明律》律文后的解释数量很少,除紧扣律文的严格的字面含义解释外,就是有关律文如何适用方面的解释。如对"十恶"重罪的解释,明律制定者只解释了"十恶"中各罪的基本含义以及相关条文中涉及法律适用或量刑标准方面的部分问题。唐律制定者则在解释基本含义之外,又引用儒家经典作了论理方面的解释,并首先从立法旨意和历史沿革方面进行了解释。《唐律疏议》从立法旨意方面说明"五刑之中,十恶尤切,亏损名教,毁裂冠冕,特标篇首,以为明诫。"从历史沿革方面说明"汉制《九章》,虽并湮没,其'不道''不敬'之目现存,原夫厥初,盖起诸汉。案梁陈以往,略有其条。周齐虽具十条之名,而无'十恶'之目。开皇创制,始备此科,酌于旧章,数存于十。大业有造,复更刊除,十条之内,唯存其八。自武德以来,仍遵开皇,无所损益。"明律制定者削减立法目的解释和历史解释方面的内容,是明律解释不同于唐律解释的又一显著特点。

关于八个刑法适用术语的解释,有学者总结为:"中国古代律学家对'例分八字'的研究好像一场接力赛,唐宋以来的律学家们在此方面作出了贡献,但当时的研究仍只限于少数人之间。到了元代,随着'例分八字'的传播,人们逐渐认识到其重要性,研究者也逐渐增多起来,这促进了'例分八字'注解的完善,'例分八字'理论也变得比较成熟起来。到了明代,官方接纳了前代律学家们的研究成果,将之纳入《大明律》的凡例之中。但明代也有一些律学家发现了前代研究之不足,故提出了质疑,这又启示了后来的研究者。因此,清代的研究者需要对此做出回应。"[2]清代律学家提及'例分八字'的很多,其中,王明

---

[1] (清)薛允升撰:《唐明律合编》,怀效锋、李鸣点校,法律出版社1999年版,例言。
[2] 陈锐:"'例分八字'考释",载《政法论坛》2015年第2期。

德所著《读律佩觿》的相关解释最为细致。有学者进行了深入的考察研究，作出了总结性的论断："如果我们将王明德的论述与'故明旧注'进行比较，就会发现其中的进步之处。第一，王明德研究的全都是作为法律用语的八字，而没有涉及一般用语。这表明，他已经能够自觉地对两者做出区分；第二，王明德对法律中'例分八字'的运用情形进行了更为全面而详细的考察。如他将'以'的适用情形分为两种：一种是'由重而轻，先为宽假而用以者'，另一种是'由轻而重，示人以不可犯'；将'各'的适用情形分为四种，即'所犯事同、情同而人不同者''所犯事异、人异而情实同者''所犯情同事异、情异事同而法无分别、人非齐等，条虽共贯，而义实同辜者''或各有科条而文难复述者'；将'及'的适用情形分为四种，有'因亲以用及者'，有'因物以用及者'，有'因情以用及者'，有'因事以用及者'；第三，修正了前人一些不准确的说法，使得八字的解释更为正确。如以往的律学家对'皆'的解释都是'不分首从谓皆'，其实，在法律中，'皆'字的运用非常广泛，而不只是涉及首从问题。如王明德指出，'全律中，其各罪科法，原分首从、余人、亲疏、上下、尊卑、伦序、同姓异姓、老幼、废疾、监守、常人，并物之贵贱、轻重、赃之多寡、分否，以及事情之大小、同异'，等等。'此则不行分别，惟概一其罪而同之，故曰皆'，他还总结道：'皆者，概也，齐而一之，无分别也。人同事同而情同，其罪固同，即事异人异而情同，其罪也无弗同也'。又如，他将'其'解释为'端词'，认为它在法律规范中起着'承上启下'的作用；将'若'解释为'变更端词'，认为它在法律规范中起着'设为以广其义'的作用。这些解释不仅消除了以往解释的故弄玄虚之处，也比以往的解释更为明确；第四，王明德还对'例分八字'在法律中的作用及八字之间的相互关系进行了论述。他认为，'八字者，五刑之权衡，非五刑之正律也。五刑各有正目，而五刑所属，殆逾三千，中古已然，况末季乎？若为上下比罪，条析分隶，虽汗牛充栋，亦不足以概舆情之变幻。故于正律之外，复立八字，收属而连贯之。要皆于本条中，合上下以比其罪，庶不致僭乱差忒，惑于师听矣。此前贤制律明义之大旨也'。"[1]

清朝继承了明朝刑法解释的基本内容和主要特点，增加了引例解律的内容，特别是律典以律例合编的形式定型化，发展了明代"律为正文，例为附注"的编纂传统。《大清律例》制定者把条例附在律文之后，使条例既是律典条文的组

---

[1] 陈锐："'例分八字'考释"，载《政法论坛》2015年第2期。

成部分，又有补充解释或变通解释律文本条的作用。

补充解释律文的条例很多，涉及律文没有具体规定的各种案情。如律典第18条"犯罪存留养亲"的律文规定了存留养亲的基本原则，后列16个条例，分别规定了存留养亲的各种具体情况。

变通解释律文的条例，有的与补充解释的条例合在一起规定，有的作出特别指明的规定。如律典第34条"化外人有犯"的律文规定了化外人犯罪处罚的基本原则，后列4个条例，分别规定了蒙古地方案件变通处罚的具体情况。

四、本章小结

中国传统刑法成文化之后，逐步形成了专用名词严格语义解释，适用术语侧重量刑解释，单行条例重在补充解释及适度变通解释的具体特点。有的特点在唐宋时期已经稳定成熟，有的特点到明清时期才充分体现出来。

传统刑法解释集中体现在历代律典的注疏和补充条例的制定方面。历代律典的官方注疏和补充条例是具有法律效力的刑法解释。历代律学家的私家注律作品，是传统刑法解释的重要组成部分，也是传统刑法解释发展的重要标志，少数得到官方立法或司法认可的具有法律效力，多数起到的作用是学法普法的社会作用。

第四章 传统刑法原则的发展线索

一、传统刑法原则的产生与发展

(一) 西周的刑法原则

定罪量刑的原则可能在夏朝时已经出现。据《尚书》等古籍记载，夏朝时已要求执法者不能错杀无罪的人，对疑罪要从轻处罚。因史料缺乏，难于详细论述。据法史学者研究，西周时期已经形成了以下一些刑法原则：

1. 老幼犯罪减免刑罚

据《礼记》记载，西周时定罪量刑已考虑当事人的刑事责任年龄问题。凡80岁以上，7岁以下的人，即使有了犯罪行为，也不处以刑罚。即所谓"耄与悼，虽有罪不加刑焉"。这是中国法制史上关于刑事责任年龄的最早记载，又称作矜老恤幼原则。这一原则也是"明德慎罚"思想在西周刑法中的具体体现。与这一原则相关的有"三赦"之法，《周礼》记载，幼弱、老耄、蠢愚三种人犯罪，可以赦免。即对幼年人、老年人、呆傻人犯罪，一般可以免除刑事责任。

2. 过失从轻，故意从重，偶犯从轻，惯犯从重

《尚书·康诰》中称过失为"眚"，故意为"非眚"，偶犯为"非终"，惯犯为"惟终"。适用刑罚时，如是过失或偶犯，虽罪行较重也可以减轻处罚。如是故意或惯犯，虽罪行较轻也不能减轻处罚。西周时定罪量刑已考虑犯罪者的主观要件，这反映了当时刑法所达到的认识水平。与这一原则相关的有"三宥"之法。《周礼》记载，不识、过失、遗忘三种情况下的犯罪，可以宽大处理。即对误伤、误犯等过失犯罪，可以减轻刑事责任。

3. 疑罪从赦

据《尚书·吕刑》记载，西周时对有疑问又难于确证的嫌疑犯罪，采取从轻处罚或免除处罚的方式，是"明德慎罚"思想的反映。

4. 同罪异罚

《周礼》等书记载，贵族犯罪不适用毁损肌肤肢体的肉刑，即所谓"刑不上大夫"。贵族犯了重罪应处死刑，要秘密处死，不公开执行。这反映了西周刑法对等级特权的维护。

（二）秦朝的刑法原则

1. 刑事责任年龄

秦朝根据身高确定刑事责任年龄。男高6尺5寸以上，女高6尺2寸以上为成年人，相当17岁左右的人。成年人犯罪要承担刑事责任，但成年人在犯罪后死亡或受到赦免，就不再追究刑事责任。未成年人犯罪，一般不承担刑事责任或减轻刑事责任。

2. 故意与过失的区分

秦律中称故意为"端"，过失为"不端"。故意犯罪量刑从重，过失犯罪量刑从轻。例如，甲控告乙盗牛，经过了解，乙没有盗牛。如果甲的控告是故意的，就构成诬告罪，要从重处罚。如果甲的控告不是故意的，就属于控告不实，应从轻处罚。

3. 自首减刑

秦律中称自首为"自出"。犯罪后自首的可以减轻处罚。例如，携带借用的官府财物逃走，能自首的就按逃亡罪处罚。不能自首被追捕抓获的，就根据财物的数量按盗窃罪处罚。如果财物数量少，按盗窃罪处罚比逃亡罪轻，就仍按逃亡罪处罚。

4. 诬告反坐

秦律中称诬告为"诬人"，是指故意捏造事实控告他人，使无罪的被定为有罪，罪轻的被定为重罪。对诬告者按诬告的罪名处罚，就是诬告反坐。例如，乙知道甲盗羊，却故意控告甲盗牛，就按盗牛罪比盗羊罪量刑加重的部分处罚乙。如果控告他人犯罪与事实不符，不是出于故意捏造事实，而是属于认错事实的误告，就是"告不审"。对误告者要从轻处罚。

5. 并合论罪

秦律对数罪并发的情况，采取将数罪合并在一起处刑的原则。例如，发现某人犯有诬告罪，又发现该犯还有盗窃罪，就把诬告罪和盗窃罪应处的刑罚合并在一起量刑。

6. 共犯加重

秦律对5人以上的共同犯罪加重处罚。例如，5人共犯盗窃罪，赃物值一钱以上，就要处于斩左趾加黥为城旦的刑罚。不满5人犯盗窃罪，赃物值660钱以上，才能处于黥劓为城旦的刑罚。

秦律对累犯、教唆未成年人犯罪者都有加重处罚的规定。

二、传统刑法原则的儒家化

（一）汉朝的刑法原则

汉朝的刑法原则受西周的礼治原则和儒家思想的影响很大，与秦朝的刑法原则有很大的不同。主要有以下数项：

1. 老幼、妇女、残疾人犯罪减免刑罚

汉朝的刑事责任年龄确认标准与秦朝不同，不是以身高来确定的，而是直接按年龄来确定的。有最低年龄和最高年龄的明确限制。一般是规定，8岁以下，80岁以上的人犯罪，可以根据罪行轻重免除刑事责任或减轻刑事责任。这也是儒家"矜老""恤幼"思想法律化的体现。孕妇犯罪、妇女是从犯、残疾人犯罪，应当关押的，不用戴刑具。有的法制史教材把汉朝对老幼、妇女和残疾人犯罪宽大处理的规定，总结为汉朝刑法的恤刑原则。

2. 官员贵族犯罪上请

上请，是指官员贵族犯罪的案件，司法机关不能直接定罪量刑，必须上报廷尉，请示皇帝，由皇帝亲自决定给予减免刑罚的宽大处理。上请原则确立于西汉初期，东汉时期得到进一步发展。从汉代法律化之后，发展成为后世历代王朝维护官僚贵族等级特权的重要制度。这一原则是对西周维护贵族特权的礼治原则的继承和发展，也是儒家礼治思想法律化的重要体现。

3. 亲亲得相首匿

亲亲得相首匿，是指亲属之间互相首谋隐匿犯罪行为，应当依法免除或减轻刑事责任。这一原则来源于孔子"父为子隐，子为父隐"的思想。汉宣帝时诏令："自今子首匿父母，妻匿夫，孙匿大父母，皆勿坐。其父母匿子，夫匿妻，大父母匿孙，罪殊死，皆上请廷尉以闻。"根据这一诏令，卑幼隐匿尊长的犯罪行为，不用承担刑事责任。尊长隐匿卑幼的犯罪行为，死罪需要上报廷尉请皇帝，决定是否承担刑事责任。死罪以下则不用承担刑事责任。这就是汉代法律明确规定的"亲亲得相首匿"的原则。这一原则是汉代法律儒家化的重要体现，

为后世历代王朝所继承,并发展成为中国法制史上著名的"亲属相隐"的法律原则,但对危害皇权的犯罪不得隐瞒,后面还要具体介绍。

史料显示,汉朝还有自首过失减免刑罚、故意首恶从重处罚、数罪并发以重者论处等原则。因汉朝法律没有完整的保存下来,汉朝刑法原则的全面总结,还有待汉朝法律史料的进一步发现。

(二) 魏晋时期的刑法原则

1. "八议"

曹魏《新律》规定的"八议"制度,是刑法方面的重要原则。根据此项原则,凡属于"八议"规定的人犯罪,都享有减免刑罚的特权。"八议"的具体内容是:议亲、议故、议贤、议能、议功、议贵、议勤、议宾。亲,是指皇帝的亲戚;故,是指皇帝的故旧,就是与皇帝有老交情的一类人;贤,是指道德声望很高,行为可以作为社会楷模的一类人;能,是指有特殊才能的一类人;功,是指为国家立有重大功勋的一类人;贵,是指高级官僚贵族;勤,是指为国家勤奋工作贡献突出的一类人;宾,是指前朝皇帝的家属及其后裔。这八类人犯罪,一般司法机关不能擅自处罚,必须报请朝廷审议之后,决定给以减轻刑罚或免除刑罚的优待。"八议"入律,是西周以来等级关系法律化、制度化的突出表现,也是儒家礼治思想法律化、制度化的突出表现。这一制度适应了中国传统社会等级关系发展的需要,适应了历代王朝国家政权巩固和发展的需要,自曹魏律首次全面规定之后,为后世历代王朝的基本法典所肯定和继承。

2. "官当"

"官当"是指允许官员用官品和爵位折抵徒刑的制度。北魏法律规定:五品以上官阶和贵族爵位可以当徒刑3年。南朝陈律中最早出现"官当"的名称,详细规定了以官品折抵徒刑的具体制度。不论官品高低,都可以折抵徒刑2年。"官当"入律,是对"八议"制度的发展。不仅高级官员可以用官品折抵刑罚,一般官员也可以用官品折抵刑罚。也是法律儒家化的一项突出表现。后世隋、唐、宋的法典都规定有官当制度。明、清法典没有规定这项制度。

3. "准五服以制罪"

《晋律》规定的"准五服以制罪"的原则,是根据丧服的五种等级所表示的亲属关系的远近来定罪量刑的原则。丧服的等级不同,量刑的标准也不同。"五服"是儒家经典著作所记载的丧服与丧期的等级,又称"服制"。具体内容是:斩衰,服丧3年,用最粗的生麻布为丧服,不缝衣边,用于子女为父母、妻为夫

中国传统刑法

等亲属；齐衰，服丧1年，用次粗的生麻布为丧服，缝衣边，用于孙子女为祖父母、夫为妻等亲属；大功，服丧9个月，用粗麻布为丧服，用于为堂兄弟或未出嫁的堂姐妹等亲属；小功，服丧5个月，用稍粗熟麻布为丧服，用于为伯叔祖父母、堂伯叔父母、兄弟之妻、夫之兄弟等亲属；缌麻，服丧3个月，用稍细熟麻布为丧服，用于为曾祖的兄弟、祖父的堂兄弟等亲属。根据上述服制等级，服制愈近的亲属，尊长伤害卑幼的犯罪，处罚愈轻，卑幼伤害尊长的犯罪，处罚愈重，例如，父亲伤害儿子，处罚从轻，儿子伤害父亲，处罚从重；服制愈远的亲属，尊长伤害卑幼的犯罪，相对服制近的亲属，处罚要加重，卑幼伤害尊长的犯罪，处罚相对要减轻，例如，叔父伤害侄子的犯罪，比父亲伤害儿子的犯罪受到的处罚要重，而侄子伤害叔父的犯罪，比儿子伤害父亲的犯罪受到的处罚要轻。"五服"以外的远亲发生互相伤害的犯罪，定罪量刑的标准就与没有亲属关系的常人基本相同了。服制入律，是礼治"亲亲"原则法律化制度化的突出表现，是礼法结合的突出表现，也是中国古代法律儒家化最重要的特征。这一特征，反映了维护中国传统社会基础家族关系的要求，适应了历代王朝的统治需要。因此，根据服制定罪量刑的原则，为晋代以后历代王朝的法律所继承和发展，成为中国法制史上最有特色的刑法原则。

4. 区分故意和过失

《晋书·刑法志》引律学家张斐解释："其知而犯之谓之故，意以为然为之失"。行为人知道自己行为的危害后果，仍然实施了该种行为，这是故意犯罪。行为人认为自己的行为不会造成危害后果，而实施了该种行为，这是过失犯罪。晋代对故意犯罪与过失犯罪的区分，已近似现代刑法对故意和过失的区分。

5. 共同犯罪首犯从重

《晋书·刑法志》引张斐解释："唱首先言为之造意"。《魏书·刑罚志》记载："依律：'诸共犯罪，皆以发意为首'。"在共同犯罪中，以提出犯罪意图者为首犯，对首犯从重处罚。这一原则为后世刑法所继承。

6. 老幼笃疾妇女犯罪减免刑罚

《晋律》规定：80岁以上的老年人，只对杀伤人、诬告谋反的犯罪行为承担法律责任，其他犯罪行为都不要承担法律责任。10岁以下的幼年人、严重疾病患者和妇女犯罪，可以从轻收赎，减轻处罚。北魏法律规定：80岁以上老年人，9岁以下的幼年人，只对杀人罪承担刑事责任，其他犯罪行为均免除刑事责任。9岁以上，14岁以下的少年犯罪，只承担一半的刑事责任。孕妇犯罪，必须在产后百日才能处罚。上述规定都反映了儒家思想对刑法原则的重大影响,是该时期刑法原则儒家化的重要表现。

三、传统刑法原则的系统化

(一)唐朝的刑法原则

刑法原则主要规定在《名例》篇中,其他篇中也有零散的规定。现据《唐律疏议》的规定,总结如下:

1. 老幼、残疾、妇女犯罪减免刑罚

唐律规定了减轻和免除刑事责任的年龄,共分为三等。分别是:70岁以上,15岁以下;80岁以上,10岁以下;90岁以上,7岁以下。根据罪行种类,减轻或免除刑事责任。不同年龄阶段减免刑事责任的程度不同。如果有人教令老幼犯罪,只处罚教令之人。犯罪时未老、疾,事发时老、疾者,依老、疾论处。例如,69岁以下犯罪,70岁后才发现,或没有残疾时犯罪,残疾后才发现,要以发现时的年龄或身体状况减轻或免除处罚。犯罪时幼小,事发时长大,依幼小论处。例如,7岁时犯死罪,8岁时发现,不依死罪处罚。10岁杀人,11岁发现,按10岁的年龄论处。15岁偷盗,16岁事发,按15岁的年龄论处。凡呆傻、盲人、折肢、癫狂等残疾人犯罪,根据犯罪性质和情节,减轻或免除刑事责任。唐律对妇女犯罪,有许多减免刑事责任的规定。例如,家人共同犯罪,尊长是妇女时,只处罚男子,不处罚女尊长。子女因父亲犯罪而缘坐时,如非谋反、大逆重罪,女子可以免除缘坐。违律为婚,只坐主婚,在室女不坐。这方面的规定是对西周以来矜老恤幼原则的继承和发展,也是儒家慎刑恤刑思想法律化制度化的体现。

2. 贵族、官员犯罪减免刑罚

唐律继承了魏晋以来的八议制度,凡符合"八议"条件的人犯死罪时,司法机关不能直接审理,只能将犯罪事实和应议的理由申报皇帝。皇帝交付大臣议决后,再作出减免处罚的最后决定。除八议制度之外,唐律还规定了请、减、赎、当等维护贵族、官员特权的刑法原则。

请,是对未达到八议条件的贵族、官员犯罪时,上请皇帝减免刑罚的原则。唐律规定适用"请"的等级范围是:皇太子妃大功以上亲属;应议者期以上亲属及孙;五品以上官员。

减,是对未达到上请条件的贵族、官员犯罪时,减轻刑罚的原则。唐律规定适用"减"的等级范围是：应请者的直系亲属以及兄弟、姐妹和妻；六品、七品官员。

赎，是贵族、官员犯罪时，可以向官府交铜折抵刑罚的原则。唐律规定适用"赎"的等级范围是：符合议、请、减条件的人；八品、九品官员；六品、七品官员的直系亲属和妻，五品以上官员的妾。

当，是官员犯罪时，可以用官品折抵徒刑或流刑的原则。唐律对不同官品折抵刑罚的多少作出了详细的规定。

3. 自首减免刑罚

自首可以减免刑罚，是中国法制史上源远流长的一项制度。汉代已有自首免除刑罚的规定，以后历代法律都有关于自首制度的规定。唐律对自首制度的规定尤其详细严密。《名例》篇规定："诸犯罪未发而自首者，原其罪。"凡是犯罪没有被官府发现或被他人告发时，就向官府自首者，可以免除刑事责任。如果是轻罪被发现，而自首重罪的，只处罚轻罪，而免除重罪的刑罚。如果是犯罪被告发，在接受法官的审讯过程中，主动交待了没有被告发的其他罪行，应当免除其他罪行的刑罚。唐律还规定，犯罪者请别人代为自首，也可以免除刑罚。

如果犯罪者只自首了一部分罪行，对自首不真实、不彻底的部分仍要承担刑事责任。如果犯罪者知道他人将要告发或知道官府将要追究而自首的，可以减轻刑罚，但不能免除刑罚。

唐律对不适用自首的犯罪另外作了专门规定。谋反、大逆等非常严重的犯罪，以及伤害、强奸、损坏官印或官文书等严重的犯罪，自首也不能减免刑罚。

4. 公罪从轻，私罪从重

官吏的犯罪，区分为"公罪"与"私罪"，晋代已有记载，隋朝《开皇律》中有了专门的规定。《唐律疏议·名例》继续规定了区分"公罪"与"私罪"的量刑原则。公罪是指官吏在处理公务中发生的过失犯罪。私罪是指官吏谋取私利所犯的罪，如受贿罪、贪污罪等。官吏利用处理公务的机会谋取私利的犯罪，都属于私罪。在定罪量刑上，公罪是过失犯罪，从轻处罚。私罪是故意犯罪，从重处罚。

5. 主犯从重，从犯从轻

唐律对二人以上的共同犯罪，以提出犯罪意图的"造意"者为首犯，即主犯，其他参与者为从犯。量刑上，主犯从重处罚，从犯减主犯一等处罚。家人的共同犯罪，不管造意者是谁，都由家长负主要刑事责任。官吏的共同犯罪，以长官为主犯，其他人为从犯。

6. 数罪并发，处罚重罪

唐律规定："二罪以上俱发，以重者论。"发现一人犯了两个以上的罪，只处罚重罪。不把重罪、轻罪加在一起处罚。这就是唐律在并合论罪时，采取的重罪吸收轻罪的原则。例如，一人犯有三罪，一罪是盗窃；二罪是私藏禁兵器；三罪是过失伤人。量刑上，只处罚最重的私藏禁兵器罪，另外二罪不再处罚。如果发现一人有轻重相等的几项犯罪，只选择其中一罪处罚。如果是先发现一人犯的重罪，已经处罚。后来又发现该犯还有其他轻罪或相同的罪，就维持原判，不再论处其他轻罪或相同的罪。如果是先发现轻罪，已经论处，又发现还犯有重罪，就把轻罪已适用的刑罚加上重罪多出的刑罚，仍按重罪量刑。

7. 累犯加重处罚

唐律规定，犯罪判决后，又再次犯罪者，加重处罚。例如，三次犯应处徒刑的罪，就要加重处以流刑。三次犯应处流刑的罪，就要加重处以死刑。

8. 同居相隐

唐律规定："诸同居，若大功以上亲，及外祖父母、外孙，若孙之妇、夫之兄弟及兄弟妻，有罪相为隐。"唐律对同居亲属犯罪应当互相隐瞒的规定，是对汉代"亲亲得相首匿"原则的继承和发展，容隐的范围比汉代扩大。不仅同居共财的亲属应当互相隐瞒，家中的奴婢等人也应当为主人隐瞒犯罪。但谋反等严重危害皇权和国家政权的犯罪不得隐瞒。这一原则突出反映了儒家思想对传统法律影响的深入和扩展，也反映了唐律既重视维护家庭伦常秩序，更重视维护皇权和国家政权的特点。

9. 亲属相犯依服制定罪量刑

唐律继承了《晋律》规定的"准五服以制罪"的原则，但比《晋律》规定的更加全面、细致。凡亲属之间发生了伤害、偷盗等犯罪行为，都要根据五服的等级来确定罪刑的轻重。服制等级不同，亲疏关系不同，罪刑的轻重也不同。如果发生谋反等严重的犯罪，必须株连亲属，亲属缘坐的范围也要根据服制的等级决定。《贼盗》《斗殴》等篇中，具体规定了依服制定罪的原则。

10. 引律令格式正文

《断狱》篇规定："诸断罪，皆须具引律、令、格、式正文。违者，笞三十。"唐律严格维护制定法的权威性和统一性，凡定罪量刑都必须详细准确地引用法条正文的规定作为依据。违反的法官，要受到笞三十的处罚。"诸制、敕断罪，临时处分，不为永格者，不得引为后比。若辄引，致罪有出、入者，以故、失论。"皇帝为处理具体事务，而临时发布的制书或敕令，没有确定为永久性法规的，不得援引作为以后处理案件的准则。如果擅自援引，导致定罪量刑有失宽、失严的，要按故意、过失援引的情节，承担相应的法律责任。只有在没有正文规定的情况下，才允许类推处罚。因为允许类推制度的并存，所以唐律维护制定法权威性的原则，还不能称为严格的罪刑法定主义。

11. 类推处罚

《名例》篇规定："诸断罪而无正条，其应出罪者，则举重以明轻；其应入罪者，则举轻以明重。"唐律允许对某些案件的审理判决，在没有法律明文规定可供引用的情况下，可以采用类推的方式判决。类推的原则是，应当减轻或免除刑罚的人，就列举律文规定的重的案情来说明轻的案情应如何论处。例如，律文规定，主人杀死夜晚无故闯入家中者，不负刑事责任。现在审理的案件是，主人打伤了夜晚无故闯入家中者，比律文规定的案件情节要轻，就更不用负刑事责任了。应当定罪处罚的人，就列举律文规定的轻的案情来说明重的案情应如何论处。例如，律文规定，谋杀期亲尊长者，不论已伤、未伤，皆斩。现在审理的案件是，已经杀死期亲尊长，比律文规定的案件情节要重。此类案件轻者都处死刑，重者自然应当处以死刑。

12. 涉外案件处理原则

《名例》篇规定："诸化外人，同类自相犯者，各依本俗法；异类相犯者，以法律论。"根据这一规定，同一国籍的外国人之间在中国发生互相侵犯者，依照其本国法律处理。例如，两个日本人在中国发生了互相之间侵害的犯罪，依照日本法律论处。不同国籍的外国人在中国发生侵犯者，或外国人与中国人发生侵犯者，依照唐律论处。例如，一个日本人与一个朝鲜人，或与一个中国人发生了互相侵害的犯罪，依照唐律的规定论处。这近似现代刑法规定的属人主义与属地主义结合的原则。这一原则，既维护了唐朝的司法主权，也照顾了其他国家的法律和习惯。

唐律还规定了疑罪从赎、区分故意与过失等刑法原则。

四、传统刑法原则的继承与变化

（一）宋元时期刑法原则的继承与变化

在刑法原则方面，宋朝基本上继承了唐朝的有关原则。但更重视维护贵族官僚的等级特权。宋代对"八议"制度使用的不多,对官员的特权主要体现为对官员犯死罪的宽免和对犯罪的官员不使用黥杖之刑。宋太祖曾有明令,不杀士大夫。在整个宋代,是不轻易对大臣适用死刑的。品官犯罪,不随便佩戴刑具,不随便使用笞杖刑罚。犯罪轻的,罚俸降职;犯罪重的,请旨定夺。宗室贵族犯罪,一般不得使用刑讯。

辽政权稳定后,继承了唐宋律规定的主要刑法原则和制度,如"十恶""八议""赎刑"等制度。契丹人犯十恶之罪依汉族法律相同的处罚。契丹贵族官员犯罪,享有"八议"的特权。品官执行公务的过失犯罪,平民年70以上和年15以下的犯罪,都可以适用赎刑。但在斗殴等犯罪的量刑标准上,契丹人与汉人还是存在明显差异。

金政权在刑法原则方面,金律规定了"八议"制度,但比唐宋律的相关规定缩小了适用范围。还有,金律加重了对官吏贪赃枉法犯罪的处罚,加重了对盗罪的处罚。

元朝继承了唐宋时期的主要刑法原则,又因民族宗教特点而有所变化,突出表现在以下两方面:

1. 民族分治,同罪异罚

元朝把人分为四等,第一等是蒙古人,第二等是色目人,第三等是汉人,第四等是南人。在刑罚适用上,极力维护蒙古人和色目人的特权,同罪异罚。比如,禁止汉人聚众与蒙古人斗殴,蒙古人殴打汉人,汉人不得还手,只能报告官府,否则就要严行断罪。若蒙古人殴打汉人致死,仅仅被罚出征、赔"烧埋银"(人身伤害中致人死亡时支付的赔偿金),汉人殴打蒙古人致死,不仅要付"烧埋银",还要被没收家产,处以死刑。另外,有些严酷的刑罚不适用于蒙古人。如元朝法律规定,对犯盗罪的,用刺字刑罚。但蒙古人犯盗罪,就不施以刺字。

2. 维护僧侣的特权

元朝以喇嘛教为国家宗教,法律特别重视对僧侣的保护,使他们享有种种特权。僧侣犯罪,不受普通法律制裁;殴打僧侣的犯罪行为,要从重处罚。

(二)明清时期刑法原则的继承与变化

明朝继承了唐朝刑法的主要原则,又有适应时代需要的变化。关于刑罚适用轻重的原则,朱元璋继承了西周时期刑罚世轻世重的主张,认为他治理乱世,必须用重刑,但告诫皇位继承人皇太孙,治理平世,应当用轻刑。

关于引律比附的原则,明律规定了更为严格细致的条款。比附原则的适用,要经过刑部的议定,并奏报皇帝批准。比附的具体办法,要严格依照法律的规定进行。

关于涉外案件的处理原则,明律规定,凡化外人犯罪者,一律依照明律处罚。改变了唐律具有一定属人主义特点的量刑原则。

清朝统治者继承了汉代以来历代王朝坚持的德主刑辅和明刑弼教的刑法思想,主张"以德化民,以刑弼教"[1],要求立法用刑宽严适中,希望用刑法禁暴止奸,以"恤刑慎狱","刑期于无刑"为政治理想。清朝统治者对刑法的性质、作用和目的认识,都没有超出传统刑法思想的范围。在传统刑法思想的支配之下,清朝的刑法原则没有大的变化。清朝刑法仍以维护贵族官僚特权的"八议"制度为重要原则,但增加了维护满族特权的专门规定。满族人犯罪,应处笞、杖或徒、流刑的,均有减等处罚或换刑处罚的特权。满族人犯杀人之罪,也可以奏请皇帝定夺,作出特别处理。乾隆年间曾定例:"凡旗人殴死有服卑幼,罪应杖流折枷者,除依律定拟外,仍酌量情罪,请旨定夺,不得概入汇题。"[2]清朝刑法维护满族特权的内容,直到清末法制改革时,才有大的改变。除维护贵族特权的原则外,清朝刑法继承了前代刑法中规定的依服制定罪的原则,允许类推定罪的原则,还继承了历史上的连坐原则。据《大清律例》的规定,凡犯谋反、大逆、奸党、交结近侍及反狱、邪教等重罪的人,都要缘坐其亲属。重则缘坐处死,轻则流放边远或发配给功臣为奴。

五、传统刑法的协调适用原则

传统刑法的协调适用原则,在唐宋至明清时期的律典编纂中,逐步明确并趋于完善。在《大清律例》中,关于刑法体系协调适用的原则主要有四项,联系《唐律疏议》的相关原则,概括总结如下:

(一)特例与通例的协调适用原则

"特例"即特别规定,"通例"即普通规定。这项原则就是特别规定优先于普通规定的原则。该原则见于《大清律例》第35条"本条别有罪名",具体内容是:"凡本条自有罪名与名例罪不同者,依本条科断。本条虽有罪名,其(心)有所规避罪重者(又不泥于本条),自从(所规避之)重(罪)论;其本

---

[1]《清圣祖实录》卷九四。
[2]《大清律例·名例》。

第四章 传统刑法原则的发展线索

应罪重而犯时不知者,依凡人论。(谓如叔侄别处生长素不相识,侄打叔伤,官司推问始知是叔,止依凡人斗法。又如别处窃盗偷得大祀神御之物,如此之类,并是犯时不知,止依凡论,同常盗之律。)本应轻者听从本法。(谓如父不识子,殴打之后方始得知,止依打子之法,不可以凡殴论。)

薛允升在《读律存疑》中指出:"此仍明律,其小注系顺治三年增修。"

本条规定近仿《大明律》,远源于《唐律疏议》。对照辨析,《唐律疏议》的有关规定更为详备。《唐律疏议》第49条:"诸本条别有制,与例不同者,依本条。"

疏议曰,例云:共犯罪以造意为首,随从者减一等。斗讼律:同谋共殴伤人,各以下手重者为重罪,元谋减一等,从者又减一等。又例云:九品以上犯流以下,听赎。又断狱律:品官任流外及杂任,与本司及监临犯杖罪以下,依决罚例。如此之类,并是与例不同,各依本条科断。

即当条虽有罪名,所为重者自从重。

疏议曰,依诈伪律:诈自复除,徒二年。若丁多以免课、役,即从户婚律脱口法,一口徒一年,二口加一等,罪止徒三年。又诈伪律:诈增减功过年限因而得官者,徒一年。若因诈得赐,赃重,即从诈欺官私以取财物,准盗论,罪止流三千里之类。

其本应重而犯时不知者,依凡论;本应轻者,听从本。

疏议曰:假有叔侄,别处生长,素未相识,侄打叔伤,官司推问始知,听依凡人斗法。又如别处行盗,盗得大祀神御之物,如此之类,并是犯时不知,得依凡论,悉同常盗断。其本应轻者,或有父不识子,主不识奴,殴打之后,然始知悉,须依打子及奴本法,不可以凡斗而论,是名本应轻者,听从本。

蒲坚先生对唐律的这项原则作了明确的定义:"唐律规定之法律适用原则。所谓'本条别有制'是指《名例律》以外各篇的律条就某种犯罪另有具体规定,'与例不同'即与《名例律》的原则规定不同,此时应依各该'本条'的具体规定处断。这是因为《名例律》作为'总则篇'不可能概括所有的具体问题。"并对这项原则的具体内容作了解析:"根据律文规定,'本条别有制'有三种情况。一是条例抵触。即本条之规定,与《名例律》之规定相矛盾。凡属此类情况,当依本条,而不得从《名例律》:'诸本条别有制,与例不同者,依本条。'二是罪名重叠。即一个行为该当二罪,二罪名之构成要件内容重叠。易言之,同一行为,既可科以此种罪名,又可科以另一种罪名。凡属此类情况,只以其中最重之罪名科之：'即当条虽有罪名，所为重者自从重。'三是事实错误。指因对事实认识错误而导致之犯罪行为。与过失犯不同，过失犯系主观无故意而误犯，事实错误则系主观有故意但错认客体而犯者。误认客体有两种情况，一种是误认之客体比主观所欲犯者重，另一种是误认之客体比主观所欲犯者轻。律文规定：凡属前一种情况，即依主观所欲犯者科断；凡属后一种情况即依所欲犯之客体科断：'其本应重而犯时不知者，依凡论；本应轻者，听从本。'从上可见，唐律之这条原则，对于保持全律之协调和统一具有重要作用。"[1]解析部分引用了刘俊文的相关论述。[2]

钱大群先生对唐律的这项原则也有简明的解释："此条是关于法律适用几个专条的第二条，中心是各篇律条的特别规定与《名例》原则内容不一的解决办法。其要点是，第一，如某罪本罪律条所作的特别规定与《名例》内容不同的，依各条之特别规定办；第二，犯罪有适用之罪名，但由于主体本身具有的不同条件而成为重罪的，依重罪处置；第三，对所犯对象身份不明时轻重的依从：其一，所犯虽应重处，但实施犯罪行为时不知情的，以一般人相犯论处；其二，所犯之罪应轻处的，依原来的轻法论处。从《律疏》本身的编写看，某些内容，《例》非但与本条所制不同，而且矛盾，这一点值得注意与思考。"[3]

戴炎辉先生对此项原则已有过详细的论述，所著《唐律通论》第十八章即专论"法条之适用"。该章"前言"指出："名例四九条规定法条之适用。第一项系关于名例（通则）与本条（分则）之抵触，第二项关于二罪从重，第三项关于事实之错误。"在"名例之特例"的"概说"部分指出："名例系通例规定（通则），各本条固须依据名例，但因特殊情形，各本条自有规定者，显然不从此通例，当依本条规定。此乃特别规定优先于普通规定之原则。又各本条内，亦有适用范围较窄之通例，此时别条若有制者，亦不适用通例。"[4]该书对唐律中特别规定与普通规定相互关系的概括论述和具体辨析，是后人认识唐清律相关原则的权威依据。

（二）法典正文与暂行法令的协调适用原则

这一原则是要求法官完整引用法典条文作为定罪量刑的依据，不得引用暂行

---

[1] 蒲坚编著：《中国法制史大辞典》，北京大学出版社2015年版，第41页。
[2] 参见刘俊文：《唐律疏议笺解》（上册），中华书局1996年版，第484～485页。
[3] 钱大群撰：《唐律疏义新注》，南京师范大学出版社2007年版，第209页。
[4] 戴炎辉编著：《唐律通论》，元照出版公司2010年版，第435页。

法令代替法典正文的原则，体现了帝制中国时代法典权威主义的精神。见于《大清律例》第415条"断罪引律令"。律文是："凡（官司）断罪，皆须具引律例。违者，（如不具引）笞三十。若（律有）数事共（一）条，官司止引所犯（本）罪者，听。（所犯之罪止合一事，听其摘引一事以断之。其特旨断罪，临时处治不为定律者，不得引比为律。若辄引（比）致（断）罪有出入者，以故失论。（故行引比者，以故出入人全罪，及所增减坐之。失于引比者，以失出入人罪，减等坐之。）"

此条律文后，有四项相关条例。依次是："督抚审拟案件，务须详核情罪，画一具题，不许轻重两引。承问各官徇私枉法，颠倒是非，故处故入，情弊显然，及将死罪人犯错拟军、流，军、流人犯错拟死罪者，仍行指名参处。至于拟罪稍轻，引律稍有未协，遗错过失等项，察明果非徇私，及军、流以下等罪错拟者，免其参究，即行改正。

承问各官审明定案，务须援引一定律例。若先引一例，复云不便照此例治罪，更引重例及加情罪可恶字样，坐人罪者，以故入人罪论。

例载比照光棍条款，仍照例斟酌定拟外，其余情罪相仿，尚非实在光棍者，不得一概照光棍例定拟。

除正律正例而外，凡属成案未经通行著为定例，一概严禁，毋得混行牵引，致罪有出入。如督抚办理案件，果有与旧案相合，可援为例者，许于本内声明，刑部详加查核，附请著为定例。"

薛允升在该律文后注明："此仍明律，顺治三年，添入小注。"在"承问各官审明定案"条例后注明："此条系雍正初年例，乾隆五年改定。谨按：与断罪无正条例文及处分则例参看。不引本律定拟，妄行援引别条，见断罪不当。"在"例在比照光棍条款"例后注明："此条系乾隆二年议复兵部右侍郎吴应棻条奏定例。谨按：光棍罪名极重，而例无专条比照定拟，恐有冤滥，是以特立此条。似应改为，例内载明照光棍例定拟者，准其援照定拟外，尚非实在光棍，下添例内，亦无明文。"在"除正律正例而外"条例后注明："此条系乾隆三年刑部议复御史王柯条奏定例。谨按：此即律内特旨断罪，临时处治，不为定律者，不得辄引之意。"[1]

这一原则来源于《唐律疏议》第484条"断罪不具引律令格式"："诸断皆

---

[1] 胡星桥、邓又天主编：《读例存疑点注》（下册），中国人民公安大学出版社1994年版，第870页。

须具引律、令、格、式正文,违者笞三十。若数事共条,止引所犯者,听。"疏议曰:"犯罪之人,皆有条制。断狱之法,须凭正文。若不具引,或致乖谬。违而不具引者,笞三十。'若数事共条',谓依《名例律》:'二罪以上俱发,以重者论。即以赃致罪,频犯者并累科。'假有人虽犯二罪,并不因赃,而断事官人止引'二罪俱发以重者论',不引'以赃致罪'之类,听。"第486条"辄引制敕断罪":"诸制敕断罪,临时处分,不为永格者,不得引为后比。若辄引,致罪有出入者,以故失论。"疏议曰:"事有时宜,故人主权断制敕,量情处分。不为永格者,不得引为后比。若有辄引,致罪有出入者,'以故失论',谓故引有出入,各得下条故出入之罪;其失引者,亦准下条失出入罪论。"

戴炎辉从罪刑法定主义的视角分析唐律的这项原则。分析了唐律中"无正条不入罪"和"罪条不溯及既往"的罪刑法定主义内容。但同时认为"近代罪刑法定主义,在其历史的演变之中,乃为抑制擅断,以保障人权而确立(即人民争取法治主义)。故所谓'法定',指国会通过之法律,犯罪之成立及其刑,须根据成文法律,不得据习惯或法理,又不准类推解释而言。在旧律上,如此意义之罪刑法定主义,未曾存在。盖旧律系钦定者,乃是被与者也。"[1]他对唐代"权断制敕,量情处分"的规定,"违令式"和"不应得为"的相关规定,认可"习惯"的相关规定进行了细致的引证分析,本意是要说明"唐律上罪刑法定主义与现代罪刑法定主义的不同之点",实际是否定了唐律中罪刑法定主义的成立。

后来的一些法史学者把唐律的这项原则与罪刑法定主义联系解释的观点,都没有超出戴炎辉的认识水平,都表明用现代罪刑法定主义的概念解释中国传统律典的这项原则是行不通的。

(三)正条规定与比附例案的协调适用原则

这项原则是指法律没有明文规定的案件,可以比照类似法条或案例适用法律的原则。该原则见于《大清律例》第44条"断罪无正条":"凡律令该载不尽事理,若断罪无正条者,(援)引(他)律比附。应加应减,定拟罪名,(申该上司)议定奏闻。若辄断决致罪有出入,以故失论。"该律文下有补充条例:"引用律例,如律内数事共一条,全引恐有不合者,许其止引所犯本罪。若一条止断一事,不得任意删减,以致罪有出入。其律例无可引用,援引别条比附者,刑部会同三法司公同议定罪名,于疏内声明:律无正条,今比照某律某例科断,或比

---

[1] 戴炎辉编著:《唐律通论》,元照出版有限公司2010年版,第9~12页。

照某律某例加一等、减一等科断，详细奏明，恭候谕旨遵行。若律例本有正条，承审官任意删减，以致情罪不符，及故意出入人罪，不行引用正条，比照别条以致可轻可重者，该堂官查出即将承审之司员指名题参，书吏严拿究审，各按本律治罪。其应会三法司定拟者，若刑部引例不确，许院、寺自行查明律例改正。倘院、寺驳改犹未允协，三法司堂官会同妥议。如院、寺扶同蒙混或草率疏忽，别经发觉，将院、寺官员一并交部议处。"

薛允升对该律文说明："此仍明律，雍正三年删定。其小注系顺治三年增入。"对该条例说明："此条系雍正十一年，九卿议复大学士张廷玉条奏定例。谨按：断罪引律令云，若律有数事共一条，官司止引所犯本罪。听此例前数句即系申明此律。其一条止断一事句，则补彼律之所未备也。专指刑部司官而言，似不赅括，可改为通例。"[1]

该原则源于唐律的相关规定，但有很大的改变。《唐律疏议》第50条"断罪无正条"："诸断罪而无正条，其应出罪者，则举重以明轻；其应入罪者，则举轻以明重。"疏议曰："断罪无正条者，一部律内，犯无罪名。'其应出罪者'，依《贼盗律》：'夜无故入人家，主人登时杀者，勿论。'假有折伤，灼然不坐。又条：'盗缌麻以上财物，节级减凡盗之罪。'若犯诈欺及坐赃之类，在律虽无减文，盗罪尚得减科，余犯明从减法。此并'举重明轻'之类。"疏议曰："案《贼盗律》：'谋杀期亲尊长，皆斩。'无已杀、已伤之文，如有杀、伤者，举始谋是轻，尚得死罪；杀及谋而已伤是重，明从皆斩之坐。又《例》云：'殴告大功尊长、小功尊属，不得以荫论。'若有殴告期亲尊长，举大功是轻，期亲是重，亦不得用荫。是'举轻明重'之类。"

明清律把"轻重相举"的内容合并到了"比附"的条文中，比附成为统一的法律适用原则。明清时期的立法者是如何看待这一改变的，已难知其详。晚清时期的律学家薛允升认为："唐律祇言举重以明轻、举轻以明重，明律增加比附加减定拟，由是比附者日益增加。律之外有例，例之外又有比引条例，案牍安得不烦耶。"[2]从薛允升的评论看，比附扩大了"轻重相举"的范围，增加了定罪量刑的案例，造成了负面的影响。沈家本对唐律的"轻重相举条"进行了更为深入的分析，对明清律改唐律之文也作出了详细的评论。他认为："观《疏

---

〔1〕 胡星桥、邓又天主编：《读例存疑点注》（上册），中国人民公安大学出版社1994年版，第95页。
〔2〕 （清）薛允升撰：《唐明律合编》，怀效锋、李鸣点校，法律出版社1999年版，第97页。

议》所言,其重其轻皆于本门中举之,而非取他律以相比附,故或轻或重仍不越夫本律之范围。其应出者,重者且然,轻者更无论矣。其应入者,轻者且然,重者更无论矣。"[1]"引律比附,应加应减定拟,此明改唐律之文。与唐律之举重明轻,举轻明重,其宗旨遂不同矣。而又申之曰议定奏闻,若辄断决,致罪有出入者,亦明知比附之流弊滋多,故特著此文,以为补救之法。——《大清律例》:(援)引(他)律比附。其于律字上注一'他'字,实非原定此律之意。观于《笺释》事同方许比附之语,可知其非。自来引用,大多于本门律内上下比附,其引他律比附者并不多见。盖既为他律,其事未必相类,其义即不相通,牵就依违,狱多周内,轻重任意,冤滥难伸。此一字之误,其流弊正有不可胜言者矣。"[2]从沈家本的分析评论,我们可以看出以下三点:第一,唐律规定的"轻重相举条"是在本律同门之中"类举",不能超出本律"类举";第二,明律改唐"类举"为"比附",改变了唐律制定此条的宗旨,扩大了定罪量刑的范围;第三,清律在明"引律比附"的律前加一"他"字,造成了更多的流弊。沈家本特举清初文字狱案例,证明其流弊。"自国初以来,比附之不得其平者,莫如文字之狱。——自唐以来,律无诽谤之条,用意至为深远。——若以律无正条之犯,竟与真正大逆同科,情罪既不相当,诬捏亦所难免。——如康熙中戴名世《南山集》一案,以文字之故,竟成大狱,非出特恩,则死者重矣。——是狱也,得恩旨全活者三百余人。仰见圣祖宽大之德,不以刑官之比附从重为是,故特予从轻。乃当日刑官不能曲体皇仁,原情定罪,竟以极重之典,漫为比附,五上折本,固执不移,其为党祸牵连,可以想见。而比附之未足为法,即此一狱,可推而知矣。——本朝文字之祸,大多在乾隆以前,其中出于素挟仇怨者半,出于藉端诈索者半。匪独奸人群相告讦,即大臣之中,亦有因睚眦小隙图快己私者。律例既无正条,遂不得不以他律比附,事本微细,动以大逆为言。"[3]

现代法律史学者对这一改变进行了许多分析,提出了不同的看法。

关于类举(轻重相举)、比附与类推的区别,戴炎辉认为:"《名例律》有'出罪举重明轻,入罪,举轻明重'之条,而无言及'比附'。举重明轻及举轻明重(轻重相举),系论理解释,非类推解释。按所谓比附者,屡见于疏议,其

---

[1] (清)沈家本:《历代刑法考》(第4册),中华书局1985年版,第1813~1814页。
[2] (清)沈家本:《历代刑法考》(第4册),中华书局1985年版,第1816页。
[3] (清)沈家本:《历代刑法考》(第4册),中华书局1985年版,第1816~1819页。

间亦有几乎是类推解释,即其所比附两事之相类性,比'轻重相举'者较远。或可谓为:广义之比附,包括狭义之'比附'及'轻重相举'。不过,律既许'比附',即'轻重相举'及'论理解释',自亦不必与'比附'强分。"[1]从'轻重相举'单个条文的规定和相关的解释,戴氏认为'轻重相举'是论理解释,不是类推解释。但从唐律的整体解释和立法精神看,戴氏认为类举(轻重相举)和比附"不必强分"。所以,在戴氏的唐律论著中,类举、比附和类推是没有绝然分开论述的。

黄源盛在《唐律轻重相举条的法理及其运用》一文中,对"轻重相举"与比附和类推的区别进行了仔细的分析,提出了他的看法:"'轻重相举条'的法理性质,其究属当今比附援引之'类推适用'?还是较倾向论理解释中之'当然解释'?"[2]"轻重相举"如"所举《疏议》中各例,大致都有一明确的律文以为轻重比拟的依据","在逻辑上均属当然之事,与'比附援引'显不相同"。"'比附援引'之律文与行为间,并无明确的联接关系,其所以解为得类推适用者,完全系基于事实上的需要,或为迁就某特定时空的条件,将律条中已有规定的犯罪类型,拿来作为对缺乏明文规定的行为作'填补漏洞'的根据,本质上,这是由司法官吏所为之'法之续造'"。"'轻重相举条'是立法者有意的设计,并非为漏洞而找填补之方,它是在法律解释学方法论尚不发达年代的一种立法技术的运用,其性质显然较近于当代论理解释中的'当然解释'。"[3]黄源盛从现代法律解释学的详细分类的视角分析"轻重相举条"的法理性质,比戴炎辉的相关分析更深入了一步,但这种现代分析的深入是否已超越了唐律的整体结构和精神内涵,值得我们反思。把唐律的"轻重相举"作为现代法学的"当然解释"看待,在黄源盛之前已有日本法学家冈田朝太郎论证过。[4]

对"轻重相举"与比附的区别,钱大群也有专门的考察论证。他认为:唐代的"类举与比附虽有局部相通之处,却绝非同一制度。"[5]其相通之处是:类举与比附都是为了解决法无明文断罪无正条的问题。其不同之处是:类举可以是定罪判刑,也可以是判定无罪不予处罚,或是从罪重刑重改认为罪轻刑轻。"入

---

[1] 戴炎辉编著:《唐律通论》,元照出版有限公司2010年版,第15页。
[2] 黄源盛:《汉唐法制与儒家传统》,元照出版有限公司2009年版,第328页。
[3] 黄源盛:《汉唐法制与儒家传统》,元照出版有限公司2009年版,第329~330页。
[4] 参见黄源盛:《汉唐法制与儒家传统》,元照出版有限公司2009年版,第323~324页。
[5] 钱大群:《唐律与唐代法制考辨》,社会科学文献出版社2013年版,第108页。

罪"是指判为有罪或相对地判为重罪;"出罪"是指判为无罪或相对地判为轻罪。比附只作有罪比附而不作无罪比附,是以律中已有规定的犯罪来作为没有明文规定的行为作处罚的依据。如"同居相隐"条文中,规定了子孙为父祖隐,也适用奴婢为主人隐。类举和比附的这种区别是否具有普遍性,值得进一步考察。

蒲坚先生把"类举"和"比附"都从类推原则的视角进行解释。"类举:亦称'类推'。古代对律无明文规定的犯罪,比照相似的律条定罪量刑的原则。早在西周,类推即已作为一种定罪量刑的原则。……春秋战国时期,各诸侯国的法律也有类推原则。……及至秦、汉,曾广泛适用类推。……三国、两晋、南北朝、隋、唐等朝法律也都规定类推原则。……《宋刑统》亦规定类推,其规定与《唐律疏议》同,而明、清则改称'比附'。至清末,《大清新刑律》标榜'罪刑法定',未再规定类推。"〔1〕"比附:古代在律无正条的情况下,引用类似律条定罪量刑的原则。西周时期已开始适用比附……战国、秦汉时期曾广泛适用比附。……继汉之后,北齐定有《别条权格》用作比附断案。……至唐、宋、明、清诸朝则引律比附。"〔2〕

青年法史学者陈新宇在《帝制中国的法源与适用——以比附问题为中心的展开》一书中,进一步考察分析了比附与类推的关系问题。〔3〕

(四)新律与旧律的协调适用原则

这项原则既包含有后法优于先法的精神,又包含有巩固和传承律统的精神。该原则见于《大清律例》第43条"断罪依新颁律"。律文是"凡律自颁降日为始,若犯在以前者,并依新律拟断。(如事犯在未经定例之先,仍依律及已行之例定拟。其定例内有限于年月者,俱以限定年月为断。若例应轻者,照新律遵行。)"附"条例"规定:"律例颁布之后,凡问刑衙门敢有恣任喜怒引拟失当,或移情就例故入人罪苛刻显著者,各依故失出入律坐罪。"

薛允升《读律存疑》对该律文说明:"此仍明律,原无小注数语。乾隆五年按律为百代不易之经,故犯在颁降以前者,亦应依律拟断。至于条例,有议自某年为始者,有于文到之后,限于月日然后施行者。若犯在未经定例之先,自应仍

---

〔1〕 蒲坚编著:《中国法制史大辞典》,北京大学出版社2015年版,第664页。

〔2〕 蒲坚编著:《中国法制史大辞典》,北京大学出版社2015年版,第42~43页。

〔3〕 陈新宇:《帝制中国的法源与适用——以比附问题为中心的展开》,上海人民出版社2015年版。

依律及已行之例定拟，不得遽引新律。至于例应轻者，则应照新例遵行，以昭钦恤之义。但律内向未注明，恐致误用，因增辑此注。"对该条例说明："此条系前明旧例，原载条例之末（按：此条乃用条例之通例。恐拟罪者比附例条，以资游移，舍例从例，以从苛刻，故特于诸卷之末而总申言之）。雍正三年移附此律，乾隆五年删定。谨按：此亦不引本律，援引他例之意，与断罪引律令各条参看。"[1]

这项原则可溯源至汉代的相关法律主张："前主所是著为律，后主所是疏为令，当时为是，何古之法。"[2]和汉令："犯法者，各以法时律令论之。"[3]以及唐令："犯罪未发，及已发未断决，逢格改者，若格重，听依犯时格。若格轻，听从轻法。"[4]从法律思想方面看，也可溯源至战国时代法家的相关法律思想："圣人苟可以强国，不法其故。苟可以利民，不循其礼。"[5]"前世不同教，何古之法？帝王不相复，何礼之循？——各当时而立法，因事而制礼。礼法以时而定，制令各顺其宜。——治世不一道，便国不必法古。"[6]"治民无常，唯治为法。法与时转则治，治与世宜则有功。——故圣人之治民也，法与时移而禁与能变。"[7]

在主张"法后王"的法家思想的影响下，新律优于旧律成为历代律典的重要原则。在主张"法先王"的儒家思想的影响下，旧律是历代律典传承的重要内容，是律统形成和沿袭的重要支柱。新律与旧律的协调适用，是贯穿历代律典的基本原则。

六、本章小结

以刑为主的成文法典《法经》的产生，具有刑法总则性质和特点的《具法》独立作为法典的一篇，是传统法典形成的重要标志，也是传统刑法原则确立的重要标志。后来历代继承发展的律典都有规定刑法基本原则的专门篇章。特别是

---

[1] 胡星桥、邓又天主编：《读例存疑点注》（上册），中国人民公安大学出版社1994年版，第95页。
[2] 《汉书·杜周传》。
[3] 《汉书·孔光传》。
[4] [日]仁井田升：《唐令拾遗》，栗劲等编译，长春出版社1989年版，第709页。
[5] 《商君书·更法》。
[6] 《商君书·更法》。
[7] 《韩非子·心度》。

《北齐律》把规定刑法原则的《名例律》确定为律典的第一篇之后，隋唐宋元明清的律典都继承了这一刑法编纂传统，突出了刑法原则的特殊地位和特别重要性。尤其值得注意的是，唐宋明清时期逐步完善的刑法协调适用的四大原则，使中国传统刑法原则更加周密，更加完善，使传统刑法具有更强的社会适应力和跨时代的生命力。

第五章 传统刑罚制度的发展线索

一、传统刑罚制度的产生与发展

（一）先秦的刑罚制度

古籍中关于夏商西周时期刑罚的记述，说法颇多。《尚书·舜典》记述，夏朝建立前，已有象刑、流刑、鞭刑、扑刑、赎刑等刑罚。《尚书·吕刑》记载，氏族时代的苗民已有劓、刵、黥等刑罚。《周礼》记载，夏朝有墨、劓、膑、宫、大辟等刑罚。《周语·鲁语》记载，黄帝时代曾有甲兵、斧钺、刀锯、钻笮、鞭扑等刑罚，分为大刑、中刑和薄刑三类。《史记》记载，商朝有醢、脯、炮烙、剖心等酷刑。以上各种文献的记述，有相同的内容，也有不同的内容。如果把这些文献记述和出土的甲骨文、金文史料对照来看，以下一些刑种是可以确定的。

墨刑，又称作黥刑，是在受刑人面部或额头刺刻后涂上墨成为永久性标记的刑罚。甲骨文中有墨刑的会意字。1975 年 2 月在陕西省岐山董家村出土的金文中有适用墨刑的案例。墨刑是较轻的一种刑罚，适用于各种轻罪。

劓刑，是割掉受刑人鼻子的刑罚。甲骨文中有劓刑的象形字。劓刑是比墨刑重一等的刑罚。

荆刑，又称作刖刑，是截断受刑人足部的刑罚。1976 年 12 月陕西扶风出土的西周的铜器上铸有砍掉左足的受刑人形象。1989 年山西闻喜县出土的西周铜器上也铸有断去左足的受刑人形象。荆刑是比劓刑重一等的刑罚，适用于中等的犯罪。

宫刑，又称作淫刑或腐刑，是毁伤受刑人生殖器官的刑罚。宫刑原只适用于男女奸情犯罪，后来适用范围扩大，成为仅次于死刑的重刑。

大辟，是死刑的统称。有斩、杀、磔等行刑方式。斩用斧钺，杀用刀刃，磔是碎割身体的酷刑。

以上五种刑罚，是夏商西周时期的正刑，是以毁伤肢体的肉刑为中心的刑罚体系。相对于后来隋唐时代重新规定的五刑，这五种刑罚通常简称为上古五刑或"前五刑"。又因现代历史学界多认为夏商西周时期是中国的奴隶制时期，所以很多学者常称这五种刑罚为奴隶制五刑。以肉刑为中心的这五种刑罚表现了当时的刑罚体系所具有的浓厚的报应刑色彩，也表明了当时的刑罚制度尚处于比较落后野蛮的状态。

在以上五种刑罚之外，夏商西周时代还有一些值得注意的刑罚。赎刑，是允许犯人用财物折抵刑罚的一种制度。《尚书》中有以铜赎罪的专门记载，即所谓"金作赎刑"。因赎刑是一种折抵刑罚的方式，不是一个独立的刑种，所以它一般不能直接适用于某一罪名。只是在判定某种罪行应处的刑罚之后，可以依法交纳财物，折抵刑罚，避免受刑。赎刑与罚金刑不同，罚金是一种实体刑，可以独立适用。赎刑只是一种代用刑，不是实体刑。是否求得赎免，犯人及其家属有选择权，可以选择赎刑，也可以直接接受所处之刑。罚金或其它独立的刑种，犯人及其家属是没有这种选择权的。

流刑，是将罪犯放逐到边远地区的刑罚。《尚书》中有"流宥五刑"的记载。是指凡处以五刑中的任何一种刑罚，只要具有减轻的条件，就可以用流刑代替。《国语·周语》和《史记·五帝本纪》中也有适用流刑事例的记载。

劳役刑，是将罪犯关押在一定场所并强迫其服劳役的刑罚。《周礼》记载，西周时已设置圜土（监狱）作为关押改造罪犯的场所。能改过自新的罪犯，劳役一定时间后准许返回乡里。关押强制劳役一年以上的相当于后世的徒刑。关押强制劳役时间较短的相当于后世的拘役刑。拘役适用于罪过较轻的犯人，施刑方法是给犯人戴上刑具，强制其坐在官府门外的嘉石（有纹理的石头）上示众，又在官府的监督下服劳役。这是一种耻辱刑和劳役刑相结合的刑罚。

《尚书》中还记载有"象刑"。后人对象刑的理解很不一致。一种意见认为，"象"是象征的意思，象刑就是让罪犯穿上带耻辱性的服装的方式来代替肉刑或死刑。另一种意见认为，"象"是图像，象刑就是把各种刑罚画成图像向民众公布，使民众看了有所畏惧不敢犯罪。从而收到刑罚威慑性的效果。还有其他的一些解释，不再一一列举了。

（二）秦朝的刑罚制度

1. 死刑

秦朝死刑种类繁多，突出体现了法家严刑峻法的重刑主义和恐怖主义特征。

现择要介绍以下几种:

弃市,将犯人在闹市当众执行死刑的方式。表示罪犯被大众唾弃的意思。

枭首,将犯人的头砍下,挂在木杆上示众的刑罚。具有惩一警百威慑大众的意思。

凿颠,将犯人凿开头颅处死的方式。

镬烹,将犯人用大锅煮死的方式。

车裂,用五匹马将犯人的头颅、四肢与身体撕裂的处死方式。即民间所说的"五马分尸"。主张重刑主义的商鞅最后就被政敌用车裂的方式处死。

具五刑,将犯人先处于黥、劓、斩左右趾的肉刑,再用棍棒打死,然后枭首,并将尸骨在闹市剁成肉酱。如有诽谤谩骂行为的,还要先割去舌头。极力推行重刑主义的李斯最后就被政敌用"具五刑"的方式处死。

2. 肉刑

秦朝继承了夏商西周时期的黥、劓、剕、宫等肉刑,并将肉刑经常与劳役刑并用,如:黥、劓城旦,就是将犯人先处于黥刑和劓刑,再处于城旦的劳役刑。斩左趾为城旦,就是将犯人先处于斩左足的刑罚,再处于城旦的劳役刑。多种刑罚并用,也突出反映了秦朝刑罚的严酷性。

3. 劳役刑

劳役刑就是强制犯人劳动的刑罚。秦朝的劳役刑种类很多,主要有以下数种:

城旦、春,城旦是指强制男犯修筑长城的劳役。与肉刑并用的,刑期为5年。数罪并罚的刑期还会延长。不与肉刑并用的刑期会减短。春是指强制女犯春米为刑徒提供口粮的劳役,刑期与城旦相同。

鬼薪、白粲,鬼薪是指强制男犯砍柴供给官府祭祀使用的劳役。刑期为3年。白粲是指强制女犯择米供给官府祭祀使用的劳役,刑期与鬼薪相同。服此种刑的男、女犯人,都要穿红色囚衣。

司寇,是指强制男犯到边远地区防御敌寇的劳役,刑期为2年。强制女犯服相当于司寇刑期的劳役,称为"作如司寇"。

罚作,是指强制男犯到边远地区防守的劳役,刑期为1年或3个月。强制女犯服相当于罚作刑期的劳役,称为"复作"。

4. 耻辱刑

耻辱刑是对罪犯人格进行羞辱的刑罚。秦朝有髡刑和耐刑。髡刑,是剃光犯人头发和胡须的刑罚，常与其它刑罚合并使用。如髡钳为城旦，就是将犯人剃光头发胡须锁住颈项并强制其服劳役，是将髡刑和劳役刑并用。北周后废除髡刑名。有学者认为，后世囚犯剃光头，可能是这种刑罚的遗迹；耐刑，是将犯人剃去两鬓和胡须的刑罚。因头发保存完好，所以又称耐刑为完刑，是比髡刑较轻的刑罚。耐刑也常与其他刑罚并用，如耐为城旦、耐为司寇。北周时，耐刑由徒刑代替。古人认为，头发胡须关系人的尊严，不能毁伤。所以，剃去头发胡须是可以作为羞辱人格降低尊严的刑罚使用的。

秦朝还有迁、赀、谇等刑罚。迁，是把犯人迁徙到边远地区的刑罚；赀，是强制犯人缴纳一定财物或服一定徭役的刑罚；谇，是对官吏的轻微犯罪进行训诫的刑罚。

秦朝还大量使用赎刑。有赎耐、赎迁、赎黥、赎宫、赎死等多种方式，可以用铜、盾牌、铠甲等财物或出劳力的方式折抵所判定的刑罚。

二、传统刑罚制度的改革与定型化

（一）汉初的刑制改革

秦朝片面推行重刑主义，激化社会矛盾的教训，给汉朝统治者留下了沉痛的历史启示。汉朝初年，就对刑罚制度进行了重大的改革。汉文帝时，诏令改革刑制。这次改革的主要内容是：废除了黥刑、劓刑、刖刑三种肉刑。具体作法是：改黥刑为髡钳城旦舂，劓刑为笞三百，斩左趾为笞五百，斩右趾为弃市。《汉书》记载，这次改革的起因是，齐太仓令淳于公犯罪当处肉刑，他的小女儿缇萦上书文帝，请求罚为官府奴婢，替父赎罪。上书感动了文帝。文帝认为，肉刑残酷，却不能制止犯罪，还有害于德政和教化的推行。就下令废除三种肉刑。实际上，三种肉刑的废除，既有利于提高汉文帝推行德政的声誉，减少秦朝推行重刑主义造成的负面影响，也有利于保护劳动力，促进汉代经济的发展。但这次废除肉刑的改革很不彻底，宫刑没有废除。斩右趾改为弃市死刑，不是由重改轻，而是由轻改重了。劓刑和斩左趾改为笞刑，形式上是由重改轻，但因笞数太多，受刑者多被打死，没有达到改重为轻的目的。针对这种情况，汉景帝时期对刑罚制度进行了进一步的改革。

景帝时期改革刑制的主要内容是：减少笞刑的数量；确定刑具的规格；确定用刑的原则。具体作法是：将劓刑笞三百减为笞二百，斩左趾笞五百减为笞三百。后来又下令将笞三百减为二百，笞二百减为一百。规定笞杖长5尺，面宽1

寸，末端厚半寸，用竹板制成，并削平竹节。规定受刑的部位是臀部以及施刑过程中不得更换行刑人。

文景时期的刑制改革是中国法制发展史上的重要事件，在中国古代刑罚体系的发展演变中具有重要的意义和深远的影响。这次改革，促进了以肉刑为中心的刑法体系向以徒流刑为中心的刑法体系的转变，促进了刑罚制度从野蛮走向文明的发展。后世虽有恢复肉刑的主张和在某些时期某些方面恢复肉刑的现象，但以肉刑为中心的刑罚体系再也没有恢复了。刑罚种类、刑具规格、行刑方式的改革，不仅是法制史上值得关注的问题，而且是当代法制和未来法制的发展中，值得继续关注继续改革的问题。刑罚的惩戒作用、威慑作用和教育作用的有效实现，不仅是古人关注的问题，而且是今人同样关注的问题。

(二) 汉代的主要刑罚

1. 死刑

汉朝的死刑主要有斩首和腰斩两种。汉朝所说的"殊死"，就是身首分离的斩首；弃市，在闹市处死的方式多用斩首；腰斩，从腰部斩断的死刑是比斩首重一等的死刑。汉朝死刑的种类比秦朝减少很多，是对秦朝重刑主义、恐怖主义的重大改变。

2. 劳役刑

汉朝的劳役刑主要是沿用秦朝的城旦舂、鬼薪、白粲、司寇、罚作等刑罚。

3. 笞刑

汉文帝废除墨、劓、刖三种肉刑之后，笞刑成为汉朝非常重要的刑罚。

汉朝还继续沿用秦朝的髡、耐、完等耻辱刑，继续沿用夏商以来的赎刑和宫刑。

(三) 魏晋南北朝时期刑罚制度的过渡

1. 流刑确定为主要刑种

北魏、北齐、北周的法律，都规定流刑为死刑与徒刑的中间刑，填补了汉初刑制改革以来死刑与徒刑之间缺乏中间刑，轻重悬殊过大的缺陷。确定流刑为主要刑种，为隋唐时期以徒、流为中心的五刑制度的建立奠定了基础。

2. 废除宫刑

汉初刑制改革，只废除了黥、劓、刖三种肉刑，宫刑短期停用，没有真正废除。以肉刑为中心的刑罚体系基本改变，但还没有彻底结束。南北朝时，西魏、北齐禁止使用宫刑，并将应处宫刑的人改为罚作官府的奴婢。从此，宫刑从法定刑中废除，以肉刑为中心的刑罚体系彻底结束。

3. 减少酷刑

三国两晋南北朝时期，虽然国家有时分裂，有时统一，但儒家德主刑辅思想对刑罚的影响仍然存在。死刑方式的逐步减少是一种表现，族刑范围的限制是另一种表现。曹魏时规定，除危害皇权的反逆大罪外，一般犯罪，不缘坐亲属。因反逆大罪而受株连的，妇女不处死刑，罚为官府的奴婢。女子出嫁后，不因父家犯大罪而受株连。

（四）传统刑罚制度的定型化

唐律继承了隋《开皇律》规定的以徒流刑为中心的五刑制度，但将五刑的排列次序改为从轻到重，依次是笞、杖、徒、流、死五种，标志着传统刑罚制度的定型化。

1. 笞刑

《唐律疏议》正文规定，笞刑五等，十到五十，每等加十。与隋《开皇律》相同。"疏议"说明了笞刑的性质、沿革和意义等问题。根据"疏议"的说明，笞刑是适用于惩戒轻微犯罪的刑罚。用笞打的方式羞辱犯人，以此达到惩罚、儆诫的效果。汉代笞刑用竹片，唐代改用荆条。这种笞打犯人的轻刑，历史渊源久远。《尚书》中说"扑作教刑"，就是用责打作为惩戒教化的刑罚。汉文帝施行仁政，用笞刑代替劓刑，那时笞刑和杖刑还没有区别开来。笞打这类刑罚，是比较轻的刑罚。历代沿用，不断改革，笞打的轻重多少有所变化，但都是为了实现惩戒效果，达到收起刑具不用刑罚的目的。官吏在适用刑罚时，一定要慎重考虑，达到惩罚教化的效果。

2. 杖刑

唐律正文规定，杖刑五等，杖六十到一百，每等加十。与《开皇律》相同。"疏议"说明了杖刑的性质和历史来源。杖刑在先秦时期是用来惩罚轻罪或惩戒官吏犯罪的刑罚，即《国语》中所说："薄刑用鞭扑"，《尚书》中所说："鞭作官刑"。远古的苗民首领蚩尤创制的刑罚中，也有类似杖刑的鞭打和扑责。汉景帝改革刑制，把笞打二百减为一百，后世沿用，没有增加或减少。隋代开始用杖来代替鞭笞，杖刑成为五刑中的法定刑。唐律规定的杖刑是继承汉制和隋制而来的。

3. 徒刑

唐律正文规定，徒刑五等，一年、一年半、二年、二年半、三年。"疏议"

说明了徒刑的性质和来源。徒是奴的意思，就是对罪犯进行奴役并羞辱他。《周礼》中已有徒刑的记载，分为上罪三年，中罪二年，下罪一年，共三等。徒刑始于周代。

4. 流刑

唐律正文规定，流刑三等，二千里、二千五百里、三千里。"疏议"说明了流刑的来源。《尚书》中有"流宥五刑"的记载。唐尧、虞舜时代已有流放的刑罚，对犯了死罪又不忍诛杀的罪犯，就宽大处理，流放到远方。

5. 死刑

唐律正文规定，死刑二等，绞、斩。"疏议"说明了死刑的来源。死刑是古代帝王根据天意立下的刑罚，目的是为了辅助政治，进行教化，禁止强暴，防范奸邪。是为了用死刑来制止杀人案件的发生。斩刑出现在黄帝时期，绞刑出现在周代初年。古代的"大辟"就是死刑的来源。

以上五种刑罚都可以交铜赎免。交铜数量根据刑罚的轻重决定。最低笞十，交铜1斤，最高死刑，交铜120斤。但十恶处死刑者和不孝处流刑者，不准赎免。

《唐律疏议》对五刑制度的规定，对五刑的性质、作用、意义和来源的解释，为我们深入的认识五刑制度提供了系统的历史材料。但对五刑的来源等问题的解释只能作为参考，还不能作为定论。要结合出土文物和民族学材料的分析证明，才能获得更为可靠的结论。

以上五种刑罚是隋唐时期的法定刑种，是在正常情况下必须遵守的制度。唐朝后期和五代时期，社会局势的变乱，正常的五刑制度也受到了破坏。但社会安定后，隋唐确立的五刑制度仍为后来的王朝所继承和维护。

三、传统刑罚制度的继承与变化

（一）宋辽金元时期的刑罚制度

1. 宋朝的刑罚制度

在刑罚制度方面，宋朝继承了隋唐的五刑制度，但杖刑适用广泛，其中最重要的变化是规定了折杖法，作为笞、徒、流刑的代用刑。折杖的做法在唐宣宗时就已出现，但真正完备是在宋代。宋太祖建隆四年，为了改变五代以来刑罚严酷的局面，制定了折杖法，即把笞、杖、徒、流四种刑罚折抵为杖刑并减少用刑数量的制度。具体适用方式是：笞杖刑责打臀部，称为"臀杖"，最高用刑数量不超过二十；徒刑改为"脊杖"，责打背部，最高用刑量为二十；流刑要在本刑外附加脊杖，用刑数量从十七至二十。这样一来，就产生了如下效果：使被判处流罪的犯人不用远徙，被判处徒罪的犯人不用服若干年的劳役，也使得被判笞、杖刑的犯人减少受刑数量。这体现了宋初的轻刑省罚的思想，也使五刑中的笞杖徒流刑名存实改，五刑的性质因此有所改变。但随着宋朝法制的腐败，法外决杖、使用非法杖具的情形增多，杖刑的适用逐渐酷滥，使宋初试图通过折杖实现轻刑的意图没能得到贯彻。

在笞、杖、徒、流刑适用的变化之外，宋代刑罚的另一突出变化是，规定了刺配和凌迟两种法定刑。

刺配，是对犯人先进行杖脊、施加刺字刑罚再押送到指定场所服劳役或军役的刑罚。"刺"的标记、字样、部位和深度，因罪而异。刺字刑罚的适用，是古代墨刑变相的复活，但不是作为主刑，而是作为附加刑适用的。刺配设立于宋朝初年，是死罪的代用刑，目的是为了宽宥犯死罪的犯人。但后来，刺配的适用逐渐增多，范围也变得广泛，对犯流罪、徒罪、杖罪的，也适用刺配的刑罚。这样就使得刑罚加重，在当时即受到人们的批评，但终宋之世，也没能改变刺配的适用情况。

凌迟，是用碎割肢解身体的方式处死罪犯的刑罚，民间俗称为"剐刑"。始见于五代时期，首次作为法定刑名出现是在辽。宋朝初年，还是非法刑罚，宋仁宗天圣九年，荆湖地区杀人祭鬼，仁宗怒而下敕，首次准许使用凌迟刑，在这之后凌迟适用逐渐广泛。凌迟适用于恶逆、劫杀人等重大犯罪，是宋代死刑的最高等级。刺字、凌迟在宋代成为法定刑，使宋朝统治者倡导的慎刑思想变得名不符实。这两项恶劣的刑罚制度，一直延续到清末刑法改革才被废除。

此外，宋代在法外使用酷刑的现象比较严重。弃市、腰斩、枭首、醢刑等酷刑，在宋朝之前已被废而不用，宋朝法律中也没有规定，但实际中却不乏适用。其中，杖杀、弃市多用于官吏的贪赃枉法罪，其它法外酷刑主要用于侵害皇权、谋反、贼、盗等重罪。

2. 辽金元时期的刑罚制度

辽政权的刑罚，有四种主刑：死刑、流刑、徒刑和杖刑。死刑分为三等：绞、斩和凌迟。流刑、徒刑也各分为三等，各等次的轻重与唐宋律相关刑种规定的不同。杖刑的数量，从五十到三百。数量和刑具的规格与唐宋律规定的都不同。在主刑之外，还有一些法外之刑存在。

金政权初期的刑罚，主要有笞杖刑和死刑。《泰和律义》规定的主刑，基本上继承了唐宋律规定的五刑制度。但在徒刑、流刑的适用上有所不同。主刑之外，也存在一些法外之刑。

元朝继承了唐宋律和金律规定的五刑制度，但又有变化，并体现了严酷的特点。

首先，在笞杖刑的适用上，把十的尾数改为七。笞刑分为七、十七、二十七、三十七、四十七、五十七共六等。杖刑分为六十七、七十七、八十七、九十七、一百零七共五等。以七为尾数，反映了蒙古族习惯法的一种原则："天饶他一下，地饶他一下，我饶他一下"。本来是显示轻刑的意思，但笞刑改为六等，反而使笞杖刑的数目增加。

其次，徒刑附加杖刑。徒刑从一年到三年共分五等，分别附加从六十七到一百零七下五等杖刑。

最后，采用了很多严酷的刑罚。在死刑上，元代死刑有没有绞刑还存在争议，但可以肯定的是，有斩刑和凌迟。此外，还采用了榜杀、剥皮、醢刑、烹刑、枭首、具五刑等残酷的刑罚。元朝又恢复了黥刑、劓刑等肉刑，如至元二年颁布诏令：强盗都要处以死刑，盗牛马的处以劓刑，盗驴骡的在额头刺字，再犯的处以劓刑，等等。

（二）明清时期的刑罚制度

1. 明朝的刑罚制度

在刑罚制度方面，明朝继承了隋唐以来的五刑体系。但徒、流刑的适用，要附加杖刑。在笞、杖、徒、流、死（绞、斩）五刑之外，明朝沿用了宋代以来的凌迟和刺字的酷刑。

明朝还新增加了充军、廷杖等刑罚。充军，是强迫罪犯充当军户的刑罚。根据充军的路途远近，分为附近充军、边卫充军、极边充军等数种。根据充军时间的长短，分为终身充军、永远充军。终身充军时间止于罪犯本人死亡。永远充军时间，是在罪犯本人死亡后，其后代世代充当军户。明朝适用充军刑的罪名很多，曾有《充军条例》的专门法规。

廷杖，是在朝堂上杖击大臣的刑罚。明朝以前已有廷杖的刑罚，但没有成为稳定的制度。明朝的廷杖已有制度化的规定，由宦官机构东厂监刑，特务机构锦衣卫施刑。明朝廷杖的适用，打死过多名大臣。廷杖是明朝正刑之外的酷刑，是专制皇权恶性发展的突出反映。

2. 清朝的刑罚制度

清朝的正刑仍是笞、杖、徒、流、死五刑，与唐、明律规定的五刑内容相同。但在五刑的适用上有一些变化。笞、杖刑的适用，不打满法定的整数。顺治时，以五折十，康熙时又改为以四折十，并减去不够五的零数。实际适用数为：笞一十，折四板；笞二十，除零，折五板；笞三十，除零，折十板；笞四十，除零，折一十五板；笞五十，折二十板。杖六十，除零，折二十板；杖七十，除零，折二十五板；杖八十，除零，折三十板；杖九十，除零，折三十五板；杖一百，折四十板。[1]徒刑适用于窃盗不满四十两、雇工人骂家长等较轻的犯罪行为。徒刑的执行一般是"发本省驿递，其无驿县，分拨各衙门充水火夫各项杂役，限满释放"。[2]流刑适用于较为严重的犯罪行为，如窃盗一百二十两以内，白昼抢夺，强盗已行未得财，奴婢过失伤家长等。清初流刑由各州县接部文后解交巡抚衙门，按照里数，酌情发往偏远荒芜之地。乾隆年间刑部编订了《三流道里表》，将某省某府属流犯，按照里数不同，应发往何省何府属安置，计算里程，限定地点，逐省逐府，具体载明。从而使流刑的适用实现了制度化的管理。清朝还规定，因某些较轻的罪行被判处流刑的，可以改为徒刑适用。死刑的适用，分为立决和监候两种情况。立决适用于重大的犯罪者，一经皇帝批准，即立即执行，所以又称为决不待时。监候适用于死罪中罪行相对较轻的犯人，一般是留待秋后，经秋审大典再决定是否执行死刑。监候是一种缓刑措施，体现了儒家慎刑的思想。《大清律例》中对适用立决或监候的罪名，都有明确的解释。清代死刑的适用还有一种变通的情况，凡因过失杀人、误杀人或因职务上的某些犯罪被判处死刑者，其死刑不实际执行，而是减等改为徒五年执行，这称作"杂犯死罪，准徒五年"。

清代的刑罚，除正刑五刑之外，还有以下一些种类：

凌迟，又称极刑，适用于谋反大逆等重罪。枭首，适用于强盗等重罪。戮尸，适用于恶逆和强盗应枭之犯监故者。这就是清代刑法中明定的三种酷刑。这三种酷刑直到清末法制改革时才从刑法中删除。

充军，是发配罪犯去戍边的刑罚，比流刑要重。分为附近、近边、边远、极边、烟瘴五等。附近为二千里，近边二千五百里，边远三千里，极边和烟瘴为四

---

[1] 参见《大清律例·名例·五刑》。

[2] 《清史稿·刑法志二》。

千里。乾隆年间兵部制定了《五军道里表》，对何处军犯应发配往何处都作了具体详细的规定。在充军之外，又有称作"发遣"的刑罚。一般是将罪犯发配给驻防士兵作奴隶。遣犯的地位比流犯和军犯的地位还低。清代遣犯多发往东北、外蒙和新疆的驻防地区。与充军和发遣同类的又有称作"军台效力"的刑罚，适用于犯应处流刑或充军刑的官员。流刑、充军和发遣等刑罚是清代常用的刑罚。流、军、遣犯都可以带家属前往，不遇恩赦，终生难回原籍。

枷号，是适用于犯奸、赌博、逃军、逃流或窃盗再犯的附加刑。其适用方法是让犯人带上枷，在城门、衙门口或其他公众往来之地示众。这是体罚犯人的一种耻辱刑。枷的轻重，乾隆时有定制：轻者为二十五斤，重者为三十五斤。枷号的时间，短者三日五日，长者达半年至一年。

刺字，是适用于窃盗、逃军、逃流等罪的附加刑。此刑由宋代沿袭而来，在清代广为使用。适用方式是刺臂或刺面，刺特定的图记或刺发配地名，发配事由。刺字也是一种蔑视罪犯人格的耻辱刑，直到清末法制改革才废除。

清朝在正刑之外，又有酷刑和加重刑以及羞辱罪犯人格的附加刑，反映了传统刑法的重刑特色和威吓主义的本质。

四、本章小结

中国传统刑罚在起源时期是以威慑性为主要特征的，随着思想文化的发展，制度文明的发展，教化性特征突现出来。在西周礼治思想、德治思想和教化思想的影响之下，特别是在汉代儒家思想确立为国家正统思想之后，传统刑罚在法制宣传中的教化作用受到历代政权的高度重视，教化性特征成为体现传统刑法基本精神的显著标志。但在法家重刑思想的影响之下，传统刑罚的威慑性特征也一直存在着。只是在传统刑罚儒家化之后，威慑性特征也被教化性特征所吸纳包容，并且成为传统刑罚教化性的一种特别方式，而为传统刑罚教化优先的目的服务。

在教化和威慑都不能起到有效作用的情况时，才实施刑罚制裁。在传统中国的刑法理论和刑法实践中，刑罚制裁是不得已而采用的方式。无论是在立法方面，还是在司法方面，刑罚的教化作用、威慑作用都是优于惩罚作用的。

第六章

传统罪名制度的发展线索

一、传统罪名制度的产生与发展

（一）传统罪名制度的产生

据《左传》等史书转载，夏朝已有"昏""墨""贼"等罪名。"昏"是诈骗方面的犯罪；"墨"是官员贪赃枉法方面的犯罪；"贼"是故意杀人方面的犯罪。

违抗王命罪和不孝罪是夏商西周时期最严重的犯罪。凡违抗国王命令或侵犯国王人身安全的犯罪，不仅要处死犯罪者本人，而且要株连犯罪者的家属。王权是夏商西周刑法保护的主要对象，也是后来历代王朝刑法保护的主要对象。

夏商西周时期，以"孝"为精神支柱的血缘家庭组织已成为国家的统治基础，也成为了刑法保护的重要对象。因此，不孝罪成为最严重的犯罪。史书中有"罪莫大于不孝"之说。西周时期，由于宗法制度高度发展，刑法对不孝罪的规定更加严厉。《尚书·康诰》记载，不孝罪是不可赦免的元恶大罪。不孝罪为后来的历代王朝刑法所继承，一直是中国传统刑法中最严重的罪行之一。这也是家族本位的中华法系的突出特点。

夏商西周时期还有妨害社会秩序方面的罪名和官吏贪污渎职方面的罪名，以及其他罪名。

（二）秦朝的罪名制度

1. 危害皇权的罪名

这方面的罪名很多，突出地反映了秦朝皇权至上的专制政权特征。主要有：不敬皇帝罪，是指对皇帝本人不恭敬或不听从皇帝的命令的言行；以古非今罪，是指引用古人的学说或前人的事迹批评秦朝现行政策的言行；非所宜言罪，是指发表了议论秦朝政权失误的言行；诽谤与妖言罪，是指批评秦朝的严刑苛法或煽动民众造反的言行；妄言罪，是指议论秦朝法制严酷方面的言行。在秦朝，凡是危害皇权的犯罪，即使只有言论没有行动，也要受到严厉的惩罚。如果是批评朝政煽动造反的重罪，不仅犯罪者本人要被处死，犯罪者的家属也要承担刑事责任，受到"族刑"的惩罚。皇权是国家政权的象征，是秦朝刑法保护的主要对象。

2. 官吏渎职的罪名

秦朝官吏渎职的罪名很多，是法家重视吏治的思想法律化的体现。司法官吏的渎职罪特别值得注意。司法官吏故意重罪轻判或轻罪重判，构成不直罪。故意有罪不判构成纵囚罪。这些都要承担相应的刑事责任。

3. 侵犯财产与伤害人身的罪名

李悝编纂的《法经》，是以惩罚侵犯财产罪的《盗法》和惩罚伤害人身罪的《贼法》为主要内容的。从商鞅改法为律发展而来的秦朝法律，也是有关侵犯财产的法律和伤害人身的法律占的比重较大。出土秦简的法律条文中，盗窃罪、故意杀人罪（贼杀）、故意伤害罪（贼伤）方面的条文很多。

秦朝还有诬告罪、诈伪罪、逃避徭役罪（乏徭）等许多罪名。

（三）汉朝的罪名制度

1. 危害皇权的罪名

汉朝皇帝制度进一步发展，法律加强了对皇权的维护，相应的规定了若干危害皇权的罪名。主要有：废格诏书罪，是指官吏不执行皇帝诏令的犯罪；非议诏书罪，是指臣下肆意批评指责皇帝诏书有损皇帝尊严的犯罪；不敬罪，是指臣下对皇帝轻蔑无礼的犯罪，对皇帝有欺骗诬蔑性质的欺谩、诋欺、诬罔言行，也属于不敬罪；阑入宫殿门罪，是指未经允许擅自闯入皇帝居住和处理政务的地方的犯罪；大逆不道罪，是指民众反抗皇帝统治的犯罪。

2. 危害中央集权制的罪名

汉朝前期，为维护中央集权制国家政权的稳定，防止国家的分裂，规定了一系列打击诸侯王割据势力的罪名。主要有：阿党附益罪，是指中央官员私通诸侯王掩盖犯罪行为或牟取不法利益的犯罪；左官罪，是指中央官员擅自到诸侯王领地任官的犯罪，根据《左官律》治罪；酎金违律罪，是指诸侯王献给朝廷的贡金不符合标准的犯罪，根据《酎金律》治罪；出界罪，是指诸侯王擅自离开封地，与其他诸侯王交接私通的犯罪。汉律对诸侯王超过限额役使吏民，超过法定标准使用车马、服饰等器物，都规定有相应的罪名。

3. 危害人身和财产方面的罪名

汉朝杀人罪、伤害罪、盗窃罪等罪名是从《法经》、秦律的有关规定继承而来的。汉朝还规定有"首匿罪""见知故纵罪"等罪名，对主谋藏匿罪犯、看见犯罪行为不举报的人都要治罪。

二、传统罪名制度的定型化

（一）魏晋南北朝时期的罪名制度

1. "重罪十条"

"重罪十条"是《北齐律》规定的十种最严重的犯罪。具体罪名是：反逆、大逆、叛、降、恶逆、不道、不敬、不孝、不义、内乱。这些罪名是对先秦以来严重危害国家政权、严重危害社会伦理道德的犯罪的高度概括和总结。后世规定的"十恶"制度，就是在"重罪十条"的基础上增减而成的。以上罪名的详细含义，因《北齐律》失传，难于作出确切说明。后面将利用唐律规定的"十恶"条款再进行解释。

2. 危害人身和财产方面的罪名

魏晋南北朝时期，杀人罪和伤害罪的犯罪情节，比秦汉时期区分更加细致。张斐在注释晋律中，对斗杀伤、戏杀伤、贼杀伤、过失杀伤作了严格的区分。盗罪和赃罪有了严格的区分，但包含的内容还很多。盗罪包含现代的盗窃罪和抢劫罪。赃罪包含现代的行贿罪、受贿罪、贪污罪等内容。

（二）隋唐时期的罪名制度

1. 十恶制度

严重危害国家政权和社会伦理道德的犯罪，在汉代法律儒家化之后，被视为危害纲常名教的重大犯罪。汉代有不道、不敬等罪名，北齐有"重罪十条"的规定，隋《开皇律》把十类最严重的犯罪确定为"十恶"，列举在法典的第一篇，突出刑罚惩治的首要犯罪。《唐律疏议》继承了《开皇律》确立的十恶制度，对"十恶"包含的罪名作出了详细的解释。现具体介绍如下：

（1）谋反。唐律正文解释："谓谋危社稷。""社稷"在古代是国家的象征，君主是国家的主人。用今天的话来说，谋反是指图谋危害国家政权危害君主统治权的犯罪。"疏议"进一步说明了规定谋反罪的原因和目的。儒家经典认为，对国君和父母不能有悖逆之心，如有悖逆之心，就必须诛灭。君主处于至高无上的统治地位，承奉天命，作万民的父母。作为子女和臣下，只能尽忠尽孝。如有包藏祸心，图谋悖逆，是违反天理人伦的大罪，所以称作"谋反"。君主有至高无上的尊严，不敢指名直呼，所以用"社稷"代称。

（2）谋大逆。唐律正文解释："谓谋毁宗庙、山陵及宫阙"。是指图谋毁坏帝王的宗庙、陵墓和宫殿的犯罪。违反天道，悖逆帝德，罪大无比，所以称作"大逆"。

（3）谋叛。是指图谋背叛本国，投奔外国的犯罪。企图翻越城池，投奔伪政权，或企图把守卫的土地献给敌方的行为，也是谋叛罪。

（4）恶逆。是指殴打以及谋杀祖父母、父母，杀害伯叔父母等重要亲属的犯罪。《疏议》认为，谋害父母尊长，杀害五服至亲的行为，是灭绝人性，失去人道，凶恶至极的犯罪，所以称作"恶逆"。

（5）不道。是指滥杀无辜、残害他人，违背做人正道的犯罪。包含以下犯罪行为：

杀一家非死罪三人。就是杀死了一家中没有犯死罪的三个人。如果被杀三人中，有一人犯了死罪，凶犯的罪行就不列入"十恶"的范围内。

支解人。就是割裂分解被杀者肢体的犯罪行为。

造、畜蛊毒、厌魅。是指培养或传授毒虫害人，以及利用各种邪恶习俗阴谋害人的犯罪行为。

（6）大不敬。是指危害君主尊严和安全方面的犯罪。包含以下犯罪行为：

盗大祀神御之物，乘舆服御物。是指偷盗君主祭祀天地、山川、宗庙等供神明使用的物品，以及偷盗君主使用的物品方面的犯罪。

盗及伪造御宝。是指偷盗或伪造皇帝、皇后的印宝的犯罪。

合和御药，误不如本方及封题误。是指为皇帝、皇后配制用药处方发生失误，或药物标签出现错误等犯罪。

造御膳，误犯食禁。是指为帝王准备饮食，没有依照《食经》规定的犯罪。

御幸舟船，误不牢固。是指为帝王建造船只，由于失误没有造得牢固的犯罪。为帝王配制药方、准备饮食、建造船只，如果发生过失犯罪，即使还没有献给皇帝使用，也按"十恶"中"大不敬"论处。如果是故意犯罪，就应按"谋反"论处。

指斥乘舆，情理切害。是指心有不满指名斥责皇帝，在情理上有很大危害性的犯罪。

对捍制使，而无人臣之礼。是指抗拒冒犯皇帝使节的犯罪。

(7) 不孝。是指违犯父母等尊长的犯罪。具体包含以下内容：

告言、诅骂祖父母、父母。是指向官府告发或咒骂祖父母、父母的犯罪。这里的咒骂是一般的责骂，如果是咒骂祖父母、父母，希望其死亡或生病的行为，就要以谋杀论处，定为"恶逆"罪。

祖父母、父母在，别籍异财。是指祖父母、父母在世的时候，就另立门户或另置家产的犯罪。"疏议"说：祖父母、父母在世的时候，子孙应当尽力赡养，无微不至的照顾。出门，要先向父母禀告；回家，要先面见父母；对家庭事务，不能擅作主张。如果另置家产、另立门户，就是忘记了恩情，丧失了孝心，抛弃了名分大义。根据典章礼制，这种罪恶是不能容忍的。"别籍"和"异财"两件事，只要做了一件，就应当按十恶论罪。

供养有阙。是指子孙不能赡养祖父母、父母的犯罪。"疏议"说明，这类犯罪要经祖父母、父母告发，才能定罪。

居父母丧，身自嫁、娶，若作乐，释服从吉。是指在为父母服丧期间，本人擅自作主出嫁或娶妾，或演奏乐器寻欢作乐，或脱去丧服穿着喜庆衣服的犯罪行为。如果是家中尊长作主嫁、娶，就依律处罚主婚的尊长，嫁、娶的当事人不列入"不孝"罪。

闻祖父母、父母丧，匿不举哀；及诈称祖父母、父母死。是指听到祖父母、父母死讯，隐瞒不举行哀悼；以及谎说还在世的祖父母、父母已经死去的犯罪。

唐律关于不孝罪的规定和解释，是儒家礼制经典法律化的集中体现。

(8) 不睦。是指危害五服之内亲属的犯罪，是比恶逆较轻的犯罪。具体内容包括：

谋杀及卖缌麻以上亲。只要是发生谋杀及出卖五服之内亲属的行为，不论尊卑长幼，都按不睦罪处罚。只要有谋杀的行为，没有造成伤害的后果，也要定不睦罪。如果是故意杀害或斗殴杀害，已造成伤害后果，也列入不睦罪。出卖五服之内亲属，无论是否强迫或得到对方同意，都列入不睦罪。有出卖行为，但没有卖出去的，不列入不睦罪。如果是谋杀伯、叔父母等期亲尊长的行为，就要按恶逆罪处罚。

殴、告夫，及大功以上尊长、小功尊属。是指殴打或告发丈夫，以及殴打或告发大功以上尊长、小功尊亲属的犯罪。"疏议"对亲属范围作了详细说明。

(9) 不义。是指杀害官长或老师，以及其他严重违背道义的犯罪。包含以下内容：

杀本属府主、刺史、县令、见受业师。是指下级官吏杀害上级官长,杀害州、县的长官,以及杀害现任老师的行为。

吏、卒杀本部五品以上官长。是指吏员、士兵杀害他们直属部门的五品以上官长的犯罪。

闻夫丧,匿不举哀;若作乐、释服从吉及改嫁。妻子听到丈夫的死讯,隐瞒不表示哀悼的行为;以及在服丧期内,奏乐歌舞寻欢作乐,或脱去丧服穿上喜庆服装,或在丧期内改嫁,都是不义的犯罪行为。

(10)内乱。是指在家庭和亲属之间发生违反尊卑关系的奸情犯罪。"疏议"引《左传》主张:女子各有丈夫,男子各有妻子,男女不能互相亵渎,改变这一原则就会造成淫乱。如果有禽兽的行为,在家里发生不分尊卑上下的淫乱行为,就违反了礼的原则,所以称为"内乱"。具体内容是:

奸小功以上亲、父、祖妾,及与和者。男子与小功丧服以上的妇女通奸,与父亲或祖父的妾通奸,以及前述丧服范围的妇女先被强奸后又同意的和奸,都是内乱罪。

"十恶"制度中,包含有数十种罪名。最严重的是危害国家政权和君主权威的谋反、谋大逆、谋叛三类犯罪,俗称"三谋"。这三类犯罪都是只要表示了犯意就构成犯罪,亲属要承担"缘坐"的法律责任。"十恶"犯罪,通常的大赦不能赦免,即所谓"常赦所不原"。贵族官员犯了"十恶"重罪,也不能援引八议、收赎的特权。

2. 六赃制度

《唐律疏议》的《名例》《杂律》等篇,规定了非法获取他人财物的六种犯罪,统称为"六赃"。具体内容如下:

(1)强盗。是指用威吓或暴力取得他人财物的犯罪,以及用药或酒麻醉他人取其财物的犯罪行为。强盗罪是"六赃"中最严重的犯罪,只要有强盗行为,没有得到财物的,也要处以徒二年的刑罚。得到财物的,根据财物数额决定量刑标准。如果是强盗伤人的,无论是否得到财物,都要处以绞刑。强盗杀人的,一律处以斩刑。

(2)窃盗。是指暗中窃取他人财物的犯罪。有窃盗行为,没有取得财物的,处以笞五十。取得财物的,根据财物数额量刑。

(3)受财枉法。是指官吏收受贿赂违法处理公事的犯罪。根据收受贿赂的数额定罪量刑。隋唐时期以绢帛的尺、匹(四十尺)作为计算财物数额的标准。

受贿赃一尺，杖一百。赃满十五匹以上，就要处以斩刑。

（4）受财不枉法。是指官吏收受了贿赂但没有违法处理公事的犯罪。比受财枉法罪危害要轻，量刑也相对减轻。受贿赃一尺，杖九十。赃三十匹以上，处加役流。没有处死刑的规定。

（5）受所监临。是指官吏向下属或管辖区内百姓索取财物的犯罪。特指不是处理公事而接受或索取财物的犯罪。如果是处理公事而接受或索取财物，就是枉法赃或不枉法赃了。此罪比前列二罪量刑要轻，赃满一尺，笞四十。赃满五十匹以上，流二千里。

（6）坐赃。是指上述五种情况之外非法获取财物的犯罪。比上述五种罪量刑要轻，赃满一尺，笞二十。最高刑是徒三年。

3. 杀人罪和伤害罪

唐律对杀人罪和伤害罪的规定，条文繁多，内容细密，量刑标准区分严格。

对杀人罪，唐律根据杀人的动机和情节，分为以下六种情况：

谋杀，是指二人以上预谋杀人的行为。以提出杀人意图的"造意"者为首犯，量刑从重。一人有明显杀人图谋的言行，也可以定为谋杀罪。

故杀，是指没有预谋而故意杀人的行为。如与人争吵，故意使用刀剑杀死对方的犯罪行为。

斗杀，是指在斗殴中没有杀人之心但造成了对方死亡的犯罪。与故杀的区别是行为人主观上没有杀人的故意，所以量刑比故杀要轻。

误杀，是指在斗殴中误杀旁人的犯罪，按照斗杀罪量刑。

戏杀，是指当事人在游戏中不慎导致一方死亡的犯罪。量刑比斗杀罪减轻。

过失杀，是指行为人因过失而导致他人死亡的犯罪。

对伤害罪，唐律根据造成伤害的手段和后果，规定了详细的定罪量刑标准。特别是总结了前代处罚伤害罪的经验，规定和完善了"保辜"制度。"保辜"是指法律规定一定的期限，观察被害人受伤的情况，根据伤情的结果，确定加害人的刑事责任。具体内容是：手、足伤人的，保辜期限为十天；其他器物伤人的，期限二十天；刀刃、沸水、烈火伤人的，期限三十天；造成骨折等严重伤情的，不论用何种手段造成伤害，期限都是五十天；在期限内被害人死亡的，加害人依杀人罪论处；被害人没有死亡的，根据伤情结果，确定加害人的责任。保辜制度有利于保证定罪量刑的准确性，是处理伤害罪的良好制度，为后世法律所继承。

三、传统罪名制度的继承与变化

（一）宋明时期的罪名制度

宋朝的罪名制度继承了唐朝的十恶罪名、六赃罪名等重要制度，并加重了对贼盗罪的处刑。盗是指非法获取他人财物的行为。依据行为方式的不同，秘密窃取的称为"窃盗"，以威力强取的称为"强盗"。贼是指无故杀人和逆乱礼法的行为。但后来贼盗的内容有所扩大，《唐律·贼盗律》中，首先把谋反、谋大逆、谋叛列为"贼盗"的内容，宋朝沿用了唐律的这个做法，并加重了处刑。

对谋反者，处以斩刑，并且缘坐亲属，籍没家产，即使谋反的言语和行为不能达到鼓动众人的效果，或者虽有谋反之意，但没有造成危害，也要处以斩刑。甚至，只是口头上说谋反的话，心里并无真实想法，也要以真反之罪流二千里。对这类犯罪的刑罚手段都很严酷，可以用重杖一顿处死，或施加凌迟处死等其他酷刑。

对强盗罪和窃盗罪的处刑，比唐律加重，体现了立法由宽到严、刑罚从轻到重的趋势。《宋刑统》规定："擒获强盗，不论有赃无赃，并集众决杀。""持杖行劫，不问有赃无赃，并处死。"窃盗赃满五贯就处死。唐律对强盗罪的处刑，要区分"持杖与否"，"分赃与否"的情节，决定轻重，对窃盗罪没有死刑规定。

宋朝颁布的关于贼盗的重法，进一步加重了对强盗罪的处罚。宋仁宗时首创《窝藏重法》，将开封、东明、考城、长垣等地划为重法地区，在这些地区内窝藏贼盗罪者，要加重处罚。宋英宗时，把重法地扩大到京东、河北的一些州县，而且连坐家属，籍没家产。后又补充规定：在重法地捕获的犯贼盗之人，不论是在何地犯罪，也不论在重法立法之前还是之后，都依重法科断。宋神宗时的"贼盗重法"，又大规模地扩大重法地，并确立了"重法之人"的概念，重法人的犯罪行为不论发生在何地，一经捕获，便依照重法地的标准处罚，不但处死罪犯本人，而且抄没家产，妻子迁移到离乡千里之外安置，遇赦也不许返乡。

宋初，曾重典惩治官吏赃罪，但在太祖、太宗朝，已出现了对犯赃罪的官员进行宽赦的诏令，后来逐渐以轻法代重法，南宋对犯赃罪的罪犯也没有重惩之法。

元朝的罪名制度在全国各地没有统一，继承《宋刑统》的罪名制度与宋朝相同。

明朝的罪名制度比唐朝加重了对危害皇权犯罪的处罚。对谋反大逆罪，无论既遂未遂，无论首犯从犯，均凌迟处死，并扩大了缘坐的范围。对其他危害皇权的犯罪也加重了处罚。为进一步强化皇权，明朝还创设了"奸党"罪名，对官员交结朋党、紊乱朝政的，从重处罚。

明朝加重了对官吏贪赃受贿犯罪的处罚。明朝建立初期，朱元璋推行"重典治吏"的政策，严厉惩处贪官污吏的犯罪。在修订《大明律》的过程中，从严规定对官吏犯罪的量刑标准。

明朝比唐朝还加重了对强盗罪和窃盗罪的处罚。但明朝减轻了对危害风俗教化的轻微犯罪的处罚。清代律学家薛允升在《唐明律合编》一书中总结说："事关典礼及风俗教化等事，唐律均较明律为重。贼、盗及有关币帛钱粮等事，明律则又较唐律为重。"后来的法制史学者，把薛允升比较唐明律的上述观点，概括为明律处罚犯罪的显著特点："轻其所轻，重其所重"。

（二）清朝的罪名制度

清代刑法罪名与明代大体相同，但也有一些变化。清代刑法中的罪名规定在《大清律例》的各项条文之中。根据这些条文的内容，清代的罪名可以分为以下一些种类：

1. 侵犯皇权和危害国家安全的罪名

皇权是清代国家的最高权力，侵犯皇权和危害国家安全的行为是《大清律例》中规定的最严重的犯罪。这方面的罪名主要有以下数种：

谋反大逆罪，此罪列为十恶大罪之首，律文内容与明律有关条文相同。但补充条例增加了量刑的范围，凡反逆罪犯，其子孙不知情者，无论已未成丁，均交内务府阉割，发往新疆等偏远之地给官兵为奴，如年在十岁以下者，监禁俟年满十一岁时再行阉割。对反逆犯子孙不知情者都实行处罚已是十分严厉，而处以阉割为奴之刑，虽不是斩尽杀绝，但仍达到了灭门绝后的目的。所以，民间称谋反大逆罪为灭九族之罪。清朝统治者为打击政敌，铲除异己，或镇压民众反抗，往往以此罪名加诸对方。有些严重的犯罪，如聚众劫囚，持械拒杀官兵等，也照谋反大逆罪处罚。

谋叛罪，此罪列为十恶重罪之三，律文内容与明律有关条文相同，但补充了若干条例，如禁止异姓人歃血为盟，聚众结拜兄弟，违者，照谋叛罪论罪。禁止不逞之徒，歃血订盟，转相结连土豪、棍徒、衙役、兵丁，为害良民，以及在福建、广东、云南或新疆等边远地区结盟扰害地方者，均照谋叛论罪。[1]还有沿海

---

〔1〕 参见《大清律例·刑律·贼盗·谋叛》条例。

地方军民，私造海船，带违禁物品"前往番国买卖，潜通海贼，同谋结聚，及为乡道（向导）劫掠良民者"，比照谋叛罪论罪。[1]其他里通外国的危害国家安全的严重犯罪，清律中也多照谋叛罪论处。

大不敬罪，此罪列为十恶重罪之六，律文内容与唐、明律规定的相同。包含以下条款：盗大祀神御物；盗御宝、乘舆、服御物；合和御药误不依本方、造御膳误犯食禁及封题错误；御幸舟船不坚固。这些条款分别规定在贼盗、仪制等门的律文中，有的内容补充在条例之中。

清代刑法中有关侵犯皇权、危害国家安全的罪名还有奸党、造妖书妖言等罪名，其内容与明律规定的相同，但在补纂条例中加重了处罚。

2. 侵犯人身权的罪名

杀人罪，具体分为谋杀、故杀、斗殴杀、戏杀、误杀、过失杀六种罪。有关谋杀罪的律文系沿袭唐、明律的相关规定，但增加了律文小注的内容，并在补充条例中加重了对谋杀罪的处罚。凡谋财害命"得财而杀死人命者"，首从均处斩决。凡卑幼图财谋杀尊长，按服制亲疏处以凌迟或斩决，并枭首示众。谋杀幼孩，处以斩立决。有关故杀、斗殴杀的律文系沿袭明律的相关规定，但在条例中增加了同谋共殴人致死的条款，为处理情节较复杂的故杀、斗殴杀案件提供了明确的法律依据。有关戏杀、误杀和过失杀的律文也系沿袭唐、明律的相关规定，但增加了律文注释的举例，在处刑上也有所变化。清代称戏杀、误杀为虚拟死罪，即所定死罪实际上不执行，留待秋审后，"刑部将戏杀、误杀、擅杀之犯奏减杖一百，流三千里。"[2]过失杀人罪则可以收赎，犯者交纳一定数量的银两给付受害人之家，就可以免受刑罚。

伤害罪，此罪的律文系沿袭明律的相关规定，从伤害的各种情节到处罚的轻重区别均同于明律。但清代增补了加重处罚的条例，如规定带刀剑伤人者，处以充军之刑；结伙伤人者，从重处罚；聚至十人以上群殴，不分首从，发配新疆给官兵为奴。

清代有关杀人罪和伤害罪的律文多沿袭唐、明律的相关规定，特别是涉及儒家伦理原则的犯罪，均照前代列为专条规定。如谋杀律文中，专门规定了谋杀祖父母父母、谋杀故夫父母等条文。斗殴律文中，专门规定了殴祖父母父母、殴期

---

[1] 参见《大清律例·兵律·关津·私出外境及违禁下海》条例。
[2] 《清史稿·刑法志三》。

亲尊长、殴大功以下尊长等十余条涉及家族伦理的条文。这些条文都体现了中国传统刑法以儒家推崇的伦理原则为核心内容的特征。

清代刑法中侵犯人身权的罪名还有犯奸罪、诬告罪等。犯奸罪包括强奸、刁奸、和奸、通奸等种类。清律对强奸罪作了较严格的限定,"强奸须有强暴之状,妇人不能挣脱之情,亦须有人知闻,及损伤肤体,毁裂衣服之属方坐。"[1]如无以上情状,就不能认定为强奸。如果是"先强后合",也不能定为强奸。但奸淫十二岁以下幼女,即使幼女本人同意,也按强奸论罪。犯强奸罪者,处以绞监候。性质恶劣者,如轮奸、强奸幼女者,要从严处以斩监候或斩立决。清律中规定的刁奸罪,是指某人"见妇人与人通奸,见者因而用强,奸之"。律文注释者认为:该妇女"已系犯奸之妇,难以强论"。"刁奸"本属强奸,但不依强奸论,只处杖刑,表现了清代刑法在保护妇女人身权方面的严重缺陷。清律规定的"和奸",是指男女双方苟合成奸的行为。和奸被视为犯罪,但依清代国家制定法的规定,只处以杖刑。如按清代家法族规的规定,则多处以沉潭、投渊之类的死刑。官府对家法族规的处罚采取认可的态度。清代规定的"通奸",是指经人介绍的奸罪,其处罚比和奸减一等。除上述根据情节的分类外,清律还根据犯奸者的身份关系,规定了亲属相奸、良贱相奸、奸部民妻女、奴及雇工人奸家长妻等条文。犯奸者的身份关系不同,处刑的轻重也不同。反映了清代刑法维护传统伦常关系的特色。

诬告罪在清代也是侵犯人身权的严重犯罪。清律规定从重处罚诬告者,凡诬告人都要加所诬罪二等或三等论处。补充条例对诬告罪的处罚比律文规定的还要重。

3. 侵犯财产权的罪名

强盗罪,是清律规定的最严重的侵犯财产的犯罪。其律文同于明律的相关条文,但增加了四十余条条例,详细规定了强盗罪的各种表现和特征。强盗罪是清代刑法重点打击的对象,处刑很重。清律特别规定重惩伙盗,凡聚众犯强盗罪者,不分首从,一律处死。

抢夺罪,此罪规定承袭于明律。清人对抢夺罪与强劫罪的区别有明确的认识:抢夺是"见人负有财物,或在背后暗抢,或在面前明夺,携赃而逸";强劫

---

[1]《大清律例·刑律·犯奸》律文内小注。

是"若人多而有凶器，图财而先殴，殴后斯取财也。"[1]清律规定的抢夺罪限指白昼的抢夺行为，夜间的抢夺行为则按窃盗论。

窃盗罪，据清律解释，是指"潜行隐面，私窃取其财"的犯罪行为。其律文承袭于明律，但加重了处罚。犯此罪者，除适用正刑外，还要适用刺字的附加刑。初犯在右臂上刺"窃盗"二字，再犯则刺左臂。清代于窃盗律文之外，增加了若干补充条例，对旗人、旗下家奴、捕役、兵丁、地保、店家、船户、车夫等人的窃盗犯罪做了特别规定。如旗人犯窃，要消除旗籍；捕役串通窃贼，要加重处罚等。清律"六赃"中规定的"常人盗"也属于窃盗罪的范围，但特指盗官物的犯罪。其量刑比盗私物的犯罪要重。

监守自盗罪，是指主管某种事务的人员利用职务的便利盗窃国家财物的犯罪。清代对监守自盗的处罚比窃盗的处罚要重，如窃盗二十两，只杖八十；而监守自盗二十两，要杖一百，流二千里。此罪律文承袭于明律。在正律之外，清代规定了有关监守自盗的若干条例。根据补充条例的规定，监守自盗者的处刑不能折赎，所盗财物都要退赔。如犯罪者死亡，所盗财物应由其妻或子退赔。

诈骗财物罪，清律中称作"诈欺官私取财"。律文承袭于明律，增加了条例。量刑按窃盗论。

恐吓取财罪，就是敲诈勒索财物的犯罪。清代律文沿袭明律，增补了捉人勒赎的条例。捉人勒赎，即劫持人质勒索钱财的犯罪行为。清代增订的恐吓取财的条例，量刑都比律文重。

4. 危害社会管理秩序的罪名

略人略卖人罪，即拐骗贩卖人口的犯罪。清代律文承袭于明律，但增加了若干条例，加强了对拐卖妇女、儿童犯罪的处罚。凡贩卖妇女、儿童者，要处以流刑或徒刑；拐卖妇女为娼者，要处以斩立决。

恶棍扰害社会秩序罪，清代条例规定："凡恶棍设法索诈官民，或张贴揭贴，或捏告各衙门，或勒写借约，吓诈取财，或因斗殴，纠众系颈，谎言欠债，逼写文券，或因诈财不遂，竟行殴毙，此等情罪重大实在光棍事发者，不分曾否得财，为首者，斩立决；为从者，俱绞监候。"[2]从此条例的内容来看，这种犯罪涉及的面很广，而以扰害社会秩序为总的特征，所以概括为一种复合性的罪名。

---

[1]（清）王又槐：《办案要略》。
[2]《大清律例·刑律·贼盗·恐吓取财》条例。

规定这种犯罪的条例在清代称为"光棍例"。这种条例包含的内容太多，审判中是难以援引适当的，但却有利于统治者利用这种条例打击正律中所没有规定的各种扰害社会秩序的犯罪。如清代条例规定：凶恶棍徒屡次生事行凶，无故扰害良人；旗民结伙，指称逃人隐匿索诈；积惯棍徒诓骗应试生童财物；不法之徒如乘地方欠收，伙众抢夺，扰害善良，挟制官长，或因赈贷稍迟，抢夺村市，喧闹公堂，纠众黑市辱官者，棍徒顶冒朋充，霸开牙行；土棍人等占据各处关口码头，勒索客商，都可以照光棍例处罚。

诈伪罪，是一种冒充官吏或伪造圣旨、文书等方面的犯罪。具体律文有：诈为制书、诈传诏旨、对制上书诈不以实、伪造印信时宪书等、诈假官、诈称内使等官、诈为瑞应等十余条。

私盐罪，是一种扰害经济管理秩序的犯罪。盐是历代王朝税收的重要来源，法律特定为国家专卖品，不许私人贩卖。清代承袭前代相关律文，并增纂条例，规定了私盐罪的各种表现，特别是加重了对武装贩私盐者的惩处。

5. 官吏渎职方面的罪名

受赃罪，是指官吏利用职务的便利收受贿赂的犯罪。分为枉法赃、不枉法赃、坐赃等种类。枉法赃是指官吏收受贿赂又违法断事的犯罪，处刑很重，一两以下，杖七十；八十两即绞监候。不枉法赃是指官吏收受了当事人的财物但没有违法断事的犯罪，处罚比前者为轻，但受赃达一百二十两以上，仍要处以绞监候。坐赃是指官吏没有收受贿赂但因失职而多收了财物的犯罪。如官吏收粮时，超额征收了入库之粮，虽未把超收部分归为己有，但要计算超收之数，照赃罪处罚。处刑比前两罪轻。在受赃罪之外，清律对有事向官吏行贿的犯罪和介绍贿赂的犯罪也作了规定。

官吏出入人罪，是指官吏违法减免当事人的罪或违法强加、加重当事人罪名的犯罪。故意出入人罪者，从重处罚，将出入人罪，反坐于官吏。过失出入人罪者，减等处罚。

清律对监狱官吏虐待犯人、邮政官吏稽缓制书或官文书、军官泄露军情等官吏犯罪也作了具体的规定。

四、本章小结

中国传统刑法罪名制度的产生和演变，是与保护国家政治权力的需要和保护民众生命财产的需要紧密联系着的。惩治贼盗重罪的罪名和惩治官吏犯罪的罪名是历代刑法规定的主要罪名。尽管历代罪名繁多,但主要罪名的规定和处罚是比较统一,比较稳定的。

传统罪名制度形成和确定于历代律典之中。律典之外的各种成文法律规定的罪名,有的是对律典规定的补充,有的是对律典规定的细化。超出律典及相关成文法律规定的罪名,有的是社会急剧变革时期的临时罪名,有的则是专制暴政横行时期的法外罪名。

第二部分　传统刑法的生成方式
（以清代刑法因案生例为典型的论证）

　　传统刑法的生成方式有数种，因案生例是特别重要的一种方式。本课题以清代因案生例为典型，具体深入地考察论证因案生例的原因、程序、方法、作用等问题。

第一章 因案生例的原因

《尚书·吕刑》载:"刑罚世轻世重。"这种因时制宜的刑罚观念在清代主要表现为将条例附载于律文之后,即所谓"律后附例,所以推广律意而尽其类,亦变通律文而适其宜"[1]。清代刑部的律例馆则专门负责定期修订条例,完善、健全刑事法律体系以适应社会变迁。《清史稿·刑法志》载:"乾隆一朝纂修(例)八九次,而改变旧例及因案增设者为独多。"[2]清人认为:"今时律之外有例,则以备上下之比,而仍不能尽入于例,则又因案以生例而其法详焉。"[3]可见在修例过程中生成的条例大多来源于成案。关于清代律、条例、成案之间相互关系问题,法史学界对此已经有过一些研究。但从法律方法的角度研讨条例生成的原因、程序及方法,笔者尚未见到有专门的成果。笔者认为,因案生例对于我们理解清代乃至当下司法改革中刑事立法与刑事司法的互动与联系有着非常重要的价值与意义。《刑案汇览》成书于道光十四年(1834年),共八十八卷。作者是祝庆祺和鲍书芸,他们在书中收录了自乾隆元年(1736年)至道光四年(1824年)共九十九年间由中央刑部审理的五千六百四十多件成案。光绪九年(1883年),山阴朱梅臣将刑部司务厅司务全士潮等人编纂的《驳案新编》与无名氏编纂的《驳案续编》合并而成《驳案汇编》一书,其中就详细收录了很多乾嘉时期最终上升为条例的成案。"凡钦奉上谕指驳改拟及内外臣工援案奏准永为定例者,均依次编辑……俾阅者知某案因何驳正,并某条律例因何改定之处。"[4]王志强认为:"寻找法学的'普通形式',即法理学意义上具有某种普世性的共同问题。概念的来源是西方,但其问题也同样是中国或其他非西方文明所必须面对

---

[1] 《大清律例·雍正五年律凡例》。
[2] 《清史稿·刑法志》。
[3] 《刑部比照加减成案·叙》。
[4] 《驳案新编·凡例》。

的。"[1]遵循这种吸取西方法律学说,但又保持理论自觉性去"重述中国"的思路,笔者将以《驳案汇编》《刑案汇览》中纂修入例的成案为基础,尝试运用西方现代法律方法论来分析清代因案生例的运作机制及其影响。

一、因案生例的背景

因案生例是清人将具体刑案中的法律结论提升到《大清律例》之中,以条例的形式使针对个案的法律规则具有更加普遍的法律效力。笔者认为,这并非是传统中国的一个特有现象,古往今来,不论任何法律传统的国家、组织,都会有相似的法律现象。例如在大陆法系国家中,虽然一般并不会明确承认案例的效果,但是各级法院尤其是上级法院的先例,往往会对于其后的司法审判工作产生很大的影响,同时由于这种司法能动的结果,大陆法系国家的议会也往往会选取较有影响性、权威性的先例作为今后修订法律的重要参考,即将司法过程中产生的规则吸收到立法过程之中。而在判例法系国家,在先例的法律效力得到明确承认的情况下,各上级法院产生的先例中的裁判意见更是当然要被下级法院作为裁判依据,因而具有普遍的效力。同时,判例法系国家亦有部分成文法,其中有很多条款也都是对经典判例的解释与整理。如果我们再来关注当今中国大陆地区的法律体系,就会发现同样存在着因案生例的现象。首先,最高人民法院、最高人民检察院每年都会发布一定数量的指导性案例,虽然这些案例并没有明确的法律效力,但是作为最高司法机关发布的文件,各级法院、检察院都会在具体的办案过程中将其作为重要的参考。这样,原本仅对于个案有效的裁判结果通过最高法、最高检的这一行为,就具有更大范围的法律效力。其次,最高人民法院、最高人民检察院还会不定期的发布一些司法解释。这些司法解释的产生多是由于法律体系本身存在漏洞或需要解释之处,各级法院在遇到相关案件时很难进行正确的法律适用,最高法、最高检便对此通过发布文件进行法律解释。司法解释的效力在当代中国大陆地区已经被广泛认可。各级法院均有义务将司法解释作为重要的法律渊源进行适用。而司法机关发布司法解释,其目的是为了正确的审判,其来源自然也是审判,这是司法机关自身职能的应有之义。因此,这也是一种形式的因案生例。最后,我国立法机关经常会修订相关法律、法规以适应社会的发展、完善既有的法律体系。在此过程中,作为重要参考的就是在相关法律的适用

---

[1] 王志强:"中国法律史叙事中的'判例'",载《中国社会科学》2010年第5期。

过程中出现的问题与解决方法。有很多个案中的裁判性规则与司法解释都会被直接变为最新的法律、法规。杨一凡、刘笃才两位先生认为："清朝为了使法律能够与不断变化的案情相适应，在法无明文的情况下，通常是把具有典型性的成案提升为定例，对法律进行修改和补充。"[1]对于清代的因案生例现象，既有一些与上述提到各类法律体系相同的原因，也有一些独属于中国传统法律体系的特殊原因。下面，笔者将分几个方面来进行分析。

（一）清代刑事法律的历史渊源

清代刑事法律大致有律、条例、成案、通行等多种形式。其中最重要的是律，条例、成案、通行都是在律文的原则、精神、宗旨下对律文进行补充和修正。之所以律有如此高的地位，是因为这一法律形式在中国有着深厚的历史渊源。瞿同祖先生曾经提到，《大清律》对于历代律典的延续性应当可以被追溯到唐朝以及唐朝以前的各个朝代。先秦时期，传统的中华法系在原则精神上受到了儒家思想的强大支配。[2]李悝著《法经》，汉代萧何在此基础上增加《户》《兴》《厩》三篇为《九章律》，并经过魏晋南北朝时期的法律儒家化历程，最终到唐代发展成熟为了《唐律疏义》一书。其后，宋代的《宋刑统》、金代的《泰和律》、元代的《大元通制》，一直到《大明律》，都主要是在继承前代律文的基础上进行局部创新的。苏亦工教授认为："律，是秦汉以来历代王朝最正统、最持久、也最稳定的法源。"[3]郑定和闵冬芳也认为，有清一代，是对于之前数千年帝制中国的全面继承与发展，由于基层的社会基础和高层的政治结构并没有发生改变，因此表现在法律层面尤其是律、例上，都同前代并没有太多的不同。[4]清代是中国古代最后一个帝制时期，其刑事法律同样近袭明律，远宗唐律，清律的发展大致有以下几个阶段：

《大清律集解附例》在法制史上常被称之为"顺治律"。顺治元年五月，当时的摄政王是多尔衮，他指挥清军攻占北京，使得满清成为了又一个全国性的政权。在军务倥偬的同时，清代的统治者们也非常重视法制建设，毕竟在皇朝更迭时期，保持国家体制、社会秩序的稳定是极为重要的。高层的这种需求，再加上刑科给事中孙襄、刑部右侍郎提桥等人的建议，使得颁布新的律典成为了当时朝

---

[1] 杨一凡、刘笃才：《历代例考》，社会科学文献出版社2012年版，第282页。
[2] 参见瞿同祖："清律的继承和变化"，载"历史研究"1980年第4期。
[3] 苏亦工：《明清律典与条例》，中国政法大学出版社2000年版，第167页。
[4] 参见郑定、闵冬芳："论清代对明朝条例的继承与发展"，载《法学家》2000年第6期。

廷需要着手处理的大事。于是,"详绎明律,参酌时宜"的修律宗旨得以确定。最终于顺治四年（1647年）,清朝正式颁布了名为《大清律集解附例》的律典。由于朝廷主要精力仍放在武力征伐上,修律时间有限,因此这部清律大到篇章结构,小到具体律目,都和《大明律》相同。同时值得我们注意的是,万历三十八年（1610年）,明代的地方巡抚曾经发刻了《大明律集解附例》一书,该书甚至还在清朝末年被沈家本重刻作为参考。因此,既然这本书清末尚存并且能够起到修律的重要作用,那么该书在清初不仅存在,而且具有更加重要的地位。如果考虑到这一点的话,那么《大清律集解附例》真的可以说与前代律典只有一字之差。导致的结果就是,连当时清人都认为这部清律是《大明律》的翻版而已。所谓"集解",其实是指律文之间的小注,从《唐律疏义》开始,在"八议""五刑"等条款下就有这类小注。这部清律的小注则是在明律小注的基础上进一步的联系律文前后语句,以更好地解释律文为目的。而所谓的"附例",则是照录了明律后的条例。明代万历年间的《明会典》就收录了《大明律》律文,并且将明刑部尚书舒化奏请重修的《问刑条例》附在本律之中。《大明律集解附例》就是律例合编的体例。

《大清律集解》是清代第二部律典,也被称之为"雍正律",于雍正三年（1725年）八月颁布天下。它保留了顺治律的基本结构,全书一共分为名例律、吏律、户律、礼律、兵律、工律、刑律七篇,共三十门,三十卷。作出改变的地方主要有几点。第一,雍正律将顺治律的律文的459条删改为了436条,并且这一改动一直保持到了清末修律。例如将名例律的"在京犯罪军民"、吏律的"官吏给由"、"选用军职"、户律的"蒙古色目人结婚"等7条律文删除;将名例律的"边远充军"直接添附进入了"充军地方",将户律十二条"盐法"合并为一条,将兵律的三条"递送公文"合并为一条;将名例律的"军官军人免发遣"律目改为了"犯罪免发遣",将吏律的"收藏禁书"和"私习天文生"律目合并为"收藏禁书";同时新增加了"天文生有犯"等律目;第二,雍正律在每一条律文之后增加了总注,也就是所谓的大清律的"集解"。总注的来源其实就是明清时期私家注律的各本律书。例如王明德的《读律佩觿》、钱之清的《大清律笺释》、沈之奇的《大清律辑注》。雍正皇帝命令律例馆将这些私家律书的精华吸收入官方正式定本的大清律中,形成了"集解",意思即集众家对明清律的解读;第三,雍正律将康熙时期制定的《刑部现行则例》附于大清律之中。这样,大清律所附条例一共可以有824条,其中321条为明代旧例,被称为"原例",

第一章 因案生例的原因

299 条从康熙朝《刑部现行则例》中并入，被称为"增例"，另有 204 条为雍正本朝上谕以及臣下奏定所得，被称为"钦定例"。

《大清律例》是清代的第三部法典，于乾隆五年（1740 年）颁定。它是清律的最后一个定本，在总结顺治律、雍正律的基础上，作出了以下一些变化。第一，乾隆律将雍正律中的总注全部删除。乾隆认为以释明律文为目的的总注反而弄巧成拙，将本来明晰的律义变得难以理解，因此应当予以删去，并将有实际作用的总注转化为条例的形式附于律文之后。因此乾隆律的正式名称将"集解"二字删除；第二，乾隆律的卷数有所增加。顺治律、雍正律都是 30 卷，而乾隆律增加到了 47 卷。所增加了律目、诸图、服制共 3 卷，总类共 7 卷，比引律条共 1 卷。律目卷列举了一共 436 条律文，诸图主要收录了六赃图、纳赎图、收赎图、五刑图、狱具图、丧服图等图，服制则是根据亲疏远近将各类亲属关系确定为斩衰、齐衰、大功、小功、缌麻等具体服制；第三，取消了原例、增例、钦定例的划分，而是将所有的条例都统一的归附到相应的律文之后。这一修改主要是因为"增"和"钦定"都是有具体时间性的，相对于前朝而言，乾隆朝必然亦有"钦定"例，因此容易造成条例适用上的混乱；第四，乾隆律增加了总类和比引律条。总类就是注明了笞、杖、徒、流、死的刑罚在律典中各有多少条，其出处各在哪里。比引律条共 30 条，是为了在"法条有限，情伪无穷"的情况下，明确对于一些"断罪无正条"的行为如何进行类推比附。

从上面梳理清律的沿革发展过程，我们可以发现，不论是在篇章结构，还是在具体律文、条例上，顺治律从一开始就是直接照抄大明律。其后的雍正律、乾隆律虽然在篇章、卷数、律目上都有一些修改，但是主要来说都是形式上的，并没有对于律、例本身进行过多的修改。因此，清律中的很多内容甚至和一千年前的唐律并无太多不同。陈煜教授认为，从参酌《大明律》修订《大清律例集解附例》一直到完成《大清律例》，这一历程花费了清代统治者一个世纪左右的时间，并使得《大清律例》从各个方面都很好的延续了中国法律传统中的精华。[1]但反之也证明了，中国传统律典的稳定性有余，而变动性不足。保守的刑事立法上必然在一定程度上会延缓社会发展的进程，但社会的进步亦有一套自己的逻辑与路径，具有相对的独立性，并不会因为制度的不变而停滞不前。虽然传统中国

---

[1] 参见陈煜："立法宗旨的继承与创新——清律与明律中'名例律'的比较分析"，载《南京大学法律评论》2005 年第 2 期。

是一个农业国家,生产力水平较低,对外交流程度不高,但毕竟清代离唐代已经历时1500多年,经济、文化、社会甚至帝国的统治方式上都有很多不同,再加上乾隆时期已经明确规定此后对于乾隆五年律的律文不再进行修订,那么也就只能通过增修条例的方式来改变刑事法律,适应社会的变迁,以便更好地贯彻皇帝的意志,巩固帝国的统治秩序。姚旸先生认为,"法"与"情"是传统社会关系中所最重视的两种价值,而伴随具体民情而生的各类行为方式如果需要得到规制的话,在律文不可变动情况下,"例"就应运而生成为了中国古代法律渊源的一种重要形式,或对各类法律关系进行调整,或者解释律典的文本。[1]

(二)清代刑事法律的立法技术

上文主要从历史渊源方面分析了法律的保守与社会的变迁之间产生的矛盾。但笔者需要同时指出的是,即使社会现实并未发生任何变化,清人也必须通过修订条例的方式来进一步完善刑事法律体系。而这种困境,并非是清人所单独面对的。因为从认识论的角度来说,人类对于各类事物包括由其自身组成的社会也无法完全了解和掌握,因此无法事先在法律中对于社会中所发生的各种犯罪行为都一一规定。清人也认识到了这一点,即所谓"法条有限,情伪无穷"。形式稳定与实质正义,这两种任何法律体系都追求的价值往往处于相互排斥的状态。过于强调立法形式上的稳定性,必然导致在个案中由于某些特殊情节的存在而使得机械适用法条导致不合理的法律结论,过于强调司法裁判中的实质正义,又会容易导致法官擅断,使法律条文形同虚设,严重削弱法律条文的权威与效力。只要承认人类在认识世界上的不足与缺陷,那么法律上的不完善就是一个必然的结果。这种现象,古今中外莫能其外。

因此,不同的法律体系对此都有不同的应对。就近现代的刑事法律体系而言,刑事法典一般都采取相对法定刑主义,即立法者事先在法典中针对不同的罪行设定一个量刑的幅度,允许法官有限制地根据具体案情行使一定的自由裁量权。但清代乃至整个传统中国的刑事法典走的是另外一条道路。随着时代的变迁,传统中国的统治者们对于纲常名教的维护力度越发增强,而三纲之中最为根本的就是"君为臣纲",自秦以来,一直延续到清朝,皇帝都在整个帝国中处于核心地位。清代的皇权更是到了登峰造极的程度,这表现在刑事法律上即后人所

---

[1] 参见姚旸:"'例'之辨——略论清代刑案律例的继承与创新",载《故宫博物院院刊》2010年第1期。

谓的"重其所重，轻其所轻"的刑事政策。对于皇权以及与之息息相关的社会重大秩序有重大威胁的罪行，相比于唐宋时期，惩处的力度极为加大。而对于皇权危害不大，仅是破坏一般社会秩序的罪行，其刑罚又比唐宋时期要轻得多。专制皇权的强大在量刑上亦表现为绝对法定刑主义。黄延廷认为，帝制中国的传统法律，在法律适用的普遍性上受到了皇权非常大限制和束缚，对于不同的情节都规定了唯一的刑罚，因此导致了传统律典在具体条款上抽象程度非常低，以至于不能够涵盖社会生活中所发生的不同案件。[1]即针对不同的罪行，皇帝通过颁布律典的形式事先规定了唯一的刑罚，而不允许各级法司有任何回旋的余地。有学者认为，清代严格的条例、各级法司严密的审转制度以及特有的驳查风险，都使得清代裁判者在面对形式上符合律例规定的刑案时，无法充分发挥自由裁量的权力，而只能适用固定的律例。[2]但是现实社会中发生的大量"情伪无穷"的案件又无法让皇帝以及各级法司置之不理。在形式上应当适用同一律、例的不同案件，由于有着不同的具体情节，导致如果坚持律例的统一适用就会造成个案裁判的不合理。由于任何法律都有着"相同情况相同处理""不同情况不同处理"的基本精神，因此在绝对法定刑主义的背景下，清人只能够先认定那些机械适用律例或根本没有相关律例可适用的案件，然后根据一般的刑事司法审转程序通过各级法司上报皇帝，最后获得皇帝对于该案的具体裁判并据此执行。只有这种做法，才能够在实现个案正义的同时，又保证皇帝的意志能够在帝国的任何一个角落都得到贯彻和执行。吕丽教授也认为，由于明清时期的统治者过分的追求朝廷律典的稳定性，所以才最终造成了条例在清代律典中的重要地位。[3]

由于清人针对特殊案件采取了这样一种处理方式，所以便产生了许多特殊的裁判性规则。为了让它们对于当时现行律例体系起到修正、补充、解释的作用，清人就必须将其从个案中提炼出来，上升为一个较为正式的法律形式，使其拥有更高的法律效力。在乾隆五年（1740年）已经规定律文不可变动之后，条例自然而然就成为了那些裁判性规则的变化的最终形态。与此同时，笔者认为有两点值得关注。第一，条例是许多特殊案件即"成案"中裁判性规则的最终形态，而清代的修例并不会因为这些零星发生的成案就实时予以修订，相反而是采取

---

[1] 参见黄延廷："清代刑事司法中的比附"，载《北方法学》2011年第4期。

[2] 参见姚旸："'例'之辨——略论清代刑案律例的继承与创新"，载《故宫博物院院刊》2010年第1期。

[3] 参见吕丽："例与清代的法源体系"，载《当代法学》2011年第6期。

"五年一小修、十年一大修"的定期修例模式。因此在成案发生后,裁判性规则往往经过"通行"这一过渡形态。所谓"通行",据笔者所见,即是在题本、奏本、上谕中常见的"通行各省督抚一体遵照"的简称。"通"有全部、贯彻之意,"行"有执行、施行之意,合在一起的大致含义就是指将皇帝针对某事的特殊指令予以普遍化,在全国范围内予以施行。因此在两次修例的间隔时间内,很多裁判性规则实际是以"通行"的方式存在,并对于清代刑事司法体系有所影响;第二,"情伪无穷"的社会现实一方面证明了原有律例体系无法囊括所有可能发生的罪行,另一方面也证明了一味地将所有成案中裁判性规则都变为通行、条例同样也是一种夸父追日般的徒劳。因此,尽管诸如《刑案汇览》《驳案汇编》等书收纳了成千上万的成案,但最终能够逐渐演化为条例这一法律形式的成案只有不到数百件。因此,可想而知,清人也是根据案件的典型性、重要性选择生例的对象,否则若将所有成案都生成条例,不仅不会对于律例体系起到完善的作用,而且会对其稳定性造成极大的破坏。毕竟,在有选择的生成条例的情况下,到了同治年间已经达到了1892条。

(三) 清代刑事法律的司法运作

根据上文可知,清代刑事法律体系中有律、例、通行、成案等多种法律形式。其中清律具有很强的稳定性和继承性,其近袭明律,远宗唐律,并且在雍正律时基本定型,到乾隆时期则明确规定不可予以变动。相比之下,清例则是一种因时制宜的法律形式,附于各律文之后,尽力去弥补律文的固定与社会的变迁、立法技术有限与个案情节差异之间等诸多矛盾。成案是"例无专条、援引比附、加减定拟"之案。由于现行律例体系无法有效的保证裁判结果的合理性,因而清人采取了一定的法律技术例如"比附援引"对个案进行特殊处理。通行则是介于成案与条例之间过渡时期的法律形式。

根据清代律典的规定,这四种法律形式其实有着不同的法律效力。关于律、例之间的效力,《大清律例·名例律》有"断罪依新颁律"规定:"凡律自颁降日为始,若犯在以前者,并依新律拟断。"同时小注云:"如事犯在未经定例之先,仍依律及已行之例定拟。其定例内有限以年月者,俱以限定年月为断。若例应轻者,照新例遵行。"[1]由此可见,尽管该律目名为"断罪依新颁律",但是根据解释该律的小注我们可以得知,应当对该律进行目的性扩张的法律续造,即

---

[1]《大清律例根原》卷之十五,《名例律下·断罪依新颁律》。

第一章　因案生例的原因

断罪不仅应当依照最新颁布的律文，而且应当依照最新颁布的条例。这种解释是合理的。因为雍正、乾隆时期，律文已经基本不再变动，根本无所谓"新颁律"。虽然说清律之中也有部分具文，但假如该律并非具文的话，那么唯一的解释就是在法律效力方面，条例与律一样，新法优于旧法，新条例优于旧条例。但考虑到条例本身的制定宗旨即为修正、完善律文，因此新条例的法律效力不仅高于旧条例，同时也高于律文。

关于律例、成案之间的效力，《大清律例·刑律·断狱下》中"断罪引律令"律规定："凡官司断罪，皆须具引律例……其特旨断罪，临时处治不为定律者，不得引比为律。若辄引比致断罪有出入者，以故失论。"乾隆五年（1740年）条例规定："除正律、正例外，凡属成案，未经通行着为定例，一概严禁，毋得混行牵引，致罪有出入。如督抚办理案件，果有与旧案相合可援为例者，许与本内声明，刑部详加查核，附请着为定例。"〔1〕该律、例是刑律之"断狱门"内的，主要规定的就是刑部以及各级法司在进行刑事审判时所应严禁的行为。该律文明确指出断罪必须援引律例，排斥了所谓"特旨断罪"但又未上升为律、例的成案的法律效力，并且规定将违反者以出入人罪论处。而乾隆五年的条例又似乎对该律进行了修正，为未生例的成案取得法律效力打开了一个缺口，即允许督抚在题本、奏本中声明本案与先前某成案在情节上有所相同或相似，并据此将个案上升为条例。也就是说，清人允许将律文中排斥出去的那些并未生例的成案先变成条例，再适用于当下个案之中。笔者认为，出台该条例的宗旨有二。第一，再次强调被附律文的精神，即强调律、例在刑事司法审判中的决定性作用，禁止援引那些未生例之成案；第二，在一定程度上承认未生例之成案的法律效力，允许督抚在与刑部、皇帝商榷的情况下，说明先前某成案可以生例并进而适用的原因。其实如若这样理解该条例，也和笔者上文提到的并非所有成案都生成条例这一点有所联系。因为只有当某种成案重复发生，朝廷才会重视这一类裁判性规则，认为其具有典型性，将其上升为条例。特殊案件发生一次就直接上升为条例的情况，在清代案例集中虽然常见，但恐怕未必是乾隆五年制定该条例的初衷。毕竟乾隆五年律已经成为定本，倘若允许一旦发生特殊案件就轻易入例，从清律稳定性、皇权的权威性上来说都会起副作用。不论如何，笔者认为，成案，尤其是未生例的成案，实际上在清朝中前期，即乾隆五年间，就已经处于一种立

---

〔1〕《大清律例根原》卷之一百十八，《刑律·断狱下·断罪引律令》。

法者不愿意接受，但又不得不接受的尴尬境地，以至于竟然需要出台相关条例在律文和刑事司法活动的现状之间进行一种调和。可见，即使不能明确说未生例成案有某种法律效力，至少在清代刑事审转程序的实际运作中对于各级法司都有重要的指引、参照作用。

通行与律、例、成案的关系在律典中并无相关规范予以明确。但笔者认为，从通行的出台目的与最终结果而言，通行应当具有较高的法律效力。因为一般来说，通行本身的起点是成案，因此通行一般是和原成案相一致，不会有所矛盾。而通行的最终结果是生成一条新的条例以完善律例体系，依照前引"断罪依新颁律"的精神可知，通行在两次修例之间，应当具有高于旧例的效力，否则通行就没有任何存在的必要。

上述分析是笔者根据清代各法律形式的特点，并结合清律中的明确规范而得出的。从表面上来看，这样的一种分析结果，和近现代法律科学中的法律渊源、法律位阶理论颇为相近，即尊重成文法，在一定程度上承认判例法。但笔者认为，相比于今天源自大陆法系成文法国家的刑事法律体系而言，清代的刑事法律体系更具有法律渊源种类繁多、效力不定的特点。据笔者所见，在清代案例中，律、例、通行、成案对于各级法司来说更像一种具有不同说服力的裁判参考材料。《大清律例·名例律下》中"断罪无正条"律明确规定："凡律令该载不尽事理，若断罪无正条者，援引他律比附，应加、应减，定拟罪名。"〔1〕可见，其实立法者们是充分认识到"情伪无穷"这一现状，在秉持着有限的可知论的前提下，制定了相应的弥补措施，既可以防范各级法司擅断，又可以保证个案的处理结果公平、正义。笔者引这一条律，其目的即在于指出，只要我们能够承认清人已经认识到他们的刑律也有不足之处，需要进一步完善，那么就意味着唯有他们所认可的公平正义才是刑事司法的最终追求，在个案处理中，任何在形式上符合但实质上不符合这种追求的法律材料，都能够被一定的程序所否定。从上引"断罪依新颁律"可知，例可以破律，依"断罪无正条"可知，个案可以突破律、例，依"断罪引律令"又可知，个案裁判必须依据律例，不能依据未生例的成案。很显然，仅仅从规范角度来看，清律自己对于律、例、成案的效力的叙述，亦在一定程度上有自相矛盾之处，显得较为混乱。倘若再研读实际发生的案例，我们更加可以发现这四种法律形式的法律效力参差不齐，相互之间的关系在

---

〔1〕《大清律例根原》卷之十五，《名例律下·断罪无正条》。

不同案件中可以有着显然相反的表现，似乎并不存在绝对、唯一的法律位阶。清代刑事司法的实际运作更显现出一种实用主义的司法观。因此，亡羊补牢的办法就是制定新的条例，对于实际司法运作中的各种法律形式的混乱局面予以尽可能的解决。

二、因案生例原因的法律依据与判定方法

从上文可知，清人对于"律条有限，情伪无穷"这一矛盾有着清晰的认识，并因此采取了将某些特殊、疑难案件中的裁判性规则制定为条例的方式予以解决。大清帝国幅员辽阔，刑案种类复杂、数量众多，因此无法适用律例予以解决的案件也有相当规模。通过阅读《刑案汇览》《驳案新编》《驳案续编》所收录的大量案件，我们也确实能够得出这样的结论。所以，清人就必须将他们的解决方案以法律的形式确定下来，这样才可以更好的规范对于个案的裁决，保证皇权在刑事司法中不因为律例在个案中的不适用而旁落。而解决方案本身亦有一定的步骤，首先，各级法司与皇帝需要判定律例体系在个案裁判中的不适用，其次才能够通过特殊程序生成条例，在解决个案的同时完善律例体系。笔者认为，《大清律例·名例律》中"断罪无正条"律是判定一个成案是否可以生例的法定依据。

（一）清代立法中因案生例原因的法律依据

鲍书芸、祝庆祺在《刑案汇览·凡例》中介绍了收录各类案件的来源，大致分为说帖、成案、通行、邸抄、坊本所见集、坊本平反节要、坊本驳案汇钞、坊本驳案新编、续编等多种类型。他们将成案定义为"成案俱系例无专条、援引比附加减定拟之案。"[1]而阮葵生在《驳案新编·序》中认为："律一成而不易，例因时以制宜，谳狱之道，尽于斯二者而已。至情伪百变，非三尺所能该，则上比下比以协其中。此历年旧案，亦用刑之圭臬也。"[2]所谓"三尺"，即是传统中国法律的代指。因为秦汉时期将法律书写于竹简之上，而所用竹简多为三尺。结合具体语境，"三尺"指的便是他前文所说的清代律例，阮葵生的意思是存在不少"情伪百变"的"历年旧案"即成案在处理上无法适用律例予以裁决。从这几位成案集编者的叙述中，我们可以发现，解决"例无专条"成案的方法是一种被称之为"比附"的司法技术，相应的有"比附加减""上比下比"各类说

---

[1] 《刑案汇览·序》。
[2] 《驳案新编·序》。

法。而这种方法，其实在清律的"断罪无正条"律中有明确的规定。前文论及，清律近袭明律，远宗唐律。该律其实也有相当久远的沿革。因此笔者主要从历史、文义、目的等几个角度对该律进行解读。

《唐律疏议》中的"断罪无正条"律规定："诸断罪而无正条，其应出罪者，则举重以明轻。[疏]议曰：断罪无正条者，一部律内，犯无罪名。'其应出罪者'，依贼盗律：'夜无故入人家，主人登时杀者，勿论。'假有折伤，灼然不坐。又条'盗缌麻以上财物，节级减犯盗之罪。'若犯诈欺及坐赃之类，在律虽无减文，盗罪尚得减科，余犯明从减法。此并'举重明轻'之类。其应入罪者，则举轻以明重。[疏]议曰：案贼盗律：'谋杀期亲尊长，皆斩。'无已杀、已伤之文，如有杀、伤者，举始谋是轻，尚得死罪，杀及谋而已伤是重，明从皆斩之坐。又例云：'殴告大功尊长、小功尊属，不得以荫论。'若有殴告期亲尊长，举大功是轻，期亲是重，亦不得用荫。是'举轻明重'之类。"[1]

可见，唐人认为"断罪无正条"就是"举重以明轻""举轻以明重"两种法律适用方法。疏议中也举了几个例子对其进行说明。首先，举重以明轻。比如，贼盗律中"夜无故入人家"律规定了主人杀死罪犯的行为无罪，倘若在实际案件中，主人仅仅是打伤了罪犯，那么推理可知，杀死罪犯的行为严重程度高于打伤罪犯，而杀死罪犯尚且无罪，那么打伤罪犯更应无罪。而盗缌麻以上亲属财物的行为，根据律条可以根据服制关系递减科罪，那么诈欺财物以及坐赃的行为明显轻于盗窃，因此在实际案件中，更应该予以递减处理；其次，举轻以明重。律文规定了谋杀期亲尊长的行为就要处以斩刑，因此已杀、已伤期亲尊长的行为更应该得到斩刑的处理。同理，殴告大功尊长、小功尊属的行为，不能够享受荫的特权，那么期亲尊长比大功的服制还要近，倘若发生殴告期亲尊长的行为，更不可减免处罚。因此，笔者认为，唐宋时期的"断罪无正条"其实就是我们今天法律解释理论中的当然解释。"当然解释，指法律虽无明文规定，但依规范目的的衡量，其事实较之法律所规定者更有适用理由，而径行适用该法律规定之一种法律解释方法。当然解释之法理依据，即所谓'举重以明轻，举轻以明重。'"[2] 结合中国传统刑律，举重以明轻，即根据法律规定，一种在性质、后果上较为严重的行为不入罪或能够获得某种减免，那么相比之下性质、后果较为轻微的行为

---

[1] 刘俊文点校：《唐律疏议》，法律出版社1999年版，第145页。
[2] 梁慧星：《民法解释学》，法律出版社2015年版，第227页。

第一章 因案生例的原因

就更应出罪或减刑。举轻以明重,即根据法律规定,一种情节较轻的行为已经得到了某种惩处,那么情节较重的行为更应该被惩处。

到了宋代,《宋刑统》在律文、"疏议"部分都在《唐律疏议》的基础上作了一些字词上的改动,该律的精神、内容都无太多变化。但不能忽视宋代的"敕"这一法律形式。因为众所周知,宋代主要有敕、律、令、格、式多种法律形式,敕的效力往往高于律,也就是《宋刑统》。而宋代的《庆元条法事类》中"断狱敕"规定了:"诸断罪无正条者,比附定刑,虑不中者,奏裁。"[1]可见,该律开始和"比附"技术进行了联系,并且只有当各级法司不能确保比附得当的情况下,才要求上报皇帝。

而到了明代,该律有所变化。《大明律·名例律》中"断罪无正条"律规定:"凡律令该载不尽事理,若断罪而无正条者,引律比附。应加应减,定拟罪名,转达刑部,议定奏闻。若辄断决,致罪有出入者,以故失论。"[2]可见,相比于唐宋,该律到了明代发生了几点变化。第一,从编纂形式来说,疏议的内容被删除。尽管该变化是明律的总体变化,但不可否认对该律的理解亦有影响;第二,从律文内容来说,增加了"律令该载不尽事理"的适用情况,并且明确指出了实际的操作方法,即在比附现行律例的基础上,相应的加减刑罚,同时在程序上,要将拟判结果呈报刑部,最终由皇帝决定。

对于该律的解释,明代的张楷的意见较为全面。"谓如有人犯罪,律令条款,或有其事而不曾细开,是为'该载不尽';或迹其所犯,无有正当条目以断,是为'无正条'。凡若此,必当推察情理,援引他律以相比附。如京城锁钥,守门者失之,于律只有误不下锁钥,别无遗失之罪,是该载不尽也,则当以理推之,城门锁钥与印信、夜巡铜牌俱为关防之物,今既遗失,则比附遗失印信巡牌之律拟断。又如诈他人名字附水牌进入内府,出时故不勾销,及军官将带操军人,非理虐害,以致在逃,律无其款,是无正条也,则必援引别条以比附之。诈附水牌者,比依投匿名文书告言人罪律。虐害军人者,比依牧民官非理行事激变良民律。"[3]在这段文字中,张楷解释了"该载不尽"与"无正条"的具体含

---

[1] 戴建国点校:《庆元条法事类》卷七十三,载杨一凡、田涛主编:《中国珍稀法律典籍续编》(第一册),黑龙江人民出版社2002年版,第741页。

[2] 怀效锋点校:《大明律》,法律出版社1999年版,第23页。

[3] (明)张楷:《律条疏议》卷一,载杨一凡编:《中国律学文献》(第一辑·第二册),黑龙江人民出版社2004年版,第245~246页。

义。前者的含义同唐宋时期的"无正条"相同，都是对于现有律例的一种当然解释。张楷所说的"或有其事而不曾细开"指的就是律例条款包含个案中的案情，只是由于怕文字繁琐，而没有在律典中一一列出而已，但通过"举重明轻""举轻明重"的解释方法完全可以合理地推导出。而明清律中的"无正条"则与唐宋时期的"无正条"不同，是指某种罪行完全超出了当初立法者的主观设想，因此不能简单通过将现有律例扩大或缩小文义解释范围将该罪行纳入律例规制范围之内。在这种情况下，只能通过比附援引的方式进行处理。

该律在清代又发生了进一步的变化。《大清律例·名例律》中"断罪无正条"律规定："凡律令该载不尽事理，若断罪无正条者，（援）引（他）律比附，应加、应减，定拟罪名，（申该上司）议定奏闻。若辄断绝，致罪有出入，以故失论。"乾隆五年（1740年）条例规定："引用律例，如例内数事共一条，全引恐有不合者，许其止引所犯本罪。若一条止断一事，不得任意删减，以致罪有出入。其律例无可引用，援引别条比附者，刑部会同三法司，公同议定罪名，于疏内声明：律无正条，今比照某律、某例科断，或比照某律、某例加一等、减一等科断。详细奏明，恭候谕旨遵行。"[1]可见，清律在律文中添加了"援""他""申该上司"等小注，同时将明律中的"转达刑部"的字样删除。同时，清律还增加了相应的条例，规定由三法司会同议定处理方式后向皇帝报告，并只能比照某律例或在其基础上加减一等科断，从而明确了比附的具体运作程序与比附的量刑幅度。总体来说，清律相较于明律，在具体操作上显得更加严谨、周密，比附这一技术也显得更加制度化、规模化。

沈之奇的《大清律辑注》对该律有所解读，"律后注"云："法制有限，情变无穷。所犯之罪无正律可引者，参酌比附以定之，此以有限待无穷之道也。但其中又有情事不同处，或比附此罪，而情犹未尽，再议加等；或比附此罪，而情稍太过，再议减等。应加应减，全在用法者推其情理，合之律意，权衡允当，定拟罪名，达部奏闻。若不详议比附，而辄断决，致罪有出入，以故失出入人罪论。""律后注"云："该载不尽者，如城门钥无遗失律，旧比印信铜牌，以皆关防之物也。"[2]可见，沈之奇首先分析了制定该律的目的，即立法者希望采用比附的方法，用条款有限的律例去应对变化无穷的社会现状。这一点，和笔者上文

---

[1]《大清律例根原》卷之十五，《名例律下·断罪无正条》。
[2]（清）沈之奇撰：《大清律辑注》，怀效锋、李俊点校，法律出版社2000年版，第116页。

第一章 因案生例的原因

分析的结果是相同的;其次,他简述了比附的具体操作方式,即由各级法司分别比较个案中罪行与律例中"情事"的相同处与不同之处,根据"情理",在既有律例基础上予以加减;最后,他还在"律后注"里列举了一个同明代张楷所举的同样例子解释何为"该载不尽事理"。比如对于遗失城门锁钥的行为,在清律中并无明确的处理措施,但显然应当有所惩治,因此应当到清律中寻找"情事"相同或类似的条文。清律的"吏律"中"弃毁制书印书"中规定:"若遗失制书、圣旨、印信者,杖九十,徒二年半,若官文书,杖七十。事干军机、钱粮者,杖九十,徒二年半,俱停俸。责寻三十日得见者,免罪。限外不获,依上科罪。"[1] 沈之奇认为,考虑到城门锁钥和印信铜牌都是城关禁卫所用之物,因此遗失城门锁钥的后果同律文规定的遗失印信的后果并无太多不同,因此可以将其比照该律进行处置。

从上述对于"断罪无正条"的历史沿革梳理,我们可以得知,对于个案而言,律例"该载不尽事理"以及"断罪无正条"是允许各级法司采取比附技术的必要条件。而比附技术采取在现有律例上加减刑罚、定拟罪名的量刑方法,其目的自然是为了在个案中"尽其事理"。因此,若要想真正了解因案生例的原因,就必须深入推究清代各级法司对于律例"不尽事理"和"无正条"的认定标准。

(二)清代司法中因案生例原因的判定方法

通过阅读大量清代刑案,笔者认为,这一认定标准应该是刑案文书中题本、奏本、上谕反复出现的"情罪未协"。用现代刑法学术语来说,就是"罪刑不相适应"。所谓的"情",是指刑案中的各类情节,笔者认为大致可以分为主观情节、客观情节、主体情节、客体情节。主观情节主要是指罪犯的主观恶性,故意犯罪还是过失犯罪,犯罪的原因是什么,犯罪的意图是什么,等等。客观情节主要是指罪犯在案件中所采取的行为,比如说行为的性质,行为的程度。主体情节是指罪犯自身的各类情况,比如说罪犯是男子还是妇女,是否为老幼废疾之人,是否和被害人有一定的亲属关系,如果有,服制是远还是近,是否有特定的身份,比如僧道、良人、贱民、八旗、天文生、乐人、衙役、生员、官吏。客体情节是指犯罪行为所侵害的社会关系,例如危害皇权统治、危害国家行政管理秩序、危害国家司法裁判、危害社会经济秩序、危害家庭内部伦理秩序、危害普通

---

[1] 《大清律例根原》卷之二十三,《吏律·公式上·弃毁制书印信》。

百姓人身安全、财产安全，等等。而所谓的"罪"，笔者认为，并非现代刑法中所谓的"罪名"，而是应该指代笞、杖、徒、流、死、枷号、充军、凌迟等刑名。这一点是值得我们关注的。正如律文中所说，"若辄断决，致罪有出入者，以故失论"，也就是认为如果不经过刑部、皇帝的认可而任意比附援引导致量刑有所偏颇，就要按照故出入人罪或失出入人罪进行处理。而《大清律例·刑律·断狱下》中"官司出入人罪"规定："凡官司出入人罪，全出、全入者，（徒不折杖，流不折徒），以全罪论。（谓官吏因受人财，及法外用刑，而故加以罪，故出脱之者，并坐官吏以全罪。）若（于罪不至全入，但）增轻作重、（于罪不至全出，但）减重作轻，以所增、减论至死者，坐以死罪。（若增轻作重，入至徒罪者，每徒一等，折杖二十；入至流罪者，每流一等，折徒半年；入至死罪已决者，坐以死罪。若减重作轻者，罪亦如之。）……若因未决放，及放而还获，若囚自死，故出入、失出入各听减一等。（其减一等，与上减三等、五等，并先减而后算，折其剩罪以坐。不然，则其失增、失减，剩杖、剩徒之罪，反有甚全出、全入者矣。）"[1]有一种容易引起混淆的理解是，由于传统中国的律典，比如清代的《大清律例》都是采取的绝对法定刑主义，所以如果"罪"是指某一个具体罪名，或者指代律目的话，那么就可以确定到某一个刑种，得到某一个具体的刑罚。对此，笔者需要说明的是，首先，像《大清律例》这类刑事法典确实是采取绝对法定刑，但同时也强调"情罪允协"，因此虽然只有436个律目，但每一个律目之中均包含有各种不同的具体情节，而这些情节清人都规定了某一种刑罚。最典型的诸如"发冢"，该律规定了不下数十种具体情节。因此如果认为"罪"是指罪名或者律目的话，那么仍然无法通过确定触犯某罪名或律目来精确个案中的刑罚。其次，正如笔者引用的"官司出入人罪"，该律文中提到了所谓"全罪""加以罪""坐以死罪""入至徒罪""剩杖、剩徒之罪"，如果将"情罪未协"中的罪理解为诸如"谋杀人""亲属相盗"这类"罪名"的话，那么无法解释何为"全罪""剩杖、剩徒之罪"。因为"罪名"本身不可切割、分离成不同部分，但不同的刑罚可以根据一定的换算方法互相抵消。

因此，所谓的"情罪未协"，就是指根据清代整个刑事法律体系，案件的情节与罪犯依照律例所应受到的刑罚并不协调。如果用一个更加普世性的法律原则或精神来解释的话，就可以称之为"相同、相似情况得到相同、相似的处理"

---

[1]《大清律例根原》卷之一百十二，《刑律·断狱下·官司出入人罪》。

"不同、不相似的情况得到不同、不相似的处理"。下面,笔者就将根据清代案例来具体分析因案生例中"情罪未协"的判定标准。

1. 违反"相同、相似情况得到相同、相似的处理"

所谓"相同、相似情况得到相同、相似的处理",就意味着如果不同的案件,具有相同、相似的具体案情,那么它们自然就都符合了相关法律规范的构成要件,自然也就应当会得到相同、相似的法律结论。从法律的内容上来说,这一原则体现了法律制度、法律体系的平等性、公平性,从法律的形式上来说,这一原则保证了法律的程序正义,使得每个法律主体都能够通过分析法律规范的构成要件,来预测自己的行为后果。如果某个法律体系内有部分法律规范违反了这一原则,那么很显然这样的规范本身就不具有合理性,如果一味机械地进行适用的话,就会造成同类案件不同处理的结果,并最终导致社会甚至包括司法官员在内对于该法律体系的不认可。并且由于允许同一行为可以得到两种不同的法律结论,可想而知,司法官员就可以具有很大的自由裁量权。现代刑事立法体系对于某一罪行规定了相对法定刑,从而赋予法官一定的自由裁量权,是为了能够使法官对司法实践中不同个案的具体情节的处理具有合理性。但如果清代乃至整个传统中国的律典也采取这样的做法的话,那么必然导致皇帝在刑事司法中的大权旁落,而使得各级法司能够上下其手,最终危害社会的稳定。

有道光九年(1829年)回民马六用长枪戳死了刘大和,并将他的尸体全部割碎一案。安徽省的郭六的堂兄叫做郭七,与名为李大本之人在私盐买卖方面具有竞争关系,于是发生斗殴事件,李大本将郭七殴死。郭六为了报复李大本,于是纠集马六、沙奉魁、马十二、郭允整、郭小六、马三、沙万仓、马万兴、沙玉瑞等二十多人,携带刀枪等各种器械寻机殴打李大本。李大本听闻消息,同样纠集了白金兰以及刘大和、杨文科、马得禄等二十多人准备迎战。在斗殴过程中,刘大和首先施放火枪,导致沙奉魁倒地死亡。于是马六赶忙上前,用枪将刘大和戳倒在地殒命。而郭六等人,同样用刀枪胡乱砍杀,导致蒋鸿有、杨文科、马得禄、孙潮贵等人死亡。但因为傍晚天黑,又是众人群殴,因此马六亦不曾看清具体的杀伤情况。郭六为了毁尸灭迹,于是和马六将刘大和、杨文科、孙潮贵等五具尸身背到河边,并且行船将其扔入水中。马六看见刘大和身上有很多疤痕,害怕尸身沉入水中后一旦浮起,很容易被辨明身份从而暴露罪行,因此就将刘大和的头颅、四肢割落,刨开腹部,将阴茎割下,阴囊剖开,取出五脏六腑抛入湖心。

根据上述认定的事实，安徽巡抚按"斗杀"律将其拟绞监候。其法律依据是"杀一家三人"律所附乾隆五年（1740年）条例规定："支解人，如殴杀、故杀人后，欲求避罪，割碎死尸，弃置埋没，原无支解之心，各依殴、故杀论。若本欲支解，其人行凶时，势力不遂，乃先杀讫，随又支解，恶状昭著者，以支解论，俱奏请定夺。""杀一家三人"律规定："支解活人者，凌迟处死。"[1]"斗殴及故杀人"律规定："凡斗殴杀人者，不问手足、他物、金刃，并绞监候。"[2]"发冢"律规定："若残毁他人死尸，及弃尸水中者，各杖一百，流三千里。"[3]刑部照拟核覆。但是道光皇帝认为，马六杀死刘大和并且将其四肢割落，剖取内脏丢弃于水中的情节非常残忍。安徽巡抚在事实的认定上有所错误。因为如果想要毁尸灭迹，应当将五具尸身全部割碎，而不该仅仅将刘大和一具尸身支解。因此虽然马六并非原有支解刘大和之心，但亦并非为了避罪。道光皇帝在上谕中反问刑部，"仍依本例治罪，岂得情法之平？"这里的"情法之平"，指的就是皇帝认为该案的情节严重于原来引用的"为避罪而支解"情节，因此自然应该在一定程度上加重其刑罚。刑部看出上谕中对于该案的处理倾向已经非常明显，于是他们就开始顺着皇帝的思路进行推理，为其寻找相关的依据。他们认为之所以将支解活人和残毁死尸两种行为分别处以凌迟和流刑，主要原因就在于罪犯是否原有支解被害人的主观恶性。而本案的这种情况，马六是在杀人之后泄愤、逞凶支解刘大和的。刑部完全赞同皇帝上谕，认为"情节极为残忍，若仍依本律拟以绞候，殊觉情浮于法"。而根据律例的解释，仅有支解活人、希望支解活人但力所不及于杀死后支解、不希望支解活人但为了避罪而支解这三种，并没有马六这种不希望支解活人但也不为避罪而是为了泄愤将被害人支解的情况。最终刑部奏请生成新例。"杀一家三人"律所附道光九年（1829年）条例规定："凡谋、故、斗、殴杀人，罪止斩、绞监候之犯，若与杀人后挟忿逞凶，将尸头、四肢全行割落，及剖腹取脏掷弃者，俱各照本律例拟罪，请旨即行正法。"[4]

在本案中，我们可以发现，最先认定原拟判不合理的是道光皇帝。他认为"情节极为残忍"，因此如果按照安徽巡抚和刑部的意见，将马六拟绞监候的话，那么就"岂得情法之平"。"情"指的就是马六挟忿支解刘大和的这一情节，而

---

[1]《大清律例根原》卷之七十七，《刑律·人命·杀一家三人》。
[2]《大清律例根原》卷之七十八，《刑律·人命·斗殴及故杀人》。
[3]《大清律例根原》卷之七十一，《刑律·贼盗下·发冢》。
[4]《大清律例根原》卷之七十七，《刑律·人命·杀一家三人》。

第一章 因案生例的原因

"法"指的是拟判的绞监候这一刑罚。皇帝认为的"情法之平"就是指支解刘大和的行为及其主观恶性极其严重,相比于寻常的斗杀行为要恶劣的多,但是安徽巡抚的拟罪将两者却处以同样的刑罚,很显然不合理,即在量刑上轻纵了马六。其次,刑部为了论证皇帝对于该案的判断,进而列举了相关律例,并且分析了为何支解活人被拟凌迟,而残碎死尸仅为流刑的原因。刑部和皇帝认为,马六这种挟忿支解被害人的行为,其实和支解活人或有支解之心但无支解活人之力类似,故先杀后支解的行为无论在客观行为还是主观恶性上都极其类似,但若对马六按律仅仅拟绞监候,而后者则被拟凌迟,显然量刑不均,或者用刑部的话为"情浮于法"。因此在最终生成的新例中,将马六的行为照支解活人的刑罚进行拟罪。可见,安徽巡抚对于马六的原拟罪,就是违反了"相同、相似行为得到相同、相似的处理"这一基本精神,因而被皇帝认为是"未得情法之平",其实也就是说原拟罪"情罪未协"。[1]

有乾隆五十年(1785年)刘烺出语亵狎致梁氏身死一案。张季是堂邑县民,其妻为梁氏。一日,夫妻二人共同去田亩地内采收高粱,刘烺同行前往。刘烺捆缚高粱不够坚实,于是梁氏要求将其扎牢,另换秫秸一棵。不料刘烺另外拔取秫秸之后,问梁氏这颗是否足够粗壮,是否喜欢。梁氏觉得刘烺是故意调戏于她,羞愤难忍,于是投缳自尽。山东巡抚认为刘烺并非存心调戏梁氏,因此将其拟流三千里。"威逼人致死"律所附乾隆五年(1740年)条例规定:"凡村野愚民本无图奸之心,又无手足勾引、挟制窘辱情状,不过出语亵狎,本妇一闻秽语,即便轻生,照强奸未成本妇羞忿自尽例减一等,杖一百,流三千里。"[2]刑部照拟核覆。但乾隆皇帝认为,这类由于调奸导致本妇自尽的案件,一般拟绞候,并于秋审中入于情实。但由于仅仅是语言调戏,没有外在肢体的勾引,所以从来不予勾决。该案中,刘烺出此言应当被定性为调戏,而山东巡抚因为刘烺本人口供就从绞监候改为了流三千里。"威逼人致死"律所附乾隆三十七年(1772年)条例规定:"但经调戏,本妇羞忿自尽者,俱拟绞监候。"[3]但皇帝认为所谓的"语言调戏"和"出语亵狎"一般在情节上并无不同,但是前者被绞监候,而后者拟流三千里,是"情同罪异"。于是命令刑部修订条例解决。刑部收到上谕后便

---

[1] 参见《刑案汇览》卷二十八,《杀一家三人·谋故斗杀之后割碎死尸》。
[2] 《大清律例根原》卷之八十一,《刑律·人命·威逼人致死》。
[3] 《大清律例根原》卷之八十一,《刑律·人命·威逼人致死》。

开始了法律研究，认为之所以有不同的量刑，是考虑罪犯在主观上是否是有心调戏。但是在实际案件中，这种主观上的情节很难证明，往往被一些不肖之徒避重就轻得以减轻刑罚。刑部赞同皇帝所说的，认为"语言调戏问拟绞候者反觉屈抑，殊非情法之平。"刑部认为，如果罪犯是和本妇之夫以及亲属的交谈中说话随意，并未和本妇照面，导致本妇气忿自尽，以及罪犯确实因为别的事情与妇女发生口角，导致妇女自尽的，则可以证明确无调戏之心。于是奏请生成新例。"威逼人致死"律所附乾隆五十三年（1788年）规定："凡妇女因人亵语戏谑，羞忿自尽之案，如系并无他故，辄以戏言觌面相狎者，即照但经调戏、本妇羞忿自尽例，拟绞监候。其因他事与妇女口角，彼此詈骂，妇女一闻秽言，气忿轻生，以及并未与妇女觌面相谑，止与其夫及亲属互相戏谑，妇女听闻秽语羞忿自尽者，仍照例杖一百、流三千里。"[1]

在本案中，对于同为调戏妇女，并且罪犯主观情节难以确定的两种行为，律例中规定了刑罚不同的两种处罚行为。乾隆皇帝在上谕中所提到的所谓"情同罪异"，刑部在回奏也提到了"承审官即据该犯本无图奸之供，减拟杖流，以致情同罪异"，其意思均指的是对于刘焜调戏梁氏这一行为的拟判，违反了"相同情况相同处理"的原则。最终制定的新例，将这两种行为统一起来，均处以绞监候，而对于那些确实有证据证明无图奸之心的行为，才减一等处理。值得我们注意的是，该案与上一个马六支解刘大和的案件有一个关键之处并不相同。即在前案之中，之所以将马六最终拟凌迟处死，是因为律例体系出现了法律漏洞，即对于挟忿支解人的行为并没有合适的量刑，而只能按照斗杀处理，是属于法律体系本身在立法上的问题，并且马六的行为是一种外在的客观行为。但是本案中，刘焜出语调戏梁氏的行为，在《大清律例》中是有明确的规定，在法律体系中并不存在任何法律漏洞，只是由于两个条例之间的不同之处即在于案犯内在的主观恶性，而非支解人之类客观行为。因此各级法司要区分究竟适用哪个条例，需要通过举证，确定是否刘焜有所谓"图奸之心"。而恰恰是这种不同，容易使得有图奸之心的案犯狡辩翻供，改为杖流，而无图奸之心只出言亵狎的案犯被加重为绞监候。因此从法律适用的角度来说，案犯在主观上是否有图奸之心，对于这类案件的量刑是比较关键的。本想通奸而出语调戏致妇女自尽的案犯确实应该被拟绞监候，而本无通奸之意且无手足勾引仅出言侮辱、调侃妇女的人，就应该被拟

---

[1]《大清律例根原》卷之八十一，《刑律·人命·威逼人致死》。

第一章　因案生例的原因

较轻的杖流刑。因此笔者认为,"相同、相似情况"的认定不仅仅应该从立法的角度进行分析,还应该从司法角度去判断法律规范中的构成要件是否能够有效的通过当事人、各级法司搜集的证据予以证明。如果在刑案中无法证明的话,那么就会导致立法上不同的构成要件,在实际办案过程中并不能得到有效区分,因此"相同、相似情况"应该是在司法过程中的证明结果意义上的,而非仅在立法体系中规范文本进行分析意义上的。[1]

有乾隆三十九年(1774年)杨玉等人行劫郭全家一案。杨玉籍隶直隶沧州,是五拨庄人。崔文起、魏近礼、王五等人与杨玉素来相识。该年十二月内,三人到杨玉家来,杨玉于是邀他们一起去偷窃别人家的驴马,分钱花用。正月初七,此四人一同从外面佣工归来,发现杨玉的母舅刘四在杨玉家闲坐。时近年关,五人一同怨诉贫苦,无钱过个好年。杨玉就询问刘四是否知道谁家有钱,他们便前去偷窃。刘四说营盘沟的郭全家有钱,而且家里人数不多,方便盗取。杨玉就询问其余众人是否愿意前去偷窃郭全家,魏近礼等人均表示同意。紧接着,杨玉又邀了他的表连襟王二一同前去盗窃。杨玉带了绳鞭,魏近礼上了小刀,崔文起携带火煤,王五佩戴铁尺,王二、刘四空手,就在路上顺手偷了别人家的一根杉槁,魏近礼则用材料扎了一个软梯。刘四指引了到达郭全家的道路之后,就回家了,并未参与后来的抢劫行为。杨玉等五人将软梯搭在郭全家外墙边,然后翻进院内。杨玉用绳鞭吓唬郭全,王五、崔文起等人点起火煤,王五用铁尺把窗户打破,众人遂进去屋内将衣服、首饰等物强取,王二用郭全家的布袋把赃物全部背走。后来众人分赃,杨玉和魏近礼用赃物当了一百四十余千钱,分给了刘四十吊,王二十吊,崔文起五吊,剩下来的都被魏近礼和杨玉本人花用。最后众人均被一一拿获。

"盗贼窝主"律规定:"窝主若不造意,而但为从者,行而不分赃,及分赃而不行,减造意一等,仍为从论。"该律所附乾隆五年(1740年)条例规定:"凡窝线同行上盗得财者,仍照强盗律定拟外,如不上盗又未得财,但为贼探听事主消息、通线引路者,应照强盗窝主不行又不分赃律,杖一百,流三千里。"[2]由于刘四确实并未与杨玉等五人同去郭全家进行抢劫,因此刑部认定刘四应当被认定为从犯。但"强盗"律在乾隆二十六年(1761年)又被纂入新例,规定:

---

[1] 参见《刑案汇览》卷三十五,《威逼人致死·觌面秽亵是否因事角口为断》。
[2] 《大清律例根原》卷之七十二,《刑律·贼盗下·盗贼窝主》。

· 155 ·

"寻常盗劫未经伤人之伙犯,并未入室搜赃,并无凶恶情状者,仍以情有可原免死发遣。"而所谓的"情有可原"也是强盗律在乾隆八年(1743年)续纂的一个条例,"强盗重案,除定例所载杀人、放火、奸人妻女,打劫牢狱、仓库,干系城池、衙门,并积至百人以上,及响马强盗、江洋大盗、老瓜贼仍照定例遵行外,其余盗劫之案,各该督、抚严行究审,将法所难宥及情有可原者,一一分晰,于疏内声明。大学士会同三法司详议,将法所难宥者正法,情有可原者发遣。"[1]故而刘四被拟发遣黑龙江给披甲人为奴。但是乾隆皇帝并不认可刑部对于刘四的拟罪,于是驳令再审。刑部谨遵谕旨,认为在以往的案例中,如果是办理通线、引路的罪犯,如果并非是起先造意抢劫之人,那么一般都会将其定性为"为从"的伙盗,而非盗首,再根据他是否曾经入室搜赃以及实际的抢劫次数定拟罪名。但是在本案中,为首的杨玉根本不知道哪家有钱可以前去抢劫而询问刘四,刘四不仅指出了郭全家有钱,而且还告诉了行劫五人具体前往的道路,并且事后还分得了部分赃物。因此刑部认为,如果说此案并非刘四将郭全家的情况以及位置告诉杨玉等人,杨玉等人即使有抢劫之心也无抢劫之地,所谓"揆其情与盗首无意。若因非其首先造意,即与从犯一例问拟,殊觉情重法轻。"最终奏定新例。"强盗"律所附乾隆四十二年(1777年)条例规定:"强盗引线,除盗首首先已立意欲劫某家,仅止听从引路者,仍照例以从盗论罪外,如首盗并无立意欲劫之家,其事主姓名行劫道路息由引线指出,又经分得赃物者,虽未同行,即与盗首一体拟罪,不得以情有可原声请。"[2]

在本案中,杨玉属于盗首,并且得财,因此依律应当被斩立决。"强盗"律规定:"凡强盗已行但得事主财者,不分首、从,皆斩。"[3]但根据相关律例,指引之人刘四反倒因为通线、引路之故而可以依照情有可原条款予以减免。皇帝指出了这一不合理之处。刑部进一步分析,所谓"情重法轻",即指的是刘四的罪行和盗首杨玉实属相同。其理由是,认定抢劫案件的首犯往往具有一定的标准,一是首先形成了准备抢劫的主观恶意,二是根据情况确定了实际被抢劫的对象。在本案中,杨玉符合前者,并且组织、策划了整起案件,同时带头执行。而刘四则符合第二点,即为杨玉等人抢劫提供了明确的目标。但是根据《大清律

---

[1]《大清律例根原》卷之五十八,《刑律·贼盗中·强盗》。
[2]《大清律例根原》卷之五十八,《刑律·贼盗中·强盗》。
[3]《大清律例根原》卷之五十八,《刑律·贼盗中·强盗》。

例》，刘四这类人往往因为在案件中扮演通线、引路的角色，所以反倒被处以轻刑，从死刑立决减为了杖流刑。从死入生，不可谓差距不大。在皇帝和刑部看来，抢劫案件中的罪犯，只需要符合上述两点中的任何一点就可以将其认定为首犯，但在以往的情况下，首犯不仅仅组织整起抢劫案件，而且往往同时也明确了抢劫对象，所以以往的各级法司包括制定提到"通线、引路"条例的人，都会认为首犯需要同时符合这两个特征，并将带路的人仅仅认定为从犯。但本案中刘四的行为已经远远超越了寻常带路的性质，而是直接告诉杨玉营盘沟的郭全家比较有钱，而且家中人不多容易抢劫得手，所以刘四的行为对整起抢劫来说是非常关键的，如果没有他，就不会发生对郭全家的抢劫。因此，同为"盗首"的行为依据不同条款得到了不同的处理，显然并不公平。刑部即认为"臣等前将刘四拟以情有可原发遣，实未允协。"也正是因为"情"和"法"或者说"罪"不相允协，所以皇帝和刑部认为应当生成新的条例来对于律例体系进行修正。而从生成的新例我们可以看出，明确了本案中刘四这种情节的法律适用，而是将其和盗首一体拟斩立决，并否定了"情有可原"例的适用。[1]

在上引的三个案件中，马六支解刘大和、刘烺调戏梁氏身死、刘四指引杨玉抢劫郭全家，这三个行为在朝廷律典中都有明确的律例予以规制。但拟罪之所以都被刑部或皇帝所否定，就是因为这三个罪犯的情节同其他犯罪行为相同或相似，但却得到了轻重不一的处理。马六先将刘大和杀死，挟忿将其支解抛尸一案，从客观情节来说，与那些支解活人以及由于力所不及，故先杀后支解的行为基本相同。从主观情节来说，律例规定了两种支解的情况，直接支解和先杀后支解，都要求罪犯主观上有支解人的犯罪动机，马六虽然并无此种动机，但是其专门为了挟忿而支解刘大和，将其四肢割落，刨去内脏的行为，与本欲支解活人的主观恶性是不相上下的。但是马六依律仅被拟绞监候，而支解活人的行为被拟凌迟处死。虽然都是死罪，可从死刑处理程序上来说，一个是绞，秋后处理，而且保留全尸，一个是凌迟，立即执行，千刀万剐。量刑差距太大。因此皇帝不能够接受这样"情同"而"罪异"的判决。刘烺调戏梁氏，律例中本应适用的为杖一百、流三千里，但和那些有调戏之心而致妇女自尽的情况，虽然在罪犯主观情节上，动机有恶性的差异，但司法实践中很难查明。法律证据重的是法律真实，而非绝对客观真实，因此如果主观动机很难查明的话，就应该一体视之，平等看

---

[1] 参见《驳案新编》卷七，《刑律·贼盗上·现审强盗引线分赃例》。

待。但若除去主观动机之不同，调戏妇女致妇女自尽同一种情况就有了两种不同的处理，并且有生死出入，一为杖流，一为绞监候。又是"情同罪异"，因此皇帝同样否定了原拟判。杨玉抢劫郭全家一案中，刘四告诉杨玉郭全家有钱，并且指引道路，但由于并没有直接参与抢劫，因此本按照"情有可原"例发遣。但皇帝认为在客观情节上，刘四不仅指引了道路，而且帮助杨玉等人直接确定了抢劫对象，最后还参与分赃，在主观情节上，对于整个抢劫的行为是非常积极的参与。因此刘四这种特殊的指引道路的行为和强盗首领并没有不同。但盗首应当被拟斩立决，刘四仅为发遣，也是在量刑上有生死出入，因此亦要被否定。

2. 违反"不相同、不相似情节得到不相同、不相似的处理"

所谓"不相同、不相似情节得到不相同的处理"是指如果两个案件在具体情节方面有达到了足以影响量刑程度的差异，那么就应当适用不同的刑罚，而不能采用相同的刑罚。其实这一原则和上一个原则是相辅相成的，其在本质上也是为了贯彻法律的公平、正义的理念。试想，如果法律规定在罪行上有所差异的不同案犯仍然得到相同量刑的话，那么潜在的犯罪人就会宁愿做出更恶劣的罪行而不用担心受到更严厉的惩处，从而使得律例体系无法起到惩治犯罪、保障社会安定的作用。当然，笔者需要强调的一点是，这里所谓"不相同、不相似情节得到不相同的处理"是指分析、比较不同案件中的主客观各方面的情节，并将其予以综合，来认定需要给予的惩处。如果将各方面综合起来得到的结论相同或相似就应该适用相同、相似的量刑，反之则适用不同量刑。例如将活人支解与杀祖父母父母都应该被处凌迟处死，但很明显这是不同类型的案件，之所以均处凌迟，是因为均属于罪大恶极、罪无可恕的行为。

有乾隆三十四年（1769年）卢将捉奸殴死奸夫梁亚受一案。卢将和梁亚受并不相识。同村的黄宁嫜是卢江自幼聘娶的未婚妻。乾隆三十四年，黄宁嫜到梁亚受开设的烟铺中闲谈，梁亚受当即向其提出通奸的请求，但是黄宁嫜当时并未允从。十二日，梁亚受来到了黄宁嫜的家中，正好其父母黄胜登等人外出有事，于是梁亚受继续调奸，并赠送了黄宁嫜一对银镯，于是两人发生了奸情。其后梁亚受找出各种理由来到黄胜登家借宿，黄胜登令其在外屋休息，但黄宁嫜希图通奸，因此将门虚掩。梁亚受于是趁黄胜登不注意，进入黄宁嫜屋内续奸。由于卢将屡次看到二人相互交好，于是心存怀疑。加上看到梁亚受从黄胜登家中走出，遂知道其借宿之事。于是到母舅陆文生家去求助，又邀集了邻人赵弟、赵囊等人一同捉奸。夜晚三更时分，众人到达了黄胜登家门前。卢将一人携带棍棒前去叫门,黄胜登听闻开门,卢江遂进屋向其询问。黄宁嬉听闻,赶紧将梁亚受推醒。梁亚受急忙跑出门外,卢将赶忙上前殴打,殴伤梁亚受左、右额顶,最终致其死亡。广西巡抚宫兆麟认为,虽然黄宁嬉是卢将已经聘娶的未婚妻,但是并未过门。而律例之内并没有允许未婚夫捉奸的文字。因此他将卢将依律拟绞监候。"罪人拒捕"律规定:"罪人虽逃走,不拒捕,而追捕之人恶其逃走,擅杀之,各以斗杀、伤论。"[1]

但刑部在核覆时并不认可对于卢将的拟罪。刑部认为,黄宁嬉已经是卢将的聘定之妻,故有了夫妇之名。若本夫卢将怀疑黄宁嬉通奸的话,就必须要有通奸的真凭实据。只有这样,才可以控告奸夫梁亚受,或者告官休妻。因此卢将前去捉梁亚受是情理之中的事情。如果奸夫当时已经逃脱或者被抓获,那么本夫将其杀死,自然应当被追究擅杀的责任。但是如果是在追逐奸夫的过程中,因为打斗或其他原因导致梁亚受死亡的话,由于没有相关律例而直接适用"罪人拒捕"律,又不合情理。于是刑部认为,本夫捉奸在律例体系中已经较为完备,而已经聘定但未过门的未婚妻与人通奸,未婚夫捉奸从而将奸夫杀死的情况,律例中并没有相关的条款。正所谓"设遇此等案件,外省问拟易致参差。与其往返驳诘,临事更张,莫若预定科条,易于遵守。"最终奏定新例。"杀死奸夫"律所附乾隆四十二年(1777年)条例规定:"凡聘定未婚之妻与人通奸,本夫闻知往捉,将奸夫杀死,审明奸情属实,除已离奸所,非登时杀死不拒捕奸夫者,仍照例拟绞外;起登时杀死及登时逐至门外杀之者,俱照本夫杀死已就拘执之奸夫,引夜无故入人家已就拘执而擅杀律拟徒例,拟徒。其虽在奸所捉获,非登时而杀者,即照本夫杀死已就拘执之奸夫满徒例,加一等,杖一百,流二千里。如奸夫逞凶拒捕,为本夫格杀,照应捕之人擒拿罪人格斗致死律,勿论。"[2]

从上述案例我们可以发现,之所以刑部认为需要续纂条例,是因为缺乏相关条例,只能将卢将完全按照普通人捉奸的律例进行处理。如果用刑部自己在题本中的话来说,就是"而事系登时、殴由追逐,若此等情节者应许其捉奸之亲属尚得援照捉奸各条问拟,而以聘定之夫竟同凡论,殊失平允。"很显然,刑部认为由于本案中卢将在身份上的特殊性,使得他捉奸和常人捉奸决不能等同一起,一同科罪。如果仍按"罪人拒捕"来定罪量刑的话,就是忽略了未婚夫对于未婚

---

[1]《大清律例根原》卷之一百三,《刑律·捕亡·罪人拒捕》。
[2]《大清律例根原》卷之七十五,《刑律·人命·杀死奸夫》。

妻捉奸的权利。但在传统中国社会，在婚姻礼俗方面，普遍采用所谓"纳采、问名、纳吉、纳征、请期、亲迎"的六礼过程，订婚是最终正式结婚的一个重要步骤，同时朝廷和民间往往也规定了较为严格的取消婚约的条件。因此一旦男女双方经过"父母之命，媒妁之言"订了婚，那么在他们之间至少在名义上已经基本建立了夫妻关系。如果法律不保护未婚夫的权利，就等于使得未婚夫妇之间连名义上的权利、义务都归于无。刑部所谓的"竟同凡论"指的正是在应对这类案件时机械适用律典所遭遇的这种窘境。毫无疑问，在捉奸案件中，捉奸者与被捉奸者的身份关系极为重要。朝廷现行律例也已经规定了本夫、本夫本妇亲属捉奸的情形。律例在这方面的不足，就导致将未婚夫捉奸和常人捉奸这两种不同情况进行了相同的处理。因此，通过仿照本夫杀死奸夫的条例，刑部修订了新例，就可以针对未婚夫捉奸的各种类型予以规制。例如分为"已离奸所、非登时杀死""登时杀死及登时逐至门外杀之""奸所捉获、非登时而杀""奸夫逞凶拒捕，为本夫格杀"四种情况。刑部认为这样处理，就可以让"罪名既各有区别，引断亦更加详密。"[1]

有嘉庆四年（1799年）张猛与宋永德二人盗窃济尔哈朗图行宫一案。张猛和宋永德二人原来都是热河正白旗的包衣。乾隆四十七年（1782年），宋永德在热河当兵，后来因为腿脚被车轧伤，于是退伍。乾隆四十八年（1783年），张猛在热河当差，五十一年（1786年）因为延误差使，最终被革退。二人由于均在热河多年，因此彼此相互熟悉。嘉庆四年六月，宋永德在十二脑海遇到了张猛，二人同行赶路。七月初九，二人一同到了济尔哈朗图。由于当地并不招工，二人相互抱怨。张猛首先起意，想要前去偷窃，而宋永德随声附和。张猛在路上捡拾到了木叉一根，和宋永德一起到了济尔哈朗图行宫的西北处，踩着木叉，翻墙进入行宫。张猛到库房盗窃了棉袄、铜锅等物件，又跑到大殿，张猛偷取青缎帘刷二个，黄绸兜单一个，宋永德也偷取了帘刷四个。后来二人听闻有人前来，才携带赃物从原路返回，并将赃物放于高粱地内。二人后被热河地方兵丁抓获，并送到热河总管处讯问。后又被交往承德府进行审拟，并经过刑部，最终依律被拟斩立决。"盗内府财物"律规定："凡盗内府财物者，皆斩。"[2]

但嘉庆皇帝认为这样的拟罪过重，他认为如果被盗的是圆明园、避暑山庄、

---

[1] 参见《驳案新编》卷十二，《刑律·人命·捉获聘妻奸夫》。
[2]《大清律例根原》卷之五十五，《刑律·贼盗上·盗内府财物》。

第一章 因案生例的原因

静寄山庄、静明园、静宜园等处，应当按照该律办理。但是本案被盗的是济尔哈朗图行宫，该地距离京城路途遥远，在重要性上绝非大内可比。并且与每年皇帝驻跸临幸之地，也有很多不同。而且所盗窃的只是帘刷等物，并非乘舆服御之物。因此如果二人被拟斩决，那么如果其他大内禁地被盗，则刑罚无可复加。皇帝在上谕的最后提到，"嗣后遇有此等偷窃之犯，较偷窃衙署者固应加等问拟，但竟援照盗内府财物之律不分首从定拟斩决，未免无所区别。"于是他命刑部重新拟罪。刑部接到上谕后，开始了法律分析。他们认为，内府禁地守卫森严，盗窃之犯竟然敢于前往作案，确实是性质非常恶劣的事情，因此必须将其严惩。律例规定了斩立决。但是偷窃外省的行宫，律例之中并没有给出相应的区分。刑部也在奏本中提到，"若悉照'偷窃内府财物'律概予骈诛，未免无所区别。"于是，刑部草拟了新例草案，奏请皇帝批准。"盗内府财物"律所附嘉庆六年（1801年）条例规定："凡偷窃大内及圆明园、避暑山庄、静寄山庄、清漪园、静明园、静宜园、西苑、南苑等处乘舆、服物者，照律不分首、从，拟斩立决。至偷窃各省行宫乘舆、服物，为首，拟绞监候，为从者，发云贵、两广极边、烟瘴充军。其偷窃行宫内该班官员人等财物，仍照偷窃衙署例问拟。若遇翠华临幸之时，有犯偷窃行宫物件者，仍依偷窃大内服物例治罪。"[1]

本案并不复杂。关键之处即在于张猛、宋永德二人偷窃的地方及其赃物的性质。因为济尔哈朗行宫远不如大内禁地重要，而"盗内府财物"律之所以规定斩立决恰恰是因为大内禁地关乎皇帝安全，所以一概将盗窃外省行宫之人也拟斩立决的话，不仅拟罪过重，而且使得盗窃真正的大内之人也被拟斩立决。这样的话，就很难利用刑罚的等差起到威慑的作用。因此潜在的罪犯必然会觉得，既然盗窃外省行宫与盗窃大内所获之刑相同，而大内明显比外省行宫具有更多值钱之物品，比如乘舆、服物，那么他们必然会更倾向于盗窃大内。那么这样的律例体系造成的效果反而与立法者即皇帝、刑部等人的立法初衷完全相反。显然，这不是他们所想看到的。不同的盗窃情节，受到的刑罚却一致，必然是不合理的。该新例的产生也正是由于原有律例中的这一矛盾。[2]

在上引的案件中，卢将捉奸打死梁亚受，张猛、宋永德二人偷盗济尔哈朗图行宫，这两个行为在朝廷律典中都有明确的律例予以规制。之所以原拟罪都被否

---

[1]《大清律例根原》卷之五十五，《刑律·贼盗上·盗内府财物》。
[2] 参见《驳案续编》卷一，《窃取行宫物件》。

定,就是因为虽然这些行为仅是形式上属于律例调整范围之内,但由于这两个案件都有一些与普通案件不同的特殊情节,所以在实质上不应该适用原律例。由于卢将不是本夫,因此根据律例只能够适用常人擅杀不拒捕的有罪之人的律文。但是很明显的是,卢将与普通常人不同,他是黄宁嬋的未婚夫,因此在主体情节上,具有身份上的特殊性。这种特殊性足以令刑部、皇帝将其排斥在常人所应适用的条款之外。毕竟未婚夫这种伦理身份在捉奸案件中,显得格外重要,不可能被忽略而与常人同等对待。而张猛、宋永德二人,行窃的是济尔哈朗图行宫,因此在形式上被拟"盗内府财物"律是没有任何问题的。但该律主要针对的是侵犯大内禁地以及偷窃与皇权紧密相关的乘舆、服物的行为,因此被盗地点和被盗物品是量刑时应当被重点考量而不应该被忽略的情节。本案被盗的地点济尔哈朗图行宫却是外省行宫,而且所盗窃的物品均是与皇权联系并不紧密的帘刷、棉袄等物。因此,这两个特殊情节可以说对于本案适用"盗内府财物"产生了实质上的影响,使得仍不分首从拟斩立决显得过于机械。

我们可以发现,这两个案件都是比原律例适用范围中常见案件多了一些特殊情节,而这些情节又与该律例所保护的法益存在紧密联系,例如捉奸案中的未婚夫,盗大内财物中的外省行宫与琐碎物品,因此就导致了这两个特殊案件与常见案件有了很大的不同。如果死板地适用原律例,就会违反"不同情况不同处理"的原则,因此必然要制定新例来分别应对不同的具体情况。

3. 不同情节不同处理但刑罚轻重不一

这种情况与前两种情况不同的是,有些行为在情节上与其他行为有所不同,因此立法者分别采取了不同的刑罚,故并没有违反"相同情况相同处理""不同情况不同处理"的法律精神。但是尽管如此,如果量刑的轻重与案情的恶劣程度不能够形成一个良好的对应关系,即对于情节较轻的行为采取了较重的刑罚,对于情节较重的行为采取了较轻的刑罚,这样的法律规范仍然违反了清人"情罪允协"的司法目标,应当被否定,故而制定新例也是势在必行的事情。

有乾隆四十一年(1776年)回民张四与沙振方预谋殴打赵君用,中途扎死葛有先一案。张四籍隶荷泽县,与被杀的葛有先并不认识。沙振方是定陶县的回民,一向和张四关系很好。乾隆四十一年春,沙振方和他的表弟定陶县的常耀在一起贩卖小鸡。三月间,常耀曾将一担小鸡赊给菏泽县的赵君用,当时计价大钱一千八百文,二人约定秋天再行偿还。沙振方并没有参与这件事情。后来到了六月十九日,沙振方自行向赵君用讨取其弟常耀的卖鸡钱,但是赵君用认为他是向

第一章　因案生例的原因

常耀赊取了小鸡，因此应当向常耀还钱，而不是向沙振方，因此不允，同时还认为沙振方是回蛮，不识时务，出言侮辱。沙振方不甘心被辱骂，于是起意纠众报复。六月二十日，沙振方纠集平日熟识的荷泽县回民张四、米贵臣、马三畏、马八、沙开印、李三、李大小、查德元、沙宗义等人，向其诉说报复情由，希望他们能够给予帮助。张四等人认为回教被侮辱，因此愿意前去殴打赵君用。沙振方说赵君用家人数众多，因此大家需要携带器械防身。于是米贵臣等人执持枪刀、木杆，张四徒手，沙振方携带屠刀、防夜手枪，并且令儿子沙大小、沙二小带着木杆一同前往。沙振方、米贵臣、沙大小、沙二小、张四等人先走一步，其他人都在后面跟随。路过葛有先的花地时，正巧他在地里修剪棉花。沙振方路过时，便在花地上行走，导致践踏了不少棉花。葛有先看到，便急忙上前混骂沙振方。沙振方正要分辩，葛有先拾取了砖石砸向沙振方。沙振方于是同张四、米贵臣一起赶上殴打葛有先。葛有先先是被沙振方用枪扎伤右臂，其后又被张四用砖头砸伤胸膛，被米贵臣用枪扎伤右腿。葛有先疼痛难忍，混骂回教祖先，于是张四等人顿起杀机，用沙振方的屠刀扎伤了葛有先的囟门，最终葛有先不治而亡。当时，路过的和荣宗、吴世耀、房可行上前劝阻，正好撞见马三畏、马八、沙开印等人，马三畏等人以为和荣宗等人要帮助葛有先，于是用刀砍向和荣宗，马八用刀扎伤其右腿。沙开印用杆殴伤和荣宗左脚面、左右臀部。吴世耀、房可行也相继被殴打。众犯眼见已伤多人，因此四散而逃。护理山东巡抚将张四依律拟斩监候，沙振方依例拟军从重改发乌鲁木齐为奴。"斗殴及故杀人"律规定："故杀者，斩监候。"〔1〕"斗殴"律所附乾隆五年（1740年）条例规定："凶徒因事忿争，执持刀枪等凶器，但伤人及误伤旁人者，俱发近边充军。"〔2〕

刑部在核覆时，同意山东巡抚对于张四的拟罪，但不同意对于沙振方的拟罪。其原因是，沙振方是回民，仅仅因为一些口角就纠集多达十四五人，携带刀枪殴打赵君用。途中遇到修剪棉花的葛有先，同样因为一句言语就将其杀死，情节极为恶劣。刑部进而认为，回民一向狂野成性，盗窃、抢劫、杀人不仅肆无忌惮，而且常常纠集众人，强横无理比常人有过之而无不及。因此在相关条例中，都对于回民有所加重。"窃盗"律所附乾隆三十二年（1767年）条例规定："回民行窃，除赃数满贯，罪无可加，及无伙众持械情状者，均照律办理外，其结伙

---

〔1〕《大清律例根原》卷之七十八，《刑律·人命·斗殴及故杀人》。
〔2〕《大清律例根原》卷之八十三，《刑律·斗殴上·斗殴》。

三人以上及执持绳鞭器械者,均不分首、从,不计赃数、次数,改发云贵、两广极边烟瘴充军。"[1]而对于回民纠集众人预谋殴打他人的案件,则按照一般律例定拟。但回民三人行窃尚且是一种较为隐匿的行为,因为他们还有畏惧朝廷法度之心。可纠集同党杀人则和白昼横行之强盗没有太大区别。刑部在题本中即认为"乃论罪转轻于行窃,于情法实未平允。"刑部认为,本案中回民沙振方先是纠集回民张四等至十五人之多,又携带各种凶器,路过葛有先花地,因为琐事将葛有先杀死,后来又将劝和的和荣宗等三人殴至重伤,如果不专门订立针对回民斗殴的条例,就不足以惩治凶暴之人。最后奏请生成新例。"斗殴"律所附乾隆四十二年(1777年)条例规定:"凡回民结伙二人以上,执持凶器殴人之案,除致毙人命罪应拟抵之犯,仍照民人定拟外,其余纠伙共殴之人,发云贵、两广极边烟瘴充军;如结伙虽在三人以上,而俱徒手争殴,并无执持凶器者,于军罪上减一等,杖一百,徒三年;结伙在十人以上,虽无执持凶器而但殴伤人者,仍照三人以上执持凶器之例定拟。"[2]

在本案中,刑部之所以请求奏定新例,就是因为回民行窃就被处以云贵、两广极边烟瘴充军,而回民执持凶器殴人的情节显然重于回民行窃。根据《大清律例》,针对回民执持凶器殴人的行为,立法者们并没有制定专条,反而仅仅按照一般民人进行处理,被拟近边充军。两种行为虽然在情节上不同,并且也被规定了不同的量刑,但是由于后者对于社会的危害性明显要大于前者,却规定了较轻的刑罚,因此同样也是并不合理的。很显然,从刑罚的设置上来说,对于这两种行为,轻的情节对应重刑,重的情节对应轻刑,打乱的律例体系本身的和谐,所以刑部才说"情法实未平允"。而制定新例的目的,就是为了纠正这种量刑的混乱,并进而达到所谓"回匪皆知畏法敛迹,而良善得免荼毒"的目的。[3]

从笔者总结的这三种"情罪不相允协"的类型,我们可以看出,清代各级法司以及皇帝在对于刑案进行裁判的过程中,并不是简单地在形式上适用律例,而是能动地从实质上分析适用律例的结果能否达到他们想要的司法目标。这个目标就是"情罪允协",希图让各种犯罪行为,根据情节的轻重能够得到相应的量刑。律例对于清人来说是一种很重要的帮助他们达到这种司法目标的工具,正因

---

[1]《大清律例根原》卷之六十三,《刑律·贼盗中·窃盗》。
[2]《大清律例根原》卷之八十三,《刑律·斗殴上·斗殴》。
[3] 参见《驳案新编》卷十九,《刑律·斗殴上·回民纠伙共殴新例》。

第一章 因案生例的原因

为如此,他们才将《大清律例》中的很多律目都制定得那么繁杂,并且又附载了那么多条例。但是毫无疑问的是,律例即使再重要,对于皇权至上的帝国来说,其本质仍然是一种社会治理的工具,或者说是一种限制官吏、治理百姓、拱卫皇权的工具。因此,他们绝不会如同现代民主社会将保护人权作为刑法的重要价值之一,因而使得罪刑法定原则具有很高的效力。如果律例并不能够帮助清人达到个案中的"情罪允协",那么他们就会通过一定的程序去突破现有律例。虽然说他们也制定了一个较为慎重的程序,最典型的就是皇帝要介入其中,但是这种方式更多的考量是保护皇权,而非仅仅为了律例的稳定性。突破现有律例的结果,往往便是这种因案生例。清代有那么多的成案突破了律例,显得律例似乎效力不高,但突破之后的成果往往又成为新的条例,这确实是一种颇为吊诡的现象。笔者认为,相比较于通行、成案,律例在清人心目中的地位仍然是最高的,否则就不会有"断罪引律令"律的存在,并且沿袭上千年。"断罪无正条"律及其例文则针对的是适用律例而"情罪未协"的情况,更多体现为一种补充作用。同时,该律的立法宗旨是将生成新的条例视为成案的结果,因此成案突破现行律例是为了更好的制定新例完善律例体系。从法律渊源的角度来看,成案和通行更多体现了一种阶段性的色彩,是清代各级法司以及皇帝对于律例体系进一步修订、补充、发展的尝试。因此,清代的因案生例不仅没有否定律例的作用,相反还更加增强了律例在国家治理中的地位。

三、因案生例原因的具体类型

德国学者魏德士认为:"法律适用可以分为以下四个步骤:认定事实;寻找相关的(一个或若干)法律规范;以整个法律秩序为准进行涵摄;宣布法律后果。"[1]但在现实的法律适用中,寻找相关的法律规范即司法三段论中的大前提常常成为了一件困扰法官的事情。这主要是由于法律规范含义不清以及法律体系自身存在若干漏洞。这种情况同样存在于清代的刑事司法实践中,正所谓"有定者律令,无穷者情伪也。"[2]根据清代成案,笔者将因案生例的原因分为以下几种类型:

(一)律例无正条

有些案件事实被认定为具有一定社会危害性,但却无法在《大清律例》中找

---

[1] [德]魏德士:《法理学》,丁晓春、吴越译,法律出版社2005年版,第288~289页。
[2] 《大清律例·御制〈大清律例序〉》。

到足以适用的相关律例。现代法律方法论将这种情况称为"开放漏洞"。卡尔·拉伦茨认为:"就特定类型事件,法律欠缺——依其目的本应包含之——适用规则时,即有'开放的'漏洞。"[1] 齐佩利乌斯写道:"法律漏洞一个重要的基本类型是这样一种情况,即一条法律规范没有从公正的角度来看应当由其调整的某些情形做出规定。"[2] "法律欠缺"用我们现代的话来说,就是所谓的"无法可依"。由于社会的变迁与立法者视野与技术的局限,《大清律例》对于清代社会生活中的很多具有危害性的行为都没有予以规制。因此当发生此类案件的时候,各级法司就遇到了明知其"有罪",但又无任何正式法律依据的问题。清代成案中就存在很多的这种开放漏洞。

有乾隆四十三年(1778年)葛锦等六犯明知贼情、说和赎赃一案。葛精怪、黄娜养、葛应科等三人都住在广西柳城县欧阳村,该县与马平县疆界相连。乾隆三十九年(1774年)九月,葛精怪到马平县偷盗何自信家牛一只,被何自信拿获,捏成收留走失的耕牛,勒赎何自信钱三千文。葛精怪与沈祖应合伙贩卖粽子,至四十二年(1777年)年底,葛精怪在花完本钱之后,仍住沈祖应家。沈祖应贪图葛精怪供给之饮食,故虽明知葛精怪行窃,仍容留不报。四十三年(1778年)正月,葛精怪与黄娜养、葛应科等相遇,由于三人均贫穷无法生计,因此决议合伙以偷盗牲畜的方式勒索事主钱财。正月十七日,三人在柳城县偷盗廖妹耕牛一只。二十二日,三人偷盗周朝庆羊八只,事主取钱请求秦尚积赎赃,三人得钱分用。三月十七日,黄精怪、黄娜养在马平县偷盗牛一只,事主取钱请求葛锦赎赃,二人得钱分用。八月初三日,葛精怪、黄娜养偷盗羊四只,事主何自信请求葛应钜赎赃,但由于何自信无钱,二人卖羊分赃。九月初六日,葛精怪、黄娜养偷马一匹,事主请求姚英士走访并转托秦宗相帮助赎赃,葛精怪、黄娜养、葛应彩三人得钱分用。九月初八日,葛精怪、黄娜养偷盗韦神贤牛一只,事主请求姚英贤赎赃,三人得钱分用。十月初一日,葛精怪、黄娜养偷盗牛一只,事主请求龙登任赎赃,龙登任不允,故葛精怪三人卖牛分赃。十月十五日,葛精怪偷盗牛一只,事主侄婿葛锦查知为葛精怪等人所为,故由事主取钱赎赃。十月十八日,葛精怪等二人偷盗牛一只,事主请求葛应钜赎赃,三人得钱分用。十一月十五日,葛精怪、黄娜养偷盗牛一只,事主请求葛应彩赎赃,三人得钱分

---

[1] [德]卡尔·拉伦茨:《法学方法论》,陈爱娥译,商务印书馆2003年版,第254页。
[2] [德]齐佩利乌斯:《法学方法论》,金振豹译,法律出版社2009年版,第98页。

用。十八日，葛精怪、黄娜养偷盗牛一只，事主请求姚英士赎赃，二人得钱分用。乾隆四十四年（1779年）正月初六日，葛精怪、黄娜养偷盗牛一只，事主请求葛锦转托葛应彩赎赃，三人得钱分用。二月二十日，葛精怪、黄娜养偷盗牛一只，事主请求龙登任赎赃，二人得钱分用。

广西巡抚李世杰认为，应将葛精怪、黄娜养两人照"白昼抢夺三犯"例拟绞立决。"白昼抢夺"律所附乾隆五年（1740年）条例："凡白昼抢夺三犯者，拟绞立决。如抢夺、窃盗各不及三次者，免其并拟，各照所犯之罪发落。"[1]而将葛应科、葛应彩、姚英士等人照"积匪滑贼"例拟发往伊犁给兵丁为奴。"窃盗"律所附乾隆三十二年（1767年）条例规定："积匪、滑贼危害地方，审实，不论曾否刺字，改发云贵、两广极边、烟瘴充军。其余窃盗，仍照律以曾经刺字为坐，分别次数治罪。"[2]将沈祖应照例于葛精怪绞罪上减一等拟流。"盗贼窝主"律所附乾隆三十七年（1772年）条例规定："窝留积匪之家，果有造意及同行、分赃、代卖，即照本犯一例改发极边烟瘴充军，并于面上刺'改遣'二字。如有脱逃被获，即照积匪脱逃例办理。其未经造意，又不同行，但经窝留分得些微财物，止代为卖赃者，均减本犯一等治罪。至窝藏回民行窃犯至遣戍者，亦照窝藏积匪例分别治罪。"[3]刑部认可广西巡抚李世杰对于上述人等的拟罪。但同时认为对于说合赎赃葛锦、秦尚积、秦勇、秦宗相、龙登任等人亦应予以严惩。刑部提出的理由是，这些人"明知贼情，既不据实鸣官，又复为之查赃向赎，表里为奸，助贼获利，若不加以惩治，则此种恶习流风何由整顿……见今日两广、两湖及贵州诸省屡有此种案情，地方官不能早为禁止，及事犯到官，仍以并无不合，概不重治其罪。遂致习惯成风，接踵而起。必须严加惩治，以儆恶俗。"接着，刑部向乾隆皇帝提请纂修新例，并最终得到了皇帝的批准，并进而生成新例。"窃盗"律所附乾隆四十八年（1783年）条例规定："两广、两湖及云贵等省，凡有匪徒明知窃情，并不帮同鸣官，反表里为奸，逼令事主出钱赎赃，俾贼匪获利，以至肆无忌惮，深为民害者，照为贼探听事主消息、通线引道者，照强盗窝主不行又不分赃杖流律减一等，杖一百，徒二年。如有贪图分肥，但经得财者，不论多寡，即照强盗窝主律，杖一百，流三千里。"[4]

---

[1]《大清律例根原》卷之六十一，《刑律·贼盗中·白昼抢夺》。
[2]《大清律例根原》卷之六十三，《刑律·贼盗中·窃盗》。
[3]《大清律例根原》卷之七十二，《刑律·贼盗下·盗贼窝主》。
[4]《大清律例根原》卷之六十三，《刑律·贼盗中·窃盗》。

在本案中，对于葛锦等人说合赎赃的行为，《大清律例》并无相关的惩治措施。但通过阅读刑部的题本，我们可以得知，刑部认为由于律典之中并没有明确禁止该种行为，因此从这种做法的社会效果来看，该类案件在两广、两湖、贵州等省已经出现一种频发的趋势，如果朝廷不予以适当的管制甚至严惩，进一步任由其发展的话，那么说合赎赃的行为将会愈演愈烈，严重地危害地方秩序，使得百姓的安居乐业将无法得到保证。因此刑部向乾隆皇帝提出了应当针对该类行为专门制定新例予以惩治的意见，并希望以此能够达到"恶习可以渐除，而闾阎得以宁谧"的最终目的。很明显，《大清律例》对于该种具有社会危害性的行为无任何条文予以规制，是一个典型的开放式的法律漏洞。而刑部在同意广西巡抚李世杰对于主要人犯的拟罪之后，并没有忽略掉那些为虎作伥、说合赎赃的葛锦等人，而是考虑到该类案件的情节以及社会危害，将这些具有从属性的行为也纳入到了律典体系之内，而且就附于"窃盗"律门内。这样，以后各级法司能够依据正式的条例对于窃盗以及说合赎赃行为形成较为全面的打击与规制。[1]

有道光四年（1824年）刘玉茂将其妻杨氏与徐阿二捉奸后登时殴死杨氏一案。刘玉茂籍隶贵州省郎岱厅，其妻为刘杨氏。后徐阿二与刘杨氏在奸所通奸，正好被本夫刘玉茂当场抓获，徐阿二立刻逃跑，刘玉茂追赶不上，只能回家殴打刘杨氏，并要将徐阿二设法抓住一并送官究惩。刘杨氏畏惧不已，连忙赶到徐阿二家通风报信并躲避不见本夫刘玉茂。刘玉茂情急之下，到徐阿二家殴死了其妻。护理贵州巡抚对本案的处理有所疑问。"杀死奸夫"律所附乾隆四十二年（1777年）条例规定："非奸所获奸，将奸妇逼供而杀，审无奸情确据者，依殴妻至死论。如本夫登时奸所获奸，将奸妇杀死，奸夫当场脱逃，后被拿获到官，审明奸情是实，奸夫供认不讳者，将奸夫拟绞监候，本夫杖八十。其非奸所获奸，或闻奸数日，杀死奸妇，奸夫到官供认不讳，确有实据者，将本夫照已就拘执而擅杀律，拟徒。奸夫，杖一百，徒三年。"[2]但本案的情况是，本夫刘玉茂于奸所当场捉奸，又于刘杨氏跑到徐阿二家后殴死刘杨氏，因此不属于条例的适用范围之内。最后，他只能将刘玉茂、徐阿二比照上述条例中"闻奸数日，杀死奸妇"将二人拟杖一百、徒三年。刑部在核拟时认为，本夫杀死奸妇的情形，条例的主要精神为了保证纲常名教、维持风化，因此倾向于原谅本夫捉奸情况下激

---

〔1〕参见《驳案新编》卷九，《刑律·贼盗下·明知贼情说合赎赃新例》。
〔2〕《大清律例根原》卷之七十六，《刑律·人命·杀死奸夫》。

情杀人的行为,而加重对于奸夫的惩处。因此,在奸所当场抓获通奸的奸夫、奸妇,又非登时杀死奸妇的本夫,对他的量刑应该比非奸所获奸、闻奸数日后杀死奸妇要轻一些,而对奸夫的量刑就应该重一些。只有这样做才能够更好地处理不同的案情。"杀死奸夫"律所附乾隆六十年(1795年)条例规定:"本夫、本妇有服亲属捉奸,登时杀死奸妇者,奸夫拟杖一百、流三千里。"〔1〕刑部认为,从捉奸人方面来说,本夫、本妇的有服亲属捉奸,尚且将奸夫拟满流,本夫捉奸相较于有服亲属,案件性质更加严重,因此应当加重量刑;从杀死奸妇事件来说,非登时杀死又应当相较于登时杀死减轻量刑。加减相抵,最终刑部将奸夫徐阿二比照此条例,拟杖一百、流三千里,而将本夫刘玉茂则拟杖一百。最终生成条例。"杀死奸夫"律所附:"非奸所获奸,将奸妇逼供而杀,审无奸情确据者,依殴妻至死论;如本夫奸所获奸,登时将奸妇殴死,奸夫当时脱逃,后被拿获到官,审明奸情是实,奸夫供认不讳者,将奸夫拟绞监候,本夫杖八十。若奸所获奸,非登时将奸妇杀死,奸夫到官供认不讳,确有实据者,将奸夫拟杖一百、流三千里,本夫杖一百。其非奸所获奸,或闻奸数日,将奸妇杀死,奸夫到官供认不讳,确有实据者,将本夫照已就拘执而擅杀律,拟徒。奸夫,杖一百、徒三年。"〔2〕

在本案中,护理贵州巡抚吴荣光首先列举了与该案情节最相类似的条例,但发现该条例只有"非奸所获奸、将奸妇逼供而杀,审无确据""登时奸所获奸,将奸妇杀死,奸情属实""非奸所获奸、闻奸数日杀死奸妇,确有实据"三种情况,恰恰没有本案这种"奸所获奸、非登时杀死"的情况。正如他在题本中所说:"至本夫奸所获奸,非登时杀死奸妇,本夫奸夫作何问拟,例未备载。"可以说,护理贵州巡抚也已经认识到本案属于"律无正条"的情形,因此他只能将本夫刘玉茂、奸夫徐阿二进行比附该条例进行论罪。〔3〕

上述两个案件显示出清代刑案中有的时候会出现没有明确可适用律例的情况。但根据案件情节,对于某些行为若不将其入罪,则明显会对社会产生较大的危害。葛锦等人明知贼情、说合赎赃,如果朝廷放任不管,那么必然会导致这类行为愈演愈烈。而刘玉茂奸所获奸,非登时杀死奸妇,在律例中也并没有明确的条款能够适用。笔者认为,这类案件属于在形式上就无法顺利地进行裁判,因此

---

〔1〕《大清律例根原》卷之七十五,《刑律·人命·杀死奸夫》。
〔2〕《大清律例根原》卷之七十六,《刑律·人命·杀死奸夫》。
〔3〕参见《刑案汇览》卷二十五,《杀死奸夫·奸所获奸非登时杀死奸妇》。

根据案件生成条例并进而完善律例体系也是一件亡羊补牢的行为。

（二）律例中有正条但情罪不相允协

在很多清代成案中，案件事实能够找到相关律例予以适用，但其法律结论显然不合情理。这种情况在现代法律体系中也存在，常被称为"隐藏漏洞"。卡尔·拉伦茨认为："就此类事件，法律虽然含有得以适用的规则，惟该规则——在评价上并未虑及此类事件的特质，因此，依其意义及目的而言——对此类事件并不适宜，于此即有'隐藏的'漏洞。"[1]齐佩利乌斯认为："通过类型化的案例比较，也可以发现从公正的角度来讲，应当从一条（过度一般化的）规范的适用范围中排除出去的案例类型。"[2]所谓的"此类事件的特质""过度一般化"指的就是某些法律规范所覆盖的适用范围过于宽广，没有考虑到其中有某些类型的事件具有特殊性，而应当从普通类型案件被排除出来。因此，这种法律漏洞的产生原因主要是因为立法者没有对某些行为、事件中的特殊性进行针对性的规制，而采用通常的办法对其进行规范。而特殊性的认定，更涉及到裁判者对于规范要件和案件内容进行的实质审查。对清代刑事法律体系而言，特殊性的认定就在于具体个案中是否存在足以影响量刑的情节。由于清代同帝制中国的其他时期一样，采取的是绝对法定刑主义，一种罪行对应一种刑罚，而每天发生的案件又那么纷繁复杂，所以律例本身的缺陷必然就导致在《大清律例》之中存在各种隐藏漏洞。陈小洁认为，清代刑案在审理过程中，存在着有正条但是根据情节适当予以加减刑罚的现象，其宗旨是为了达到"法"与"情"的两平。[3]她所谓的"有正条"而加减刑罚，其实就是指清代各级法司在面对个案情节使得直接适用律例的绝对法定刑会显得不合理时所采取的方法。

有乾隆四十一年（1776年）于添位殴伤胞兄于添金身死一案。于添位是于添金的同母胞弟，但二人分家居住。于大造和于二造均是于添金的无服族弟，从前之间并无任何嫌隙。乾隆四十年（1775年）十二月，于添金从陈光辉处买地一段，该地与于添位的地毗连，并立有碑石为界。历年以来，于添位由于翻犁的原因，对于于添金所买之地屡有侵占，但于添金并不知晓。乾隆四十一年（1776年）五月初十，于添位与其子于热儿在地工作，由于于添金看视所种棉花，故知

---

［1］［德］卡尔·拉伦茨：《法学方法论》，陈爱娥译，商务印书馆2003年版，第254页。

［2］［德］齐佩利乌斯：《法学方法论》，金振豹译，法律出版社2009年版，第100页。

［3］参见陈小洁："中国传统司法判例情理表达的方式——以《刑案汇览》中裁判依据的选取为视角"，载《政法论坛》2015年第3期。

第一章　因案生例的原因

晓于添位侵占其地亩一事，并与之理论、争吵。后于添金又同于大造由于地亩相连、来往出行车辆占用其地亩等原因发生矛盾。该年六月初三日，于添金将于添位、于热儿、于大造、于二造等人以上述原因呈控至县。于添位担心缠上官司有误农时，并且认为于添金不念手足情分，于是纠集于大造等人寻找机会殴打于添金泄忿。当晚，于添金在于添位家门口夸口称告官便可将其置于死地，于大造、于二造、于添位、于热儿等人闻言便前往殴打于添金。于大造将于添金掀翻在地，于热儿用木棍殴伤于添金左胳膊、左手腕、左膝、右臁肕等处，于二造用铁尺殴伤于添金右手腕、左右脚腕等处。于添金之妻郭氏见夫被殴，情急声喊。于添金之子于瑞听闻，情切救父，取郭氏之木棍保护其父。但由于黑暗中视线较差，于瑞误伤于添位左眼角。于添位负痛声喊，于瑞知道误伤了胞叔，当即畏惧收手。后由于地方陈进奉闻之查问，于二造等人方才停止对于于添金的殴打。陈进奉问明情由，令于瑞同于大造将于添金扶回家中，但最后于添金由于重伤不治殒命。

直隶总督周元理认为，于添位、于热儿依律应拟斩立决。"殴期亲尊长"律规定："凡弟妹殴同胞兄姊者，死者，不分首、从，皆斩。若侄殴伯叔父母、姑，至死者，亦皆斩。"[1]于二造用铁尺殴打于添金，虽然其造成的伤害并未致命，铁尺也并非寻常凶器，但造成了于添金右手腕左右脚腕骨折，因此将其依例量减一等为杖一百、徒三年。"斗殴及故杀人"律所附乾隆五年（1740年）条例规定："凡同谋共殴人，除下手致命伤重者依律处绞外，其共殴人，审系执持枪刀等项凶器，亦有致命伤痕者，发边卫充军。"[2]同时认为于瑞虽然是见到父亲被殴打而持棍救护，以至误伤胞叔于添位，但"服制攸关，应仍照律问拟"，因此仍将于瑞依律问拟杖一百、流二千里。"殴期亲尊长"律规定："凡弟妹殴同胞兄姊者，伤者，杖一百、徒三年；若侄殴伯叔父母，各加殴兄姊罪一等。"[3]刑部照拟核覆。但皇帝认为，将于添金之子于瑞拟杖一百、流二千里，"虽系按律办理，但细核案情，于瑞闻父被殴业经垂毙，引用木棍混打于黑暗中致伤伊叔，实属情切救父；且于添位主使子弟殴死胞兄，本系应得重罪之人，是于瑞与寻常侄殴伯叔者不同，自可量从末减。"因此，刑部将于瑞从杖一百、流二千里减为杖一百、徒三年，至配所折责四十板，并奏请皇帝以后遇到同类案件，亦以此为

---

[1]《大清律例根原》卷之八十七，《刑律·斗殴下·殴期亲尊长》。
[2]《大清律例根原》卷之七十八，《刑律·人命·斗殴及故杀人》。
[3]《大清律例根原》卷之八十七，《刑律·斗殴下·殴期亲尊长》。

标准进行处理。并最终生成新例。"殴期亲尊长"律所附乾隆四十二年（1777年）条例规定："凡胞侄殴伤胞叔之案，审系父母被伯叔殴打垂毙，实系情切救护者，照律拟以杖一百、流二千里。刑部夹签声明，量减一等，奏请定夺。"[1]

  在本案中，直隶总督周元理虽然承认于瑞是为了营救自己的父亲才误伤于添位，但是由于服制在家国同构的清代乃至整个中国古代具有重要地位，即所谓"服制攸关"，因此周元理仍然将于瑞依照"殴期亲尊长"律进行拟罪。作为中央刑事司法审判机关的刑部对此秉持着相同的态度，不敢轻易突破现行律例、轻视服制，因而同意直隶总督的拟罪，并具题皇帝。但乾隆皇帝认为虽系"按律办理"，但该行为包含黑夜中殴打、胞叔亦有罪两个客观情节以及救父情切、误伤胞叔而非有意两个主观情节，导致适用律文的法律结论在实质上并不合情理。所谓"按律办理"即表明，从法律推理的形式上，虽然在《大清律例》中有明确的律例能够适用于该种行为并对其进行规制，但是由于案件中同时存在其他情节，导致了按照现行法律规范的处理并不能够达到立法本意而违背了法律精神，并最终造成了量刑的不均衡。在本案中，对于救父情切情况下误伤胞叔的行为直接适用"殴期亲尊长"律，会得到一种显然不合情理的法律结论，这就是一种隐藏式的法律漏洞。它与前面所提到开放式的法律漏洞的区别就在于，开放漏洞更多是一种形式上的法律漏洞，任何现行法律规范均无法在案件中得到适用，漏洞的存在是显而易见的；而隐藏漏洞却是一种实质上的法律漏洞，即在形式上有某条法律规范能够适用于某一行为，但所获得法律结论并不符合公平正义的要求，因此法律适用者需要首先排除原本可适用的法律规范，其次才能够确定该种漏洞的存在。排除或否定原律例的适用，必须由异议者说明充足的理由并加以论证。我们可以看出，在本案中，直隶总督周元理和刑部其实也都看出了本案存在不少的特别之处，使得其与普通的"殴期亲尊长"的案件并不相同，但是他们之所以不敢于将其作为否定原律适用的理由，一方面确实是因为"服制攸关"的原因，还有一方面恐怕是因为"断罪引律令"律的影响。因为突破律例是一种非常态的情况，并不能经常使用，否则就在很大程度上否定了整个律例体系，因此朝廷对此有较为严格的条件予以限制。一旦认定错误，比附援引别条律例，就容易造成弄巧成拙的尴尬境地，使得各级法司被追究相关责任从而引火烧身。想必清代司法官员均是因为有此担心，所以多一事不如少一事，只会在题本中略

---

[1]《大清律例根原》卷之八十七，《刑律·斗殴下·殴期亲尊长》。

第一章 因案生例的原因

微提及适用某律不合理之处,让更高级别的官员去进行尝试,或者说冒险。因为如果更高级别司法机关予以论证的话,相信也更容易得到皇帝批准。而如果是皇帝本人亦认为需要否定原律从而认定律例体系存在某些隐藏漏洞的话,那么因案生例自然就是更加顺理成章了。[1]

有赵兴文听从商密行窃,被事主发现逃跑中刃伤事主一案。赵兴文曾经因为和别人结伙偷窃牲畜被拟以徒刑,但是后因赦免而最终释放。嘉庆二年(1797年)三月间,张兴文又纠同他人行窃两次。同年十一月初七日夜间,赵兴文听从商密指挥,一起到事主崔玉占家行窃。商密负责实际行窃,而赵兴文负责在外把风守候。商密先是盗得衣服和钱褡,将其放在崔玉占家住房迤北地方的空地中,随后又返回崔玉占家二次行窃。赵兴文则到崔玉占家大门内接取赃物。商密胆大包天,竟然直接入室偷拿崔玉占睡觉时所盖的衣服,终于使得崔玉占从睡梦中惊醒,进而反过来夺取其被盗衣服。商密见状,急忙携带赃物逃跑,崔玉占则裸身追赶商密,赵兴文看见此情景,同样向外奔逃,但不小心被崔玉占家门槛绊倒。赵兴文还未爬起,就已经被崔玉占从身后赶到,用手抱住,赵兴文无法挣脱逃跑,于是用随身佩戴的小刀向身后用力猛戳,导致崔玉占左胳膊受伤。但崔玉占仍然不松手,将赵兴文向后拉倒,并且同时大声叫喊。赵兴文见状情急,用刀猛扎崔玉占囟门相连额角。崔玉占疼痛难忍,不得已松手,故令赵兴文逃出门外。但崔玉占迅速爬起后,又将赵兴文发辫揪住,并且崔玉占之父崔治也前来抓捕赵兴文。于是赵兴文更加穷凶极恶,用刀扎伤崔治的左额角,划伤了崔玉占的左额角。崔汉是崔玉占的弟弟,听闻后打斗声喊后,拿起铁锹前往殴伤了赵兴文,赵兴文忍痛逃脱。此时,商密已经携带赃物回到家中,赵兴文逃跑后亦前来找寻商密,告诉了他扎伤事主的事情,并且互相商定要打听消息,随后二人分赃散去。次日,崔玉占就报告衙门该事。赵兴文听闻消息,心中畏惧,于是和商密二人将赃物从崔玉占家墙外扔回到崔玉占家,后又各自逃逸。崔玉占将失而复得的赃物呈交衙门,而赵兴文也同时被捕。刑部认为,在本案中,赵兴文由于被追捕情急,为了逃跑而扎伤事主,按例应该被拟绞监候。"窃盗"律所附乾隆五十三年(1788年)规定:"窃盗弃财逃走,及未经得财逃走,事主追逐,因而拒捕杀人者,首犯,拟斩监候;为从帮同下手有伤者,不论他物、金刃,俱拟绞监候。其虽曾拒捕,或亦持杖,而未经帮殴成伤者,应减首犯一等,杖一百,流三千里。

---

〔1〕 参见《驳案新编》卷二十四,《刑律·斗殴下·情切救父误伤胞叔》。

若伤人未死，如刃伤及折伤以上者，首犯，拟绞监候；从犯，亦减等拟流。若伤非金刃、伤轻平复，并拒捕无伤者，仍依罪人拒捕本律科断。"[1]但本案特别之处在于，赵兴文事后由于畏惧不敢分赃，听闻事主报官之后又与商密二人将赃物送还，可见其尚有畏罪之心。因此如果将赵兴文与未还赃物的犯人一起拟以绞监候的话，那么就导致不同的情节有相同的处理方式，即"自觉无所区别"。同时"犯罪自首"律也规定："若强、窃盗，诈欺取人财物，而于事主处首服，及受人枉法、不枉法赃，悔过回付还主者，与经官司自首同，皆得免罪。若知人欲告，而于财主处首还者，亦得减罪二等。"[2]知人欲告，减罪二等，而犯罪已经事发，事主已经报官较之相对严重，因此，刑部认为应当在按例处绞监候的基础上量减一等，改拟杖一百、流三千里。刑部于嘉庆四年（1799年）四月二十七日上题本于皇帝，二十九日皇帝下旨同意刑部题覆，并且命刑部将此案上升为条例。"强盗"律所附嘉庆六年（1801年）规定："窃盗拒捕、刃伤事主，罪应拟绞之犯，如闻拿畏惧，将原赃送还事主，确有证据者，准其照闻拿投首例，量减拟流。若止系一面之词，别无证据，仍依例拟绞监候，秋审时入于缓决。"[3]

在本案中，如果仅仅考察赵兴文参与窃盗并拘捕杀人的行为，那么在《大清律例》中是有相应的条例予以规制的，即应当被拟绞监候。但是本案的特别之处在于，赵兴文在事主报官之后，出于畏惧的心理，遂将原赃物通过扔回崔玉占家中的方式返还给了事主。因此，由于存在这样的情节，导致了如果仍然按照原条例予以惩治，会使得赵兴文与事发后并不返还赃物的其他罪犯在量刑上没有差异。在一个秉持着"律贵诛心"司法政策的时代，赵兴文的这种事后畏惧的主观动机以及将赃物全部如数返还的客观事实，值得清代的各级法司们作出褒扬性的司法评价。如果不这么做的话，就无法起到鼓励同类案犯事后返还赃物，减轻社会危害性的作用。因此最终生成的新的条例，在一定程度修正了原条例的适用范围，从而更好地达到了"情罪允协"的司法目标。[4]

有嘉庆八年（1803年）杜老刁行窃弃赃图脱拒杀缌麻胞兄杜景华一案。杜老刁、万光、刘成等人经常互相念到各自贫苦艰难，由于杜老刁知道其缌麻胞兄杜景华家底相对较为殷实，因此想要行窃杜景华一家，万光、刘成二人表示赞

---

[1]《大清律例根原》卷之六十三，《刑律·贼盗中·窃盗》。
[2]《大清律例根原》卷之十一，《名例律下·犯罪自首》。
[3]《大清律例根原》卷之五十九，《刑律·贼盗中·强盗》。
[4] 参见《刑案汇览》卷十三，《强盗·窃贼刃伤事主畏惧送还原赃》。

第一章　因案生例的原因

同。当晚,同伙三人相聚于景华家门口,由刘成负责在门外接递赃物,而杜老刁和万光则负责翻墙入院盗取财物。杜老刁推开房门,和万光一起进入屋内偷取衣服,然后用口袋进行包裹,放于门口。后杜老刁又进入屋内窃得其他财物,但不料杜景华突然惊觉,起身追捕二人。万光见状,则先从原路逃回,和刘成二人先行散去,而杜老刁刚跑至大门,由于门有暗锁,一时无法打开,遂被杜景华抓住发辫。杜老刁无法挣脱,于是拔刀戳向杜景华,导致杜景华左眼胞、腮颊、脖颈、手心等处均受伤。但杜景华仍然不放手,杜老刁害怕他人亦前往帮助抓捕,于是又用刀猛扎杜景华右侧肋部,导致杜景华当场毙命。不久后,杜老刁就被抓获。河南巡抚依照有关律、例拟斩监候。"亲属相盗"律规定:"凡各居本宗、外姻亲属相盗财物者,期亲,减凡人五等;大功,减四等;小功,减三等;缌麻,减二等;无服之亲,减一等……若有杀伤者,各以杀伤尊长、卑幼本律,从其重者论。"[1]"殴大功以下尊长"律规定:"凡卑幼殴本宗及外姻缌麻兄姊,但殴即坐,杖一百……死者,斩。"[2]"强盗"律所附嘉庆六年(1801年)条例规定:"窃盗弃财逃走,与未经得财逃走,被事主追逐拒捕,或伙贼携赃先逃,后逃之贼被追拒捕,及已经逃走,因见伙犯被获,帮护拒捕,因而杀人者,首犯,俱拟斩监候;为从帮殴,如刃伤及手足、他物至折伤以上者,俱拟绞监候。"[3]由于"殴大功以下尊长"律和"强盗"律所附条例都规定了斩监候的刑罚,因此最终的刑罚亦被确定为斩监候。刑部照拟核覆。但皇帝认为,河南巡抚和刑部都将杜老刁拟斩监候,"固属按律办理",但是由于该犯首先有窃盗的行为,其后又有拒捕杀伤缌麻服兄的行为,这种事关服制的案件,即使由于死刑监候到了秋审,最终仍然会被勾决。因此嘉庆皇帝认为,杜老刁应该被改为斩立决,并将该案上升为条例。"罪人拒捕"律所附嘉庆九年(1804年)条例规定:"凡卑幼因奸、因盗图脱,拒杀缌麻尊长、尊属者,按律问拟斩候,仍请旨,即行正法。"[4]

在本案中,虽然按照现有律例已经可以对于杜老刁进行拟罪,但是嘉庆皇帝认为当案件具有某种特殊情节时,看似"严谨"法律适用反倒显得过于死板,并会导致量刑的不合理。杜老刁不仅有窃盗拒杀事主的行为,而且其侵害对象正是缌麻胞兄杜景华。在强调三纲五常的帝制中国,服制具有极其重要的地位。亲

---

[1]《大清律例根原》卷之六十八,《刑律·贼盗中·亲属相盗》。
[2]《大清律例根原》卷之八十六,《刑律·斗殴下·殴大功以下尊长》。
[3]《大清律例根原》卷之六十四,《刑律·贼盗中·窃盗》。
[4]《大清律例根原》卷之一百三,《刑律·捕亡·罪人拒捕》。

亲尊尊、长长幼幼的家庭秩序一旦被打破，就会导致家国同构的帝制也受到严重威胁。因此，从整个帝国统治的角度来说，中央刑部和皇帝都特别重视有关服制的犯罪，且往往对于相关犯罪人予以严惩。因此，皇帝认为不可按照寻常律例进行处理，而应该从斩监候加重为斩立决。同时需要注意的是，最终生成条例虽然明说是"拒杀缌麻尊长、尊属"，但根据"举轻以明重"或当然解释的思路去分析，既然缌麻尊长、尊属都要被请旨立决，那么诸如小功、大功、齐衰、斩衰等比缌麻更近的服制亲属被拒杀，就更应被加重为立决，甚至凌迟了。[1]

  从上述三个案例，我们可以看出，清代的律例体系可以在形式上将这几种行为涵摄于其适用范围之内，但是由于各案分别存在一些特殊的情节，导致了机械适用律例的不合理性。也就是说，清人不仅仅是在形式上审查律例是否可以在个案中得到适用，而且还要根据个案情节的不同，来判断律例得到的法律结论是否具有合理性、可接受性。我们都知道，天下没有任何两个案件在每一个情节上会是完全相同的，更多的表现是千差万别。而之所以立法者能够将不同的案件予以归类，就是因为认定某些情节具有更重要性，能够影响量刑，而有的情节不重要，可以忽略，也就是抓住了各类案件中最核心的情节，然后用立法的方式将这些情节以构成要件的形式表达出来。但由于立法者的疏漏，以及社会本身的变化万千，必然导致除了原立法的构成要件之外，还有一些特殊的情节能够左右量刑。因此就在实质上影响了原立法的正当性，但是又确实在形式上属于原立法的适用范围之内。在这样的情况，就需要法官在司法过程中对原立法有所突破。在清代，这种突破就表现为通过一定的程序，将案件上报刑部、皇帝，最终得到皇帝的首肯，才能够改变律例在个案中的适用。因为律例本身就是皇帝的旧的意志，那么如果要不适用律例，也必须得到皇帝的一个新的意志。在第一个案件中，于瑞误伤胞叔的行为有"救父情切"的主观动机，以及"黑夜误伤"的客观情况，直隶总督周元理和刑部虽然也认定了相关事实，但由于这是一个亲属相杀伤的案件，而服制、亲属伦理在古代有具有极端重要的地位，因此将这两个情节认定为普通情节，并不认为足以达到改变量刑的程度，但皇帝则作出了不同的判断。在第二个案件中，赵兴文在事主报官之后，畏惧将原赃物返还事主。由于本案为窃盗案件，因此刑部认为这个情节足以影响该类的量刑，因此奏报皇帝，最终得到皇帝的认可，生成新例。第三个案件中，杜老刁在行窃时，弃赃图脱拒

---

〔1〕 参见《刑案汇览》卷十八，《亲属相盗·卑幼行窃弃赃图脱拒杀缌兄》。

第一章 因案生例的原因

杀缌麻胞兄杜景华。相比于"殴大功以下尊长"律的构成要件，杜老刁的行为在客观要件上有特殊性，即是在盗窃的过程中弃赃杀死缌麻胞兄，多了一个盗窃的情节；而相比于"强盗"律所附条例规定的构成要件，杜老刁盗窃的对象是自己的缌麻胞兄，因此又在侵害的法益即客体情节上区别于一般的窃盗拒捕。而这两个条款都规定了斩监候的刑罚，但由于均有这样一个足以影响量刑的情节，所以最后被加至斩立决。可见，其实这类案件最关键的就是在于判定个案中是否存在特殊情节能够排斥原律例的适用。各级法司、皇帝都能够作出判断，但根据专制集权的统治模式，起到决定性作用的仍然是皇帝对于个案的态度。

（三）律例文义含混模糊，法律适用不明确

前两种原因都是由于漏洞"违背计划的法律非完整性"[1]，因此会导致在成案中生成法律续造性的条例。而第三种原因则是因为法律解释的必要性。恩吉施认为："一个具体的法律内容完全不能排除解释的必要性（禁止解释的不可能性）。"[2]法律需要被解释才可被适用，主要是由于法律落后于社会变迁、法律语言的专业化与不确定性所导致。《大清律例》体系庞大、内容繁杂，成案、通行、条例层出不穷，因此清代官员在裁判刑案的过程中，如果发现找到的相关律例在文义上较为模糊，无法精准进行法律适用，那么他们往往就会通过各种法律解释方法对于律例进行阐释，以缩小律例与具体个案情节之间的距离，并以此作为裁判的依据。与此同时，往往由于被解释的律例具有较高的典型性，因此清代各级法司在刑案中对现行律例所作出的各种解释，常常被上升为条例，以备后人继续遵守。笔者认为，上文提到的两种情况都是超越了现行律例体系的文义涵盖范围，因此是一种法律漏洞填补式的新例，或者说是一种法律续造性的新例。而下面所要介绍的则是一种法律解释性的新例。陈小洁博士认为，这类解释性的新例不仅可以帮助《大清律例》在具体刑案中的裁判，而且还可以在很大程度上诠释《大清律例》的立法精神与原则，进而，她将此种情况分为了明确关键词义、明确适用条件、明确律例差别等三种情况。[3]

有乾隆四十五年（1780年）山阳县民妇倪顾氏逼迫伊夫倪玉自缢身死一案。倪玉与前妻生子倪四子，后于乾隆四十一年（1776年）又娶倪顾氏为继妻。倪

---

[1] [德]魏德士：《法理学》，丁晓春、吴越译，法律出版社2005年版，第352页。
[2] [德]卡尔·恩吉施：《法律思维导论》，郑永流译，法律出版社2014年版，第112页。
[3] 参见陈小洁："中国传统司法判例情理表达的方式——以《刑案汇览》中裁判依据的选取为视角"，载《政法论坛》2015年第3期。

顾氏平日对待倪四子较为刻薄,两人时常吵闹争执。乾隆四十五年二月二十四日,倪玉见倪四子棉袄已经破烂,故将自己的棉袄给倪四子穿,但倪顾氏不允他这么做。当晚,倪玉又看见倪四子棉被较为单薄,故又将自己的棉袄覆盖倪四子身上,同时抱怨其子无亲生母亲之苦。倪顾氏听闻遂与倪玉吵闹。倪玉无奈,将倪四子送至其妹杨倪氏家中,请求其代为抚养倪四子,杨倪氏应允。二十五日早,倪玉令倪四子起身前往杨倪氏处,并给本钱让其卖烧饼度日。倪顾氏又无法答应,倪玉无法忍受,向其斥骂,倪顾氏回骂,于是倪玉拳殴倪顾氏左胳膊,并且抓住倪顾氏颈子拉其下床。倪顾氏咬伤倪玉左手腕,倪玉用拳殴伤倪顾氏左腮颊,又用头撞伤倪顾氏左眼胞和右腮颊,倪顾氏被击晕倒地,倪玉亦因用头撞倪顾氏,自伤头部偏右部位。倪玉因为其妻不贤,无法平释心中忿怒,自缢身亡。待倪四子同杨倪氏到倪玉家发现倪玉时,已经无法救护。于是二人报县查验,倪顾氏供认不讳。

江苏巡抚吴坛认为,应将倪顾氏依例拟绞监候,奏请定夺。"威逼人致死"律所附乾隆三十七年(1772年)条例规定:"若妻妾逼迫夫致死者,比依妻殴夫至笃疾者律,拟绞。奏请定夺。"[1]"妻妾殴夫"律则载:"妻殴夫至笃疾者,绞决。"[2]但刑部则认为,倪顾氏骄纵蛮横,不守妇道,导致其夫自尽,情节极为严重,但江苏巡抚仅将其拟绞监候,并不合乎律例本意。因此刑部将其拟绞立决、奏请定夺,并于乾隆四十五年十一月初五日具题乾隆皇帝。次日,即乾隆四十五年十一月初六日,皇帝便在上谕中回复刑部,认为江苏巡抚将倪顾氏拟绞监候、奏请定夺显然违背律例。内阁抄出乾隆上谕载:"妇之于夫,由臣之于君,子之于父,同列三纲,所关綦重。律载人子违犯教令致父母自尽者,皆处以立绞。岂妇之于夫,岂可从轻!今乃逼迫其夫致令自尽,此等泼悍之妇尚可令其偷生人世乎!此案倪顾氏薄待倪玉前妻之子,致相吵闹,已失妇道。嗣倪玉见伊子常受单寒,欲给钱营生。顾氏又与争殴,以致倪玉气忿情极自缢殒命。凶悍如此,该抚仅拟绞候,岂明刑弼教之意乎。"因此,乾隆皇帝认为,刑部推翻这一拟罪极有道理,并令刑部酌定新例,保证律例的正确适用。刑部领旨后,认为"妻妾殴夫"律虽然明确"妻殴夫至笃疾者"处以绞立决,但"威逼人致死"所附条例又称"比依"该律,并"奏请定夺",并没有明确申明处以绞立决。而正

---

[1]《大清律例根原》卷之八十一,《刑律·人命·威逼人致死》。
[2]《大清律例根原》卷之八十六,《刑律·斗殴下·妻妾殴夫》。

第一章 因案生例的原因

如上谕所称，妻逼迫其夫致令自尽，不可复令其偷生，因此定例比依"妻妾殴夫"律定拟，亦应处以绞立决。因此，刑部为了"援引得免错误，而立法益昭明备"，最终生成了"妻妾逼迫夫致死者拟绞立决"例专条，明确了该类案件的法律适用。"威逼人致死"律所附乾隆四十八年（1783年）条例规定："妻、妾逼迫夫致死者，拟绞立决。"〔1〕

本案案情并不复杂，问题关键在于如何对"妻妾殴夫"律以及"威逼人致死"律所附乾隆三十七年（1722年）条例进行综合性的理解。由于"威逼人致死"律所附条例比依"妻妾殴夫"律，而"妻妾殴夫"律又明言"绞决"，因此就与条例中载明的"奏请定夺"四字，在语义上产生了矛盾。想必是由于"奏请定夺"四字，使得江苏巡抚吴坛误将绞立决改为了绞监候。而该错误的缘由，就在于吴坛、刑部、皇帝三者对于相关律、例文义上理解的不同所导致。乾隆皇帝及刑部均从三纲五常的角度，论证了妻妾逼迫夫自尽的严重性，从而解释了为何将律、例理解为绞立决而非绞监候。而吴坛则仅仅从字面进行理解，导致了法律适用中的错误。值得注意的是，本案中江苏巡抚吴坛为刑名世家出身，其父吴绍诗、其兄吴垣均为清代有名的刑律专家，吴坛本人亦历任刑部主事、刑部郎中、江苏按察使、刑部侍郎等职，同时也是清代著名律书《大清律例通考》的作者。乾隆上谕也载："吴坛在刑部司员任内办理案件最为谙练，不应援引失当。"可见，《大清律例》在一定程度上具有文义上的模糊性，导致连吴坛这样律学精深的司法官员也容易理解错误，因此确实需要制定新的条例以明确法律适用。〔2〕

有比照伙盗情有可原例发遣的李添助和尹瑶光若脱逃被获如何处理一案。黑龙江将军咨文刑部，称其收到两名遣犯，一名是来自江苏省的李添助，一名是来自湖北省的尹瑶光。这两名遣犯都是比照"伙盗情有可原"例发遣，而并没有在相关司法文书上写明"免死减等"之字样。因此黑龙江将军询问刑部，倘若这二人在发遣期间脱逃被获，那么是按照免死遣犯进行处理，还是按照寻常遣犯进行处理。刑部收到咨文以后，就对于相关的案件进行了法律检索。刑部发现，李添助籍隶江苏省，在案件中，他同已经被正法的盗首张允受到海门贩卖茄子。当商船行抵天南沙洋面的时候，张允受突发行劫宋勇泰号船的意念。虽然李添助

---

〔1〕《大清律例根原》卷之八十一，《刑律·人命·威逼人致死》。
〔2〕 参见《驳案新编》卷十八，《刑律·人命·比依殴人至笃疾绞决律》。

由于胆小不敢入伙,但由于被张允受所胁迫,无奈只能站在本船上负责接受赃物,但其事后也并未分得任何赃物。江苏巡抚当时将李添助按照情有可原例发遣为奴。"强盗"律所附乾隆二十六年(1761年)条例规定:"寻常盗劫未经伤人之伙犯,如曾经转纠党羽,持火执械,涂脸入室,助势搜赃,架押事主送路,到案诬扳良民,并犯案已至二次,及滨海、沿江行劫客船者,一经得财,俱拟斩立决,不得以情有可原声请。其止在外瞭望、接递财物,并未入室搜赃,并被人诱胁随行,及年岁尚未成丁,或行劫只此一次,并无凶恶情状者,仍以情有可原免死发遣。"[1]因此刑部认为,李添助实际上属于被逼入伙,也没有分赃,与主动自愿当江洋大盗者不同。因此如果遇到李添助脱逃的情况,就应该按照寻常遣犯脱逃例进行处理。"徒流人逃"律所附乾隆五十三年(1788年)条例规定:"免死减等发遣人犯,如不服伊主管束,脱逃后复行凶为匪,及拿获时有拒捕者,照原犯死罪即行正法……其非免死减等,系平常发遣人犯,如逃走后复行凶为匪,并拿获时拒捕者,即照现在所犯定拟:如犯该斩候者,改为立斩;犯该绞候者,改为立绞;犯该军、流发遣者,改为绞监候;犯该徒罪者,递回发遣处,枷号三个月;罪止笞、杖者,递回发遣处,枷号二个月;并无行凶为匪,亦无拒捕者,递回发遣处,枷号一个月,俱鞭一百。"[2]而刑部同时又检索出尹瑶光一案。尹瑶光是湖北省籍贯,由于知晓其族弟尹襄成家境殷实,于是想要结伙打劫尹襄成家。尹瑶光同已经被正法的刘安喜、已经被发遣的王么儿以及仍在逃逸的张八一同抵达尹襄成家门口。张八撬开房门进入屋内,而尹瑶光由于和尹襄成是同族的兄弟,因此怕被认出,所以就和王么儿在院里守候,由刘安喜等人入室偷盗。对于该案,当初的处理是将尹瑶光比照上引"伙盗情有可原"例发遣为奴。因此刑部认为,如果尹瑶光也脱逃被获,只要经过审讯并无行凶为匪的情况,那么就同李添助一样要被递回原发遣处以枷号、鞭责。黑龙江将军在咨文中声明,请求以后如有因为情有可原被发遣到黑龙江为奴的罪犯,如有脱逃应被正法者,应当在原案的司法文书中写明"免死减等"字样。刑部认为,根据上引乾隆五十三年(1788年)条例,情有可原的盗犯在配所脱逃,如果原来是从斩立决减为发遣的话,那么就属于从重刑减为轻刑,因此当被正法;但如果原本是流刑、充军刑被改为发遣,那么就属于从轻刑加为重刑,按例不应该被正法。黑龙江将军的

---

[1] 《大清律例根原》卷之五十八,《刑律·贼盗中·强盗》。
[2] 《大清律例根原》卷之十三,《名例律下·犯罪事发在逃》。

第一章 因案生例的原因

请求是为了"慎重刑章",因此刑部予以同意。最终生成的条例,"强盗"律所附嘉庆九年(1804年)条例规定:"凡强盗案内情有可原发遣之犯,如脱逃例应正法者,定案时均声明'免死减等'字样。"[1]

在本案中,由于按照条例的规定,免死减等与非免死减等的两种情有可原发遣为奴的犯罪,在脱逃被获的情况下,处理方式有生死之别。因此如若不在司法文书中明确发遣犯人属于哪一种的话,遇到了犯人在配所逃跑的案件,就无法明确地进行处理。因此黑龙江将军请求明确发遣为奴的盗犯究竟属于哪一种情况,这种做法就是澄清司法裁判中某些含糊不清的情况,是一种典型的法律解释方式。[2]

从上述两个案件我们可以看出,由于《大清律例》条款众多,结构复杂,又有定期修例的制度,甚至还包括通行、成案等多种具有一定法律效力的文件,因此《大清律例》的很多条款含义较为模糊。而法律适用的前提就是法律本身含义清楚,只有这样才能够有效地对个案事实进行涵摄。而且在涵摄的过程中,也需要不断地对法律进行解释,拉近抽象的法条与具体的事实之间的联系,在此基础上,才能够得到有效的法律推理过程与具有说服力的法律论证结果。清律本身也有诸如小注之类解释性的文字,但是当条例越修越多,通行、成案越来越庞杂,小注以及私家注律就难以继续保证清律在大量案件中的准确适用。何况小注作为律文的一部分,在乾隆五年以后已经基本不做变动,而私家注律的正当性与效力也难以得到正式的、全面的认可。因此清人只有通过修订条例的方式,对于影响律例适用的模糊、含混之处予以进一步的明确、澄清。前文提到的"律无正条""律有正条但情罪不相允协"的情况,都是指律例体系本身存在法律漏洞。而这两个案件则表明律例体系也需要进一步予以解释。从完善律例体系的程度上来说,前两种情况在程度上都高于最后一种情况,但是它们在目的和方法上都并无不同,都是为了解决案例中的法律适用难题,采取的方法都是生成条例。而法律适用难题的出现,就是因为律例体系会导致个案中的"情罪不相允协",或者说违反了"罪刑相适应"原则。当律例含义模糊,常见的解释容易导致案件情节和量刑不均衡,就需要确定新的解释来满足刑事司法审判的需要。

---

[1]《大清律例根原》卷之五十九,《刑律·贼盗中·强盗》。
[2] 参见《刑案汇览》卷十四,《强盗·减遣强盗声明免死减等字样》。

第二章

因案生例的程序

如上文所言,因案生例即是清代各级法司以及皇帝对于现行律例体系的一种突破。既然突破律例的情况在清代刑事司法实践中较为常见,那么就必然会产生一套较为成熟并且法定的制度来保障其正常、有序的运作。否则,因案生例就会进一步增强《大清律例》在刑事司法活动中的不确定性,导致百姓无法预测行为可能遭受到的惩处后果,加大各级法司在刑事裁判中的自由裁量权,最终严重损害皇帝在刑事司法领域内的权威。据笔者所见,清代的因案生例在程序上已经较为成熟,不仅内在融合于一般的刑事审判程序中,而且还有自身的一些特点,并且其基本制度、原则、精神都已经在《大清律例》中有所反映和体现。尽管因案生例主要是实体法上的一种现象,但是刑事司法活动尤其是审转程序对其也有重要意义。如果进一步分析因案生例的具体程序,我们就可以真正了解它的实际运作过程,以及地方督抚、刑部、皇帝三者之间的联系与互动,而这恰恰有助于我们领会清代因案生例的内在机理。在本章中,笔者将通过对于《大清律例》中相关律例进行规范分析,并且结合《刑案汇览》《驳案汇编》中的相关案例,对于因案生例的法律依据、具体模式等方面进行梳理和总结。

一、因案生例程序的法律依据与清代刑事司法审判程序

笔者认为,本书所论述的因案生例,主要是关于清代刑事案件中法律适用的问题,因此主要涉及到清代律例中的实体法部分。但相关程序法与实体法亦有很重要的联系,下面就将分成两个部分进行讨论,并综合分析。通过检索清律,我们可以发现,《大清律例·刑律·断狱》中的"断罪引律令"律、《名例律》中的"断罪无正条"律以及他们各自的条例,与本书所论述的因案生例有着极为紧密的联系。这两个条文其实都是对于刑案中如何适用律例进行了明确规定。而最终生成条例的刑案与其他刑案最大的区别就在于律例的适用上,"断罪引律

令""断罪无正条"正是因案生例程序的法律依据。

(一) 对"断罪引律令"律及相关条例的规范分析

鉴于传统中国刑律的继承性,因此要想了解清代该律的真正含义,我们就应当回顾朝代的更迭、律典的变迁,从历史解释的角度对该律进行探析。

首先,在《唐律疏议》中,该律名为"断罪不具引律令格式",其规定:"诸断罪皆须具引律、令、格、式正文,违者笞三十。若数事共条,止引所犯罪者,听。(疏)议曰:犯罪之人,皆有条制。断狱之法,须凭正文。若不具引,或致乖谬。违而不具引者,笞三十。'若数事共条',谓依名例律:'二罪以上俱发,以重者论。即以赃致罪,频犯者并累科。'假有人虽犯二犯,并不因赃,而断事官引'二罪俱发以重论',不引'以赃致罪'者,听。"[1]到了宋代,该律内容并没有发生变化,而是律名变为了"断罪引律令应言上待报。"[2]可见,最晚从唐律开始,朝廷就已经明确要求刑案中断罪必须引用律、令、格、式这些有明文规定的成文法,并且规定如果断事官员不引用这些法律形式作为裁判的法律依据的话,就必须受到笞三十的刑罚。疏议同样重申了这样的含义,认为触犯刑律的人,必须按照"条制""正文"进行处理,如果不引用这些条款的话,那么就会导致"乖谬"即量刑不均衡的情况。

《大明律》中"断罪引律令"规定:"诸断罪皆须具引律、令,违者笞三十。若数事共条,止引所犯罪者,听。其特旨断罪,临时处治不为定律者,不得引比为律。若辄引比,致罪有出入者,以故失论。"[3]明律相比于唐宋律最大的变化,就是强调了对于皇帝的那些没有生成律例的"特旨断罪",不能够在今后的刑案中作为法律依据。如果采用这些"特旨",导致了刑案中的量刑与正律、正例有所不同,那么就要追究各级法司的出入人罪。这种规定实际上还是着重于强调律令等成文法的地位,而否定了包括皇帝临时处置在内的各种成案的法律效力,其主要目的仍然是为了防止刑事司法权力的下放而造成各级法司滥用职权。

雷梦麟在《读律琐言》对于该律有一番简要的解读:"律令出于素定,斟酌详明,用法之经也,故断罪者具引。特旨断罪,出于临时裁定而不为定律者,用法之权也,官司不得引比为律。今王府犯罪,皆比照先年裁决事例上请,但不

---

[1] 刘俊文点校:《唐律疏议》,法律出版社1999年版,第602~603页。
[2] 薛梅卿点校:《宋刑统》,法律出版社1999年版,第549页。
[3] 怀效锋点校:《大明律》,法律出版社1999年版,第221页。

得引用如律也。"[1]他认为律令之类的法律形式，都是沿袭了千年之久，再加上各朝代立法者根据本朝实际情况悉心进行修订，因此律令的正当性、合理性是经得起历史和当下的检验的，他称之为"用法之经"。因此在断案中，各级法司应当适用律令，而不应该与之相背离。他还进而表示，之所以"特旨断罪"只具有个案效力而不应该被后人引用，就是因为这种命令只是皇帝临时的裁决，是一种"用法之权"。在中国古代，"经"与"权"是一对重要的哲学理念。"经"意指普遍、一般、不变，也作"常经"，表示某种事物具有稳定性、重要性。而"权"意指特殊、变动，也作"权衡"，表示人能够发挥主观能动性，为了达到某种目的，适度地改变某种事物。他将律令称之为"经"，将"特旨"称之为"权"，就是将律令放在了一个高于"特旨"的地位上，而这也正解释了明律中"断罪引律令"为何要排斥"特旨"的普遍效力了。

  到了清代，清律不仅增加了一些小注，更好地对律文进行了解释，而且还修订了一些相关的条例。《大清律例》中"断罪引律令"律规定："凡官司断罪，皆须具引律例。违者，（如不具引），笞三十。若（律有）数事共一条，（官司）止引所犯本罪者，听。（所犯之罪止合一事，听其摘引一事以断之。）其特旨断罪，临时处治不为定律者，不得引比为律。若辄引（比）致（断）罪有出入者，以故失论。（故行引比者，以故出入人全罪，及所增、减坐之；失于引比者，以失出入人罪，减等坐之。）"[2]根据相关材料，清人在顺治三年（1865年），将律文增加了"如不具引""律有""官司""所犯之罪止合一事，听其摘引一事以断之"等小注。笔者认为，增加了这些小注的清律在含义上与明律并没有什么区别。

  沈之奇在其著作《大清律辑注》的"律后注"中写道："具引者，备载也。官司依律例以断罪，招内皆须具引律例，违者笞三十，恐割裂摘引不合律例之意，而为奸弊之地也。若数事共载一条，所犯止合一事，则听止引所犯罪名以断之。律例乃通行永遵之法。其奉特旨断罪，或轻或重，系临时权宜处治，不定为律者，则非通行永遵之比，不得引此特旨，比拟为律以断罪。若辄引比以致不合律例，罪有出入者，以故失论。有意徇私引比，则坐故出入；不谙错误引比，则坐失出入也。""律上注"有："具引者，如强盗得财，则具引强盗已行而但得财

---

[1] （明）雷梦麟撰：《读律琐言》，怀效锋、李俊点校法律出版社2000年版，第494页。
[2] 《大清律例根原》卷之一百十八，《刑律·断狱下·断罪引律令》。

者皆斩，不得但曰强盗应斩也。数事共条者，如冒认、诓赚、局骗、拐带四事一条，犯系冒认，则止引冒认也。余可类推。"[1]他的意思就是说，所谓的"具引"就是指各级法司必须在相关的司法文书中详细地指明适用的律例，如此规定的目的是为了防止有人在刑案中作弊。考虑到有很多律目内容繁杂，其中包含若干种构成要件和具体量刑，因此也允许法司只引用其所适用的那一条款。这一点，我们在清代的刑科题本等史料中也可以看得非常明确。紧接着，沈之奇和雷梦麟一样，也谈到了关于"特旨断罪"的问题。他认为根据"特旨"断案，相较于现行律例，会有轻重之分，而这种裁判只是一种临时的司法行为，如果没有入律，就不能和普通律例一样通行于全国，得到永远的遵守，因此只能具有个案效力。在"律上注"中，他又举了例子说明何谓"具引"。比如说强盗得财，应该明确、全部引用强盗律中关于得财的条款，而不是仅仅写出"强盗应斩"这一结果。同理，对于冒认、诓赚、局骗、拐带这四种行为在同一个条款中，如果罪犯仅有其中一个行为，那么就应该在司法文书中仅引用其一即可。

乾隆五年（1740年）条例规定："督、抚审拟案件，务须详核情罪，画一具题，不许轻重两引。承问各官徇私枉法，颠倒是非、故出、故入情弊显然，及将死罪人犯错拟军、流，军、流人犯错拟死罪者，仍行指名参处。至于拟罪稍轻、引律稍有未协、遗错、过失等项，察明果非徇私，及军、流以下等罪错拟者，免其参究，即行改正。"[2]该条例主要是针对督抚、承问官等各级法司违反"断罪引律令"律而需要承担的一些行政处分责任。可见，违反该律的情况主要被分成了两种，第一种是法司在主观上徇私枉法，故意出入人罪，或者将罪犯出生入死、出死入生的；第二种是并非徇私枉法，以及拟罪并未有生死之别的情况。对于前一种情况，则由吏部根据《六部处分则例》进行参处，对于第二种情况，则要求即行改正就可以了。

乾隆五年条例规定："承问各官审明定案，务须援引一定律例。若先引一例，复云不便照此治罪，更引重例，及加'情罪可恶'字样坐人罪者，以故入人罪论。"[3]该条例是雍正六年（1728年）律例馆钦奉上谕入例，乾隆五年改定。其目的仍然是为了保证刑案中法律适用的稳定性，但在内容上更加具体、细致。笔

---

[1]（清）沈之奇撰：《大清律辑注》，怀效锋、李俊点校，法律出版社2000年版，第1040~1041页。
[2]《大清律例根原》卷之一百十八，《刑律·断狱下·断罪引律令》。
[3]《大清律例根原》卷之一百十八，《刑律·断狱下·断罪引律令》。

者认为，想必是由于存在第一章所论述的各类因案生例的原因，导致了律例体系在某些特殊案件中并不适用，但各级法司又碍于有了"断罪引律令"律的规制，因此只能先遵守该律的要求，在各级司法机关的行文中引用相关律例，但是又同时陈述自己的意见，即证明适用该律例并不"情罪允协"，最后再提出自己的观点。为了纠正这种司法上的混乱情况，才导致了必须增加特意针对这种情况的条例。正因为如此，薛允升也在《读例存疑》中提到："与断罪无正条例文，及处分则例参看。不引本律定拟，妄行援照别条，见断罪不当。"[1]可见，薛大司寇也认可该律、例与"断罪无正条"律、例有紧密的联系。关于这一点，笔者还会在下文中详释。

乾隆二年（1737年）条例规定："例载比照光棍条款，仍照例斟酌定拟外，其余情罪相仿，尚非实在光棍者，不得一概照光棍定拟。"[2]薛允升认为："光棍罪名极重，而例无专条比照定拟，恐有冤滥，是以特立此条。似应改为，例内载明照光棍例定拟者，准其援照定拟外，尚非实在光棍，下添例内，亦无明文。"[3]该律主要是针对《大清律例·刑律·贼盗》"恐吓取财"律所附条例，该例于顺治十三年（1656年）题准奏定，并于康熙十九年（1680年）现行例议准，雍正三年（1725年）修改，乾隆五年（1740年）改定。该例设置的刑罚是斩立决，一般被简称为"光棍"例，在《大清律例》中被很多条例引用。"凡恶棍设法索诈官民，或张贴、揭帖，或捏告各衙门，或勒写借约、吓诈取财，或因斗殴纠众系颈，谎言欠债，逼写文券，或因诈财不遂、竟行殴毙，此等情罪重大，实在光棍事发者，不分曾否得财，为首者，斩立决；为从者，俱绞监候。其犯人家主、父兄，各笞五十。系官，交该部议处。如家主、父兄守者，免罪，犯人仍照例治罪。"[4]从"光棍"例规定的构成要件来看，确实是较为广泛，而且比较模糊，因此该例也常常被认为是清代的口袋罪，极其容易任意入罪。正如薛允升说的，因为"光棍"例规定为不分首从皆斩立决，因此如果不是条例中明确规定比照"光棍"例的话，在刑案中就应该慎重引用。本条例就是为了防止随意引用"光棍"例而特设的条例。

乾隆三年（1738年）条例规定："除正律、正例外，凡属成案，未经通行著

---

[1] 胡星桥、邓又天主编：《读例存疑点注》，中国人民公安大学出版社1994年版，第870页。
[2] 《大清律例根原》卷之一百十八，《刑律·断狱下·断罪引律令》。
[3] 胡星桥、邓又天主编：《读例存疑点注》，中国人民公安大学出版社1994年版，第870页。
[4] 《大清律例根原》卷之六十九，《刑律·贼盗下·恐吓取财》。

第二章 因案生例的程序

为定例,一概严禁,毋得混行牵引,致罪有出入。如督抚办理案件,果有与旧案相合可援为例者,许于本内声明,刑部详加查核,附请著为定例。"〔1〕薛允升认为:"此即律内特旨断罪,临时处治,不为定律者,不得辄引之意。"〔2〕该条例和"断罪引律令"律文的关系更为紧密。根据律文规定,必须在刑案中将律例作为裁判依据,而不可以引用那些没有经过通行并升为条例的成案。本条例在原则上再次重申了这一点,但是又为在刑案中适用那些未生成条例的成案打开了一个小的缺口,即允许督抚在办案时将"与旧案相合可援为例"的成案,在题本、奏本中声明,由刑部审核,最终再由皇帝批准升为条例。笔者认为,对于该条例的理解需要注意以下几点。第一,对于刑案的法律适用,仍然是要求正律、正例,对于未生例的成案的效力,朝廷仍然是倾向于将这类成案提交刑部、皇帝,让他们予以定夺,在生成新的条例的情况下,再予以适用。因此并非直接适用未生例成案,而是采用了转化的方法。这样即可以仍然保证律例的效力,又可以让未生例成案对于其后发生的所谓"相合"的新案产生一定的参考价值。笔者认为这样规定是颇有道理的。因为如果每一个成案都生成新例,那么必然导致律例体系更加混乱、繁杂,但当同类型成案反复发生时,就说明其具有典型性,也就有了生成条例的必要。第二,该律实际上就已经给出了因案生例的具体程序。首先,由督抚在题本、奏本中声明今案与旧案相合,论证应当沿用旧案的处理方式,以及生成条例的必要性,其次由刑部在查阅旧案,并与今案比对的情况下加以审核,最后由刑部在向皇帝上报今案的处理结果的同时,请求批准采纳成案入例。参加者有三,督抚、刑部、皇帝。督抚有建议权,刑部有审核权,皇帝有批准权。

笔者在上文中梳理了"断罪引律令"的历史沿革过程,我们可以清晰地发现,正如律名,该律主要就是为了确定刑案中的法律依据,尽管随着朝代的更迭,该律所指的法律依据在形式上有所变化,比如唐、宋主要是律、令、格、式,明、清主要是律、例,但它们都具有成文法典的编纂体例。由此可见,该律主要就是为了保证皇权在司法领域中得到体现而制定的。而该律同时又否定了皇帝的"特旨"在刑案中的适用,则主要是为了保证律典的稳定性,以便更好的巩固皇权,而非否定皇权。相比前朝而言,该律在清代的变化最大,主要体现在修订了相关的几条律例。其中有一些主要是针对各级法司不具引律令的徇私枉法

---

〔1〕《大清律例根原》卷一百十八,《刑律·断狱·断罪引律令》。
〔2〕 胡星桥、邓又天主编:《读例存疑点注》,中国人民公安大学出版社1994年版,第870页。

的行为，因为这种行为不仅损害了当事人的利益，而且容易导致各级官僚的腐败，同时还直接影响了皇帝的司法权力。同时，还出现了与本文讨论主题联系最紧密，关系最直接的一则条例。该条例在继续重申正律、正例在刑事司法实践中的唯一性时，又部分承认了未生例成案的效力，并规定了将其升为条例的程序。笔者认为，该条例附于本律之下，这绝非偶然。因为因案生例的原因正如第一章所讨论的，就是由于律例体系存在需要澄清的文义模糊之处，以及需要填补的法律漏洞，导致在个案中无法达到清人所追求的"情罪允协"的司法目标，因此得出的法律结论不具有可接受性，最终不能够被适用。而"断罪引律令"又明确规定了在刑案中必须适用律、例，这样就造成了各级法司甚至皇帝本人的一种进退两难的境地。因此，要想突破这种窘境，就必须找到"断罪引律令"律这个源头，在仍然保证律、例具有唯一法律效力的原则下，以修订条例的形式，完善一个因案生例的程序，来调和法律稳定性与个案特殊性之间的矛盾。

（二）对"断罪无正条"律及相关条例的规范分析

在上一节中，笔者已经梳理了"断罪无正条"律自唐宋至明清的发展，在这里就不重复引用了。《唐律疏议》和《宋刑统》中"断罪无正条"主要就是一种"举重以明轻"或者"举轻以明重"的当然解释。但到了宋代的《庆元条法事类》中，"断狱敕"则规定了："诸断罪无正条者，比附定刑，虑不中者，奏裁。"[1]宋人开始将"断罪无正条"与"比附"结合在了一起，并且提到了"奏裁"这一上报皇帝并由其裁决的程序。

而到了明代，该律继续有所变化。《大明律·名例律》中"断罪无正条"律规定："凡律令该载不尽事理，若断罪而无正条者，引律比附。应加应减，定拟罪名，转达刑部，议定奏闻。若辄断决，致罪有出入者，以故失论。"[2]根据上文所引明人张楷的解读，我们可以知道"律令该载不尽事理"指的是唐宋时期的"断罪无正条"，而明律中的"断罪无正条"则具有新的意思，即通过对于现行律例进行当然解释，仍然无法对于刑案中情节进行有效涵摄的那种情况。若我们反观宋代的《庆元条法事类》中的"断狱敕"，我们可以发现，其实该敕中的"断罪无正条"已经与《唐律疏议》《宋刑统》中的有所区别了，而明律正是延

---

[1]《庆元条法事类》卷七十三，戴建国点校，载杨一凡主编：《中国珍稀法律典籍续编》（第一册），黑龙江人民出版社2002年版，第741页。

[2]《大明律》，怀效锋点校，法律出版社1999年版，第23页。

续了这种说法，只是同时又将唐律中的"断罪无正条"转称为了"律令该载不尽事理"。

雷梦麟的《读律琐言》对于该律有所解读："断罪无正条，而引律比附者，转达刑部，议定奏闻。若辄决断，致罪有出入者，依故失论。盖自笞、杖、徒、流以至绞、斩，莫不皆然。今问刑部于死罪比附类，皆奏闻，流、徒以下比附，鲜有奏者，安得罪无出入也哉？虽无出入，尤当以事应奏不奏论罪，其不思也夫？"[1]即他认为对于需要引律比附的案件，各级法司应当行文刑部，并且奏请皇帝裁判，如果不如此行事，导致量刑有所不均，就要被追究官司出入人罪。而且不论该案本身是何种量刑，都应该上报，但当时却只有死罪比附才奏闻皇帝，笞、杖、徒、流的比附很少有向上级禀报，那么这样的拟罪就很容易造成出入人罪。即使没有导致量刑差错，也应该追究"事应奏不奏"之罪。可见，雷梦麟实际上在批评明代当时存在的各级官司随意比附并不上报的行为。但对我们的启示便是，至少从规范角度而言，比附援引相关律令，从宋代"断狱敕"的仅仅"虑不中"才"奏闻"的情况，到了明代，就变为了任何拟罪皆要"奏闻"。

到了清代，《大清律例·名例律》中"断罪无正条"律规定："凡律令该载不尽事理，若断罪无正条者，（援）引（他）律比附，应加应减，定拟罪名，（申该上司）议定奏闻。"清律该条总体来说沿袭了明律，只是增加了一些小注，使得律意更加清晰。

其附载雍正十一年（1733年）条例载："引用律例，如例内数事共一条，全引恐有不合者，许其止引所犯本罪。若一条止断一事，不得任意删减，以致罪有出入。其律例无可引用，援引别条比附者，刑部会同三法司，公同议定罪名，于疏内声明：律无正条，今比照某律、某例科断，或比照某律、某例加一等、减一等科断。详细奏明，恭候谕旨遵行。若律例本有正条，承审官任意删减，以致情罪不符，及故意出入人罪，不行引用正条，比照别条，以致可轻、可重者，该堂官查出，即将承审之司员指名题参，书吏严拿究审，各按本律治罪。其应会三法司定拟者，若刑部引例不确，许院、寺自行查明律例改正。倘院、寺驳改尤为允协，三法司堂官会同妥议。如院、寺扶同朦混，或草率疏忽，别轻发觉，将院、寺官员一并交部议处。"[2]

---

[1]（明）雷梦麟撰：《读律琐言》，怀效锋、李俊点校，法律出版社2000年版，第61页。
[2]《大清律例根原》卷之十五，《名例律下·断罪无正条》。

薛允升对这一条例的解读很值得我们注意。他认为："断罪引律令云，若律有数事共一条，官司止引所犯本罪。听此例前数句即系申明此律。其一条止断一事句，则补彼律之所未备也。专指刑部司官而言，似不赅括，可改为通例。"[1]可见，薛允升将"断罪无正条"同"断罪引律令"结合在了一起。笔者认为，从法律适用的顺序上来说，必然是先适用现行律例，只有当现行律例无法从形式上、实质上合理地裁判刑案的时候，才需要采用一些法律方法弥补律例的不足。而"断罪无正条"律恰恰就是对"断罪引律令"律的补充。清代各级法司首先依据"断罪引律令"的要求，寻找能够解决刑案的律例。其次，如果寻找不到合适的相关律例，就要遵循"断罪无正条"律的规定。但毕竟"断罪引律令"是原则，"断罪无正条"是例外，因此为了防止各级法司轻易地比附援引，造成律例效力的下降，雍正十一年（1733年），九卿就议复了大学士张廷玉条奏的本条定例。该条例首先仍然在重申"断罪引律令"的内容，其次才回归到了本律上来，具体规定了比附援引的操作步骤，最后则又再次强调"本有正条，承审官任意删减"的司法责任。可见，本律及条例其实是在"断罪引律令"的基础上延伸出来的。

该律及条例主要强调了遇到"律无正条"的情况时，应当由刑部会同三法司拟定量刑，然后将比附援引的具体操作方式奏报皇帝，最终得到皇帝的谕旨方才可以遵行。"断罪引律令"所附乾隆三年（1738年）条例规定："除正律、正例外，凡属成案，未经通行著为定例，一概严禁，毋得混行牵引，致罪有出入。如督抚办理案件，果有与旧案相合可援为例者，许于本内声明，刑部详加查核，附请著为定例。"[2]笔者认为，"断罪无正条"律所附条例规定的是如何在具体成案中比附援引相关律例的程序，侧重点是个案的裁判。而"断罪引律令"的条例侧重规定的是如何将具体成案上升为条例，侧重点是条例的生成。而生成条例又是由个案裁判的需要引发的，因此这两则条例其实就是清代因案生例最重要的两条法律依据。对这几条律例进行规范分析，我们可以发现，"比附援引"是法定的司法技术，"申该上司""议定奏闻""恭候谕旨"赋予了督抚、刑部提出修例动议和新例草案的权力，而皇帝则对于是否"著为定例"有最终决定的权力。何勤华先生认为："国家审判机关（主要是督抚、刑部和皇帝）将判例（成

---

[1] 胡星桥、邓又天主编：《读例存疑点注》，中国人民公安大学出版社1994年版，第95页。
[2] 《大清律例根原》卷之一百十八，《刑律·断狱下·断罪引律令》。

案）认可适用，并将其定为例，使其通行全国，获得普适的权威。"[1]笔者认为，观察一个成案最终是否纂修入律，我们应当学习清代幕友的办法，即看督抚、刑部的题本、奏本中以及皇帝的上谕中是否包含"嗣后"二字。[2]此外，"载入例册""定例具奏""著为例""著为令"等关键用语也是将成案上升为一般性条例的明显特征。杨昂也认为，只有经过较为繁复的法定程序，比如刑部的审核以及皇帝的批准，清代的条例才可以最终生成。[3]

在方法上，对于"律无正条"的案件，各级法司是在对比个案情节与律例构成要件的情况下，比附援引相关律例，并予以加等、减等以达到"情罪允协"；程序上，则是由地方督抚上报刑部，最终奏请皇帝批准。而是否生成条例，则取决于相关参与人包括督抚、刑部、皇帝是否有相关意图。也就是说，成案中的比附是普遍的，但是否能够生成条例，则还要经过衡量和挑选。这样一套应对"律无正条"的个案以及修订新例的制度，在笔者看来是合乎传统中国尤其是清代的政治现状与司法实践的。从法律适用的角度来说，比附这一技术的采用，能够保证"相同、相似情况，相同、相似处理"的法律原则，达到"情罪允协"。从皇权专制的角度来说，第一，比附现行律例的方法，可以让皇帝的旧意志以类推的方式予以扩张，维护并且扩张了皇权的实施范围。第二，到了明清时期，帝国统治的向心力越发集中于皇帝，律例本身就是治官、治民的工具，因此保证个案裁判中的"断罪引律令"，就是保证皇帝的意志在司法领域得以实现。但当某些个案根据律例无法获取满意的结果，机械遵循旧的意志会与维护皇权这一目的相矛盾时，则必然需要由皇帝的新意志所取代。各级法司只能够提出一些建议，而最终决定必须由皇帝本人批准。即律有正条的案件，由代表皇帝意志的律例决定，律无正条的案件，则直接由皇帝临时处置。吕丽教授认为，明清时期的条例在产生途径上，并非全部都是皇帝提起的，但是条例能够生效而产生法律效力，则必须经过最高统治者皇帝本人的批准。[4]

---

[1] 何勤华："清代法律渊源考"，载《中国社会科学》2001年第2期。
[2] 在清代一些读书人学幕过程中，"例存档太多，使用时极不方便，刑名幕友发明'抄嗣后'的办法。因例的结构大都前叙某某事的处理的过程和结果，最后以'嗣后如何如何'将某一具体事件处理的结果上升为同一类情况处理的原则。"参见高浣月：《清代刑名幕友研究》，中国政法大学出版社2000年版，第152页。
[3] 参见杨昂："略论清例对明例之继受"，载《华南理工大学学报（社会科学版）》2004年第3期。
[4] 参见吕丽："例与清代的法源体系"，载《当代法学》2011年第6期。

笔者认为，还有以下几点值得我们注意。第一，从成案最终生成条例，一般需要经过"通行"这一状态，常见的用语是"通行各省一体遵行"。正如沈家本所说："于律、例之外，而有通行，又以补律、例者所未尽也。或绅绎例意，或申明定章，或因比附不能划一而折其衷，或因援引尚涉狐疑而申其议……更有经言官奏请，大吏条陈，因而酌改旧文，创立新例，尚未纂入条例者。"[1]胡震也认为："通行为尚未被编入例典之中，由各部院通令在全国范围内遵行的'定例'。"[2]由于清代有"五年一小修，十年一大修"的定时修例制度，因此在成案中生成的条例并不能立刻纂修附律，而是要等待下一次修律时才能够被纳入《大清律例》的正式文本。高进提到，"通行"存在的时效远不如律例，但是在其有效的情况下，往往具有条例的作用，只是还没有被载入《大清律例》之中而已。[3]在皇帝下旨批准"著为例"之后、下次修例之前，"嗣后"的内容就处于"通行"的状态。我们可以发现，很多条例都是在诸如乾隆四十二年（1777年）、乾隆四十八年（1783年）、乾隆五十五年（1790年）等定期修律时纂入《大清律例》的，成案的审理时间与之总有一定的间隔。

第二，清代具体负责修例活动的机构是刑部中的律例馆。从这种名称上来说，律例馆似乎是一个单纯立法机构，而事实上，律例馆更重要的任务是负责对刑部各司遇到的疑难案件进行拟罪，出具说帖。也就是说，律例馆本身主要是一个司法机构，而这一点在注重三权分立的现代人看来是不可思议或者说是值得否定的，但是笔者认为律例馆的这些功能和性质，不仅不该否定，而且还具有极大的作用。该馆常年都是由刑部堂官设置满汉提调各四人，专门复核稽核律例之事，凡是应当被驳正的案件，都会送到该馆进行处理。因此刑部律例馆的官员往往不仅具有官方最高的刑事法律知识水平，而且还能够更加了解各直省发生的各类案件，尤其是疑难案件的处理情况。所以，由这些常年接触刑事司法实践的官员进行立法，才更能够制定出契合审判实践的立法，才更能够有效地完善《大清律例》的体系。郑秦先生认为，刑部律例馆中司官和部吏们会对于历年发生的重要成案进行研究分析，为定期修例作出足够的准备。[4]根据李明博士的考察，到

---

[1]（清）沈家本撰：《历代刑法考》（附《寄簃文存》），中华书局1985年版，邓经元、骈宇骞点校，第2220~2221页。
[2] 胡震："清代'通行'考论"，载《比较法研究》2010年第5期。
[3] 参见高进："清代司法文书'通行'功效考"，载《兰台世界》2011年第13期。
[4] 参见郑秦：《清代法律制度研究》，中国政法大学2000年版，第63~64页。

了道光中期以后，刑部中的律例馆往往直接对于各直省中所发生的疑难案件出具核覆意见，而将出具说帖的环节省去，因此更能够显示出律例馆对于刑案的意见在裁判中所起到的决定性作用。[1]

第三，因案生例仅是刑案处理的一种特殊结果，因此也遵循一般的清代刑事司法审转制度。清代的审判衙门从低到高可以分为散州县厅、府以及直隶州厅、道、按察使司、督抚、刑部、皇帝各级。任何刑事案件均从最低审级开始受理。但结案的审级根据不同案件有所区分。对于无关人命的徒罪案件，督抚复审后按季出咨报部即可。对于有关人命的徒罪以及遣军流案件，督抚复审后专案咨部核覆，年终汇题。对于寻常死罪案件，督抚复审后专本具题，奏闻于皇帝，皇帝下旨交三法司拟议具题；对于某些情罪重大的如罪至凌迟斩决、谋反大逆的死罪案件，督抚复审之后专折具奏，皇帝则下旨交刑部核拟具奏。[2]

二、因案生例程序的具体模式

笔者在上文已经提到，因案生例的程序在"断罪引律令"所附条例中已经得到明确，先由督抚提出今案与旧案相合的理由，由刑部查询确认，最后申请皇帝批准。但是这一规范与清代刑事司法实践并不完全相同。实际的因案生例模式并非如同规范所说的一样千篇一律，而是表现的较为灵活、多变。下面，笔者将根据提起修例动议和创制例文的主体的不同，将清代条例生成的程序分为以下几种模式。

（一）督抚提起修例动议，督抚创制例文

地方督抚能够在对于人命徒罪或遣、军、流罪等案件的咨部核覆过程中直接提起动议并创制例文。这类因案生例的程序也最符合相关条例的规定，提请修例和草拟例文都完全是由地方督抚完成，刑部和皇帝更多起到了一个审查、批准的作用。之所以清代的立法文本与司法实践中都包含有这种类型，就是因为题本、奏本均是由地方督抚向朝廷所呈上的，被州县、府、道各级法司拟徒、流以至于斩、绞、凌迟的案犯往往要被解省，由省按察使司和督抚进行审讯，因此地方督抚往往掌握了第一手的案情，并搜集了最原始的材料与证据，同时也最能深切感受到法律适用困难所带来的麻烦。而如果机械适用律例或根本无律例可用导致"部驳"，他们又很容易被追究司法责任。因此在上奏朝廷的司法文书中说明现

---

[1] 参见李明："清代律例馆考述"，载《清史研究》2016年第2期。
[2] 参见那思陆：《清代州县衙门审判制度》，中国政法大学出版社2006年版，第142~160页。

行律例体系的不足并论证修例的必要性,对于地方督抚来说是一个很好的选择。

有乾隆四十年(1775年)甘三保之妻厄素尔氏殴伤发遣为奴赵应大随带之妻何氏身死一案。赵应大由于伙同刘细斌等行劫朱子贤家财物,被免死减等发落,于乾隆三十五年(1770年)七月内发遣到黑龙江,给队长甘三保为奴。何氏是赵应大自行随带之妻,与其夫一同在甘三保家倚食度日。乾隆四十年正月十三日,甘三保到城内当差,甘三保之妻厄素尔氏命令何氏取柴,何氏推脱有病并不前往。于是厄素尔氏詈骂何氏,何氏还骂。厄素尔氏气忿不已,故用木棍殴伤何氏顶心偏左部位,致何氏当场倒地不起。随后厄素尔氏又用脚踢伤何氏胸膛偏右。至正月十九日,何氏因伤殒命。经询问,厄素尔氏供认不讳。黑龙江将军傅玉认为,在本案中,厄素尔氏殴伤何氏身死,尽管情节较为简单,但是并无相关的律例予以惩治。但他同时注意到了另一个情节,即何氏跟随其夫在甘三保家倚食多年。因此他将厄素尔氏比例拟徒三年,又因为厄素尔氏为旗人,且为妇人,因此又有折枷、收赎的特权,最终将其折枷号四十日、鞭一百收赎。"奴婢殴家长"律规定:"若家长及家长之期亲,若外祖父母殴雇工人,不分有罪、无罪,因而至死者,杖一百,徒三年。"〔1〕"犯罪免发遣"律规定:"凡旗人犯罪,笞、杖各照数鞭责。军、流、徒免发遣,分别枷号。徒一年者,枷号二十日,每等递加五日。"〔2〕"五刑"律规定:"收赎,老幼、废疾、天文生及妇人折杖,照律收赎。"〔3〕同时,傅玉在向刑部发出的咨文中,还提出"嗣后如遇似此案件,亦得办理有准"的请求。刑部认为,虽然《大清律例》中并没有相关条文予以规制,但是何氏跟随其夫在甘三保家多年,实际上已经与雇工并无不同。因此黑龙江将军傅玉将厄素尔氏比照"雇工人致死"例拟徒三年,折枷号四十日、鞭一百收赎的做法,在刑部看来"尚属平允,应如所咨办理。"紧接着,刑部于乾隆四十年四月二十七日奏请皇帝制定新例,并通行各直省督抚一体遵照,最终得到了皇帝的同意。"奴婢殴家长"律所附乾隆四十二年(1777年)条例规定:"凡发遣黑龙江等处为奴人犯,有自行携带之妻、子跟随本犯在主家倚食服役,被主责打死者,照殴死雇工人例拟杖一百、徒三年。其妻、子自行谋生,不随本犯在主家倚食者,仍以凡论。"〔4〕

---

〔1〕《大清律例根原》卷之八十五,《刑律·斗殴下·奴婢殴家长》。
〔2〕《大清律例根原》卷之三,《名例律上·犯罪免发遣》。
〔3〕《大清律例根原》卷之一,《名例律上·五刑》。
〔4〕《大清律例根原》卷之八十五,《刑律·斗殴下·奴婢殴家长》。

第二章　因案生例的程序

本案的情节虽不复杂，但由于在《大清律例》中并没有相关的明文规定，因此仍属于一个疑难案件。因为何氏与其夫均在甘三保家倚食多年，因此黑龙江将军傅玉认为何氏与甘三保家雇工人并无不同，因此将其比照定罪。同时由于"殴雇工人致死"例的法定刑是徒三年，属于所谓"人命徒罪"，因此按照清代刑事司法程序的规定，地方督抚、将军需要向中央刑部专案咨部，年终汇题。由于本案属于律例中并无明文规定的特殊情况，因此刑部在核覆黑龙江将军的咨文的同时，又需要直接专案奏请修订新例，而不可以等到年终时再上题本于皇帝。[1]

其次，督抚也可以在专案具题的案件受到部驳之后，提请修例动议并草拟例文。所谓"部驳"，就是指根据律例的规定，刑部有权在督抚拟罪不当的时候，驳令其再审的情况。众所周知，随着清代集权统治的加强，各类中央机关的权力相较前朝要大的多，作为中央司法机关的刑部也不例外。清代一直就存在着所谓"部权特重"的说法，其含义就是指清代的刑部作为刑事司法审转制度的核心，对于各类刑案尤其是重大案件均有着很大的权力。首先，人命徒罪、流军遣刑经过地方督抚的拟罪，到刑部就算结案，只是到年终汇题。而斩、绞、凌迟等死刑又由刑部或以刑部为核心的三法司核拟具奏皇帝，皇帝一般也较为尊重刑部专业的司法官员。其次，刑部律例馆不仅在刑事司法活动中负责对于疑难案件拟定处理意见，而且还负责定期修例。因此可以说刑部是"天下刑名总汇"，不仅是一个司法机关，而且在很大程度上也是一个立法机关。它不仅掌握着数量庞大、覆盖面广、时间跨度长的各类成案，并且由于其本身又为六部中员额最多的部门，因此能够集中众多专业司法官员处理棘手的大案要案。另外值得一提的是，根据《大清律例·刑律·断狱》中的相关规定，如果地方督抚在案件中的拟判明显有误的话，还是由刑部参与追究其司法责任。因此，由于刑部具有的这种地位，地方督抚在受到"部驳"之后，往往不会坚持己见，费尽心思地去与刑部进行对抗，而是会遵照刑部的意见进行处理。

有乾隆五十五年（1790年）陈义三听从金绪教唆诬告陈魁抢夺致陈魁畏累自缢身死一案。陈义三和金绪平素交好，遇到事情必定有所商量，且该二人均与陈魁邻近居住，并无嫌隙。乾隆五十三年（1788年），陈义三将一块地当给陈魁管业，契价一千文。当时陈义三想要加价，并未得逞。陈魁酒铺开张，陈义三前后陆续欠陈魁酒钱二千二百文未曾偿还。乾隆五十五年六月初三日，陈义三又向陈

---

〔1〕　参见《驳案新编》卷二十一，《刑律·斗殴下·殴死为奴遣犯随带之妻新例》。

魁赊酒，陈魁以旧账未清不允。陈义三却称当地的费用可以用来抵算，陈魁则认为当地的费用较少，不能完全抵偿所欠酒钱，仍然不同意陈义三的请求，于是两人相互争吵而散。六月初十日，陈义三遇到金绪，告知了他与陈魁的矛盾，并且认为李烟匠同样当了他的地，他可以将陈魁、李烟匠同时告到衙门，希望能够加价当地。金绪则认为，陈魁等人皆是容易被欺骗的乡愚，如果想要诬告轻罪以图获取更高的加价，不如直接诬告他们抢夺重罪，并且同时告陈魁堂侄陈逢年。金绪还认为，陈义三可以捏称其与陈魁争吵时，在旁帮助陈魁的万林、万祥亦参加了抢夺。陈义三听从金绪的建议，先到县城住在代书王悦店内。随后金绪买来状纸，二人告诉王悦，陈义三从庐郡粜卖粮食回家，被陈逢年与万林、陈魁、李烟匠、万祥等人将车钱、口袋、被单、小褂等物抢去。六月十四日，陈义三将状纸投递州衙门。该州牧令赵霖遂佥差拘捕被诬告之人。陈魁于六月二十六日赴城得知其被诬告，且诬告之状已被受理，畏惧被官司拖累，于是回家归告陈逢年，想要与陈义三等人拼命。后虽经陈逢年劝慰，陈魁仍于六月二十八日投缳殒命。陈逢年发现后，与族邻陈学莲解救不及，遂报告州衙门，陈义三、金绪等人被捕后供认不讳。

安徽巡抚朱珪认为，陈义三依例应拟绞监候。"诬告"律所附乾隆三十二年（1767年）条例规定："诬告人因而致死，被诬之人委系平人，及因拷禁身死者，拟绞监候。"[1]而金绪帮助陈义三设计诬告陈魁、陈逢年、万林、万祥等人抢夺，其造成了陈魁死于非命，而陈义三又需要为陈魁抵命的严重后果，因此如果依律处理，仅拟为杖一百、流三千里，并不合适，应当改发黑龙江等处给披甲人为奴。"教唆词讼"律规定："凡教唆词讼，及为人作词状，增减情罪诬告人者，与犯人同罪。至死者，减一等。"[2]刑部则认为，教唆词讼、增减情罪之人得以减诬告本犯一等，是因为欲行诬告之本犯已经起意诬告，而教唆之人仅在旁怂恿本犯本欲诬告之事，因此"教唆词讼"律规定虽然教唆词讼者与本犯同科，但至死仍可以减等处理。但如果本犯所欲诬告之事与经过教唆实际诬告之事不同，即如本案中凭空捏造更为严重的罪名，并导致被诬告之人畏累自尽的话，那么就不能拘泥于"教唆词讼，至死者，减一等"的处理方式。在该案中，陈义三因为向陈魁索高地价不遂，本欲以霸不放赎等词具控，如若受理，也不过是田土细事而已。但经过了金绪的教唆，遂代为捏造陈魁等人纠众抢夺之罪，最终导致陈

---

[1]《大清律例根原》卷之九十二，《刑律·诉讼·诬告》。
[2]《大清律例根原》卷之九十三，《刑律·诉讼·教唆词讼》。

魁畏累自尽。因此陈魁之死虽然是由于陈义三的诬告，但最终原因确是金绪教唆所导致的。刑部认为"律贵诛心，法贵造意"，因此应当将捏造重情的金绪为首犯，从重惩治。于是刑部驳令安徽巡抚朱珪"另委贤员，覆加研审，详核案情，另行妥拟具题。"随后，安徽巡抚朱珪将金绪比照上引"诬告"律所附乾隆三十二年（1767年）条例拟绞监候，而依律将陈义三拟杖一百、流三千里，致配所折责安置。"共犯罪分首从"律规定："凡共犯罪者，以先造意一人为首，依律断拟。随从者，减一等。"[1]并且在题本中声明"嗣后凡有似此等情节者，应请永远遵照办理。"刑部照覆后具题皇帝，最终得以入例。"教唆词讼"律所附乾隆六十年（1795年）条例规定："教唆词讼诬告人之案，如原告之人所欲告者本系轻事，而教唆之人起意藉端吓诈，凭空捏造重情，主令诬告，致毙人命者，及虽未致死人命，而教唆诬告之罪，应反坐流、徒。抵充军役者，并以主唆之人为首，听从控告之人为从论。其寻常教唆，不过稍有增减，无关罪名轻重者，仍依教唆各本律例，与犯人同罪。"[2]

在本案中，安徽巡抚朱珪第一次的拟罪并没有得到刑部的认同。刑部提出了异议的理由，即认为朱珪并没有真正理解律例的本来含义，生硬地适用现有律例而导致对于捏造重情从而是罪魁祸首的金绪拟罪较轻，而对于本欲诬告田土细事的陈义三拟罪过重，因而驳令朱珪再审。因此，朱珪在了解刑部"律贵诛心，法重造意"的司法态度后，比照名例律中"共犯罪分首从"律将金绪定为首犯，拟绞监候，将陈义三定为从犯，拟杖一百、流三千里。同时，朱珪还在上报皇帝的题本中提出了将本案作为日后类似案件的范本的请求，即"嗣后凡有此等情节者，应请永远遵照办理。"可见，督抚在部驳之后，同样可以提出自己的修例动议。在这种情况下，其实新例的生成更多的是地方督抚和刑部共同作用的结果。刑部所做的更多的是指出原拟刑罚的不合理之处，表达自己对于该案拟罪的一些态度，以此提示地方督抚对于该案改判的基本原则与方向。由于刑部在清代刑事司法审判制度中的重要地位，因此通常在收到部驳以后，地方督抚所做的只能是依据刑部在文书中指明的精神、方法，去进行改拟，并同时申请修订新例。[3]

（二）刑部或三法司提起修例动议，刑部创制例文

刑部或三法司在核覆地方督抚咨部或奉旨题奏的案件中，可以进行批驳并阐述

---

[1]《大清律例根原》卷之十二，《名例律下·共犯罪分首从》。
[2]《大清律例根原》卷之九十三，《刑律·诉讼·教唆词讼》。
[3] 参见《驳案新编》卷二十七，《刑律·诉讼·教唆诬告畏累自缢》。

其法律适用意见。当运用已有律例无法顺利达到案件的"情罪允协"时，刑部就会在部驳中提出修例动议，并将条例草案以题本、奏本的方式请示皇帝同意。

有乾隆四十五年（1780年）张魏氏先与魏贤生和奸又悔过拒奸致其身死一案。张魏氏是魏贤生的无服族姊，后嫁与张认宗为妻。乾隆四十五年七月二十日，魏贤生到张魏氏家，发现张认宗外出，于是与张魏氏调戏成奸。二人后又宣淫数次，张认宗并不知情。四十六年（1781年）五月间，魏贤生在张认宗家饮酒，被张认宗当场撞见，并詈骂魏贤生，魏贤生当即逃跑。张认宗随即向张魏氏究出奸情，并殴打张魏氏，将其休回母家。张魏氏之母魏黄氏将张魏氏送回，恳求张认宗收留，张魏氏亦立誓不再与魏贤生有任何往来。张认宗有碍于颜面，方才收留了张魏氏。四十七年（1782年）三月初九日，张认宗前往山东省进行贸易。十三日夜，张魏氏独自在家睡觉，四更听闻有人拨动前门，故起身点灯查问，发现原来是魏贤生走入室内，又来求奸。张魏氏称已经被夫休弃，且立誓不与之来往，故拒绝了魏贤生的要求。魏贤生却威胁张魏氏，声称如若不答应求奸，则将杀死张认宗并诬陷张魏氏杀夫。张魏氏听闻畏惧，一时情急，希望将魏贤生捆缚送官。于是诈称腹痛躺卧炕上，令魏贤生等待片刻。魏贤生信以为真，坐在椅子上酣睡。张魏氏遂起身拿起炕边木棍，双手举棍连续殴打魏贤生头部，导致魏贤生左太阳偏上及左额角并左额角偏上部位受伤。魏贤生用脚蹬踢，奋力缓急，张魏氏又用木棍殴打魏贤生左膝。最终魏贤生伤重不治，当即殒命。

直隶总督郑大进将张魏氏依律拟绞监候并具题皇帝。"罪人拒捕"律规定："罪人不拒捕而擅杀之，各以斗杀论。"[1]"斗殴及故杀人"律规定："凡斗殴杀人者，不问手足、他物、金刃，并绞监候。"[2]刑部则认为，妇女拒奸案件应当分为两类。一类是妇女先前并未与人通奸，而将起意图奸之人临时杀死，因此对于该类案件一向依律勿论。"罪人拒捕"律规定："若罪人持杖拒捕，其捕者格杀之，皆勿论。"[3]另一类案件则是妇女先前与人通奸，复又拒绝从而致死奸夫，大约可以分为先因贪利与人通奸，又因奸夫无力资助拒殴致死，或者先经和奸，后又与其他人通奸，因而拒奸殴毙奸夫，还有先虽通奸，又确已悔过自新，因奸夫胁迫维持奸情，不得已而杀奸夫等三种情况。因此刑部认为应当分别妇女拒奸

---

[1]《大清律例根原》卷之一百三，《刑律·捕亡·罪人拒捕》。
[2]《大清律例根原》卷之七十八，《刑律·人命·斗殴及故杀人》。
[3]《大清律例根原》卷之一百三，《刑律·捕亡·罪人拒捕》。

第二章 因案生例的程序

的原因,对其作出有所区别的对待。在本案中,张魏氏有悔过情节,并且证据确凿,其殴死魏贤生确实因为奸夫逼奸情急所致。本案中的张魏氏,既不应该按照无先前通奸行为的妇女进行处理,也不应该按照先有通奸但并无悔过之意的妇女进行处理。最终,刑部认为张魏氏应当在"擅杀罪人"律上量减一等,改拟杖一百、流三千里。同时刑部上题本于皇帝,请求将该案上升为新例,以便通行各省督抚、府尹、将军一体遵行,最终该通行也升为了新例。"杀死奸夫"律所附乾隆四十八年(1783年)条例规定:"凡妇女拒奸杀死奸夫之案,如和奸之后,本妇悔过拒绝,确有证据,后被逼奸,将奸夫杀死者,照擅杀罪人律减一等,杖一百,流三千里。其因贪利与之通奸,后以无力资助拒殴致死者,或先经和奸,后复于他人通奸情密,因而拒绝殴毙者,仍各按谋、故、斗殴等本律定拟。"〔1〕

在本案中,刑部于乾隆四十八年二月十五日上题本于皇帝,不仅表明了对于该案的不同意见,而且直接提出了新的修例动议。皇帝于二月十九日下旨:"依议。钦此。"该案生例的过程可分为几个步骤。第一步,由直隶总督专案具题皇帝,叙述案情并提出自己对于该案的拟罪意见;第二步,由皇帝御览后发三法司拟议;第三步,由刑部主稿的三法司奉旨核拟,并在专本具题中对于个案提出处理意见并提出修例动议及草案;第四步,皇帝下旨同意。我们可以发现,其实此种因案生例的程序和一般的刑案处理程序相同,仅仅是在题本、奏本中有提请修例的动议而已,此外并无区别。〔2〕

有乾隆四十四年(1779年)陈万财等人杀死奸夫王文哲与乾隆四十三年(1778年)向万友捉奸溺死许添佩两案。陈万财和王文哲平日里相互熟悉。乾隆四十四年六月初八,陈万财到广西经商,将妻子吴氏一人留在家中。十二日,王文哲正好到陈万财家闲聊,发现只剩吴氏一人,于是和她相互调戏,最终得以发生奸情。其后两人又通奸数次。隔壁邻居黎张氏等人都知晓此事。到了八月初六日,王文哲又到陈万财家和吴氏通奸,并且送给了一对耳环。初七日的上午,王文哲仍然留在其家中,与吴氏在客厅之中说笑,不料陈万财正巧回家。王文哲随意找了一个理由就告辞回家,但陈万财心中颇有疑惑,于是向吴氏问询。吴氏开始只能抵赖,陈万财心中怨恨,便想拳脚相加。隔壁知晓奸情的黎张氏、陈洪氏二人听闻赶紧前来劝解,吴氏知道无法掩盖,只能如实告诉丈夫。陈万财十分气

---

〔1〕《大清律例根原》卷之七十五,《刑律·人命·杀死奸夫》。
〔2〕参见《驳案新编》卷三十一,《刑律·捕亡·和奸后悔过拒奸有据杀死奸夫新例》。

忿，于是起意将王文哲杀死，但恐怕一个人力量不够，于是请求平日关系较好的黄殿才帮助。黄殿才听闻后，犹豫再三，终于答应帮助陈万财杀死王文哲。陈万财、黄殿才二人携带尖刀，等候在王文哲必经之路上。待王文哲走近，陈万财向之斥骂，王文哲不甘被骂，亦回骂陈万财。陈万财于是用刀砍伤了王文哲的右手腕、偏左额颅，黄殿才则用刀砍伤了其发际线。广东巡抚李湖将陈万财依例拟绞监候，将黄殿才依律拟绞监候。"杀死奸夫"律所附乾隆五年（1740年）条例规定："奸夫已离奸所，本夫登时逐至门外杀之，止依不应杖；非登时，依不拒捕而杀。"[1]"谋杀人"律规定："谋杀人，从而加功者，绞监候。"[2]

而许添佩、向万友、向万秀均是湖北宜都县人。许添佩曾经和向万友的兄长向万秀一起外出经商，并且拜向万友的母亲廖氏为干娘，因此两家人经常往来。乾隆四十一年间，向万秀因病身亡，留有寡妻丁氏一人。而许添佩于是趁虚而入，和丁氏调戏成奸，并且通奸次数很多。四十二年（1777年）十一月，许添佩又和丁氏通奸，结果被廖氏当场发现。丁氏遂哀求廖氏不要声张，廖氏应允但严禁二人继续往来。到了四十三年（1778年），向万友带着母亲和嫂子迁居别处，许添佩又前来找丁氏通奸。廖氏知道了，更为气忿，于是命儿子向万友前去捉拿。向万友因为害怕许添佩力气较大，因此邀集了向万方、向万长、杨坤、张安邦等十一人一同前去。众人来到丁氏家中，发现许添佩正在同丁氏聊天，于是廖氏和向万友命令众人将其拿下。不料许添佩竟然用厨房之中的刀来砍人。张安邦则用小刀扎伤了许添佩的手腕，将其捆住。谁知许添佩竟然说即使送官也不能将他如何，反倒要将向万友一家都杀掉。向万友念到许添佩已经侮辱了他的嫂子，现在又狂言要将其灭门，于是起意将其溺死水中。由于溪水太浅无法淹死许添佩，于是他们提起许的两脚，将其头部浸入水中，最终许溺死。湖北巡抚郑大进将向万友依律拟绞监候，将张安邦拟徒。"杀死奸夫"律所附乾隆四十二年条例规定："本夫及应许捉奸之亲属，其有捉奸已离奸所，非登时杀死不拒捕奸夫者，照罪人不拒捕及已就拘执而擅杀律，拟绞监候。"[3]"斗殴"律规定："刃伤人者，杖八十，徒二年。"[4]

由于这两起案件情节基本相似，发生的时间较近，一则由刑部广东司复核，

---

[1]《大清律例根原》卷之七十五，《刑律·人命·杀死奸夫》。
[2]《大清律例根原》卷之七十四，《刑律·人命·谋杀人》。
[3]《大清律例根原》卷之七十五，《刑律·人命·杀死奸夫》。
[4]《大清律例根原》卷之八十三，《刑律·斗殴上·斗殴》。

一则由刑部湖广司复核，但又拟罪相差较远，因此刑部堂官决定将其一并处理。刑部认为，律例之内对于捉奸致死的条款已经相对较为周详，但是对于那些帮同下手并非允许捉奸的人如何治罪则没有专门的条例。因此如这两个案件，对于湖北的张安邦则根据"斗殴"律拟徒刑，而对于广东的黄殿才则根据"谋杀"律拟绞监候。两者相比有生死的出入，因此应当修订条例统一律例的适用。

刑部进而分析，对于那些条例中允许捉奸的亲属，一般是按照"罪人拒捕"律中的不拒捕而擅杀进行处理的。而不拒捕而擅杀又是照"斗殴及故杀人"律拟绞监候的。之所以这么规定，就是因为被杀的是通奸之人，本身有罪，杀死奸夫也是出于义忿，因此不将其按照谋杀、故杀律拟罪，为了"惩淫恶而申义忿"。因此如果主犯都按照斗杀进行处理的话，那么加功之人也应该按照斗杀律处理，即拟杖一百。于是刑部草拟了例文，奏请乾隆皇帝批准，最终生成条例。"杀死奸夫"律所附乾隆四十八年（1783 年）条例规定："凡奸情确凿，本夫及应许捉奸亲属，起意杀死奸夫案内，其听从加功者，勿论。应许捉奸之亲属，及不应捉奸之外人，审明实系激于义忿，悉照共殴余人律，杖一百。如有挟嫌妒奸，谋、故别情，乘机杀害，图泄私忿者，仍照谋、故本律问拟。"〔1〕在这两起均为杀死奸夫的案件中，我们可以清晰地看出，对于参与共殴的非例许捉奸之人，广东巡抚李湖和湖北巡抚郑大进适用了不同律例进行拟罪，而他们都没有主动提议修例。刑部之所以提请修例，就是为了统一在同类案件中的律例适用问题。也只有修例，才能够从根本上杜绝以后该类案件拟判时的混乱情况。〔2〕

有乾隆三十八年（1773 年）黄昌怀放枪过失打死姚文贵一案。黄昌怀和姚文贵都是兴国县民，职业均为猎户，两个人平素交好。十一月二十日，姚文贵邀请同为猎户的郭必茂、杨奉祥、黄昌怀一起去包家山打猎。二十二日，黄昌怀带着鸟枪，邀请黄濑宗到山口与姚文贵等人会合，五人一起上山。到了山中，五个人摆开了围场，姚文贵携带猎狗在正南，黄昌怀在正东，藏身于油树林内，而郭必茂和杨奉祥则守在山头，黄濑宗则带着猎犬搜山。正好有一个麂子向东南处跑去，姚文贵和杨奉祥两人用鸟枪都未打着，于是一同追赶。而在油树林里面的黄昌怀，看见麂子在西南处的山上乱跑，则立刻用鸟枪打击。不料麂子跑脱，而误中了在其后追赶的姚文贵。这一枪正好打中了姚文贵的喉咙、心坎等处，导致他

---

〔1〕《大清律例根原》卷之七十五，《刑律·人命·杀死奸夫》。
〔2〕参见《驳案新编》卷十二，《刑律·人命·杀奸案内加功照余人律》。

跌落坑中,将左眉、左额都摔伤了。黄昌怀顿时惊慌前往扶救,但姚文贵还是伤重殒命。后来黄昌怀因为害怕受到惩罚,于是请求杨奉祥等人隐藏是被他用鸟枪误杀的事实,而将其说成是姚文贵自己不慎跌倒所致。但是姚文贵所带的猎狗跑回了家中,姚文贵的哥哥姚文兴发现弟弟未归,而与其一同前往的黄昌怀等人同样不曾回村,于是上山进行寻找,直到二十五日,终于找到了姚文贵的尸体。最后上报官府,将众人抓获。江西巡抚海成将其依律收赎。"戏杀误杀过失杀伤人"律规定:"过失杀伤人者,(较戏杀愈轻。)各准斗杀伤罪,依律收赎,给付其被杀伤之家。"[1]

刑部在核覆的过程中认为,民间使用鸟枪、弓箭等物打猎,一般都是在深山旷野之中,因此如果发生命案一般都是意料之外的事情。但是猎户一般都是单独或数人出行,并不会人数众多,加上放枪、放箭本来就应该有所注意,如果毫无顾忌地杀伤人命,最后仅仅按照收赎进行处理的话,那么就显然过轻。而且如果有民人通晓此律,知道随意杀伤亦不过收赎而已,很容易造成这类命案愈演愈烈,甚至出于故意杀伤他人。因此刑部认为应当比附相关律例进行加重处理。只有这样,普通百姓才知道失手杀人会导致较重的刑罚而在打猎的时候有所警惕。皇帝最终予以批准。"戏杀误杀过失杀伤人"律所附乾隆四十二年(1777年)条例规定:"凡民人捕猎,遇有私放枪、箭打射禽兽,不期杀人者,比照捕户于深山旷野安置窝弓,不立望竿因而伤人致死律,杖一百,徒三年。仍追埋葬银一十两,给予死者之家。"[2]在本案中,黄昌怀误杀了一同打猎的姚文贵。刑部认为量刑过轻并且容易放纵更多的人无意、有意地去继续进行这样的行为,于是提出了修例的申请,同时草拟例文。最终,也得到了皇帝的允许。[3]

笔者认为,从上引的几个例子中,我们可以看出从提请修例的初衷而言,刑部与地方督抚有所不同。后者往往局限于某一个案件的处理,而前者更多的是着眼于全国范围内的所有同类案件,更着力于完善整个律例体系。例如在张魏氏和奸后又拒奸的案件中,刑部是列举了三种律例中已有的情况,并进而指出本案的情况尚未被纳入律典,因此有必要进行修例。在向万友溺死许添佩以及陈万财殴死王文哲的案件中,刑部又是将发生在不同省份而又拟罪不同的同类案件结合在

---

[1] 《大清律例根原》卷之七十九,《刑律·人命·戏杀误杀过失杀伤人》。
[2] 《大清律例根原》卷之七十九,《刑律·人命·戏杀误杀过失杀伤人》。
[3] 参见《驳案新编》卷十六,《刑律·人命·鸟枪误伤比照捕户致死人命满徒》。

了一起，并且提请修例将两案一同解决。在姚文贵被黄昌怀误杀的案件中，刑部又认为如果放纵这种行为的发生而不予以严惩，就容易导致民间这种案件愈演愈烈的情况，因而奏请修例。由此我们可以看出，由于刑部是中央刑事司法机关，掌握着全国各地的重要刑事案件的核覆权，因此必然会遇见很多在全国不同省份里发生的同案不同判的情况。而地方督抚限于视野，很难将本省发生的每个案件都与其他省的同类成案进行比较，因此往往发现不了同案不同判的现象。同时，因为地方督抚只需要保证自己拟罪的准确即可，因此也没有义务和积极性去提请修例。而作为每天复审来自全国的大量重刑案件的刑部，其对于个案的核覆结论就具有了一定的普遍性质，并且其必然也无法接受各地督抚差异太多的拟罪，更何况刑部作为皇帝直接领导的六部机关之一，必须对皇帝负责，必须对朝廷律典负责，再加上律例馆又是它内部所属的立法机构，因此刑部就有充足的理由、义务和条件去制定新例，以调整整个帝国对于律例体系的适用。

（三）皇帝提起修例动议，刑部单独或会同九卿等衙门创制例文

在清代的很多命案中，皇帝在收到题本、奏本后，一旦发现拟罪并不合理，并且该疑难案件具有重要性和典型性时，往往会直接下旨命刑部创制、起草例文。

有乾隆四十一年（1776年）张二扎伤伊妻徐氏身死一案。张二即张丕林，籍隶山东，携妻徐氏至奉天佣工度日。乾隆四十一年三月间，张二由于穷苦难耐，故居住于岫岩红土崖子地方，令其妻徐氏卖奸。潘三时常前往奸宿，却并未给予钱财。七月二十日，张二向潘三要钱，潘三不给，遂致二人争吵。潘三将张二殴打致伤，于是张二赴岫岩厅控告。潘三供称为酒后角斗殴打所致，二人皆未将奸情供出。该厅伊勒图将潘三依律笞责，并查明张二为无业流民，驱逐出境。八月初五日，张二携妻子徐氏出城居住，潘三赶至中途阻拦，令张二及徐氏回红土崖子居住。张二不允，潘三又欲殴打，经张二家做饭之丛喜子劝散。晚间，张二、徐氏至祭祀屯柳九店内留宿。潘三亦前往居住。初六日早，张二想要趁早出行躲避潘三，不料徐氏不允，且欲回红土崖子居住。张二声称自己独往他处，徐氏便执持尖刀即欲自抹。张二见徐氏与潘三同心，不肯与自己同行，一时气忿，夺取徐氏手中尖刀连扎三下，致伤徐氏左胳膊、左肩胛等处，徐氏受伤倒地殒命。张二复恨潘三挑拨夫妻二人感情，故持刀追赶潘三，经店家柳九抱住，潘三逃脱。奉天府尹富察善将张二即张丕林依律拟绞监候。"妻妾殴夫"律规定：

"其夫殴妻,至死者,绞监候。故杀,亦绞。"[1]刑部照拟核覆。但刑部具题皇帝后,皇帝下谕认为张二甘心将其妻徐氏卖奸,夫妇之间的情义已经荡然无存,竟然逞凶杀害徐氏,应当将其与凡人杀人论处。正如同妻妾由于通奸谋杀其夫,按律应当凌迟处死,但倘若本夫纵容妻妾与人通奸,妻妾按例只应处斩立决。因此,纵容妻妾犯奸的本夫又杀害其妻,不应该以寻常的"夫故杀妻"律拟断。本夫纵容妻妾卖奸已经属于不知羞耻,又忍心将妻杀害,情罪重大,如果拘泥于夫妇名义减轻本夫之罪,则该种做法无法维持风化。因此,乾隆皇帝认为"著刑部将此例另行斟酌改定,所有张二一案即著新例定拟具奏。"

刑部领旨之后,遵照上谕对于新例的制订进行了研究。他们认为"夫殴妻非折伤勿论,至死者绞监候",注云"故杀亦绞"等语,其原因即在于夫为妻纲,作为妻子的妇女应当听从丈夫的命令,因此为了维护丈夫的教令权,规定了"非折伤勿论。"但倘若殴打致死或故杀,则丈夫明显为杀害妻子,因此必须受到严惩。"斗殴及故杀人"律规定:"故杀者,斩监候。"[2]而"妻妾殴夫"律却规定为绞监候,正是为了体现夫杀妻与凡人相杀的区别,其目的是为了保证社会中的伦理纲常名教。但是尽管如此,倘若丈夫寡廉鲜耻主动令其妻卖奸,则伤风败俗之事由夫自做,并非妻妾私自与人通奸可比。在此情况下,对于本夫的犯罪就不能以寻常夫妇相犯之律来处理。刑部还查明"纵容妻妾犯奸"律规定:"抑勒妻、妾及乞养女与人通奸者,本夫、义父各杖一百;奸夫杖八十;妇女不坐,并离异归宗。"[3]因此,张二令妻卖奸的行为不仅在情理上断绝了夫妻之义,而且在法律上也有明确规定要求二人离异。紧接着,刑部起草新例草案"应请嗣后凡以妻卖奸之夫故杀妻者以凡论,其非本夫起意卖奸者仍悉以律例办理……恭候命下,臣部奏纂入例,通行遵照。"最终奉旨:"依议。"最终生成新例。"妻妾殴夫"律所附乾隆四十二年(1777年)条例规定:"凡以妻卖奸之夫故杀妻者,以凡论。其寻常知情纵容非本夫起意卖奸者,仍悉以律例办理。"[4]

在本案中,我们可以发现,虽然刑部核覆了奉天府尹富察善的拟罪,但是根据清代刑事司法审判程序,在死刑案件中皇帝本人亦作为独立的审级而存在,造成了皇帝一人独操生杀大权。因此皇帝本人也可以对于督抚、刑部的拟罪提出异

---

[1] 《大清律例根原》卷之八十六,《刑律·斗殴下·妻妾殴夫》。
[2] 《大清律例根原》卷之七十八,《刑律·人命·斗殴及故杀人》。
[3] 《大清律例根原》卷之一百,《刑律·犯奸·纵容妻妾犯奸》。
[4] 《大清律例根原》卷之八十六,《刑律·斗殴下·妻妾殴夫》。

议并提出修例动议。正如本案中提到的"著刑部将此例另行斟酌改定,所有张二一案即著新例定拟具奏",在这种情况下,皇帝实际上只对于修例提出一个大的修订方向,具体条文则交由刑部草拟。而生成的新例能够直接适用于本案的裁判,可见它是一种典型的溯及既往的法律规范。由此可见,清代审判更加注重于实质审查,而非形式上的逻辑推理。[1]

有乾隆三十九年(1774年)刘俊等人强抢觳姐一案。刘俊原本籍贯是安东,后来在乾隆三十一年(1766年),同他的父亲刘殿臣和弟弟刘龟一同到宿迁县种地。而孟池是他们同县的人,彼此相互认识。周二则是刘殿臣的小女儿的丈夫。刘俊看到了孟池有个女儿名叫觳姐,但由于没有钱娶亲,于是就想强行娶来为妻。三十九年秋季,刘俊听别人说觳姐将要出嫁,心中非常着急。正好十月初七,刘殿臣大女儿的丈夫朱五子来到宿迁探望岳父。初九日,刘俊就将预谋好的强抢觳姐的事情和其父刘殿臣说允,然后又恳求朱五子和周二入伙,一同去抢,二人最后答应。同时,刘俊又令其弟刘龟帮助他牵驴。等到三更半夜,五人一同到了孟池家门口。刘俊踢开门,正好碰见还未睡觉的孟池,刘俊即表示将要强抢觳姐。孟池不允,刘俊就打了孟池好几个耳光,待其跌倒在地之后,又踢了他的左右臂膀,将他从家里拉到了家门之外。孟池家的邻居叫做李子良,听闻吵闹,出门观望,结果被刘殿臣吓住,不敢援救。刘俊紧接着进入房内,不顾觳姐之母王氏的叫喊,将觳姐强行拉到门外,将其用驴拖走。孟池想要救援,不料被刘俊纠缠,不得前往。等到次日早晨,众人走到了沭阳县胡家集附近,由于刘俊害怕白天强抢民女被别人发现,于是就将觳姐放入了路边的空屋之中,到了傍晚连哄带骗将其奸淫。十一日早,刘俊假称觳姐就是他新娶的妻子,与她一同住在安东县的刘珍家中。最终孟池禀告官府,拿获各犯。江苏巡抚萨载依律将刘俊拟绞监候,将其父刘殿臣拟流刑。"强占良家妻女"律规定:"凡豪强势力之人,强夺良家妻女,奸占为妻妾者,绞监候。"所附乾隆六年(1741年)条例规定:"强夺良家妻女奸占,为从之犯,应照为首绞罪减一等,杖一百,流三千里。"[2]"共犯罪分首从"律规定:"若一家人共犯,止坐尊长。侵损于人者,以凡人首从论。"[3]

---

[1] 参见《驳案新编》卷二十一,《刑律·斗殴下·以妻卖奸复故杀其妻同凡论》。
[2] 《大清律例根原》卷之三十,《户律·婚姻·强占良家妻女》。
[3] 《大清律例根原》卷之十二,《名例律下·共犯罪分首从》。

因为江苏巡抚完全是按照律例办理，因此刑部也照拟核覆。但是乾隆皇帝则认为，将刘俊的父亲刘殿臣拟以流刑，并不合适。因为刘殿臣身为父亲，当他的儿子刘俊告诉他要抢夺毂姐的时候，就应该严厉地训斥刘俊，不让该案发生。但是刘殿臣竟然帮助儿子去强抢孟池之女。如果将父亲作为儿子的从犯进行处理的话，是非常不合适的。而且该案涉及父子共同犯罪，触犯的又是有关风化的婚姻大事。如果父亲不能够教育他的儿子，哥哥不能够教育他的弟弟，那么天下的德教就无法实现了。因此皇帝认为，刘殿臣明知儿子有此暴行，竟然反而助纣为虐的行为，是绝不可以完全按照律例进行处理的。因为皇帝"著交刑部，将父兄不能官署子弟转同行加功者，如何按本犯科条分别定罪之处，即行悉心妥议具奏。"

刑部收到上谕后，就开始了草拟例文的工作。他们也认为，父亲、兄长有管教儿子、弟弟的义务，如果不仅不能管束，反而成为了共犯，那么就相比普通人作为共犯的情节要重，因此必须加等处理。最终将新例草案奏请皇帝，生成了新例。"共犯罪分首从"律所附乾隆四十年（1775年）条例规定："凡父子、兄弟共犯奸、盗、杀伤等案，如子、弟起意，父、兄同行助势，除律应不分首、从，及其父、兄犯该斩、绞死罪者，仍按其所犯本罪定拟外，余俱视其本犯科条，加一等治罪，概不得引用'为从'字样。"[1]

在本案中，江苏巡抚萨载和刑部的意见是一致的，但是乾隆皇帝从整个纲常名教的角度，否定了将父亲刘殿臣按照"为从"处理的拟罪。同时，因为该案仅为父亲帮助儿子强夺良家妻女，若是其他帮助杀伤等案情，又如何拟定条例，皇帝恐怕一人无法胜任，于是就将该任务一起交给了刑部，皇帝只是尽到一个最终审核的义务。[2]

有乾隆四十一年（1776年）僧人界安打死徒弟韩二娃一案。界安是阳曲县人，从小就在徐沟县的娘娘庙出家为僧。乾隆四十年间，太原县民韩贵陇的儿子韩二娃到娘娘庙拜界安为师。由于韩二娃年纪很小，所以比较贪玩。于是界安经常将其责打。到了乾隆四十一年八月，韩贵陇到娘娘庙探望儿子，界安将其留宿。到了中午时分，界安酒后将韩二娃不听教导之处告诉了韩贵陇。等到晚上，韩二娃外出玩耍，界安将其寻回。韩二娃不禁啼哭，界安酒后生气将其衣裤脱掉，然后用绳子将其双手捆在吊梁之上，后来又用水浸湿麻绳，用来抽打韩二娃

---

[1]《大清律例根原》卷之十二，《名例律下·共犯罪分首从》。
[2] 参见《驳案新编》卷三，《名例下·助子抢夺良家妻女奸占为妻加等拟军》。

第二章　因案生例的程序

的两腿、两胳膊。韩二娃则出言抵触，并不求饶。界安恼怒异常，起意将其杀死，于是将韩二娃遍身殴打一遍，而韩贵陇和工人高楚上前劝导，都不能够令其停歇。最终韩二娃被殴打致死。山西巡抚觉罗巴延三依律将界安拟斩监候。"斗殴及故杀人"律规定："故杀者，斩监候。"[1]

虽然刑部认可这样的拟判，但是皇帝认为，僧人界安将年仅十一岁的幼徒韩二娃用绳子捆缚并用麻绳抽打，即使其父韩贵陇跪地求饶仍然置之不理。这样的罪行非常严重。刑部仅仅按照故杀律将其核覆，并不适当。上谕中还提到，僧人出家，本身就不应该犯杀戒。因此每年秋审的时候，只要是僧人犯命案的，都一律将其勾决，以示惩戒。该案之中，界安仅仅由于幼徒贪玩，就在酒后将其杀死，"既犯王章，又破佛律"，并非普通人斗殴故杀而已，故不能够将其处以监候。上谕最终提到，"著交该部另行妥议，定例具奏。此案即照新例办理。"紧接着，刑部就开始了修例的准备工作。他们认为，以往办理的僧人杀人案件，秋审一概被归入"情实"，并没有专门的订立科条，确实是一种疏漏。该案之中，作为僧人的界安，不仅在饮酒后毒打韩二娃，而且丝毫不理睬其父韩贵陇的当面跪求，实在是太过于狠毒。因此拟定了例文，将僧人界安处以斩立决，其目的就是为了"凶恶僧人咸知儆惧，而情法益昭平允。"最终奏定新例。"谋杀人"律所附乾隆四十二年（1777年）条例规定："凡僧人逞凶，谋、故惨杀十二岁以下幼孩者，拟斩立决。其余寻常谋、故杀之案，仍照本律办理。"[2]

在本案中，山西巡抚觉罗巴延三和刑部都完全依照律例进行处理，并且并不认为这样的拟罪有何问题。事实上，正如刑部所说，根据以往的僧人杀人的案件，也都是进入秋审"情实"，一般予以勾决。因此即使刑部认为该案情罪重大，也不一定会倾向于修订新例进行处理。而皇帝之所以在之前的同类型成案中并未抱有异议而针对本案需要制定专条处理，笔者认为，是因为本案的情节更为严重，导致皇帝认为应当区别对待。特殊情节主要有二，第一，界安殴杀的是十二岁以下幼孩；第二，界安是在幼孩之父在场跪地求饶的情况下进行杀人行为的。加上即使是普通的酿成命案的僧人往往也要入"情实"被勾决，最终被处斩刑或绞刑，因此刑部干脆将这种殴杀幼孩的僧人直接处斩立决，以警示其他凶恶僧人。[3]

---

[1]《大清律例根原》卷之七十八，《刑律·人命·斗殴及故杀人》。
[2]《大清律例根原》卷之七十四，《刑律·人命·谋杀人》。
[3] 参见《驳案新编》卷十九，《刑律·斗殴上·僧尼非理殴杀子弟》。

皇帝有时也会命刑部会同九卿定拟条例,但刑部仍具有核心地位。正如郑秦先生所说:"所谓的'三法司核拟'的'会谳'不过是个形式,真正的核拟工作完全是由刑部承担的。"[1]

有乾隆四十三年(1778年)申张保殴死奸夫高应美、致伊父母服毒身死一案。申茂盛和高应美都是楚南永州来县人,且都住在西洒街,各自开了一家小的店铺进行谋生,两人之间也并没有什么嫌隙。申茂盛的妻子叫做胡氏,夫妻二人相处和睦,前前后后一共生了三个儿子。长子为申张保,居住十里之外。乾隆四十二年(1777年)十一月内,高应美想要回到家乡去,因此就将店顶卖给了别人,由于账目未清,故暂时寄寓在申茂盛家。高应美与申茂盛之妻胡氏并不避嫌,交往甚好,屡次被申茂盛撞见,遂致两人反目成仇。申张保劝说其父数次,申茂盛俱不敢明言其事。四十三年三月十五日,由于长期心情烦闷,申茂盛抑郁成疾。申张保屡次看望,申茂盛终于将高应美与胡氏之事和盘托出。申张保听闻,欲将胡氏接回同居,故先行回家收拾行李。但三月十九日,胡氏被其夫申茂盛斥责,故奔赴其子申张保家居住。二十日下午,申张保携带木棍往山中拾取柴火,不料正遇高应美欲往其家。申张保用言劝阻高应美,高应美还骂,并且拾起石头砸向申张保。申张保恐其继续追逐殴打,故用木棍捅向高应美,致其肾囊受伤遂致殒命。申张保将高应美之尸体拖至屋旁,并于是夜与其母商同抬尸置于山里石洞之中,并用柴草掩盖洞口,希图灭迹而散。四月初七日,尸兄高应复鸣官,里长、街邻等人寻获高应美所穿布鞋,并于申茂盛家将高应美存放的衣物、钱文均查明领回,并将申张保押解赴县。不料申茂盛、胡氏二人忿激羞愧,先后服毒身死。云南巡抚裴宗锡认为,申张保与高应美两人斗殴,用木棍戳毙其命,并且由于情事败露,最终令申张保之父母申茂盛、胡氏二人自杀寻死,因此应将申张保依例拟绞立决。"子孙违犯教令"律所附乾隆三十七年(1772年)条例规定:"凡子孙因奸、因盗以致祖父母、父母忧忿戕生,或畏累自尽者,均照过失杀例治罪。若罪犯应死,及谋、故杀人事情败露,致其祖父母、父母自尽者,即照各本犯罪名,拟以立决。"[2]刑部照拟核覆。但乾隆皇帝下旨认为,该案虽然属于按律议罪,但是案情特殊,所拟罪名并不合乎情理。他接着说,子孙犯罪令父母自尽,原指子孙违犯教令或触犯刑律,导致其父母忿恨自戕,因此这种子孙

---

[1] 郑秦:《清代司法审判制度研究》,湖南教育出版社1988年版,第152页。
[2] 《大清律例根原》卷之九十三,《刑律·诉讼·子孙违犯教令》。

不应该留于世上,故律例将其拟以立决。但本案中,申张保途遇正欲前往其家的高应美,故用言劝阻,不料高应美反倒拾取石块砸向申张保。申张保情急之下,不得已用所携带木棍殴毙高应美。该案的真正缘由,是因为高应美与胡氏屡有奸情,申张保维护其母之名节并劝阻高应美,实属情理之中。且先前申张保已经劝阻其父,并且又接其母同居,这些行为都并无不合。奸夫高应美欲前往其家,其目的显然是为了图奸其母,若申张保并无忿恨,任由其母与他人苟合,反倒无廉耻之心,且置其父于何地?且申张保殴死高应美出于义愤,申茂盛、胡氏二人之死亦由于奸情败露,而非申张保殴死高应美之故。因此乾隆皇帝命"此本著交九卿,会同该部另行妥酌定例具奏。嗣后遇有此等案情,即照新例办理。"刑部领旨之后,遂立刻开展了制订新例的工作。总体上来说,刑部是秉持着上谕对于本案处理的原则与精神,即认为云南巡抚裴宗锡所引条例本系专指凶恶不法之徒连累其父母,因而规定将其予以立决,而不让其久留人世。但若母犯奸淫,其子非奸所登时将奸夫杀死,父母因奸情败露、忿愧自尽,则不应该过于苛责出于义忿的子孙。在这种情况下,子孙身犯重罪,并非自己作孽,而其父母羞忿自戕亦是自取,与子孙应死而致累父母自尽者不同。"若将此等案犯一例拟以立决,则是与累亲致死者无所区别,于情理实不得其平。"因此,刑部草拟了具体的例文,并于乾隆四十三年(1778年)十二月十四日具题,十六日奉旨:"申张保依拟应绞,著监候,秋后处决。余依议。钦此。""余依议"中的"余"自然包含了刑部、九卿等草拟的条例,因此得以生成新例。"杀死奸夫"律所附乾隆四十八年(1783年)条例规定:"凡母犯奸淫,其子实系激于义忿,非奸所登时将奸夫杀死,父母因奸情败露忿愧自尽者,即照罪人不拒捕而擅杀绞监候本例问拟,不得概拟立决。"[1]

在本案中,皇帝在发现督抚、刑部所拟罪名不合情理后,下旨令刑部会同九卿酌定新例。而当有司草拟新例条文之后,刑部则主稿,上题本请求皇帝批准,即所谓的"臣等谨会同九卿,合词具题请旨。"其实这种情况与上一种情况并无太多不同,只是皇帝可以下旨令九卿等其他中央衙门参与新例的制订。[2]

(四) 皇帝直接创制例文

在清代成案中,皇帝直接下旨制定条例的数量亦有不少。"普天之下莫非王

---

[1]《大清律例根原》卷之七十五,《刑律·人命·杀死奸夫》。
[2] 参见《驳案新编》卷十三,《刑律·人命·杀死伊母奸夫致父母自尽》。

土，率土之滨莫非王臣"，皇帝在帝国之中拥有最高立法权与司法权，因此他能够在上谕中根据自己的判断对于疑难案件径行裁判，并要求刑部"著为例"或"著为令"。相比之下，这一类型的成案才真正体现出了因案生例的本质。周子良和张朝晖认为，有清一代，无论是通过比附方式裁判案件，还是将成案著为定例，无一例外都是需要皇帝的认可。[1] 在上文所述的三种模式中，督抚、刑部主要起到了一种辅助皇帝行使立法权的作用，而定例的决定权始终在皇帝手中。因此如果皇帝觉得无需臣下帮助的话，他也能够独立创制新例。

有乾隆三十九年（1774年）船户刘治等偷卖漕米一案。刘治籍隶天津，以种地谋生。乾隆三十九年六月间，刘治之叔刘汉公病故，遗产为船一只，于是刘治雇佣天津民人赵魁、周焕驾船到杨村一带揽活度日。七月二十三日，有湖北蓟州卫头帮运丁宗志胜雇刘治之船载运漕米二百五十石，并谈好雇价，并令随丁宗得远押运。刘治遂又雇佣田七、宋通、李成，一同驾船前往运米。刘治因为雇价不足以还账，同时无法支付水手工钱，于是起意偷卖漕米。刘治与赵魁等人商量，许诺如果得以偷卖漕米，则一半赃款归刘治所有，一半赃款由水手五人均分。船行驶至北蔡村地方，刘治将船停泊上岸，告诉素识的酒米铺户、旗人方天秃有食米要卖，方天秃信以为真，每石议定价钱一千文。刘治又担心宗得远在船押运，不便于偷窃漕米，因此沽烧酒半斤，与宗得远对饮，终于如愿将其灌醉，宗得远醉后睡卧船后舱。刘治随至方天秃铺内，借取五条口袋分给五位水手，令其为方天秃搬运漕米。后刘治见搬运漕米太多，即令五位水手停手。至此，方天秃才知道刘治所卖食米实为其所运之漕米，但由于贪得便宜，亦不愿意退还。由于刘治后来停止运米，导致方天秃所得食米不足二人之前商定之数，因此方天秃先给刘治制钱十八千，并约定卖出食米后再行给付剩余钱文。刘治遂携带钱文与赵魁等人按约分用。后刘治又携带钱文到杨村地方还账。船至王家铺地方后，宗得远酒醒，发现漕米短缺，遂查问水手。赵魁等人称此事应上岸询问刘治，后各自逃散。刘治本欲逃逸，不料被巡兵盘获。经过知县会同运员查验赃物，实际被窃漕米五十二石。直隶总督周元理将刘治比照拟军，赵魁等人拟徒。"常人盗仓库钱粮"律所附乾隆三十二年（1767年）条例规定："窃盗仓库钱粮，未经得财者，为首，杖一百，徒三年；为从减一等，杖九十，徒二年半。但经得财之首犯，除赃至一百两以上仍照例拟绞外，其一百两以下，不分赃数多寡，俱发云

---

[1] 参见周子良、张朝晖："论清代的比附生例"，载《法律文化研究》2007年第0期。

贵、两广极边、烟瘴充军；为从者，一两至八十两准徒五年，八十五两至一百两分别拟流。"[1]刑部认为，刘治驾船运输漕米，竟敢偷窃五十二石并卖给沿河铺户方天秃，实属不法。因此如果仅仅将刘治计赃论罪，只能处以徒罪，显然过轻，因此同意直隶总督周元理将其比照条例处以充军刑。赵魁、周焕、田七、宋通、李成五位水手照"为从"例，处以准徒五年，也并无不合。方天秃虽然开始不知道刘治偷窃漕米一事，但是在刘治下令停收之后已经明白其所购买的食米实为赃物，但仍知情买赃，因此对方天秃亦应该处以准徒五年。现已查明，方天秃是内务府正黄旗海成管领下汉军旗人，因此依律应当鞭责、折枷。"犯罪免发遣"律规定："凡旗人犯罪，笞、杖各照数鞭责。军、流、徒免发遣，分别枷号。徒一年者，枷号二十日，每等递加五日。总徒、准徒亦递加五日。"[2]刑部对此均照拟核覆。但乾隆皇帝并不同意对于方天秃的处理。他认为虽然将从犯方天秃予以鞭责、折枷，是有"犯罪免发遣"律的法律依据的，但是同样都属于旗人，亦有不同之处。如果是身居京师食饷当差、在官执役的人，身犯流徒等罪，当然可以依据规定折枷完结。但是如果在屯居住以及在各处庄头与民人混处日久，则该类旗人与民人并无不同，因此如若犯法亦应该与民人一同处理，不该享受旗人特权。他还认为"况我朝统一寰宇百三十余年，久已中外一家，薄海民人与旗人并无歧视，何独于问拟流徒一节尚拘往例乎？"于是乾隆皇帝直接下旨："嗣后……住居庄屯旗人及各处庄头并驻防之无差使者，其流徒罪名俱照民人一例发遣。著为例。此案拟徒之方天秃，交部即照此办理。"刑部领旨后，随即遵照上谕重审该案。刑部认为，方天秃虽然是汉军旗人，但是在武清县北蔡村居住，开铺谋生，已经与民人无异，因此该犯所得徒罪不应该以在京食粮旗人一例折枷完结。最终得到了皇帝的批准，生成了新例。"犯罪免发遣"律所附乾隆四十二年（1777年）条例规定："凡在京满洲、蒙古、汉军，及外省驻防食粮当差者，如犯军、遣、徒、流等罪，仍照例折枷发落。其余居住屯庄旗人，及各处庄头，并驻防之无差使者，军、遣、流、徒俱照民人一例办理。"[3]

在该案中，方天秃被拟准徒五年。直隶总督因其系正黄旗汉军旗人，故拟折枷鞭责。但皇帝认为方天秃在屯居住，开铺谋生与民人无异。关键之处在于，皇

---

[1]《大清律例根原》卷之五十七，《刑律·贼盗上·常人盗仓库钱粮》。
[2]《大清律例根原》卷之三，《名例律上·犯罪免发遣》。
[3]《大清律例根原》卷之三，《名例律上·犯罪免发遣》。

帝不仅提出了修例动议，而且直接以"嗣后"的方式提出了新例草案，并直接下令"著为例"。倘若比较最后的新例正式文本与皇帝在上谕中所拟草案，我们可以发现，两者并没有太大的差异。其实这种情况也并不奇怪。因为律、例作为维护皇权统治的有力武器，其制定权亦必须牢牢地掌控在皇帝手中。前面所提到的几种修例方式，只不过由于提起动议和草拟新例的机关的不同而有所区别。但无论哪种方式，最终都要通过皇帝的批准。因此在该种情况下，皇帝自己提起动议、自己草拟新例，也只是不走让刑部代劳的繁复程序而已，与其他情况并无太多实质上的不同。[1]

有乾隆五十年（1785年）杨张氏通奸暴露灭口李么儿以及陈文彩杀死单香两案。杨张氏、李么儿和周万全都是大邑县民，平时也相互较为熟悉。乾隆四十八年（1783年），杨张氏在山中捡拾柴火的过程中，碰巧遇到了周万全，两人很快勾搭成奸。而杨张氏自己的丈夫杨周茂并不知道这样的事情。乾隆五十年，杨周茂有事外出，于是周万全溜进了杨张氏的房中，恰巧被附近玩耍的李么儿碰见二人调情之事。李么儿年仅八岁，未谙世事，当即大声呼喊，周万全不得已只能暂行退避。杨张氏害怕李么儿因年幼无知，将她和周万全的奸情向别人和盘托出，于是就起意想要杀死李么儿。她很顺利地将李么儿哄骗进入自己的房间，将其抱到床上，用麻绳捆住，不使其动弹。同时用家里的稻草塞住李么儿的嘴巴不令其发出声音，最后骑在李么儿的身上，用麻绳缠绕咽喉，最终李么儿毙命。等到傍晚，杨张氏从家里的后门溜出，将李么儿的尸体丢弃到树林里。不料同乡到此捡拾柴火的周辛喜看见了，正要声张，但被杨张氏威胁而不敢到处乱说。最后是李么儿的父亲李正才报告牧令，最后才抓获了杨张氏。四川总督李世杰将杨张氏依律拟斩监候，将周万全依例拟枷杖。"谋杀人"律规定："谋杀人，造意者，斩监候。"[2]"犯奸"律所附乾隆五年（1740年）条例规定："其军、民相奸者，奸夫、奸妇各枷号一个月，杖一百。"[3]

刑部对此拟罪都予以认同。但乾隆皇帝认为，该拟罪并不合理。因为杨张氏杀死的李么儿年仅八岁，还是一个无知儿童，他碰见了杨张氏和周万全的奸情完全是出于偶然，而杨张氏竟然敢将李么儿骗进自己房间，用稻草塞口，麻绳勒

---

[1] 参见《驳案新编》卷一，《名例上·庄屯无差使旗人不准携枷》。
[2] 《大清律例根原》卷之七十四，《刑律·人命·谋杀人》。
[3] 《大清律例根原》卷之九十九，《刑律·犯奸·犯奸》。

颈，正所谓"淫凶残忍，实出情理之外"。因此皇帝认为刑部将其拟斩监候，"不足蔽辜"，而特命将其斩立决。同时，上谕中还命令，"嗣后有谋死幼孩，如年在十岁以上者，仍照向例办理；其在十岁以下者，即照此案问拟立决，以儆凶残而示惩创。"

但过了仅仅两年，到了乾隆五十三年（1788年），河南省又发生了类似的杀死幼童的案件。陈文彩、马利、陈安三人与单香都在同一庄居住，单香的父亲叫做单守明。马利则是陈文彩的女婿。乾隆五十三年的二月初六，马利正好到陈文彩家串门，到了傍晚时分，陈安也来到了这里。三人一起闲聊说起了自己贫穷。当时八岁的单香在院子内玩耍。陈文彩聊到同庄的邻居陈超家境比较富裕，但是每次都不借给他钱财，感到非常气忿，于是就想要杀死单香，将其尸体移至陈超的屋后，以此来向陈超收取所谓的掩埋尸体的费用。他将这种想法告诉了陈安和马利，得到了他们的同意。于是陈文彩将单香骗进了自己房间，马利在外望风。由陈安将单香按倒在地，单香不禁大声呼喊，陈安于是立刻用手捂住其口。陈文彩用腰间的麻绳绕过单香的脖子，然后抓住两边绳头用力拉紧，单香当场被杀死。等到夜半二更，陈文彩和马利二人，将单香的尸体放到了陈超的后院之中。等到初七早晨，陈超看见单香的尸体后当即喊叫，陈文彩等人则急忙前往，要求陈超给予足够的钱，就帮助他掩埋单香的尸体。不料陈超完全不同意这样的要求，最终三人均被官府拿获。河南巡抚将陈文彩依例拟斩立决，将陈安依律拟绞监候，将马利依律拟杖一百、流三千里。"谋杀人"律规定："谋杀人，从而加功者，绞监候。不加功者，杖一百，流三千里。"[1]

刑部同样核覆了这样的拟罪。但是乾隆皇帝又不同意了。他认为陈文彩确实应该被处斩立决，而陈安在本案中起到的作用就是将单香按倒在地。虽然说将陈安按照"从而加功"律拟绞监候，是"按律办理"，但是由于单香才八岁，陈安就忍心和陈文彩一起将其勒死，情节非常严重。他在上谕中还提到，"前因部臣办理谋杀幼孩之案，不应仅照寻常案例问拟，敕部定例'谋死十岁以下幼孩者，斩立决'"，因此对于这种案件中同谋、动手加功的罪人，也同样应该比通常的谋杀人案件重。最后皇帝直接定例，"嗣后部中遇有谋杀十岁以下幼孩案件，除为首之犯定拟斩决外，其从而加功者俱问拟绞决，如其未加功仍按旧例。余依议。钦此。""谋杀人"律所附乾隆五十三年（1788年）条例规定："凡谋杀幼

---

〔1〕《大清律例根原》卷之七十四，《刑律·人命·谋杀人》。

孩之案，除年在十岁以上者，仍照例办理外，如有将未至十岁之幼孩逞忿谋杀者，首犯，拟斩立决；从而加功之犯，拟绞立决；其从而不加功者，仍照本律，杖一百，流三千里。"[1]

从这两起案件，我们可以清晰地看出，地方督抚和刑部都是在"按律办理"，严守律例本身的含义。但是到了乾隆皇帝那里，他连续两次在谋杀幼孩的案件中主动作出了加重处理并生成新例的决定。第一次是针对主犯予以加重，从斩监候变为斩立决，第二次则是针对同谋加功者予以加重，从杖流加为了绞立决。可见，皇帝本人对于该类行为的深恶痛绝。他在上谕中不仅措辞激烈，而且直接提出修例的动议并起草了例文。而最终的正式版与上谕中的也差距不大，律例馆基本是照搬了上谕中"嗣后"的内容。这两起案件可以很好地表现皇帝本人在新例制定中的决定性作用。

有乾隆三十八年（1773年）李治国为救母杀死石通一案。石通之母为高氏，改嫁后又与他人生子李治国。乾隆二十八年（1763年），高氏和李治国二人从石通处借得两间空房居住。到了乾隆三十八年，石通屡次向李治国和高氏二人要求退还房间。到了闰三月初十，李治国不得已租赁了隔壁的房间，并且在中午用剪刀裁剪窗户纸，因此尚未搬离原住处。不料石通再次向高氏要求赶紧搬走，并且恶语相向。高氏颇为气忿，用头撞石通而自己跌倒在地。石通将高氏的胳膊拉住，将其往外拖走，将高氏的左手腕以及脑后脊背都弄伤。高氏因疼痛难忍不禁大声叫喊。李治国听闻母亲声音，顿时赶至，让石通停止这样的行为。不料石通继续叫骂，并不停歇，李治国担心母亲继续受伤，情急之下用刀扎伤了石通的左腿。石通仍然拉住高氏并不放手，并且仍然用腿乱踢。李治国无奈，只能用刀继续扎向石通的右侧肋骨，最终导致其死亡。山西巡抚觉罗巴延三依律将李治国拟绞监候，并且由于他是救护母亲，而且是家中独子，因此申请候旨定夺。"斗殴及故杀人"律规定："斗殴杀人者，不问手足、他物、金刃，并绞监候。"[2] "父祖被殴"律所附乾隆五年（1740年）条例规定："人命案内，如有父母被人殴打，实系事在危急，伊子救护情切，因而殴死人者，于疏内声明，援例两请，候旨定夺。"[3] "犯罪存留养亲"律规定："凡犯死罪非常赦所不原，而祖父母、父

---

[1]《大清律例根原》卷之七十四，《刑律·人命·谋杀人》。
[2]《大清律例根原》卷七十八，《刑律·人命·斗殴及故杀人》。
[3]《大清律例根原》卷之八十八，《刑律·斗殴下·父祖被殴》。

母老疾应侍，家无以次成丁者，开具所犯罪名，奏闻，取自上裁。"[1]

刑部核覆认可山西巡抚的拟罪。皇帝认为，该案中，李治国因为母亲高氏被同母异父的石通强行拉走擦伤手腕，害怕母亲年老伤重，于是用刀吓扎石通身死。条例规定的是只有在父母被他人殴打，儿子迫不得已才将他人打死的情况。如果说父母是和别人寻衅斗殴，儿子前来帮助父母的话，那么就不能够按照该条例进行减等发落。而对于存留养亲的条例，一定要先查明死者并非独子，而凶犯家无次丁才可以声请减刑。如果是那种案情较轻的，一般可以允许减刑。但是如果是那种案情较重的，则一般不准留养，而且如果不是谋杀、故杀、常赦所不原的情况，那一般就将其羁押数年，缓和罪犯的桀骜不驯之气，而不应该在定案的时候就将命案应抵的正犯释放。而且存留养亲的律例，容易导致独子有恃无恐地进行犯罪，因此皇帝认为应该对于救护父祖和存留养亲这两类案情，审慎办理。并予以定例。最终生成条例。"父祖被殴"律所附乾隆四十二年（1777年）条例规定："人命案内，如有父母被人殴打，实系事在危急，伊子救护情切，因而殴死人者，于疏内声明，援例两请，候旨定夺。其或有子女与人角口，主令伊子将人殴打致死，或父母与人寻衅斗殴，其子踵至，助势共殴毙命，俱仍照例科罪，不得概拟减等。"[2]

在本案中，李治国本是为了救护母亲高氏，才将石通扎死。而且由于他是独子，因此他符合律例中规定的两个减等条件。一个是"父祖被殴"律，一个是"犯罪存留养亲"律。这两个规定都能够让李治国得到减等的处罚。尽管皇帝最终也将李治国从宽免死，减等发落，但认为如果轻易地减等量刑的话，就容易导致有人存心利用这样的减刑方式作案，最终导致放纵了相关命案中的罪犯。他采取的方法是，对于这类案件一定要详细查明具体情节，务求完全符合律例的规定方可予以减刑。依据本案生成条例完全是皇帝本人的意愿，并无督抚和刑部的参与。[3]

笔者认为，之所以地方督抚提请修例的情况较少，可能和"断罪引律令"律的规定有关系。相比之下，刑部不仅提请修例的次数很多，而且即使是由皇帝提议修例，刑部自身也多担任草拟例文的重任。

---

〔1〕《大清律例根原》卷之五，《名例律上·犯罪存留养亲》。
〔2〕《大清律例根原》卷之八十八，《刑律·斗殴下·父祖被殴》。
〔3〕参见《驳案新编》卷二十六，《刑律·斗殴下·情切救母援例两请》。

第三章

因案生例的方法

著名的美国法官卡多佐认为："法典和制定法的存在并不使法官显得多余，法官的工作也并非草率和机械。会有需要填补的空白，也会有需要澄清的疑问和含混。"[1] 现代司法实践中，当法官无法找到大前提法律规范或找到的法律规范不合情理或模糊不清时，由于他们又肩负"不可拒绝裁判"之义务，法官就必须在具体案件中承担法律解释、法律续造之任务。完成这些任务的方法，正如杨仁寿所说"公开的漏洞，则类推适用以补充之，隐藏的漏洞则由目的性限缩补充之。"[2] 笔者认为，清代各级法司在刑事司法审判中会遇到与现代法官同样的难题。尽管时代不同、理念不同，但通过阅读清代成案尤其是最终生成了条例的成案，我们可以发现，清人也会采用一些具有中国传统帝制时期特色的方法，而这些方法完全可以在现代法学方法论的框架内对其进行理解，即清人采取的诸如"比附援引""阐发律意"等手段都与现代的法律续造、法律解释等方法有异曲同工之妙。因此，清代各级法司在因案生例中所使用的方法也分为法律续造和法律解释两大类，前者主要包含目的性限缩、类推适用、创造性补充等方法，后者则主要包含文义解释、体系解释、历史解释、目的解释、反对解释等方法。在下文中，笔者将使用《驳案汇编》《刑案汇览》中的成案，分别展示、论述、分析清代各级法司共同制定新例的方法及其过程。

一、因案生例中的法律续造

（一）目的性限缩

清人采用的这种方法主要是针对律例体系中的一些隐藏漏洞。王泽鉴认为：

---

[1] [美] 本杰明·卡多佐：《司法过程的性质》，苏力译，商务印书馆1997年版，第4页。
[2] 杨仁寿：《法学方法论》，法律出版社1999年版，第195页。

"其填补之道,系将此项规定的适用范围,依法律规范意旨予以限缩……目的性限缩的法理,则在于'非相类似的,应为不同的处理。'"[1]魏德士认为:"规范常常包含了规范目的不应当包含的生活事实。在这种情况下,忠实于文字的规范适用可能导致结果与法律所追求的目的相反……所以必须根据可认识的规范目的来限制条文的含义。"[2]可见,学者们对于此方法有着较为共同的认识。如同笔者在第一章中所论述因案生例的原因时,曾经提及任何成文法律体系中都存在着一些适用范围过大的法律规范,它们在形式上将不少在性质、量刑上应当有所区别的特殊案件也包含在内。因此,如果司法官员遇到这类特殊案件,就应当根据法律规范背后的法律精神和立法主旨,将其排除于原规范的适用范围之外,以此保证符合"不相同、不相似情节得到不相同、不相似的处理"这一原则。

有乾隆年间赣县民廖景泮等在川省传教惑众一案。信丰县故民萧维富即萧齐公生前创建邪教,名为"罗祖三乘正教真传"。后萧齐公将其传与廖谛升,廖谛升又传与廖秀林,廖秀林又传与他自己的儿子廖景淳,廖景淳又传与堂弟廖景泮暨村民邱德位、钟元芳、刘世斌、钟公山、邱仁组、邱添泽、邱德伟等人。后廖景泮又传与黄东启、李迎珍。黄东启又传与侯大亨、侯大生。萧维富生前曾有护道榜文以及佛谕经本,并传与廖景淳。在廖景淳病故之后,榜文、经本又传入邱德伟手中。经过查证,萧维富死于康熙丙寅,距案发已经九十余年,廖谛升、廖秀林、廖景淳亦先后身故。该邪教究竟始创于何时,榜文究竟由何人所做,都已经无从查考。但邱德伟收藏有榜文、经卷,起意惑众,于乾隆四十一年(1776年)引川民童国禄拜廖景泮为师。至四十五年(1780年)又有川民张斌央求童国禄邀请廖景泮赴川设教,童国禄又转托刘正富邀请廖景泮。四十六年(1781年)正月,廖景泮同邱德伟、廖昌华、曾庆远携带榜文等从家起身,前往川省张榜设教。中途众人被巴州及通江县拿获,起获榜文、佛谕经本等物。后经过总督文绶奏请皇帝,奉旨交给江西巡抚郝硕查办。后抓获黄东启、李迎珍、廖士滢、谢开禄、吴学贤等五人。郝硕又飞饬赣南道汤萼棠,督同该府县拿获邱德伟、廖景泮、廖秀林三犯家属廖秀科等二十六口,后又抓获刘士斌等犯,于邱德伟家搜出抄经四本,邱仁组、刘士斌家搜出佛谕各一纸。江西巡抚郝硕依据相关律例,将以故萧维富、廖秀林、廖景淳等人均依律拟以凌迟,仍开棺戮尸;廖谛升拟

---

[1] 王泽鉴:《民法思维——请求权基础理论体系》,北京大学出版社2009年版,第209页。
[2] [德]伯恩·魏德士:《法理学》,丁晓春、吴越译,法律出版社2005年版,第375页。

斩,由于该人已死,故不再追究;而按律应缘坐的廖秀科等十犯应拟斩;年未及岁的廖老三仔等六名与逆反眷属张氏等十口拟发为奴;黄东启等八犯拟军。"谋反大逆"律规定:"凡谋反及大逆,但共谋者,不分首、从,皆凌迟处死。祖父、父、子、子孙、兄弟及同居之人,不分异姓,及伯叔父、兄弟之子,不限籍之同异,年十六以上,不论笃疾、废疾,皆斩。其十五以下及母、女、妻、妾、姊、妹,若子之妻、妾,给付功臣之家为奴。"[1]"徒流迁徙地方"律所附乾隆四十八年(1783年)条例规定:"各省邪教为从之犯,罪应拟军及照《名例》发遣者,俱改发云贵、两广烟瘴地方充军。其云贵、两广四省邪教从犯,发往四川、福建二省安插。此等人犯内,如有情节较重者,各于到配后再加枷号六个月。"[2]"禁止师巫邪术"律所附乾隆三十七年(1772年)条例规定:"凡左道惑众之人,或烧香集徒、夜聚晓散为从者,发边远充军。"[3]刑部核覆同意对于廖秀科处以缘坐之刑,并上题本于皇帝。但皇帝认为,廖景泮之父廖秀科,虽然按照"谋反大逆"律属于应当被缘坐治罪之犯,但是根据从前的案例,这类缘坐之凡人往往都加恩减为监候,以表达"罪人不孥"这一自上古以来的刑罚观念。况且廖秀科是廖景泮之父,而非兄弟子孙,他也并未知情纵容廖景泮传播邪教、伪造榜文、经卷、佛谕,因此在本案中应当加恩免其治罪。乾隆皇帝同时直接提出修例动议,并草拟例文,即"嗣后如有逆犯祖父母应行缘坐者,除讯明'知情故纵'仍照例问拟外,其讯非知情者即概予省事,不必缘坐。著为令。"而对于廖景泮之弟廖昌礼、之子廖明富,邱德伟之兄邱德化、之侄邱仁礼、邱七元仔、邱仁禄、邱仁组,廖景淳之子廖明光、廖明贵等其他应缘坐之人,亦从宽改为斩监候。最终生成新例。"谋反大逆"律所附乾隆五十三年(1788年)条例规定:"除实犯反逆案内之亲属仍照例缘坐外,其有人本愚妄,或希图诓骗财物,与立邪教及挟仇编造邪说,煽惑人心,比照反逆定罪之案。若本犯之祖父、父母及期亲伯叔实系知情者,仍照律办理。其讯明实不知情,即概予省释,不必依律缘坐。"[4]

在本案中,萧齐公创立邪教,并辗转传于廖景泮等人。乾隆四十六年(1781年),廖景泮携带伪造榜文到川省张榜设教。因此,督抚将廖景泮之父廖秀科等

---

[1]《大清律例根原》卷之五十三,《刑律·贼盗上·谋反大逆》。
[2]《大清律例根原》卷之十七,《名例律下·徒流迁徙地方》。
[3]《大清律例根原》卷之四十,《礼律·祭祀·禁止师巫邪术》。
[4]《大清律例根原》卷之五十三,《刑律·贼盗上·谋反大逆》。

人均照大逆缘坐之律拟斩立决，刑部照拟核覆。但皇帝认为，虽然该案是"照例办理"，即承认在综合该案的各种情节之后，可以认定该案在形式上属于"谋反大逆"律的涵摄范围，因此江西巡抚郝硕和刑部江西司的法律推理都是正确无误的。但是该案与该律通常所适用的案件有所不同的是，它存在着四个关键情节，导致对于廖秀科的拟罪并不合乎情理。第一，廖秀科最后是比照大逆量刑而非自身实犯大逆；第二，廖秀科作为主犯廖景泮的父亲，并没有参与犯罪行为的实施，同时也没有知情纵容其子廖景泮在四川传教惑众、伪造佛经以及各种榜文；第三，廖秀科与案犯廖景泮之间是父子关系而并非是兄弟子孙的关系，而这对于尊长普遍具有较高地位的传统帝制中国来说，又显然具有很重要的意义，同时律典之中《名例》篇下也有"老小废疾收赎"之类对于老年人的宽待措施，并且老年人相对于年轻人在思维上相对保守而不激进，在犯罪的能力上又相对较弱；第四，对于同类案件，皇帝在上谕之中也有提到，为了表示对于上古以来"罪人不孥"的刑法原则的尊重，表现本朝的皇恩浩荡的"刑德"，历来对于缘坐的父祖都加恩改为了死刑监候，可见朝廷一直就有不少加恩的先例。因此这四个关键情节足以导致在对于本案进行实质性分析的时候，发现对于该案事实适用"谋反大逆"律会不符合朝廷一贯的同类成案中所体现的刑事政策，因此皇帝认为有必要制定条例根据"罪人不孥"这一目的对于缘坐的范围进行一定的限制。[1]

有嘉庆二年（1797年）周俸潍奸拐李二姐致李二姐被父殴死一案。李世楷是李二姐的父亲。嘉庆二年，李二姐被周俸潍奸拐同逃，后被李世楷拿获，并登时殴死李二姐。代办四川总督刑部侍郎英善依例将周俸潍拟绞监候，李世楷拟杖八十。其法律依据如下，"杀死奸夫"律所附乾隆四十二年（1777年）条例规定："如本夫登时奸所获奸，将本妇杀死，奸夫当时脱逃，后被拿获到官，审明奸情是实，奸夫供认不讳者，将奸夫拟绞监候，本夫杖八十。"[2]乾隆五十三年（1788年）条例规定："凡本夫、本妇之父母，如有捉奸杀死奸夫、奸妇者，其应拟罪名，悉与本夫同科。倘死系有服尊长，仍按本律拟罪，亦照本夫之例，一体夹签声明，分别递减。"[3]但嘉庆皇帝认为，父母殴死无罪的子女，尚且处以杖刑。"殴祖父母父母"律规定："其子孙违犯教令，而祖父母、父母不依法决

---

〔1〕 参见《驳案新编》卷六，《刑律·贼盗上·逆犯之父讯非知情纵容》。
〔2〕 《大清律例根原》卷之七十五，《刑律·人命·杀死奸夫》。
〔3〕 《大清律例根原》卷之七十五，《刑律·人命·杀死奸夫》。

罚而横加殴打，非理殴杀者，杖一百。"〔1〕而在本案中，李二姐已经是犯奸之妇，是有罪之人，且李世楷殴死其女李二姐完全是出于义忿。虽然英善声明李世楷的杖罪可以依据大赦而免除刑罚，但是皇帝认为李世楷并无任何罪过，原拟判决并不合理，并下旨"嗣后遇有似此情节者，其父母竟不必科以罪名，并着刑部将此例删除，以昭明允。"刑部领旨后，遂奏定新例。"杀死奸夫"律所附嘉庆二年（1797年）条例规定："凡本夫、本妇之祖父母、父母，如有捉奸，杀死奸夫者，其应拟罪名，悉与本夫同科。若止杀奸妇者，不必科以罪名。倘被杀奸夫系有服尊长，仍按本律科罪，亦照本夫之例，一体夹签声明，分别递减。"〔2〕

在本案中，对于李世楷殴死犯奸子女的行为，本可以依据明确的条例拟以杖刑。但是嘉庆皇帝举出了几点理由否定了这样惩处的合理性，即指出根据"殴祖父母父母"律的规定，父母殴死无罪子女也仅仅处以杖刑，而根据"杀死奸夫"所附乾隆五十三年（1788年）条例，父母殴死犯奸子女也处杖刑，因此量刑明显并不合理。显然，嘉庆皇帝认为原条例的适用范围过大，应该予以缩小。因此他下旨明令刑部删除该条例。最终，刑部将原条例中"杀死奸夫、奸妇者"改为"杀死奸夫者"，同时增加了"若止杀奸妇者，不必科以罪名"的字样。皇帝、刑部的这种做法，其实就是采用了目的性限缩的法律漏洞填补方法。首先，皇帝对于原条例中的不合理规定进行了法律论证，证明律例体系中实则存在一个隐藏性的法律漏洞，父母杀死通奸女儿的情形也被包含在了"杀死奸夫"律所附条例的适用范围之内；其次，皇帝提出了修例动议，命令刑部删改原条例以填补漏洞，进行法律之续造工作；最后，刑部遵旨纂定新例，妥善、圆满地解决了这类案件的法律适用难题。通过这样的修例工作，就很好地完善了"杀死奸夫"律中有关父母杀死犯奸子女的行为，更重要的是通过免除父母的刑罚，不仅能够有力地威慑未犯妇女，惩处已通奸的妇女，而且能够保证父母对于女儿的教令权。这些效果都能够很好地巩固传统家庭中纲常名教的实施，进而保证整个社会秩序的安定。〔3〕

有乾隆二十八年（1763年）赵宗孔复仇谋杀赵秕麦一案。赵宗孔的父亲名叫赵大典，曾经被赵秕麦用刀扎死。后赵秕麦被拟从绞监候减为杖一百、流三千

---

〔1〕《大清律例根原》卷之八十八，《刑律·人命·殴祖父母父母》。
〔2〕《大清律例根原》卷之七十六，《刑律·人命·杀死奸夫》。
〔3〕参见《刑案汇览》卷二十五，《杀死奸夫·父母捉奸仅杀奸夫毋庸科罪》。

里。到配所后，适逢大赦，于是赵秕麦被释放回籍。赵宗孔心怀忿恨，故复仇谋杀了杀父仇人赵秕麦。陕西巡抚依例将赵宗孔拟杖一百，流三千里。"父祖被殴"律所附乾隆五年（1740年）条例规定："凡祖父母、父母为人所杀，本犯拟抵后或遇恩、遇赦免死，而子孙报仇，将本犯仍复擅杀者，杖一百，流三千里。"[1]刑部认为，这条律例在雍正三年（1725年）时就已经存在。后来乾隆四十二年（1777年）发生了沈万良擅杀王廷修为父报仇一案。沈三是沈万良的父亲，在行窃王廷修的时候拒捕，因此本来就属于有罪之人。后事主王廷修将其追赶殴打致死。因此被直隶总督依例拟徒刑。"夜无故入人家"律所附乾隆五年（1740年）条例规定："凡黑夜偷窃，或白日入人家内偷窃财物，被事主殴打致死者，仍照夜无故入人家已就拘执而擅杀至死律，杖一百，徒三年。"[2]该案既然已经完结，并且按照律例规定，王廷修并不需要抵命，因此沈万良不应该以王廷修为仇人。后沈三之子沈万良于十余年后，又趁机将已经伏法的王廷修杀死。最初，直隶总督照例将沈万良拟杖一百、流三千里。但当时刑部不同意这样的拟罪，并列举了之前各省办理的复仇案件。第一，广东省的曾士标殴打曾会昌致死，被拟斩监候，而曾会昌的儿子曾朝宗为了复仇，将曾士标的儿子曾亚杀死，被拟斩立决，后乾隆皇帝将其改为绞立决。第二，河南省的智顺被赵二殴打致死，赵二被问拟绞监候，而智顺之子智洪义将赵二之子赵仓杀死，后被拟斩刑。当时乾隆皇帝就在谕旨中指出，朝廷的律例极为周详，因此生杀予夺之权都应依靠法司，不可以容忍私人私自进行复仇的行为。况且所谓仇人已经伏法，那么私人之间的仇恨就应该泯灭。如果父母死于非命，凶手最终成为漏网之鱼，那么子孙复仇当然有其一定的合理性。但是如王廷修一案，沈三本来就是窃贼，属有罪之人。王廷修伏法结案之后，就属于无罪之人。如果沈万良又将王廷修杀害的话，就应该依律办理。如果相反按照直隶总督的依例拟罪，那么被杀之人的儿子，皆可以以此例为借口，肆意复仇，根本达不到朝廷所希望的"辟以止辟"的效果。最终将沈万良拟斩监候。刑部又举出了乾隆五十三年（1788年）河南省发生的李江复仇李作周的案件，以及乾隆五十六年（1791年）山西省发生的李伦复仇杀害张端的案件，当时也都是按照谋故杀律拟斩监候的。因此，既然本案情节与李江、李伦案件的情节相似，那么自然应该将赵宗孔依律拟斩监候。最终生成条例。"父祖

---

[1]《大清律例根原》卷之八十八，《刑律·斗殴下·父祖被殴》。
[2]《大清律例根原》卷之七十二，《刑律·贼盗下·夜无故入人家》。

被殴"律规定:"祖父母、父母为人所杀,凶犯当时脱逃,未经到官后被死者子孙撞遇杀死者,照擅杀应死罪人律,杖一百。其凶犯先经到官拟抵,或于遇赦减等发配后,辄敢潜逃回籍,致被死者子孙擅杀者,仍照旧例,杖一百,流三千里。若本犯拟抵后援例减等,问拟军、流,遇赦释回者,国法已伸,不当为仇,如有子孙仍敢复仇杀害者,仍照谋、故杀本律定拟,入于缓决,永远监禁。"[1]

在本案中,陕西巡抚最初的拟罪完全是按例办理。但刑部在核拟时认为,结合先前案例,原条例的适用范围过广,如果在本案中依据原条例拟罪,就会产生民间私自复仇、生杀不由法司的局面。由于朝廷"辟以止辟"的司法政策目的,因此,刑部将该条例进行了目的性限缩的处理方法,将原来"本犯拟抵后或遇恩、遇赦免死"分成了"到官拟抵,或于遇赦减等发配后,辄敢潜逃回籍"和"拟抵后援例减等,问拟军、流,遇赦释回者,国法已伸,不当为仇"两种情况,并且明确指出只有前一种情况才能够适用原例规定的"杖一百、流三千里"的刑罚,而后一种情况,则仍将其按照谋、故杀本律定拟。这种处理方法,就是根据立法目的去修正原来法律适用范围过大的问题。同时,我们可以发现,刑部为了证明原拟罪合乎律例而不合情理,引用了其掌握的来自全国的几个同类成案。例如乾隆年间直隶的沈万良为因盗窃而被杀的沈三报仇而擅杀王廷修,广东省的曾朝宗为其父曾会昌报仇而杀害了已经伏法的曾士标的儿子曾亚,河南省的智洪义为其父智顺报仇而杀害了已经伏法的赵二的儿子赵仓。而沈万良被拟斩监候,曾朝宗被拟绞立决,智洪义被拟斩刑。在此,刑部实际上承认了先前发生的同类成案的效力,而否定了"父祖被殴"律的效力。而当又发生了赵宗孔为其父赵大典复仇而杀死已经伏法的赵秕麦的案件时,可以想见,刑部必然会认为同类案件属于多发情况,因此仅仅将这种裁判性规则停留在成案的效力上,会带来律例体系适用上的不稳定,而降低了律例的效力,因而最好的办法就是生成新例,以便以后同类案件的法律适用。[2]

有乾隆五十二年(1787年)徐二姐与陈七通奸,畏惧事情败露勒死奴婢素娟一案。乾隆四十九年(1784年)间,徐二姐的父亲徐桂珍契买了杨凤鸣的女儿,并将其改名为素娟以服侍徐二姐。后程景文与徐二姐订婚,但尚未过门成亲。徐桂珍和其妻徐吴氏与他们的幼女小郎一同居住在前楼,徐二姐则和素娟一

---

[1]《大清律例根原》卷之八十八,《刑律·斗殴下·父祖被殴》。
[2] 参见《刑案汇览》卷四十五,《父祖被殴·为父报仇之案分别情节拟罪》。

起居住在后楼。徐桂珍的对门邻居名叫陈七,与徐二姐较为熟悉,两人见面并无太多禁忌。乾隆五十一年(1786年)二月间,陈七路过徐二姐所住后楼,正好与其碰见,于是陈七调戏徐二姐,通奸不止一次。徐二姐之父徐桂珍对此并不知情。乾隆五十一年九月间,素娟发现了陈七与徐二姐的奸情,故徐二姐嘱咐她不可对外声张。乾隆五十二年(1787年)四月间,陈七又去找徐二姐通奸,并且向其借首饰去当铺换钱急用。徐二姐同意后,陈七则回家。四月初九日,徐二姐令素娟拿着金银首饰去送给陈七。当时恰逢徐二姐的母亲徐吴氏路过。当晚二更时分,徐二姐等到徐吴氏睡觉后,来到卧房问素娟是否把东西送给了陈七。由于素娟已经睡着,所以说话不清,徐二姐极其气愤,用力责打素娟,素娟被打疼痛,于是声称将要把徐二姐与陈七通奸的事情告诉徐吴氏。徐二姐一听此言,顿时恐惧,当即欲要将素娟杀死灭口。于是徐二姐待素娟睡熟以后,用取来的麻绳绕在素娟脖子上,并反复打结绕紧,终于素娟被其勒死。后徐二姐又用剪刀戳伤自己的喉咙,希图逃脱惩罚。第二天清早,徐桂珍进门发现上述情况,问清具体情事,故呈送报官。江苏巡抚依律将徐二姐拟绞监候,依例将陈七拟枷号一个月,杖一百。"奴婢殴家长"律所附乾隆五年(1740年)条例规定:"凡汉人家生奴仆、印契所买奴仆……平人殴杀奴仆,并教令过失杀,及殴杀雇工人等款,俱有律例,应照满洲主仆论。"同年条例规定:"旗人故杀白契所买并典当之人,俱照故杀雇工人律,拟绞监候。"[1]刑部核覆具题。但乾隆皇帝认为,本案徐二姐害怕婢女素娟说破与陈七的奸情,于是故杀素娟。素娟年仅十二岁,徐二姐就趁其睡熟用绳将其勒死。这样的行为,不仅证明了其毫无主人、奴婢之情,而且徐二姐本身犯奸,实在可恶。因此皇帝将徐二姐改为绞立决,并提出修例动议,如果以后有因为奸情而杀害婢女灭口,且婢女年在十五以下,就按照本案进行处理。"奴婢殴家长"律所附乾隆五十三年(1788年)条例规定:"凡家长之期亲因与人通奸,被白契所买婢女窥破,起意致死灭口之案,除婢女年在十五以上,仍照定例办理外,若将未及十五岁的婢女起意致死者,拟绞立决。若系为从,各依本例科断。"[2]

在本案中,由于在形式上,现行条例能够适用于徐二姐的行为,所以江苏巡抚将其拟绞监候,刑部亦照拟核覆。但是乾隆皇帝更是在实质的情理方面对于该

---

[1]《大清律例根原》卷之八十五,《刑律·斗殴下·奴婢殴家长》。
[2]《大清律例根原》卷之八十五,《刑律·斗殴下·奴婢殴家长》。

案进行审视。正如他的谕旨所说，徐二姐已经被许配给程景文，尚且与陈七通奸，已是犯奸之人，转而因为害怕奸情败露，惨杀年仅十二岁的婢女素娟，这些行为都使得主仆名分荡然无存。如果按照凡人处理，徐二姐故杀素娟的行为应当被拟斩监候。"斗殴及故杀人"律规定："故杀者，斩。监候。"[1]如果按照"奴婢殴家长"律进行处理，徐二姐则应被拟绞监候，之所以量刑相对较轻，是因为其作为家长有身份特权。江苏巡抚和刑部并没有足够重视徐二姐的通奸和惨杀年仅十二岁的奴婢的行为，因此仍照原条例进行拟罪和核覆。皇帝则认为这两个行为的严重性已经足以剥夺徐二姐的身份特权。这是本案关键之处。于是皇帝采取了缩小原条例适用范围的办法，即依据婢女的年龄，将因奸起意故杀白契所买婢女灭口的案情，分为十五岁以上与十五岁以下。婢女十五岁以上被灭口的案件仍照原条例办理，婢女十五岁以下的案件，则按本案生成的新例办理。其实这就是一种目的性限缩方法的运用。[2]

有乾隆十三年（1748年）陈公遇一家被林正宗等人强盗一案。林正宗是事主陈公遇的妻子陈林氏的缌麻服叔，后伙同江彦昭强盗陈公遇一家。安徽巡抚依律将二人拟斩立决。"强盗"律规定："凡强盗已行而不得财者，皆杖一百，流三千里。但得事主财者，不分首、从，皆斩。"[3]但同时，安徽巡抚也查阅了相关先前案例。乾隆五年间，安徽阜阳县曾经发生了张传等人行劫张升一家的案件，由于伙盗之中有一个人名叫季元，他是事主张升的妻子张季氏的无服族兄，因此最后依律将季元拟杖一百、流三千里。"亲属相盗"律规定："凡各居本宗、外姻亲属相盗财物者，期亲，减凡人五等；大功，减四等；小功，减三等；缌麻，减二等；无服之亲，减一等……若行强盗者，尊长犯卑幼，亦依强盗已行而得财、不得财各依上减罪。"[4]因此，在本案中，安徽巡抚也倾向于将林正宗按律减一等处理。刑部核拟时认为，虽然按照"亲属相盗"律的规定，即使是外姻的无服之亲，也可以在凡人基础上减一等处理。但是根据《大清律例》卷首之前的服制图，妻党无服亲里面并不包含妻的缌麻服叔。因此刑部不倾向于将本案的盗首林正宗按律减一等处理。同时，刑部还认为，服制是刑名案件中非常关键的因素，因此服制图中清晰地载明了本宗、外姻各不同尊卑等级的亲属，但是

---

[1]《大清律例根原》卷之七十八，《刑律·人命·斗殴及故杀人》。
[2] 参见《刑案汇览》卷三十九，《奴婢殴家长·家长之女因奸勒死白契婢女》。
[3]《大清律例根原》卷之五十八，《刑律·贼盗中·强盗》。
[4]《大清律例根原》卷之六十八，《刑律·贼盗中·亲属相盗》。

服制图中只记载了部分无服亲属,绝大部分无服亲属并不在图中记录。这主要是因为无服亲属的范围非常广泛,不可能完全记载在图中,而且无服亲属除了图中所记载的,其他的亲属关系已经较为疏远,也没有必要在图中记录。但是由于从地方到中央的各级法司,往往拘泥于"亲属相盗"律的规定,所以对于外姻无服亲属不区分是否在服制图之内,就直接对犯人进行减一等的处理。这样做的话,就会造成无服亲属的范围太广,纵容了和事主的亲属关系已经极为疏远的犯人。因此,刑部提出修例动议,建议以后将服制图中是否有明文记载作为认定外姻无服亲属的标准。据此,林正宗最终根据新例被斩立决。"亲属相盗"律所附乾隆二十一年(1756年)条例规定:"凡亲属相盗,除本宗五服以外,俱照无服之亲定拟外,其外姻尊长亲属相盗,惟律图内载明者,方准照律减等,此外不得滥引。"[1]

在本案中,安徽巡抚将林正宗减一等处理的做法,不仅有"亲属相盗"律的明文规定作为法律依据,而且有本省先前发生的张传等行劫张升一家的案件作为司法先例。可以说,从形式上来说,安徽巡抚的拟罪并无任何问题。但刑部则更多从实质性的社会效果出发,认为如果完全按照律文的规定进行办理,那么外姻无服之亲中关系极为疏远的那部分人也可以依靠身份特权减一等量刑,而且如果是强盗案件,则可以从斩立决减为杖一百、流三千里,这样就有生死之别,显然不甚合理。既然亲属关系已经名不副实,那么就应该限制这部分亲属根据身份而获得减等特权。刑部也并非完全排除外姻无服之亲,而是采取了以服制图为认定标准的办法。只有服制图中清晰、明确载明的外姻无服之亲,才能够适用"亲属相盗"律中减一等的规定。这样的做法,一方面能够避免因为过分看重服制,而在案件中考虑过多不必要的亲属关系进而造成拟罪的不合情理,另一方面也能够使得外姻无服之亲的范围更加明确,便于各级法司在拟罪中适用律例。刑部以服制图为标准缩小外姻无服之亲的范围,实际上就是采取了一种目的性限缩的法律续造方法。[2]

(二)类推适用

在上文中,笔者曾经对于"断罪无正条"律及其条例进行过规范分析,其中在律例的文本中就出现过"(援)引(他)律比附""其律例无可引用,援引

---

[1] 《大清律例根原》卷之六十八,《刑律·贼盗中·亲属相盗》。
[2] 参见《刑案汇览》卷十八,《亲属相盗·外姻亲属相盗应照服图定例》。

别条比附者""比照某律、某例科断"等字样。所谓"比附援引",其本质就是基于"相同、相似情节得到相同、相似处理"的法律原则,将那些并没有在律例中得到明文规定的案件事实,适用律典中在刑事责任的构成要件上最相类似的条文。王泽鉴先生认为:"类推适用即比附援引,即将法律于某案例类型(A)所明定的法律效果,转移适用于法律未设规定的案例类型(B)之上。此项转移适用,乃是基于一种认识,即基于其类似性,A案例类型的法律效果,应适用于B案例类型,盖相似者,应做相同的处理,系基于平等原则,乃正义的要求。"[1]黄茂荣先生认为:"所谓类推适用,系将法律明文之规定,适用到该法律规定所未直接加以规定,但其规范上之重要特征与该规定所明文规定者相同之案例。"[2]上文所引"断罪无正条"律及其条例不仅是刑事制度上明文规定的法律方法,而且在司法实践中也被广泛运用,成为清人填补律例体系中开放漏洞的一种利器,其所填补的主要就是本文第一章中所提到的原始性的开放漏洞,或者是经过上节所叙述的先被目的性限缩后,无律例可适用而生成的开放漏洞。而类推适用的法律方法又可以细分为个别类推和整体类推。前者是狭义上的类推适用,即直接比附援引律典中已有的明文规定,将其作为裁判案件的法律依据;后者则是一种较为广义上的类推适用,即并不是直接援引现行律例文本,而是通过推理、分析得出现行律例体系背后的一种原则、精神,并在此基础上裁判案件,故在此情况下,现行律例更多地是被作为参考,并不能够直接作为法律依据被引用。黄延廷就将清代比附拟罪分为了完全比附相似条文进行拟罪、在比附相似条文适当加减刑罚拟罪以及比附相似条文的处理原则三种情况。[3]他所说的前两种情况指的就是个别类推,而第三种情况指的就是整体类推。

1. 个别类推

有乾隆四十三年(1778年)解役乔清等私相雇人代解致秋审斩犯王长脱逃一案。王长本系行窃掷死事主拟斩监候、应入于秋审"情实"之重犯。乾隆四十三年三月,谷城县差役周鹏、乔清将其押解赴省。乔清因为母病,出钱五百文雇佣表侄蒋忠替其前往,周鹏则借钱给乔清。典史韩盘点差蒋忠在外照料行李。金差尹顺、熊升移会安陆营千总詹如侯拨兵赵铨、朱贵同解,该典史、千总以知

---

[1] 王泽鉴:《民法思维——请求权基础理论体系》,北京大学出版社2009年版,第200页。
[2] 黄茂荣:《法学方法与现代民法》,法律出版社2007年版,第492页。
[3] 参见黄延廷:"清代刑事司法中的比附",载《北方法学》2011年第4期。

县都司公出,均未亲自押解,也没有另外移交他人押解。不料兵丁赵铨出钱五十文让朱贵代解,衙役熊升出钱六十文让尹顺代解,朱贵亦回家筹措盘费,而蒋忠则以犯病难行为由,开松刑具,尹顺则给蒋忠一百二十文后私自潜回。蒋忠跟随王长身后,渐行渐远,王长四顾无人,遂致逃脱。后蒋忠发现王长已经逃跑,惊慌失措。随后朱贵来到现场,蒋忠谎称王长失足落水,周鹏、尹顺亦到场帮同打捞无获。蒋忠最后将实情密告周鹏,但其余兵役仍然不知晓脱逃情事,俱供称王长落水、蒋忠被救等事。典史韩盘畏惧参革,故捏造亲自押解。后署理谷城县知县邱德孚将乔清讯问,终于得实。最终湖广总督三宝将蒋忠、乔清、周鹏、赵铨、朱贵、熊升、尹顺等人依例严加监禁,并等拿获王长之后,按律审拟。"主守不觉失囚"律所附乾隆二十五年(1760年)条例规定:"凡解审斩、绞重犯在徒开放锁、镣以致脱逃,本犯未获者,即将解役究审,严行监禁,俟拿获正犯之日,纠明贿纵属实,即将该役照所纵囚罪全科。如无贿纵情弊,审有违例雇替,托故潜回,无故先后散行,止任一人押解以致脱逃者,亦照故纵律,与囚同罪,不准照旧例减囚罪二等问拟。果系依法管解,偶致疏脱,审有确据者,除依律治罪外,仍勒限缉拿,他人捕得,亦不准依律宽免。金差不慎之地方官,视解役所得之罪,分别从重议处。"[1]此外,湖广总督三宝还依律将典史韩盘拟杖八十、徒二年。"主守不觉失囚"律规定:"凡狱卒不觉失囚者,司狱官、典,减狱卒罪三等。若提牢官、狱卒、官典故纵,不给捕限,官役给与囚同罪。至死减等。"[2]因为蒋忠故纵身犯死罪的王长,因此蒋忠应处杖一百、流三千里。而韩盘作为典史,又应在蒋忠所处刑罚上再减三等,故为杖八十、徒二年。刑部核拟照覆。但乾隆皇帝认为,谷城县知县邱德孚虽然已经交部议处,但对其惩治的力度仍远远不够。因为各州县押解重犯,理应合理选派精干衙役,并令其小心管押犯人。但本案中邱德孚漫不经心,竟然听任押解衙役出钱私自雇佣他人替代押解,导致蒋忠竟然中途故纵被拟斩监候、秋审应入情实之王长。而点派兵丁、导致这种情况发生的千总詹如侯同样对此负有一定责任。因此仅仅将邱德孚、詹如侯二人革职,并不能够达到情罪允协的结果。乾隆皇帝上谕载:"著该部将邱德孚、詹如侯另行拟罪具奏,并著为例。钦此。"即他很明确地提出了将二人入罪的审判意见,并且要求将该典型案例上升为条例。刑部领旨后,也认为"解役中途纵脱重

---

[1] 《大清律例根原》卷之一百七,《刑律·捕亡·主守不觉失囚》。
[2] 《大清律例根原》卷之一百七,《刑律·捕亡·主守不觉失囚》。

犯，其滥行佥差之州县向无治罪专条，实未允协"，因此将州县官比照司狱官减一等处理。最终生成新例。"主守不觉失囚"律所附乾隆四十八年（1783年）条例规定："押解斩、绞立决及秋审拟入情实重犯，如不小心佥解，致解役有违例雇替，开放锁、镣纵囚脱逃者，将佥差长解之州、县官，照狱囚纵脱重犯管狱官杖八十、徒二年例，减一等，杖七十、徒一年半。其拨兵护解之武职，如所拨兵丁亦有雇替情节，即与州、县一例杖、徒。"[1]

在该案中，王长本系拟罪斩监候，应入秋审"情实"之犯。兵役乔清出钱雇蒋忠代为押解，而同解兵役周鹏、朱贵、熊升等人托故落后。其余兵役尹顺、赵铨等人也出钱找人代解，最终导致蒋忠私开锁镣、王长逃脱。湖广总督三宝依"主守不觉失囚"律及所附乾隆二十五年奏定条例将蒋忠等犯分别拟罪。典史韩盘则依"狱卒不觉失囚，司狱官减狱卒罪三等"律拟杖八十、徒二年。但问题正如乾隆四十三年（1778年）十月二十日上谕所言："州县审解重犯，理应佥派妥役，饬令小心管押。乃邱德孚漫不经心，听凭解役出钱雇替，以致中途纵放重囚，非寻常佥差不慎可比。其点派兵丁、致令雇替之千总詹如侯亦然。仅予革职，不足蔽辜。"可见，对于知县邱德孚与千总詹如侯的玩忽职守的行为，皇帝认为应将其行为纳入刑律适用范围，"不足蔽辜"正是乾隆皇帝对该开放漏洞的认定。由于存在知县、千总同司狱官均属兵役之本管长官，且其均有相似的玩忽职守等行为这两个相似情节，因此刑部将知县、千总比照"司狱官减狱卒罪三等"律再减一等，处以杖七十、徒一年半，并生成新例。黄延廷认为，比附的原理应当分为"事理切合"和"情罪一致"两个方面。[2]从该案可见，因案生例的第一步是由各级法司认定法律漏洞，其次就是通过比较、考量律典中的相关类似规定，寻找"事理"和"情罪"都和本案相合的裁判依据，最终比附援引寻找到的与本案情节最相合适的律例，得出"情"与"罪"相允协的法律结论。[3]

有嘉庆十六年（1811年）戴经元代人雇请枪手入场代考一案。生员席如桥、席如恒本应参加科举考试，但却请戴经元找枪手帮助他们代考。戴经元为了从中获利，满口答应。后生员戴经元又找到崔鼎元代为雇用枪手，而韩仁裕则受雇前

---

[1]《大清律例根原》卷之一百七，《刑律·捕亡·主守不觉失囚》。
[2] 参见黄延廷："清代刑事司法中的比附"，载《北方法学》2011年第4期。
[3] 参见《驳案新编》卷三十二，《刑律·断狱·佥差重犯不慎拟徒新例》。

去代考。后事发，浙江巡抚蒋攸銛依照律例将席如桥、席如恒、戴经元、崔鼎元、韩仁裕五人拟烟瘴地面充军，照名例改发极边足四千里。"诈欺官私取财"律所附乾隆五年（1740年）条例规定："学臣考试，有积惯随棚代笔之枪手，查出审实，枷号三个月，发烟瘴地面充军。其雇请枪手之人同。或有包揽之人，并与枪手同罪。"[1]由于韩仁裕家中只有老母一人，且是独子，因此按例将其枷责惩处。"犯罪存留养亲"律所附嘉庆六年（1801年）条例规定："凡部内题结军、流、徒犯，及免死流犯，未经发配之前，告称祖父母、父母老疾应侍，及其母系属孀妇，守节已逾二十年，家无以次成丁者……如属外省民人，州县官查明，督抚确查报部。军、流、徒犯，照数决杖。徒犯，枷号一个月；军、流，枷号四十日；免死流犯，枷号两个月。俱准存留养亲。"[2]而席如恒年纪尚小，因此必须照律收赎。"老小废疾收赎"律规定："凡年七十以上、十五以下，及废疾，犯流罪以下，收赎。"[3]本案的关键之处在于，根据条例规定，生员崔鼎元由烟瘴充军改发极边充军，应当被刺字。"起除刺字"律所附乾隆四十二年（1777年）条例规定："由烟瘴改发极边人犯，面上刺'烟瘴改发'四字。"[4]刑部认为，举贡生监等各类生员，既然都厕身士林，就应当和普通百姓有所区别。例如"五刑"律所附嘉庆六年（1801年）条例规定："凡进士、举人、贡监生，及一切有顶带官，有犯笞、杖轻罪，照律纳赎。罪止杖一百，分别咨参除名。徒、流以上，照例发配。"[5]因此即使生员人等罪至发遣，按照条例的规定，如果只是由于普通的过错，那么就应当不让其为奴仆，如果是屡教不改、卑鄙下贱、自甘堕落、结党成群等主观恶性较强的生员，就应该将其与平人一例处理。"徒流迁徙地方"律所附嘉庆六年（1801年）条例规定："曾为职官及进士、举、贡、生员、监生，并职官子弟，犯该发遣者，俱酌发烟瘴少轻地方。其实发乌鲁木齐、黑龙江等处者，如只系寻常过犯，不致行止败类者，发往当差。若系党恶、窝匪、卑污下贱罪应发遣者，无论进士、举、贡、生、监，并职官子弟，俱照平人一例，发遣为奴。"[6]刑部认为，对于生员来说，由于发遣尚且可以分

---

[1]《大清律例根原》卷之七十，《刑律·贼盗下·诈欺官私取财》。
[2]《大清律例根原》卷之六，《名例律上·犯罪存留养亲》。
[3]《大清律例根原》卷之九，《名例律下·老小废疾收赎》。
[4]《大清律例根原》卷之七十三，《刑律·贼盗下·起除刺字》。
[5]《大清律例根原》卷之一，《名例律上·五刑》。
[6]《大清律例根原》卷之十八，《名例律下·徒流迁徙地方》。

为免刺当差、刺字为奴两种情况，那么相对于发遣略轻的充军刑，更应该区分不同的犯罪情节，将其分为免刺和刺字两种情况。因此，对于生员崔鼎元帮助席如桥、席如恒两人寻找枪手代考的行为，应考虑到其只是"寻常过犯"，还未沦落到"不齿于士类"的程度，故刑部奏请皇帝制定新例。"起除刺字"律所附嘉庆十九年（1814年）条例规定："举贡生监犯罪，例应刺字者，除所犯系党恶窝匪、卑污下贱，仍行刺字外，若只系寻常过犯，不致行止败类者，免其刺字。"[1]

在本案中，刑部考虑到崔鼎元是一名生员，因此认为如果照平人例刺字的话，则不能够体现士与民的身份差别。这种考量在清代应该说是十分正常且普遍的。"士农工商"四民阶层分明，不容随意牵混。生员们长期苦读儒家经典，熟知朝廷的治国策略，是朝廷与地方各级官员的主要储备人员。如果通过科举考试，就可以取得为官资格，有机会为政一方，施展自己多年所学。即使无法通过科举考试，也往往可以在乡里成为一名士绅，教化百姓，维护地方安宁。总而言之，学习三纲五常的生员，在各方面都会成为纲常名教的卫道士，在意识形态上与朝廷是一致的。因此既然正式官员在《大清律例》中有"赎刑""职官有犯""文武官犯公罪""文武官犯私罪"这些相对优待的规定，那么对于作为准官员的生员，其身份特权在律例中也应该有所体现。刑部正是基于这种思想，制定了新的条例。从条文中我们可以看出，"党恶窝匪""卑污下贱""仍行刺字""寻常过犯，不致行止败类"等字词几乎完全相同。因此，刑部所采用的方法，就是类推适用了在处"发遣"刑时对于举贡生监的区分方式。[2]

有嘉庆五年（1800年）杨生春等人学习圆光治病进行诈骗一案。杨生春籍隶陕西，从小学习医术。他于嘉庆五年正月期间曾经拜现已病故的刘灿为师，学习圆光治病的方法。所谓圆光，即在治病之前，口念一段咒语，用一道符，取一碗水，然后将符放入水中，用左手掌将符水画成一个圈子，最终让小孩子来看。确定病症之轻重就以孩子是否看到圈内有黑影为算。每给一道符，就配一剂药，让病人将符烧成灰和药和在一起，服用后即能痊愈。杨生春学成以后，给了刘灿二千文作为出师钱。当月二十二日，县民刘柱银患上疟疾，于是请杨生春诊断，杨生春于是采用圆光的方法给刘柱银治病，结果刘柱银在服下符、药的混合物后痊愈，于是酬谢杨生春五百文。后杨生春又请刘柱银推荐生意，并许诺给予一定

---

[1]《大清律例根原》卷之七十三，《刑律·贼盗下·起除刺字》。

[2]参见《刑案汇览》卷二十二，《起除刺字·生员枪手拟军酌量分别刺字》。

的酬谢。刘柱银贪利答应，遂令患病的常洋子等人去请杨生春用圆光治病。后李生芳因为其牲口经常患病，于是请杨生春给予符咒进行治疗。前后总计，杨生春共骗得五千余文。后因为杨生春采用圆光疗法甚为灵验，于是县民李绪宗希望收留杨生春歇宿，以图能够一起分利，并建议杨生春去曲江池行医，并代为拉客。不久，上述各犯被曲江池当地衙门拿获。陕西巡抚将杨生春、李绪宗比照条例拟边远充军，刘柱银则在杨生春军罪基础上量减一等。"禁止师巫邪术"律所附乾隆三十七年（1772年）条例规定："凡左道惑众之人，或烧香集徒、夜聚晓散为从者，发近边充军。"[1]刑部核拟后认为，本案中并不存在聚众烧香、邪术、经卷等情节，因此陕西巡抚将杨生春等人比照"左道惑众为从"例并不恰当。"禁止师巫邪术"律所附乾隆五年（1740年）条例规定："凡端公、道士作为异端法术，医人致死者，照斗杀律拟罪。"[2]"斗杀及故杀人"律规定："凡斗殴杀人者，不问手足、他物、金刃，并绞。监候。"[3]刑部认为根据本案案情，可以类推适用该条例。即假设刘灿并未病故，那么应当比照该条例酌减一等为杖一百、流三千里。而杨生春、李绪宗是从犯，可以依律在刘灿的刑罚上再减一等，为杖一百、徒三年。"共犯罪分首从"律规定："凡共犯罪者，以先造意一人为首，依律拟断。随从者，减一等。"[4]代为介绍生意的刘柱银可以在杨生春、李绪宗的刑罚上再减一等，为杖九十、徒二年半。刑部请求将该案上升为通行，并最终纂为新例。"庸医杀伤人"律所附嘉庆六年（1801年）规定："凡端公、道士及一切人等，作为异端法术如圆光、画符等类，医人致死者，照斗杀律拟绞监候；未致死者，杖一百，流三千里；为从，各减一等。"[5]

在本案中，刑部否定了陕西巡抚最终的拟罪，但同时也未发现能够直接适用的现行律例。因此刑部仍然采取的是比附援引的方式，即先寻找与本案有相似情节的条例，然后通过比较本案与现行条例的情节轻重，再对于量刑进行酌加或酌减。本案案情并不复杂，主要情节就是刘灿、杨生春等人利用圆光治病进行诈骗。因此刑部在"禁止师巫邪术"律中找到了另外一条与本案相似的条例。但该条例规定了必须要医人致死，而杨生春等人的行为并未导致这样结果，明显较

---

[1]《大清律例根原》卷之四十，《礼律·祭祀·禁止师巫邪术》。
[2]《大清律例根原》卷之四十，《礼律·祭祀·禁止师巫邪术》。
[3]《大清律例根原》卷之七十八，《刑律·人命·斗殴及故杀人》。
[4]《大清律例根原》卷之十二，《名例律下·共犯罪分首从》。
[5]《大清律例根原》卷之八十，《刑律·人命·庸医杀伤人》。

轻。因此刑部将传授圆光治病的首犯刘灿比照该条例酌减一等，从犯杨生春、李绪宗再减一等，刘柱银则再减一等进行处理。[1]

有乾隆五十九年（1794年）李李氏救夫情切殴死李文有一案。李文玉籍隶云南省，是李文有的大功堂弟，而李李氏是李文玉之妻。乾隆五十九年某日，李文有和李文玉发生口角，李文有用锄头砍伤了李文玉的左侧太阳穴，导致其当场昏厥在地。李李氏看到李文玉被砍倒在地，情急之下用剪刀向李文有的胸膛等处乱戳，李文有最终伤重殒命。云南巡抚将李李氏依律拟斩监候。"妻妾与夫亲属相殴"律规定："凡妻妾殴夫之期亲以下、缌麻以上本宗、外姻尊长，与夫殴同罪。至死者，各斩。监候。"[2]刑部照拟核覆。但是乾隆皇帝认为，这样的拟罪实在不合情理。他给出的理由是，李李氏用剪刀戳死了李文有，完全是为了救护自己的丈夫李文玉。所谓明刑弼教、三纲五常，妻与夫的关系，就如同子与父的关系，因此作为人妻的李文玉看见自己的丈夫被殴打晕倒在地，如果说因为害怕触犯律例而坐视不理，则夫为妻纲的伦理就不复存在了。而现行的律例只有子孙救护父母减等的规例，而没有妻救护夫的规定。乾隆皇帝在谕旨中即认为"而救夫情切者，未经著有成例，未免疏漏"，因此决定将李李氏参照救父母情切减等之条例予以处理，并且令刑部以此案件为契机，制定相关的条例，以表达皇帝维护纲常名教的目的。刑部领旨后，即迅速开始了纂定新例的工作。刑部认为，之所以以前没有妻救夫减等的规定，是因为这类案件较少发生，因此从未议论过专门制定条例。皇帝准情酌理，提出了本案若按原拟则不利于维护名教的看法，确实极有道理。刑部同时认为，妻救夫自然应该予以比照子救父予以减等，但如果不加以一定的限制，就容易造成妻犯夫家亲属之后，夫妻二人以救夫为名避重就轻的不良后果。因此刑部妥拟条例后上奏并得到皇帝的批准。"父祖被殴"律所附乾隆六十年（1795年）条例规定："人命案内，如有祖父母、父母及夫被人殴打，实系事在危急，其子孙及妻救护情切，因而殴死人者，于疏内声明，分别减等，援例两请，候旨定夺。其或祖父母、父母及夫与人口角，主令子孙及妻匠人殴打致死，或祖父母、父母与夫先与人寻衅，妻子孙及妻踵至，助势共殴毙命，俱仍照各本律科断，不得援危机救护之例概拟减等。"[3]

---

[1] 参见《刑案汇览》卷之三十三，《庸医杀伤人·学习圆光治病骗钱》。
[2] 《大清律例根原》卷之八十八，《刑律·斗殴下·妻妾与夫亲属相殴》。
[3] 《大清律例根原》卷之八十八，《刑律·斗殴下·父祖被殴》。

第三章 因案生例的方法

在本案中，由于云南巡抚将李李氏拟斩监候，在《大清律例》是有明确的法律依据的，因此刑部并无异议。但是云南巡抚和刑部都只过于关注李李氏戳死李文有这一情节，而忽略了李李氏杀人的实际动机。当然，也有一种可能性就是，尽管他们注意到了该情节，但因为没有意识到严格遵守律例规定反而会导致违背更重要的伦理纲常，所以仍然按律办理，故在乾隆皇帝看来显得过于教条、死板。皇帝认为，《大清律例》本身的重要原则就是为了维护纲常名教，因此如果某些律例规定违背了这一原则，那么就显然应该不予适用。妻与夫、子与父同列三纲，在彼此的尊卑、服制关系上是具有很多相似性的，因此能够作为援引比附的重要依据，但律例中只有子为了救护父母而殴死人减等的规定，并没有妻子救护丈夫而殴死人减等的规定，这显然是不合乎情理，也不符合朝廷的治民政策。因此，乾隆皇帝即认为就审理本案而言，有必要在一定程度上否定"妻妾与夫亲属相殴"律的效力。上谕中的"救夫情切者，未经著有成例，未免疏漏"字样，若用现代法律方法的理论来分析，即乾隆皇帝认定了这是一个开放式漏洞。他随即提出了修例动议，并命令从本案开始，将妻救护夫情切比照子救护父母情切，予以减等处理。最终，刑部将原例"人命案内，如有父母被人殴打，实在事在危急，伊子救护情切，因而殴死人者"改成了"人命案内，如有祖父母、父母及夫被人殴打，实在事在危急，其子孙及妻救护情切，因而殴死人者"，即加入了"夫""妻"的字样。这样，皇帝和刑部就通过比附援引的方法，将律例中子女救护父母类推扩大到了妻子救护丈夫，因此又填补了一个开放式漏洞。[1]

2. 整体性类推

德国著名法学家拉伦茨将其表述为："将由多数——针对不同的构成要件赋予相同法效果——法律规定得出'一般的法律原则'，该原则在评价上也同样可以适用到法律并未规整的案件事实上。"[2]王泽鉴先生亦认为："总体类推，指就多数同类法律规定抽出的一般法律原则，而为类推适用，又称为法律类推。"[3]可见，类推适用的该种类型，更多关注于具体法律规范背后的法律精神、法律原则。如果单从"断罪无正条"律的内容来看，应当并不包含此种类推类型，因为从该律的文本上进行理解，援引比附的都是现行律例的具体法条，而非法律原

---

[1] 参见《刑案汇览》卷四十四，《父祖被殴·救护情切殴死夫之大功兄》。
[2] [德] 卡尔·拉伦茨：《法学方法论》，陈爱娥译，商务印书馆2003年版，第260页。
[3] 王泽鉴：《民法思维——请求权基础理论体系》，北京大学出版社2009年版，第206~207页。

则。但是倘若我们阅读清代大量的生成条例的案件，就可以发现，实际上整体类推的方法并不少见，清代各级法司已经运用这种方法解决了各类的疑难案件。

有道光二年（1822年）任潮栋奸拐袁氏同逃一案。任潮栋和袁氏早有奸情，而由于任潮栋可以给予金钱方面的资助，袁氏本夫任春范和其父明知奸情，有意纵容。后任春范向任潮栋继续索取钱财，而任潮栋未给，于是任春范则不再允许其妻袁氏与任潮栋继续通奸。袁氏则未听其夫之言，继续和任潮栋保持通奸关系，因此任春范将袁氏殴打。随后任春范外出务工。任潮栋则起意与袁氏一起逃跑。袁氏答应，并携带幼子双贵、幼女灵儿和任潮栋一起离家出逃，租赁雷必理的空房，并对外谎称夫妻，后二人均被抓获。陕西巡抚将任潮栋依例拟充军，而袁氏被拟杖一百、徒三年。"略人略卖人"律所附嘉庆九年（1804年）条例规定："凡诱拐妇人、子女，或典卖，或为妻妾、子孙者，不分良人、奴婢，已卖、未卖，但诱取者，被诱之人若不知情，为首，拟绞监候；为从，杖一百，流三千里；被诱之人不坐。若以药饼及一切邪术迷拐幼小子女，为首者，立绞；为从，发极边足四千里充军。其和诱知情之人，为首者，亦照前拟军；为从，及被诱之人，俱减等满徒。"[1]刑部收到陕西巡抚咨文后，就开始了对于该案拟罪的复核工作。刑部认为因为奸情杀死奸夫的案件，要区分本夫是否纵容奸夫奸妇，方才得以拟罪。"杀死奸夫"律所附乾隆五十三年（1788年）条例规定："凡因奸杀同谋杀死亲夫，除本夫不知奸情，及虽知奸情而迫于奸夫之强悍，不能报复，并非有心纵容者，奸妇仍照律凌迟处死外；或本夫纵容、抑勒妻、妾与人通奸，审有确据，人所共知者，或被妻、妾起意谋杀，或奸夫起意，系知情同谋，奸妇皆拟斩立决，奸夫拟斩监候。"[2]可见，如果本夫属于不知奸情或虽然知晓奸情但并非有心纵容的情况，那么被奸夫奸妇杀死，奸妇要被处以凌迟处死；如果本夫属于纵容、抑勒妻、妾与人通奸的情况，那么被杀后，奸妇就要被拟斩立决。任潮栋先与袁氏通奸，后诱拐袁氏一同逃出夫家，按例任潮栋应当被拟充军。但本案特殊之处在于，本夫任春范先前已经纵容袁氏与任潮栋通奸，因此虽然袁氏被拐逃，其主要原因也是本夫任春范的寡廉鲜耻所导致的。并且根据律文规定，本夫纵容妻妾犯奸的行为，本身就是法定的离异理由。"纵容妻妾犯奸"律规定："凡纵容妻、妾与人通奸，本夫、奸夫、奸妇各杖九十。抑勒妻、妾及乞养女与

---

[1]《大清律例根原》卷之七十，《刑律·贼盗下·略人略卖人》。
[2]《大清律例根原》卷之七十五，《刑律·人命·杀死奸夫》。

人通奸者,本夫、义父各杖一百;奸夫,杖八十;妇女不坐,并离异归宗。"因此如果仍然将任潮栋按照现行条例拟充军刑的话,则与本夫并未纵容的案件无所区别。刑部认为,既然本夫有无纵容、抑勒妻、妾通奸,对于本夫被杀的案件是一个重要区分因素的话,那么对于奸拐他人妻、妾的案件,该因素同样应该被予以考虑。在本夫被杀案中,本夫纵容、抑勒妻、妾通奸,比本夫未曾纵容、抑勒的情况,奸妇要被处置的相对较轻。因此刑部将任潮栋亦在原拟充军刑上量减一等,拟杖一百、徒三年,而袁氏则于满徒之上量减一等,拟杖九十,徒二年半。任春范则依律被拟杖九十。最终生成新例。"略人略卖人"律所附道光四年(1824年)条例规定:"凡奸夫诱拐奸妇之案,除本夫不知奸情,及虽知奸情,而迫于奸夫之强悍,不能禁绝,并非有心纵容者,奸夫仍依和诱知情为首例,拟军;奸妇减等满徒。若系本夫纵容抑勒妻、妾与人通奸,致被拐逃者,奸夫于军罪上减一等,杖一百,徒三年;奸妇及为从之犯再减一等,杖九十,徒二年半。本夫、本妇之祖父母、父母纵容抑勒通奸者,亦照此例办理。"[1]

在本案中,刑部在发现直接适用条例不合情理之后,并非是直接类推适用其他条例的量刑结果,而是采用了一种整体类推的法律漏洞填补方式。刑部确认,在本夫被杀之案中,本夫确有纵容、抑勒妻、妾与人通奸的情事,相比于无此情事,会减轻对于奸夫、奸妇的量刑,于是他们从"杀死奸夫"律例中抽离出了一条法律原则,即在与通奸相关的案件中,奸妇的丈夫是否知情纵容应当纳入量刑的考量因素之中。因此,在奸夫拐逃奸妇的案件中,该种因素同样应该被得到重视,并且应当得到类似的处理,于是刑部将奸夫任潮栋和奸妇袁氏都在原拟刑罚上量减一等。这种比附援引的方式,是从整体上类推"杀死奸夫"律例背后的原则、精神,而非法条中的明确规定。[2]

有嘉庆十三年(1808年)宇文焕葬父无资盗棺剥衣一案。宇文焕是陕西省武功县民,其嗣父宇文学身故,棺材仍然停放在室内。宇文焕无钱埋葬宇文学,想起其父尸衣尚且还值得不少钱文,因此起意剥取尸衣当钱以便葬父。于是趁其母、其妻外出之时,宇文焕遂揭开棺材盖板,剥取尸衣先行藏匿,待确认无人察觉之后,遂外出将尸衣典当得钱。待其母、其妻回家以后,宇文焕宣称葬父钱财从外面借取而来,并将择期将棺材埋葬。但不久,当票被其母杜氏发现,遂询问

---

[1]《大清律例根原》卷之七十,《刑律·贼盗下·略人略卖人》。
[2] 参见《刑案汇览》卷之二十,《略人略卖人·纵奸之案奸妇携带子女同逃》。

宇文焕详细情由，终于真相大白。杜氏遂报官，拿获其子宇文焕。经过看验，坟冢并没有掘动的迹象，宇文学的尸身并没有受到残毁。由于《大清律例》中并没有针对子孙盗祖父母、父母未殡、未埋尸柩或开棺见尸的条文，因此护理陕西巡抚常明遂向刑部发出咨文，询问在该种情况下如何处理。刑部认为，常人发掘坟冢，盗未殡、未埋的尸棺，以及子孙发掘祖父母、父母坟冢，分别已、未见棺及开棺见尸等情况，律例中是有相关条文的。"发冢"律规定："凡发掘他人坟冢，见棺椁者，杖一百，流三千里。已开棺椁见尸者，绞，监候。发而未至棺椁者，杖一百，徒三年。"[1]乾隆五年（1740年）条例规定："盗未殡、未埋尸柩，及发年久穿陷之冢，未开棺椁者，杖一百，徒三年。如开棺椁见尸一次者，为首，发边远充军；二次者，发极边烟瘴充军；三次者，绞。"[2]嘉庆九年（1804年）条例规定："凡子孙发掘祖父母、父母坟冢，均不分首、从，已行未见棺椁者，皆拟绞立决；见棺椁者，皆斩立决；开棺见尸并毁弃尸骸者，皆凌迟处死。"[3]因此刑部认为，常人发冢分为"盗已殡、已埋尸柩"与"盗未殡、未埋尸柩"的两种情况，并且又可以细分未开棺椁和开棺见尸两种情况，因此子孙发冢，亦应该分为上述两种情况，并再细分为一共四种情况。而在现行条例中，子孙发冢并无"盗未殡、未埋尸柩"的情况，因此对于宇文焕的行为暂无条例能够予以适用。于是刑部奏定了新例。"发冢"律所附嘉庆十四年（1809年）条例规定："子孙因贫盗祖父母、父母未殡、未埋尸柩，不分首、从，开棺见尸者，皆斩立决。如未开棺椁，事属已行，确有显迹者，皆绞立决。如有尊长、卑幼或外人为首、为从，分别服制、凡人，各以首、从论。"[4]

在本案中，刑部仍然是运用整体类推的思维方式来修定新例。因为刑部通过查阅条例，发现了被盗尸柩是否已殡、已埋对于常人发冢来说是一个重要因素，从而该因素对于子孙发冢也是一个重要因素。同时，常人如果未开棺椁，盗已殡、已埋棺椁应当被处拟杖一百、流三千里，盗未殡、未埋棺椁则拟杖一百、徒三年；常人开棺见尸，盗已殡、已埋棺椁应当被拟绞监候，而盗未殡、未埋棺椁，则根据作案次数分别拟边远充军、极边烟瘴充军和绞刑。因此，刑部又得出一个结论，即如果其他情况都相同，盗未殡、未埋棺椁一般要比盗已殡、已埋棺

---

[1]《大清律例根原》卷之七十一，《刑律·贼盗下·发冢》。
[2]《大清律例根原》卷之七十一，《刑律·贼盗下·发冢》。
[3]《大清律例根原》卷之七十一，《刑律·贼盗下·发冢》。
[4]《大清律例根原》卷之七十一，《刑律·贼盗下·发冢》。

椁量减一等。得到这两个结论后,刑部就在原有子孙发冢条例上进行类推。子孙盗已殡、已埋祖父母、父母坟冢,见棺椁者和开棺见尸两种情况,分别被拟斩立决、凌迟处死,因此刑部将子孙盗未殡、未埋棺椁而见棺椁者、开棺见尸者,酌减为拟绞立决、斩立决。由于服制攸关的思想在清代司法政策中占有重要地位,正如护理陕西巡抚所提到的"案关伦纪",因此刑部没有严格按照《名例律》中"加减罪例"将几种死刑减为杖一百、流三千里。但无论如何,刑部根据整体类推的方法,尊重当时律例体系中的一些基本原则、精神,科学、谨慎地填补了一些法律漏洞。[1]

有道光四年(1824年)钟世祥殴打其子但却误伤其孙泳幅子一案。钟世祥有十岁幼子一人,名叫三斤子,平日常帮助其父料理农事。后某日,钟世祥先命三斤子外出拾粪,后发现三斤子与年仅八岁的泳幅子二人在院内玩耍,并没有听从其教令。因此钟世祥较为气忿,随手用手中烟袋掷向三斤子。不料三斤子见状躲避了烟袋,但烟袋正好砸在了站在三斤子身后的泳幅子卤门之上,导致其骨头损伤。后经过二十四日,泳幅子伤重不治殒命。陕西巡抚卢坤依律将钟世祥拟绞监候。"戏杀误杀过失杀伤人"律规定:"斗殴而误杀旁人者,各以斗杀伤论。死者,并绞。"[2]刑部核拟时认为,陕西巡抚引用的该律,本指凡人之间相互斗殴,结果误杀旁人。之所以按照斗杀伤论罪,是因为凡人斗殴杀人,应当被拟绞监候,因此误杀旁人,也应该拟绞监候。但是父母殴杀其子,按照条例规定只应该被拟杖刑,与殴杀旁人不同。"殴祖父母父母"律规定:"其子孙违犯教令,而祖父母、父母不依法决罚而横加殴打,非理殴杀者,杖一百。"[3]因此如果说殴打其子而误杀旁人也被拟绞监候的话,则明显不合乎情理,也会造成律例体系的混乱。刑部查阅先前父母谋杀其子而误杀旁人的案件,当时考虑到与谋杀凡人而误杀旁人不同,相对较轻,因此于斩罪量减一等。"戏杀误杀过失杀伤人"律规定:"其谋杀、故杀人而误杀旁人者,以故杀论。死者,处斩。"[4]刑部接着分析道,既然谋杀其子而误杀旁人都可以相对于谋杀凡人而误杀旁人的律文减轻量刑,那么"举重以明轻",根据当然解释,殴打其子而误杀旁人更应该在与凡人斗殴而误杀旁人的律文基础上量减一等。因此,刑部认为陕西巡抚卢坤的拟罪

---

[1] 参见《刑案汇览》卷二十一,《发冢·葬父无资盗棺剥衣当钱埋葬》。
[2] 《大清律例根原》卷之七十九,《刑律·人命·戏杀误杀过失杀伤人》。
[3] 《大清律例根原》卷之八十八,《刑律·斗殴下·殴祖父母父母》。
[4] 《大清律例根原》卷之七十九,《刑律·人命·戏杀误杀过失杀伤人》。

并不正确,应该将钟世祥于绞监候上量减一等,为杖一百、流三千里。同时,刑部还提出误杀的案件种类较多,有谋杀其子结果误杀旁人的,也有殴打其子而误杀旁人的,甚至还有谋杀其子误杀旁人一家二、三命或三命以上非一家的。而这些案件都没有律例的明文规定,如果不能将其根据不同的情况分别清楚,就会在具体办案拟罪时发生偏差。最终刑部提起修例动议并提出具体方案,类推适用相关律文,最终生成了条例。"戏杀误杀过失杀伤人"律所附道光四年(1824年)条例:"凡因殴子而误伤旁人致死者,杖一百,流三千里。因谋杀子而误杀旁人,发近边充军。其因殴子及谋杀子而误杀有服卑幼者,各于殴、故杀卑幼本律上,减一等。若误杀有服尊长者,仍依殴、故杀尊长及误杀尊长各本律、本例问拟。"[1]

在本案中,刑部先是否定了陕西巡抚卢坤对于钟世祥的拟罪,随之而来的,自然是刑部提出自己的解决方案。虽然例无明文,但律文中有斗殴而误杀旁人、谋杀而误杀旁人的规定,因此刑部采取比附援引的方法,在原有律文基础上创造出了新的条例。从最终的例文上来看,我们无法发现比照的痕迹。但是刑部的题本中则明明白白记录了其类推适用其他律文的推理过程,即"比照斗殴而误杀旁人以斗杀论,于斗杀绞监候律上量减为杖一百,流三千里""比照谋杀人以故杀论,于故杀斩监候律上量减为充军"等字样。刑部能够这么做的原因就在于,尽管对于殴杀、谋杀其子误杀旁人的行为没有条例进行约束,但是有殴杀、谋杀凡人而误杀旁人的律文,而两种行为的差异仅仅在于本应被伤害之人的不同,因此相似程度很高。既然如此,根据"相似情况应得到相似处理"的法律原则,刑部也就有了充足的类推适用相似律文的理由。当然,尽管情节相似,但毕竟在情节上有轻重的不同,刑部也会予以适当的加等、量减处理。[2]

(三) 创造性补充

杨仁寿认为:"创造性补充,系指依据法理,就现存实证法毫无依据的类型,创造其规范依据而言。良以法律有时而尽……如有必要加以规范时,唯有依据法理念及事理,创造规范,以济其穷。"[3]这种漏洞填补技术在因案生例中有所体现,其原因主要是由于对某种行为应予以刑事处罚,但无合适律例足以适用,且清人又无法通过目的性限缩、类推适用等方法进行法律续造。在此情况下,清代

---

[1] 《大清律例根原》卷之七十九,《刑律·人命·戏杀误杀过失杀伤人》。
[2] 参见《刑案汇览》卷三十二,《戏杀误杀过失杀伤人·因殴子而误杀旁人定例》。
[3] 杨仁寿:《法学方法论》,中国政法大学出版社1999年版,第209页。

第三章 因案生例的方法

官员以及皇帝一般根据个案的具体情况，综合天理、国法、人情，径行予以裁判，使该案成为一个先例并最终上升为条例。

有嘉庆五年（1798年）高傅氏殴伤伊翁高大身死与嘉庆十五年（1810年）张扬氏殴毙伊翁两案。张杨氏殴伤伊翁张昆身死，而伊夫张青辉并不在家，并且先前也并无任何纵容妻子忤逆伊翁之事。江西巡抚按律将该犯妇凌迟处死。"殴祖父母父母"律规定："妻、妾殴夫之祖父母、父母者，皆斩；杀者，皆凌迟处死。"[1]但嘉庆皇帝认为，虽然张青辉并无纵容等情节，但正是由于平日不能教导其妻遵守妇道，导致其妻骄纵蛮横，最终酿成惨剧。因此张青辉应当被予以惩治。皇帝下旨命刑部详查律例，并声明"如例无明文，并著通查成案，比照定拟，奏闻请旨。钦此。"刑部领旨后，遂遵照圣意，查阅以往子媳殴毙翁姑之案，发现如果犯夫并无纵容忤逆之情事，仅仅不能管教其妻的话，律典中确实无相关律例。随后，刑部列举了嘉庆五年五月刑部审理的高傅氏殴伤伊翁高大身死一案。在高傅氏案中，皇帝认为犯夫高奇山不仅未能教导其妻，且早应休妻，因此是其平日纵容妻子才最终酿成此祸。上谕载："高奇山著于高傅氏凌迟处所重责四十板，看视伊妻受刑后于犯事地方枷号一个月，满日仍重责四十板。"嘉庆八年（1803年），贵州巡抚又审理过李周氏咬伤伊姑李绍氏致令其忿激自尽，而犯夫李绍燮贿和匿报一案。该案中，贵州巡抚将李绍燮依"故纵罪囚情重，全科至死者，绞监候"律拟绞监候。刑部照拟替覆。嘉庆皇帝则认为，李绍燮已经知道其妻李周氏性格强悍，不能管教，导致其母常被忤逆，已经有损为人子之道。当其母李绍氏被李周氏咬伤手背之后，忿激自尽，但李绍燮竟然将母亲遗体置于棺材之中隐藏起来，并且当邻人传明乡约莫士汉等人查明无法隐藏之后，出银行贿希图隐瞒此事。因此皇帝特命将李绍燮从绞监候转为绞立决。刑部总结，高奇山仅不能教导其妻，因此处以枷号一个月，前后杖责共八十板；李绍燮由于溺爱妻子而忘记杀母之仇且贿和匿报，则改为绞立决。而张扬氏一案，其夫张青辉不仅平日从未纵容妻子忤逆，案发当日并不在家，而且事后并未隐瞒此事。因此张青辉与高奇山所犯情节相同，皆有不能平日教导其妻的错误，因此应当仿照惩治高奇山的做法，处理张青辉。最终刑部奏请生成新例。"殴祖父母父母"律所附嘉庆十九年（1814年）条例规定："子妇殴毙翁姑之案，如犯夫有匿报、贿和情事，拟绞立决。其仅止不能管教其妻，实无别情者，将犯夫于犯妇凌迟处所，先

---

[1]《大清律例根原》卷之八十八，《刑律·斗殴下·殴祖父母父母》。

重责四十板，看视伊妻受刑后，于犯事地方枷号一个月。满日，仍重责四十板发落。"[1]

在张杨氏案中，皇帝亦认为虽然伊夫张青辉并无纵容妻子忤逆、案发之时亦不在家，但"平日不能化导其妻，实有应得之罪。著刑部详查律例定拟具奏。如例无明文，并著通查成案，比照定拟。"最终将张扬氏一案比照高傅氏一案作出相同的处理。所谓"实有应得之罪，如例无明文"即证明了该案情并无相关律例适用而是一个开放漏洞。皇帝所做的法律续造，用现代法律方法论来理解即为创造性补充，两案的处理结果均无任何律例作为依据，而是采用了"妻子凌迟处所重责、犯事地方枷号"这种具有明显针对性的处理方法以警示犯夫。笔者认为，这一类案件在清代数量很少，清代的各级法司极少使用这种方法裁决案件，其原因大概有以下几点。第一，对于疑难案件径行裁判而不比附援引构成要件相类似的条款，容易在很大程度上破坏律例体系的稳定性，从而形成一种司法擅断的不良趋势。而这恰恰是专制集权的帝国所不愿意看到的。一旦该种法律方法得以大规模适用，就会对整个刑事司法领域产生极大的破坏。而"断罪无正条"以及"断罪引律令"的律例恰恰就是对该种法律方法的否定。第二，律典之中已经明文规定了比附援引的司法方法，并且同时也要追究违反规定的相关司法官员的责任。因此各级法司并没有法定的权力去擅自运用这种在一定程度上并无太多依据的方法。第三，比附援引是遵循"相同、相似情节得到相同、相似处理"的法理，而比照现行律例，本身就是一种皇权在司法领域得以彰显的表现。但倘若完全脱离现行律例进行拟罪，对于官员来说，就是对律典乃至皇权的否定，甚至对于皇帝本人来说，也等于是变相承认了作为朝廷大经大法的《大清律例》的彻底无效，违背了祖制，同时容易给臣民留下一个罪行擅断的暴君形象。综合以上几点，我们也就容易理解清代这类案件极为少见的缘故了。[2]

二、因案生例中的法律解释

现代法律解释方法大致分为文义解释、论理解释、比较法解释和社会学解释，其中论理解释又包括体系解释、立法解释、扩张解释、限缩解释、当然解

---

[1]《大清律例根原》卷之八十八，《刑律·斗殴下·殴祖父母父母》。
[2] 参见《驳案续编》卷七，《子媳殴毙翁姑犯夫匿报及贿和分别拟罪》。

释、目的解释和合宪性解释。[1]在清代刑案中，各级法司若想进行裁判，就必须先搞清楚作为大前提的律例本身的含义，然后才能够在此基础上予以适用。而《大清律例》本身又极为繁杂，加之存在各类的成案、通行等法律渊源，因此解释律例就成为每一个清代司法官员必须面对的事情。当律例文义含混以致影响适用时，清代官员就会采用一些古今相通的法律方法对律例进行解释，并最终生成一些解释性而非续造性的新例。如果说经过解释，仍然无法裁判案件，那么他们自然会选择如上文中所提到的目的性限缩、类推适用等方法进行法律续造。尽管法律续造是对现行律例体系的发展，但同时也意味着一种否定，频繁的法律续造在实质意义上完善律典的同时，也在形式上降低了律典的稳定性。因此，只要能够通过解释律例，还原某些条款最初的立法本意就能够得出"情罪允协"的法律结论的话，那么清人还是会倾向于解释法律这种相对保守而温和的方式。

（一）文义解释

所谓文义解释，就是指当法律规范出现意义含混的时候，法官根据字词通常所具有的含义对于条款进行解释，而不另外通过其他的途径。由于法律规范本身由文字进行表述，而文字又往往具有多种含义，不同的人基于不同的立场、知识背景也会作出不一样的解读，所以导致法律适用的不确定性。因此司法官员要想准确的裁判案件，首先需要尽可能地通过阐释字词含义来确定法律规范的含义，再将其作为涵摄的大前提适用于案件之中。无论在理论还是实务中，文义解释都应当是法官通常首先选择的法律解释方法。黄延廷即认为，清代的司法官员通常根据律例字词的一般意义与汉语的一般语法规则解释律例。[2]笔者认为，在刑案中，清代各级法司也常常对律例中含义不清的部分进行字词上的解释。

有嘉庆十七年（1809年）张张氏同时同地发掘三冢一案。吴毛七首先起意发掘何锦堂家的祖坟，张张氏听从并一起犯案。三座祖坟中，一座已经被开棺见尸，其他两座的石坑已经被挖掘开，两座棺材均已经朽烂，其中尸骨无存。江苏巡抚将张张氏依例拟充军刑，并具题皇帝。"发冢"律规定："凡发掘他人坟冢，已开棺椁见尸者，绞监候。"[3]"发冢"律所附嘉庆九年（1801年）条例规定："发掘常人坟冢，见棺椁为首，与开棺见尸为从一次者，俱改发近边充军；开棺

---

[1] 参见梁慧星：《裁判的方法》，法律出版社2012年版，第105页。
[2] 参见黄延廷：《从具体案件看清代刑事司法中的文义解释》，载《西部法学评论》2010年第2期。
[3]《大清律例根原》卷之七十一，《刑律·贼盗下·发冢》。

见尸为从二次者,实发烟瘴充军。如年在五十以上,见棺椁为首,与开棺见尸为从一次者,发附近充军;开棺见尸为从二次者,仍发烟瘴充军。若为从开棺三次,及至三次以外,实有赃证次数,确据事主告发实情者,照窃盗三犯律,拟绞监候。为从三次,实系帮同开棺,秋审入于情实。"[1]

　　刑部在复核过程中认为,张张氏听从吴毛七发掘何锦堂家祖坟,根据现场勘察的结果,其中何刘氏的坟冢已经被开棺见尸,而何徐氏、何凌氏的坟冢的石坑已经被挖开,露出了两口朽烂的棺材,并且尸骨、衣物无一留存。根据江苏巡抚的声明,即使尸骨尚存,也属于开棺见尸。首犯吴毛七在坟冢内摸取旧钉,然后递给张张氏。而旧钉之处,恰恰就是尸骨所在之处。因此,摸取旧钉必然导致尸骨显露。况且,连续开棺见尸,情节非常残忍,即使发掘数家均为同时同地,仍然应当按照所发坟冢的数量为算。根据"发冢"律文,为首之犯不分发冢次数,一概拟以绞监候。而根据定例,为从之犯分别次数治罪。因此刑部认为张张氏应当改照"为从三次"例拟绞监候。最终生成条例。"发冢"律所附嘉庆十九年(1814年)条例规定:"发掘常人坟冢,见棺椁为首,与开棺见尸为从一次者,俱改发近边充军;开棺见尸为从二次者,实发烟瘴充军。如年在五十以上,见棺椁为首,与开棺见尸为从一次者,发附近充军;开棺见尸为从二次者,仍发烟瘴充军。若为从开棺三次,及至三次以外,均以见尸为一次,不得以同时、同地连发多冢作一次论。"[2]

　　从上引案件我们可以看出,本案的焦点就在于对条例中"为从一次""为从二次"次数的认定。江苏巡抚认为虽然何刘氏、何徐氏、何凌氏三家被发掘,但系同时同地,只应该算作开棺见尸一次,故而针对张张氏听从吴毛七同时同地发掘三家的行为,江苏巡抚只将其拟近边充军。而刑部则从文义方面对于发冢次数进行解释,即指出发掘次数应当以所发坟冢数量为算,而不论该行为是否连续同时同地。最终,刑部在奏定的条例中,以小注的形式将"均以见尸为一次,不得以同时、同地连发多冢作一次论"加于原条例之中。这种做法就能够更好地明确发冢次数的认定标准,从而保证以后对于该类行为的法律适用。

　　有学者认为,在司法裁判中进行严格的文义解释,是采用成文法律体系的国家在其司法程序中的必然要求,而清代正是一个成文法典体系已经非常完善成熟

---

[1]《大清律例根原》卷之七十一,《刑律·贼盗下·发冢》。
[2]《大清律例根原》卷之七十一,《刑律·贼盗下·发冢》。

第三章 因案生例的方法

的时期,因此按照字词的通常含义解释律例是清代司法的一个重要特征。[1]谢晖教授提到,在中国古代的司法裁判中,只要存在相关法律,司法官员就会适用法律规定进行裁判。[2]笔者认为,文义解释方法对于清代各级法司解决刑案,能够起到以下几点作用。第一,它能够保障《大清律例》得到严格的适用,并进而保证皇帝的意志在帝国司法领域内的张扬;第二,它能够有效地限制各级法司在刑案中的罪刑擅断,防止司法被臣下擅权;第三,它能够有效保障普通百姓的各项人身、财产权利,防止各级官员脱离文本的一般含义进行解释从而损害百姓的利益。[3]

(二)体系解释

所谓体系解释,就是指将一部法典乃至整个法律体系中不同的法律规范视为一个整体,当理解个别条文出现困难的时候,参考、对比同一体系内的其他条文,最终确定其真正含义。这种解释方法背后的依据就是,法律规范之间是一个有机结合、彼此相通的关系,因此不可将其人为地割裂开来。《大清律例》近袭明律,远宗唐律,在内部的篇目、框架、体例上已经非常完善、成熟。《名例律》相当于现代的刑法总则,统领全篇。《吏律》《户律》《礼律》《兵律》《刑律》《工律》朝廷六部的顺序依次展开,每一篇之内又分为若干门类,数千条条例又附载于436条律文之后。律典本身前后呼应,有条不紊。因此,清代的各级法司在审理刑案时,常常会通览律例全篇以确定具体条文的含义。有学者认为,清代各级法司在遇到律例文义不明确的时候,往往通过比较《大清律例》中不同的律例,形成和完善他们对于律例体系的整体认识,进而确定某条律例的真正含义。[4]

有乾隆四十一年(1776年)僧静峰起意殴死俗家胞弟周阿毛图赖邢直武一案。僧静峰为浙江省内所属之剃度出家之人。由于其俗家胞弟周阿毛痴呆无用,静峰遂将其谋死图赖他人,以图泄忿。地方督抚依律将其拟绞监候。"殴期亲尊长"律所附乾隆五年(1740年)条例规定:"凡故杀期亲弟妹,照杀大功弟妹律,均拟绞监候。"[5]"僧道拜父母"律规定:"凡僧尼道士女冠,并令拜父母,

---

〔1〕 参见黄延廷:"清代刑事司法中的严格法律解释",载《中国刑事法杂志》2009年第2期。
〔2〕 参见谢晖:《中国古典法律解释的哲学向度》,中国政法大学出版社2005年版,第201页。
〔3〕 参见《刑案汇览》卷二十,《发冢·同时同地发冢三冢从犯拟绞》。
〔4〕 参见王志林:"中国传统法律解释的技术与意蕴——以清代典型的注释律学文本为视域",载《法学家》2014年第3期。
〔5〕 《大清律例根原》卷之八十七,《刑律·斗殴下·殴期亲尊长》。

祭祀祖先。丧服等第皆与常人同。"[1]但当刑部进呈皇帝秋审招册后，皇帝下旨认为，对于僧静峰不应当援引有关尊长殴死卑幼之律例，使其享有尊长的特权。乾隆皇帝从情理的角度作了以下分析。第一，静峰已经剃度出家，应当不再按照俗家服制处理其犯罪；第二，僧人致死人命，其也已经触犯了佛门戒律之杀戒；第三，静峰不念与周阿毛之手足情谊，反倒因其痴呆无用将其谋害。他还从律例的角度作了分析，即认为"僧尼道士女冠，并令拜父母"是专指僧尼对尊长有犯。刑部遵照皇帝旨意，重新对于"僧尼道士女冠，并令拜父母、祭祀祖先。丧服等第皆与常人同"这一条例进行解释，即认为僧道虽然已经出家，但只应该溯及其祖父母、父母，"而绝无旁及之条"。因此向来办理僧人杀人的案件，均按照寻常斗杀按律定拟，并且于秋审之时无不从严核办。但至于僧人杀伤本宗尊长卑幼之案，常常拘泥于"丧服等第与常人同"这一语句。因此，导致了谋杀俗家卑幼，竟然使得犯了杀戒的僧人由于其俗家服制而量从末减的尴尬局面。因此应当遵照上谕，修订条例。最终刑部奏明皇帝，新例得以生成。"殴期亲尊长"律所附乾隆四十二年（1777年）条例规定："凡僧人有犯本家祖父母、父母及有服尊长，仍按服制定拟外，若致死本宗卑幼，无论斗、殴、谋、故，俱以凡论。女尼、道士、喇嘛有犯，一例办理。"[2]

在本案中，最初督抚将僧静峰拟绞监候，刑部照覆。但皇帝对该律作了文义解释、体系解释和限缩解释，认为僧人对本身亲属有犯，专指尊长而言，如若致死俗家卑幼，应当以凡人论。清代继续遵循三纲五常的儒家礼教，在刑律中的表现就是尊长侵害卑幼，尊长受到较之常人相犯更轻的刑罚，卑幼侵害尊长，卑幼则受到较之常人相犯更重的刑罚。因此，该律的主要出发点即在于，如果不承认僧尼、道士、女冠等出家之人的服制，那么当其侵害尊长时，若以常人论罪，会比依照服制论罪受到更轻的刑罚，而这明显不符合名教的要求。而若当其侵害卑幼时，若以服制论罪，出家之人又可以减轻其刑罚，而这又违背了佛、道二教的宗旨，放纵了有关犯罪者。因此该律规定的目的是为了不纵容出家之人，使得出家卑幼不因其出家而减轻其冒犯尊长的责任，同时，出家尊长也不因为其出家，而减轻其侵害卑幼的责任。在理解了上谕所指出的意思后，刑部"推原律意"，认为僧人杀伤亲属之案，之前审判拘泥于律中"与常人同"一语，而未从整个

---

[1]《大清律例根原》卷之四十二，《礼律·仪制下·僧道拜父母》。
[2]《大清律例根原》卷之八十七，《刑律·斗殴下·殴期亲尊长》。

体系的角度理解律内仅令拜父母、祖先的意思。且僧人已破杀戒,"既犯王章,又破佛律",倘若谋杀本宗卑幼反而因其服制减轻其罪,显然不合情理。故最终生成新例,将僧静峰仍按照凡人论处。[1]

有道光二年(1822年)刘顺惊、邓添元被刘允高戳死一案。邓添元开设了一家肉铺,后由于人手不足,请了刘顺惊和同姓不同宗的刘允高在铺里帮工,三人之间并非主仆关系。后刘顺惊因为琐事斥骂刘允高懒惰、误工,导致两人斗殴,刘允高顺手从铺案上拿起屠刀戳伤了刘顺惊的左乳部位。邓添元听闻吵闹,急忙赶来查看,见状遂声称要将刘允高送官府惩处。刘允高忆起邓添元平日就经常听从刘顺惊的挑拨、教唆,于是一不做二不休,亦用刀戳伤了邓添元的腹部,导致其死亡。湖北巡抚杨懋恬依例将刘允高拟斩立决。"杀一家三人"律所附嘉庆十四年(1809年)条例规定:"凡杀一家非死罪二人,及杀三人而非一家,内二人仍系一家者,拟斩立决、枭示,酌断财产一半,给被杀二命之家养赡。倘未犯监故,财产仍行断给。如致死一家二命,系一故、一斗者,及杀三人而非一家者,与本欲谋杀一人,而行者杀三人案内造意不行之犯,俱拟斩立决,奏请定夺。毋庸断给财产。"[2]但刑部在核拟时指出,湖北巡抚杨懋恬对于该条例的理解有所偏差,因此拟判并不正确。刑部首先查阅了该律的律注。"杀一家三人"律的律注:"一家谓同居,虽奴婢、雇工人皆是。"[3]刑部解释道,虽然根据律注的规定,同居之雇工人属于家人范围之内,但在本案中,该条例仍然不能够适用。因为适用该条例还需要满足另一个构成要件,即杀人者必须不属于这一家范围之内。由于刘允高本人也是邓添元家的雇工人,因此他也属于邓添元同居家人之一,从而不能适用"杀一家三人"律的相关条例。刑部认为,邓添元和刘允高并没有任何的主仆名分,因此刘允高杀死刘顺惊和杀死邓添元的两个行为应该分别定拟,并根据《名例律》的相关规定以其重者进行论处。"二罪俱发以重论"律规定:"凡二罪以上俱发,以重者论。"[4]最终刑部奏请皇帝专门制定新例,以明确这种法律适用。"杀一家三人"律所附道光四年(1824年)条例规定:"凡杀死同主雇工,复杀死雇主至三命者,如内有雇主二命,仍分别有无主仆名分,各照凡人谋、故、斗杀一家二命及杀死家长本律、本例问拟。若杀死同

---

[1] 参见《驳案新编》卷二十四,《刑律·斗殴下·图财谋杀卑幼斩决》。
[2] 《大清律例根原》卷之七十七,《刑律·人命·杀一家三人》。
[3] 《大清律例根原》卷之七十七,《刑律·人命·杀一家三人》。
[4] 《大清律例根原》卷之十二,《名例律下·二罪俱发以重论》。

主雇工及雇主各一命者，不得以一家二命论，仍从一科断。"〔1〕

在本案中，首先，湖北巡抚杨懋恬错误地理解了"杀一家三人"律所附条例，认为只需要案情满足被杀之人属于一家、被杀为二人、杀人的方式属于斗杀加故杀这三个构成要件，就可以适用该条例，因此他将刘允高拟斩立决。但是刑部则根据律注从《大清律例》的整体对于该条例进行了解释，认为适用该条例不仅需要满足上述的三个条件，还需要满足杀人者是家人以外的人这一条件。而刘允高恰恰与刘顺惊都属于邓添元的雇工，因此无法适用该条例。刑部在题本中提到"惟律例内并无明文，该省即经误会。自应明立专条"，可见，刑部为了防止各省督抚、将军、都统误解了条例的本意而导致错误的拟判，特意纂定了新例以进行解释，从而保证律例的正确适用。

（三）历史解释

所谓历史解释，就是指司法官员通过追溯法律条款的制定、修正过程，来明确现行条款的真正含义的方法。笔者在上文中已经指出，《大清律例》不仅在历史渊源上近袭明律，远宗唐律，而且自身也曾有《大清律集解附例》《大清律集解》等注解，并进行了较为频繁的修例活动。因此清代各级法司在律例文义不甚明确的情况下，常常分析、研究相关条款的历史沿革过程，来确定具体字词的含义以及该条款背后的立法精神。王志林认为，在刑案审理过程中，注重对于律例演变历史的考证和梳理，并且尊重先前立法者以及律学家的言论和著作，甚至历代经学家的学说，是清代法律适用的重要特点。〔2〕

有道光十四年（1834年）王年贵一人抢夺陈家栋银镯，推跌事主成伤一案。王年贵籍贯四川省，于道光十四年间见陈家栋手带银质手镯，故起意骗取。但陈家栋不允，于是王年贵直接进行抢夺。陈家栋见状连忙拉住王年贵衣服，不让其走脱，并且大声哭喊。王年贵为了逃跑，只能用力将陈家栋推到下坡，使其左右胯部有所损伤，最终伤轻平复。四川总督找到了可以适用于本案的两条条例，但它们相互矛盾。一条是"白昼抢夺"律所附嘉庆九年（1804年）条例规定："凡白昼抢夺杀人者，拟斩立决；为从帮殴，如刃伤及手足、他物至折伤以上者，俱拟绞监候；伤非金刃而又非折伤者，发云贵、两广极边、烟瘴充军……伤非金

---

〔1〕《大清律例根原》卷之七十七，《刑律·人命·杀一家三人》。
〔2〕参见王志林："中国传统法律解释的技术与意蕴——以清代典型的注释律学文本为视域"，载《法学家》2014年第3期。

第三章 因案生例的方法

刃、伤轻平复之首犯，改发极边、烟瘴充军。年在五十以上，刃伤及折伤为从，仍照原例发近边充军。伤非金刃、伤轻平复为首，发边远充军。"[1]根据该条例，王年贵应当被拟以极边、烟瘴充军。

另一条是"白昼抢夺"律所附道光九年（1829年）条例规定："川省匪徒、并河南、湖北、安徽等三声交界地方，及山东之兖州、忻州、曹州三府，江苏之淮安、徐州、海州三府、州，如有红胡子、白撞手、拽刀手等名目……其在野拦抢未经伤人之案，除实犯死罪外，数在三人以下犯该徒罪以上，不分首、从，俱发云贵、两广极边、烟瘴地方充军……但伤人者，如刃伤及折伤以上，拟斩监候；伤非金刃、伤轻平复，拟绞监候。"[2]因此，如果根据该条例，王年贵应当被拟绞监候。

因为这两条条例看似较为矛盾，所以四川总督对于如何处置王年贵有所疑问，于是向刑部发出咨文，请求刑部指示如何适用律例。刑部为了回答四川总督的问题，解决王年贵一案中所遇到的法律适用问题，便开始对于条例的历史渊源进行了爬梳，重点是梳理了"川省匪徒在野拦抢"例自生成到发展的历史过程。

刑部认为该条例是于乾隆二十三年（1758年）纂定的，当时的原文是"川省啯匪纠伙五人以上，在于场市人烟凑集之所横行抢劫者，不论曾否得财，为首，照光棍例拟斩立决；为从同抢者，俱拟绞监候。其在野拦抢止二三人者，分别首、从，犯该徒罪以上，俱发云贵、两广极边、烟瘴地方严行管束。"[3]此时该条例的文义还较为明确，在野拦抢必须达到二三人，才能够予以适用，而如果仅有一人单独作案，则不能适用。

到了乾隆四十六年（1781年），由于在野拦抢达到四人以上在条例中没有明文规定，因此刑部奏请皇帝制定新例。"白昼抢夺"律所附乾隆四十八年（1783年）条例规定："川省匪徒在野拦抢未经伤人之案，除数在三人以下者仍照旧例发烟瘴充军外，如四人以上至九人者，不分首、从，俱改发伊犁给厄鲁特为奴，均面刺'外遣'。如有脱逃，拿获即行正法。但伤人者，即将伤人之犯拟绞监候。若数在十人以上，无论伤人与否，为首，拟斩立决；为从，拟绞监候。"[4]因此该例规定的四人以上和乾隆二十三年奏定的条例互为补充，从人数上将白昼

---

[1]《大清律例根原》卷之六十二，《刑律·贼盗中·白昼抢夺》。
[2]《大清律例根原》卷之六十二，《刑律·贼盗中·白昼抢夺》。
[3]《大清律例根原》卷之六十一，《刑律·贼盗中·白昼抢夺》。
[4]《大清律例根原》卷之六十一，《刑律·贼盗中·白昼抢夺》。

抢夺的各种情况都包含在内。

到了嘉庆二十四年（1819年）修例的时候，刑部将上述两条例文归并在一条例文之内。"在野拦抢止二三人者"与"数在三人以下者"两语合并为"除实犯死罪外，数在三人以下犯该徒罪以上"一语。这么做的原因是因为"数在三人以下"与下文的"四人以上至九人""数在十人以上"两语较为连贯，能够上下呼应，但是并没有将一人白昼抢夺的情况予以加重处理。同时刑部还指出，对于四川省白昼抢夺行为的加重，正如例内所提到的"纠伙五人以上"，主要针对的是已经形成固定团伙的匪徒。因此针对王年贵一个人作案的行为，不应当适用这条例，而应适用寻常的条例，被拟极边、烟瘴充军。因此，刑部在回复四川总督的咨文同时，还奏请道光皇帝将条例予以修订，以更好地明确条例的真正含义，保证《大清律例》的正确适用。最终生成的条例，又将嘉庆二十四年（1819年）的"数在三人以下"改回了"止二三人"。"白昼抢夺"律所附道光十四年（1834年）条例规定："川省匪徒，并河南、安徽、湖北等三省交界地方，及山东之兖州、沂州、曹州三府，江苏之淮安、徐州、海州三府、州，如有红胡子、白撞手、拽刀手等名目，在于场市人烟凑集之所横行抢劫，纠伙不及五人者，不分首、从，俱改发云贵、两广极边、烟瘴充军。但伤人者，如刃伤及折伤以上，拟斩监候；伤非金刃、伤轻平复，拟绞监候。如纠伙五人以上，不论曾否得财，为首，照光棍例拟斩立决；为从同抢者，俱拟绞监候……其在野拦抢未经伤人之案，除实犯死罪外，数止二三人犯该徒罪以上，不分首、从，俱改发极边足四千里充军；如四人以上至九人者，不分首、从，俱改发云贵、两广极边、烟瘴充军。但伤人者，如刃伤及折伤以上，拟斩监候；伤非金刃、伤轻平复，拟绞监候。若数至十人以上，无论伤人与否，为首，拟斩立决；为从，拟绞监候；被胁同行者，改发云贵、两广极边、烟瘴充军。"

在本案中，我们可以发现，最终生成的条例本质上并没有对于原有条例作出太多更改，而是注重澄清其本来含义，防止其模糊不清影响在案件中的正确适用。刑部对"川省匪徒在野拦抢"例从乾隆二十三年（1758年）奏定一直到道光十四年（1834年）王年贵一案案发，一共76年间发展的过程都一一进行了回顾和梳理，发现导致该条例与寻常白昼抢夺例文相矛盾的原因，就在于嘉庆二十四年（1819年），为了修并条例后，在行文上的前后连贯、呼应，而将"止二三人者"改为了"数在三人以下"。因此刑部不仅就个案指导了四川总督，而且推而广之，将此案作为修例的一个原因，将条例中容易造成误解的字词作了修正。

第二章 因案生例的方法

最终，刑部通过追溯该条例的生成、发展的历史脉络，探求了其真正含义。刑部在道光十四年（1836年）王年贵一案中的做法，其实就是一次典型的历史解释方法在实际案例中的运用，并最终上升到了修订条例的立法层面。[1]

有道光十二年（1832年）逸犯赵幅挑唆朱起富诬指良民张发为窃犯拷打致死一案。朱起富籍隶承德县，听从逸犯赵幅之言，将张发诬指为窃犯，并用铁链将其拴住，致其骨折并于七十二日后死亡。对于该案如何拟罪，奉天府尹有两个疑问。第一，诬良为窃并拷打致死的案件，是否只是将为首的人拟斩监候，而将其他从犯发边远充军。他还列举了下列条例，"诬告"律所附道光九年（1829年）条例规定："凡诬良为窃之案，如拷打致死者，俱拟斩监候。"[2]"恐吓取财"律所附乾隆五十三年（1788年）条例规定："凡将良民诬指为窃，称系寄买贼赃，将良民捉拿拷打、吓诈财物，或以起赃为由沿房挖捡、抢夺财物、淫辱妇女，除实犯死罪外，其余不分首、从，俱发边远充军。"[3]"共犯罪分首从"律规定："若本条言皆者，罪无首从；不言皆者，依首从法。"[4]奉天府尹认为"恐吓取财"律的条例既然规定了除实犯死罪以外不分首从，因此实犯死罪就应该分首从。但是"诬告"律的条例又写明为"俱拟斩监候"，这里的"俱"似乎指不分首从。第二，被拷打致死的人如果死在保辜正限、余限之外，是否仍旧将各犯拟充军刑。为此，奉天府尹向刑部发出咨文，请求给予指示。刑部收到咨文以后，就开始了相关的调查工作。

针对第一个问题，刑部认为，既然"共犯罪分首从"律已经明确规定必须有"皆"字才不分首从，那么既然"诬告"律的条例没有"皆"字，那么自然应该仍然分别首犯、从犯，而不应该拘泥于"俱"字，将首犯、从犯都拟斩监候。道光四年（1824年）的原条例为："凡诬窃致毙人命之案，如死者实系良民，不问是否有心诬窃，及死虽旧匪，而诬窃出于有心，拷打伤重致死者，俱拟斩监候。"[5]后来在道光九年的时候将"如死者实系良民，不问是否有心诬窃，及死虽旧匪，而诬窃出于有心"的字样删除，但未删除"俱"，所以导致了奉天府尹对该条例的错误理解。

---

[1] 参见《刑案汇览》卷十六，《白昼抢夺·川匪拦抢仅只一人各照本例》。
[2] 《大清律例根原》卷之九十二，《刑律·诉讼·诬告》。
[3] 《大清律例根原》卷之六十九，《刑律·贼盗下·恐吓取财》。
[4] 《大清律例根原》卷之十二，《名例律下·共犯罪分首从》。
[5] 《大清律例根原》卷之九十二，《刑律·诉讼·诬告》。

针对第二个问题，刑部认为，"保辜限期"律在《刑律·斗殴》内，因此只适用于寻常斗殴。而"诬告"律所附的条例是在乾隆四十八年（1783 年）照故杀律所制定的。"诬告"律所附乾隆四十八年条例规定："凡诬良为窃，吓诈逼认，因而致死，照诬告致死律，拟绞监候。如系因拷打伤重致死者，照故杀律，拟斩监候。"[1]该条例删去"照故杀律"是在道光四年的时候。既然故杀的行为不能适用"保辜限期"的规定，那么该条例也不能适用。最终生成条例。道光十四年（1834 年）条例规定："凡诬良为窃之案，如拷打致死者，拟斩监候。"[2]

在本案中，刑部首先采用文义解释的方法，指出既然"共犯罪分首从"律已经规定了只有"皆"字才不分首从，那么即使有"俱"这个看似与"皆"的同义词，也不能够当作"皆"来使用。其次，刑部追溯了该条例的演变路径，研究了"俱"字导致奉天府尹误解的原因。该条例在道光九年（1829 年）修定时删去了一些字样，而"俱"字在原条例中恰恰是指代被删去的"如死者实系良民，不问是否有心诬窃，及死虽旧匪，而诬窃出于有心，拷打伤重致死者"这几种情况，而并非指不分首犯、从犯。同时，刑部也发现，道光四年（1824 年）修例的时候，曾将该条例中"照故杀律"的字样删去，而这又导致奉天府尹不知是否适用"保辜限期"的相关规定。最终，刑部在新的条例中删除了"俱"字，从而保证了其后相关的法律适用。[3]

（四）目的解释

所谓目的解释，就是指当法律条款存在多种解释的可能性时，司法官员通过推究当初立法者制定该条款的立法宗旨、精神和目的，去确定条款的确切含义。在任何国家，法律都是被用于进行社会治理，清代也概莫能外。如果结合清代的立法宗旨与精神，我们可以发现，"重其所重，轻其所轻"是清代刑法的一大特色。对严重危害朝廷安危、社会秩序、民众人身、财产安全的行为予以严惩，而对于社会危害性不强的行为，则在一定程度上予以减轻刑罚。王志林认为，清代律学家与各级法司将"务于治"和"安于仁"作为解释律例的一种角度。[4]笔者同意这种观点，并举以下几个案例进行说明。

---

[1]《大清律例根原》卷之九十二，《刑律·诉讼·诬告》。
[2]《大清律例根原》卷之九十二，《刑律·诉讼·诬告》。
[3] 参见《刑案汇览》卷四十八，《诬告·诬窃拷毙不准保辜仍分首从》。
[4] 参见王志林："中国传统法律解释的技术与意蕴——以清代典型的注释律学文本为视域"，载《法学家》2014 年第 3 期。

有道光四年（1824年）回民马五六儿结伙行窃一案。回民马五六儿先前已经被判处近边充军，其后脱逃，并听从回民丁熟夫儿等四人安排，用一根较长的木杆制造云梯，并令同伙携带，其余均徒手行窃刘泳淞一家财物。陕西巡抚依例将马五六儿拟杖一百、徒三年。"窃盗"律所附嘉庆十四年（1809年）条例规定："回民行窃，除赃数满贯、罪无可加及无伙众持械情状者，均照律办理外，其结伙三人以上，执持绳鞭器械者，不分首、从，不计赃数、次数，改发云贵、两广极边、烟瘴充军。若结伙虽在三人以上，而俱徒手行窃，并无执持绳鞭器械者，于军罪上减一等，杖一百、徒三年。"[1] 刑部对此拟判并不认可。

刑部查询之前相关案例发现，嘉庆二十四年（1819年）曾经专门针对山东省制定了新的条例。"窃盗"律所附条例规定："山东一省窃贼，除赃数满贯、罪无可加及行窃仅止一二人，仍照旧例办理外，其窃贼结伙在三人以上，执持绳鞭及刀斧、棍棒等器械者，不分首从、赃数、次数，俱发云贵、两广极边、烟瘴充军；三人以上，徒手行窃者，于军罪上减一等，杖一百、徒三年。"[2] 嘉庆二十五年（1820年）山东巡抚曾经针对该新例向刑部发出咨文，认为一方面软梯等器械一般也用来作为窃贼偷盗常用的器械，同时也可以用来拒捕。但是这些器械并非绳、鞭等凶器，因此如果将软梯等器械也比作真正的凶器进行处理，被拟充军刑的话，就会造成情节轻，但刑罚重的结果。另一方面，如果结伙作案中的一人随身带有小刀，但其他人并不知晓，那么对于这种情况也认定为持械进行科断的话，也同样会造成量刑有失平允的结果。刑部对山东巡抚的回应是，条例内所谓的"非徒手"，就是指执持器械。而民间所用器械十分广泛，例如顺杆、软梯、铁凿、铁锹、小刀等物件，都可以包含在"器械"二字之内。这些器械又可以帮助行窃，又可以用来拒捕，自然应当被认为是持械。当时刑部在回复山东省巡抚的咨文中也提到，该条针对山东省的新例是仿照回民行窃例奏定的，而回民行窃结伙三人以上，必须均为徒手，并无任何器械，才能够被减等拟以杖一百、徒三年。如果即使有一人携带小刀，就不属于徒手的范围，应当被依照条例的规定拟充军刑。

而回到马五六儿一案，刑部认为回民较为彪悍，往往结党成群、执持器械地进行犯罪，与普通犯罪有所不同，因此只要非徒手行窃，无论何种器械，均应当

---

[1]《大清律例根原》卷之六十四，《刑律·贼盗中·窃盗》。
[2]《大清律例根原》卷之六十四，《刑律·贼盗中·窃盗》。

被拟充军刑。刑部还从体系上进行解释，即指出条例中有"俱徒手行窃"就是指无一人执持器械，因此只要有一人执持器械，就属于条例中所指"执持器械"。既然针对山东省的条例是仿照回民窃盗条例制定，而刑部在嘉庆二十五年已经说明了山东省的窃盗新例中"器械"所含甚广，只是不一一列举而已，因此回民窃盗条例中的"器械"同样可以作出这样的解释。故针对马五六儿一案，用木杆做成的云梯自然应该被认为是"器械"，而不应该被认定为徒手行窃，因此马五六儿应当被拟改发云贵、两广极边、烟瘴充军之刑。最后生成条例。"窃盗"律所附道光四年（1824年）条例规定："回民行窃，除赃数满贯、罪无可加及无伙众持械情状者，均照律办理外，其结伙三人以上，但有一人执持器械，无论绳鞭、小刀、棍棒，俱不分首、从，不计赃数、次数，改发云贵、两广极边、烟瘴充军。若结伙虽在三人以上，而俱徒手行窃者，于军罪上减一等，杖一百，徒三年。"〔1〕

在本案中，刑部通过推究制定回民窃盗条例的目的、回民窃盗条例与其他条例的关系，阐释了"徒手"和"器械"两语的真正含义。从制定该条例的目的角度来说，回民犯罪所造成的社会危害性往往较大，属于朝廷的刑事政策中的"重其所重"的范围，因此当初立法的目的就是为了对其予以严厉惩罚。得出这样的结论后，刑部就有充分的理由对于"徒手""器械"作出更宽泛的解释。倘若不这样做的话，就会导致轻纵了回民窃盗行为，使得其更加有恃无恐，从而严重影响朝廷对于民间社会的治理。从体系角度来说，刑部发现，在嘉庆二十五年（1820年）其自身就已经对于山东省窃盗新例进行了解释，其解释的重点就是"徒手"和"器械"二语。既然该例是仿造回民窃盗条例而制定，那么对于相同字词也应当作出相同的解释，否则既不符合立法目的，也违反了体系解释的原理。因此，针对马五六儿结伙利用云梯行窃一事，刑部认为应当将其拟充军刑，而非陕西巡抚所拟的徒刑。〔2〕

有乾隆年间王学孔等节次偷刨坟墓一案。王学孔与敖子明均籍隶阳信，居住在同一个村庄。乾隆三十六年（1771年）九月二十四日，敖子明到该县乞讨，正好遇见日照县民朱继祖之祖母李氏出殡，安葬新庄。敖子明路过看见，知道朱继祖家境丰裕，因此推断棺殓中必然有价值不菲的陪葬品。敖子明起意发掘，邀

---

〔1〕《大清律例根原》卷之六十四，《刑律·贼盗中·窃盗》。
〔2〕参见《刑案汇览》卷十六，《白昼抢夺·回民伙窃均系徒手方准拟徒》。

请王学孔入伙。即于是夜,二人携带工具到坟地,将李氏之坟墓刨开,并撬起棺盖,剥去尸衣,后至敖子明家,卖钱分用。三十七年(1772年)三月初三日,该县民高得成之母张氏葬于官窑庄外,正巧被王学孔看见,于是商同敖子明再行偷刨。于是夜,敖子明带锹,王学孔带镢同至坟前,刨开坟后又剥取尸衣,将棉袍卖钱花用,并藏匿了其余赃物。事主发现后报告县衙,牧令缉获王学孔等人。山东巡抚杨景泰将王学孔、敖子明按律拟绞监候,并声明该二犯系二三年后拿获,因此应当遵旨改为立决。"发冢"律规定:"凡发掘他人坟冢,已开棺见尸者,绞监候。"[1]同时,乾隆三十九年(1774年)十一月曾有上谕:"嗣后凡有重罪应入'情实'人犯,经二三年后始行就获到案,其本罪如系应拟斩、绞监候者,均著改为立决,以昭平允。"刑部认为,王学孔、敖子明二人均屡次偷刨坟墓,属于秋审应入"情实"的犯人。并且其偷刨朱李氏、高张氏之坟墓皆系二三年以前之事。如果当时拿获,自然早经正法。因此刑部同意按照山东巡抚杨景泰的拟罪,遵照上谕将二人从绞监候改为绞立决。但乾隆皇帝认为,杨景泰和刑部将王学孔、敖子明二人改为立决,是误会了他当初发出上谕的本意。原上谕中所载:"凡有重罪应入情实人犯,经二三年后始行就获,应改为立决",是指谋故杀等犯情罪重大之人,因为其事关人命,本应抵偿人命。因此如果脱逃数年,被抓获之后自然应该"决不待时"。但像这种刨坟、发冢之人,虽然按照条例规定应当在秋审的时候入于"情实",但是往往犯案者均为贫穷无奈所致,有司应当反省牧民不善之责,而犯案者本身并不需抵偿人命。因此虽然应入"情实",但何必非要予以立决处置?接着皇帝提出了修例动议,即上谕所载"嗣后问拟斩、绞监候之犯,经二三年后始行就获者,何项应改为立决,何项仍应监候,并著刑部悉心核议,酌定条例具奏。"刑部领旨之后,便对条例进行了如下修订。他们将有关人命应拟斩监候的共五十三条,以及从应拟绞监候的六十九条内选取的"犯罪拒捕杀人以及与谋杀、故杀情罪相等"共六十七条,拟定为一旦脱逃至二三年被抓获,就改为立决。而此外的寻常命案,例如斗杀、误杀、出于无心为从、加功、首犯业已抵命、尊长致死卑幼、长官致死部民以及一切被逼受累、死由自尽的条文,一共五十五条,规定为虽入秋审"情实",但仍拟监候。最终,刑部将这些应改立决、仍应监候的条例分缮清单二件,恭呈御览,最终生成新例"犯罪事发在逃"律所附乾隆四十二年(1777年)条例规定:"凡

---

[1]《大清律例根原》卷之七十一,《刑律·贼盗下·发冢》。

有关人命，应拟斩、绞人犯，脱逃二三年后就获，如谋杀、故杀及拘捕杀人等类情重之犯，倖稽顯戮者，各依原犯科罪。应监候者，俱改为立决；寻常命案，仍照本律、本例拟以监候。其无关人命，应拟死罪各犯，俱随案酌核情节，分别定拟。"[1]

在本案中，乾隆三十六年到三十九年间（1771年~1774年），王学孔等人共偷刨朱李氏等人坟冢，事后均被缉获。"发冢"律规定："发掘他人坟冢，开棺见尸者，绞监候。"[2]且案前上谕申明重罪入"情实"人犯，若二三年后到案，斩、绞监候均改为立决。由于"重罪"文义不够明确，导致督抚、刑部认为所有秋审入"情实"的人犯在事发二三年后到案，均要改为立决。但皇帝认为督抚、刑部"所办未免误会朕意"，进而对原上谕作了目的解释和限缩解释，即发出上谕是为了针对符合情罪重大命须抵偿、应入秋审"情实"早应处死、事发在逃二三年后被抓获这三个构成要件的罪犯，到案后将其直接从死刑监候改为立决。"重罪"在此专指必须"抵命"之犯。而虽然发冢见尸之犯应入"情实"，但一般无须抵命，即属于朝廷认可的"轻其所轻"的范围，因此并不包含于原上谕"重罪"意思之内。如果法司将其也纳入到了立决范围之内，就会导致扩大了皇帝当初上谕的适用范围。最终刑部遵照上谕的要求，酌定了新例，专条解释该上谕，同时，为了彻底明确哪些情节应当被改为立决，哪些情节仍应当拟监候，不至于再次发生本案中同样的错误，刑部在新例后附上了六十七条应从监候改为立决的重罪，从根本上穷尽了所有情况。[3]

（五）当然解释

所谓当然解释，是指司法官员无法直接在成文法典中寻找到某个案件的法律适用依据时，通过分析一般事理，比较其他相关条款而获取较为明确的法律结论，并在案件中予以论证。在中国古代，当然解释也并未缺位，而是以"举重以明轻""举轻以明重"的方式存于律典之中。有学者认为，这种解释方法不仅在立法上有明确的规定，而在司法实践中也得到了充分的运用。[4]

有乾隆二十年（1755年）蔡通捉奸杀死胞叔一案。蔡弈凡是蔡通的胞叔，后与蔡通之妻卢氏通奸，正巧被蔡通发现。蔡通遂用刀砍伤蔡弈凡，并当场杀死

---

[1]《大清律例根原》卷之十三，《名例律下·犯罪事发在逃。》。
[2]《大清律例根原》卷之七十一，《刑律·贼盗下·发冢》。
[3]参见《驳案新编》卷三，《名例下·斩绞人犯逃后被获分别立决监候》。
[4]参见黄延廷："清代刑事司法中的严格法律解释"，载《中国刑事法杂志》2009年第2期。

卢氏。江苏巡抚依相关律、例将蔡弈凡拟绞立决。"亲属相奸"律规定:"若奸兄弟子妻者,奸夫、奸妇各绞决。"同时蔡通也被拟绞立决。[1]而"殴期亲尊长"律规定:"若侄殴伯叔父母、姑,各加殴兄姊罪一等。加者,不加至于绞。如刃伤、折肢、瞎目者,亦绞。"[2]刑部在核覆过程中认可江苏巡抚对蔡弈凡的拟罪,但对蔡通的量刑有不同意见。刑部认为,"杀死奸夫"律明文规定:"凡妻、妾与人通奸,而本夫于奸所亲获奸夫、奸妇,登时杀死者,勿论。"[3]条例中所言"奸夫"是泛指一切奸夫,因此包含蔡通的胞叔蔡弈凡这种有服尊长。同时,"杀死奸夫"律所附乾隆五年(1740年)条例规定:"本夫之兄弟,及有服亲属,皆许捉奸……但卑幼不得杀尊长,犯,则依故杀伯叔母、姑、兄姊律科罪。"[4]该条例虽然规定了捉奸可能会依律处罪的法律后果,但案情必须具有"本夫之兄弟及有服亲属""卑幼杀尊长"这两个构成要件。因此,刑部认为,既然捉奸的卑幼杀尊长才被处罚,那么本夫伤尊长就应免罪。同时,刑部还查阅了从前相关案例,发现乾隆六年(1741年)河南按察使曾经上奏过本夫捉奸杀死尊长的案件,当时由于律无明文,因此酌情处理。刑部认为,如果说本夫捉奸杀死尊长如何处置尚且还有疑问的话,那么本夫捉奸致伤尊长就应该无须论罪处理。并且根据"亲属相奸"的律文,尊长与卑幼妻通奸的行为已经要被处以极刑,如果又将本夫捉奸致伤尊长的行为入罪的话,那么就很难保证本夫捉奸的权利。因此江苏巡抚对于蔡通的拟罪并不符合律例规定,应当对于蔡通不采用任何刑罚。最终生成条例。"杀死奸夫"律所附乾隆二十一年(1756年)条例规定:"有服尊长奸卑幼之妇,本夫捉奸杀死奸夫,除犯时不知,照律勿论外;其余奸所亲获奸夫、奸妇,登时杀死者,及非登时又非奸所,或已就拘执而杀者,皆照卑幼殴故杀尊长本律治罪。该督、抚于疏内声明,法司核拟时,夹签请旨。伤者,皆勿论。"[5]

在本案中,刑部主要采用了当然解释方法与反对解释方法。首先,刑部列明了"本夫捉奸"的律文,并根据"举重以明轻"的解释规则,指出本夫杀死奸夫相较于刃伤奸夫明显较重,而杀死奸夫尚且勿论,因此刃伤奸夫的本夫更应不

---

[1]《大清律例根原》卷之一百,《刑律·犯奸·亲属相奸》。
[2]《大清律例根原》卷之八十七,《刑律·斗殴下·殴期亲尊长》。
[3]《大清律例根原》卷之七十五,《刑律·人命·杀死奸夫》。
[4]《大清律例根原》卷之七十五,《刑律·人命·杀死奸夫》。
[5]《大清律例根原》卷之七十五,《刑律·人命·杀死奸夫》。

予处罚。其次，刑部列明了"本夫有服亲属捉奸杀死尊长"的例文，又根据"明示其一即排除其他"的解释规则，指出条例中明确规定了"有服亲属"这个身份要件和"杀死尊长"这个行为要件，因此若是不符合这两个要件，就不能够适用该条例。蔡通是本夫，又仅是刃伤胞叔，在身份要件和行为要件两个方面都不符合惩处要求，因此同样不应被惩处。

三、因案生例中多种法律方法的综合运用

在因案生例的过程中，清代官员往往综合运用上述多种法律方法，以达到"情罪允协"的理想结果。其中运用最多的一种组合就是目的性限缩加类推适用。即清代官员认为虽然案件事实可以适用某律例，但特殊情节的存在使得法律结论不合情理，因此有必要在对原律例的适用范围作出限制之后，根据案情重新比附律例予以裁判。正如陈新宇所说："传统中国的罪刑法定关注的是'此罪/罚'与'彼罪/罚'的区别。这与近代意义上罪刑法定以保障人权为基石……侧重于'有罪'与'无罪'的判断，有着相当的不同。"[1]在清代成案中，绝大多数生成的条例并非将某种行为排除于律例适用范围之外，相反是将其更好地纳入其中。美国学者对此现象也有经典的论述。"如果某法律条款规定了较为严厉的刑罚，而从字面上看该条款既适用于一些严重犯罪也适用于一些较轻的犯罪时，司法机构就会要求对该项法律条款作出解释，以排除该条款对于较轻犯罪的适用。当然这种解释不会导致对该较轻犯罪的放纵……就是说对这些较轻犯罪的处理，将会适用其他规定了较轻刑罚的条款。同样，如果某法律条款规定了较为轻微的刑罚，而从字面上看该条款既适用于一些较轻的犯罪，又适用于一些严重犯罪时，司法机构也会要求对该项法律条款作出解释，以排除该条款对于严重犯罪的适用。这种解释也不会导致该严重犯罪脱逃法律制裁，因为总是可以通过其他条款对于该犯罪给予制裁。"[2]

（一）目的性限缩与类推适用

有乾隆五十五年（1790年）邵在志故杀小功堂侄邵朴一案。邵朴是邵在志的降服小功堂侄，邵朴素性游荡。乾隆五十四年（1791年），邵朴行窃邵在葵家

---

〔1〕 陈新宇：《从比附援引到罪刑法定——以规则的分析与案例的论证为中心》，北京大学出版社2007年版，第133页。

〔2〕 [美] D·布迪、C·莫里斯：《中华帝国的法律》，朱勇译，江苏人民出版社2010年版，第387页。

第三章 因案生例的方法

衣物,邵在志将赃物偿还。五十五年十二月初五日,邵朴在符璜家借宿,窃取其白布后逃跑。符璜将此事告诉了邵在志,邵在志当即予以赔偿,同时并未呈报衙门。十二月初九日傍晚,邵在志同兄邵在恭将邵朴找到,并且当场搜出赃物。邵朴祖母唐氏见状,遂责问邵朴,不料邵朴竟然将唐氏推跌在地。唐氏极为生气,命令邵在志将邵朴捆缚于柱子之上,待日送官究惩。后唐氏进屋寝息,邵在恭亦出门挑水。邵在志留在家中,极力劝阻邵朴能够改过自新、重新做人,不想邵朴竟然声称即使将其送官,也不是死罪,回家之后一定放火杀人予以报复。邵在志由于邵朴行窃,并不悔改,同时又玷辱祖宗,出言强横,故一时气忿,起意杀死邵朴。邵在志取来铁钉,戳伤邵朴,后又用铁头砸伤邵朴顶心偏左、囟门、左太阳等部位,最终使得邵朴被殴打致死。邵在恭回家之后,邵在志告知其将邵朴杀害的事情,两人合议将邵朴私自埋葬,希图掩盖事实。后来邵朴的弟弟邵富报告衙门,方才真相大白。由于邵朴是邵在志出继的胞兄之子,因为降服为小功。"殴大功以下尊长"律规定:"其殴杀同堂小功堂侄者,杖一百,流三千里。故杀者,绞监候。"[1]因此邵在志故杀邵朴,四川总督将邵在志按律拟绞监候,并具题皇帝。但刑部注意到了另外的两个律条,"殴祖父母父母"律规定:"凡子孙殴祖父母、父母者,皆斩。"[2]"罪人拒捕"律规定:"若罪人本犯应死之罪,而擅杀者,杖一百。"[3]刑部认为,由于邵朴屡次在外行窃,邵在志都帮其代为赔偿赃物。后和邵在恭将邵朴寻回后,邵朴推倒祖母唐氏的行为,已经应被处以斩刑。而邵朴在邵在志威胁将其报官之后,竟又扬言要回家放火杀人,故邵在志不得已将其杀死。倘若在邵朴推倒唐氏时,邵在志就将邵朴杀死,自然应该按照"罪人拒捕"律的规定将邵在志处以杖一百。但邵在志是在唐氏已经寝息之后,由于邵朴口出狂言而将其殴死,因此与为了救母当场杀死他人有所不同,故不可按照"罪人拒捕"律处理。但邵在志毕竟是因为屡次行窃、屡教不改的邵朴玷辱祖宗,在义忿至极的情况下殴死邵朴,并非无故杀死小功堂侄。刑部认为,倘若遵照四川总督的拟罪,将邵在志问拟绞监候,那么不得已杀死为匪卑幼的尊长与倚仗自己特权身份惨杀无罪卑幼的尊长就没有任何区别了。因此,刑部上题本于皇帝,请求将邵在志在"故杀小功堂侄拟绞"本律的基础上量减一等,拟杖

---

[1]《大清律例根原》卷之八十六,《刑律·斗殴下·殴大功以下尊长》。
[2]《大清律例根原》卷之八十八,《刑律·斗殴下·殴祖父母父母》。
[3]《大清律例根原》卷之一百三,《刑律·捕亡·罪人拒捕》。

一百、流三千里,并请求将本案上升为新例。该请求最终得到了皇帝的批准。"殴期亲尊长"律所附乾隆六十年(1795年)条例规定:"有服尊长杀死有罪卑幼之案,如卑幼实属罪犯应死者,无论谋、故,为首之尊长俱照擅杀应死罪人律,杖一百。听从下手之犯,无论尊长、凡人,各杖九十。其罪不至死之卑幼,如果训诲不悛,尊长因玷辱祖宗起见忿激致毙者,无论谋、故,为首之尊长,悉按服制于殴杀卑幼各本律例上减一等;听从下手之犯,无论尊长、凡人,各依为从余人本罪上减一等定拟。若有假托公忿、报复私仇及畏累图谋、挟嫌贪贿各项情急者,均不得滥引此例。"[1]

在本案中,邵朴屡次行窃,又推跌祖母唐氏。邵在志将其捆缚后待日送官,邵朴出言玷辱祖宗,故邵在志将其殴杀。因此四川总督依律将邵在志拟绞监候。在该案中,刑部的处理分为两步。首先是认定该案与寻常故杀小功堂侄不同。即刑部认为邵在志因邵朴玷辱祖宗而起意致死,并非私仇,且根据"殴祖父母父母"律,邵朴本系应死之人,倘若按照川督所拟,则"致死为匪凶逆卑幼之尊长与恃尊惨杀无罪之卑幼一律问拟,实不足以重伦常而惩逆恶。"从而采用了目的性限缩的法律方法,将该案排除原律适用范围之外,但同时也多了一个开放漏洞。第二步,刑部采用类推适用的方法对漏洞进行了更为精准的"填补"。刑部将邵在志比照"殴大功以下尊长"律减一等为杖一百,流三千里,并最终生成条例。[2]

有嘉庆四年(1799年)曹得华纠伙苏良陇、曹子金谋杀陈东海一家三命一案。曹得华本人以耕作为业,其无服族侄名叫曹子金,正在曹得华处帮工。曹得华父亲名叫曹金陵,曾经借钱与陈东海,后因向其索要欠款被陈东海杀死。陈东海依律被拟绞监候,后在秋审中改为缓决。嘉庆元年大赦,陈东海亦被释放回籍。曹得华看见杀父仇人陈东海安然回家,心存不满,因此起意将陈东海杀死,为他的父亲曹金陵报仇。嘉庆二年(1797年)十月,有匪徒窜至紫阳县的双河塘地方骚扰生事,于是曹得华只好将其母曹苏氏与其妻曹黄氏送到山洞中进行躲避,而其本人则与曹子金两人看守家门。十月十二日,陈东海从曹得华家门口路过,正好被其看到,于是曹得华想要趁贼匪扰乱地方的时候将陈东海杀死,然后假装他是被贼匪所杀。由于陈东海身强力壮,曹得华觉得自己一个人将其杀死较

---

[1]《大清律例根原》卷之八十七,《刑律·斗殴下·殴期亲尊长》。
[2] 参见《驳案新编》卷二十二,《刑律·斗殴下·故杀小功堂侄拟绞减等》。

为困难,于是就和曹子金以及其表兄苏良陇两人商议,决定分别携带刀枪,为曹金陵报仇。待陈东海再从家门口走过时,曹得华用刀戳伤了陈东海的左胁部位,陈东海立刻大声呼喊救命,情急之下跑到了廖士富的屋内进行躲避,曹得华跟上又用刀将其手腕戳伤。曹子金、苏良陇二人紧随其后,分别用长矛戳伤了陈东海的右胁和左颔颏。陈东海伤情太重,当场毙命。廖士富和同住的租客刘登盈二人听到呼喊救命声,赶忙前来营救。刘登盈想要夺取曹得华的刀具,自己的左手两根手指被刀尖划伤。廖士富了解具体情况后,想要报官,但被曹得华以人身安全进行威胁,最终廖士富、刘登盈二人害怕受到连累,不敢声张此事。当晚,曹得华将陈东海的尸体移到河边,苏良陇则睡在了曹得华家中。十三日,曹子金被曹得华派往外出探听匪徒的消息。同日,因为陈东海外出未归,其母陈吴氏就带着孙子陈黑子出门去寻找陈东海,又经过曹得华家门口并且被看见。曹得华畏惧陈吴氏发现其子被害或失踪,会报告官府,于是脑海中就又有了将陈东海之母、之子一起杀死的念头。于是曹得华和苏良陇商议,将陈吴氏、陈黑子二人赶到偏僻地方。陈吴氏被曹得华砍伤,陈黑子被苏良陇殴伤,且均先后跌下山沟,当即殒命。十四日,陈东海的女儿宋陈氏发现祖母陈吴氏也没有回家,因此请求亲戚王陇璜帮助寻找。王陇璜发现各人尸体后,转告宋陈氏。当时大家都认为是被匪徒所杀,因此就买好了棺殓并下葬,没有报告官府。后来经过官府查缉,最终捕获曹得华等三人。

陕西巡抚认为应当依律将曹得华拟凌迟处死,将曹子金拟绞监候,曹得华的妻子曹黄氏则依例拟发遣。苏良陇已经在监所病故,因此不议。"杀一家三人"律规定:"凡杀一家非死罪三人,为首之人凌迟处死。"[1]该律所附嘉庆九年(1804年)条例规定:"杀一家非死罪三四命以上者,凶犯依律凌迟处死……凶犯之妻、女改发伊犁等处安插。"[2]"谋杀人"律规定:"杀人,造意者,斩监候。从而加功者,绞监候。"[3]廖士富、刘登盈则依律拟杖一百。"同行知有谋害"律规定:"凡知同伴人欲行谋害他人,不即阻挡、救护,及被害之后不首告者,杖一百。"[4]对于陕西巡抚的各项拟罪,刑部都核拟照覆,并于嘉庆四年(1799年)四月二十七日具题皇帝。嘉庆皇帝于四月二十九日下旨,认为曹得华

---

[1]《大清律例根原》卷之七十七,《刑律·人命·杀一家三人》。
[2]《大清律例根原》卷之七十七,《刑律·人命·杀一家三人》。
[3]《大清律例根原》卷之七十四,《刑律·人命·谋杀人》。
[4]《大清律例根原》卷之八十二,《刑律·人命·同行知有谋害》。

杀害了陈东海与其母陈吴氏、其子陈黑子，因此陕西巡抚和刑部都严格按照"杀一家三人"律的规定处置，同意将其拟凌迟处死。在这一点上，皇帝也承认，"固属按律办理"。但是皇帝认为，如果曹得华为了报复陈东海，从而前去陈东海家并杀害一家三人，那么自然应该按律将其拟以凌迟处死，这点并无任何疑问。但本案中，曹得华杀害陈东海是为了给其父曹金陵报仇，并且其最初主观上并非希望杀害陈东海一家三人，只是因为次日正巧看见寻找陈东海的陈吴氏、陈黑子，害怕其报官才杀人灭口。因此，嘉庆皇帝决定，将曹得华从宽处斩立决，而其妻则从宽免其发遣，曹子金仍照原拟绞监候，秋后处决，并命令刑部将此案上升为条例，"嗣后内外问刑衙门遇有似此案件，即遵新例办理。""杀一家三人"律所附嘉庆九年（1804年）条例规定："为父报仇，除因忿逞凶，临时连杀一家三命者，仍照律例定拟外；如起意将杀父之人杀死，后被死者家属经见，虑其报官，复行杀害，致杀一家三命以上者，必究明报复情节，杀非同时与临时逞凶连杀数命者有间，将该犯拟斩立决，妻、子免其缘坐。"[1]

在本案中，陕西巡抚和刑部都依律将曹得华拟凌迟处死。但嘉庆皇帝认为该案存在着为父报仇、非登时杀一家三人这两个关键情节，使得该案与寻常那些无理谋害、登时杀一家三人的案件有所不同，因此值得对于该案以及今后类似的案件作出不同的处置。从现代法学方法的视角来看，"杀一家三人"律的相关规定将这种应当采用特殊量刑的案情也包含在其适用范围之内，因此属于一个隐藏式法律漏洞。为改变这种量刑不均衡的情况，首先，嘉庆皇帝在谕旨中重点阐述了两个关键情节，正是为了论证该法律漏洞的存在，并为接下来的法律续造埋下伏笔。从案犯的主观恶性上来看，为父报仇以及畏惧报官而杀人，都相比于寻常的杀一家三人案件较轻。尤其是为父报仇，在强调"杀父之仇不共戴天"的亲情伦理社会中，更是一个颇为值得同情，令人觉得情有可原的情节。而从案犯的客观行为来看，由于曹得华本意为父报仇而已，因此当初只想谋害陈东海一人，其后因为畏惧报官又杀了陈东海之母陈吴氏、之子陈黑子，也比那些同时杀害一家三人的案情略轻。其次，嘉庆皇帝类推适用原律、例，酌情将对曹得华的凌迟处死减为斩立决，并直接免除对曹得华之妻曹黄氏所拟的发遣刑。最后，皇帝还下命将此案直接生成条例，以保证今后对此类案件正确的法律适用。[2]

---

[1]《大清律例根原》卷之七十七，《刑律·人命·杀一家三人》。
[2] 参见《刑案汇览》卷二十八，《杀一家三人·为父报仇三命并非同时》。

（二）文义解释、反对解释与类推适用

有道光二年（1822年）王明飞、张怀珠等人先后发掘前明朱厚烃等王坟以及常人坟冢一案。湖北巡抚杨懋恬抓获发冢贼犯王明飞、张怀珠等人，查明该犯人等曾经发掘广济县张家寝前明荆端王朱厚烃坟冢一次，发掘五家寝前明荆庄王朱载墭坟冢一次，发掘靳州李公器寝前明悼惠王朱见溥坟冢一次，发掘靳州前明庄和王朱祐构坟冢一次。所发掘的这些前明封王的坟冢，有的已经有了盗洞，被抽出了下葬时随带的器皿、财物，有的已经被刨开坟冢表面浮土，尚未见到棺材。该犯人等所发掘的其他坟冢都是常人坟冢。"发冢"律所附乾隆五年（1740年）条例规定："凡发掘贝勒、贝子、公夫人等坟冢，开棺见尸者，为首，斩立决；为从，皆绞立决。见棺者，为首，绞立决；为从，皆绞监候。未至棺者，为首，绞监候；为从，妻发近卫永远充军。如有发掘历代帝王陵寝、先贤、名臣及前代藩王坟冢者，俱照此例治罪。"[1]湖北巡抚认为，条例内所称前代藩王，其字义应当专指分藩亲王，而藩王之子的坟冢被发掘，条例之内并无明确规定。经过查阅明代的帝王世表，湖北巡抚杨懋恬发现，在此案中，荆端王朱厚烃是荆藩王朱瞻堈的第五世孙，于正德二年（1507年）承袭藩王；荆庄王朱载墭，是荆藩王朱瞻堈的第六世孙，初次被封为永定王，后来因为其子翊钜袭封荆藩王，因此被追封王，谥号曰庄。因此湖北巡抚认为由于承袭荆封和因子追封，都和初次封为藩王并无不同，因此应当认定为条例中的"藩王"。而怀顺王朱见潭的封地在都昌，悼惠王朱见溥的封地在都梁，庄和王朱祐构的封地在樊山，这三王虽然都是荆藩王的分封子孙，但是都是经过推恩而分封，并非直接分封为藩王的。并且由于前明的藩王数量众多，如果全部都认定为条例中所称"藩王"，那么就会导致一旦其坟冢被发掘，就都要按照"藩王"的标准进行处理。由于是否认定为"藩王"，事关最后拟定案犯的罪名出入，事关生死，因此湖北巡抚不敢贸然定拟。同时，杨懋恬还指出，条例中所谓的"名臣"一词，同样含义并不明确。因为自古先贤排名等次并不一样，如果不确切指出哪些属于条例所称"先贤"，则记载在史册中的"先贤"数不胜数。如果一旦遇到这种"先贤"的坟冢遭遇破坏，则其子孙必然以条例的规定为借口，希望将发掘其远祖坟冢之人予以重惩，而若随意认定"先贤"，随意加重刑罚，事关人命，不利于达到情罪允协的司法目标。最终，湖北巡抚向刑部发出咨文，请求刑部答复上述法律适用

---

[1]《大清律例根原》卷之七十一，《刑律·贼盗下·发冢》。

难题。

刑部认为，定例之中只有针对发掘前代藩王坟冢的条款，并没有对于发掘前代郡王坟冢进行量刑的条款。该条例中所称的前代藩王，都是专指分封藩王以及互相承袭者。因此，如果是子孙承袭藩王然后追封其祖父，或者将藩王的子孙推恩分封各个郡王的话，即使都位列王爵，但是终究和分封的藩王有所不同。而条例之内只有"前代藩王坟墓"字样，因此追封、分封之人就不属于条例适用范围之内。但由于藩王的祖父、子孙毕竟和普通百姓不同，因此如果其坟墓被发掘，将其按照常人坟冢被发掘的条款进行处理，也显然不合情理。刑部指出，该类犯罪，除了按照常人处理也要被拟死刑因而无须加等的，其他罪不至死的情形，都应该在常人基础上加等处理。荆端王朱厚烇是承袭藩王之人，因此发掘其坟冢应该按照"发掘前代藩王坟墓"例处理，而荆庄王朱载墭属于追封之王，怀顺王朱见潭、悼惠王朱见溥、庄和王朱祐构都是经过推恩分封而成为的郡王，因此对他们不应该按照藩王进行处理，而应在发掘常人坟冢条例上酌量加等。针对湖北巡抚又提到的需要进一步明确"先贤"含义的请求，刑部指出，对黎民百姓、江山社稷有大功德的人才能够被称之为"先贤名臣"，因此需要加重发掘他们坟冢的刑罚。而如果要对于先贤名臣的范围进行具体界定的话，刑部认可湖北巡抚的意见，以《大清会典》中有从祀名位的人为准。在此之外，即使有一定的名望但并未为祀典所载的人，就不能称之为"先贤名臣"而适用该条例。最终生成条例。"发冢"律所附道光四年（1824年）条例规定："凡发掘贝勒、贝子、公妇人等坟冢，开棺椁见尸者，为首，斩立决；为从，皆绞立决。见棺者，为首，绞立决；为从，皆绞监候。未至棺者，为首，绞监候；为从，发边远充军。如有发掘历代帝王陵寝，及会典内有从祀名位之先贤、名臣，并前代分藩亲王，或递相承袭分藩王坟墓者，俱照此例治罪。若发掘前代分封郡王，及追封藩王坟墓者，除犯至死罪，仍照发掘常人坟墓例定拟外，余各于发掘常人坟冢本罪上加一等治罪。"[1]

在本案中，我们可以发现，刑部采用法律解释、法律续造等方法，在原条例基础上生成了新的条例。首先，关于"前代藩王"的认定，刑部首先对该词进行了文义解释，认为"藩王"专指分藩的亲王以及其承袭者，其次采用反对解释，认为既然条例中只提到了"前代藩王"，自然追封、分封的郡王不在此列。

---

[1]《大清律例根原》卷之七十一，《刑律·贼盗下·发冢》。

再次，对于"前代追封藩王、分封郡王"，刑部采用了类推适用的法律方法，除死罪和发掘常人坟墓一样处置外，其他行为均在常人相应行为的基础上加一等治罪。最后，对于"先贤名臣"的认定，由于先前条例的文义太过模糊，无法实际操作，因此湖北巡抚和刑部都采用了目的性限缩的法律续造方法，将其限定在《大清会典》所载祀典范围之内。可见，新例的生成也可以是多种法律方法混合作用的结果。值得注意的是，在本案中，贼犯王明飞、张怀珠并未发掘所谓"先贤名臣"的坟冢，但湖北巡抚同样在咨文中顺带提到了这个问题。因此笔者认为，在具有特殊案情而生成新例的情况下，条例中可能有某些部分内容与案件的处理并无直接关联，但为了预先防范某种日后可能碰到的法律适用难题，督抚、刑部甚至皇帝也会在修例的时候进行相应的处理。[1]

（三）当然解释与类推适用

有道光四年（1824年）山东巡抚、河南巡抚以殴伤奸夫及图奸罪人至折伤以上可否勿论之咨文。刑部收到该咨文，就进行相关的调查以便回复。他们首先找到了以下几条律例。"杀死奸夫"律所附乾隆五十三年（1788年）条例规定："有服尊长奸卑幼之妇，本夫捉奸杀死奸夫，除犯时不知，及止殴伤者，均照律勿论。"[2]嘉庆六年（1801年）条例规定："本夫、本妇之伯叔、兄弟及有服亲属，皆许捉奸。如有登时杀死奸夫及奸妇者，并依夜无故入人家已就拘执而擅杀律，杖一百，徒三年；伤者，勿论。"[3]"罪人拒捕"律所附嘉庆二十四年（1819年）条例规定："凡擅伤罪人，除殴非折伤勿论外，如殴至折伤以上，按其擅杀之罪，应以斗杀拟绞者，仍以斗伤定拟；若擅杀治罪，止应拟满徒者，亦减二等科断。"[4]刑部指出，上引第1条条例，是根据江苏省蔡通捉奸刃伤胞叔蔡弈凡一案而制定的。乾隆二十一年（1756年）条例规定："有服尊长奸卑幼之妇，本夫捉奸杀死奸夫，除犯时不知，照律勿论外；其余奸所亲获奸夫、奸妇，登时杀死者，及非登时又非奸所，或已就拘执而杀者，皆照卑幼殴故杀尊长本律治罪。该督、抚于疏内声明，法司核拟时，夹签请旨。伤者，皆勿论。"[5]可见，"伤者皆勿论"是放在条例的结尾之处。而到了乾隆五十三年修例的时候，就将

---

[1] 参见《刑案汇览》卷二十，《发冢·发掘前代藩王先贤名臣坟墓》。
[2] 《大清律例根原》卷之七十五，《刑律·人命·杀死奸夫》。
[3] 《大清律例根原》卷之七十五，《刑律·人命·杀死奸夫》。
[4] 《大清律例根原》卷之七十六，《刑律·捕亡·罪人拒捕》。
[5] 《大清律例根原》卷之七十五，《刑律·人命·杀死奸夫》。

其改成了"止殴伤者,均照律勿论"的字样。刑部指出,当时对于条例作出这样的修改,就是为了明确无论是否折伤以上、无论是否登时殴伤都不予惩处。为了证明这一点,刑部又举出两个具体案例以便说明该条例的具体适用。嘉庆十七年间（1812年）,山东省的刘义财发现胞弟之妻刘氏与自己的缌麻叔祖刘大江通奸,于是在捉奸时抓瞎了刘大江的两只眼睛,按照《大清律例》的规定属于笃疾。嘉庆二十年间（1815年）,河南省的李青凤发现其母凌氏与自己的小功服叔李均明成亲,于是也挖瞎了李均明的两只眼睛成为笃疾。这两个案件当初都严格按照卑幼捉奸止殴伤犯奸尊长例进行处理,对于捉奸卑幼采取了不予惩处的方法。刑部认为,既然本夫捉奸,殴伤犯奸尊长,不论是否折伤以上、是否登时都勿论的话,那么根据举重以明轻的当然解释,捉奸殴伤凡人的话,就更应该不予惩处。因为这些犯奸之人,往往用心非常险恶,如果因为被捉奸而受伤,就将本夫和有服亲属都拟以徒刑、流刑的话,那么反而使得犯奸之人逍遥法外,而被害之人被肆意凌辱。为了维护纲常名教,这样的事情是绝对不允许发生的。刑部同时还指出,如果是妇女拒奸以及本夫、本妇的有服亲属殴伤图奸、强奸未成的罪人,以及男子拒奸殴伤图奸、强奸未成的罪人,无论是废疾还是笃疾,以及事主殴伤贼犯至折伤以上,都与本夫或本夫、本妇之伯叔兄弟、有服亲属捉奸殴伤奸夫的情况并无不同。因此刑部修改了旧例,生成新例。"罪人拒捕"律所附道光四年（1824年）条例规定:"本夫及本夫、本妇有服亲属捉奸殴伤奸夫,或本夫及本夫、本妇有服亲属殴伤图奸、强奸未成罪人,或男子拒奸殴伤奸匪,或事主殴伤贼犯,或被害之人殴伤挟仇放火凶徒及实在凶恶棍徒,至折伤以上者,无论登时、事后,概予勿论。期服以下尊长、卑幼,因捉奸、拒奸,或因尊长、卑幼强奸、图奸,殴伤尊长、卑幼者,悉照此例,勿论。此外,不得滥引。仍按殴伤尊长、卑幼各本律例问拟。其旷野白日盗田野穀、麦者,以别项罪人论。其余擅伤别项罪人,除殴非折伤勿论外,如殴至折伤以上,按其擅杀之罪,应以斗杀拟绞者,仍以斗伤定拟;若擅杀之罪,止应拟满徒者,亦减二等科断。"[1]

在本案中,刑部采用了多种法律方法以阐明律例本意、填补律例漏洞。首先,刑部举出本夫捉奸殴伤有服尊长之条例,通过进行"举重以明轻"的当然解释,证明了平人在服制上远不如有服尊长,因此本夫若殴伤犯奸平人,更应该不予惩处本夫的结论。其次,刑部进行了类推适用的法律续造方法,将妇女拒奸

---

[1]《大清律例根原》卷之一百三,《刑律·捕亡·罪人拒捕》。

本夫及有服亲属殴伤图奸、强奸未成的奸夫、男子拒奸殴伤图奸、强奸未成的奸夫以及窃盗、强盗案中事主殴伤贼犯至折伤以上都适用"止殴伤者，照律勿论"这种法律后果。[1]

（四）体系解释、历史解释与类推适用

有道光四年（1824年）罗阿便之妻罗韦氏行贿尸叔一案。罗阿便籍隶贵州，以耕作为生，其妻为罗韦氏，其外甥为赵登堂。道光四年间，罗阿便因琐事殴死了陆老二，罗韦氏因怕尸亲报官，便命赵登堂送给已死的陆老二的胞叔陆复得银十五两。陆复得拿到银后，不再追究此事，后因为牧令访闻，均被官府拿获。经过调查，赃银折实大约十二两七钱左右的库平银。贵州巡抚依律、例将罗韦氏拟杖九十，将陆复得拟杖九十，将赵登堂拟杖八十。"尊长为人杀私和"律规定："期亲尊长被杀，而卑幼私和者，杖八十，徒二年；大功以下，各递减一等。其卑幼被杀而尊长私和者，各依服制减卑幼一等。"[2]该律所附嘉庆九年（1804年）条例规定："凡尸亲人等私和人命，除未经得财者，仍照律拟议外，如尸亲期服以下亲属受财私和，及凶犯期服以下亲属以财行求者，俱计赃，准枉法论，分别定罪。其祖父母、父母及夫，若家长被杀，子孙及妻妾、奴婢、雇工人受贿私和者，无论赃数多寡，俱拟杖一百、流三千里。若子孙及妻妾、奴婢、雇工人被杀，祖父母、父母、夫、家长受贿私和，无论赃数多寡，俱杖一百。其以财行求者，如亦系凶犯之祖父母、父母、夫、家长，无论受财者系被杀之尊长、卑幼，亦不计赃，拟杖一百"[3]"官吏受财"律规定："凡官吏因枉法、不枉法事受财者，计赃科断。说事过钱者，有禄人减受钱人一等，无禄人减二等。一两以下，杖七十；一两至五两，杖八十；一十两，杖九十。"[4]

刑部在核拟时不同意贵州巡抚这样的拟罪。刑部认为，"尊长为人杀私和"的律文本身，是指仅为私和并没有受财私和的情况。而条例则是指尸亲期服以下亲属不仅私和，而且受财的情况。按照"二罪俱发以重论"律的规定："凡二罪以上俱发，以重者论。"[5]因此，如果说尸亲受财，按照条例的规定准枉法论所得刑罚轻于律文的规定，那么就应该依律科断；如果条例的规定重于律文的规

---

[1] 参见《刑案汇览》卷二十六，《杀死奸夫·殴奸盗及放火凶徒成笃勿论》。
[2] 《大清律例根原》卷之八十二，《刑律·人命·尊长为人杀私和》。
[3] 《大清律例根原》卷之八十二，《刑律·人命·尊长为人杀私和》。
[4] 《大清律例根原》卷之九十四，《刑律·受赃·官吏受财》。
[5] 《大清律例根原》卷之十二，《名例律下·二罪俱发以重论》。

定,那就应该依例科断。同时,刑部还分析了造成贵州巡抚拟罪错误的原因,认为是例行修例的时候弄巧成拙导致的结果。原本该条例为"凡尸亲人等私和人命,除未经得财者,仍照律议拟外,如有受财者,俱计赃,准枉法论,从重定罪。"[1]但嘉庆六年(1801年)将其改为了"凡尸亲人等私和人命,除未经得财者,仍照律议拟外,如尸亲期服以下亲属受财私和,及凶犯期服以下亲属用财行求者,俱计赃,准枉法论,分别定罪。"[2]刑部当初将本来很明确的"从重定罪"改为了"分别定罪",才导致发生了这样的错误拟判。因此,刑部认为对于陆老二的胞叔陆复得,依律拟罪应该是由杖八十、徒二年减一等为杖七十、徒一年半,依例则为杖九十,因此应该从重按律进行科断。

而对于罗韦氏,刑部认为条例只规定了若凶犯之夫以财行求则将其拟杖一百,但未明确若凶犯之妻为夫行贿私和,究竟应该处以何种刑罚。对于这种情况,刑部指出,夫为妻行贿私和与妻为夫行贿私和并无太多不同,应当类推适用条例现有规定,对于罗韦氏也处以杖一百。刑部还举出了一个具体案例。嘉庆十八年(1813年),浙江省发生了徐锡照之妻朱氏被顾钮推跌受伤后服毒自尽的案件。顾钮之子顾广源担心父亲被拟罪,于是向徐锡照行贿求和,共给洋银三百五十圆。当时的浙江巡抚认为,凶犯之子为其父用财行求与凶犯之父为其子用财行求并无不同,因此将顾广源比照"其以财行求者,如亦系凶犯之祖父母、父母、夫、家长,无论受财者系被杀之尊长、卑幼,亦不计赃,拟杖一百"进行量刑。因此,刑部认为,本案中的罗韦氏也应该比照该条例,拟杖一百,而贵州巡抚原拟杖九十显然有误。最终生成条例。"尊长为人杀私和"律所附道光四年(1824年)条例规定:"凡尸亲人等私和人命,除未经得财或赃罪较轻,仍照议拟外,如尸亲期服以下亲属受财私和者,俱计赃,准枉法从重论。其祖父母、父母及夫,若家长被杀,子孙及妻妾、奴婢、雇工人受贿私和者,无论赃数多寡,俱杖一百、流三千里。若子孙及妻妾、奴婢、雇工人被杀,祖父母、父母、夫、家长受贿私和,无论赃数多寡,俱杖一百。其以财行求者,如系凶犯之缌麻以上有服亲属,及家长、奴婢、雇工人,均不计赃数,拟杖一百。若凶犯罪止军、流者,以财行求之亲属等,各杖九十;罪止拟徒者,各杖八十。说事过钱者,各减受财

---

[1]《大清律例根原》卷之八十二,《刑律·人命·尊长为人杀私和》。

[2]《大清律例根原》卷之八十二,《刑律·人命·尊长为人杀私和》。

人罪一等。"[1]

在本案中，刑部为了否定贵州巡抚的拟罪，对于"尊长为人杀私和"律以及相关条例进行了法律解释和法律续造。针对陆复得的量刑，刑部主要采用的是法律解释方法。首先，从律例体系的角度来说，刑部指出律文和条例并不矛盾，而是要从"名例律"中的"二罪俱发以重论"律的角度来理解，在量刑时需要分别依据律文和条例进行拟罪，再选择其中较重的刑罚。可见，刑部采用的主要是体系解释方法。其次，从该条例的历史沿革来说，刑部爬梳了嘉庆六年（1801年）修例时的具体改动，说明了将"从重定罪"改为了"分别定罪"，并认为正是这种文字上的改变在一定程度上造成了法律适用的错误。刑部在这里又采用了历史解释的方法。最终，刑部认为陆复得应该被处杖七十、徒一年半。而针对罗韦氏的量刑，刑部主要采用的是类推适用的法律方法。因为条例中对于凶犯之妻行贿私和的行为并没有明文规定，因此刑部就类推适用了凶犯之夫行贿私和的规定。刑部为了增强法律论证的效力，还举出了嘉庆十八年（1813年）浙江巡抚将凶犯之子行贿私和类推适用凶犯之父行贿私和的规定的案例，以表明对于罗韦氏的拟罪与先例相同。最终，刑部奏定了新例。[2]

---

[1]《大清律例根原》卷之八十二，《刑律·人命·尊长为人杀私和》。
[2] 参见《刑案汇览》卷三十六，《尊长为人杀私和·凶犯之妻行贿叔得钱私和》。

第四章

因案生例的法律推理

在上文中，笔者已经从原因、程序与具体方法等方面分别详细论述了清代的因案生例，但除此以外，因案生例中的法律推理也同样值得引起研究者的注意。在因案生例的原因层面，主要由清代各级法司审视律例在具体个案中的可接受性，来否定现行律例体系的实质正当性。而在程序层面，笔者在对相关法定依据进行规范分析后，更注重考察各级法司在生成新例中的互动与联系，在生成新例的具体操作层面，笔者的关注重点是在律例体系对个案无效的情况下，清人对于司法裁判中三段论的大前提的重新构建。可以说，第一章、第三章谈论的更多是因案生例在个案裁判中的实体性问题，而第二章探析的则是因案生例在不同案件中的程序性问题。笔者认为，我们除了可以从现代法学方法论的视角将清人因案生例的方法进行诸如法律续造、法律解释的分类，还应该着重考察在生例的刑案中清代各级法司的法律推理方法。因为个别刑案的处理并非仅仅依赖大前提的规范构建，还需要结合本案事实与同类案件中规范与事实，从而得出最终的法律结论。清人通过法律续造、法律解释得出新例，其最终目的仍是为了合理地解决刑案，而在运用方法构建新例这一大前提的前后，各种法律推理方法则在不同程度上影响着清代各级法司对于刑案的处理方式，大体可以分为演绎推理、归纳推理与类比推理三种模式。法律续造、法律解释这几种法律思维模式，无论是对于个案的司法裁决，还是对于律典的立法生例，都起到了很关键的作用。

一、演绎推理

所谓演绎推理，就是指司法官员通过分析法律规范的构成要件与法律结论，并将个案事实归入构成要件，从而最终得到个案中裁判结论的推理方式。其中大前提是法律规范，小前提是个案事实。成文法系国家的司法官员一般均采用这种推理方法对案件的裁判结论予以论证，帝制中国的清代也并不例外。笔者认为，

第四章　因案生例的法律推理

这种法律推理方法的特点有以下几点。第一，它能够保证判决的客观性与被适用者的平等性。因为只要案件事实属于构成要件的涵摄范围，都应当得到同样的法律后果，从而起到维护法制的作用。当然，如果在法律精神和原则层面，本身立法上并不公平，那么就另当别论。第二，它能够很好地贯彻立法者的意志。演绎推理主要来说是一种形式逻辑，它回避对于个案裁判结论的实质推理，而是强调司法官员严谨或者说机械地适用现行律例，而反对法官造法，因此在性格上显得保守与陈旧。第三，推理结论的正确性或可接受性取决于大前提自身的正确性或可接受性。演绎推理是一种从一般到特殊的思维过程，只要小前提被归入大前提构成要件的过程没有出错，那么结论是否可靠就取决于大前提。因此演绎推理具有其自身限制。尤其在大前提本身为人为制定的法律规范时，这一点就显得更加明确。

有嘉庆年间曾至冉率领卑幼家人打夺官差一案。先是田太梅和冯允升交流理论，诬赖罗二蛮为盗贼。因此曾胜方被冯允升邀请前往对质。不料二人在前往理论的中途，正好遇到了田太梅，于是互相叫嚷、辱骂。曾胜方情绪激动，于是将田太梅用刀戳死，随即逃逸。待二、三年后，曾胜方才被官府拿获。由于该案是一件寻常命案，一般被拟死刑监候，因此仍然应当依"斗杀"律问拟绞监候，而不应该被处以立决之刑。由于曾胜方是曾至冉的家人，因此后者决心从官府手中将曾胜方夺回，免其接受刑罚。曾至冉于是率领自己的弟弟曾至宦以及自己的儿子曾胜林将县内负责押运曾胜方的衙役包贵杀死，并夺走了曾胜方。贵州巡抚查找"劫囚"相关律例，将曾至冉依"依官司差人捕获罪人，聚众中途打夺殴差致死为首"例拟斩立决，将曾至宦依"聚众夺犯，殴差致死，未经殴人成伤之犯，发伊犁为奴"，将曾胜林依"若家人亦曾伤人者，仍以凡人首从论"拟满流，但由于曾胜林戳死了衙役包贵，因此情节重于曾至宦，需要加重处罚，因此又将曾胜林同样改发伊犁为奴。

贵州巡抚的题本到达刑部之后，刑部贵州司就进行了复审过程。首先，他们在上奏的题本中引用了与该案相关的3条律例。"劫囚"律载："若官司差人追征钱粮，勾摄公事，及捕获罪人，聚众中途打夺者，（首）杖一百，流三千里；因而伤差人者，绞监候。杀人及聚至十人，（九人而下，止依前聚众科断），为首者，斩监候。下手致命者，绞监候。为从者，各减一等。其率领家人、随从打夺者，只坐尊长。若家人亦曾伤人者，仍以凡人首、从论。家长坐斩，为从坐流。不言杀人者，举轻以该重也。"所附乾隆五十三年（1788年）条例规定：

"官司差人捕获罪人,如有尊长率领卑幼,及家长率领奴仆、雇工,殴差夺犯,并杀死差役,案内随从之卑幼、奴仆、雇工,虽未伤人,但经在场助势者,即照凡人为从论,分别科罪。"所附嘉庆二十四年(1819年)条例规定:"官司差人捕获罪人,有聚众中途打夺殴差致死,为首者,不论曾否下手,拟斩立决;为从下手致命,伤重致死者,绞决;帮殴有伤者,不论他物、金刃,拟绞监候。随同拒捕未经殴人成伤之犯,改发极边足四千里充军。其伤差未至死者,首犯仍照律拟绞监候。但经聚众夺犯,虽未伤人,首犯亦照因而伤人律从重拟绞;为从之犯仍照律坐罪。"[1]

其次,刑部贵州司对上述所引用的冗长繁杂的3条律例进行了分析、归纳和总结。他们认为,如果是常人通过聚众杀死官差从而达到劫囚的目的,那么根据律文,首犯应当被拟斩监候,而下手致死之犯应当被拟绞监候,普通从犯则应当减一等拟以杖一百、流三千里。但是由于劫囚之人往往是罪犯的家属,因此在明清司法实践中常常存在罪犯家属聚众前往劫囚的行为。故"劫囚"律中有相应的惩处措施,即规定如果是尊长率领家人劫囚并且伤人的话,那么只处罚尊长,而并未伤人的卑幼就不被拟以刑罚。如果卑幼伤人的话,那么就将尊长和卑幼按照凡人的首从情形分别定拟。律文中的注解也声明了为首坐斩监候,而为从得满流。其实这种规定与"名例律"中"共犯罪分首从"律有所联系。该律规定:"凡共犯罪者,以(先)造意(一人)为首,(依律断拟)。随从者,减一等。若一家人共犯,止坐尊长……侵损于人者,以凡人首从论。"[2]因此,"劫囚"律将尊长率领卑幼劫囚的情况分为卑幼是否伤人两种情况。刑部认为,因为卑幼子弟往往因为不敢违抗父母以及其他尊长的教令,从而被迫协助劫囚,因此律文规定无论子弟在劫囚中是否伤人,都仅仅被拟满流。但经过了乾隆、嘉庆两朝近百年的修例,"劫囚"本律虽然并无变化,但是条例的增删、修订已经使得常人劫囚夺取罪犯的行为在量刑上有了较大出入,首犯从斩监候加重到了斩立决,为从下手致命之人从绞监候加重到了绞立决,而为从未伤人之犯则被加发伊犁充军。但历次修订的新例对于尊长率领卑幼劫囚的情形,只有未伤人的卑幼被加重到以凡人为从论,即同样被拟满流,而对于伤人卑幼以及尊长如何量刑,是否需要一体加重等问题,并没有得以明确。因此,刑部贵州司通过分析"劫囚"

---

[1] 《大清律例根原》卷之六十,《刑律·贼盗中·劫囚》。
[2] 《大清律例根原》卷之十二,《名例律下·共犯罪分首从》。

第四章 因案生例的法律推理

相关律例,得到的结论是现行律例在量刑上"轻重悬殊,非可牵引"。

再次,刑部贵州司回归到案件事实,开始审视贵州巡抚的拟罪。他们认为,曾至冉率领曾至宦、曾胜林在衙役押解曾胜方的途中进行劫囚,并导致了包贵被曾胜林戳死,因此按照律例,曾至冉应该被拟斩监候,而曾胜林应当被拟满流,而根据修订后的条例,曾至宦虽然并没有出手伤人,但是也属于"在场助势"之人,因此同样应当和曾胜林一样以"凡人为从"被拟满流。而贵州巡抚则将曾至冉依照常人劫囚的第3条例文拟斩立决,将曾至宦依照常人劫囚杀害押解差役的第3条例文拟外遣,而将戳死包贵的曾胜林依照尊长率领卑幼而卑幼未伤人的第1条律文拟满流,同时酌加为外遣,改发伊犁为奴。因此,刑部贵州司认为这种错拟罪名的情况属于"一事两引",而且造成了下手杀死包贵的曾胜林和未曾伤人的曾至宦被拟同样的刑罚,所谓"殊未允协"。同时,贵州司还查考了相关律例,认为贵州巡抚错误地引用了乾隆五十三年(1788年)的旧例,该条例已经在嘉庆二十四年(1819年)得到了修订。旧例规定:"随同拒捕,未经殴人成伤之犯,俱改发伊犁给兵丁为奴。"[1]而新例已经更改为了"改发足四千里充军"。

最终,刑部贵州司认为,应当将曾至冉、曾胜林、曾至宦按照本律例的量刑予以更正。同时,他们还提出,现行例已经规定了随从的未伤人之卑幼,按照"凡人为从"进行科断。这是因为在场助势,也属于藐视朝廷法度,因此应当否定律文的规定而予以惩处。但未伤人的罪犯也被拟满流,则伤人从犯与未伤人的从犯在量刑上完全一致,因此无法对应其情节的轻重。贵州司提出建议,请求在今后遇到尊长率领卑幼或者家长率领奴仆、雇工劫囚并杀死差役的案件中,将那些未伤人的从犯,在伤人从犯被拟满流的基础上,再减一等为杖一百、徒三年。如果该建议得到了皇帝批准,那么就将本案中曾至宦按照新例改为杖一百、徒三年。最终奏定皇帝生成新例。[2]"劫囚"律所附道光四年(1824年)条例规定:"官司差人捕获罪人,如有尊长率领卑幼,及家长率领奴仆、雇工,殴差夺犯,并杀死差役,案内随从之卑幼、奴仆、雇工,虽未伤人,但经在场助势者,即照凡人为从论,分别科罪。"[3]

笔者认为,通过分析上述案例,我们可以发现演绎推理方法在因案生例的过

---

[1]《大清律例根原》卷之六十,《刑律·贼盗中·劫囚》。
[2] 参见《刑案汇览》卷十五,《劫囚·尊长家长率领夺犯杀伤官差》。
[3]《大清律例根原》卷之六十,《刑律·贼盗中·劫囚》。

程中起到了非常关键的作用。第一，从案件的分析方法上来说，地方督抚和刑部都是通过梳理案件事实，然后在《大清律例》中寻找相关律例，最后得出本案的具体法律结论。在本案中，贵州巡抚和刑部所认定的案件事实是一致，即曾至冉率领其弟曾至宦以及其子曾胜林去打劫官差，劫取罪囚曾胜方。其后，贵州巡抚和刑部分别根据自己对于案件的理解，对于曾至冉、曾至宦、曾胜林分别适用相关律例，最终得出了各自的法律结论。在本案中，"劫囚"律以及所附乾隆五十三年（1788年）以及嘉庆二十四年（1819年）2个条例就是演绎推理的大前提，而案件事实就是小前提，最终得到了斩监候、斩立决、发伊犁为奴、杖一百徒三年等刑罚都是具体的法律结论。其实，即使我们简单地从刑部贵州司上奏皇帝的题本来看，也可以很明显地看出，贵州司将1条律文、2条例文直接放在开头部分，其次才开始梳理案情并总结出符合律例的要件事实，最终得出结论。

  通过阅读大量的刑科题本，笔者认为，其实清代公文尤其是刑部上奏皇帝的命案类题本、奏本，都是有着非常严格的公文格式的。若是从中国古代皇权统治的角度来说，严格的甚至以准法定形式规范的公文格式，能够保证帝国的行政效率，防范臣下擅权作乱，并最终维护皇帝的绝对专制。但规范的形式可以有很多种，并非一定要采取先列举律例，再叙述案情的方式。而清代的刑科题本之所以采用这种方式，笔者认为正是显示出了清人在法律适用中非常重视演绎推理，将其放在一个很高的地位。在前文中，也已经提到，《大清律例》中"断罪引律令"律规定："凡官司断罪，皆须具引律例。违者，（如不具引），笞三十。若（律有）数事共一条，（官司）止引所犯本罪者，听。……若辄引（比）致（断）罪有出入者，以故失论。（故行引比者，以故出入人全罪，及所增、减坐之；失于引比者，以失出入人罪，减等坐之。）"乾隆五年（1740年）条例规定："承问各官审明定案，务须援引一定律例。"[1]可见，如果说公文格式可能呈现一种准法定形式，那么在刑案中使用演绎推理方法则是清人在律典中予以明确规定的。因此倘若各级法司不遵守这种推理方法，不引用律例正条或者随意比照其他律例，那么他们就很可能被科罪或受到相关的行政处分。法律适用中的演绎推理就是列举大前提，然后将案件事实归入并得出法律结论，而刑部题本的格式恰恰就是先列举律例，再叙述案情，最终得出经过论证的法律结论。因此，笔者认为，内在的法律推理和外在的法律公文格式是紧密相联的，尽管其最终目的都是

---

[1]《大清律例根原》卷之一百十八，《刑律·断狱下·断罪引律令》。

保证皇权专制，但也不可能否定严格的法律推理是对公平正义最基本的保证。

第二，从刑部对于案件的复审方法来说，刑部采用的也是逻辑演绎的推理方法。他们不仅要通过这种方法得出自己的结论，而且会与地方督抚在题本中写明的推理过程相比较，最终通过权衡比较的结果去判断是否驳令地方督抚再审或直接改判。在本案中，贵州巡抚在总结案情后，将曾至冉和曾至宦依照第3条例文分别拟斩立决和发伊犁为奴，将曾胜林依照第1条律文拟满流并酌加为发伊犁为奴。而刑部认为，对于这3人的拟罪实有不妥，因为曾至冉、曾至宦、曾胜林3人均为亲属，应当适用"劫囚"律例中家长率领卑幼劫囚的条款，而贵州巡抚将曾至冉和曾至宦适用了常人共犯劫囚的条款。刑部否定贵州巡抚的着力点即在于此。刑部列举并分析了3条律例，其目的就是为了表明劫囚共犯之间的关系是律例各自构成要件的主要不同之处。一旦将这一点梳理清楚，就对上述论证提供了一个很好的依据。若是从法律适用的角度来说，刑部是在通过解释大前提，即3条相关而又容易混淆的律例后，否定了贵州巡抚将该案事实认定为律例所要求的构成要件这一过程。

第三，从生成新例后的法律适用来说，刑部仍然采取演绎推理方法得出法律结论。通过刑部提议、皇帝批准，新例取代旧例，拥有了普遍的法律效力。尽管如此，刑部对于新例的适用，也同适用旧例时是完全一致的。这一点在刑科题本中往往表现为"依新例""照新例改拟"等字样。其实，由于存在机械地适用旧例而导致个案不正义或者说"情罪不相允协"的情况，修订新例恰恰是清人弥补演绎推理缺陷的一种方法，而非否定了演绎推理。即在某一法律体系中，通过演绎推理无法得出具有正当性、可说服性的法律结论时，司法官员就会否定旧的大前提，而采用法律方法生成新的大前提。因为演绎推理虽然严谨、规范，但是如果不能够和案件事实在实质正义上相契合，那么仍然会产生不公正的法律结论。要想保证演绎推理的合理性、正当性，首先要保证大前提本身的合适。在本案中，刑部通过分析，认为在尊长率领卑幼劫囚案件中，根据现行律例体系，会产生未伤人的卑幼与伤人的卑幼都被拟改发极边足四千里充军的刑罚。很显然，是否伤人又是一种足以影响量刑因而不能够忽视的因素，因此必须修正相关律例保证情罪允协。刑部虽然否定了对于旧例的演绎推理，但又根据对于新例的演绎推理将曾至宦拟杖一百，徒三年。可见，演绎推理方法的运用并不因为新例的产生而被否定，甚至可以说，新例的产生是为了更好地完善律例体系，为了更好地在今后的案件中采用演绎推理。而这恰恰又和皇权的高度集中及其在帝国司法领域中的运用息息相关。因为新例的产生也要通过皇帝，其与旧例的区别无非是皇帝意志的新与旧，并非改变了表达意志的主体。无论皇帝意志的新旧，都是必须要得到严格遵行的，而保证严格遵行的最重要的方法，就是"断罪引律令"，就是演绎推理，将案件事实归入到律例的构成要件之中去。况且，旧例、新例也是相对而言，此年生成的新例，倘若彼年被修订则又变成旧例。例可以有新旧，有变化，但清人所采用甚至法律化的法律适用方法是不变的。

二、归纳推理

演绎推理的特点是从一般到特殊，从法律规范到法律结论，而归纳推理的特点则是从特殊到一般，从具体的案例、判决结果上升为一般性的法律规范。如果结合本章的主题来说，归纳推理对于清代的因案生例也起到了非常重要的作用，甚至在某些时候比演绎推理来的更为直接。张保生教授就认为，从发生学的意义上来说，归纳推理应当是先于演绎推理而存在，因此在案件中常常是先由归纳推理得出演绎推理的大前提。[1]因为因案生例，本身就是从特殊到一般，从作为小前提的案件事实、作为法律后果的量刑结果回归到作为大前提的刑事条例。清代各级法司在遇到法律适用上的难题时，常常通过梳理众多先前的同类案件，总结出蕴含在先例中的常用裁判性规则，并最终将其上升为一般性的条例，指导其后的刑事司法实践。

有嘉庆十七年（1812年）邢吴氏拒奸咬落邢杰唇皮一案。邢吴氏是邢杰的儿媳妇，邢杰于某日意图强奸邢吴氏未成，结果被邢吴氏用牙咬伤了嘴唇。《大清律例·刑律·斗殴下》中"殴祖父母父母"律规定："妻妾殴夫之祖父母、父母者，皆斩；杀者，皆凌迟处死。"[2]因此，伊犁将军依照该律将邢吴氏拟斩立决。但是嘉庆皇帝认为，邢杰身为邢吴氏的公公，不注重自己的身份，反倒试图用强奸的形式占有儿媳邢吴氏。这种做法本身已经导致他们之间的翁媳之义断绝，因此不应该再机械适用"殴祖父母父母"律。同时，皇帝还提到了乾隆二十年（1755年）蔡通捉奸杀死胞叔一案。蔡弈凡是蔡通的胞叔，后与蔡通之妻卢氏通奸，正巧被蔡通发现。蔡通遂用刀砍伤蔡弈凡，并当场杀死卢氏。江苏巡抚依相关律、例将蔡弈凡拟绞立决。但最终的结果是生成了新例，判决蔡通无罪

---

[1] 参见张保生：《法律推理的理论与方法》，中国政法大学出版社2000年版，第250页。
[2] 《大清律例根原》卷之八十八，《刑律·斗殴下·殴祖父母父母》。

第四章　因案生例的法律推理

释放。因此，嘉庆皇帝认为既然蔡通仅为捉奸，且身为男子，以金刃伤害了胞叔，尚且得到宽贷，那么邢吴氏是被强奸之人，身为女子，且仅仅咬伤了公公邢杰，更加应该无罪释放。

而嘉庆六年（1801年）安邱县王孟氏咬落王锡舌尖一案。当时山东巡抚和刑部都将王孟氏按律例规定拟斩立决，后奉旨改为斩监候。因此当嘉庆皇帝改判邢吴氏的案件之后，特意下旨命刑部查明经过秋审情实二次未经勾决的王孟氏，是否仍在监禁，是否案情和邢吴氏相同，倘若相同，则将其即行释放。

刑部山东司接到上谕，立刻对于王孟氏案件又进行了调查。他们向山东巡抚发出咨文，请求查询王孟氏之所在及其情况。据山东巡抚回报，民妇王孟氏已经在监病故，应毋庸议。收到回文，山东司并未到此为止，而是又开始调查从前此类先例，希望能够将无辜之人一一省释。经查，有乾隆五十年（1785年）韩氏勾引赵刚咬落舌尖、嘉庆十四年（1809年）赵氏拒奸扎伤张万言两案。在前案中，山东省奸夫张可习和民妇韩氏相互调戏，结果被韩氏的公公赵刚发现并当场训斥。结果张可习竟然令韩氏勾引赵刚，希图通过这种方式也在手上留有赵刚的把柄，使其不敢将丑事说出。韩氏听从了张可习的话，找了一个机会勾引赵刚亲嘴，结果咬落了赵刚的舌尖。最终韩氏在斩立决罪上被量减一等为斩监候，后被改为缓决。在后案中，河南省的张万言将其儿媳赵氏按压在床上，将其裤子撕破，意图强奸，结果赵氏情急之下用手边铁锥扎伤了张万言的右臀。赵氏之父赵世占听闻，带领其子赵平、侄孙赵学周寻找张万言并将其殴打致死。最终韩氏被拟斩立决量减为斩监候，后改为缓决。

刑部山东司认为，山东省民妇韩氏本身已经为奸妇，为了挟制公公赵刚竟然意图勾引，而河南省民妇赵氏在被强奸之时用铁锥扎伤张万言，实属情有可原，并非有意干犯。尽管赵氏并没有主动要求其父兄杀死张万言，但毕竟赵世占是经其女诉苦后才下手杀死张万言，因此赵氏一案的情节和邢吴氏并不完全相同，应保持现在缓决的状态即可，不能改为无罪释放。刑部山东司在分析这3个案件之后，认为公公和儿媳之间的名分非常重要，与那些捉奸殴伤期亲尊长从而勿论的案件并不相同。因此历来对于这类儿媳拒奸殴伤公公的案件，都是仍然按照律文规定将儿媳处以斩立决，只是在题本、奏本中声明那些情有可原之处，如若获得皇帝的允许，那么往往就会被减等改为斩监候。山东司认为今后遇到邢吴氏一类的案件，也应该如此进行审理。但是由于每个案件的事实都有所不同，证据的真伪也往往难以辨认，况且家人之间人情世故较为暧昧，容易发生诸如山东省韩氏

· 275 ·

勾引伊翁的情况，因此必须在律例中有所防范。但同时也应注意到，韩氏和奸夫张可习这类无耻之徒，必然平日有令人可疑的行迹，因此对于这类案件，各级法司一定要明察秋毫才可以。最终刑部山东司奏定皇帝生成新例。"殴祖父母父母"律所附嘉庆十九年（1814年）条例规定："子妇拒奸殴伤伊翁之案，审明实系猝遭强暴，情急势危，仓促捍拒，或伊翁到官供认不讳，或亲串邻佑指出素日淫恶实迹，或同室之人确有见闻证据毫无意义者，仍依殴夫之父母本律定拟。刑部核覆时，恭录邢杰案内谕旨，将应否免罪释放之处，奏请定夺。倘系有心干犯，事后装点捏饰，并无确切证据，或设计诱陷伊翁因而致伤者，仍照本律定拟，不得滥引此条。"[1]

《刑案汇览》中该条目实际上一共包含有5个案例，其中伤害其翁的分别是邢吴氏、王孟氏、韩氏、赵氏，以及笔者在前文中曾经引过的蔡通捉奸刃伤蔡弈凡一案。这5个案件的相似之处在于都存在着亲属违背伦理的通奸或强奸行为。刑部山东司通过分析、总结这5个案例生成了新的条例，其所采用的法律方法恰恰是归纳推理。其中邢吴氏、王孟氏、赵氏各自伤害其翁，都是因为邢杰、王锡、张万言意图强奸儿媳所致，三位民妇都是在情非得已的情况下才作出了伤害公公的行为。而这3个案件中，赵氏一案与邢吴氏和王孟氏不同之处在于，赵氏家人经由赵氏诉说此事之后报复张万言导致其身死，而邢杰和王锡则并没有被寻仇杀死。山东省的韩氏咬伤其翁一案则与其他3案更加不同，因为韩氏本身就是奸妇，而公公是被其勾引所导致受伤。而蔡通刃伤蔡弈凡一案，则是在皇帝论证邢吴氏应该出罪而引用的案例。若是从尊长强奸而受伤、卑幼反抗而出罪这几点来看，则两案亦并无不同。

分析生成的新例，我们能够很明显地发现，条文的前半部分，是刑部归纳邢吴氏咬伤邢杰、王孟氏咬伤王锡、蔡通刃伤蔡弈凡3个案件中的裁判性规则而来的。由于此类案件牵涉到传统社会最为注重的家庭伦常秩序，并且一般发生在家庭内部而导致难以查清案情，因此刑部特别强调了需要有"审明实系猝遭强暴，情急势危""伊翁到官供认不讳""亲串邻佑指出素日淫恶实迹"等在事实认定的证据规则方面的情形。同时，因为毕竟该类案件是以卑幼犯尊长，因此刑部认为仍然应当按照"殴祖父母父母"律，只是在核覆的时候"恭录现奉谕旨"，将拒奸卑幼是否免罪奏请皇帝定夺。条文的后半部分，则明显是提炼归纳了韩氏听

---

[1]《大清律例根原》卷之八十八，《刑律·斗殴下·殴祖父母父母》。

第四章　因案生例的法律推理

从张可习勾引伊翁赵刚一案中的裁判性规则，即将该类案件仍然置于原律的适用范围之内。[1]

《刑案汇览》同时还记载了另外4个类似的案件，并且经过地方督抚和刑部的努力，最终将其归纳成为了一条新例。有道光三年（1823年）张张氏被张起坤强奸已成，其夫张安殴死张起坤一案。张张氏的丈夫叫做张安，外出工作。而其父张起坤趁儿子不在家，调戏儿媳张张氏，并且用手按住其嘴，强行按倒在了炕上，最终将其奸污。张张氏并不情愿，全力挣扎，大声叫嚷，结果被正巧回家的丈夫张安听见。张安赶忙进入房中，喝斥其父，于是张起坤急忙跑到院中，被张安赶上抱倒在地。张张氏赶来用木钩头打伤张起坤的肋部，而张安则用石头砸伤了其父的顶心囟门。张起坤登时殒命。直隶总督将张安依律拟凌迟处死，先行正法，而对于张张氏亦依律拟以凌迟。但刑部认为，张张氏尽管参与了殴死公公张起坤，但原因是被张起坤强奸已成，而且张起坤的顶心囟门的致命伤是由于张安殴打所致，而非儿媳张张氏所致，因此与"无故逞凶干犯者不同"，应当酌情量减。最终张张氏被减为斩监候。

有道光十年（1830年）林谢氏拒奸将林帼亨茎物割落一案。林谢氏的丈夫叫作林学儒，也是外出佣工之人。某日，林学儒的父亲林帼亨潜入儿媳林谢氏的房中，脱下自己的裤子意图强奸。林谢氏恐怕被奸污，情急之下割落了林帼亨的茎物。陕西巡抚依律将林谢氏拟凌迟处死，同时请求援引张张氏的案件，量减一等。当时刑部收到奏本后，联系到道光三年七月（1823年）的张张氏一案、道光四年五月（1824年）的薛傅氏一案、道光七年七月（1827年）的伊尔根觉罗氏一案均随案声明改为斩监候，因此也将林谢氏改拟斩监候。

其后，安徽巡抚又主动提请了修订适用于该类案件的新例。他在奏本中提到，"殴祖父母父母"律之所以规定"妻妾殴夫之祖父母父母者，皆斩；杀者，皆凌迟处死"，就是因为在传统家庭身份伦理上，儿媳对于公公的地位如同子孙，因此如果冒犯公公，儿媳会受到同子孙一样的惩罚。但是如果公公并不顾及彼此的身份，而是意图强行奸污儿媳，那么这种扰乱伦常、败坏风化的行为，就如同禽兽一样。如果在强奸儿媳的情况下被儿媳所伤害，则不能够怪罪儿媳，而完全属于咎由自取。安徽巡抚紧接着提到了笔者上引的同样也在《刑案汇览》中有所记载的邢杰强奸儿媳邢吴氏未成而被邢吴氏咬落唇皮一案。他恭录当时该案的

---

〔1〕　参见《刑案汇览》卷五十三，《亲属相奸·强奸子妇被妇咬落唇皮》。

圣谕，即当时嘉庆皇帝要求对于儿媳拒奸殴伤公公的案件，仍然按照本律拟罪，但各级法司应当将情有可原之处奏请定夺。随后该案如上文所述也已经生成了条例。但安徽巡抚认为，邢吴氏一案中所生新例仅仅明确了在公公强奸儿媳未成，而儿媳殴伤公公案件的法律适用，但儿媳拒奸从而反抗直接杀死公公的案件，对于各级法司来说则仍然属于疑难问题。

安徽巡抚认为，之所以出现这种法律上的漏洞，主要就是因为公公强奸儿媳的行为不仅仅是皇帝以及各级法司很少遇见，而且也是被具有正常伦理观的人类所不忍心遇见，因此立法者不到万不得已不会在律例中明确该类案件的法律适用。但是社会总是多样化的，会出现各种品行不一的人。在阅读各类邸抄的过程中，安抚发现上引陕西留坝厅民妇林谢氏因公公林帼亨强奸而割落其茎物导致其身死一案，当时是按照本律问拟，但援引了道光三年（1823年）的张张氏一案，因此最终被改为斩监候。安抚认为林谢氏和张张氏两个案件，虽然都属于公公强奸儿媳，但是案情亦有不同。张起坤强奸张张氏已成，后张张氏同其丈夫张安共同将张起坤殴死，而林帼亨则是搂住林谢氏的颈部，然后脱下裤子露出茎物，林谢氏无法避让，在情势危急之中拿起身边剃刀，将其茎物割下。林谢氏完全属于保全名节，在情况紧急之时采用的非常手段，是由林谢氏自身的廉耻之心、贞烈之气驱动导致的。如果林谢氏不拒绝林帼亨，那么就败坏了伦常，同时根据"亲属相奸"律，公公也要被处以斩立决的刑罚。如果拒绝林帼亨，将其杀死，又属于干犯名分。这样一来，无论林谢氏如何处置，被强奸或者拒绝强奸，都存在各种不良后果。或许有人认为林谢氏既然可以去拿刀具，那么就可以自刎以明志，但安徽巡抚认为这种说法或许可以责备经过长期礼教熏陶培养的士人，而决不可强求普通民妇。况且根据《大清律例》，如果妇女拒奸杀死凡人，是不应当受到惩处的，因此即使杀死的是自己的公公，也应该有所减免。况且公公裸露下体之时，已经泯灭了天理人心，是公公自己败坏伦常，并非儿媳有意冒犯。因此安徽巡抚最终提议，虽然现在经过减等为斩监候，但是仍然过重。即使以后进一步减等，按照《大清律例》妇女可以收赎处理，但是妇女回到夫家必然难以相处，因此应当令其离异归宗，并酌定相关例文，即"嗣后子妇拒奸殴毙伊翁之案，如果实系猝遭强暴，情急势危，仓促捍拒，毫无意义者，仍照本律定拟。刑部核覆时援引林谢氏成案，将可否改为斩候之处奏请定夺，如蒙恩旨改为斩候，即将该犯人于秋审情实一次后改为缓决，缓决一次后准其减等收赎，离异归宗。庶翁媳之义分愈严，而穷蹙贞烈之妇得以渥邀宽典。倘系事后装点，并无确切证据，或

· 278 ·

第四章 因案生例的法律推理

设计诱陷伊翁,因而殴死者,仍不得滥引此例"。

刑部在收到该奏本以后,就开始了相关的法律研究。首先,他们列举了"殴祖父母父母"的律文,以及由嘉庆十七年(1812年)邢吴氏一案所生条例,认为虽然公公不顾伦理纲常而欲强奸儿媳,但儿媳不能因此就直接将公公杀害。因此如果有犯,儿媳仍然应当按照本律处理,只有仅为殴伤公公,才可以根据条例规定恭录谕旨,酌情减等办理。

其次,刑部检索了4个先前发生的同类案件。第一个案件,如安徽巡抚在奏本中提到的一样,道光三年七月(1823年)张张氏同张安将强奸已成的公公张起坤殴死,最终刑部将张张氏先按本律处理,并声明张起坤自身藐视伦常,最终使其减等为斩监候。第二个案件,道光四年五月(1824年),四川总督奏薛傅氏因为公公薛桂兰意图强奸,而用斧头将薛桂兰砍死一案,四川总督和刑部将薛傅氏按照本律拟凌迟处死,并声明薛桂兰淫乱在先,薛傅氏情急之下反抗致其死亡,因此和无故逞凶的情况不同,故请旨将薛傅氏减等为斩监候。第三个案件,道光七年七月(1827年)伊尔根觉罗氏因为公公札伦保意图强奸,于是拒奸将其戳死。黑龙江将军将伊尔根觉罗氏根据本律拟凌迟处死,同时援引张张氏、薛傅氏的两个案件,奏请定夺。最终道光皇帝将其照成案改为斩监候。第四个案件,是笔者上文已经提到的林谢氏一案,陕西巡抚将林谢氏依律拟凌迟处死,并声明是林幗亨强奸所致自身死亡,林谢氏与无故逞凶者不同,并援引张张氏、薛傅氏、伊尔根觉罗氏3个案件,奏请定夺。最终林谢氏亦被改为斩监候。

最后,刑部认为,安徽巡抚提请的修例动议以及其起草的例文较为合适,只有这样才能够体恤人情,保全贞烈妇女,故刑部在奏本中表态"应如所奏办理"。但对于安徽巡抚所提议的,将犯妇入于秋审情实一次后改为缓决,缓决一次后再改为减等收赎、离异归宗的想法,刑部认为在服制案内,由凌迟、斩绞立决改为斩绞监候的人犯,在秋审中一般是列入服制情实的分类之中的,如果承蒙皇帝的隆恩,能够免于勾决,那么应该是等待情实二次以后才能够由大学士奏请皇帝改为缓决,然后只有在缓决三次后,才能再次承蒙皇帝恩旨减等发落。向来各类淫恶乱伦的尊长被其所侵犯的卑幼殴杀、故杀都如此办理。而儿媳与公公之间的名分更加重要,根据举轻以明重的解释原则,因此儿媳拒奸杀死公公的案件,更要慎重减等。况且服制情实的各类人犯,减等需要皇帝根据情况临时批准,而不能由臣下预先规定。因此刑部否定了安徽巡抚所拟例文的后半部分,奏请皇帝最终生成了新例。"殴祖父母父母"律所附道光十年(1830年)条例规定:"子妇拒奸殴毙伊翁之案,如果实系猝遭强暴,情急势危,仓促捍拒,确有证据毫无疑义者,仍照殴夫之父母本律定拟。刑部核覆时援引林谢氏成案,将可否改为斩监候之处,奏请定夺。若系有心干犯,事后装点捏饰,并无确切证据,或设计诱陷伊翁因而致死,及事后殴毙并非仓促捍拒致死者,仍照本律定拟,不得滥引此例。"[1]

在这一个系列案件中,刑部运用了归纳推理方式将同类先例之中的裁判性规则上升为了一般性的条例。首先,该次修例动议的提请者是安徽巡抚,他比较了已经生成条例的邢吴氏以及未生成条例的张张氏与林谢氏一案,他认为援照张张氏案件处理林谢氏的案件并不妥。他的异议提起的根据是,张张氏是强奸已成、事后挟忿杀死公公,而林谢氏是强奸未成、情事急迫下拒奸杀死公公。而邢吴氏的案件则为殴伤公公,未将其杀死。因此,对于张张氏和林谢氏的案件,律例中并无任何明确依据能够适用。安徽巡抚的这番议论,其实是通过比较看似同类实则不同的3个案件,来论证其提出新例草案的合理性。其次,刑部作为复核地方督抚奏本、题本以及修订新例的法定机关,对于安徽巡抚的这番提议进行了缜密的审查。由于刑部属于中央法司,各省重大案件,尤其是服制案件、寻常或重大命案均要向其汇报,因此他们较之安徽巡抚掌握更多能够帮助分析现存疑难案件的先例,以便找出解决的方案。他们在列举"殴祖父母父母"律及相关例文后,开始归纳同类案件的裁判性规则。邢吴氏、张张氏、薛傅氏、伊尔根觉罗氏、林谢氏分别殴打或杀死公公这5个案件,在刑部看来,就案情而言,其共同点都在于公公意欲强奸儿媳在先,而儿媳反抗拒奸在后,就处理结果而言,除邢吴氏以外的4个案件均较之原拟凌迟酌减为斩监候。更为关键的是,对于安徽巡抚提出了林谢氏与张张氏两个案件的不同之处,刑部在奏本中似乎并不在意。正因为忽略或不将两案的这些不同之处看作影响量刑的关键因素,刑部才能够将这5个案件视为同类案件,最终从中抽离出一般性的法律规则。[2]

序号	时间	案情	处理结果	是否生例
1	嘉庆十七年（1812年）	邢杰强奸邢吴氏未成,被咬落唇皮	先按本律拟斩决,后改无罪	是

---

[1]《大清律例根原》卷之八十八,《刑律·斗殴下·殴祖父母父母》。
[2] 参见《刑案汇览》卷五十三,《亲属相奸·子妇拒奸致毙伊翁奏请定例》。

续表

序号	时间	案情	处理结果	是否生例
2	道光三年（1823年）	张起坤强奸张张氏已成，被张张氏与张安殴毙	先按本律拟凌迟，后改斩监候	否
3	道光四年（1824年）	薛桂兰强奸薛傅氏未成，被用斧砍死	先按本律拟凌迟，后改斩监候	否
4	道光七年（1827年）	札伦保强奸伊尔根觉罗氏未成，被用刀戳死	先按本律拟凌迟，后改斩监候	否
5	道光十年（1830年）	林帼亨强奸林谢氏未成，被用刀割落茎物致死	先按本律拟凌迟，后改斩监候	否

从《刑案汇览》记载的上述5个案例，我们可以发现，无论提起修例动议的是直省的督抚还是中央的刑部，其原因都是他们遇到了一些法律适用上的困难。这些困难主要表现在缺少合适的律例，或者说能够使得案件情节准确归入并得到具有正当性的法律结论的大前提。如果用笔者在第一章中所论述内容来看，这5个案例中生成条例的原因都是"律例有正条但不合情理"。因为邢吴氏、张张氏、薛傅氏、伊尔根觉罗氏、林谢氏虽然均有殴伤或殴毙公公，这符合"殴祖父母父母"律的构成要件，在形式上能够依此进行演绎推理。但是由于她们又都有公公强奸已成或未成的这一情节，导致公公的行为根据"亲属相奸"律也应当被处以斩立决的刑罚，因此机械地对于犯妇适用"殴祖父母父母"律并不合乎情理，甚至在很大程度上进一步放纵了公公利用尊长这一身份权威作出违背传统家庭伦理的事情。清代刑部采用目的性限缩的方式将"殴祖父母父母"律缩小适用范围，将该类案件排除在外。但同时也产生了一个新的法律漏洞，即缺少对于该类案件进行规制的大前提。对此，刑部充分利用其掌握大量刑案的优势，在以往的先例中寻找同类案件并在案件情节、裁判结论等方面进行对比、论证，了解先前各级法司处理疑难案件的方法与尺度，从而保证量刑的稳定性、可预测性。

针对儿媳拒奸殴伤公公的案件，刑部山东司找到了新疆伊犁邢吴氏、山东安丘王孟氏、山东省韩氏以及河南省赵氏的案件，发现除了山东省韩氏是主动勾引公公与他案有所不同，其他3个案件都是公公意图强奸在先，而当时处理的结果都是将其先依照"殴祖父母父母"律定拟斩立决，然后再奏请定夺是否将其免罪或改为缓决。

针对儿媳拒奸殴毙公公的案件，按照时间顺序，刑部又找到了道光三年（1823年）的张张氏、道光四年（1824年）的薛傅氏、道光七年（1827年）的伊尔根觉罗氏、道光十年（1830年）的林谢氏这4个案件，发现这4个案件在审理过程中，呈现一种递进的趋势。即最初审理张张氏和薛傅氏的案件时，直隶总督、四川总督以及刑部是将她们拟凌迟处死，并最终减等为斩监候。而在审理伊尔根觉罗氏的案件时，黑龙江将军援引了张张氏和薛傅氏两个案件，在审理林谢氏的时候，陕西巡抚援引了张张氏、薛傅氏、伊尔根觉罗氏3个案件。刑部发现，这4个案件的处理结果都是先拟凌迟处死，再随案声明援引先例，将是否改为斩监候奏请皇帝本人定夺，因此最后在很大程度上附和了安徽巡抚的提议，请求道光皇帝制定了新例。

归纳推理中的关键之处就在于，必须搜集大量的同类型案件，分析、研讨案情中的相同与不同之处，并考察其法律结论是否能够达到某种程度上的一致。如果有一定数量的案件，在案情和裁判结果上都能够呈现一种相似之处，那么立法者或法官就可以尝试将其作为一般性的结论予以接受。尽管演绎推理是法律适用中最为重要的方法，但如果存在大前提的缺失或不恰当，就会导致法律适用难题。归纳推理，就是对同类疑难案件进行分析，总结、归纳出前人裁判这类案件的技术与方法，其结论恰恰就是具有普遍适用性的大前提。在此，我们需要注意法律命题与科学命题有所不同。因为科学命题是一个真值主义命题，简单来说就是指命题的结论要么是真，要么是假，因此归纳推理所导出的一般性结论，具有某种似真性，其离绝对真理的距离取决于归纳时所总结的个案。而法律命题无所谓绝对的真伪，因为法律本身为人所制定，其语言上的表现即为"应当""可以"等道义逻辑，追求的是善与美。因此笔者认为，归纳推理在推导法律命题的时候，其作用更多是指引司法官员在尊重先例的基础上，寻找法律解释、法律续造的方法，以建立而非发现一个能够更适于案件需要和裁判正义的大前提。由于"情伪无穷"的缘故，并非所有的疑难案件中的裁判性规则都会上升为正式的立法，但如果反复频繁发生某类案件，那么为了彻底解决司法中的问题，一劳永逸的办法就是将裁判方法纳入到成文法典之中。笔者所引的《刑案汇览》中这几个案例，都是因为反复发生且性质恶劣，而具有典型性，从而产生了制订条例的必要性。

《刑案汇览》收录了道光二年（1822年）三月，刑部奏请皇帝议定误杀并误伤祖父母、父母分别办理章程的奏折。刑部山东司首先在折内写道，根据朝廷律典，子孙殴祖父母、父母以及妻妾殴打夫之祖父母、父母的都要被处以斩立决，而将其杀死的就要被处以凌迟处死。同时还在乾隆四十八年（1783年）制定了新例，规定子孙殴打祖父母、父母，如果经过审讯，没有特殊的情况，那么无论伤势轻重，都要被奏请处斩立决。

其次，刑部引述了与误伤祖父母、父母有关的3个案件。第一，嘉庆十八年（1813年）曾经议覆了山西巡抚所奏的白王氏被自己的儿子误伤而死的案件。当时皇帝认为，白鹏鹤是因为嫂子白葛氏不借给他灯油，于是到街上嚷骂，白葛氏跑出家门前去争吵，白鹏鹤顺手用身边的土坯砸向白葛氏，不料白王氏正巧想要上前予以劝阻，以致被扔来的土坯砸倒在地，最终殒命。刑部引用了"殴祖父母父母"律以及"误杀"律将白鹏鹤拟凌迟处死并不合理。因为白鹏鹤并非有意殴打母亲，完全是一种偶然，因此将其改为了斩立决，并声明"嗣后有案情似此者，即照此问拟"。第二，嘉庆二十一年（1816年）六月又发生了樊沅被其哥哥樊魁吓砍，结果被母亲樊王氏夺刀自伤的案件。当时上谕的记载，樊沅偷取了樊魁的铜壶，结果被樊魁发现，因而发生争吵。后来樊王氏训斥樊沅，但其不服，于是樊魁用手边的菜刀吓唬樊沅，不料樊王氏一把夺过菜刀，自行划伤了自己的左胳膊。樊王氏本人也供述称，樊魁非常孝顺，伤势完全是由她本人造成，和樊魁无关。因此，皇帝认为应当将樊魁减为斩监候。第三，道光初年间，又发生了陇阿候和余茂胜因为琐事发生口角并进而互殴，结果误伤了祖母阿潮奶的案件。当时地方督抚认为没有专门的律例予以适用，结果就用了"殴祖父母父母"律将陇阿候拟凌迟处死。但皇帝认为，无意殴伤和有意殴打有所不同，因此应当减等改为斩立决，并命"嗣后遇有误伤祖父母致死之案，即照此问拟"。

最后，刑部终于开始了他们的议论。他们认为祖父母、父母与子孙之间的关系极为密切，不是普通的期亲尊长可以比拟，因此向来子孙误伤、误杀祖父母、父母的案件，都因为服制的缘故，不敢轻易减等量刑，而是按照本律进行拟罪。在白鹏鹤一案以及陇阿候一案中，皇帝在上谕中都对此作出了处理，并且这两个案件都通行各省遵照处理。而在樊魁的案件中，皇上只将其拟为斩监候，对于以后该类案件如何处置，并没有明文的规定。近来山东省又上报了翟小良误伤父亲翟玉阶的案件。山东巡抚是援引了白鹏鹤的案件，声明请旨定夺。湖北省则上报了张氏被其子赵才鼎误伤的案件，广西省则上报了葛邓氏被儿媳葛莫氏误伤的案件，这两个省都没有援引成案，只是在题本中声明了赵才鼎和葛莫氏都是无意而为，并非是故意逞凶冒犯母亲和婆婆的。因此，刑部山东司认为，既然那些按照本律处理应当被拟凌迟处死的罪犯，都能够得到从宽处置，并援引成案量减为斩立决或斩监候，那么仅仅是误伤按本律应拟斩立决的罪犯，更应该援引成案请求减等处理。最后，刑部提出了新例草案，并最终获得了皇帝的批准。"殴祖父母父母"律规定："子孙误伤祖父母、父母致死，律应凌迟处死者，仍照本律定拟。援引白鹏鹤案内钦奉谕旨及陇阿候案内钦奉谕旨，恭候钦定。其误伤祖父母、父母，律应斩决者，援引樊魁案内钦奉谕旨，恭候钦定。至误杀、误杀夫之祖父母、父母者，亦照此例办理。"[1]

序号	时间	案情	处理结果	是否通行、生例
1	嘉庆十八年（1813年）	白鹏鹤误伤白王氏身死	先按本律拟凌迟处死，后改斩立决	通行
2	嘉庆二十一年（1816年）	樊魁吓砍樊沅樊王氏夺刀自行划伤	先按本律拟斩立决，后改为斩监候	无
3	道光二年（1822年）	陇阿候误伤祖母阿潮奶身死	先按本律拟凌迟，后改为斩立决	通行
4	道光二年（1822年）	翟小良误伤父亲翟玉阶		
5	道光二年（1822年）	赵才鼎误伤母亲张氏		
6	道光二年（1822年）	葛莫氏误伤葛邓氏		

通过阅读并总结成图表，我们可以发现，对于白鹏鹤和陇阿候分别误伤父母、祖父母身死的案件，皇帝都将按本律拟凌迟处死量减为斩立决，并且命刑部"通行各省"。而对于樊魁误伤樊王氏一案，则将其改为斩监候，但并没有成为"通行"。笔者在前文中也已经提到过，"通行"具有"准条例"的性质，在某种程度上其效力甚至高于现行律例，只是因为未到法定修例年限而不可直接纂入律典。但随后又发生了山东省的翟小良、湖北省的赵才鼎、广西省的葛莫氏分别误伤父母和婆婆的案件。如果说对于误杀祖父母、父母的案件，已经有了"通行"予以明确法律适用的话，那么对于误伤祖父母、父母的案件，则还没有明确规定，仅有樊魁的成案而已。刑部之所以要上这样一个专门申请修例的折子，就是为了解决该类案件如何正确援引成案、适用律例的问题。他们选择的方式就是采用归纳推理。对于白鹏鹤误杀白王氏、陇阿候误杀阿潮奶的案件，因为已经有了

---

[1]《大清律例根原》卷之八十八，《刑律·斗殴下·殴祖父母父母》。

"通行"存在,所以入例是较为顺理成章的。对于樊魁、翟小良、赵才鼎、葛莫氏的案件,刑部比较认为,这4个案件从加害人上来说,都是子孙或儿媳;从被害人上来说,都是与加害人十分亲密的祖父母、父母或夫之父母;从侵害的主观态度上来说,子孙都是无意加害,只是因为思虑不及所致;从被侵害的程度上来说,都为受伤而非身死。因此刑部有足够的理由将这4个案件都认定为同类案件,并仿照子孙误杀祖父母、父母的案件将具体个案上升为通行和条例。[1]

由上可见,在很多情况下,清代的因案生例是通过各级法司在归纳同类成案中的裁判性规则的基础上总结提炼出来的。因为只有在不同的时间、地点发生的成案具有情节上的同类性,清人才能够分析、总结出一些共同的裁判要旨;只有同类成案反复发生,达到一定的数量,才能够产生将其制定为条例的必要性。性质上的相同、相似,与数量上的累积,两者缺一不可。从特殊的个案到一般的条例,清代各级法司通过这种方式解释律例、续造律例,弥补了《大清律例》与社会变迁之间的鸿沟。

三、类比推理

所谓类比推理,就是指当法官在审理某疑难案件时,无法在成文法典中找到相关的裁判依据,则会将其与同类的先例进行案情上的比较,参考或直接适用先例的裁判方法。"相同案件相同处理"的原则是这种推理方法的法哲学基础。而如果我们结合清代的刑事司法审判实践,我可以发现,现代法上所谓的先例,在清代往往被称之为"成案"。对于清代成案效力的有无与大小,学界已经有了较多的成果,学者们多是从法律规定与司法实践的角度进行探讨。就本书对清代各类案例集的阅读和分析而言,成案对清代的司法实践具有非常重要的作用,以至于即使一贯倾向于彻底否定成案效力而崇尚成文律典的的统治阶层,也不得已用条例的形式在一定程度上承认成案对司法活动的巨大影响。最为典型的就是"断罪引律令"律所附的条例。乾隆五年(1740年)年条例规定:"除正律、正例外,凡属成案,未经通行着为定例,一概严禁,毋得混行牵引,致罪有出入。如督抚办理案件,果有与旧案相合可援为例者,许与本内声明,刑部详加查核,附请着为定例。"[2]可见,如果地方督抚和刑部在审理刑案时,可以参考与当前案

---

[1] 参见《刑案汇览》卷四十四,《殴祖父母父母·误杀伤祖父母父母援案办理》。
[2] 《大清律例根原》卷之一百十八,《刑律·断狱下·断罪引律令》。

情类似的成案进行拟罪,并将其推理、论证过程在题本与奏本中予以说明,最后奏请皇帝定夺。笔者认为,例文中规定的这种修例过程,其实也包含了类比推理。有别于演绎推理的一般到特殊,以及归纳推理的特殊到一般,类比推理是从特殊到特殊。即清代各级法司可以将当下裁判的疑难案件与检索到的同类成案进行情节上的比较,如果认定今案和成案在案件的关键情节上都相同,而不相同的部分并非关键因素,且对于量刑没有实质性影响,那么就可以参照成案处理今案。

有乾隆三十六年(1771年)河南罗山县民王李氏与潘九思通奸,后合谋杀死王李氏之子王孟隆一案。王李氏的丈夫叫做王国太,因故死去,只留下了长子王孟隆和幼子王孟周二人。而王国太有一位远房亲戚叫做潘九思。乾隆三十五年(1770年)正月,潘九思到王李氏家中看望。由于王孟周和王孟隆二人都在油坊工作,因此王李氏将潘九思留在家中帮其于田中劳作,并住在厅屋之内。该年四月,王李氏主动到厅屋去找潘九思通奸。其后二人一有便利便发生男女关系,不止一次,而这一情况王孟周、王孟隆二位均不知晓。该年八月某日夜间,王李氏又到厅屋想去和潘九思通奸,不料王孟隆晚上起床如厕,发现王李氏的房门没有关闭,于是心疑被贼进入,于是大声叫喊。王李氏听见声音,急忙赶回房中,掩盖意欲通奸之事。王孟隆被瞒过,故各自就寝。到了该年十一月份,潘九思于夜间进入王李氏房中奸宿,黎明时分从房内走出,不料被早起的王孟隆遇见,故被驱逐出去。后来潘九思每次到王李氏家中通奸,都需要先打听王孟隆的行踪,得知其出门在外才去寻找王李氏。到了乾隆三十六年正月,王孟隆的妻子王彭氏回娘家,潘九思认为王孟隆兄弟二人均在油坊,因此又前往王李氏家中。不料王孟隆突然回家敲门。王李氏赶忙让潘九思到厅屋里面躲避,自己前去开门。王孟隆进入家门之后,发现桌上有烟袋以及草帽,认出是潘九思随身携带的物品,于是叫嚷吵闹,并且声称将于次日禀告官府,随后在堂屋的凳子上睡了起来。王李氏听闻报官,害怕被追究出来她和潘九思的奸情,因此将烟袋和草帽拿到厅屋,将事情告诉了潘九思,令其外出躲避。潘九思觉得又要被赶走,又要被报官,于是心生杀意,命王李氏将王孟隆勒死。王李氏听从了潘九思的指令,乘王孟隆睡熟以后,用绳子将其勒死,并且当夜令潘九思去买棺材盛殓。次日早晨,潘九思到作坊告诉王孟周,诈言王孟隆在家喝醉之后自缢身亡,并且令其接嫂子王彭氏回家。王彭氏回家之后询问王李氏,王李氏也声称是王孟隆酒醉自杀。王彭氏虽然认为自己丈夫死因不明,但由于并没有确切的证据,于是忍住并没有报官。后来罗山县衙门经过访闻才知道此事,于是检验王孟隆的尸骨,发现实际上是被人用绳勒死。县

第四章 因案生例的法律推理

衙立刻传命讯究王李氏、潘九思等人，二人供认不讳。因此河南巡抚何煟依律将潘九思拟斩监候。同时认为，王李氏虽然是王孟隆的母亲，但是由于与潘九思通奸，竟然听从指使将自己的儿子勒死，用心极为险恶，毫无廉耻，已经断绝了母子之间的情义，因此不能够按照一般的故杀子孙来定性拟罪。而该案和乾隆三十六年（1771年）他审理的林朝富和林朱氏通奸，并共谋毒死林朱氏儿媳黄氏的案件一致。当时林朱氏就被拟绞监候，秋审时入于"情实"。因此何煟将王李氏依律拟绞监候。"谋杀人"律规定："凡谋杀人，造意者，斩监候。而加功者，绞监候。"〔1〕

　　刑部在核覆该案时认为，河南巡抚对于潘九思的拟罪是合适的，但是不同意对于王李氏的拟罪。首先，刑部河南司否定了河南巡抚进行类比推理的依据。刑部查阅了林朱氏的案件，当时何煟是将林朱氏拟发驻防兵丁为奴，而刑部在核覆时加重为发伊犁等处给厄鲁特兵丁为奴。但是皇帝认为，这样的拟罪仍然不足以达到情罪允协的司法目标。因为律典中规定的故杀子孙，必须是因为子孙有违犯家长的行为，或者为人不肖，导致家长一时愤怒而将其杀死。但是如果家长是因为其他事情起意将子孙杀死，则犯罪情节较重，不能够照旧援引寻常的律例进行定罪，而是应该发遣为奴。同时，皇帝认为先前有很多这类成案，应当继续遵循。而本案中，林朱氏是因为和林朝富通奸，而正巧被儿媳黄氏看见。为了掩盖奸情，林朝富和林朱氏本想将其奸污以抓住把柄，不料黄氏并不答应，于是他们只能用毒药将其杀死。这样的用心和行为已经使得婆婆与儿媳之间的情义断绝，如果仅仅按照发遣结案的话，那么还能够使得林朱氏幸存于人世间，那么朝廷所倡导的伦理纲常就会受到严重的损害，而坚持贞操的妇女则无人抵命，含冤而死，圣人所谓的"明刑弼教"就根本无从谈起。因此乾隆皇帝认为，在今后遇到这种伤风败俗的罪犯时，即使不能够判处斩绞立决，也要按照平人谋杀进行处罚。

　　可见河南巡抚何煟之所以将王李氏拟绞监候，也并非没有依据，因为该案就是他本人亲自审理，而且与林朱氏的案件同年发生。但刑部认为，河南巡抚认定这两个案件基本相同，并完全照搬其判决结果，是不恰当的做法。因为从名分上来说，婆婆与儿媳，母亲与儿子之间的关系并不完全相同。从案情上来说，林朱氏一案，是因为林朱氏与人通奸，嫌弃儿媳黄氏阻碍行奸才在试图将其奸污不得后，商谋用毒将其害死，而王李氏则是因为王孟隆要报官，害怕泄露奸情才听从潘九思将其勒死。因此，两案的案情有很多不同之处，不能够简单地对于王李氏

---

〔1〕《大清律例根原》卷之七十四，《刑律·人命·谋杀人》。

适用林朱氏所得量刑。

其次，刑部在否定河南巡抚何煟的量刑后，又开始了自己的法律论证。他们认为，在江西省曾经发生过一起更为类似的案件。邱玉旺是鲍阳氏家的短雇工人，后来二人通奸被鲍阳氏之子鲍耀子发现。于是鲍阳氏起意谋害，邱玉旺听从将鲍耀子用刀砍死。在该案中，江西巡抚将邱玉旺依律拟斩，而将鲍阳氏拟徒刑。后来经过刑部的核覆，认为鲍阳氏和邱玉旺通奸已经属于淫贱无耻，又令奸夫将自己的亲生骨肉杀死，如果仅仅将其拟徒刑的话，鲍阳氏还可以进一步有收赎的权利。这样的拟罪显然过轻，因此应当予以加重。最终鲍阳氏被拟发往巴里坤给兵丁为奴。刑部认为，"王李氏听从奸夫潘九思勒死伊子王孟隆案情，正与此案相类。可否即将王李氏一案援照鲍阳氏之案，发往伊犁给与兵丁为奴之处，理合恭折奏明，伏候圣明训示谨奏。"乾隆三十七年九月初二日，刑部收到了由内阁发来的上谕。皇帝也认为河南巡抚将王李氏通奸杀子一案援照林朱氏通奸药杀儿媳一案，并不合适。因为毕竟王李氏和王孟隆属于"天性之亲"，与婆媳的后天"人合"的亲属关系不同，如果因为儿子死了，就将母亲绞死抵偿，也并不合适。因此皇帝同意刑部援照鲍阳氏一案的处理，将王李氏发往伊犁给兵丁为奴。最终生成了新例。"殴祖父母父母"律所附乾隆四十二年（1777年）条例规定："凡亲母因奸谋死子女灭口者，不论是否造意，发往伊犁给与兵丁为奴。奸夫仍照律分别治罪。"[1]

在这个案件中，我们可以发现，河南巡抚和刑部在遇到女性尊长因奸杀死卑幼的案件时，均感到了法律适用上的困难。因为尊长的行为已经泯灭人性，危害纲常名教，而卑幼恰恰是因为维护伦常而被杀，因此不能够适用律典中有关尊长杀害卑幼的律例。他们均不约而同地采用了寻找类似成案并予以类比，从而得出本案的法律结论的方法。但采取的方法相同，得到的结论却相差很大。笔者认为，这恰恰是类比推理最为关键之处。河南巡抚查询到的成案是其在同年即乾隆三十六年（1771年）审理的林朱氏因奸毒死儿媳一案，他认为相比于王李氏一案，两案均是因为尊长的奸情而发生，又因为尊长的杀害而终结。因此王李氏应该获得和林朱氏一样的刑罚，即绞监候。而刑部在两案的对比分析上，则显得更为慎重、细致。他们认为在加害尊长与被害卑幼的名分服制关系、所加害的手段、是否与奸夫合谋、实际下手之人等情节上，两案均有不同。因此不能够将对

---

[1]《大清律例根原》卷之八十八，《刑律·斗殴下·殴祖父母父母》。

第四章 因案生例的法律推理

于林朱氏的拟罪直接套用到王李氏身上。

刑部在否定河南巡抚的拟罪后,并没有尝试新的方法去解决本案,而是继续沿着类比推理的思维路径,去寻找更为相似的成案,以获得裁判的灵感和指引。毫无疑问,由于刑部毕竟是中央司法机关,其能够掌握的成案从时间跨度上、绝对数量上、地域分布上均远远超过地方督抚,因此他们顺利检索出了江西省曾经发生过的鲍阳氏一案,发现该案件和王李氏的案件在具体情节上更为相同,正如题本中所说的"正与此案相类"。"相类"恰恰证明他们运用的是类比推理。因为两案都存在以下具体情节:母亲与人通奸、儿子知晓后妨碍通奸、母亲起意杀子、儿子被杀死。两案所不同的,仅为作案人与作案具体手法,王李氏案件中,是母亲亲自下手,将儿子用绳子勒死,鲍阳氏案件中,是母亲命奸夫下手,将儿子用斧头砍死。很明显的是,两案的不同之处并非是能够影响两案量刑的关键因素,因此刑部判定将王李氏亦发往伊犁给兵丁为奴是具有正当性和合理性的。

有乾隆五年(1740年)安徽省蒋凡殴死卢帼太以及卢秀扎死蒋恒一案。蒋凡和蒋恒是兄弟二人,而卢秀是卢帼太的儿子。卢帼太在家附近修筑了一道围沟,用来蓄水以备插秧浇灌之用。而蒋凡一家的土地在围沟的东边,平时亦种有各类粮食作物。由于连日大雨浇灌,蒋凡担心围沟中的水溢出伤害到他家种植的粮食,所以就自行持铁锹去挖开沟渠提前泄水。卢帼太见到蒋凡的如此行为,顿时心生愤怒,前来阻挡。但蒋凡不依不饶,继续挖沟,导致二人开始争斗。卢帼太则想要夺取蒋凡的铁锹以便殴打。谁料蒋凡随手用铁锹击打卢帼太,导致卢帼太的顶心左侧受伤,顿时倒地不起。卢帼太的儿子卢秀看到父亲被殴,顿时手持标枪前来营救,蒋凡的弟弟蒋恒也拿着棍子前来帮助。由于卢帼太仍卧在地上继续辱骂蒋凡和蒋恒,所以蒋恒用木棍殴打卢帼太。恰逢卢秀救父情急,顿时用手中标枪抵挡殴父之木棍,导致蒋恒左侧胸部受伤倒地。蒋恒和卢帼太二人最后均伤重殒命。安徽巡抚将卢秀和蒋凡按照斗杀律拟绞监候,同时声明因为卢秀是为了营救父亲而杀人故请求减为流刑。"斗殴及故杀人"律规定:"凡斗殴杀人者,不问手足、他物、金刃,并绞监候。"[1]"父祖被殴"律所附乾隆五年(1740年)条例规定:"人命案内,如有救夫情切因而殴死人者,于疏内声明,援例两请,候旨定夺。"[2]同时,安徽巡抚还翻查了成案,认为雍正十年(1732年)曾

---

[1]《大清律例根原》卷之七十八,《刑律·人命·斗殴及故杀人》。
[2]《大清律例根原》卷之八十八,《刑律·斗殴下·父祖被殴》。

经发生了安徽省戚仁所被林宣殴死,而林益礼又被戚拴殴死的案件。当时由于是两家各被杀死一人,所以被"援案减军"。安徽巡抚同时还提到了乾隆三年(1738年)刑部议覆的御史条奏,即"凡属成案未经通行着为定例者,毋得牵引。如办理案件果有与旧案相合,可援为例者,许于本内声明"。因此虽然林宣和戚拴两家发生的殴死命案并未上升为条例,但是安徽巡抚认为"但此案两家各毙一命,实与林宣旧案相合",应当除了将卢秀按例两请减等以外,还要请刑部裁决是否需要将蒋凡拟绞监候。

刑部收到安徽巡抚的题本后,就开始了核覆的工作。他们首先查阅了斗杀律中有关减等的例文。"斗殴及故杀人"律所附乾隆五年(1740年)条例规定:"凡审共殴下手拟绞人犯,果于未决以前,遇有原谋、助殴重伤之人监毙在狱,与解审中途因而病故者,准其抵命,下手之人减等拟流。"[1]安徽司认为,既然条例已经明文规定,允许在监狱中死亡以及中途病故的同案犯为本被拟死刑监候的人抵命,那么在家族互殴案件中,应当被拟绞监候的人犯也应当被减等免死。其次,刑部还查阅了安徽巡抚引用的那个案例,该案是由于林宣牧牛踩踏了戚仁所家所种植的烟草叶子,导致两家互相争斗。林宣用棍棒打伤了戚仁所的囟门部位,而戚仁所之子戚拴则用棍棒重伤了林益礼。结果导致两家各死一人。当时安徽巡抚和刑部是将该案援引了康熙三十三年(1694年)盖之经的成案,最终将戚拴和林宣都减等拟为充军。因此,刑部认为,现在安徽省又发生了卢、蒋二姓之间的争斗,卢帼太和卢秀是父子关系,蒋凡和蒋恒是兄弟关系,因为沟渠放水的事情引发斗殴,并且各死一命,因此刑部认为"与此适相复核,亦应援照宽减"。最后,刑部提出了修例的动议,并奏定皇帝生成了新例。"斗殴及故杀人"律所附乾隆五年条例规定:"凡两家互殴致毙人命,除尊卑、服制及死者多寡不同,或故杀、斗杀情罪不等,仍按照本律定拟外,其两家各毙一命,果各系凶手本宗亲属,将应拟抵人犯免死减等,发边卫充军。"[2]

笔者认为,在本案中安徽巡抚和刑部均是采用了类比推理的方法解决刑案并最终上升为了条例。安徽巡抚原本依照"斗杀"律与"父祖被殴"律所附例文将蒋凡、卢秀拟绞监候,并且将卢秀申请减为流刑。但是恐怕他自己也认为这种两家各死一人的聚众斗殴案件在法律适用上恐怕并不是这么简单。所以他翻查了

---

[1] 《大清律例根原》卷之七十八,《刑律·人命·斗殴及故杀人》。
[2] 《大清律例根原》卷之七十八,《刑律·人命·斗殴及故杀人》。

第四章 因案生例的法律推理

成案。正如笔者在上一个案例中分析到,地方督抚对于刑案的掌控一般仅限于近年来本省发生的案件,在本案中,安徽巡抚找到的也是雍正末年该省林、戚两家互殴案件。而当时该案又是"援案减军",再加上乾隆三年(1738年)又新修订的条例规定,各级法司可以援引与情节类似但尚未成为定例的成案,因此安徽巡抚对该案提出了保留意见,请求刑部再行商议。刑部安徽司认为条例已经有相关共犯在审理过程中死亡而抵命的规定,那么卢、蒋两家也应该能够适用。《刑案汇览》中所记录的题本对此推理并不详细,笔者将其展开就可以使得刑部思路更为清晰。对于两家互殴的案件,假使仅有一家死人,那么另一家中必定会有一人拟绞监候抵命,而其余共殴之人按律问罪,原谋拟杖流,不曾下手致命的余人拟杖一百。但如果另一家中亦有人死亡,如果是抵命之人,自然毋庸再议,如果是共殴之人,那么就类似于"斗杀"条例中所谓"监毙在狱"或"中途病故",因此原被拟死刑监候的抵命之人就可以减等处理。同时,刑部又审核了安徽巡抚提到的雍正十年(1732年)林、戚两家互殴各毙一人的案件。值得注意的是,被现在卢、蒋的案件所援照的林、戚的案件,当年在处理上又是援照了康熙三十三年(1694年)盖之经的成案。最终,刑部认为所谓"与此适相符合,亦应援照宽减",正是指这3个案件在案件事实上都基本相同,因此根据"断罪引律令"所附条例,是可以援照适用并生成新例的。

　　同样都是两家互殴,在康熙三十三年、雍正十年、乾隆五年依次发生了盖之经,林、戚两家以及卢、蒋两家的3个案件,而在法律适用上,这3个案件又依次地援照前案,最终生成了新例。但笔者认为,如果深入分析这几个案件的话,我们也能够发现,其中还有一些复杂之处。首先,刑部提到康熙三十三年的盖之经和雍正十年的林、戚两家的成案时,强调是将林宣和戚拴"照例减等发落"。这里的所谓"照例",笔者认为就是刑部所提到的因为在追究刑责过程中因故死亡从而将本应抵命之人减等发落的条例。但是关键原条例的构成要件是指"监毙在狱"或"解审中途病故"之人,两家各毙一人的案件,在死亡时间上并非案发之后,在死亡原因上也是因为对方报复,因此如果也将其所谓"照例"发落的话,笔者认为应该至少在林、戚案中,也已经是比照或者说类推适用该条例了。因此,对于卢、蒋两家的案件援照盖之经,林、戚的案件处理方法,其实也是进一步比照该条例。其次,今案援照成案,成案又援照成案,最终生成新例。其实这与安徽巡抚提到的"断罪引律令"律的条例在内在精神上也是有所联系的。由于成文律典再多条文,都不可能囊括、覆盖现有社会中的所有法律适用问题，何况社会本身也在不断发展，因此律典的缺陷不可避免。为了个案正义，可能会突破现有律例，但如果均以条例形式增加于律典之中，就法典的编纂而言，过于频繁，操作难度较大，就法律稳定性和权威性而言，也将有害无益。因此，为了达到律典的完善与裁判的需求之间的平衡，就必须在成案达到一定数量后才将其升为条例。因为如果同类成案较多，那么就证明某种行为属于多发事件，具有重要性，值得被纳入律典；同时通过较多次的案件处理，对于某种行为的惩处方法也较为公允、成熟，因此也有资格被升为条例。"断罪引律令"的条例提到了所谓"办理案件果有与旧案相合，可援为例者"，即强调了案件之间的同类性以及案件的重复性这两个构成要件。在本案中，每个案件都并非重大，但由于其迭次发生，最终积累成了律典中的浓墨重彩。[1]

  有嘉庆十五年（1810年）展其花因其葫麻被窃疑贼误杀平人朱义一案。展其花是清远县人，自幼父母双亡，因此从小就被过继给其叔展均刚为嗣子。展其花一直在清远县的三台地方以耕地为生，与朱义从不认识，因此并无任何形式的过节。嘉庆十五年七月间，展其花因为他地内的葫麻已经成熟，所以就在二十日将其收割，并且捆扎堆放在地里。到七月二十二日晌午时分，展其花再去查看地内捆扎好的葫麻时，发现已经被贼人偷窃去了二十余捆。因此展其花颇为急躁，当即回家报告其父。自此，展其花决定日夜守候在地内，防止地内的葫麻再次被人偷去。当夜，展其花还随身携带屠刀用作防身。更余时分，展其花听见地里葫麻的秸秆有异样响声，并且看见一个黑影走近到了秸秆旁边，于是心疑是上次过来偷窃葫麻的窃贼又来犯案。展其花惧怕窃贼临时拒捕，于是从该人身后，用屠刀向其猛扎，导致朱义左后腿受到重创，倒地不起。展其花立即向其查问，该人回答姓朱名义，因为寻找自己走散的耕牛而误入展其花的地内，并无任何偷窃葫麻之意。展其花误扎无辜之人，非常畏惧，因而回家告诉其父展均刚，欲一同前往救治，不料朱义已经伤重不治死亡。经过各级法司的亲自提讯，发现并无先有嫌隙而后故意挑衅从而杀人的情况，也没有第三人帮助殴打、杀人加功的情形，确实是由于暗中疑贼、不料误伤无辜之人。乌鲁木齐都统认为，关于这种怀疑别人是窃贼从而误伤无辜者的案件，《大清律例》中并无相关专门的治罪条文。于是只能查找类似成案。都统发现嘉庆八年（1803年），精河县民阿尔什里在夜间走到李耀庄前寻火抽烟，不料引起了李耀庄内犬吠。而李耀听闻犬吠，携带长鞭

---

[1] 参见《刑案汇览》卷三十，《斗殴及故杀人·两家互殴各毙一命分别减等》。

第四章　因案生例的法律推理

于庄内外查看，发现门外的阿尔什里，怀疑其是窃贼，因此用长鞭抽打阿尔什里，导致其身死。最初都统在斗杀律的基础上将李耀量减一等，拟以杖一百、流三千里的刑罚，后经过刑部共同酌议，将李耀照斗杀律直接拟以绞监候。乌鲁木齐都统认为，在李耀案中，阿尔什里尚且还在李耀庄外，李耀不应该担心阿尔什里拒捕，并且应当先与阿尔什里询问，再进行处置。但李耀直接用长鞭殴打阿尔什里，导致其身死，情节非常凶暴。因此刑部将其改拟绞监候。而在展其花一案中，先是发生了展其花地内葫麻被窃的事件，其后是在夜里发现有人走进捆扎好的葫麻堆，因此展其花有足够的理由怀疑朱义就是窃贼，由于害怕朱义拒捕，所以在仓促之下将朱义用刀扎死的案情，与李耀一案有所区别。此外，乌鲁木齐都统还查到了发生在乾隆五十五年（1790年），江苏海州民人刘玉疑贼误杀唐宗连一案。在刘玉案中，顾刘氏是刘玉的姑母，因为其菜园中的菜被贼人偷取，因此令刘玉在家看守菜园。后于夜间，顾刘氏听闻屋后有犬吠之声，于是认为窃贼又来盗窃园中之菜，因此令刘玉开门捕贼。刘玉听闻，遂前往捉贼，并拿起锄头防身。此时，唐宗连由于醉酒，误入刘玉家菜园。当时正是夜半时分，刘玉看见一个人影，怀疑是偷菜之人，于是用锄头将其殴打，遂致唐宗连身死。江苏巡抚将刘玉比照斗杀律量减一等拟杖一百、流三千里，经过刑部核覆在案。因此，乌鲁木齐都统认为，展其花一案与刘玉之案情节相符，因此应当将展其花依律量减拟流。

　　刑部则认为，虽然这类疑贼误杀的案件，律例中并没有专门的治罪条文，但是既然死者是无辜之人，那么杀人者就应该以"斗杀"律定拟。在本案之中，展其花因为其地内的葫麻被窃取，便在地内蹲守，防止他人再行窃取。正巧遇到找寻走失之耕牛的朱义，因此用刀扎伤朱义左腿，使其殒命。由于并无治罪专条，乌鲁木齐都统寻找类似成案，并将展其花参照江苏海州民人刘玉一案进行处理。但是刑部同样进行了寻找类似成案的工作，并又找到了其他成案。例如乾隆三十三年（1768年）南汇县民人沈菜补疑贼误杀梅培观溺毙一案和三十四年（1769年）仪征县民秦连元疑贼误杀赵进幅一案。对于这两个案件，江苏巡抚都按照"过失杀"律进行收赎处理。但经过部驳，将沈菜补和秦连元按照斗杀律减一等拟流刑处置。后来又发生了四十八年（1783年）娄县沈沅征一案以及五十五年的安东县刘玉一案。对于这两个案子，当时也都是参照沈菜补案和秦连元案进行处理。直到嘉庆八年，又发生了精河县民李耀疑贼误杀阿尔什里的案件。乌鲁木齐都统参照成案，将其拟流，后来刑部将李耀直接照"斗杀"律拟绞监候。其原因是刑部认为，如果死者确是窃贼，那么对于杀人者要按照按律拟绞监候。"罪人拒捕"律规定:"罪人不拒捕而擅杀之,各以斗杀论。"[1]"斗殴及故杀人"律规定:"凡斗殴杀人者,不问手足、他物、金刃,并绞监候。"[2]在之前成案中,因为疑贼确有原因,所以在"斗杀"律基础上予以量减一等。但是就导致了有罪之人被杀被拟绞监候,而无辜之人被杀反倒无须抵命的结果。而且这样的处置容易导致今后杀人者捏造疑贼情节,意图避重就轻。因此刑部认为乌鲁木齐都统引用已经距今太久的成案,而不引用相距时间更近的成案,将展其花拟流刑,是不合乎情理也不符合法理的。刑部进而认为,"此等案件既无成例,恐各省引断未能画一,应请嗣后遇有似此疑贼误杀之案,均照此案办理,庶免歧误。"最终生成了新例。"斗殴及故杀人"律所附嘉庆十九年(1814年)条例规定:"凡疑贼致毙人命之案,悉照谋、故、斗杀、共殴,及威力制缚主使各本律科罪。"[3]

序号	时间	案情	处理结果	是否通行、生例
1	乾隆三十三年(1768年)	沈莱补疑贼误杀梅培观	照斗杀律量减拟流	否
2	乾隆三十四年(1769年)	秦连元疑贼误杀赵进幅	照斗杀律量减拟流	否
3	乾隆四十八年(1783年)	沈沉征疑贼误杀	照斗杀律量减拟流	否
4	乾隆五十五年(1790年)	刘玉疑贼误杀唐宗连	照斗杀律量减拟流	否
5	嘉庆八年(1803年)	李耀疑贼误杀阿尔什里	乌鲁木齐都统援照拟流,刑部改斗杀拟绞	否
6	嘉庆十五年(1810年)	展其花疑贼误杀朱义		

笔者认为,在对于该系列案件的分析时,地方督抚和刑部都采用了类比推理方法。从上表我们很容易可以看出,以上6个案件都是疑贼误杀的案件,在案件的基本情节上并没有什么不同。而且经过刑部的查询,我们也可以得知,因为案情相同,沈沉征和刘玉两个案件都是直接援照了沈莱补和秦连元两个案件的处理结果。并且当嘉庆八年(1803年)发生李耀一案时,乌鲁木齐都统也是首先援引了前面几个案件,将李耀拟流刑,最后经刑部核覆才按"斗杀"律改为了绞

---

[1]《大清律例根原》卷之一百三,《刑律·捕亡·罪人拒捕》。
[2]《大清律例根原》卷之七十八,《刑律·人命·斗殴及故杀人》。
[3]《大清律例根原》卷之七十八,《刑律·人命·斗殴及故杀人》。

第四章 因案生例的法律推理

监候。但到了嘉庆十五年（1810年）发生展其花一案时，乌鲁木齐都统仍然援引了刘玉一案拟流刑。尽管该拟罪再次被刑部否定，但我们仍可见成案的效力。

乌鲁木齐都统之所以第二次对于同类案件仍然拟罪错误，是因为他错误地理解了刑部对于李耀一案改判斗杀而不照成案的原因。他认为是由于阿尔什里并未进门，而李耀就直接将其殴打致死，误杀的过错更多在李耀身上，而刘玉家已经被窃菜一次，唐宗连醉酒又正巧进入其家菜地，因此刘玉将其误杀相对李耀而言过错小一些，情节也有所不同，所以刑部才未将阿尔什里类比之前的成案拟流刑。也正因为乌鲁木齐都统的这种误解，所以他才继续承认刘玉等成案的效力，将展其花继续援照刘玉等案拟流。

如果从比较案件的相同点、不同点的情况来判断是否能够进行类比推理，那么笔者认为乌鲁木齐都统将展其花援案办理是有合理性的，因为从形式上来说，案情都是基本一致的。但实际情况并非如此，刑部将李耀改斗杀拟绞，作出了与成案不同的判决，不是因为李耀的案件与成案在情节上不同，而是刑部认为先前成案对于疑贼误杀的案犯拟流本身就不合理。刑部主要是从实质正义的角度否定了成案效力，因此要求李耀抵命。所以展其花疑贼误杀了朱义，刑部认为同李耀的案件相同，也应当抵命。

从此可见，运用类比推理来解决案件，从形式上分析成案的具体情节，找出不同案件之间的相同、不同之处，只是完成了推理的第一步。各级法司还应当注意审查成案的法律结论，判断是否达到了"情罪允协"。只有今案与成案相同，而成案的法律结论也是正当、合理的，类比推理才能够继续进行。笔者在类比推理这一部分前引的几个例子，都是因为各自成案的拟罪仍然被刑部所承认，所以各级法司只需要完成形式上的比较，就可以援照成案。但是在展其花一案的推理过程中，我们就可以很明显地发现刑部对于成案效力的态度。刑部在题本中提到了"不照近年李耀之案办理，而照远年成案，仍将展其花拟流，殊属错误"，对于这句话，我们可以理解为清代的成案在效力上，新旧成案若相互矛盾，以新近成案为准。这其实类似于现代法学方法论中的新法优于旧法。但笔者认为这一适用原则背后的原理是立法者、司法者对于社会形势、个案正义的一种价值平衡，即以修订新法、判决新近成案的方式肯定某种法律精神、法律原则，其结果必然是否定旧法和远年成案。[1]

---

[1] 参见《驳案续编》卷七，《误杀窃贼之案不得以疑贼有因遽予末减》。

第五章

因案生例的积极作用与弊端

"夫律者垂一定之法,例者准无定之情。原情而不依于律,无以尽情中之理;执法而不参诸例,无以通法外之变。"[1]"至于例,则朝例未刊,暮例复下,千条万端,藏诸故府,聪强之官,不能省记;一旦援引,惟吏是循。或同一事也而轻重殊,或均一罪也而先后异;或转语以抑扬之,或深文而周内之。往往引律者多公,引例者多私;引律者直举其词,引例者曲为之证。"[2]清人对于条例利弊的各种阐述看似矛盾,实则是从正反两面阐述了条例起到的一些积极作用与弊端。笔者认为,从现代法律方法的角度来看,清代因案生例对清代律例体系与刑事司法实践有以下几个方面的影响。

一、因案生例的积极作用

(一) 填补律例漏洞

"出于种种原因,没有漏洞的法律秩序是不存在的……由于缺乏法律评价,所以必须在法律约束之外进行法律适用。"[3]古今中外的任何法律体系都莫能其外。立法者没有足够能力对于当时所有社会事实都设定正当的法律评价。即使他们有足够的立法能力,他们也无法预测将来发生的所有事实。在清代刑事司法审判中,各级官员及刑名幕友无法找到能够使得案件处理结果"情罪允协"的律例是一种司法常态。首先,《大清律例》的历史渊源可以追溯到《唐律疏义》,其中经过《宋刑统》《大元通制》《大明律》等书,传承了将近1500年。而这期间,社会变迁巨大,但律文本身并没有太多的变化。对于帝制中国来说,法律对

---

[1]《大清律例刑案汇纂集成·文柱序》。
[2](清)袁枚:《答金震方先生问律例书》,载《小仓山房文集》卷十五。
[3][德]伯恩·魏德士:《法理学》,丁晓春、吴越译,法律出版社2005年版,第348页。

第五章 因案生例的积极作用与弊端

统治者来说更多是一种治吏、治民的工具而已,因此必须适应社会的发展。但由于律文本身在很大程度上代表了一种延续前朝的正统性的意义,各代统治者又往往不愿意公然地改变律文,以违反"祖宗成法"。两者矛盾的产物只能是另辟蹊径,在律文以外制定专门的条例,以满足政治统治与社会管理的需要。其次,清代刑事法律的立法精神与立法技术也造成了因案生例的必然性。因为在中国传统的统治思想中,臣下仅仅是皇帝行使皇权的代理人而已,其本身并不能够获得属于自己的权力。尤其是到了帝制中国的末期,皇权集中的倾向越发明显与剧烈,皇帝与臣下的地位差距越发悬殊。战国时期的韩非子就曾经说过,"明主治吏不治民",而帝制时期的统治者们又是遵循"阳儒阴法"的统治术,因此在各类成文法典中,都不会出现各种不确定或选择性的法律效果。这一点在清代的刑事立法中表现得尤为明显,对所有的犯罪都规定了唯一的量刑,即采用了绝对法定刑主义,不允许各级法司有自由裁量的尺度。如果说必然要改变某一种犯罪的量刑的话,那么就需要经过皇帝本人的批准。可以说,司法上的权力完全集中于皇帝本人手中,尤其是各类命案、大案。这种做法当然可以很好地巩固皇权统治,防止臣下作乱,在刑案中高下其手,危害社会稳定并进而威胁朝廷安危。但是只要社会还存在着变化,清人的司法目标还要求能够达到量刑与罪行的统一协调,那么就必然会存在机械适用律文导致个案不正义的情况。那么唯一解决的办法就是因案生例,制定新的条例。周子良和张朝晖认为,清代各级法司通过比附方式生成条例的一大作用是弥补律文中的不足。[1]当然,与此同时,仍要贯彻皇权的司法权,即条例的生成需要经过皇帝的许可。最后,清代刑事法律在实际的司法运作中,颇为复杂,通过律、条例这些成文法的适用,根据个案在情节上的不同,以及各级法司以及皇帝本人的"能动司法",又常常产生了通行、成案以及新的条例等各类法律渊源。由于清代往往能够以案破法,通过法司的推理、论证来否定律例的适用,因而笔者认为,清代的律、条例、通行、成案之间并不存在绝对的法律效力上的高低,只能说这些法律渊源、法律形式对于裁判个案时的各级法司,具有不同程度上的参考价值。如果地方督抚、刑部认为有足够的理由突破现有律例、成案、通行,那么只要再经由皇帝的许可,就可以又产生一个新的成案。这样虽然能够保证法制符合实质正义,但是同时也损害了法制的稳定性。如果要解决这种困境,清人也只能通过制定新例的形式来尽量地统一、调和各类法

---

[1] 参见周子良、张朝晖:"论清代的比附生例",载《法律文化研究》2007年刊。

律渊源之间的矛盾与冲突。瞿同祖先生认为，虽然清代的条例很多，但是统治者制定的主要目的仍然是为了区别刑案中的不同情况，对律典进行补充规定，在很多时候往往表现得非常斤斤计较。[1]

"断罪无正条"律中已经明确了清人认定的需要制定新例的标准，即"律令该载不尽事理，若断罪无正条"。笔者认为如果进一步解释这句话的话，可以用各级法司在题本、奏本反复出现的"情罪不相允协"来概括。对于"情罪不相允协"的认定，笔者又已经归纳为了违反"相同、相似情况得到相同、相似的处理"、违反"不相同、不相似情节得到不相同、不相似的处理"、"不同情节不同处理但刑罚轻重不一"这三种情况。而从表现形式来看，又可以分为"律例无正条""律例中有正条但情罪不相允协"两大类。但本质上都是要在整个《大清律例》的体系中，达到案件事实与量刑结果的和谐与统一。原因是既然存在这样那样的问题，那么因案生例就是为了解决这些问题。通过阅读本文的第三部分、第四部分中所引用的案例以及笔者所梳理的刑案推理过程，我们可以清晰地发现，清代各级法司通过目的性限缩、包含个别类推和整体性类推的类推适用以及创造性补充等法律方法，根据具体个案的情节选择合适的律例作为大前提进行演绎推理。与此同时，他们还在自己的视野范围内，参考各类成案，将其作为运用法律方法的参考和指引。其原因就在于，第一，法律漏洞的存在也并非一天，前人往往也会碰到同类的法律适用难题，而条例却一般不会因为某一个案件就予以制定；第二，既然成案突破现行律例需要皇帝认可，那么为了防止上方可能的对于自身裁判的司法责任的追究，遵循成案是各级法司自保的重要方式；第三，法律本身的稳定性也要求了"相同问题相同处理"，现行律例甚至都有多种解释，某一法律漏洞的填补方式则更加呈现多元化的色彩，因此援照成案也可以保证不采取另外的法律续造方式而否定前案。

成案往往也是"律令不尽事理，断罪无正条"的案件，经过归纳推理，个别的裁判性规则可以直接成为一般性的大前提，以适用于待解决的疑难案件。若同类成案并不多见，那么各级法司也可以将新案直接类比适用成案进行裁判。当然，当成案具有法律渊源的地位的时候，其各级法司不仅需要在形式上比较新旧案件情节上的相同点、不同点，还需要在实质内容上，判断成案中裁判性规则本身是否具有合理性。在某种意义上来说，笔者认为，逻辑、归纳、类比的法律思

---

[1] 参见瞿同祖："清律的继承和变化"，载《历史研究》1980年第4期。

维方法,在每一个案件之中都是同时存在的,并非独立。第一步,进行类比推理,从特殊到特殊,即先从今案的具体事实寻找同类成案,通过分析成案的解决方法,有助于各级法司寻找到一些可能适用于今案的律例;第二步,进行归纳推理,从特殊到一般,将成案中解决方法提炼总结为一般的大前提,增强可适用律例的确定性;第三步,进行演绎推理,通过类比推理启发、归纳推理总结出来的大前提,适用于今案的具体事实,最终得到合理的判决结果。

通过对于今案的分析推理,清人可以有效地弥补律例体系自身的不足和其与社会之间的差距。而分析的过程,又往往借鉴之前发生过的同类成案。因成案而生今案,因今案而又生例,清代的因案生例就是为了填补清代律例体系中的各类漏洞。刘笃才教授认为,清人承认对于司法实践中形形色色的各类刑案,律条不可能都对其作出能够达到"情法之平"的裁判结论,因此修订条例就成为了协调"情""法"冲突的一条路径。[1]通过阅读笔者在上文所引的这些成案,我们可以很清晰地发现,通过制定这些溯及既往的条例,地方督抚、刑部甚至皇帝,将很多情有可原的案犯都被拟以较轻的量刑,而这往往导致案犯由死刑就降为了充军、发遣、杖流等生刑,甚至免刑。而对于那些罪大恶极,所谓"不足蔽辜"的犯人,又多被从杖流加至充军、发遣,甚至死刑。笔者认为,清人对于个案量刑作出的这些调整,都完善、健全了《大清律例》这部刑事法典的"计划性",使它能够更好地适应社会变迁、更加精准地对于各种犯罪行为作出"情罪允协"的处置。郑定和闵冬芳认为,清代对于条例的生成、修正、废弃有着非常慎重的取舍原则,不仅丰富了中华法系的内涵,而且使得传统中国法律得以进一步的延续,这种以条例辅助律文的立法模式,是对于帝制中国法律的最后总结。[2]

(二) 解释律例文义

适用法律首先需要解释法律。只有通过解释使得法律规范的文义清楚明白,才能够进一步论证该规范是否能够合理地涵摄某个案事实,并进而完成司法三段论的演绎逻辑推理。《大清律例》中共有 436 条律,至乾隆二十六年 (1761 年) 条例已达 1456 条,同治九年 (1871 年) 达到 1892 条。"但实际上,《大清律例》中的'条',有时会包括 3 项或 4 项律文,甚至会包括 6 项各具独立性的律文。"[3]

---

[1] 参见刘笃才:"律令法体系向律例法体系的转换",载《法学研究》2012 年第 6 期。
[2] 参见郑定、闵冬芳:"论清代对明朝条例的继承与发展",载《法学家》2000 年第 6 期。
[3] [美] D·布迪、C·莫里斯:《中华帝国的法律》,朱勇译,江苏人民出版社 2010 年版,第 58 页。

例如"发冢"律、"诬告"律均含有几十种具体罪状。因此在遇到典型疑难案件时，因案而生的解释性条例能够对现有律例的适用作出说明，并对其后的同类型案件中的法律适用起到引导作用。有学者认为，清代生成条例的一大作用就是对于律文进行进一步的诠释和阐述。[1]

例如在前引僧静峰殴死俗家胞弟的案件中，如果按照地方督抚的拟罪，僧静峰应当享受作为被杀之周阿毛的尊长的地位，仅仅被拟斩监候。因为督抚错误地理解了"僧道拜父母"律的含义，简单地认为出家之人对于尊长或卑幼的犯罪都不因为其身份变化而改变。但如果按照这样的解释进行处理，就很显然放纵了同时违背佛律和王律的僧静峰，所以皇帝作出了体系解释，对律例进行释明。而在王年贵抢夺陈家栋银镯的案件中，四川总督从字面上进行理解，认为律典中的两条条例之间相互矛盾，从而不知道究竟适用哪一条。结果刑部详细考察了条例的产生与沿革，终于发现所谓"数在三人以下"，并不包括一人单独作案的情况，而是为了呼应下文的"四人以上至九人"才修改的。在回民马六结伙行窃的案件中，又涉及到了条例中所谓"徒手"和"执持器械"的认定。因为如果认为只有狭义的刀具、枪械才算是"器械"的话，那么对于马六这种执持云梯的行为就无法严惩。但这种结果显然不符合于朝廷对于回民行窃行为的处理政策，执持云梯对于社会的危害结果和普通刀具、枪械也并没有什么差异。因此，最后刑部根据立法目的将云梯也解释为了条例中所言的"器械"，因而贯彻了立法精神，达到了良好的社会效果。在蔡通捉奸用刀砍伤蔡弈凡的案件中，刑部认为如果将蔡通直接按照律例拟绞立决的话，就会造成本夫捉奸的权利难以保障的结果。况且尊长与卑幼之妻通奸的话，本身就应该被处绞立决，若仅仅将应死的通奸尊长殴伤，本夫也要同死的话，确实也是违反常理。只有当本夫捉奸不殴伤尊长时才能免罪的话，那么就过于苛责愤怒的本夫了。刑部通过反对解释和当然解释方法，认为本夫仅殴伤通奸尊长不应入罪，最终免除了蔡通的刑罚。

笔者认为，清代刑案最终生成解释性的条例并不如续造性的条例多。这是因为律例体系存在漏洞相比较于律例自身的模糊性而言，对于刑事司法审判的影响要大得多，因此即使修例程序较为繁杂，也有必要将其纂入《大清律例》。但是解释律例中文义不明之处，并没有超出律例体系本身的文义所能够覆盖范围，只需要各级法司在题本、奏本中予以说明即可，因此没有必要大费周章地特意制定

---

[1] 参见周子良、张朝晖："论清代的比附生例"，载《法律文化研究》2007年刊。

专条予以说明。值得我们注意的是，这一现象只能说明对于律例的解释上升为条例这一最终"法律产品"在数量上并不多见，但是法律解释方法在清代刑案中的运用是极为广泛的，甚至可以说，不解释律例这一演绎推理的大前提，就无法进一步地将具体的案件事实归入其中，并得出法律结论。

（三）统一律例适用

司法三段论中大前提即法律规范的缺失或不明确，都会严重影响法律适用者获取合理、正当的法律结论。法律续造、法律解释等行为都是为了生成、阐明大前提并进而妥善地裁判疑难案件而存在。在同类的疑难案件中，不同的法律适用者采用不同的法律方法而得出的法律结论，就个案而言公平合理，但综合同类案件来看则参差不齐。因此，当某种疑难案件频发而逐渐类型化，运用法律方法进行裁判的成案就有必要成为司法先例甚至直接上升为立法而被其后的法律适用者遵守，否则就会影响法律的稳定性、权威性。在清代刑事司法审判中也存在这种现象，因此统一同类型成案中的法律适用对于清代官员来说尤为重要。相较于生成一个具有较低法律效力的司法性成案，生成一个具有更高法律效力的立法性条例，确实能够更彻底地解决这一问题。

有道光元年（1821年）李贾氏因为奸情败露殴打童养媳李乔氏致死一案。李贾氏的长子叫做李行常，从小就聘有童养媳李乔氏。后来李乔氏是因为其父亲早死、母亲改嫁，才由其祖母乔彭氏送到李家。李贾氏的丈夫叫做李盛伦，与贾汰恒的关系一向较为密切，李贾氏也一直对他并不回避。嘉庆二十四年（1819年）九月的某日，贾汰恒到李贾氏家调戏，最终两人不时进行通奸，贾汰恒也数次送给李贾氏财物。李贾氏之姑李王氏并不知道两人通奸情事，但李乔氏知情。嘉庆二十五年（1820年）十二月，李乔氏被乔彭氏接回家里过年，后将李贾氏和贾汰恒的奸情告诉了乔彭氏，并且在外将此事不断张扬。乔彭氏见状，阻止了李乔氏。道光元年正月期间，李乔氏在外到处张扬奸情被李贾氏知道，李贾氏非常愤怒，屡次到乔彭氏家试图接回李乔氏以阻止其传播流言。乔彭氏则将李乔氏留在家中，直到二月初才将其送回。李贾氏见其回家，便借各种理由打骂李乔氏，李王氏屡次劝告，均无能为力。二月二十四日下午，李王氏和其女合连子外出，李贾氏趁机询问李乔氏为何在回家后将其通奸之事告诉乔彭氏并到处张扬。李乔氏狡赖，于是李贾氏遂用力拧伤了其左腮颊，李乔氏被打哭泣，李贾氏遂用铁通条殴伤了李乔氏的左眉、左右额颏、左右肩甲、左右胳膊、右手腕、脊背等部位。其后李王氏回家发现李乔氏受伤躺在炕上，询问李贾氏发生何事，李贾氏谎称李乔氏出言顶撞。到夜里二更时分，李贾氏见李乔氏不予理睬，又用铁通条殴伤其左腴处。到二十五日傍晚，李王氏又领着合连子到隔壁邻村闲逛，李贾氏趁机又辱骂李乔氏，李乔氏声称如果怕事后为人所知，就不应该与人通奸。李贾氏闻言愈加愤怒，又害怕其夫、其姑风闻该事后询问李乔氏，于是起意不留活口，不留把柄。于是李贾氏用铁通条殴打李乔氏，致其死亡。山西巡抚依例将其拟绞监候，同时声明由于该案是姑杀子媳，因此应当被纳入秋审程序办理，无须永远监禁。"殴祖父母父母"律所附嘉庆十九年（1814年）条例规定："因奸将子女致死灭口者，无论是否起意，如系亲母，拟绞监候。不论现在有无子嗣，入于缓决，永远监禁。若系嫡母，拟绞监候；继母、嗣母，拟斩监候。查明其夫只此一子致令绝嗣者，俱入于秋审情实。若未致绝嗣者，入于缓决；永远监禁。奸夫仍分别造意、加功，照律治罪。"[1]

刑部在复核的过程中认为，由于奸情将子媳杀死灭口的案件，一般都是比照该例将姑拟死罪，入于秋审缓决，永远监禁。而山西巡抚将李贾氏问拟入于秋审缓决，无须永远监禁的拟罪是不合理的。刑部细查从前各省奸妇杀死子媳灭口的案件发现，有的省份将其比照嫡母致死子女例，拟绞监候并入于缓决，永远监禁，有的省份将其比照继母致死子女例，拟斩监候并入于缓决，永远监禁。由此可见，虽然这些案件的最终处理结果都是秋审缓决，永远监禁，但对于同种案情，出现了绞监候和斩监候两种不同的量刑结果。刑部同时还认为，将亲姑、嫡姑比照继母的做法，也并不允当。最后为了"以昭画一"，刑部奏定新例。"殴祖父母父母"律所附道光四年（1824年）条例规定："因奸将子女致死灭口者，无论是否起意，如系亲母，拟绞监候，不论现在有无子嗣，入于缓决，永远监禁。若系嫡母，拟绞监候；继母、嗣母，拟斩监候。查明其夫只此一子致令绝嗣者，俱入于秋审情实。若未致绝嗣者，入于缓决，永远监禁。至姑因奸将媳致死灭口者，如系亲姑、嫡姑、拟绞监候；若系继姑，拟斩监候。均入于缓决，永远监禁。奸夫仍各分为造意、加功，照律治罪。"[2]

在本案中，由于山西巡抚对于李贾氏的拟罪有错误，并且在律例中无明文规定，因此刑部为了准确地适用相关律例，转而寻找之前发生的相关类似案件。结果刑部发现由于律例体系存在这个法律漏洞，各省督抚援引比附的条文均有不

---

[1]《大清律例根原》卷之八十八，《刑律·斗殴下·殴祖父母父母》。
[2]《大清律例根原》卷之八十八，《刑律·斗殴下·殴祖父母父母》。

第五章 因案生例的积极作用与弊端

同,因此也造成了最后量刑的不同。因此为了解决已经存在的量刑错误问题,统一在该类案件中的法律适用,刑部在原条例的基础上增加了"姑杀子媳"的情况,从而填补了这个已经存在许久的法律漏洞,有效地防止了以后再发生该类案件,地方督抚不知适用何条律例而随意比附援引的现象。[1]

有嘉庆二十四年(1819年)周得佶图奸李何氏未成,反被捆缚戳伤身死一案。李何氏的丈夫叫做李成荣,雇用了周得佶在家做工。周得佶和李成荣身份平等,之间并没有主仆的名分。后来李成荣有事外出,周得佶就趁机摸李何氏的手,并在言语上进行调戏。李何氏不允,斥骂周得佶。李成荣外出归家,李何氏由于脸面问题,未敢将此事告诉其丈夫,只能借口周得佶懒惰,做工不勤,希望其夫辞退周得佶。但由于周得佶之前已经预支了数月工钱,因此李成荣决定让其做完再走。不料周得佶又趁夜深继续调戏李何氏,想要和李何氏通奸。李何氏遂又斥骂周得佶,不料周得佶竟然直接一把将李何氏抱住。李何氏用力挣脱未果,情急之下用身边草刀戳伤了周得佶的右胳膊和右手背。周得佶只能松手逃跑。后李成荣闻讯赶到,将周得佶抓住,问清楚具体事由后,就取棍棒殴伤了周得佶的左乳部位,并且令李何氏将周得佶的双手用绳子捆住,等到天明再送官究惩。李成荣的邻居叫做郑登富,听到叫喊吵闹声就赶忙前来,了解事情后,也斥骂周得佶为非作歹之事。但周得佶不但回嘴对骂,而且威胁如果被送到衙门,一定捏造事实让李何氏出丑。李何氏闻言极其气忿,于是又用刀猛戳周得佶的右臀和肾囊,最终导致周得佶死亡。四川总督依律将李何氏拟绞监候。"罪人拒捕"律规定:"若已就拘执而擅杀之,或折伤者,各以斗杀、伤论。"[2]"斗殴及故杀人"律规定:"凡斗殴杀人者,不问手足、他物、金刃,并绞监候。"[3]刑部认为,李何氏在拒奸之后,杀死了图奸未成的奸夫,与条例中本夫杀死图奸未成之罪人的情况并无太大不同。"杀死奸夫"律所附嘉庆十四年(1809年)条例规定:"凡本夫及有服亲属,杀死图奸未成罪人,无论登时、事后,俱照擅杀律,拟绞监候。"[4]因此刑部同意了拟判,并将四川总督的题本移送三法司会议。而大理寺则认为,如果对于非登时杀死图奸罪人的妇女作出这样的处理,那么将与《大清律例》对于其他类似情节的处理方式有所矛盾和冲突。大理寺试举了两条条

---

〔1〕 参见《刑案汇览》卷二十三,《谋杀祖父母父母·因奸致死子媳分别斩绞通行》。
〔2〕 《大清律例根原》卷之一百三,《刑律·捕亡·罪人拒捕》。
〔3〕 《大清律例根原》卷之七十八,《刑律·人命·斗殴及故杀人》。
〔4〕 《大清律例根原》卷之七十六,《刑律·人命·杀死奸夫》。

例。第一,"杀死奸夫"律所附嘉庆六年(1801年)条例规定:"男子拒奸杀人,除死者与凶犯年岁相当,或仅大三五岁,事后指奸无据者,仍照谋、故、斗杀本律定拟外;如死者年长凶手十岁以上,而又当场供证确凿,及死者生供可据,或尸亲供认可凭者,无论谋、故、斗、殴,俱照斗杀律减一等,杖一百,流三千里。奏请定夺。如死者虽无生供,而年长凶手十岁以上,确系拒奸起衅,别无他故者;或年长凶手虽不及十岁,而拒奸供证可凭,及图奸生供可据者,无论谋、故、斗杀,均照擅杀罪人律,拟绞监候。"[1]第二,该律所附乾隆四十八年(1783年)条例规定:"凡妇女拒奸杀死奸夫之案,如和奸之后,本夫悔过拒绝,确有证据,后被逼奸,将奸夫杀死者,照擅杀罪人律减一等,杖一百,流三千里。"[2]因此,大理寺认为,在本案中,李何氏屡次被周得佶逼奸,将周得佶捆缚之后,又被其威胁辱骂,在情急之下用刀戳死周得佶,是其情有可原之处,应当减等处理。刑部了解大理寺的想法之后,又重新仔细审查了该案。刑部指出,大理寺所引的男子拒奸杀人的条例,并非一概将案犯减等拟以流刑,而是要根据死者与凶手的年龄差距、有无确凿生供、尸亲供词是否足以凭信等条件来决定的。因此对于大理寺这一条否定原拟判的理由,刑部并不太认同。但大理寺提出的另一条条例,刑部认同,因为如果按照原拟判的话,会造成律例体系中量刑的不均衡。因为先经和奸的妇女拒奸非登时杀死奸夫,尚且拟杖一百、流三千里,而未经和奸的妇女拒奸非登时杀死奸夫,反倒被拟绞监候,情节较轻,量刑反而较重,显然不合情理。刑部同时还查阅了之前类似的案件,发现大多数案件都依据擅杀罪人律拟绞监候,也有少部分案例在擅杀罪人律基础上量减一等。但无论如何,刑部认为其原因就在于"总缘例无明文,以致办理未能画一。"而之所以之前没有制定相关的条例对于该类行为予以规制,刑部指出,妇女拒奸杀人的案件,往往案情较难查清,而且擅杀罪人也包括了谋杀和故杀两种情况,一旦将其减等,加上妇女本身又有的收赎特权,会有以下两种不良后果。第一,妇女因为其他原因杀人,而在事发之后以拒奸为托词避重就轻;第二,妇女被人调戏后已经默许行奸之事,但由于被他人知晓,就想杀死调奸之人,以维护其自身名节。总而言之,妇女有可能以死罪减等之条例行杀人之实。但如果维持原拟判,就可能导致基于义忿的拒奸妇女为淫恶的凶徒抵命。因此最终刑部还是纂定了新例。

---

〔1〕《大清律例根原》卷之七十六,《刑律·人命·杀死奸夫》。
〔2〕《大清律例根原》卷之七十五,《刑律·人命·杀死奸夫》。

"杀死奸夫"律所附嘉庆二十四年（1819年）条例规定："妇女拒奸杀人之案，审有确据，登时杀死者，无论所杀系强奸、调奸罪人，本妇均勿论。若捆缚复殴，或按倒叠殴，杀非登时者，所杀系调奸罪人，即照擅杀罪人律减一等，杖一百，流三千里。所杀系强奸罪人，再减一等，杖一百，徒三年。均照律收赎。"[1]

在本案中，四川总督对于李何氏的拟判并没有得到大理寺的认同。虽然刑部亦不完全赞成大理寺提出的异议，但也认为原拟判会造成量刑上的不均衡，不能够达到"情罪允协"的司法目标。刑部查阅之前审理过的妇女拒奸、非登时杀死奸夫的案件，发现由于律例中并没有相关条文，所以导致各地审理的结果不相一致。刑部进而对于之前未专门针对这种情况制定条例，也分析指出了几点原因。但最终为了统一法律适用，还是奏请嘉庆皇帝纂定了新的条例。[2]

有乾隆二十九年（1764年）奸夫罗常五和奸妇匡氏商谋同死一案。罗常五籍隶河南，与匡氏通奸已久。乾隆二十九年间，匡氏被罗常五奸拐逃走。罗才五是罗常五的哥哥，知道罗常五拐逃情事后，欲要报官进行缉拿。于是匡氏害怕，与罗常五商量一同寻死。匡氏给了罗常五一把刀，让其割断喉咙，帮助自尽。罗常五照做后，又用刀割自己。最终匡氏伤情太重死亡，而罗常五经过救治而幸存下来。河南巡抚依律将罗常五拟绞监候。"谋杀人"律规定："凡谋杀人，造意者，斩监候。从而加功者，绞监候。"[3]刑部核拟时认为，本案中匡氏起意自尽，罗常五允诺同死后，听从匡氏之言用匡氏递给之刀将其杀死，后惊慌失措又自杀未遂，这种情况与谋杀人从而加功的规定不符，也不同于自行起意杀人的情况。刑部认为，这种商谋同死的案情一般较难查清，因此容易导致最终的量刑有较大的偏差，所以必须制定专门的条例防止引用错误。刑部经过认真的研讨，最终奏请纂定了新的条例。"威逼人致死"律所附乾隆三十二年（1767年）条例规定："奸夫、奸妇商谋同死，若已将奸妇致死，奸夫并无自残伤痕同死确据者，审明或系谋、故，或系斗殴，核其实在情节，各按本律拟以斩、绞。不得因有同死之供，稍微宽贷。若奸夫与奸妇因奸败露商谋同死，奸妇当即殒命，奸夫业经自戕，因人救阻、医治伤痊实有确据者，将奸夫减斗杀罪一等律，杖一百，流三千里。如另有拐逃及别项情节，临时酌量从重定拟。"[4]

---

[1]《大清律例根原》卷之七十六，《刑律·人命·杀死奸夫》。
[2] 参见《刑案汇览》卷二十七，《杀死奸夫·和奸拒奸复被逼杀死奸夫》。
[3]《大清律例根原》卷之七十四，《刑律·人命·谋杀人》。
[4]《大清律例根原》卷之八十一，《刑律·人命·威逼人致死》。

在本案中，罗常五与匡氏通奸，并将其拐逃，根据律例规定，两人都已经是有罪之身。"略人略卖人"律所附乾隆五年（1740年）条例规定："凡诱拐妇人、子女，或典卖，或为妻妾、子孙者，不分良人、奴婢，已卖、未卖，但诱取者，被诱之人若不知情，为首者，拟绞监候；被诱之人不坐……其和诱知情之人，为首者，照例发遣；为从，及被诱之人，俱减等满徒。"[1]"犯奸"律规定："凡和奸，杖八十；有夫者，杖九十……其和奸、刁奸者，男女同罪。"[2]并且匡氏和罗常五商谋自杀的目的，是在知晓罗常五之兄罗才五要报官之后，心生畏惧为了避罪。而这种逃避罪责的行为在律例中恰有合适的条文。"诈病死伤避事"律规定："若犯罪待对，故自伤残者，杖一百；诈死者，杖一百、徒三年；其受雇请为人伤残者，与犯人同罪；因而致死者，减斗杀罪一等。"[3]虽然在生成的新例中，我们只是看到了"将奸夫减斗杀罪一等律，杖一百、流三千里"，但其实在刑部所上题本中，明确写着"实有确据者，将奸夫照犯罪时雇人伤残因而致死减斗杀一等律"的字样，可见只是最终的条例定本中删去了所适用的律文，仅保留了最终量刑结果而已。但无论如何，刑部指出，如果奸夫并无自戕伤痕同死确据，仍按照谋杀、故杀、斗杀本律定拟；如果有自戕伤痕同死确据，就根据"诈病死伤避事"律的规定处理。我们可以发现，新例中其实并没有进行过多的法律解释或法律续造，刑部之所以纂定新例，只是为了明确类似本案这种特殊情况的法律适用。

二、因案生例的弊端

（一）因案生例削弱了律例体系的稳定性

正如王志强所说："在专制权力下可能随时制定溯及既往的成文法条款、作出临时的法外裁量，使既有的律例归于无效。"[4]笔者认为，清代刑事审判所追求的首要目的即所谓"情罪允协"，类似现代刑法中的"罪责刑相适应"原则。但由于皇权防范臣下擅权等原因，清代统治者在立法上因袭前朝采用绝对法定刑主义，但在"情伪无穷"的背景下，这种规定与"情罪允协"存在根本性矛盾。

---

[1] 《大清律例根原》卷之七十，《刑律·贼盗下·略人略卖人》。
[2] 《大清律例根原》卷之九十九，《刑律·犯奸》。
[3] 《大清律例根原》卷之九十八，《刑律·诈伪·诈病死伤避事》。
[4] 王志强："清代成案的效力和其运用中的论证方式——以《刑案汇览》为中心"，载《法学研究》2003年第3期。

第五章　因案生例的积极作用与弊端

因此因案生例仅能够在一定程度上缓解律例与现实的差距，但终究是一种治标不治本的方法，相反却极易导致条例愈加繁杂。《清史稿·刑法志》载："有例而不用律，律既多成虚文，而例遂愈滋繁碎。其间前后抵触，或因例破律，或一事设一例，或一省一地方专一例，甚至因此例而生彼例。"[1]清人对于刑案中实质正义的过分追求导致条例生成的随意性，而这必然会损害律例体系的稳定性。就这一点而言，我们可以从修订"杀一家三人"相关条例的三个成案中看出。

有乾隆四十一年（1776年）王之彬将王三麻子夫妻一家连杀六命一案。王二黑是王之彬的叔祖，由于没有嗣子，于是就以王之彬的胞叔王平孝为继子。王平孝生子王之贤。王二黑后又娶了石氏，但仍然没有生子。王平孝死后，王二黑的胞兄王太黑亦有两个儿子，其中长子王平信过继给王二黑。王平信生子王之贡。由于王平信和王之贤二人日常花销太大，导致各人分开居住。王石氏曾经抱养义女给董长海为妻，因此和董长海有所来往。当王二黑死后，王石氏请佃户王三麻子帮助她料理日常家务。王之彬见到王石氏和董长海、王三麻子交往过甚，而与王平孝、王平信、王之贡、王之贤反倒越来越疏远，因此王之彬怀疑是董长海和王三麻子从中离间关系。乾隆四十年（1775年）七月间，王之彬曾将向王石氏借米、麦，欠债未曾偿还。王石氏遂在王三麻子、董长海等人的陪同下到衙门控告王之彬。王之彬非常恐惧，于是央求王三麻子不要去控告他。等到乾隆四十一年正月十四日，王之贤同王石氏一起去戴家庙赶赴庙会，王平信和王之贡就私自打开王石氏的家门，从王石氏家中窃取了棉花四百多斤，并存放于王之彬家中。但王之彬恐怕王石氏发觉并进而追究他的责任，因此他不允许将棉花放在他家中。等到正月十六日，王石氏回到家中，发现被偷了棉花，于是四下访查，听说棉花曾经从王之彬家抬出，因此怀疑棉花是王之彬偷窃的。王平信惧怕王石氏告官，于是带着其子王之贡外出逃避。王石氏遂令董长海、王三麻子二人前往王之彬家进行搜查，由于王之彬不允许，导致互殴，王石氏遂和董长海、王三麻子到衙门呈控。王之彬害怕讼事缠身，影响了自己的农务，于是请董长海、王三麻子向王石氏说情，终于寝息此事。但八月初七日，董长海又对众亲声称王之彬偷窃棉花之事，王三麻子在一旁冷笑。王之彬羞愧不已，邀请董长海、王三麻子饮酒，希望今后能多多包涵。但王三麻子托词未去，仅董长海前去饮酒。董长海继续追究其与王之彬互殴之事，王之彬醉后情绪激动，顿起杀机，用刀扎伤董长海

---

[1]《清史稿·刑法志》。

心坎，致其死亡。王之彬后又寻到王三麻子，用刀扎伤其肚腹，当场毙命。随后又见王三麻子之子王赖代，用刀连砍其咽喉，登时殒命。王之彬后又到王三麻子家，杀死其妻王冯氏、幼女王五妮、王四妮。王之彬随后跑到王石氏屋上，要与其理论，庄头王之松听闻后，与同村众一起将王之彬抓获。

山东巡抚杨景泰依律将王之彬拟凌迟处死，依例将王之彬之妻刘氏以及其子王小雨改发伊犁为奴。"杀一家三人"律规定："凡杀一家非实犯死罪三人者，凌迟处死。妻、子流二千里。"乾隆三十二年（1767年）续纂的条例规定："凡杀一家非死罪三人之妻、子，其实未同谋加功者，俱改发附近充军。"[1]但皇帝认为王之彬"连毙六命，罪浮于法"。因为王三麻子全家都已经被杀害，而凶犯的儿子却还能够活在人世，这显然是对于被害者一家是不公平的。并且如果说王小雨仅有十岁需要予以宽宥的话，那么王之彬所杀的王四妮、王五妮亦不到十岁，因此更不应该留下凶犯之子。皇帝下旨命刑部妥拟条例。刑部领旨后，认为杀死六命的案件极为稀少，因此律例在这个方面并没有涉及。但现在发生了这样的案件，就应该修订专门的条款予以规制。因此刑部奏定条例"嗣后杀一家四命以上，致令绝嗣者，凶犯拟以凌迟处死，将凶犯之子无论年岁大小概拟以斩立决，妻女改发伊犁给厄鲁特为奴。若死者尚有子嗣，即将凶犯之子俱拟斩监候，秋后处决，该犯妻女给予死者之家为奴。"[2]

乾隆四十四年（1779年）又发生了余膺杀死熊王氏一家四命一案。熊士顺已故胞兄熊士会曾经在余膺处赊买茶叶，共值二千三百三十文。熊士会死后，赊账由熊士顺偿还。乾隆四十四年正月初八日，余膺携带刀、背篓上山采茶，路过熊士顺的家门口，因此顺便索取之前欠账。熊士顺一时外出未归。余膺遂等到晚上，出言抱怨，熊士顺之妻王氏认为正处于正月新年，不应该催讨欠账。余膺遂向王氏借米，但王氏不允，因此二人吵架。熊王氏将余膺背篓踢翻，余膺遂用刀砍熊王氏，致其毙命。后熊士顺之子熊桂持棍救护其母，熊士顺之女熊大姑、熊二姑亦不断拉扯余膺衣服哭声喊骂，熊三姑亦蹲地不停啼哭。余膺遂起意将其灭口，举刀乱砍，导致熊桂、熊二姑、熊三姑死亡，熊大姑被砍昏倒地。余膺以为都已经被杀死，于是将熊家钱文、首饰、衣服、豆米、刀具都装入背篓带回家中。余膺之子余世聪、余世华、余世闫、余世荣均已经睡着，而其妻丁氏还没有

---

[1] 《大清律例根原》卷之七十七，《刑律·人命·杀一家三人》。
[2] 参见《驳案新编》卷十四，《刑律·人命·杀一家六命案》。

睡觉，询问余膺前情后，将余膺所携带布衣一起烧毁。当晚，熊大姑苏醒后告知乡邻，遂抓获余膺。

四川总督文绶遵照王之彬案所生条例，将余膺拟凌迟、其四子全部拟斩立决。刑部照覆。但皇帝又认为在该案中，余膺一共杀害熊士顺家四命，而余膺及其子分别凌迟斩决者共有五犯，"拟抵之人浮于所杀之数，亦觉稍过所有"，于是乾隆皇帝下令，余膺之子余世聪、余世华、余世闫均仍照原拟以斩立决论处，其幼子余世荣则从宽免死，同凶犯之妻丁氏一起发往伊利给厄鲁特为奴。因此最终又生成了条例。[1]"杀一家三人"律所附乾隆四十八年（1783年）条例规定："谋、故杀一家非死罪四命以上，致令绝嗣之案，凶犯依律拟以凌迟处死外，仍按其所杀人数，将凶犯父子照数抵罪。其子无论年岁大、小，概拟斩立决。其有浮于所杀之数或一人、或两人者，均以其幼者同妻、女改发伊犁，给厄鲁特为奴。若死者尚有子嗣，将凶犯之子亦按所杀之数，据拟斩监候。如年在十一岁以上者，入于秋审办理；十岁以下者，俱永远监禁，虽遇赦不准减释。其有浮于所杀之数者，亦以其幼者同妻、女，给死者之家为奴。如本家不能管养、不顾收领者，亦改发伊犁，给厄鲁特为奴。"[2]

但过了才七年，乾隆五十五年（1790年）又有张文义杀死范守用等一家三命一案。范守用和张文义都是佃种王念祖的地亩，彼此居住得较为邻近。范守用父子做工较为严谨，王念祖待他们一家较好。因此张文义不服，经常和范守用产生口角。乾隆五十三年（1788年）十二月十二日夜间，范守用家门口的草堆被烧，于是范守用就怀疑是张文义一家报复他，于是代领其子范造、范狗、范三、范四辱骂张文义，张文义莫名被骂，心有不甘。五十四年（1789年）二月十四日，范守用因为家里没有柴火，带领范造出外砍柴，恰好看见张文义在门口磨刀。范守用想起草堆被烧的事情，于是詈骂张文义，并声称要告诉王念祖，将张文义一家驱逐出去。张文义放下锄刀，上前和范守用进行理论，范造却说如要拼命，他还有兄弟三人。张文义一时兴起，转身拿起锄刀想要砍人。范造逃跑，但被张文义追赶并用刀砍伤，晕厥倒地。张文义以为范造已经身死，故当即收手。而范守用则跑开，叫来范狗、范三、范四。张文义则用刀砍死范狗、范三、范四。最终赵良功等人闻讯赶到，将张文义抓获。

---

[1] 参见《驳案新编》卷十四，《刑律·人命·杀一家四命以上分别缘坐》。
[2] 《大清律例根原》卷之七十七，《刑律·人命·杀一家三人》。

河南巡抚梁肯堂依律将张文义拟凌迟处死，其妻张陈氏则拟发伊犁等处为奴。而范造由于已受重伤，生死不定，因此要等待其具体医治情况，再对于张文义之子张六、张当进行惩治。刑部则认为，按照律、例规定，如果范造最终也死亡，那么就应当将张六、张当二人拟以斩决，如果范造并未死亡，那么就应当将张六、张当予以发遣。但如果发遣后，范造又死亡，则恐怕又要予以改判。但如果一直监禁张六、张当二人，则又没有一定的期限，不便于最后定案。因此刑部建议，应当参照"保辜"律的规定，如果生死未定之人在辜限内死亡，则将杀人者之子拟斩立决，如果在辜限外死亡，则将杀人者之子拟发遣。但皇帝认为，该案中已死三人，范造由于重伤，未知最终情况。但凶犯绝人之嗣，亦不可复令其有嗣，又定例"嗣后不拘死者之家是否绝嗣，其凶犯之子无论年岁大小，俱著送交内务府一体阉割。"[1] 该条例的最终文本为，该律所附乾隆五十五年（1790年）条例规定："杀一家非死罪三四命以上之案，不拘死者之家是、否绝嗣，凶犯依律拟以凌迟处死，凶犯之子除同谋加功及有别项情罪者，仍照本律定拟外，其实无同谋加功者，无论年岁大、小，俱送内务府一体阉割。如年在十岁以下，俱牢固监禁，俟年至十一岁时，再行解京办理。凶犯之妻、女给死者之家为奴。如本家不能管养、不愿领回者，改发伊犁，给官兵为奴。"[2]

律文规定"子流二千里"，而各条例依次修定为"附近充军""斩立决""斩监候""阉割"等刑罚，即"因例破律"。在短短十五年间中，对于杀一家三命以上的罪犯之子，刑部、皇帝前后三次修定条例，又可谓是"一事设一例"又"因此例而生彼例"。

(二) 因案生例加剧了律例适用中的复杂性

首先，因案生例导致了在立法上条例的"愈滋繁碎"。帝国法典的设计者们试图避免量刑上的畸轻畸重，为此，在由他们所设计、制定的法典中，对于犯罪种类的划分非常细致。[3] 因此，在普通案件的处理中，清人必须在"找法"上花费更多的精力。而在疑难案件的处理中，他们必须不仅要深刻理解律例体系的表面文义，而且要用心体会修订条例的背后意旨。只有这样，他们才能够在保证《大清律例》体系完整性的基础上，小心翼翼地解释、续造现有律例。毫无疑

---

[1] 参见《驳案新编》卷十四，《刑律·人命·杀一家三四名阉割新例》。
[2] 《大清律例根原》卷之七十七，《刑律·人命·杀一家三人》。
[3] 参见[美] D·布迪、C·莫里斯：《中华帝国的法律》，朱勇译，江苏人民出版社2010年版，第387页。

第五章　因案生例的积极作用与弊端

问,这都大大增加了法律适用的难度。其次,由于因案生例只能调和而无法彻底解决在"情伪无穷"背景下绝对法定刑与"情罪允协"之间的根本性矛盾,因此更多的疑难案件仍停留于法律效力并不确定的成案状态。"案者,狱之已成者也;狱者,案之未成者也。执已成之案,以断未成之狱……盖律例为有定之案,而成案为无定之律例。"[1]清代每年产生的大量未入通行、未入条例的成案又进一步加剧了律例适用的混乱。最后,愈发庞杂的条例导致清代刑事司法审判很容易被奸吏所左右。"是有例之一字而使天下不得而言,天子不得而更也。然天子束与例之中,天下亦束于例之中,而执法之奸胥独不肯束于例之内。何也?则例繁多则可以意为轻重。重者为例,轻者亦为例也。"[2]在清代刑事审判中起决定性作用的常常是隐身于正印官后的刑名幕友。他们有一套"先立主见,再行剪裁,而后铸成信案的办案方法"[3]。因此条例越繁杂、越专业化,幕友们对于刑案的可操作性就越强,司法上的腐败也在情理之中了。

三、结论

透过现代法律方法论的视角,我们可以发现,清人已经运用了一些较为成熟的司法技术去缓和《大清律例》与社会变迁之间的矛盾,有效地实现了刑事立法与刑事司法之间的互动。"清代的司法适用'三段论'过程,早已不是一个机械的、形式逻辑的简单思考过程,而是一个体现了实质正义要求、富有实质逻辑思考,同时也体现了形式逻辑的综合性推理过程。"[4]尽管因案生例也带来了一些立法、司法层面的弊端,但笔者认为,在专制皇权的背景下,包括皇帝在内的各级官员为了达到个案之中"区区小民"的"情罪允协"而作出了诸如审转、修例等多项制度上的努力,这都值得我们现代人学习。而因案生例的原因及方法,与当今我国各级立法机关修定法律、最高人民法院发布司法解释的模式也颇有相近之处。笔者相信"一切历史都是当代史",清代因案生例的历史经验对今人来说依然有其现代价值与借鉴意义。

---

[1] 《刑部比照加减成案·叙》。
[2] (清)孟远:《与张侍读书》,载姚椿:《国朝文录》卷三十七。
[3] 高浣月:《清代刑名幕友研究》,中国政法大学出版社2000年版,第81页。
[4] 陈小洁:"中国传统司法判例情理表达的方式——以《刑案汇览》中裁判依据的选取为视角",载《政法论坛》2015年第3期。

第三部分　传统刑法的变通适用
（以清代刑法在彝族地区的适用为典型的论证）

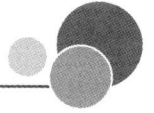

第一章　清代刑法在彝族地区变通适用的文化背景

清代刑法在彝族地区变通适用的文化背景

彝族社会长期与内地隔绝，其传统文化以及社会制度与内地迥异，长期以来对习惯法的遵从不易被改变。为了增强彝族民众对国家法的认同，清政府采取多种方式对彝族民众进行法律教育，宣传正统法律思想和法律制度，例如开设学堂教授儒家经典、押解罪犯巡街警示、组织宣讲法律等，其中最典型的是彝族地区的"圣谕"宣讲活动。

"圣谕"宣讲始于明朝，朱元璋时期就已经有宣讲"圣谕"的制度。清代皇帝也效仿此制，顺治九年（1652年）颁布的"圣谕六条"，内容几乎与明代无异，在此基础上康熙九年（1670年）制定的《圣谕十六条》，雍正二年（1724年）正式推行的《圣谕广训》，都被作为教育材料令官员向民众宣讲，作为官员政绩考察的项目。圣谕宣讲的主要目的是传播教导民众该如何行为从而免受法律制裁，主要内容是宣扬儒家法律思想以及法律制度，并辅以典型事例，起到教化和震慑民众的作用，使之不敢轻易触犯法律。圣谕宣讲很大程度上促进了法律思想和法律制度的传播，增强了民众对"礼"的认识和对"法"的敬畏，有利于实现符合皇权利益的统治秩序。

清政府在彝族地区也广泛推行"圣谕"宣讲活动，武定彝族那氏土司档案中就记载了顺治十八年（1661年），皇帝命令云南武定地方的官员按时向民众宣讲"圣谕六条"[1]的情况，并要求将宣讲内容记录在当地"乡规"中，作为最高行为准则和治理规范，让民众反复熟知。[2]《乡规引言》中就有记载：

"圣谕六言极直截易晓。极包涵无尽，诚所谓大哉！王言，大哉王心者也。

---

〔1〕 "圣谕六条"最早源自明朝，开国皇帝朱元璋亲自撰写并向百姓宣讲，内容为："孝敬父母，尊敬长上，和睦乡里，教训子弟，各安生理，勿做非为。"顺治九年颁布了《顺治六谕》，内容与明代无差。

〔2〕 王虹懿："从'圣谕宣讲'看清代少数民族地区的法律教育——以云南武定彝族那氏土司地区为例"，载《贵州民族研究》2017年第11期。

· 315 ·

本府恐尔百姓贼营之习染已深，性生之良知久锢，谨以俚言敷演成篇务期仰答我大清皇上宣谕之宏恩，尊行王爷部院开示之至意，而又参以律条证以报应，俾尔百姓明知若何当趋，若何当避。"[1]

可以看出，宣讲的主要内容就是把正统法律思想作为当地社会的治理思想，用大清律条替代"俚言"[2]作为人们的行为指引，让大家知道"若何当趋，若何当避"，同时用大清律法的严明震慑彝众，使其明白皇权的威严和律法的严明，因而不敢做违法乱纪之事。从清代武定彝族那氏土司档案中，我们可以看到"圣谕"宣讲活动的详细内容。

一、宣讲人员的设立

从武定彝族那氏土司《乡约全书》中可以看到，官府规定每一里要设立一名乡约，专门负责宣讲活动。

"乡约之设，每一里中有齿德表率乡民者，该里公举一人，于朔望齐至公所，宣谕六事，使地方人等各知孝弟忠信、礼仪廉耻，奉行毋违……如有不尊约束，乡约指名呈报有司，究治此教民为善之成例也……"[3]

"……乡约须择年高有德兴望允孚者充之，照制服以衣，顶待以礼貌……如约正副诸人果能公勤率众，行有实效，酌量奖劝，徇私不称者易置之。"[4]

可见，乡约必须是民众中威望较高、品行端正、受民众拥护的人。官府还规定每个乡约必须打造圣谕牌，将圣谕内容写于牌上，并应选取开阔场地，在指定时间严格遵照正统礼仪进行宣讲，一般每月的初一、十五以及重要日子，都要进行宣讲，如果有怠慢，要追究责任。这说明"圣谕"宣讲是一个官方强制性的活动。

二、"圣谕"宣讲的内容

顺治时期"圣谕六条"的内容是分别是"孝敬父母""尊敬长上""和睦乡

---

[1] 楚雄彝族文化研究所编：《清代武定彝族那氏土司档案史料校编》，中央民族学院出版社1993年版，第265页。

[2] 方言俗语或不高雅的文辞。《新唐书·韦绶传》："方太子幼，绶数为俚言以悦太子。"作者认为此句带有统治者对少数民族的歧视，俚言谚语中也蕴含很多少数民族的传统文化及习惯法资源。

[3] 楚雄彝族文化研究所编：《清代武定彝族那氏土司档案史料校编》，中央民族学院出版社1993年版，第261~262页。

[4] 楚雄彝族文化研究所编：《清代武定彝族那氏土司档案史料校编》，中央民族学院出版社1993年版，第263页。

里""教训子弟""各安生理""勿做非为"。宣讲主要针对彝族地区"民风恶化，教化未开"的实际情况，通过宣扬礼教，严明律法，教化易俗，摒除异习，加强皇权对地方的威慑力，实现中央对该地区的实际控制。宣讲将礼教、法律、案例相结合，实际上就是对法律思想、法律制度以及法律适用相结合，阐释树立国法权威，增强民众的认同和敬畏。

1. 宣扬"出礼入刑"的法律思想

"礼法结合""出礼入刑"是儒家传统法律思想的核心，"礼"从正面规定了国家生活、社会生活的制度和行为规范，而"法"则是对侵犯"礼"及相关利益的不法行为予以制裁。清代国家法也是将创设制度的"礼"和惩罚性的"刑"结合在一起，构成"法"这一完整的概念。圣谕宣讲也以"以礼入法，礼法结合，出礼入刑"的立法思想为核心。使彝族地区的民众"各知孝弟、忠信、礼义、廉耻，奉行勿为……"〔1〕。因此宣讲圣谕的第一步，就是宣扬礼教。在"尊敬长上"一谕中，乡约说道：

"如何是尊敬长上？许大的世界，许多的人民，都只是一个名分管定，只是一个礼。安排定，名分就是这个长上了，礼就是这个尊敬了。这个长上不止一项。如伯叔、祖父母、伯叔父姑、兄姊之类，便是本宗长上。外祖父母、母舅、母姨、妻父母之类便是外亲长上。乡党之间有与祖同辈者，有与父同辈者，有与己同辈而年长者，便是乡党中长上。如教学先生与百工技艺之师，便是受业的长上。本处亲临归公祖父母官及学校师长，便是有位的长上。此等人伦理名分，若天为排列都该尊敬他。常闻先辈家风，老成为政。百凡事长者说下来，卑幼唯唯听命。"〔2〕

这段话就是用儒家的伦理道德来解释圣谕，告诉彝众"礼"是什么以及如何按照"礼"来做。将圣谕与伦理道德结合起来，将抽象的圣谕转变为符合乡民伦理的观念，贴近乡民实际生活的道德要求。既实现了圣谕的严厉性向道德的温和性的完美过渡，容易获得乡民的理解和认同，又有利于正统思想中"礼"的观念在彝族地区的渗透，促进文化观念的统一。这说明了清代统治者在少数民族地区的治理上是通过"以民治民"方式实现思想制度的"大一统"目的的。

---

〔1〕 楚雄彝族文化研究所编：《清代武定彝族那氏土司档案史料校编》，中央民族学院出版社1993年版，第262页。

〔2〕 楚雄彝族文化研究所编：《清代武定彝族那氏土司档案史料校编》，中央民族学院出版社1993年版，第269页。

2. 宣扬大清律的威严

"圣谕"宣讲的核心内容，是宣扬国法，震慑彝众。宣讲词中明确提及了大清律法的作用：

"我皇上驱除妖氛，中外一统，做下一本书唤作大清律。颁行海内与我官府。听着，这书中间说的都是斩、绞、徒、流、鞭杖的话。你们道皇上喜欢要做这书，也只为你们百姓不肯学好，又不肯听教训，奈何只得用刑罚。假如你百姓们个个听教训，个个学好，这一本大清律当初也是不消做的。就是有了这本律，我们官府今日也是不消用的。……所以你百姓只管胡行乱做。自投法网。岂不知王法是无情的，天理是最近的。你们若不遵依这六句话，那大清律上鞭、杖、徒、流、绞、斩等罪就都到你身上了。"[1]

这段话向民众明确了几个问题：

第一，表明圣谕和大清律均为皇上所做，揭示出二者实质上的一致性，让乡民敬畏朝廷的律法，从而实现对皇权的敬畏。

第二，大清律例最高的法律效力和法律地位，在"我官府"管辖范围内是适用的。表明大清律在彝族地区是最高行为准则。

第三，大清律的作用是"驱除妖氛，中外一统"，可见大清律惩罚的是不利于"中外一统"的行为，从而告诫彝众，只要"听话"就不会受到惩罚，"不听话"就会受到法律的严厉处罚。这里"听话"就是行为符合"圣谕"的要求，服从清政府的统治。

第四，大清律刑罚严酷，中间说的都是"斩、绞、徒、流、鞭杖的话"，如果乡民违反了圣谕，就要按照大清律的规定处罚，"鞭、杖、徒、流、绞、斩等罪就都到你身上了"，让彝众不敢有妄念。

此外，在每一"谕"的宣讲中，乡约都会挑选清律中的相关条文大声朗诵，以达到宣传法律条文和震慑民众的作用。例如在讲到"孝顺父母"时，乡约说道：

"我皇上劝百姓们孝顺父母正欲吾民辈为孝子顺孙。吾民试思有父母的可曾幸顺与否？你若不幸顺，朝廷有律例，决不轻贷，我今且摘讲几条与你们听着：

一、子孙违犯祖父祖母并父母教令。及奉养有缺者，杖一百。

---

[1] 楚雄彝族文化研究所编：《清代武定彝族那氏土司档案史料校编》，中央民族学院出版社1993年版，第265页。

第一章 清代刑法在彝族地区变通适用的文化背景

二、居父母丧而身嫁娶者杖一百、离异。

三、将已死祖父母及父母身死图赖人者杖一百徒三年。因而诈财者，准窃盗论。

四、子孙骂祖父母、父母及妻妾骂夫之祖父母、父母者，并绞殴者，斩。杀者凌迟。

五、弃毁祖宗神主比依弃毁父母死尸者斩。

以上律例这等森严，你们不孝父母的还怕不怕？省不省？"[1]

挑选严重的罪名，将律条朗读给彝众听，以国家法律为尺度，说明圣谕不仅符合"道德"的要求，而且是以大清律进行保障的。由此可见，圣谕与王法指向同样的价值和要求，违背圣谕就是违背了法律，就会受到王法的处罚。声明了圣谕的国家法效力以及大清律对武定彝族那氏土司地区的适用效力。若是违背圣谕，该地域的乡民同中原人民一样，都受大清律法的约束，体现了"礼法结合，出礼而入刑"的传统法律思想，"鞭、杖、斩、凌迟"等具有典型中国传统刑罚特征的处罚方式，是"身体发肤受之父母"等儒家思想在法律上的映射。通过圣谕的形式向乡民传达律法精神，由乡民对圣谕的遵守来实现对大清律的遵守。以国家法律为手段，直接有效地实现皇权对乡民的震慑，传播大清律法的内容，扩大国家法律的效力范围。[2]

3. 引入神权法内容

彝族传统宗教信仰神明，其习惯法也具有浓厚的神权法思想。例如在遇到难以靠人力断明是非的纠纷，就会诉求于神职人员，用"捞油锅""捧烙铁""嚼生米"等神判方式处理。因此，为了增强彝众对清律的敬畏和认同，彝族地区的圣谕宣讲中适当融入了一些神权法的思想，例如：

"你今日在会上的人，各将自己心裏回头打点，看一切非为的心还是有，还是无。凭你瞒得人，瞒得官，瞒不得自己的心。你自己的心昭昭明白，天看见，鬼神看见。古人：'人间私语，天闻若雷。暗室亏心，神目如电。'此等说话字字真切，莫硬不信。你若道自己乖巧，能欺官，能骗人，鬼神暗中随着你走，丝毫隐不得，你不怕人，不怕官，不怕法，难道鬼神也不怕，天也不怕？仁不怕天，天决不饶

---

[1] 楚雄彝族文化研究所编：《清代武定彝族那氏土司档案史料校编》，中央民族学院出版社1993年版，第267页。

[2] 王虹懿："从'圣谕宣讲'看清代少数民族地区的法律教育——以云南武定彝族那氏土司地区为例"，载《贵州民族研究》2017年第11期。

你;你不怕鬼神,鬼神决不绕你。不遭官刑,也折福损寿,克子害孙。"[1]

在每一条的结尾,都会以一些鬼神故事予以佐证。例如"孝顺父母"条结尾,乡约说道:

"假使你们逃得这王法,也决逃不得天报。我今再讲几个古人与你们听着。古时有个黄香九岁失母,独养其父,夏则用扇凉枕,冬则以身温床竭力尽孝,后官至尚书。又有个王祥事继母,至孝母欲食生鱼时,天冬月天寒冰冻,祥解衣身卧水上忽有只鲤跃出,后位至三公。又有个熊襄行孝,家贫不能举丧,天乃雨钱三日以助葬,又有董永卖身葬父,天降织女为妻,此等俱是孝顺父母的各有善报。

有个郑县张法义睁目骂父,两眼流血而死。有个洛州李留哥推母跌落二齿,官戮于市。有个鄱阳王三十将松木棺材换了父母自置的好棺,随被迅雷击死,倒植其尸于路。有个河南王彦伟因父母打他,忽一夜起心欲谋害父母,当晚有鬼入室梦魇而死。此等俱是不孝顺父母的各有恶报。那个王法十分利害,这个天报又十分迅速。你们众人听到这些自今以后还有萌着不孝顺的念么?"[2]

王法可能逃脱,但上天的报应是逃脱不了的。统治者利用深植于乡民内心的神秘法则以及这些带有天命、轮回、善报、恶终等神力色彩的事例,增加了"圣谕"的神圣感和人们对清律的恐惧感,既宣告了皇权的正当性,又起到对乡民思想和行为的控制作用。神权色彩的注入,是清政府利用彝族文化特点对传统法律思想所做的调试,使之更容易被认同和遵守。

顺治时期,武定那氏彝族土司地区的圣谕宣讲是中央在彝族地区推行法制教育的典型体现,圣谕宣讲作为强制性的官方活动,用"礼法结合,出礼入刑"的法律思想教育乡民,使礼教和法律都深入人心。同时加入了神权法的思想,增强清律的威慑力。展现了中央王朝对少数民族地方实行法制教育,推行法制统一,同时重视"以民治民""灵活变通"的治边法律思想。圣谕宣讲极大地促进了中央立法在边疆少数民族地区的推行,为国家法在彝族地区的适用打下了良好的思想基础。

---

[1] 楚雄彝族文化研究所编:《清代武定彝族那氏土司档案史料校编》,中央民族学院出版社1993年版,第282页。

[2] 楚雄彝族文化研究所编:《清代武定彝族那氏土司档案史料校编》,中央民族学院出版社1993年版,第269页。

第二章 清代刑法在彝族地区变通适用的具体内容

清代刑法在彝族地区变通适用的具体内容

在清政府对彝族地区实行有效管理前，彝族地区的社会纠纷主要由头人等民间权威适用习惯法予以解决，属于彝族地区自觉形成的民间纠纷解决机制。建立了土司制度后，一部分纠纷由土司衙门等适用土司法、习惯法解决。"改土归流"后，清政府在彝族地区逐步建立一套流官体制，流官集司法和行政职能为一身，其重要职能之一就是适用国家法解决彝族社会的纠纷，审理彝族地区的案件，实现中央对彝族地区司法权的控制。国家法在彝族地区的司法适用是官员运用国家法治理彝族社会的体现，对实现中央集权，推动法制统一起着重要作用。同时彝族社会的特殊性和清政府"因俗而治"的治边法律思想，又使得国家法在彝族地区的司法适用较中原地方更为灵活和多变。

第一节 清代刑法在彝族地区的适用程序

一、适用规定

清初期，中央在苗疆的司法管辖权较弱，苗人犯罪一般按照土俗处理。到了康熙四十年（1701年），批示"复准熟苗生苗[1]若有伤害人者，熟苗照民例治罪，生苗仍照苗人例治罪"[2]，对苗民犯法不再一律适用土俗，"熟苗"适用大

---

〔1〕《苗疆风俗考》中认为"边情以外者为生苗，边情以内者间与民村相错居住或佃耕民地，供赋当差，与内地人民无异者，则熟苗也"。黄国信在《"苗例"：清王朝湖南新开苗疆地区的法律制度安排与运作实践》中写到："大体上，与汉人接触较多，或者已纳入土司管辖之下，承担赋役的苗民，即为熟苗，相对则为生苗"。参见黄国信："'苗例'：清王朝湖南新开苗疆地区的法律制度安排与运作实践"，载《清史研究》2011年第3期。
〔2〕《大清会典事例》卷七百三十九。

清律法加强控制。雍正十年（1732年）六月，贵州按察使方显上奏提出对苗人案件区别对待："臣请归附已久熟苗，有劫盗仇杀等案，应照内地审结，至新开苗疆，如古州、清江、九股、丹江、八寨等地，除劫盗及伤毙汉人，情罪深重难以宽纵者，仍照律究拟外，其各寨仇杀、斗殴、人命，凡具报到官，即准理。如受害之家，必欲究抵，亦应照律审断。或其中有情愿照苗例以牛马赔偿，不愿检验终讼者，似应念其归附日浅，准予息结，详明立案。"[1] 方显提出了对苗人犯罪依照情况采取区别对待的方式，熟苗由于久经归服，教化较深，了解国家法律，因此对其犯罪应和汉民一样按大清律处理。而生苗地区，若是生苗对汉人犯罪情节严重的，依国家律例审理；生苗之间"仇杀、斗殴、人命"争讼报官，受害人坚持依官法处理的，按律审理，若不愿告官愿意依苗例了结的，应当准予。后《大清律例》中规定"苗人中有薙发衣冠与民人无别者犯罪，到官悉照民例治罪"，"凡苗夷有犯军、流、徒罪折枷责之案仍从外结，抄招送部查核，其罪应论死者不准外结，亦不准以牛马银两抵偿，务按律定拟题结。如有不肖之员，或隐匿不报，或捏改情节在外完结者，事发之日交部议处，其一切苗人与苗人自相争讼之事，具照苗例归结，不必绳以官法，以滋扰累"，此处的"苗人"即指"生苗"。换言之，对于"生苗"之间"非争讼"即严重犯罪案件，以及"生苗"与"熟苗"之间、"生苗"与"汉民"之间的纠纷，适用国家法处断。

这些制度当然也适用于彝族地区，清代国家法在彝族地区适用效力也因为其"改流"程度不同而不同，流官统治的彝族地区对犯罪行为的定罪惩治适用国家法，与中原无异；彝族土司地区，国家法适用于大部分刑事案件，对于民事案件如果夷人自愿告到官府请求依法裁决的，也准予受理。乾隆时期，四川建昌地区官府发给彝族土司的禁令中明确指出："如有远年近或人命案件，或霸占人口，或婚姻田地情事未经剖结者，令赴该管文武衙门申诉，或该管文武漫延不理，不即剖决，即赴本护镇辕门告理，以凭察结。"[2] 尤其是到了清中后期，彝族土司地方出现大量户、婚、田、土等民事纠纷被诉至官府的现象，冕宁清代档案中就出现夷人要求官府依法断处婚约纠纷、债务纠纷、土地纠纷等情况。对于尚未归化的地区，清政府鉴于蛮夷无知，不知礼法，只对极其严重的犯罪以国法惩治，

---

[1] 中国第一历史档案馆编：《雍正朝汉文朱批奏折汇编》第二十二册，浙江古籍出版社1991年版，摘自胡兴东：《历史上西南少数民族地区族际纠纷解决机制研究》，载《云南社会科学》2010年第4期。

[2] 《中国少数民族社会历史调查资料丛刊》修订编委会四川省编辑部编：《四川彝族历史调查资料、档案资料选编》，民族出版社2009年版，第232页。

而对于一般的轻微的刑事案件以及民事案件，一般以土俗处理。雍正皇帝在对古州八万尚不愿归附的彝众敕谕中明确，彝人劫夺行旅、扰害平人，仇杀相寻，草菅民命等案件"则国法具在不能宽宥"[1]，就是明确国家法在这些领域的管辖权。

清代州县一级的地方官员享有有限的司法权。从管辖的角度来看，州县衙门对刑民事案件都可以受理，但是"作为基层法庭的法官，州县官仅仅被授权就民事案件及处刑不过'笞''杖'或'枷号'的轻微刑事案件作出判决，……他的判决并不需要得到上司的批准"[2]，但是对于拟处徒刑以上的重大刑事案件，例如逆反、逆伦、人命、强盗、拐骗等，州县官员只有初审权，而查清基本事实后"必须呈报州县的上级长官，……在案件完成重审并得到府级长官认可之后，又依次呈报更高一级长官。最后，所有涉及徒刑判决的案件，每季度都由巡抚和总督汇总上报给刑部。凡充军案件、流刑案件或人命案仅判处徒刑的，都将由提刑按察使重新审判，然后由巡抚或总督分别呈报刑部。所有涉及死刑判决的案件都必须由总督、巡抚重审……"[3]最后再报刑部和皇帝核查。

彝族地区在"改土归流"前主要由土司进行管理，为了实现对彝族地区的统治并维护其社会秩序的稳定，清政府赋予土司一定的司法权。康熙四十四年（1705 年）就有"苗民犯轻罪者，听土司自行发落外。若杀死人命、强盗掳掠及捉拏人口索银勒赎等情，被害之苗赴道厅衙门控告，责令自土官将犯苗拏解，照律从重治罪"[4]的规定。可见在当时，土司有权对较轻犯罪自行发落，不受上级官府的限制；而对于重罪，则要使用国家法处断。因此在"改土归流"前，彝族土司在当地享有相当于州县官员的司法权。设置流官以后，司法权被收归回，由流官行使。尽管如此，土司仍然能介入到司法活动中，比如村民可以将案件先报告土司，土司依情况进行调解或是禀报官府处断。土司也经常应州县官的要求协助进行案件的调查、调解以及对罪犯进行审讯、押解等。

清代武定那氏土司司法档案中就有这样的记载：

---

〔1〕《中国少数民族社会历史调查资料丛刊》修订编委会四川省编辑部编：《四川彝族历史调查资料档案资料选编》，民族出版社 2009 年版，第 232 页。
〔2〕瞿同祖：《清代地方政府》，范忠信、晏锋译，法律出版社 2003 年版，第 193 页。
〔3〕瞿同祖：《清代地方政府》，范忠信、晏锋译，法律出版社 2003 年版，第 194 页。
〔4〕席裕福、沈师徐：《皇朝政典类纂·各例律·化外人有犯》卷三百七十三，台湾成文出版社影印本。摘自胡兴东："历史上西南少数民族地区族际纠纷解决机制研究"，载《云南社会科学》2010 年第 4 期。

【讦诈乡愚事】（嘉庆十九年十一月二十八日）

茂连乡土目那振兴谨禀大老爷台前万福金安：敬禀者，为讦诈乡愚事。窃于十一月二十日，土目盘获铁厂民人刘荣，其子小思近城境，张世杰等执朱标二张在密折各村吓诈夷民银两什物等项，是以拿解赴州等情。除将张世杰等吓诈银物另行开粘外，所在盘获刘荣等三人一芹押解送辕、伏乞仁恩赏准严究，以静边夷，则顶恩无暨矣，为此具禀。须至禀者。

嘉庆十九年十一月二十八日具禀土目那振兴。

今将刘荣等三人讦诈密遮各村银什物数目逐一分晰开后。

计开：

花园村羊毛二斤、布一尺。

补本恒村钱四百文。

招补块村银二两、鸡二只、大小密遮村鸡四只。[1]

这则材料反映了土目发现不法行为，由于案情重大，于是将犯人抓捕押解到官府，并对案件做了初步核查。

【禀复传唤事】

茂连乡土目那振兴谨禀大老爷钧座：敬禀者，窃于本月十九日接奉钧谕，内开仰该土目遵照文到迅拨妥目查传二月十六日夜在解钟山家歇宿之该乡住人杨元之弟，并同行同歇不知姓名人务获，拨目协同来差押解赴州立等讯明核办，毋得迟延，速速！特谕等因。奉此上目遵即派拨上役罗玉协同天差前往万则里村将杨元之弟合及问歇之博杨寿二人传唤赴辕听候审讯，伏乞上恩赏准核夺施行。[2]

这则材料反映了官府接到报案，饬令土目火速核查，并将犯人押解赴州待审的情形。

由此可见，清代彝族地区在"改土归流"前，土司拥有司法权，在"改土归流"以后，大部分司法权收归流官，土司、土目等地方头人在流官的授权下行

---

[1] 楚雄彝族文化研究所编：《清代武定彝族那氏土司档案史料校编》，中央民族学院出版社1993年版，第108页。

[2] 楚雄彝族文化研究所编：《清代武定彝族那氏土司档案史料校编》，中央民族学院出版社1993年版，第108页。

使部分司法权,辅助流官进行司法活动。

自清政府设立土司制度,招抚夷众以来,这些彝族地区就进入了国家法律的管辖范围,原则上受国家法律管辖,司法活动也遵循国家法的规定。但是考虑到这些地方历史文化、社会环境异于中原,清政府采取"因俗而治""以夷制夷"的政策,在司法方面具体表现之一就是国家法专门对苗疆地区甚至是彝族地区司法适用进行规定。

以《大清律例》为代表的中央立法对苗疆地区的司法适用进行了专门规定,这些规定也适用于彝族地区。一类是对土司、苗人等犯罪的司法适用规定,涉及对专门罪名的规定,也有对处罚方式的规定。例如《名例律》中"徒流迁徙地方"一律专门对"土蛮猺獞苗人雠杀劫掳及聚众捉人靴禁者"作了规定,还对云南贵州苗人犯应判徒流军遣罪的流放情形、土司犯罪的流放情形以及家属的缘坐制度加以说明;再如《户律》中规定"土目土民"私相典卖土司田亩的,官府应比照盗卖他人田亩律定罪。此处的"土目""土民"即指土司管辖范围内的少数民族,也适用于彝族地区。另一类是对土司、苗人等受侵害的司法保护,例如《大清律例》规定,"黔省汉民,如有强占苗人田产,致令失业,酿命之案,具照棍徒扰害例问拟,其未经酿命者。仍照常例科断"[1],"凡贵州地方,有外来流混勾通本地棍徒,将荒村居住民苗人户,杀害人命,掳其妇人子女,计图贩卖者,不论已卖未卖,曾否出境,具照强盗得财律,不分首从皆斩枭示"[2]。还有一类是对苗疆地区司法程序及官员责任的规定,例如"凡苗夷有犯军、流、徒罪,折枷责之案,仍从外结,抄招送部查核。其罪应论死者,不准外结,亦不准以牛马银两抵偿,务按律定拟题结,如有不肖之员,或隐匿不报,或捏改情节在外完结者,事发之日交部议处,其一切苗人与苗人自相争讼之事具照苗例归结不必绳以官法以滋扰累"[3],规定案件审限的"黔省苗疆地方,承审命盗案件,州县各照原定分限,寻常命案三个月,盗案及情重命案两个月审理完结,其加展两月三月之例概行停止"[4],规定官员责任的"凡苗人犯抢夺,该管土官约束不严,具交部议。若至百人以上,土司府州革职,百户寨长罢职役满杖,知情故纵者革职枷号一个月,具不准折赎,若教令指使,或通同图利者,照为首例治

---

[1]《大清律例·户律·田宅》"盗卖田宅"条附例。
[2]《大清律例·刑律·贼盗》"略人略卖人"条附例。
[3]《大清律例·刑律·断狱下》"断罪不当"条附例。
[4]《大清律例·刑律·捕亡之三》"贼盗捕限"条附例。

罪"[1]，类似这样的针对苗疆地区的司法适用规定在《大清律例》中就有近百处。清代除了中央立法对彝族地区司法适用的规定外，各省、州县也有出台"条例""禁令""章程"等文件，对彝族地区司法适用进行规定，使之更贴合地方实际，更易于操作。例如不少彝族土司地方都规定了本地对诉讼的限制。清律诉讼条下有专门针对"状告不受理"的规定，主要是通过惩罚对司法官员滥理诉讼行为来对诉讼进行限制。在清代彝族地区司法档案中，司法官员或土司将这些律例和本地方司法实践中发生频率较高的案件类型相结合，将限制诉讼的案件类型总结列出，以提示起诉人，免于周折，减少诉讼成本。

乾隆年间，武定彝族那氏土司档案中有关于司法程序中"不准告诉"的规定：

一、事在恩赦以前者不准；

二、人斗殴，不开明伤痕凶器见证年月者不准；

三、凡告强窃盗，无地邻只粘失单者不准；

四、非奸盗不孝牵连妇女者不准；

五、事无年月、见证脏无过付者不准；

六、告田土债负不抄粘契券者不准；

七、例被实属玩延告过三者不准；

八、凡绅衿生监并妇女及老幼废疾等无抱告者不准；

九、事在远年无据者不准；

十、无代书载记者不准；

十一、不遵状式并双行叠写者不准；

十二、无歇家姓住址者不准；

十三、以告作诉者不准。[2]

冕宁清代司法档案中也有相关规定，雍正时期，冕宁县对司法案件"不准告"的规定如下：

一、诬告人罪者，照律加等反坐；

---

[1]《大清律例·刑律·贼盗中之一》"白昼抢夺"条附例。
[2] 楚雄彝族文化研究所编：《清代武定彝族那氏土司档案史料校编》，中央民族学院出版社1993年版，第97~98页。

二、告斗殴,不填伤痕凶器混称被殴者,不准;

三、告田土债负,不粘连契约地图者,不准;

四、词内不开明的确年月日时,并未见证确实名姓者,不准;

五、不符式填告及双行叠写者,不准;

六、以赦前年远并结案之事混告者,不准;

七、告盗窃不声明被盗财物,是否挖壁撞门,并不开失民物者不准;

八、告婚姻不粘连帖不开媒妁者,不准;

九、生监者幼妇女残废之告状无抱告者,不准;

十、无代书戳记者,不准。[1]

在不同彝族地区档案中的类似规定反映出清代彝族地区的司法状况:

第一,清代彝族地区司法机关受理的案件类型已经十分广泛,除了诬告、强盗一类严重刑事案件,婚姻家庭纠纷、田土债务等民事纠纷,也可以受理适用国家法律解决,国家法律的司法适用已成为常态。

第二,彝族土司地方司法机关根据地方实际情况,采取各种措施落实国家司法制度。材料中地方县一级官府对于起诉的限制规定,基本规则与清律的规定无异,地方官员将国家法律规定与彝族地区司法实践中常见的情况相结合,将清律中复杂零散的规定进行总结归纳,用简明的方式呈现使之适合本地司法环境,便于理解和实施。这体现出彝族地区司法官员基于地方实际灵活处理,积极促进国家法的司法适用的特点。

除了限制告诉,彝族地区还对妄词健讼的行为进行打击和惩治:

"律有明条,乃川民健讼成风,每每捏造虚词妄行。或因口角而捏为惨杀,或以闻殴而妄控,屠抄田产必曰豪侵势霸坟墓,告人命则以溺水者诬为打死谋杀,赖婚姻则以明媒礼娶者指为奸夺,甚至讼棍扛唆借词挟诈种种恶习难以枚举……不得准得为上司原告及至上下差提,荒时废弃,公庭质审虚实,不惟被告之拖累,固已难堪。而原告之坐诬亦所不免,产业自倾,身家莫保,是害人适以自害也。本都院恭膺,简命抚兹蜀疆,期于革薄从忠与民休息。前于下转之始,即有老幼男妇拦车泣诉,看其迫切之状,似有冤抑之情,而接阅呈词,尽系户婚细事,旧案

---

[1] 雍正十二年四月冕宁县清代档案,转引自张晓蓓:《冕宁清代司法档案研究》,中国政法大学出版社2010年版,第51页。

翻新，除不准外已将刁健之徒，立加惩治在案，兹值放告之期，诚惩恐尔民染于积习，俱罹法纲，合行出示，先行禁谕。

为此示抑抚属商贾、军伍人等知悉，务宜心平气和，安分乐业，当以无事为福，切勿健讼逞刁。如果有大冤极枉豪绅恶棍，匿命讳盗等事，相许即平赴报告理，其余一切细事，俱赴州县控诉，以免跋涉拖累，倘刁徒不加猛省，仍以虚词赴渎者，定以诬告加等治罪，并将主使刁唆之人按律处究。断不以"愚民无知"四字姑为开脱，少为饶恕也。"[1]

这则"禁令"是对诉讼的限制。国家打击"健讼"，主张"息讼"，对"诬告""越诉""教唆词讼"的行为以重罪论处。《大清律例·刑律》中规定诬告反坐，"凡诬告人笞罪者加所诬罪二等，流徒杖罪，不论已决配未决配加所诬罪三等，各罪止杖一百流三千里，诬之人至死罪所诬之人已决者反坐，未决者杖一百流三千里，加徒役三年"[2]；禁止教唆词讼，"凡教唆词讼及为人作词状增减情罪诬告人者与犯人同罪"，"积惯讼棍串通胥吏，播弄乡愚恐吓诈财，一经审实即依棍徒生事扰害例，问发云贵两广极边烟瘴充军"[3]；禁止越诉，"凡军民词讼皆须自下而上陈告若越本管官司辄赴上司称诉者，即实亦笞五十，须本管官司不受理或受理而亏枉者方赴上司陈告。若迎车驾及击登闻鼓申诉而不实者杖一百，所诬不实之事重于杖一百者，从诬告重罪论，得实者免罪"[4]。而冕宁地方彝民"健讼"之风盛行，妄控、越诉情况严重，有违国法，因此官府制定"禁令"规范彝民的诉讼行为。"禁令"中指出该地民众常旧案翻新，或是因户婚田土等小事越级拦车哭诉。每有词讼，又惯将口角而捏为惨杀，屠抄田产捏为豪侵势霸坟墓，相近动捏为掘塚抛骸，溺水者诬为打死谋杀，或是图赖婚姻不惜将明媒礼娶者诬告为奸夺，甚至讼棍扛唆借词挟诈，等等，严重违反诉讼秩序。因此官府下令警示告诫乡民，重申律例，并饬令地方官员对此类犯罪依法严拿治罪，不准因为"愚民无知"而宽免。

这些材料在一定程度上反映了中央和地方国家机关在彝族地区司法适用活动中的规定和指导。这些规定有的与内地相同，有的只是针对苗疆地方甚至是彝族

---

[1] 雍正十二年四月冕宁县清代档案，转引自张晓蓓：《冕宁清代司法档案研究》，中国政法大学出版社2010年版，第64~65页。

[2] 《大清律例·刑律·诉讼之一》"诬告"条附例。

[3] 《大清律例·刑律·诉讼之二》"教唆词讼"条附例。

[4] 《大清律例·刑律·诉讼之一》"越诉"条。

第二章 清代刑法在彝族地区变通适用的具体内容

地区适用。

从上述材料以及论述中可以看出，国家法对彝族地区的司法制度构建大体上与内地一致，例如对诉讼的限制、对严重案件的管辖，同时又有着区别于内地的独特设计，例如赋予土司一定的司法管辖权、允许"苗例"有限的适用等，呈现出"稳中有变，以变求稳"的特点。这样的司法制度决定了彝族地区司法适用的特点。

二、适用程序

清代没有独立的诉讼法，但是对司法案件的审理程序有严格的规定是毋庸置疑的。例如清律中规定了案件受理、证据调查、审理期限，以及押解、咨结等程序，也对苗疆地方做了专门规定。下文将根据清代彝族地区司法档案材料，对司法程序状况略作分析。

（一）起诉

清律对案件的起诉和受理有严格规定，例如对起诉文书格式的规定、起诉期限的规定，以及禁止越诉的规定等。

1. 对起诉文书格式的规定

清代法律对起诉文书的格式有严格要求。例如告田土债负，必须贴连契约地图；诉状词必须写明确切的年、月、日、时，并写清姓名；书写要符合格式，不得双行叠写等。

雍正年间一则盗案的报状：

> 具报状江右客民王丕显，为报明被盗事，蚁寓南关厢屠行多年，于本月二十八晚初更方起，蚁同伙计在铺后向火，遭贼刁铺门入铺内睡处，将蚁床、衣服、毯子、被套、银两等物席卷一空。变出意外，事关盗案，为此报乞天台府准存案施恩救差严行缉查，追究施行，恭报青天老爷台前。
>
> 计开：
>
> 新制建昌花毛毯子一条，羊皮袄子一件，狐皮帽子一顶，藕青外套一件，蓝标布棉袄二件，白细布汗衣二件，蓝棉裤子一条，白广布一尺，河南新被套一个，内银包一个，计纹银十五两有零，川烟二斤，香色标布棉袜一双。
>
> 雍正三年十月三十日
>
> 具报状客民王丕显

· 329 ·

批：准查[1]

清律规定："告盗窃不声明被盗财物的不准。"本案中投告人报状写明被盗财物清单，且在两日内就报官，符合规定，所以予以受理。

同治三年（1864年）八月十五日，陆廷兴告状：

> 为串抢分肥，恳提察追事。情今春民等与建昌噜鸡河住居之服兄陆廷斌合伙贩卖黄风药材九百八十七斤，烟坭四千一百八十七两，合约可凭。服兄将货发出雅州，买回广布二十捆，棉花六百八十斤，线子五百二十五斤。三月二十四路过杪木林，被汉奸古保保等勾串夷匪八人将各物抢劫一空，掳去服兄，未卜生死，比有邹天喜、徐木匠眼见可质，又系喻儿子等接买赃物。四月二十三，民等往投首人，均未在。当凭地邻杨货郎等在李满大家抄出广布捆零十九件，内有五件系民布匹，脚印可据。伊知情亏，认承如数替民清出，民留五件，余布退伊。讵伊刁狡，延不清查，反诬樁骗，民无奈拦舆具控。

批：遵式另呈。

这一告状中，原告陆廷兴诉夷人盗抢。从县官的批示可看出，当时彝族地区告状是有固定形式的，这一诉状没有遵循格式，所以要另呈一次。

2. 对受理时间的限制

清律规定："每年自四月初一日至七月三十日时正农忙，一切民词，除谋反、叛逆、盗贼、人命及贪赃坏法等重情，并奸牙铺户骗劫客货查有确据者，具照常受理外其一应户婚田土等细事一概不准受理，自八月初一日以后方许听断若农忙期内受理细事者该督抚指名题参。"[2]这一条文规定了对官府受理案件时间的限制，即农忙时期不准受理"细事"，以便民众集中精力从事农业生产。雍正二年（1724年），冕宁县据此出台了关于讼期的告示：

"自四月初一起至七月终止，如有实在盗贼人命及贪贼坏法等重情仍照常受词审理，其余一切词讼既行停止至八月初一以后方许准理，倘有不肖有司于停讼

---

[1] 雍正十二年四月冕宁县清代档案，转引自张晓蓓：《冕宁清代司法档案研究》，中国政法大学出版社2010年版，第35页。

[2] 《大清律例·刑律·诉讼之一》"告状不受理"条附例。

第二章 清代刑法在彝族地区变通适用的具体内容

之期将户婚田土斗殴细事通贿起喊，违例受词并滥用大枷夹棍等员，仍令各具遵依经报……"[1]

可见，彝族地区的案件受理遵守清律关于"农时"的限制。

嘉庆十八年（1813年）二月，夷人王有贵等报状：

> 为白昼劫抢，报明存案事。情正月二十七日夷等牧童三人，牧羊于巴姑山场，至未时分，陡被野夷十余人剥去羊皮二十张、大羊二只、绑去牧童三个，立即追寻未获。窃白昼劫抢，律有明条，掳掠人畜，例有攸归。兹于人烟凑积之处，胆敢如此猖狂，则抢夺之罪不小，蔑视法之罪尤深。王章何在，律法冥容。事关劫抢，只得报乞老爷台前准报追究，夷等顶祝不朽矣。
>
> 县正堂批：候差缉。尔于正月二十七日被野夷抢掳人畜，迄今事隔两旬，始行具报，殊属违例。此饬。[2]

从县官府的批示中可以看出，法律对抢掳人畜等案件的告诉是有时效限制的。本案中王有贵事隔两旬，始行具报，已经违例，但是官府仍然受理了案件。由此可见，在司法实践中官府并不严格遵守对受理案件的时间限制。

3. 对越诉的禁止

《大清律例》规定："凡军民词讼皆须自下而上陈告，若越本管官司辄赴上司称诉者，即实亦笞五十，须本管官司不受理或受理而亏枉者方赴上司陈告。"[3]在清代彝族档案中，也能看到对越诉的处罚。

同治三年（1864年）四月二十三日，客民贾恒泰禀状：

> 为禀恳追究以苏民生事。缘民开设布店生理，原由雅发布来建售卖，以作生计。第于小象岭一路，屡屡被夷匪劫抢，不下数十余次，比即声报，未蒙追获，实有案之可稽。兹三月内雇脚户陈贵林由雅运建中布二十八卷，苦布二十九连，川烟四担，于二十四日行至冕邑杉木岭，被夷匪如数尽行抢去。夫杉木岭乃王千户所管之地界，况王千户现于每驮货抽钱二千文以作保

---

[1] 雍正二年冕宁清代档案，转引自张晓蓓：《冕宁清代司法档案研究》，中国政法大学出版社2010年版，第55页。
[2] 《中国少数民族社会历史调查资料丛刊》修订编委会四川省编辑部编：《四川彝族历史调查资料档案资料选编》，民族出版社2009年版，第268页。
[3] 《大清律例·刑律·诉讼之一》"越诉"条。

哨之资。于沿途一路，又有看哨夷人，陆续收取哨钱，虽多寡不一，总计二三千之谱。且冕宁县又抽取厘金，于每驮货收钱三千二百文养勇接哨。既有属哨□□，□□哨之熟夷、接哨之练勇，责有攸关，岂容抢掠，或保哨之串弊，情节可知。况数年来迭遭掳抢，资本大折，脂膏殆尽，民心难甘。惟有衷恳宪天赏施仁慈，严提保哨看哨之熟夷追究，则行商沾恩无暨矣。

宁远府正堂批：夷匪拦路抢掠，大为商民之害，亟须设法查拿，方足以安行旅。仰冕宁县速即多派差团严拿此案夷匪，务获提同保哨熟夷等到案，按照控词确切讯明，追缴赃物，尽法惩办，勿稍纵延。词发仍缴。[1]

这是一起越诉到府的案件，但是越诉人并没有受到惩罚。从材料中可以得知，贾恒泰是汉人，经常到夷境贸易，屡次遭到沿路夷匪抢劫，多次报官却没得到官府的处理。此次来到冕宁境内，又有看哨夷人陆续对其剥削银两，冕宁县又抽取厘金，于每驮货收钱养勇接哨。财物尽收，所剩无几。贾认为，既然有熟夷看哨、又有接哨练勇，夷匪还敢猖狂抢劫，定是冕宁地方保哨串弊，夷汉串通，又有屡报不究的前情，因此只能向宁远府禀报。其符合"本管官司不受理或受理而亏枉"的情形，因此不治其罪。知府饬令冕宁县多派差团严拿夷匪，再将保哨熟夷等到案提讯，"按照控词确切讯明，追缴赃物，尽法惩办"。

（二）证据调取

清律对彝族地区审理刑事案件中物证、口供等证据的调取也作出了相应规定。

1. 物证勘验

清律规定："凡人命呈报到官该地方印官立即亲往相验"[2]，但同时考虑到川黔等地势复杂，州县官员往往不能及时亲自赶赴，或勘验结果不能及时迅速呈报，以及一些地方没有仵作等情形，于是对此程序作出适当调整变通，规定"黔省州县命案如逢盛暑，印官公出不能即回，邻封弯远往返数日者，准代验之杂职等官取立伤单将尸棺殓"[3]，"凡黔蜀等省遇有命案其府州县，原无佐贰及虽有佐贰而不同城者，印官公出准令经历知事吏目典史等官酌带谙练仵作速往如法相

---

[1]《中国少数民族社会历史调查资料丛刊》修订编委会四川省编辑部编：《四川彝族历史调查资料档案资料选编》，民族出版社2009年版，第330页。

[2]《大清律例·刑律·断狱下》"检验尸伤不以实"条。

[3]《大清律例·刑律·断狱下》"检验尸伤不以实"条。

验,写立伤单报明印官覆验"[1]。在彝族地区司法档案中显示,由于距离遥远等因素,此类案件县官一般不亲自前往,而是饬令土司、保长、差役、仵作等先验,州县官员再验,云南武定彝族土司档案中就有验尸所需物件的开计。案件审理材料也反映了这一现象。

乾隆年间,冕宁县张应宿等人状告张金鹏殴伤案,县批:

"金朋系执何物行凶,并金伟受伤之轻重,禀内俱未声明仰该保长再行确查具报。"[2]

"若是人死亡的,要依法验尸填格。雍正十二年二月,冕宁县司法档案中记载一起自杀事件。

保长邓之贵等报,刻马木民刘假妻不暮因磨耶索债起因,以致不暮缢死等情到县。除星即到程亲验外,合先差着为此票,差本役即着该地保搭蓬厂,并带齐后,开原邻证听候本县亲临验审,去后毋许需扰如违,查究不贷,速速须至牌者。"[3]

这则材料说明,人命案件发生后,知县立刻安排验尸,责令差役准备所需物件,并亲自带人前往。

道光十一年(1831年)十二月初五日,土目那振兴接到一起伤身死案件的报案,检验伤情和实体情况后,报恳转禀官府验究:

茂连乡土目那振兴谨禀大老爷钧座:敬禀者,窃于本月十日据吴朝贵之父吴世元具报:伊妻吴朝贵之母王氏于十一日亥时因伤身死,报恳转禀验究等情。据此土目复思事关命案,不敢迟延,除土目亲身协同天差押解彭集贤等赴辕外,所有吴世元具报伊妻身死日期先行禀明,伏乞上恩赏验准施行。为此具禀,须至禀者。

道光十一年十二月十三日

着厦公去投

---

[1] 《大清律例·刑律·断狱下》"检验尸伤不以实"条附例。
[2] 冕宁县清代档案,转引自张晓蓓:《冕宁清代司法档案研究》,中国政法大学出版社2010年版,第215页。
[3] 雍正十二年冕宁县清代档案,转引自张晓蓓:《冕宁清代司法档案研究》,中国政法大学出版社2010年版,第82页。

> 今将土目协同闻秀前往井衣〔村〕吴朝贵家内看明伊家被贼抢殴伤痕。计开：
>
> 吴朝贵住房坐南朝北，正房三间、灶房一间、面房三间。打破正房门两扇，打滥蔑箱二个，大小男妇十名口。有长子吴朝贵去糯尾分包谷未有在家。
>
> 一、受伤有吴朝贵之父吴世元，年六十六岁，左手骨紫红一块，右手大指打踵，右手骨紫红四块；
>
> 二、吴世元之妻王氏，于十二月十一日亥时因伤身死；
>
> 三、吴朝贵之妻易氏撕得来抢之人月壮衣中一块，脚手带伤；
>
> 四、吴万喜之妻田氏，年十二岁，右脚骨一伤。[1]

这则文书反映了命案发生后，土目向官府禀报，官府立即饬令检验伤亡痕迹。土目检验后又立即派人送至官府。

同年武定彝族土司档案中，还有一份土目那振兴受官府饬令，对孟老四被烧死一案验明伤痕呈报。后土目禀报：

> 遵将差头尹煜、乡约鲁正贵、土目那振兴等奉批前往殴凤胡元控告被火烧死孟老四死尸处所，跟同胡元及殴凤之子季国福，里长张子芳等看明。
>
> 老四被火伤痕逐一开明呈阅。计开：
>
> 一、孟老四被烧死。男尸一躯。在殴凤麦地半坡小冲内；
>
> 二、孟老四死尸头朝西、脚朝东、面朝北、背朝南，窄楞睡着；
>
> 三、头发申挡在后，小乾柴上头发根下一撮不烧，左右耳上被火烧一撮。
>
> ……
>
> 道光十一年三月十八日那振兴、尹煜、乡约鲁正贵等面禀呈投。[2]

以上材料反映了彝族地区"土司土目先行勘验，州县官员再验"的司法勘验程序，国家法针对这一制度的变通规定，使得勘验呈报程序在彝族地区得以实际运行，提高了该地方司法官员的断案质量，加深了国家法在彝族地区的适用

---

[1] 楚雄彝族文化研究所编：《清代武定彝族那氏土司档案史料校编》，中央民族学院出版社1993年版，第112页。

[2] 楚雄彝族文化研究所编：《清代武定彝族那氏土司档案史料校编》，中央民族学院出版社1993年版，第105页。

程度。

2. 口供提取

清代司法审判中对口供十分重视，对地方司法官员来说，口供对自理案件以及转审案件都十分重要，尤其是转审及复审案件，口供是断案的依据，也是避免"断罪不当"责任的证据。清律规定"凡诸衙门鞫问刑名等项，必据犯者招草以定其罪"[1]，并对官员取供不实的责任作出规定，"若吏典人等为人改写及代写招草增减情节致罪有出入者，以故出入人罪论""各有司谳狱时令招房书吏照供录写，当堂读与两造共听，果与所供无异，方令该犯画供，该有司亲自定稿，不得假手胥吏，致滋出入情弊。如有司将供词辄交经承致有增删改易者，许被害人首告，督抚察实题参，将有司官照失出入律议处，经承书吏照故出入律治罪，受财者计赃以枉法从重论"[2]。

供词的详细记录在清代彝族司法档案中也十分常见：

【乾隆元年刘永成等供状】

问：刘永成，你是哪里人？于何年到冕宁？作何生理？你同王国瑾、谢才炳三人怎么商量去偷挖砂基厂？在外纠合汉番有多少人？叫何名字？从几时挖起？共挖了多少矿？又在何处煎了几次？共煎得多少斤数？怎样分了？谁人运送米粮？二十九日营兵带了你到厂上实在看见多少人？有多少炉火器具？逐一从实供来，免得动刑。

供：小的是湖广长沙府人，在冕宁南街做小买卖，有十二个年头了，并不敢做犯法的事。雍正十三年，小的把一石茶赊给雪坡喇嘛，没来还账。去年四月里，小的去讨，二十七日到处歇在七今姑家，二十八日被孙管带队了七个兵，就把小的拴了。……[3]

这则供词是以问答形式记载的，此外还有只记录供述部分的。

【乾隆□年七月王姜氏等供状】

问据。孀妇王姜氏供：蒙恩复讯，小妇人的碾磨实系与李发春田界相

---

[1]《大清律例·刑律·断狱》"吏典代写招草"条附例。

[2]《大清律例·刑律·断狱》"吏典代写招草"条附例。

[3]《中国少数民族社会历史调查资料丛刊》修订编委会四川省编辑部编：《四川彝族历史调查资料档案资料选编》，民族出版社2009年版，第315页。

连,令他与小妇人当凭议价与小妇人接买,他不肯接买,将他掌责锁押,饬令计么大协同原差与小妇人议定价值,书立契约,小妇人沾恩就是。

问据。番夷李发春供:蒙恩复讯,王姜氏的碾磨系与小番夷的田相连,令小番夷当凭议价与他接买,小番夷无力接买,将小番夷掌责锁押。饬令计么大协同原差议定价值,与他书立契约,小番夷遵断就是。

问据。计么大供:蒙恩复讯,王姜氏的碾磨实系与李发春的田相连,令他与王姜氏议价接买,他不肯应允,将他掌责锁押。[1]

从以上两则供述可以看出,彝族地区的汉民、夷民都遵循同样的讯问程序。而且官员为查明案情,会进行多次复讯。

(三)管辖

州县官对各自所辖地区的案件享有管辖权,若受理后有案件管辖错误或是其他特殊情形,应移送管辖;若案件跨两个以上地区的,可以协助管辖,彝族地区亦然。

乾隆年间,詹云升之妻回家探母,后其妻之父欧阳升告知其妻已投河身死。詹称:

你我前去找寻尸骸,今已一月,尸骸不见。但人命关天,不知蚁妻因何投河死,不知是欧阳升盗卖与人,真假难分,恳乞大老爷台前俯准转移,查追。[2]

后查其妻之父是冕宁县所属,因此移会:

"据此查得被告欧阳升系贵县所属,敝府不便越词,兹据前情,拟合移交,为此合移前旨。贵县请烦查照,希将移来兵丁詹云升收管,并祈拘提欧阳升到案面质审究,则皂白攸分矣,仍希将收明。兵丁缘由,赐覆以凭,查考施行,须至移会者。"[3]

---

[1]《中国少数民族社会历史调查资料丛刊》修订编委会四川省编辑部编:《四川彝族历史调查资料档案资料选编》,民族出版社2009年版,第282页。

[2] 雍正十二年四月冕宁县清代档案,转引自张晓蓓:《冕宁清代司法档案研究》,中国政法大学出版社2010年版,第62页。

[3] 雍正十二年四月冕宁县清代档案,转引自张晓蓓:《冕宁清代司法档案研究》,中国政法大学出版社2010年版,第63页。

第二章 清代刑法在彝族地区变通适用的具体内容

此案被告是冕宁县人，于是官府将案件移至冕宁，请其协助管辖。

乾隆二十八年（1763年），阜宁乡杨屯地保伍世贵等向官府禀报老牛偷绑使男一案：

> 为禀明事。本月初九日奉批着查夷民长寿控二什村夷民老牛偷绑使男脚姑一案，地保查明的确，委系牛老父子偷绑情真，交募啰转卖。老牛已曾央请夷人于中说和，认赔报信银十两，取原人交还是实。地保等今遵批前往伊家，处令赔还结案。殊期老牛委属刁恶，反道伊乃西昌之民，溪龙汛管辖，各有父母，冕宁提调不着，硬然不理。地保等无奈，只得据实具禀。
>
> 县正堂批：候关移拿究。[1]

这一则材料反映出，对于涉及两属的案件，各地的官府对本属的涉案人员有权抓捕，别地官府一般情况下无权跨界追捕。本案中，老牛属西昌县溪龙汛管辖，到冕宁县犯事，以冕宁县无权提讯他而有恃无恐逍遥法外。冕宁官府接到禀报批示"候关移拿究"，即是指官府会将案件移至西昌县，请西昌县捉拿审讯。由此可见，彝族地区在司法管辖上有严格的地域划分。

光绪三十一年（1905年），四川宁远府盐源县属番民受到猓夷侵扰，被掠去男妇数人、牲畜数匹，土司无力查办，禀至县衙，后查明此支夷匪为冕宁县所辖，因此盐源县知府会移冕宁县文武缉拿审理：

> 闻夷匪安松山不受该管土职所辖，现投帮办宁番安抚司安登继，恳移冕宁县饬安登继先缴安松山等，后会同办理完善、以杜后患。谨将夷匪猖獗祸在旦夕情由理合申明，伏祈转禀。
>
> 游击伏查，光绪二十九年六月内据该土司巳廷梁具禀前来，当由前盐源县知县崇令禧会移冕宁县文武缉拿，究竟如何办理，未准移复。兹叠据该土同司禀称夷匪安松山等复越界搂抢，游击批饬多派士兵留心防堵，勿得越缉，恐开边衅，听候转禀示遵。但阅该土司所禀，一切似甚危急，游击恐有不实藉事铺张之处，即委五品军功传号夏廷芳不动声色前往该地密查。现该传号回营陈称，该夷匪等聚集冕属，毫无惧怯，若非巳土司派士兵防堵得

---

[1]《中国少数民族社会历史调查资料丛刊》修订编委会四川省编辑部编：《四川彝族历史调查资料档案资料选编》，民族出版社2009年版，第276页。

力，难免窜入盐属，边氓受害非轻。等情。除委住厂署额外李抢元就便督饬防范外，理合禀请转移宁远府会饬冕宁县文武迅派兵役前往遣散胁从各夷，务将夷匪安松山等按名尚紧截缉归案惩办，以遏贼氛而靖边地，深沾德便。为此具禀。须至禀者。[1]

《大清律例·刑律》规定，"苗夷地方一有失事，该防汛官即带兵追捕，地方官即差役严拏，一面申报上司并移会邻近营汛协力穷追，如未能弋获，查明凶犯本名确系何处贼蛮，会同该衙门添差缉获。"[2]本案中，冕宁县属野夷流窜作案，到盐源县掠夺人口财物，盐源县禀请转移宁远府会饬冕宁县剿办，归案严惩。

（四）押解及解限

清代司法程序中，押解是重要环节，即司法机关对不在自己管辖权范围内或是需要上级核查批准的案件，要将涉案人员押送到有管辖权的地方审讯或是执行刑罚。

雍正八年（1730年），乌蒙彝族土司禄鼎坤谋反，因不满朝廷招抚安插事宜抵抗官兵，预谋造反。当时的云南总督鄂尔泰在向雍正奏报此案时写到：

"禄鼎坤一犯奉旨差兵部郎中苏纳海前往河南拿解，于雍正九年正月十二日，准河东督臣田文镜咨移，委有本標守备张瑄协解到滇，随经臣密交两司……"[3]

道光二十九年（1849年），云南境内他郎地区彝族因为争夺当地磺厂，持械互相残杀，叠毙人命，情形十分恶劣。清廷派兵共拿获罪犯一百八十四名。

"匪犯由该署府崔邵中，督同先后任他郎通判沈士良、倭克金，布属元江州知州李杰，委派宁洱县知县高鲁逐一审拟，解经署迤南道勘审具招，移送署按察使史致番核议。"[4]

---

[1]《中国少数民族社会历史调查资料丛刊》修订编委会四川省编辑部编：《四川彝族历史调查资料档案资料选编》，民族出版社2009年版，第350～351页。

[2]《大清律例·刑律·捕亡之三》"盗贼捕限"条附例。

[3] 中国第一历史档案馆选编：《清代皇帝御批彝事珍档》，四川民族出版社2000年版，第239～250页。

[4] 中国第一历史档案馆选编：《清代皇帝御批彝事珍档》，四川民族出版社2000年版，第747页。

这两个案件都依照程序将罪犯押解,说明彝族地区司法活动遵循押解程序。

但在紧急情况下,这一制度也会有所变通。嘉庆初年,云南普洱府有内奸勾引外省野夷入境抢劫烧杀,十分猖獗,民众深受其苦,为了能及时惩治夷匪,云南总督奏请,称"若拘泥解省,照例审办不特,有稽时日恐致疏虞"[1],因此请准将十二名夷匪拉到事发地就地正法。此后类似事件"如有似此勾结猓匪抢掠之人,均即随时严拿审办"[2]。这则奏折说明,对特别紧急的案件可以不拘泥于押解程序。

此外,国家法对押解程序规定了时间限制。嘉庆五年(1800年)定例"对于命案,州县三个月内解府州,府州一个月内解司,司一个月内解督抚,督抚一个月咨题。对于审限是四个月的案件,州县两个月解府州,府州二十日解司,司二十日解督抚,督抚二十日咨题"[3]。

道光二年(1822年),武定茂连彝族土目接受谕捉拿案犯解州:

> 茂连乡土目那振兴谨禀大老爷钧座:敬禀者。窃于五月二十日接奉钧谕,内开谕到该土目那振兴速拨干目将那绅祖务获解州,立等讯究,事关具控抄掳拆房重案,该土目毋得迟延徇护包庇,致干重咎,速速!特谕等因。奉此,土目遵即派拨干目杨发前往路已(路基,同音异译)家查拿那绅祖,务获解州审办。事关抄掳拆房重案,毋得徇纵护庇干咎。兹据杨发来州口称业往该村查明,那绅祖四月二十日已往四川普纪洲土司家上门,至今未回,无凭拿解等情。据此土目复查无异,除仍派妥目严密查拿,一俟那绅祖回家,即行解州候讯外,所有接奉钧谕日期理合先行禀闻,伏乞上恩鉴查施行,为此具禀。须至禀者。
>
> 批:仰即上紧严拿,务获解审,勿得徇纵迟延,致干并究。[4]

从这则禀复文书中可以看出,州县要求土目"毋得迟延徇护包庇,致干重咎,速速!",而一月后仍未捕获,土目禀明无法拿解实情,提请展限,保证"一俟那绅祖回家,即行解州候讯",并强调"所有接奉钧谕日期理合先行禀闻,

---

[1] 中国第一历史档案馆选编:《清代皇帝御批彝事珍档》,四川民族出版社2000年版,第747页。
[2] 中国第一历史档案馆选编:《清代皇帝御批彝事珍档》,四川民族出版社2000年版,第748页。
[3] 《大清律例·刑律·捕亡之三》"盗贼捕限"条附例。
[4] 楚雄彝族文化研究所编:《清代武定彝族那氏土司档案史料校编》,中央民族学院出版社1993年版,第109页。

伏乞上恩鉴查施行"，反映出审限对于官员约束力极强。

对于相关人等已经在案的案件，官员对解限更加重视。道光年间，武定那氏土司档案中有一则人命案的催解文书：

> 照得本部堂现奉逾旨，前往云贵审办案件，所有案内原告罗廷劝、罗蒙计、柏行殿、黄廷琮四名均系本年四月二十二日奉旨迅速解往备质之人，乃延今半月甫经解至枭城县，实属玩延，理合牌催。为此牌仰沿途站各州县员弁遇该原肯等递解到境，即赶紧解往前途，勿稍延级。如本部堂行抵云贵时，倘该原告尚未解到，定即查明何处迟延，指名参处，断不姑贷。事关钦案，且系奉旨迅速解质，该州县等勿得视为具文，自贻后悔。切切马上飞传。自直城县，传至贵州云南一带，沿途有驿站州县，准此。[1]

按照清律规定，对人命案，州县解限最长不超过一个月。此案中，总督下令，要求州县迅速解往，但半月还在中途，实属玩忽延误，因此饬令各沿途州县见到原告等，务必催其赶路。从本案中我们还可以看到，由于事关钦案，十分紧急，总督要求缩短押解时间。由此可见彝族地区对押解制度的重视及严格的遵守。

（五）审限

如上文所示，清代司法程序中对审限有严格要求。雍正五年（1727年）奏准，规定凡官员承审事件，命案限六月，盗案限一年[2]；嘉庆五年（1800年）定例，对于命案，州县三个月内解府州，府州一个月内解司，司一个月内解督抚，督抚一个月咨题。

但是考虑到苗疆地方猓夷案件抓捕不易，允许土苗案件的审限自罪犯到官之日起算。对于州县自理案件，审限和解限就短得多，具限二十日审结，上司批发事件限一个月审报。[3] 由于州县的自理案件都是应拟笞、杖的轻微刑事案件以及户婚田土等民事案件，一方面为防止案件拖累积少成多，积小成大，要求司法官员迅速结案；另一方面因为案件轻微，其审限又较为灵活，例如为了防止自理案

---

[1] 楚雄彝族文化研究所编：《清代武定彝族那氏土司档案史料校编》，中央民族学院出版社1993年版，第104~105页。

[2] 《大清律例·刑律·捕亡之三》"盗贼捕限"条附例。

[3] 《大清律例·刑律·捕亡之三》"盗贼捕限"条附例。

第二章 清代刑法在彝族地区变通适用的具体内容

件影响农事,规定"每年自四月初一日至七月三十日时正农忙,一切民词除谋反叛逆盗贼人命及贪赃坏法婚田土等细事一概不准受理"[1],"州县审理词讼遇有两造具属农民,关系丈量踏勘有妨耕作者,如在农忙期内准其详明上司,照例展限至八月再行审断"[2]等,此外一切刑民事案内正犯没有到案,或是主要证据没有查实的,案情不确凿的,可以提请展限。

"批查此案控经年余,未据详报,殊属循延,仰云南布政使司速饬委员禀公讯断,限一月内由司详结,勿仍再延,词发仍缴。署云南布政使司广札云南府知悉,案于上年九月初三日奉督部堂伯批据武定州孀妇那沙氏具诉继子那振兴串差舞弊滥放仓谷,断绝养膳、抄抢殴打各等情,呈请另行立继一第。批司作速遵委研审那振兴有无触犯嗣母,弊串抢殴打?是否沙氏自愿另继?有无主唆控告,确窃究明断定详夺等因。当经前司及本署司先后查提人证来省,饬委该府审办在案,迄今将及一载未据审详,殊属迟延,何再专札严催,札到该府即便照节檄立提讯断详报。此案人证众多提省日久未便再延致滋拖累,切速切速,特札:七月二十三日发云南府,为沥情吁恩飞提莫救事,缘为逆继子那振兴云云为此上诉,被呈那振兴等情禀批,此案控经年余,未据详结殊属循延,仰云南布政司速饬委员秉公定断,限一月内由司详结,毋任延累词发缴等因。奉此查此案于上年九月内提省饬委该府等审办在案,迄今几及一载未据断结详报,实属延累。兹本司前因合就严催为此仰府官吏即便查明那振兴究竟应否承继那振兴显是否宗之嗣,五日内妥议具详以凭查核转详。如再延累,有干未便,速速!"[3]

从这则饬令中可得知,那沙氏具诉继子那振兴串差舞弊一案,原本经布政使司饬府审办在案,但是一年过去了,该府也没有审详呈报,严重违反审限,使案件拖延。因此饬令该府五日内将案件详情呈报,如再延累就追究责任。就这一案件来说,司法官员严重不遵审限,延累案件,却没有受到处罚,可见在司法实践中对审限的遵守和监督并不十分严格。

(六) 自理和转审

清代司法审判程序依照应拟刑罚轻重不同而不同:应处"笞""杖"以下的轻微刑事案件以及民事案件,州县官员有裁判权和执行权,不受上级的约束,这

---

[1] 《大清律例·刑律·诉讼之一》"告状不受理"条附例。
[2] 《大清律例·刑律·诉讼之一》"告状不受理"条附例。
[3] 楚雄彝族文化研究所编:《清代武定彝族那氏土司档案史料校编》,中央民族学院出版社1993年版,第203页。

样的案件称为"自理案件";与"自理案件"对应的是"转审案件",即应处"徒"以上的案件,必须先在州县衙门审理,州县官员根据审理的事实,依照法律拟定一份判决,将案卷及涉案人员一起送到"府"一级衙门进行核查,如果认为拟判无误,再将所有材料及人员交到省一级的按察使,按察使对罪犯进行审讯核查后,如果认为拟判适当,就会将案件转报到督抚手中。督抚可以批结除死刑以外的案件并交付执行。而死刑以及严重的军、流案件,督抚必须上呈刑部审,刑部认为妥当后才可执行,而死刑案件必须得到皇帝认可后下发旨意才可执行。如果在核查过程中发现疑点,案卷就会被发回下一级。由此可见官方对重刑案件的审慎态度。

《大清律例》规定:"凡苗夷有犯军、流、徒罪折枷责之案,仍从外结,抄招送部查核,其罪应论死者、不准外结,亦不准以牛马银两抵偿,务按律定拟题结"[1]。外结,指的就是在省内由督抚"批结"的案件,即拟徒刑以及流、军的非人命的案件;内结,就是指应报刑部和皇帝咨结、题结的案件,即应拟死刑和应拟军、流的人命案件。清律关于苗疆地方的这一规定基本与内地无异。

关于自理案件,沈家本说"笞杖人犯向归外结,尽可自行省释"[2],他认为自理案件实际也属于外结。但也有认为自理案件不属于外结的看法,道光九年(1829年),那彦成奏请将州县自理词讼"仍责成道府稽查以符定例"折中就提到"惟查民间控案分别情节轻重,有例应题奏者有咨部奏者;其无关紧要之案,详由院司批饬,谓之外结;至若户婚田土、钱债口角细故,在各州县无日无之琐细之事,谓之自理词讼"[3]。无论自理案件是否属于外结,每一类案件的审理程序是十分清晰的。

在彝族地区的司法档案中,可以看到这一程序的实行情况。

1. 自理程序

乾隆十七年(1752年),冕宁县夷人三姑为祭祀父母,杀马杀牛,葬埋以为坟山,历年扫拜。后有民人谢金贵将牛马挖出偷走,三姑告至官府。

---

[1] 《大清律例·刑律·断狱下》"断罪不当"条附例。

[2] 参见(清)沈家本《大清现行新律例案语》名例上,清系统元年排印本。转引自徐忠明:"内结与外结:清代司法场域的权力游戏",载《政法论坛(中国政法大学学报)》2014年第1期。

[3] (清)那彦成:《那文毅公奏议》卷七十,载《续修四库全书》第497册《史部·诏令奏议类》,上海古籍出版社2002年影印版,第531页。转引自徐忠明:"内结与外结:清代司法场域的权力游戏",载《政法论坛(中国政法大学学报)》2014年第1期。

"县正堂批：于三月二十日当堂审讯，夷人三姑埋葬马证实系谢金贵偷食，即将谢金贵责衿打二十板，以惩盗风，随取日后不致生事甘结各在案。理应移知贵府销案。"

同治七年（1868年），地保鲁洪向知县请断父母改嫁一事：

"情地保领押当官嫁卖之妇穆氏在家，今有民人王世珍愿娶为妻，随带一女招招，呈缴身价钱十二千文，地保不敢擅专，为此禀乞大老爷台前施行。

县正堂批：准改嫁，身价除口岸一千，余作尸场经费可也。"[1]

咸丰二年（1852年）五月二十四日，张兴隆甘结。

"为甘结事。实结得张万氏具控蚁一案，蒙恩审讯，缘邓元浚将水田先以五斗当与张万氏，价银三十二两，后伊将当与张万氏之五斗同下三斗并当与蚁，价银七十四两。张万氏往田经理被阻，争角呈控，沐断张万氏所当五斗大小五丘，令蚁与张万氏暂各平种田二丘半，俟邓元浚秋收另觅买主接买，还银赎田，蚁等遵断具结备案。中间不虚，甘结是实。"[2]

从这三则案卷材料中可以看出，轻微刑事案件和民事案件，州县官自理结案。

2. 转审程序

雍正年间，冕宁县一起状告汛兵抢劫夷人财物的案件，案卷中显示：

"是以建昌镇谓其违例勾问，移报提台转咨两宪，奉檄本两司道另委贤员，从公确审……蒙饬委中营杨游击会同宁远府确审，联衔由司、道通详会夺去后，今准据杨游击会同该府审拟移详前来，本司、道公同会核。……是否允协，本司、道未敢擅便，相应详请宪台核夺，批示遵行等因，呈详。奉批：……将擅提职官之宁远府杜守严行申饬，并候抚都院批示。缴。奉此。又奉抚都院批：详同前由，奉批仰候督部院批示录报。"[3]

可以看出，对于应处"徒"以上案件，彝族地区基本遵循转审程序。

（七）出具甘结

甘结是相关人员出具的交给官府的、保证愿意承担某种责任或义务、如果违

---

[1]《中国少数民族社会历史调查资料丛刊》修订编委会四川省编辑部编：《四川彝族历史调查资料档案资料选编》，民族出版社2009年版，第338页。

[2]《中国少数民族社会历史调查资料丛刊》修订编委会四川省编辑部编：《四川彝族历史调查资料档案资料选编》，民族出版社2009年版，第296页。

[3]《中国少数民族社会历史调查资料丛刊》修订编委会四川省编辑部编：《四川彝族历史调查资料档案资料选编》，民族出版社2009年版，第311页。

反甘愿受处罚的具有法律效力的文书。清代司法活动中的甘结是重要的法律文书，例如当事人出具悔罪甘结保证永不再犯，或是两造和解甘结永不滋讼，以及保领人出具甘结保证严加管教，等等。《大清律例》中有"果能悔罪自新或有亲族乡邻甘结保领，地方官查实随时开释，详报傥解放后复敢带刀逞凶讹诈绺窃即锁系巨石不拘限期"[1]，"词内干证令与两造同具甘结，审系虚诬将不言实情之证佐按律治罪"[2]等规定，说明出具甘结是司法活动中的必要程序，而且与原件有关的人等都必须出示甘结。清代彝族司法档案中，也经常出现"甘结"文书。

"为甘结事。实结得双受保等具控长命保等估赘霸业一案，缘氏夫撒他病故，遗氏生有一女，并无子嗣，兹夫侄双受保等疑长命保与氏赘门，向氏查问口角，致伊等控案。沐讯将氏夫买约三张断归双受保等领回管业，余当借各约三张给予氏拿回母家，以作度用，其幼女令氏带去抚养二年，双受保等每年给氏抚养钱三千文，若有不测，不与氏相涉。具甘结是实。"[3]

这是表示自愿和解结案，保证再不相涉的甘结。

"嘉庆十五年四月初二日具甘结民者保，系阿固密村（亦阿贡密）住，今于本主老爷台前依奉结得，小的因为本年正月内疏昧诱众行抢情事，当经恩主查知，提解赴州，严行柳责示众在案。今蒙转禀开释取保回家务农。自结之后，再不敢串诱滋事。如有违犯，愿甘加倍认罪无辞，中间不致冒结，甘结是实。

嘉庆十五年四月初二日具甘结佃民者保。"[4]

这是罪犯被取保后保证不敢再犯，再犯加倍认罪的甘结。

武宁彝族那氏土司档案中，有一份道光十一年（1831年）吴朝贵诬告悔结又自愿寻找假银犯王鸿顺及保领的记录。

"具悔结人吴朝贵，系四川人氏，寄居茂连乡井衣村住民。今于大老爷阁前当堂悔结，小的具控富老二等行使假银、殴抢等情一案，蒙恩标差提讯，理应听候审结，曷敢冒渎。但小的报后，自思其所控情词内有王鸿顺等行使假银换与小的是实，并无殴抢情事。系因前土目那□□恐小的在伊地方滋事，要将小的驱

---

[1]《大清律例·刑律·贼盗中之二》"窃盗"条附例。
[2]《大清律例·刑律·诉讼之一》"诬告"条附例。
[3]《中国少数民族社会历史调查资料丛刊》修订编委会四川省编辑部编：《四川彝族历史调查资料档案资料选编》，民族出版社2009年版，第346页。
[4] 楚雄彝族文化研究所编：《清代武定彝族那氏土司档案史料校编》，中央民族学院出版社1993年版，第13页。

第二章 清代刑法在彝族地区变通适用的具体内容

逐，故小的假以殴抢之情陷害。今小的实无有殴抢之弊，难免反坐之罪小的不敢隐瞒，自愿出具籍故诬告殴抢悔结存案，日后小的不敢妄为翻骗殴抢情事，如违倍罪，悔结是实。

十二月十九日具悔结人吴朝贵。"[1]

"具限状人吴朝贵，系四川人氏"，寄居茂连乡井衣村住。今于大老爷阁前当堂限到小的具报行使假银之王鸿顺一名，蒙恩当堂审讯。其王鸿顺行使假银换与小的实系本年三月内，小的将王鸿顺放逃，今经数月之久，小的方才报究，已蒙讯明。小的自愿限至十二年二月十九日将王鸿顺寻找送案，与伊质讯，不敢愈限过期妄为滋事，如违倍罪。限状是实。

十二月十九日具限状人吴朝贵。"[2]

"具保领人那振兴系茂连乡村住土目。今于大老爷阁前当堂保领到具控王鸿顺等行使假银之原告吴朝贵一名。土目自愿将伊保出领回。寻找王鸿顺交案审讯，随唤随到，不敢纵放远离滋事。如违甘罪。保领是实。

道光十一年十二月十九日具保领人土目那振兴。"[3]

第一则甘结是吴朝贵悔罪甘结，保证再犯加倍。第二则是吴朝贵向官府保证两个月内找到使用假银的王鸿顺归案对质的甘结，最后一则是土目那振兴出具的保领其释放回家的甘结。

此外，彝族地区还根据民族特点，令当事人出具"木刻"甘结。出具甘结是一些案件中法定的程序，目的是使当事人承担一定责任，规范司法活动秩序。从以上这些档案中可以看出这一程序和文书形式在彝族地区得到普遍遵守和运用。

第二节 清代刑法在彝族地区适用的主要案件

清代中央集权达到高峰，法律的作用功不可没。法律作为统治者治理国家的工具，最重要的一项功能就是为司法裁判提供依据，即按照法律的规定对案件进

---

[1] 楚雄彝族文化研究所编：《清代武定彝族那氏土司档案史料校编》，中央民族学院出版社1993年版，第113页。

[2] 楚雄彝族文化研究所编：《清代武定彝族那氏土司档案史料校编》，中央民族学院出版社1993年版，第113页。

[3] 楚雄彝族文化研究所编：《清代武定彝族那氏土司档案史料校编》，中央民族学院出版社1993年版，第113页。

行剖断，对行为人定其罪名，明其责任，定纷止争，维护社会稳定有序，以实现统治者对社会秩序的控制。清代统治者往往通过严明法律来震慑民众，使其敬畏和拥护皇权。因此，法律的司法裁判功能尤为重要。中央对地方的统治程度往往和法律在地方纠纷解决机制中的地位成正比。中央对地方统治越强，国家法效力就越强，其司法裁判功能就越大。反过来，司法管辖范围的扩大，也能推动清政府势力在苗疆地方的扩张，从而实现中央对苗疆的统治。苗疆地方长久以来脱离中央王朝的统治，有自成体系的习惯法和纠纷解决机制，对国家法以及司法制度会产生天然的抵抗力。因此国家法需要依照情况适时作出调整，"因俗而治"，以缓解阻力。因此，彝族地方的司法官员在适用法律时就不可避免地受到当地的风俗习惯、地理环境的影响，呈现出民族特色和地方特色。

国家法在彝族地区的司法管辖范围是随着"改土归流"程度加深而扩大的。原则上，凡人命、贼盗、诬告、诈伪等应处"徒"以上的案件皆由国家法强制管辖，生夷之间的轻微刑事案件以及民事案件则可以不受国家法管辖，适用习惯法处理即可。但实践中，这个管辖范围是根据地方的"改流"程度、当事人意愿、所涉利益的大小等因素而随时改变的。以下根据清代有关彝族地区司法材料的记录，对彝族地区主要案件类型的司法裁判进行分析，以了解国家法在彝族地区的司法裁判中的适用情况。

(一) 谋反案件

根据大清律法，"谋反"是指"谋逆"，属"十恶"，是威胁清政权的最严重犯罪。苗疆地区的叛乱骚动贯穿清代的整个统治时期，其中苗疆彝区发生了数百次大大小小的叛乱。"四面番蛮若任其狂逞不加惩创，诚恐各种效尤渐不可长，或致另生它衅亦未可定。"[1]清初期，中央对于此类案件主要采取出兵镇压，只要献出凶首，就不再追究，招降安抚，发给印号信纸，并不以国法惩治。康熙四十九年 (1710年)，冕山营官兵在剿彝中遭遇猓彝抵抗，游击周玉麟被彝人所杀，清政府出兵镇压，借机进行大规模招抚。如康熙四十九年"土司慕枝为招抚案内授阿都宣抚司，颁给印信号纸"[2]，"沙骂宣抚司安韦威于康熙四十九年投诚授职，颁给印信号纸。"[3]而在雍正康熙年间，在大面积的招抚和"改土归

---

[1] 中国第一历史档案馆选编：《清代皇帝御批彝事珍档》，四川民族出版社2000年版，第12页。
[2] (清·嘉庆)《四川通志》卷九十七，第6页。
[3] (清·嘉庆)《四川通志》卷九十七，第8页。

流"中,对于谋反情形除了出兵镇压,还要依律对相关案犯进行严厉惩处,以显示皇权威严。彝区的大小叛乱层出不穷,适用国家法对此类案件进行司法裁判的情况十分常见。

雍正八年(1730年),乌蒙彝族土司禄鼎坤谋反,因不满朝廷招抚安插事宜,抵抗官兵,预谋造反。当时的云南总督鄂尔泰在奏报审理情形时写到:

"臣窃查奸贼禄鼎坤凶本财狼,毒同蛇蝮,计欲投诚灭兄子而占主业,智穷谋叛,干国典而背君恩,号召头人觊觎镇印,虽授爵而萌悔,实操戈之未忘。今既质证确凿,亲供分明,应立即正法以快人心。但现在逆族凶目俱已擒解,所未获者共止数人,恐仍有究训情节,姑且禁候,统伺臣逐一亲审,按律定拟。"[1]

这一叙述十分明显地表明了国家法在该案件审理中的绝对效力,首先根据罪行拟定"谋反"罪。根据大清律法规定,"谋反"为"十恶"之首,指谋危社稷的犯罪,禄鼎坤故意设计让其儿子兄弟造反,企图借招安之名回乡霸占家产,为"谋反"大罪。从审判记录上看,涉案的禄鼎坤兄长、儿子、头人被"隔别研讯",收录供词,再将涉案证人与其"三面对质",待质证确凿,亲供分明,供词一致方才定罪正法,其余涉案彝人"按律定拟"。体现了国家法对谋反叛逆案件的严厉处罚。同年,新平地方杨、普、李三姓"猓彝"无故趁机纠结众人骚扰,鄂尔泰饬令署都、巡抚等缉拿首凶,对依律应正法者正法,对其余投诚的贼党逐一查明情况,迁徙远处安插。同时对当地知情叛逆的土官也进行审讯,依律定拟。处理这类案件时对国家法的运用也呈现出一些特点:

第一,法律适用建立在军事镇压基础上。彝族地区"谋反大逆"类犯罪是清政府强制管辖且国家法打击力度最大的案件类型,利用国家法对彝区谋反叛逆等行为进行定罪题拟,是建立在清政府对该地区一定的控制力的基础上的,往往是以军事镇压为前提。

第二,法律适用的适当变通。首凶严惩,贼党变通处罚,重在维稳。依照大清律法,"谋反""大逆"不区分首从,不论行与未行,皆凌迟处死,诛九族。在这类案件的处罚中,往往将首恶头目立即"正法",以示国法威严,震慑叛乱彝民。而对于同党,凡能投诚伏法,一般从宽或是不予追究,例如在新平三姓猓彝叛乱一案中,败逃余贼五六千人潜据整鲁等地区,地方官员即刻派兵严加把守,尽行剿除,惩一儆百。而在相邻的橄榄江一带,因为逼近江外宣慰土司所辖

---

[1] 中国第一历史档案馆选编:《清代皇帝御批彝事珍档》,四川民族出版社2000年版,第239~250页。

地界，虽有叛逆彝人，但考虑到贸然出兵搜剿"恐启外域疑惧转生事端"，于是令宣慰土司先将首恶擒解治罪，其余贼党等一切事定再酌量惩处。由此可见，对这类案件的惩处遂严厉而迫切，但也不得不顺应形势，灵活变通，避免引发事端。

（二）严重侵犯人身、财产的案件

清代彝族地区贩卖人口、抢夺杀人、绑架勒索等严重危害人身和财产的犯罪十分频繁。对于这类严重扰乱地方秩序，激起民怨的严重犯罪行为，国家立法在统一规定之外，还专门对彝族地区的此类案件进行专门规定。康熙四十四年（1705年），刑部议覆湖广总督喻成龙题准定例，乾隆三十六年（1771年）改定的"恐吓取财"一律下苗人"伏草捉人"的情形，"凡苗人有伏草捉人，横加枷肘，勒银取赎者，初犯为首者，斩监候。为从者，俱枷号三个月，臂膊刺字。再犯者，不分首从皆斩立决。其有土哨奸民勾通取利，造意者，不分初犯再犯并斩立决。附和者，各枷号两个月，发边远充军。该管土官虽不知情，亦按起数交该部议。知情故纵者，革职，杖一百。若教令指使或和同取利者，革职，枷号三个月，俱不准折赎"[1]。再如"略人略卖人"中专门对"贵州、云南、四川地方民人诱拐本地子女在本省售卖"情形成例说明等，表明国家立法对苗疆地方的该类案件有当然的适用效力，这些规定同样对彝族地区适用。

1. 贩卖人口案件

"贩棍捆绑递卖拆离骨肉，摧残凌虐，为人情之罪惨。"清代对掳掠贩卖人口的行为以重罪处罚。《大清律例》规定，凡是贩卖人口的，不分首犯从犯，遂与未遂，都杖一百，流三千里，如果还造成被掳掠人受伤的，处绞监候，死亡的处斩监。在苗疆地区，掳掠贩卖人口的现象非常普遍，清政府专门制定法律处罚苗疆贩卖人口的行为：一类是打击苗人贩卖本地人口的规定，乾隆六年（1741年）、乾隆十二年（1747年）都有对此的专门法规，规定贵州、云南和四川地方民众拐骗本地妇人子女，在本省贩卖的，如果没有和省外奸民勾结，照例定拟，如果是以强力捆绑妇人子女在本省贩卖的，首犯处斩监候，从犯发配充军。一类是打击外省人混卖苗人的规定。如《大清律例》中就有对外来流民进入贵州杀害苗人，掳掠苗人妇人子女企图贩卖的以强盗得财论处，不分首从一律枭首示众；如果掠往四川贩卖为首者处斩立决。外来奸民流棍贩卖贵州苗人，知情故买者，照违制律杖一百，仍将苗人给亲收领。同时规定云南、四川所属地方如有此

---

[1] （清）薛允升：《读例存疑》卷三十，《刑律之六，贼盗下之一·恐吓取财》。

类事件，照贵州例行。此外还限地方文武官员一年内擒获罪犯，不能擒获的，依照人数议处。这些规定都表明国家立法对苗疆贩卖人口行为的严厉打击的态度。

在苗疆各族中，彝族掠卖人口是最显著的，由于其传统风俗习惯和社会结构的特殊性，买卖人口并不被认为是犯罪，《东川府志》中有："蛮好劫掠，待行旅过，潜出其后缚之。其人背与蛮相合，面仰天，足离地，若巨虚之与蛩蛩……三年驯，则遣牧，狡则转卖于蜀，掠与蜀者，又转卖于滇……被掠者，不知几千百人。"[1]且随着彝族地区的不断开化，一些汉人奸民为获取利益内外勾结贩卖苗疆人口，严重破坏了彝族地区的社会秩序。

清初期，苗疆尚未平定，清政府就已经对川黔等彝族地区贩卖人口的行为进行打击并规定用国家法律进行制裁。雍正十三年（1735年）十月二十五日，贵州按察司会同布政司窃查，一旦发现棍徒将民间子女硬行绑去贩卖的，即立斩，为从者皆绞监候。但是自苗疆叛乱以来，贩卖人口的风气更盛。据查，黔省被绑之人多卖在四川地方，四川因地广人稀，往往出价较高，而且案发后买人口者又以不知为由逃避法律的处罚，因此导致贩卖人口屡禁不止。"川黔总属偏僻，安得黔民卖身者源源不断，如此之多，此不问而可知其为绑贩者，明知其为绑贩而故买之，事发竟以不知者不坐，脱然法外，似属宽纵。"[2]因此地方官员请旨严厉处罚外省之人混买人口的案件：

"煌煌令典何其森严，而恶风犹未稍息，今复乘逆口，倡乱肆行捆房，总缘川省地广民稀，婢仆鲜少，不惜重价不问来历。兼之黔省硗遐居天末，汉夷彝村庄廖落，非若他省之人烟，辐辏可以共相防，唯路僻山深，迂回曲折，非若他省之平原一望可以随踪追捕，以致若辈血见溅齿牙，趋利若务，该署府山高自情形急……请咨四川抚督两院，宪通行示禁，如有混买黔省人口者，以知情同物论。一面题请照会盛京乌喇等处，居住之人不详来历，混买人口者，于发遣之例难，不知情亦坐下挟流，至于牙保人等，亦一体治罪。则绑贩人口无所得，卖而犯法，渔利之徒知其无益而百止，亦遏流保原之道也。……"[3]

这一请求得到了批准，之后凡是川民如有混买黔省人口的案件，正犯无论知情与否均以知情论，并请照盛京乌喇等混买人口例提请定例治罪，为首者在犯事

---

[1]（清·乾隆）《东川府志》卷八。
[2] 张晓蓓：《冕宁清代司法档案研究》，中国政法大学出版社2010年版，第215页。
[3] 张晓蓓：《冕宁清代司法档案研究》，中国政法大学出版社2010年版，第214~215页。

地方正法，为从者俱拟绞监候；为贩卖人口窝藏隐瞒护送的，为首者割断两只脚筋，为从者割断一只脚筋，为贩卖牵合之人，分别枷责，且仍于两边脸上皆刺"拐贩"二字。由此可以看出，国家法对于川省地方私自买卖人口案件的处罚是十分残酷的。

但是，对于彝族地区贩卖人口的现象，清政府也不是一律禁止的。一方面为了鼓励军队士气，另一方面安置剿抚镇压中抓获的夷民，清政府在一定条件下允许买卖镇压过程中抓获的彝人男妇子女，奖励有功士卒。

"但且今逆苗未靖，各省大兵云集剿擒，所获逆属男妇子女众多，咸以卖励有功士卒，其间有远，不能带回者，有不愿晋役者，自必听其卖。业经本司议详，请令军前文武结以印信、照票者，即买之逆属男妇人口，数目、姓名、年貌逐一登注，照内该管关隘处所查验放行。如有不待及无印票者，即属奸贩，立行拿解，续文详请，严饬各地方文武，务应同心协力，按照各地方远近，并各要隘渡口，拨发兵丁乡练，分委经制。千把总逐日轮替游巡踩缉，遇有贩棍即行严拿。倘或抗拒，即行扑杀。如或逃遁，应即跟踪追捕。无论此疆彼界，务要弋获通报。"[1]

考虑到振作士兵士气的需要，以及缴获的逆属夷人如果不能出售则"冻饿病毙亦属可悯"的现实，官府批准士兵可以因为军功而将俘获的人口作为自己的财产合法贩卖。但同时为了避免士兵依此滥买，规定必须有文武官员的印信、照票作为贩卖凭证，而且被贩卖的人口要进行登记，在关隘处依登记放行，如果没有这些手续的，即属于违法贩卖。这一规定后来被广泛用于边塞地方。

除了允许士兵因功买卖人口外，还允许官方买卖苗疆人口。

"但现在细掳之事纷纷不绝，查黔省跬步皆山深林密箐，路径分歧，保无荒僻小径稽查不到之处□□，漏奸匪肆行捆贩再集，难民终难安枕，应宜移咨川省通饬所属，凡有携带黔省苗民到川售者，俱令先赴地方官处，将黔省军盖文武所给电票当堂呈验，点明人口，对明年貌，然后发官媒售卖完缴销。如无印票及年貌名数不符者，即系捆贩，立为严拿，该地方人民不凭官媒，不对印票，擅买黔民者，亦即究处，将人口移还原籍给亲团聚。庶目前捆贩之风可以少杜。其嗣后作何定例之处，俟苗疆廓清后再为定议，至关隘渡口盘查稽察查照前详批饬，实力奉行，方为妥协，仰即移行遵照仍候抚都院批示并候咨，四川督抚部院通缴等因，批发外相应移为此合咨贵都院烦请查照，希即通饬川省文武一体遵照，凡有

---

[1] 张晓蓓：《冕宁清代司法档案研究》，中国政法大学出版社2010年版，第215～216页。

携带黔省苗民来到川省售卖者。必须令其呈验印票，点明人口合对明年貌，然后连票交官媒售夹完，将果缴销，以赴重复影射。如无有印票，私带黔民来川售卖，及虽有印票而名数年貌不符者，即贩棍立行严拿通详究，拟并晓谕该人民，如有不凭官媒，不对印票，擅买黔民者，即以知情究处，将人口移还黔省原籍给亲团聚以杜绝贩之流，仍口见复施行。"[1]

从以上材料可以看出，清初期，川黔两省在人口贩卖案件中对法律的变通适用：

第一，允许一定形式的合法贩卖。贩卖人口是否违法，以是否有军前文武官员印信或是官府印票来判断，凡是无印票及年貌名数不符的被认定为奸犯，将受到追究。

第二，对违法贩卖行为进行重罚。涉事者不问知情与否均作知情处理，以就地正法、挑断脚筋等酷刑处置。一定程度上突破了法律对司法程序和刑罚类型的限制。

这一变通，是中央在川黔地方势力还不稳固以及当地人口贩卖实在过于频繁且数量巨大的极端情况下的应急措施。因此，虽然国家法对于苗疆地区贩卖人口的犯罪进行了专门规定并予以严厉刑罚惩罚，但在实际司法实践中，地方官员按照其间行刑不同，或是因形势泛滥不便控制、或是考虑到边民不知礼法甘愿悔过等原因，对法律进行适当变通。不过随着此后几次大的"改土归流"，这类案件的处理趋于规范。

2. 盗贼劫杀案件

盗贼劫杀是损害人身财产安全、破坏统治秩序的犯罪行为。《大清律例·刑律》中对盗贼劫杀犯罪的规定极为详细，"强盗"一律项下有条例四十八种，"白昼抢夺"一律项下有条例二十七种，且都课以严法。例如对强盗得财者，不分首从一律斩首，不得财者杖一百流三千里；若是强盗杀人放火，奸污人妻女，不分得财与否处，比照得财律斩首，并可随即奏请审结，枭首示众，等等。

从清代的奏折和司法案卷中，可以看到盗抢夺人口、粮食、牛羊这类案件在彝族地区十分常见，严重扰乱当地社会秩序。究其原因，一方面猓夷地方夷人发生纠纷时，习惯以盗抢财物、劫杀人口等方式复仇或表达不满，例如凉山地区，由于家支制度的特殊性，个人之间的矛盾往往上升为不同家支势力之间的矛盾，引发大规模的纠众斗殴事件，这类斗殴通常伴随着抢掳奸杀等恶劣行为，造成大

---

[1] 张晓蓓：《冕宁清代司法档案研究》，中国政法大学出版社2010年版，第215~216页。

量人员财物的损失。另一方面，一些彝族地区自然环境恶劣，粮食产量低，无法过冬，为了维持生计只有靠抢夺为生；此外还有受到域外汉民、熟彝的哄骗，或是勾结等因素。

针对这一严重情形，国家立法对苗疆地区此类犯罪作了专门规定。例如《大清律例》规定"凡苗人有伏草捉人，横加枷肘，勒银取赎者，初犯为首者斩监候，为从者具枷号三个月臂膊刺字，再犯者不分首从皆斩立决。其有土哨奸民勾通取利造意者，不分初犯再犯，并斩立决，附和者各枷号两个月，发边远充军，该管土官虽不知情，小按起数交该部议，知情故纵者革职，杖一百。若教令指使或和同取利者革职枷号三个月，具不准折赎"[1]；"白昼抢夺"条中规定"苗人聚众至百人以上，烧村劫杀，抢掳妇女，拏获讯明，将造意首恶之人，即在犯事地方斩决枭示，其为从内，如系下手杀人放火抢掳妇女者，具拟斩立决。若止附和随行在场助势，照红苗聚众例枷号三个月，临时胁从者，枷号一个月。至寻常盗劫抢夺仍照内地抢夺例完结，其有掳掠妇女勒赎尚未奸污者，仍照苗人伏草捉人勒赎例定拟"[2]，"苗人有图财害命之案埭照强盗杀人斩决枭示例办理"[3]。同时还规定了该地土官管教不严的责任，"凡苗人犯抢夺，该管土官约束不严，具交部议。若至百人以上，土司府州革职，百户寨长罢职役，满杖知情故纵者革职，枷号一个月，具不准折赎，若教令指使或通同图利者，照为首例治罪"[4]等。这些法律规定对彝族地区这类犯罪行为起到了一定的打击和震慑作用。在当时彝族地区的司法档案中经常能看到这类报状：

【乾隆十年二月十四日夷人那路报状】

为贪夜掳绑人口，吁天移究事。情因有阿叱娶到蚁之姐为妻，同在越西居住，阿叱无有后嗣，将家人刻咱、鹅奈勺等六人交与蚁使用。乾隆六年，将刻咱等移居马房沟，坐了年，不料九年又搬至哈哈住坐。忽于本年二月初八日，惨遭普雄补果、架子三人无辜统领十余人，黑夜将人六口，黄牛一条，家具粮食尽行抄抢去。幸有捐根惊觉，初九日领人追赶，至猓猡关，将掳去六人牛一条〔追〕回，其余家具粮食夺去。若不具报，事关抢夺，情

---

[1] 《大清律例·刑律·贼盗之下》"恐吓取财"条附例。
[2] 《大清律例·刑律·贼盗中之一》"白昼抢夺"条附例。
[3] 《大清律例·刑律·人命之一》"谋杀人"条附例。
[4] 《大清律例·刑律·贼盗中之一》"白昼抢夺"条附例。

惨莫极。为此报乞大老爷台前赏准作主，移提恶夷到案，审讯惩治掳绑之罪，庶恶知有王法，而良民免遭受害矣。迫切上报。[1]

这则报状反映了当时彝族民众希望通过官府对这类案件进行惩罚的愿望，从报状中"移提恶夷到案，审讯惩治掳绑之罪，庶恶知有王法，而良民免遭受害矣"等话语，可以看出国家法对抢劫、掳掠人财犯罪的打击力度极大，也反映出彝族地区民众对国家法惩治的认同。

彝族地区的盗贼劫杀案件多是群体性的，处理不当容易导致事态严重，给地方民众带来更大的损失。一方面震慑夷匪必须严明国法，另一方面又要考虑到彝区的安定。因此，司法官员在适用国家法处理案件时，往往综合案情、政策，甚至是统治者意志，作出适当变通。

嘉庆八年（1803年），四川凉山彝民庚儿纠集众彝人在大维山、麻家山等处肆行焚烧房舍，杀人并掳掠人口。同时勾结来谷、岩吉两支数百彝人在六翁夷地抢劫牛羊和粮食，该地土官玉沙衣率兵追捕却被射杀。案发之后地方官员立刻出兵镇压。在制止罪行之后，"凶夷尚未弋获"[2]，要将罪犯缉拿伏法。四川总督勒保请奏皇帝，皇帝下谕：

> 川省边地猓夷近年来时出滋事，若非严加惩创，诚不足以慑服其心。但夷性犬羊，如果畏惧声威，将滋事凶夷查明缚献即可就案完结，不值加以大办……饬勒保妥为驾驭，令将首恶头人献出，对众惩办方可完结，总期夷情贴服，居民不至惊扰，方为妥善。[3]

于是按照旨意，勒保先派地方官传谕于该处彝族头目，令其速将射杀土官玉沙衣的正凶查明并献出，可免其重判。然后委派熟悉夷情的候补县丞王仲熏，以及经历试用尚未入流的陆榛带领当地土司亲赴古来等地"明白开导，晓以利害"，猓夷等因震慑兵威，"环跪乞恩，情愿立限凶夷，稍赎前愆"[4]。随后献

---

[1] 《中国少数民族社会历史调查资料丛刊》修订编委会四川省编辑部编：《四川彝族历史调查资料档案资料选编》，民族出版社2009年版，第266页。
[2] 中国第一历史档案馆选编：《清代皇帝御批彝事珍档》，四川民族出版社2000年版，第684页。
[3] 中国第一历史档案馆选编：《清代皇帝御批彝事珍档》，四川民族出版社2000年版，第680页。
[4] 中国第一历史档案馆选编：《清代皇帝御批彝事珍档》，四川民族出版社2000年版，第684~685页。

出正凶六名，查明该六人射杀土官玉沙衣，并参与庚儿焚掠肆行，罪大恶极。遂在射杀土官的翁六堡地方，由土官亲属看视下枭首示众。该所辖地方的土司即头人不能约束手下，本应该照例治罪，但念及土司派土兵协助官兵剿捕，头人亲自捆献正凶，并出具"木刻甘结"承诺永不滋事，因此只令其赔偿被劫牛羊粮食，送还掳掠人口，从宽免其究处。对于庚儿等焚杀汉人房屋，掳掠人口一事，该伙彝人誓死不散，也不愿意交出首犯庚儿等人，遂派兵进剿，生擒庚儿等多名彝人。该镇道提犯严审，查明庚儿等当众凌迟处死，将随同抗拒之人立即处斩，没有助逆抗拒各彝人一并交与土司领回安置。将受害的民人分别查明，照例抚恤，避免其流离失所。

同年，以普色、六儿为首的凉山彝人掳掠汉人粮食人口滋事，四川总督勒保"派当地总兵张志林酌带官兵前往弹压，并委建昌道方积赴彼，会同该管永宁道余延良，叙州知府淡士灏德古相机办理"[1]。将夷匪镇压后，遂饬令建昌道设法查办，以兵力威慑彝人献出首犯，在勒保上奏办理完结折中写到：

> 普色、六儿二犯起义为首，纠众抢掠扰害汉民，实属罪大恶极，该镇道等乘番众聚集之时当众将二犯对众凌迟处死，仍传首犯事地方悬挂示众。又面谕其头人，遂不知情但依律为有罪之人，但念仰体皇帝好生之德，暂宽尔罪……天朝赤子官府无不爱惜尔等，令其叩首指天自誓此守法安分，出具木刻甘结呈案。[2]

从以上两个案件的审判中可看出，司法官员在法律适用上存在诸多变通。

首先，简化程序，"妥速办结，不可稍涉"。例如庚儿一案中，皇帝下谕"令将首恶头人献出对众惩办方可完结"，赋予地方官员特权，不用遵循层层上报、押解、移交等一般司法程序，力求迅速结案。一来时间过长滋生事端，二来对于这类严重扰乱统治秩序的行为，立即正法更能发挥国家法在彝族地区的震慑效应。

其次，在量刑上，"宽严并济，总期安定"。对于主犯以及反抗官兵的彝人，

---

[1] 中国第一历史档案馆选编：《清代皇帝御批彝事珍档》，四川民族出版社2000年版，第654~655页。

[2] 中国第一历史档案馆选编：《清代皇帝御批彝事珍档》，四川民族出版社2000年版，第654~655页。

以国法重惩,以儆效尤。例如两个案件中对于首凶,采用了比律法规定更重的"凌迟",并得到了皇帝的认同[1];对于没有同谋的土司、头人等,只要配合捉拿罪犯,伏法认罪,一般予以宽免。例如彝人实属化外,年岁荒欠,并非叛逆,例如比邻外域,易生其他事端,例如情愿伏法,归还赔偿等因素,都会影响国家法的量刑。

从当时皇帝的谕旨中不难看出,一方面"生番虽畏惧归巢,而首恶未得终,不足以彰国宪而快人心",因此要明示国法威严,安抚夷众;另一方面也要注意稳定边地,免滋生是非,承认头人出具木刻甘结。这样既彰显了国法威严,又宣扬了皇帝恩德,"恩威"并施,有利于维护彝族地区的有序和稳定。

道光年间,他郎地区的一起类似案件中,国家法的适用就相对严格。道光二十九年(1849年),云南境内他郎地区彝族因为争夺当地磺厂,纠集结盟,持械互相残杀,强势一方焚烧彝寨,轮奸妇女,叠毙人命,情形十分恶劣。清廷派兵肃清"贼彝",共拿获罪犯一百八十四名"解赴普洱审办"[2],剿获"鸟机炮[3]两位,鸟枪六杆,刀矛七十三件,药、铅各一包,牛马十二匹"。[4]皇帝专门对此事朱批:

"此系正办,不存畏难因噎废食……又因之以除莠,岂不两得。"[5]

从朱批的意思可得知,皇帝要求对此类事件严格依律处置,一方面宣扬国法,一方面清除恶贼。在本案审理详情中能看到当地官员严格地依律办理。

《大清律例》规定:"州县承审斗殴受伤,及畏罪自戕案件,一面拨医调治速痊,一面讯取确供提集案犯即行审理完结,不得以伤痊之日起限。如有借词扣展,致有迟延拖累者,照例查参议处"[6]。对本案中因斗殴及抓捕而受伤染病的匪犯,普洱府一面召集医治,一面取供。并将医治不愈,于取供后死亡的彝匪"验明具详,批饬归案办理";其余匪犯由该署府崔邵中,督同先后任他郎通判沈士良、倭克金,布属元江州知州李杰,委派宁洱县知县高鲁逐一审拟,"解经

---

[1] 在四川总督勒保对此案上奏文书中,嘉庆帝在首犯"凌迟正法"旁朱批"甚是"。
[2] 中国第一历史档案馆选编:《清代皇帝御批彝事珍档》,四川民族出版社2000年版,第1325页。
[3] "鸟机炮":火炮的一种。清代赵翼所著《陔徐丛考·火炮火枪》中解释"永乐征交趾,得神机枪礮法,特置神机营习之。大者用车,次及小者用架,用桩,用托。所谓用车者,即今之大炮也。用架、用桩者,盖即今之鸟机炮也。其用托者,盖即今之鸟枪也"。
[4] 中国第一历史档案馆选编:《清代皇帝御批彝事珍档》,四川民族出版社2000年版,第1326页。
[5] 中国第一历史档案馆选编:《清代皇帝御批彝事珍档》,四川民族出版社2000年版,第1325页。
[6] 《大清律例·刑律·斗殴》"保辜期限"条附例。

署迆南道勘审具招,移送署按察使史致番核议"[1];对于案发时被杀死,但"尚有掩埋处所,可以刨验者","起尸验明,分别填格详送"[2]。

对于案犯的定罪量刑,也是严格依照《大清律例》的规定进行的:

第一,对主犯的定罪量刑。本案中黄应倡等人因"纠众械斗致毙,彼造四命以上,并私铸枪炮[3],强盗得财,鸟枪杀人[4],聚众结拜[5],罪止斩绞,自应按律从重问拟",因此请照《大清律例》规定,"强盗杀人放火,烧人房屋……不分曾否得财,都照得财律斩,随即请审决枭示",拟定斩立决枭首示众;杨卜喇因纠众八十余人和黄应倡械斗,致十二人毙命,后又纠伙持械抢夺骡马财物,"查持械肆虐为首,罪止斩决,亦应按例从重问拟"。因此请照《大清律例》中广东等省的成例[6],拟定斩立决枭首示众;张教习帮同黄应倡私铸枪炮,又伙同劫掠彝寨的匪犯,查私铸枪炮之匠役[7],及强盗已行得财均应拟斩立决。该犯两犯斩决,照例加拟枭示;周缺嘴等人,听纠行劫夷寨,收掠财物,除另犯听

---

[1] 中国第一历史档案馆选编:《清代皇帝御批彝事珍档·道光二十九年》,四川民族出版社2000年版,第1328页。

[2] 中国第一历史档案馆选编:《清代皇帝御批彝事珍档·道光二十九年》,四川民族出版社2000年版,第1328页。

[3] 《大清律例·户律·军政》"私藏应禁军器"条规定:"凡民间私有人马甲傍牌火筒火炮旗纛号带之类应禁军器者,一件杖八十,每一件加一等,私造者加私有罪一等,各罪止杖一百流三千里,非全成(不堪用)者并勿论,许令纳官其弓箭枪刀弩及鱼叉禾叉不在禁","私铸红衣等大小炮位,及台枪者,不论官员军民人等,及铸造匠役一并处斩。妻子给付功臣之家为奴,家产入官。铸造处所邻佑房主里长等知情不首者,具拟绞监候,专管文武官革职,兼辖文武官及该督抚提镇具交该部议处,其私藏炮位及台枪之犯,除讯有不法重情,仍照各律例从重定拟外,如讯无别情仅止私藏者,即于私铸罪上减一等杖一百流三千里,失察之地方官交部分别议处。"

[4] 《大清律例·刑律·人命》"斗殴及故杀人"条附例:"因争斗擅将鸟枪竹铳施放杀人者,以故杀论,伤人者,旗人发宁古塔等处,民人发云贵两广烟瘴少轻地方充军。"

[5] 《大清律例·刑律·贼盗上之一》"谋叛"条有例"凡异姓人但有歃血定盟焚表结拜弟兄者照谋叛未行律为首拟绞监候为从减一等","滇省匪徒结拜弟兄,除罪应徒流以上各犯仍照例办理外,其但系依齿序列不及二十人罪止枷杖者,于本地方锁系铁杆一年,限满开释照例枷责交保管束,如不悛改,再系一年,傥始终怙恶不悛,照棍徒扰害例严行办理。地方官每办一案,报明督抚臬司,按季汇册咨部,开释时亦报部查核,俟数年后此风稍息仍循旧例办理。"

[6] 《大清律例·刑律·人命》"斗殴及故杀"条有例"广东、福建、广西、江西、湖南、浙江等六省纠众互殴之案,除寻常共殴谋殴,虽人数众多并非械斗及台湾械斗之案各照旧例办理外,如审系预先敛费,约期械斗,雠杀纠众,至一二十人以上,致毙彼造四命以上者,主谋斗之首犯拟绞立决,三十人以上致毙彼造四命以上,或不及三十人而致毙彼造十命以上,首犯拟斩立决。"

[7] 《大清律例·户律·军政》"私藏应禁军器"条有例"私铸红衣等大小炮位及台枪者不论官员军民人等及铸造匠役一并处斩,妻子给付功臣之家为奴,家产入官。"

从结盟互斗及轮奸良妇未成各轻罪不议外，应按律从重问拟，依照"强盗得财"律拟斩立决。以上各犯十七人"或已监毙，或已格杀，仍照例戮尸"[1]。考虑本案重大，而迤南离省有一千多里，如果押解审讯恐怕时长又生变故，于是恭请王命，将黄应倡等人就地正法，拟枭首示众的，将罪犯首级悬挂于犯事地方，彰显国法威严，以震慑警戒彝人。

第二，对从犯的定罪量刑。除了对主要凶犯依律严惩外，对于大清律法规定惩治的从犯，也依律处置。有十八人"听纠互斗的，各自殴毙一命，除另犯听从结拜及伙强得脏各轻罪不议外，亦应按律从重问拟"，由于双方各殴毙一人，因此"均请照纠众互殴之案，随从下手伤重致死，应行拟抵者，依本律拟抵"[2]，按照"斗殴杀人律"拟绞监候，秋后处决。刘万椿等人听从纠约结拜兄弟，首伙六十余人年少居首。根据《大清律例·刑律·谋叛》中规定，异姓人结拜兄弟的，如果年少人居为头首，聚众至四十人以上，视为从犯，发配到云贵两广极边烟瘴之地充军。许玉良等人听从纠约，带领七八十人序齿结拜兄弟，根据《大清律例》有例，"异性人有序齿结拜兄弟，并聚至四十人以上的，为首者绞罪，为从绞罪上减一等，拟定杖一百流三千里"。另有陶汶佐等听从纠约，带领十三人持械抢夺得财倚强肆掠，但并未伤人，请照粮船水手之例，分别首从定拟等。本案百余匪犯，无论格杀与否，均照罪行轻重依律定拟。

第三，对依律受牵连的罪犯家属也严格依律治罪。根据《大清律例》"私藏应禁军器"中除所犯之人处斩以外，其妻及子女给功臣为奴，家产入官这一规定，故令各私铸枪炮匪犯原籍官员确实查明其有无妻子、家产，照例办理。

与前两个案件不同，在该案的审理中司法官员对于彝族地区并没有差别对待，而是严格依照国家律法处理。司法程序上，严格遵照外结程序，层层上报，同时根据偏远实情，上请将立决罪犯在当地行刑。从审判技术上看，司法官运用了比附、类推、对数罪的处理以及加重赎减等方法，对不同罪行进行了详细梳理，并严格依照律例规定定罪量刑，每罪都有正式的出处，并无临时变通。表明了当时国家法律在彝族地区的充分适用，也说明当地彝众对国家律法的服从和遵守。当然，皇帝对案件的态度也极大影响着案件的审理，甚至决定了国家法律在彝族地区适用的程度。本案中，道光帝"此案正办"的朱批比起前案嘉庆帝

---

[1]《大清律例·刑律·人命》"谋杀祖父母父母"条附例。
[2]《大清律例·刑律·人命》"斗殴及故杀人"条。

"不值加以大办"的谕旨，对国家法在彝族地区的适用要积极自信得多，这很大程度上与清政府在彝族地区的开发程度和"改土归流"的程度有关。首先，"改土归流"成功的地方，对皇权的敬畏和国家法认同程度高，例如云南东、南彝族土司，彝众渐知教化，服从国家法的处理；其次，地方行政机构设置完善，本案中从总督、知府知州、县道，每一级别都设有流官，案件爆发后国家权力能够及时介入，迅速启动司法程序并有序推进；再次，国家立法对于这些地区的专门规定，加快了司法官员对彝族地区类似案件的处理，例如专门对于四川、云南地区，或者专门针对苗夷犯罪的立法，直接规定了罪名和量刑，作为案件正式的法律渊源直接适用。减少了国家法在这些地区的使用难度，扩大了国家法的适用范围。

同时，从这一案件中也看到，清政府对彝族地区的治理开发也造成了彝族社会矛盾的加剧。本案的导火索就是清政府在当地开设的磺厂，建厂时中央地方的官员选择一彝族头人招丁开采，引发了其他头人的不满，因此结盟械斗，直接冲击了清政府在彝族地区的利益。因此皇帝对此案严格依律处理的旨意，也与本案直接涉及清政府利益有关。

（三）官员犯罪案件

清代苗疆地方的官吏制度有别于中原。清前期，中央政府承袭明代土司制度，对彝族地区首领颁以信号印纸，授予爵位，发给俸禄，由其对地方事务进行管理，使有责承。在"改土归流"以前，土司负责地方行政事务，可以拥有自己的土兵，负责当地纠纷案件的处理，还肩负着收纳赋税等职责，权力很大。"改土归流"之后的彝族地区，土司依然拥有许多权力，流官在处理地方事务的时候离不开土官的协助，例如案件的处理往往依赖于土司调查、调解等。《大清律例》规定"川省滤州土流接壤地方，倘有词讼，照军民约会之例，令该州同与该土司公同核报"[1]。土司是少数民族地区的首领，形式上又属于中央任命的地方官员，集地方权威和国家权力于一身，地位具有特殊性，中央政府对土司的态度和管理方式也因此具有特殊性。一方面考虑到其权威是清政府在彝族地区进行地方管理的中介和桥梁，要对其利益进行特殊保护，例如规定"各处大小土官有犯徒流以上，依律科断其杖罪，以下交部议处"[2]；另一方面，为了避免土司

---

[1]《大清律例·刑律·诉讼之二》"军民约会词讼"条附例。
[2]《大清律例·名律·例上之一》"职官有犯"条附例。

在地方专横霸道，以权谋私，贪赃枉法，激化地方矛盾，对其违反朝廷官员制度的行为进行严厉打击。

"改土归流"后，清政府派流官主管地方的行政司法等事务，这些流官肩负稳定民族地区的重任，而彝族地区社会结构复杂，熟夷、猓夷混杂，土官、头人势力盘根错节，同时又远离省城京城，监管困难，极容易受到地方权威的影响，甚至流土勾结，相互包庇，徇私枉法。乾隆年间，四川冕宁县建昌地方护镇在发给土司的"禁令"中就提到："深知建南各处土部遵守法纪，顾惜身命者固多，面顽梗不守礼法，或偷盗护绑，或拉当抢夺，种种为匪者不一而足。细为查察，或由于该管官弁希图小利，不恤夷艰；或征收夷粮，额外多索斗头；或用烟盐布匹易换牛马羊只牲畜各物，以少取多，额外苛索。穷夷受此剥削，力不能支，以致为匪，此因饥馁所迫者有之。"[1]道光年间有四川流官与土司结为干亲，借其鸟枪十杆，向另一支彝人争闹的案件，等等。因此流官违反职责的行为除了受到刑律中一般规定的制裁，还要受到专门立法中特别规定的处置。因此，在彝族"改土归流"的地区，涉及土司以及流官两个层面的官员管理，对其违法犯罪尤其是违反管制的行为，是国家法律管辖的重要领域。

1. 土官犯罪案件

正如上文所说，土官作为地方权威和中央权力的双重载体，在日常事物的管理中权力十分巨大，加之苗疆偏远，信息不畅，导致许多地方出现土官利用权力，贪赃枉法，欺压百姓的事件，极大威胁到清政府在地方的统治秩序。乾隆年间就有官员上书称"土司管辖，夷民受气苛虐，不得安生"[2]。乾隆九年（1738年），贵州毕节县彝人男女老少二百五十名穿过川黔边界，进入四川永宁县境内搭棚居住，不愿回藉。后查明原是当地土目"不容居住，田地不许耕种，牛马猪样全都抢去，难以存生"[3]。为了维护彝族地区统治秩序，清政府对土官犯公、私罪的行为追究司法责任。

（1）土司犯公罪的案件

在"改土归流"的地区，土司、土官的职责以及违反职责的行为适用一般

---

[1]《中国少数民族社会历史调查资料丛刊》修订编委会四川省编辑部编：《四川彝族历史调查资料档案资料选编》，民族出版社2009年版，第232页。

[2] 中国第一历史档案馆选编：《清代皇帝御批彝事珍档》，四川民族出版社2000年版，第313页。

[3] 中国第一历史档案馆选编：《清代皇帝御批彝事珍档》，四川民族出版社2000年版，第452～453页。

官员的规定，同时也在立法上进行了专门的规定，例如《大清律例·刑律》中规定如果土司因为约束不严使苗人犯抢夺的，交部议处，如果抢夺至百人以上的，土司府州革职，百户寨长罢职役满杖；规定苗人有犯"伏草捉人"的，该管辖的土官即使不知情也要依据案件数量交该部议处，若是知情的，革职处以杖刑或枷号，且不能折赎，以及土司承办土苗案件，庇护徇私的革职议处[1]，等等。大清律对土司犯罪的处置也有特殊规定，《大清律例·名例律》就对土司犯罪迁徙安插地方进行了详尽说明，土司及其家属迁徙安插比一般地方的犯罪迁徙的要远，例如，本律规定"云南、贵州、湖南分流四川""四川分流广西""广西分流广东""广东分流福建"，而"土司犯军流罪"一例中规定"云南四川迁往江西""贵州广西迁往安庆""湖南迁往河南"，并规定"于省城及驻答提督地方分发安插，该地方文武各官不时稽查，毋许生事扰民"[2]，由此可以看出清政府希望通过将犯罪远发安插，避免其势力干涉原来地方。

除了《大清律例》的规定，清政府还对土司地方发布专门"禁令"对土司的责任进行规定。乾隆十一年（1746年），清政府对四川冕宁县建昌彝族土司地方发布"禁令"，严禁土部夷猓拉当护绑，免罹法网，其中规定文武土官若是玩忽职守、不理词讼、不尽责管理的，除革去顶戴外，还依法从重治罪。

土官如果有官衔品级，依照"八议"议处，一般严格依照律法处置。在实际的司法实践中，国家法律对此类案件的处理是多变的。道光年间云南境内发生彝人结盟聚众，烧杀抢掠，涉案彝人近二百名，在追究该管土官责任时，云南总督上请"该管土弁及地方文武，先虽失于觉察，旋经访闻，会同合力搜捕，于数月之内将匪犯一百八十余名悉数弋获，不至遗孽蔓延，尚属奋勉，所有失察各处分合无，仰恳逾格恩施，准予宽免"[3]。本案依"凡苗人犯抢夺该管土官约束不严具交部议"例革职杖罚，但考虑到其积极辅助办案，功过相抵，免究其罪。几乎同一时期，在攻克曲曲乌彝匪一案中，地方文武各官不能事先预防，都被依

---

[1]《大清律例·刑律·捕亡之三》"盗贼捕限"条附例："凡承审土苗案件，具以获犯到官日为始，照内地限期审结。限满不结，照例咨参接扣限期完结。如仍不审结，该督无照例题参，若该犯居土官所辖地方，该土官准州县移会。徇庇不行拏解，经督抚核实题参，将土官革职，择伊子弟之贤者承袭。若该犯居隔属隔省者，以文到日为始，限四个月拏解。如庇匿不解，交部议处。如果凶犯实系在逃，具限六个月承缉，限满无获，交部分别议处。"

[2]《大清律例·名律例》"徒流迁徙地方"条附例。

[3] 中国第一历史档案馆选编：《清代皇帝御批彝事珍档》，四川民族出版社2000年版，第1369~1370页。

律交部议处，四川总督鄂山、提督杨芳奏请，考虑到此事发生突然，起因是因为该土司希图复印，驱逐汉民夺回田地，并非谋为不轨，侵犯城池，且与内地邪教煽惑者亦属有间，而且事发后土官于官兵未到之时先设法堵截，且帮同官兵缉获首逆等因，认为其功过足以相抵，恳请各文武官员免其议处。

可见，土司失职犯罪，凡在军事上有所补救或是政绩尤卓，没有造成严重后果的，一般都会从轻或是免议。乾隆二十九年（1764年），根据臣部议覆，原任广西按察使申罗宝条奏，在《大清律例·刑律》"诈伪"中增加一例，规定外来匪徒在苗疆地方有教诱犯法，按照所犯罪行加重治罪。失察之地方官照徇庇例议处，故纵者照溺职例革职[1]。乾隆二十六年（1761年），云南布政使上奏称土司在管理地方事务时经常涉及文书，但由于土司不懂官吏制度，不得不请人执笔，时间久了就延入幕中，称为"土幕"。这些"土幕"渐渐把持事权，经常徇私舞弊，更甚者教唆土目欺凌土民，土司被其蒙骗而不察。"无异于汉奸勾引夷人不法滋事"[2]，依例应将汉奸治罪，土司革职，但考虑到对土司"若竟行革除又虑办公掣肘"[3]，提出以此次为教训监督土司规范幕僚的延入，要求其必须查明籍贯及来历，报州县存案。如再发现有滥用游民的，"该土司照容留游棍例治罪，土幕按照不应重律杖惩，遣回原籍安插，其余贪赃作弊，从重"[4]。这样一方面能稳定当下的社会秩序，避免了土司革职所带来的袭替等一系列的麻烦；另一方面也使得汉奸无赖以及负罪潜逃之徒不再有机可乘。后来关于土司延请幕友需要登记在案的规定于乾隆三十二年（1767年）成为定例，规定"凡土官延幕必将所延之姓名年籍通知专辖州县，确加查验，人果端谨实非流棍，加结通报方准延入，若知系犯罪之人私聘入幕并延请后，纵令犯法者，照职官窝匿罪人例革职，如有私聘私就者，即令专辖州县严加驱逐，若土幕教诱犯法即视其所犯之轻重具照匪徒教诱犯法加等例治罪，败露潜逃即行指拏重惩私聘之文武土官及失察之该管州县交部分别议处"[5]。

（2）土司犯私罪案件

道光年间，越嶲厅邛部宣抚土司嶺如龙因为收留夷妇为妾，导致夷众不满，

---

[1] 吴坤修等编撰：《大清律例根原》，上海辞书出版社2012年版，第1579页。
[2] 中国第一历史档案馆选编：《清代皇帝御批彝事珍档》，四川民族出版社2000年版，第534～535页。
[3] 中国第一历史档案馆选编：《清代皇帝御批彝事珍档》，四川民族出版社2000年版，第535～536页。
[4] 中国第一历史档案馆选编：《清代皇帝御批彝事珍档》，四川民族出版社2000年版，第534～535页。
[5] 吴坤修等编撰：《大清律例根原》，上海辞书出版社2012年版，第1579页。

纠约焚烧。革职后经官府审明，比照"引惹边衅"例的规定，"交结外国及私通土苗互相买卖借贷，诓骗财物引惹边衅，或潜住苗寨教诱为乱，如打劫民财以强盗，贻患地方者，除实犯死罪，如越边关出外境将人口军器出境卖与硝黄之类外，具问发边远充军"[1]，将嶺如龙发边远充军。

由此可见，清政府对土官犯罪除了追究其行政责任外，往往还追究其司法责任，这样做是为了通过约束土官实现清政府对彝族地区的控制。但清政府毕竟对土官有一定的依赖性，因此在一定程度上允许土官将功赎过，再加上议请制度，对土官的司法责任进行减免。

2. 流官犯罪案件

《大清律例·刑律》中专门规定，若文武官员，凡是索取土官财物，罪拟徒三年以上的，发配附近边境充军[2]。云南、贵州、四川等地流官擅自科征收敛土官财物、兵夫，征价入己，强卖货物，取价利赃的，该处徒三年以上的发边充军[3]。同时还规定"改土归流"地方，如官员"差遣兵役骚扰，逼勒科弊，因而激化矛盾，激动番蛮者，照引惹边衅例从重治罪"[4]，等等。

在司法实践中，清政府对地方流官犯罪的态度十分严厉。乾隆九年（1738年），黔省毕节县猓夷逃入四川省境内滞留不归，令黔省大定府知府苏松会同川省叙永同知杜枢将为首之人捉拿，苏松称自己随带人员兵役较少，不便越川境滋扰生事，而川省同知杜枢称"该犯等素性愚悍，唯恐生变，详请会饬两省文武官员协拿"[5]。四川巡抚上书称"国民刁抗此风亦断不可长，若再等待两省会拿势必拖延时日……是在邻封自应该无分彼此"[6]，乾隆朱批"此必系不肯实心办事之人，应申饬者申饬，或查参亦可"[7]。后查同知杜枢不及时严拿罪犯，本应该查参，但其平时居官尚为勤勉，之后办理该案时尽心职守，剿拿匪犯，抚恤彝众，劳心数月之久，并无耽误，最后只是"面加严行申饬，杜枢跪聆之下惶悚战栗……如该员嗣后遇有公事稍不实心力办，立即严参"[8]。此类案件不予究责通

---

[1]《大清律例·兵律·关律》"盘诘奸细"条附例。
[2]《大清律例·刑律·受赃》"在官求索借贷人财物"条附例。
[3]《大清律例·刑律·受赃》"在官求索借贷人财物"条附例。
[4]《大清律例·刑律·受赃》"在官求索借贷人财物"条附例。
[5] 中国第一历史档案馆选编：《清代皇帝御批彝事珍档》，四川民族出版社2000年版，第480页。
[6] 中国第一历史档案馆选编：《清代皇帝御批彝事珍档》，四川民族出版社2000年版，第480页。
[7] 中国第一历史档案馆选编：《清代皇帝御批彝事珍档》，四川民族出版社2000年版，第480页。
[8] 中国第一历史档案馆选编：《清代皇帝御批彝事珍档》，四川民族出版社2000年版，第487～488页。

常是因为情节较轻,并没导致恶果,而且官员平时政绩好坏、勤勉与否都会成为影响国家法律适用的因素。但一旦由于官员的不法导致严重后果,国家法律的适用是不容商榷,甚至是从处重罚的。道光年间,四川雷波厅一带有彝匪频繁出巢焚烧寨子,掳掠人口,抢夺财物,地方官员策应延误,防堵不严使得彝匪逃脱且更为猖狂。四川总督在追查时发现该地武备废弛,匪徒横肆,其副将在夷地三年却对当地番夷、汉人情形茫然莫对,回复模糊。后查实,该地通判刘绍文挡卡赏夷银两不发,代商人私自开发龙坪这一险峻山路,致使猓夷匪徒进入,进而猖獗。在出兵镇压夷乱时,又与署参将争论兵丁口粮,以致策应无人,贻误时机。还将其学生朱定国委任为守备,朱定国懦弱无能,挑拨是非致文武官员不和,其在剿夷时谎称有病,引疾规避,苟且偷生。情形实在恶劣,四川总督琦善上奏请示除将二人分别降调革职外,处军罪,发往新疆效力赎罪。

同一时期,四川总督琦善还查处了马边厅一起官员滥许银两,与夷私和的案件。道光二十九年(1849年),四川马边厅地区猓夷滋扰不断,屡禁无效。后查明马边厅守备罗文斗在与猓夷冲突中受到与夷人勾结,企图肥私的兵丁夏世栋的愚弄,同意支给夷人赔命价以安其心,和息了事。由于多次逼迫同知姜吉兆支给银两未果,故以官兵防守多日急需经费为由,支取布二十六匹,银五百五十两均交给闹事彝人。案发后皇帝大怒,朱批"可恶可恨之极,必当加等完罪"。遂将相关人员革职归案,交该总督提省严审。根据大清律法规定,被贼人突入境内掳掠头畜衣粮数多,不曾杀掳军民的,将守备问罪[1],罗文斗等依此律应发边充军。但同时涉罪私通土苗,诓骗财物,教诱为乱,根据《大清律例》"私通土苗"[2]例,应发边充军。根据《名例律》载,"断罪无正条者,援引他律比附定拟",将守备罗文正"按例问军"。因其"受人愚弄,与夷私和,逼勒文员,昏庸

---

[1]《大清律例·户律·军政》"主将不固守"条附例:"失误军机,除律有正条者拟议监候奏请外,若是贼拥大众入寇官军卒,遇交锋损伤被掳数十人以上,不曾亏损大众,或贼众入境掳杀军民数十人以上,不曾掳去大众,或被贼白昼夤夜突入境内,掳掠头畜衣粮数多,不曾杀掳军民的,问守备,不设被贼侵入境内掳掠人民本律发边远充军,若是交锋入境损伤掳杀四五人抢去头畜衣粮不多者。亦问前罪。以上各项内情轻律重有碍发落者,备由奏请处置,其有被贼入境将侦探军役及飞报声息等项公差官军人等一时杀伤捉去,事出不测者具,问不应杖罪留任,或境外被贼杀掳侦探军役非智力所能防范者,免其问罪"。

[2]《大清律例·户律·军政》"盘诘奸细"条附例:"交结外国及私通土苗互相买卖借贷,诓骗财物,引惹边衅,或潜住苗寨,教诱为乱,如打劫民财以强盗分别,贻患地方者,除实犯死罪〔如越边关出外境将人口军器出境卖与硝黄之类〕外,俱问发边远充军"。

糊涂,应从严惩治"[1],先于事发当地"枷号三个月"[2],加等治罪"发往新疆充当苦差"[3]。夏世栋借夷人索要赔命价,勾结夷人从中肥私,"虽例无作何治罪明文,惟其教令多聚夷人,虚张声势,即与教诱为乱无异,自应比例从重问拟"[4],根据"教诱为乱"例拟军从重,发往新疆给披甲人为奴。参与谈和分肥的士兵,照律应为从犯,军罪之上减一等,问拟满徒,但又因为事发边疆重地,情节较重,"应不准其减等……比照司糖土苗教诱为乱问发远充军例拟发边远充军,各到配杖一百"[5]。从此案的审判定罪可以看出,对于夷境官员严重违反职责的犯罪,在定罪量刑方面是重于一般地方官员的,其原因,一方面是考虑到国法的震慑作用,以一儆百,使其他"改土归流"地方的官员不敢因为地处偏远,就敢肆意枉法,同时也能在苗疆传播国家法的权威;另一方面,同样的行为,在夷境会造成比在内地更大的威胁和影响,是中央所不能容忍的,此案中皇帝的朱批对从众处罚的结果起到了决定性作用。由此可见,清代国家法在彝族地区官员犯罪中的适用也是因情势而灵活变通的,而其核心还是维护清政府的统治利益。

"雍正十二年十月十九日,奉按察使司纪录九次高批,据前府申详,查得冕宁县详报吏严瑞风家奴脚落,串同吏员严儒家奴约他哑巴偷窃夷民阿别济呼羊只,讯出严瑞风、严儒属知情,以自认罚银修补县城,恳免革究等情,具详到府。先经卑府据情详奉宪批,罚罪城,有无违例,饬府查明详报。今转据该县令详复前来,卑府复查,罚罪修城原属违,应请将本案偷窃知情之吏员严瑞风,严儒详请咨革究拟。至该县米令违例妄请罚罪修,亦属不合,似应并请议处,但查该县米令已经告病离任,所罚银两修补城垣工程现今告可否姑念边末官吏冒昧妄行,从宽免拟,姑准销案之处,此饬又宪台格外之洪恩,非所敢擅专者也。缘奉批查理事,理合具文详请宪台俯赐批示擅遵等因。奉批,据详了该令告病离任,姑免深究如详销案。缴。奉此,拟合就行。为此仰县官萝宪批事理,文到即便知照,毋违。须至牌者。"[6]

---

[1] 中国第一历史档案馆选编:《清代皇帝御批彝事珍档》,四川民族出版社2000年版,第1384页。
[2] 中国第一历史档案馆选编:《清代皇帝御批彝事珍档》,四川民族出版社2000年版,第1384页。
[3] 中国第一历史档案馆选编:《清代皇帝御批彝事珍档》,四川民族出版社2000年版,第1384页。
[4] 中国第一历史档案馆选编:《清代皇帝御批彝事珍档》,四川民族出版社2000年版,第1385页。
[5] 中国第一历史档案馆选编:《清代皇帝御批彝事珍档》,四川民族出版社2000年版,第1386页。
[6]《中国少数民族社会历史调查资料丛刊》修订编委会四川省编辑部编:《四川彝族历史调查资料档案资料选编》,民族出版社2009年版,第258页。

从以上官员犯罪的案件中，我们可以得出土官和流官犯罪在适用法律中的一些差异。对于土司的犯罪案件，除死罪外，犯徒流罪的，一般采用"迁徙远边，断其势力"的方式。对流官的犯罪行为，一般先是处以摘除顶戴，降调革职的行政措施，如果情节特别恶劣的，再追究刑事责任。在追究刑责的时候，边疆夷境的情形对量刑的影响巨大，如果轻罚有利于安定，就从轻议处；如果犯罪严重威胁边境安宁，则加等重罚。

(四)"逆伦"案件

清代法律以儒家思想为核心，尤其注重对家庭宗法伦理的维护，强调长幼有序，亲疏有别。清律对违反家庭伦理的行为规定了严厉的刑罚。《大清律例》将卑幼谋杀尊长的犯罪称为"恶逆"，列入"十恶"，定为最严重的犯罪之一。恶逆者处以极刑且不能议请。《大清律例》中将"谋杀祖父母父母"单独区别于"谋杀人"定罪规定"凡谋杀祖父母父母及期亲尊长外祖父母夫夫之祖父母父母已行，不问已伤未伤，预谋之子孙不分首从，皆斩，已杀者皆凌迟处死"[1]；清律还对"干名犯义"进行处罚，规定"凡子孙告祖父母父母妻妾告夫及告夫之祖父母父母者，虽得实亦杖一百徒三年"[2]等；此外"亲属相奸"也做处以极刑，规定"凡奸同宗无服之亲，及无服亲之妻者，各杖一百，强者斩监候"[3]，"奸内外缌麻以上亲，及缌麻以上亲之妻，若妻前夫之女同母异父姐妹者，各杖一百徒三年，强者斩监候"，等等。明末讼师秘本《珥笔肯綮》写到："凡告家财，不在干名犯义之例，但情词畅顺即是，不必原求律法。"言下之意，即使是涉及婚姻家庭的民事纠纷，只要涉及"干名犯义"官府都要强制介入。

在清代冕宁县司法档案中，可以看到国家法在"改土归流"彝族地区这类案件中被作为审判依据得到了充分适用。

1. "恶逆"案件的法律适用

如乾隆年间，四川猓民便么把看邻寨阿二把家收割的包谷无人看守，便偷了一捆回家，其父重病卧床，看到后责令其归还，但便么把不听。阿二把发现自家包谷被盗后找到便么把家，其父告知是便么把偷的，阿二把就要将便么把送官，便么把情急之下将自己母亲打伤企图嫁祸于阿二把，被弟弟揭发，其母因伤势过

---

[1]《大清律例·刑律·人命》"谋杀祖父母父母"条。
[2]《大清律例·刑律·诉讼》"干名犯义"条。
[3]《大清律例·刑律·犯奸》"亲属相奸"条附例。

重殒命。后官府按"谋杀祖父母父母"律,将便么把凌迟处死。

2."殴亲"案件的法律适用

乾隆元年(1736年),四川凉山宁远府有这样一个案件,周朝举先年当身于武世贵之父武建功,以子侄相待,武建功对周朝举视如己子,更名武洪举,为之娶妻完配。武建功去世后,其子武世贵不遵父命,将田产当卖殆尽,惟令武洪举同居耕种,称当身之人以奴雇相视,武洪举不幸复姓归宗,仍名周朝举,在武世贵之家力作糊口。雍正十二年(1734年)三月初九日,周朝举进拦取烟叶打碎鸡蛋,武世贵见而怒骂。周朝举不服,两相争骂,一怒之下打伤武世贵之母,并用木棍追打武世贵,武世贵于是还殴周朝举,用棍子打伤周左肩胛,并连殴两棍,打中头部和胸部,医治不痊,七日后死亡。

这一案件,州县官员认为此案应依照"凡人斗殴杀人"条,将武世贵拟绞。案件上呈到宁远府,知府认为:

"查例载义子过房,恩养年久,分有财产,配有室家,若于义父母有犯,即同子孙取问如律。若恩养未久,不曾分有财产,配有室家,及于义父母之期亲有违犯者,并以雇工人论。又律内家长及家长之期亲殴雇工人致死者,杖一百徒三年等语。武世贵殴伤周朝举身死一案,查武世贵之父武建功先将周朝举立约当身,恩养多年,则武世贵实系周朝举家长之期亲,虽据该县详称周朝举因田产未分给,已经照与律不符,应将武世贵改依家长殴雇工人致死律,杖一百徒三年。"[1]

从知府的改判来看,其认为周朝举是武世贵知府的义子,虽没有分给田产但是其与武世贵不应按照凡人例定拟。根据雍正三年定例"凡义子过房在十五岁以下恩养年久,或十六岁以上曾分有财产、配有家室,若于义父母及义父之祖父母、父母有犯殴骂、侵盗、恐吓、诈欺、诬告等情,即同子孙取问如律。若过房虽在十五岁以下恩养未久,或在十六岁以上不曾分有财产、配有家室,及于义父之期亲并外祖父母有违犯者,并以雇工人论"[2],认为该案应属于家长殴雇佣工人,由有定例"若家长及家长之期亲若外祖父母殴雇工人,不分有罪无罪,非折伤勿论。至折伤以上减凡人折伤罪三等,因而致死者杖一百徒三年,故杀者绞监

---

〔1〕《中国少数民族社会历史调查资料丛刊》修订编委会四川省编辑部编:《四川彝族历史调查资料档案资料选编》,民族出版社2009年版,第331~332页。

〔2〕吴坤修等编撰:《大清律例根原》卷八十八,"殴祖父母父母"条,上海辞书出版社2012年版,第1409页。

第二章 清代刑法在彝族地区变通适用的具体内容

候"[1]，改判处杖一百徒三年。

这桩案件中知府对下级官员适用法律不当所做的纠正，说明了国家法在彝族地区家庭伦理案件司法裁判中得到有效适用。

3."乱伦"案件的法律适用

光绪元年（1875年），冕宁县夷妇叭耳吗状告兄占弟媳一案：

"为霸奸生子，首究乱伦事。情夷幼配唐哑吧血叔唐老五为婚，因犬病故，夷招马老三赘门。兹因夷子黎吗叱娶妻博杜乜，不料夷子身故，夷媳博杜乜陡被唐哑吧紊乱伦理，兄占弟媳，估霸夷媳通奸。突于今二月，夷媳陡生一女，夷比投明张黑骨头等追问，夷媳已认系伊勾奸所生，伊估不承认。夷控在汛，沐刘汛弁讯问，伊反恶估遮，暗支人反将夷夫马老三等预控厅衙。似此乱伦奸媳，若不首恳作主，不惟目无法纪，且伦风奚存。为此首乞。"[2]

这一案件虽然没有看到相关后续材料，判决无从得知，但是从彝族妇人的诉状中可以看出，宗法伦理思想已经在该彝族地区成为了社会秩序，得到了认同和遵守。案件中"紊乱伦理""勾奸"等语以及"似此乱伦奸媳，若不首恳作主，不惟目无法纪，且伦风奚存"的诉讼理由，说明了夷人认为"乱伦"是违法的，并且希望以国法进行处断，这已经和内地汉民无异。

4."干名犯义"案件的法律适用

嘉庆十八年（1813年），武定那氏土司乏嗣争袭案中，有对"干名犯义"行为进行制裁的记录。土目那显宗去世后乏嗣，也无服制亲属可以继承宗祧，最后依照法律规定，从远方无服子侄中选一品行优良的继承。为了争夺继承资格，亲属之间不惜相互捏造诬控。官府的判决中写到：

"昌祖本可继立，因从前甫有其议，昌祖即向沙氏逼索田房银钱账目契据，沙氏不与昌祖。即以沙氏曾经背叔私逃等言，肆行独犯。至绶祖因争继不遂附和昌祖，同声污辱……那昌祖、那绶祖争继不遂，干犯无服族姊，名分犹存未便宽贷。均照不应重律，各杖八十，分别戒伤发落。"[3]

---

[1] 吴坤修等编撰：《大清律例根原》卷八十五，"殴祖父母父母"条，上海辞书出版社2012年版，第1358页。

[2] 《中国少数民族社会历史调查资料丛刊》修订编委会四川省编辑部编：《四川彝族历史调查资料档案资料选编》，民族出版社2009年版，第338~339页。

[3] 楚雄彝族文化研究所编：《清代武定彝族那氏土司档案史料校编》，中央民族学院出版社1993年版，第189页。

那昌祖、那绥祖诬告无服族婶背叔私逃，虽然双方为无服亲，属缌麻以外族亲，法无定律，但官府还是认为其为"干名犯义"，依照《大清律例》"不应为"条"凡不应得为而为之……事理重者杖八十"[1]的规定处断。

国家法对这类犯罪的定罪量刑是"儒家"传统宗法伦理在法制上的突出反映，这类规范的适用也需要同样的文化背景作基础。对于传统文化与内地明显不同的彝族地区来说，国家法的司法适用受到地方"改土归流"程度的影响。开化程度越高的彝区，正统文化影响力大，适用国家法对伦理案件的裁决认可度就高。而对于尚未开化或是开化程度较低的地方，对宗法伦理的理解和认可程度低，国家法就需要适当变通适用。

这类案件的核心是保护传统儒家宗法，其实施和遵守都是以正统儒家思想为背景的。而彝族地区，尤其是还未"改土归流"或是开化未久的地区并不具备这一文化背景和理念，国家法所惩罚的有逆人伦的行为在彝族社会也许并没有被禁止，甚至成为纠纷解决的方式得到广泛认同。例如凉山彝族习惯法中，男子可以多妻，而且地位相等，没有妻妾之分；姑舅表兄妹间发生非婚性关系，不受任何处罚等，与国家法相矛盾。如果容忍这样的行为将严重侵害清王朝统治秩序，因此必须予以禁止；但另一方面，又要考虑到夷众的接受和认可程度，以免引发夷乱，带来相反的效果。因此在这样的情况下，司法官员在处理上就要适当变通。

凉山彝族地区在乾隆时期有这样的习俗：彝人每因被控盗窃，无以自明时，就砍鸡屠狗，甚至将子女自行杀死，以证清白，并意图使原报告人获将来之阴报。这样的行为能够让人们相信其清白，得到宽恕。乾隆三十年（1765年），按察使司专门发布禁令，通饬严禁故杀子孙的行为：

"为申严故杀子孙之禁，以重生命事……以无知之孩童，受无辜之杀撒（戮），忍心害理，真豺狼之不若矣。且盗凭赃定，若起有正赃，虽杀死子女，终难逃盗贼之名，如其无赃，虽不杀子女亦断不能悬指为盗。般至报官验讯，原告本未动手伤人，居然逍遥事外，而伊之是盗非盗，仍当问其有赃无赃，并不能因其将子女杀，为之稍宽一线。是杀死子女不但大坏伦常，亦且毫无益处。查律载故杀子孙者，杖六十徒一年，又例载故杀妾及子孙、侄子孙与子孙之妇图赖人者，俱发附近充军。既，狼毒愚顽，可恨可悠〔愍〕，

---

[1]《大清律例·刑律·杂犯》"不应为"条。

合行出示严禁。为此开明律例,谆切晓谕,嗣后尔等遇有杀人牵累赃迹未明事件,小则邀众理讲,大则告官剖断,毋得藉口明心,再踏前辙……"[1]

从这一禁令中可以看出,彝族人用杀死子孙的方式以证明清白,是国家法严厉制裁的"大坏伦常"的行为,严重侵害了国家法统治秩序和当地的社会秩序,官府"禁令"中对此严厉禁止,指出其"自残伤骨肉,又复身罹宪章",表明这一习俗不仅违反伦理,更违反国家法律,呼吁民众"感发天良,勉为盛世之良民,勿作人伦之枭獍"[2]。同时"禁令"还对司法官员处理此类案件的法律适用做出了指导,规定此后这类案件适用"杀子孙图赖人"[3]例定罪,具发附近充军。但同时也允许对情节较轻的案件,通过调解说理来处理,对于案情严重的案件,官府才有必要照律例断处。这在一定程度上对国家法在这类案件中的管辖范围做出了变通,情节较轻的允许协商解决,不必依法剖断,只对情节严重的案件束以国法,一定程度上缩小了国家法的管辖范围。清政府的这种做法,是出于对彝族社会秩序稳定性的考量,因为此风已久,一时难以根除,如果冒然肃清,可能会引起夷众的不满,而通过这样有区别地适用法律的方式,循序渐进地治理这样的乱象,能够起到好的效果。

(五)"汉夷"相犯、串犯案件

清律"苗例"条规定,"苗人"之间相争讼的案件可以适用习惯法解决,也就是说,发生在"汉夷"之间的争讼或是串通的案件,适用国家法处置。清代对苗疆夷人和内地汉人采取"汉夷分制"的手段,其目的是为减少夷汉矛盾,稳定统治秩序。随着中央对苗疆治理和开发的不断深入,夷人和内地汉人的交往也不断增强,但也因此滋生不少事端。一些汉民利用夷人不知教化、不懂国法,故意欺瞒教唆,滋生是非,为苗疆治理增加了不稳定因素。

1. 清律中有关"汉夷分制"规定

乾隆七年(1742年),云南布政使阿兰泰上书称"滇南一省半杂夷獠……从前土司管辖,夷民受气苛虐,不得安生,自不法土司分别迁往内地省份,所属夷

---

[1] 《中国少数民族社会历史调查资料丛刊》修订编委会四川省编辑部编:《四川彝族历史调查资料档案资料选编》,民族出版社2009年版,第233页。

[2] 《中国少数民族社会历史调查资料丛刊》修订编委会四川省编辑部编:《四川彝族历史调查资料档案资料选编》,民族出版社2009年版,第233页。

[3] 《大清律例·刑律·人命》"杀子孙及奴婢图赖人"条:"故杀妾及子孙、侄、侄孙与子孙之妇,图赖人者,无论图赖系凡人及尊卑亲属具发附近充军"。

民仅归流官管辖,已成编户,无不感戴……乃有江楚无藉之徒,多入夷方贸易,日渐习熟,知其愚而可欺,重债叠算,遂得盘踞其中,田寨为其所有,又指使又指使刁点夷人生事结仇,捏词诬控撞骗,株连起灭悉由其手……边夷不靖无非汉奸所为"[1]。为了杜绝这类犯罪,清政府对此专门立法禁止夷人生番擅入内地,汉人私入夷境,并对"汉奸"滋事的行为课以严法。

(1) 对夷人私入外省的规定

《大清律例·兵律·关律》中有"无文引私度关津者杖八十"的规定,同时在条例中还专门规定了土官土民如果是因公务差遣到外省的,必须向本地官员呈报,再转报本省督抚发放咨牌,并知会要去往省份的督抚,否则土官革职,土民按照"无引私度关津律",杖八十送回;如果土官土目潜往外省滋事为匪盗的话,一经发觉,照律应处死罪的依律处死,犯徒罪以上都依照"军人私出外境掳掠不分首从发边缘充军"律的规定[2]递回,照例枷责,和父母兄弟子侄等一并迁徙安插。同时还对不行管束,失于查报的官员进行议处。除了中央立法,地方官府也出台禁令严处夷人出境滋扰。道光二十八年(1848年)冕宁县据地保禀告,恳请禁止匪类混入滋扰修筑水坝,出示谕禁:"如有不法游民来彼酗酒、赌博、绺窃、骚扰,立即擒拿务获,押解赴县,以凭究惩。该客保等亦不得藉端滋事。并谕该场店户,毋许容留外来流民,以免匿迹扰累。倘敢故违,一经查出,定即并究不贷,各宜凛遵毋违。"[3]

(2) 对"汉奸"犯法的规定

例如《大清律例》中规定"黔省汉民如有强占苗人田产,致令失业酿命之案,具照棍徒扰害例问拟,其未经酿命者仍照常例科断""苗猺狑獞所住地方如有外来匪徒教诱犯法,即视所犯之人,如罪应拟杖者,将教诱之人加一等治罪,徒罪以上教诱之人,比照住居苗寨教诱为乱例,间发边远充军,犯该死罪者,教诱之人与本犯一例拟以斩绞,遇赦不宥,失察之地方官,照徇庇例议处隐讳故纵

---

[1] 中国第一历史档案馆选编:《清代皇帝御批彝事珍档》,四川民族出版社2000年版,第313~314页。

[2] 《大清律例·户律·军政》"纵军掳掠"条:"若军人不曾经由本管头目(使令)私出外境掳掠者,为首杖一百,为从杖九十。(因掳掠而)伤(外境)人为首者斩(监候)为从杖一百(其掳掠人为从并不伤人首从),具发边远充军,若本管头目铃束不严杖六十留任。"

[3] 《中国少数民族社会历史调查资料丛刊》修订编委会四川省编辑部编:《四川彝族历史调查资料档案资料选编》,民族出版社2009年版,第235页。

者,照溺职例革职"[1]"内地民人概不许与土司等交往借债,如有违犯将放债之民人,照偷越番境例加等问拟,其借债之土苗即与同罪"[2]"奸商贩卖军器与土司番蛮者,杖一百发边远充军,该管官知情故纵者罪同,不知情者,道府州县官,及武职专管兼辖官,并该管督抚提镇俱交该部照例分别议处"。除了《大清律例》的规定,地方官府还专门出台"禁令",严禁汉人私入夷境。乾隆二十四年,"凉山一带番猓,每因仇隙不行赴官控理,而有绑拉汉民作当,以冀官为查究之恶习,此虽番猓刁悍,罔知法纪,兼汉民不遵禁令,私入夷地所致。如该管营员能于时加防范,照例禁止汉民,毋许擅入夷境"[3]。几则乾隆年间的甘结中可以看出当时律例的严明:

"具联结映西人李普、刘定、王乃甲、董佩琰、白文寿等今于太老爷台前为联结事。遵依结得蚁等五人在宁南街居住,开店生理,各遵守法,不敢私入夷地包揽词讼,禁奸匪贩卖违禁货物及赌博行凶等事,如有一人违犯,四人愿甘会罪。

知县批词:准结。"[4]

"土百户千金今于为严查汉奸潜入夷地以杜衅端事。遵依结得土百户招募字识彭思尧平日安静,如情弊,土百户愿干重罪,中间不虚,印结是实。

乾隆四十二年八月二十日

知县批词:准结。"[5]

从乾隆四十二年冕宁县土司招纳识字汉人的保状可以看出对汉夷交流的严格限制。

(3)对"汉夷"串犯的规定

《大清律例》"盘诘奸细"律中规定私通土苗引惹边衅,或者潜住苗寨教诱为乱,除死罪以外都发配充军;"略人略卖人"一律中对汉人流民在贵州地方勾结夷人烧杀掳掠,贩卖人口的行为,无论卖否无论首从,均照强盗得财枭首示

---

[1]《大清律例·刑律·诈伪》"诈教诱人犯法"条附例。
[2]《大清律例·户律·钱债》"违禁取利"条附例。
[3]《中国少数民族社会历史调查资料丛刊》修订编委会四川省编辑部编:《四川彝族历史调查资料档案资料选编》,民族出版社2009年版,第232页。
[4] 冕宁县清代档案,转引自张晓蓓:《冕宁清代司法档案研究》,中国政法大学出版社2010年版,第302~303页。
[5] 张晓蓓:《冕宁清代司法档案研究》,中国政法大学出版社2010年版,第302~303页。

众,流棍贩卖贵州苗人,知情故买的杖一百;"恐吓取财"中规定"凡附近番苗地方吏民人等擅入苗境,借差欺陵或强奸妇女或抢劫财物以及讹诈不遂,聚众凶殴杀死人命等案,将所犯查照定例……至秋审时,有情实勾决之犯,亦于原犯苗地正法,仍将该犯从重治罪正法,该管官员有纵差骚扰激动番蛮者,仍援照引惹边衅例治罪"等。这些规定对夷汉私通的情形都从重治罪。

2. 汉夷争讼案件的法律适用

(1) 关于"私入夷境"的认定

雍正年间,有冕宁县汉人胡今西因为家贫以贩卖布匹为生。雍正十一年(1733年),胡向夷民沙业,凭伙夷兴呷咱赊出布匹三十件,议定夷人以猪羊兑换。不料时值该地营汛严禁猪羊出境,于是二夷人约令胡于月二十八日亲自至夷人所属波罗汛城接取,胡应允如期前往并思欲再买猪羊,顺携纹银五两七钱,适沙业乏货换布,只以猪四只、羊五只,并前取之布退还二十二件,在行抵波罗汛城时,被门兵盘诘引发口角而被获,该营署备以胡装扮猓猡,冒衿辱官等事,连同银布人畜移县讯究。胡今西供称自己确是生员,实因沙业欠有布价,在汛兵处回明蔡署备,但门兵勒买猪,自己不允,发生口角被扣押,受过营官监禁踢打,并无冒衿入夷,装猓辱官之事。

官员在查明事实后对案件提出了处理意见:

> "伏查该生既于雍正二年科取入学,已据该学认明,其为生员,自无疑义。洗果脚地方久已归流,入版向化。该生因该地夷民赊去布匹,许有猪羊,前往取回,似非私入夷地。至其身披毡衫,装扮猓猡,查冕邑地方汉夷杂处,毡衫乃避雨之衣,户户皆有,未便只该生带有毡衫,而即坐以装猓之据。惟是该生身列青衿,不遵用平时帽顶,自甘贱亵,殊属违例,应请发学戒饬。兴呷咱讯与沙业同系归流熟夷,因洗果脚地方鲜有米布,系出外兑换,指引赊货,应与沙业概请免究。靖远营系分压要汛,盘查宜严,虽据金俊坚供该营锁禁踢打,但既无帽顶昭别,谁知实属青衿?即使是实,应无庸议。至金俊所供被褥等物留营之处,既经该营复称子虚,亦请免究。所有移存银布猪羊,仍请给主照领。"[1]

---

[1]《中国少数民族社会历史调查资料丛刊》修订编委会四川省编辑部编:《四川彝族历史调查资料档案资料选编》,民族出版社2009年版,第257~258页。

第二章 清代刑法在彝族地区变通适用的具体内容

后其父贾生胡其綦不服,控告蔡署备等一干官员妄入夷巢,官道劫抢财物一案中,官员对此作有论证:

"胡今西于汛外水沟地方接换猪羊,未入夷地,则不得谓之私入夷地明矣;况定例所禁者系私通土苗,交结借骗夷民,沙业等住牧地方已皆纳粮向化,既非不服管束之生苗可比,而换易猪羊并非借骗,毡衫青帕,皆御寒冬雨雪之具,有何违犯?则胡今西之被拿实冤。"[1]

两则材料在对胡今西是否应按"汉奸私入夷境"处理,在论证上稍有出入,但是结论是一致的。

第一则材料中该承管官员认为,"夷境"是指还没有归流,未经教化的地方。而本案中胡今西所入洗果脚地方虽是彝族聚居的地方,但是"久已归流,入版向化",并非"夷境"。不应以"私入夷境"例论处。

第二则材料中的论证更为完整和精彩,该官员认为此案交易地点是汛外的水沟,不属于"夷境"之地,重要的是,他结合立法目的以及律例体系,得出定例所禁止的是"私通土苗,交结借骗夷民"的行为这一结论,又通过沙业等住牧地方已皆纳粮向化,并非不服管教的生苗地方以及双方换易猪羊并非借骗、蓑衣只为御寒等情形,断定"胡今西之被拿实冤"。

这两则材料清晰地呈现了司法官员对"禁止私入夷境"的解释,对本案的审理起到了关键作用。这一结论得到了上级的认可。

(2)关于"汉奸"案的法律适用

地处云南境内的小凉山地区彝族土司众多,经过雍正乾隆年间几次"改土归流",与外省的交流也逐渐增多,不少汉民在其间经营贸易,获取利益。乾隆七年(1742年)阿尔泰的上书,就事起于此地。乾隆初年,广西崇善县革生叶綦,广东人周老六私入凉山,重利叠算,盘踞田寨,教诱帮助彝人诬告词讼,十分猖獗。"滇省汉奸若不早加禁止,诚恐别生事端"[2]。同时阿尔泰提出对这类案件的处理,建议"嗣后卖本贸易之人,只许以银两易物,不许盘踞其中折算田寨,

---

[1]《中国少数民族社会历史调查资料丛刊》修订编委会四川省编辑部编:《四川彝族历史调查资料档案资料选编》,民族出版社2009年版,第257~258页。

[2] 中国第一历史档案馆选编:《清代皇帝御批彝事珍档》,四川民族出版社2000年版,第313~314页。

尚有仍蹈前辙，一经查出或被告，罚除田产，立追还主外，将该客民照骚扰夷人例按拟治罪，地方官奉行不利，不肯实心查办，别经查出，该管府州县照泄视民瘼例参处"[1]。

乾隆二十九年（1764年），冕宁县发生一起"汉奸"案件，更直观地体现了国家法对此类案件的重罚。

"为禀明讯完事。情首甲有袁铁匠子袁登榜，父子素不守分，前月杨春发以黑夜搂杀报伊父子，首已具禀在案。今冬宋开文报首，称伊擅造火枪，出售野夷。于九月初六日，伙夷赶猪夜过长乡三甲马腰山之路，被三甲团丁拿获，送高山讯。伊央宋开文担保，愿罚钱二十四千文，以作汛署培修之资，并长乡三甲团丁费用。今宋开文向伊催讨，反捏词蒙控。似此怙恶不悛，有一于此，闾里糜宁。首等不敢徇隐，为此粘报。

县正堂批：袁登榜果造枪济匪，情节重大。且伙夷同赶猪只，若非同窃，即系汉奸，其罪尤属非轻，岂能拿获即了事，贻害乡里。该团总办事不慎，咎有难辞，仰候集证质讯明理，必予重办，以示惩儆。此谕。"[2]

本案中司法官员从"袁姓汉人父子造枪济匪，同夷人一起赶猪"等情形认定其为"汉奸"，不可轻拿了事，必须依法重办，且办事不慎的官员要负担相应的责任，可见国家法在"汉奸"案件的处理中得到较好适用。

嘉庆二十年（1815年）宁远府司法档案中记载："准刑部咨，商民偷越生番地界，比照私入台湾番禁例，杖一百；偷越深山伐木等项，杖一百，徒三年。"[3]这样使得汉奸知道有重法不敢入夷境多生是非，夷人无人唆使也不至于受到煽动蛊惑。

嘉庆初年，云南普洱府有境外的野夷窜入威远厅所属的土司铁厂河地方抢掠财物，后经查是有内奸勾引外省野夷入境，云南总督奏称：

"威远、思茅两厅地方均在极边，各有所辖土司，边界均与外夷项链，往往有疆外夷人前来抢掠……伏私野夷居住疆外，安能知内地村寨民夷之贫富，诚如

---

〔1〕 中国第一历史档案馆选编：《清代皇帝御批彝事珍档》，四川民族出版社2000年版，第313～314页。

〔2〕《中国少数民族社会历史调查资料丛刊》修订编委会四川省编辑部编：《四川彝族历史调查资料档案资料选编》，民族出版社2009年版，第259页。

〔3〕《中国少数民族社会历史调查资料丛刊》修订编委会四川省编辑部编：《四川彝族历史调查资料档案资料选编》，民族出版社2009年版，第235页。

圣谕，与内地奸民与为勾结"[1]。查获小李等十二名勾结野夷的内地夷民，"若拘泥解省，照例审办不特，有稽时日恐致疏虞。"[2]

得到皇帝批示准行后，按照"军法"将十二名罪犯押赴抢劫各地枭首示众，其家属照例办理，并饬令"如有似此勾结猓匪抢掠之人，均即随是严拿审办"[3]。

同一时期还有一件轰动的案件。嘉庆十一年（1806年），四川宜宾县人陶茂功以夷人设厂私铸，引诱民人抢掠劫杀，致使其全家七命被杀，越诉至京城，控诉川省地方官不为究办，无处伸冤等。后经查明，陶茂功原名陶茂龙，听说凉山土地宽广肥沃适宜开垦，又有矿藏可以挖掘，因此偷入夷境想占田开矿，又恐遭到当地夷人的阻拦，因此将以前官兵剿彝的事情说成是自己受害，妄想挑起矛盾，让政府出兵镇压彝人，自己从中获利。且查四川各衙门都没有其控诉记录，其指控的实行全部是虚无的。四川总督常明上奏称"律应坐诬，为此案境界重大，若依寻常'蓦赴京告重事不实'例[4]予边远充军，未免过轻，请改发黑龙江给披甲人为奴，以为妄意开边者肆衅者戒"[5]。夷汉之间的矛盾在"改土归流"的过程中有不断上升的趋势。夷汉的土地纠纷、抢夺、斗殴等恶劣的事件，归根到底是因为夷汉之间社会制度、经济发展、风俗文化的差异导致的。面对这样的状况，最直接有效的方式就是以国法震慑，使之不敢逾越。因此，无论在立法上还是司法实践中，涉及汉夷相互侵扰或是勾结的案件，刑罚都比一般内地此类案件更重。

依照清律的规定，汉夷争讼案件应适用国家法律处断。乾隆十七年（1752年）三月，怀远营都阃府移会彝人状告汉人的案件：

"为虎恶吞天，绝害全家生命，颁天赏准急究事。本年二月二十九日据西番夷民三姑、牙姑等告前事词称，情因蚁等先年父母亡故，因家寒无奈，未能超荐，已于乾隆十六年上仓丰收，各家追荐。今西番之里杀马杀牛，葬埋以为坟山，历年拜扫。不料遭被恶虎谢金贵前来据番偷盗，硬将埋葬之马尽行偷去。比即查访，伊等报信，蚁等出备报信银二两，酒菜在外，现有木刻为凭。今查实系谢金贵偷来，今绝人坟所，杀死全家，随即请凭地保向说，恶虎吞天，男妇各带

---

[1] 中国第一历史档案馆选编：《清代皇帝御批彝事珍档》，四川民族出版社2000年版，第758页。
[2] 中国第一历史档案馆选编：《清代皇帝御批彝事珍档》，四川民族出版社2000年版，第758页。
[3] 中国第一历史档案馆选编：《清代皇帝御批彝事珍档》，四川民族出版社2000年版，第748页。
[4] 《大清律例·刑律·诉讼之一》"越诉"条附例："凡蓦越赴京及赴督抚按察司官处，各奏告机密重事不实，并全诬十人以上者，发边远充军，如有干系重大事情临时酌量办理"。
[5] 中国第一历史档案馆选编：《清代皇帝御批彝事珍档》，四川民族出版社2000年版，第808页。

光棍齐拥，含冤无路。况今坟所葬埋，岂容擅绝，汉夷一理，无法无天，只得冒死投乞青天总老爷台前，大彰法纪，拘提恶虎到案，按律惩究，坟所而恶虎之有律例，自知夷人得生，以保全家生命，顶焚万代，迫切上告。计开：恶虎谢金贵父子，坐户保。等情。

禀恩据此，敝府随即拘唤谢金贵到案研询，据供情实。惟查民人谢金贵既将夷人埋葬牛马擅行刮剥，乃敢假捏报信，诓骗夷人银两，及至夷人查实系伊私行刮剥，夷人请凭乡保向伊理论，而民人谢金贵辄聚本族人众与夷人堵斗。敝府又即询据乡保，据供情词相符，但夷人乃逆性犬羊，与伊等横行斗殴，致滋命件，则有关于文武，拟合差解移会。为此合移前诣贵正堂，请烦查照，希将移解民人谢金贵收管剖结，仍将收管剖结缘由赐复，备查施行。须至移会者。

县正堂批：于三月二十日当堂审讯，夷人三姑埋葬马证实系谢金贵偷食，即将谢金贵责二十板，以惩盗风，随取日后不致生事甘结各在案。理应移知贵府销案。"[1]

这个案件十分值得关注，本案彝人状告汉人挖掘坟墓，要求官府予以严惩，但是最终官府仅以窃盗财物为由，杖二十结案。本案的特殊性在于：

第一，《大清律例》规定"凡发掘他人坟冢见棺椁者，杖一百流三千里，已开棺椁见尸者绞监候，其盗取器物者计赃准凡盗论免刺"，"凡发掘坟冢及锯缝凿孔偷窃之案，但经得财具核计所得之赃，照窃盗赃科断如计赃轻于本罪者，仍依本例定拟，若计赃重于本罪者即从重治罪"[2]。谢金贵将坟山牛马偷食，如依照律例规定，应属于发掘坟墓偷窃，依照一般盗窃得财科断并免刺字，又"窃盗已行得财不论分赃不分赃以一主为重并赃论罪"[3]，根据所盗赃物价格量刑。

第二，依照彝族风俗，杀牛马埋葬作为坟山祭祀父母，这相当于父母的坟墓，是不容侵犯的。谢金贵将牛马盗出剥皮，在彝人看来是毁弃尸体，相当于杀死全家。无论是按照"开棺椁见尸"还是依照"杀一家三口"律剖断，都是死罪。

最后官府依照窃盗得财律断罪，又考虑所盗牛马已经埋葬多时，因此从轻只杖二十，并出具不敢再犯甘结，移会销案。官府的这一裁决体现了国家法的严格适用，有利于促进彝族地区和内地的法制统一。但同时案件审理忽视了彝族传统风俗的因素，一方面可能不能使彝人信服，增加彝族地区对国家法律的抵触和不

---

[1]《中国少数民族社会历史调查资料丛刊》修订编委会四川省编辑部编：《四川彝族历史调查资料档案资料选编》，民族出版社2009年版，第343页。

[2]《大清律例·刑律·贼盗之下》"发冢"条附例。

[3]《大清律例·刑律·贼盗中之二》"窃盗"条附例。

第二章　清代刑法在彝族地区变通适用的具体内容

信任，另一方面，会使得"汉奸"更加有恃无恐，不利于汉夷关系的稳定。

道光十一年（1831 年），云南永昌府腾越厅报，有南甸彝族土司状告汉民戈从周典卖其田要求返还。据该官查明禀称：

"在厅治西南，距城百六十里，为十八练之一，田赋无多，汉夷杂处。与南甸田山大牙交错，有土司自将田土私相授受违例典卖者，有汉民开荒隐粮故向土司认租规避者。典卖尚有契纸，佃种多无凭据。自乾隆三十五年奏奉谕旨，查办土司典卖田地概行给还，此后内地民人不敢再向典买。盏西接壤夷方，旧习不能禁绝。有故监生父于嘉庆年间受南甸前土刀维周地名蛮仑寨脚田处，立有印券，不载亩数。又有生员萧振等祖人旧种南甸蛮仑蛮布等田二处，因无凭据，田数租数亦无可稽。先年汉夷俱尚朴实纳租者从不短欠，收租者亦无他意。且时值野提肆掠，田多荒芜，土可无暇过问。近因防堵渐密，地方渐清，人皆复业，时有争竞。"[1]

该蛮仑寨田地是戈的父亲从前土司处典受。又有生员萧振等祖人旧种南甸蛮仑、蛮布等田二处，虽然当地没有立典卖、租佃凭据的习惯，但汉民从不欠租，多年来也都相安无事。现在新土司想要回田亩，就以清律"汉民不得典卖土司田亩"例为由，控至官府要求依律办理。《大清律例》规定土目土民不得私相典卖土司的田亩，如有违禁者，立即追价入官，将田还原主，并将承买之人照盗卖他人田亩律定罪，失察之该管知府交部议处。[2] 土司称"汉民典买土司田亩本属违例，且乾隆三十五年曾蒙将汉民典买夷田退回土司，今戈、萧二姓典买承种之田，自应照例退还"[3]，坚持以律处断且找来"立寨"的蛮夷又有聚众相恃之意。

"卑职查汉民典买土司田亩本属违例，原应照例断还。但边地情形不同，且盏西汉夷交涉田亩甚多，尤不可开此端致滋纷扰而生边衅，当即谕以汉民典买土司田亩虽属违例，其中亦有分别。如永北汉民典买土司田亩，即经奏明令土司备价取赎。其乾隆三十五年之案系因征缅土司运粮有功，是以经署奏请定限八年归还，土可不得援以为例，况此田典于嘉庆年间，明系故违定例更属不合。"[4]

---

[1] 楚雄彝族文化研究所编：《清代武定彝族那氏土司档案史料校编》，中央民族学院出版社 1993 年版，第 26～27 页。
[2] 《大清律例·户律·田宅》"盗卖田宅"条附例。
[3] 楚雄彝族文化研究所编：《清代武定彝族那氏土司档案史料校编》，中央民族学院出版社 1993 年版，第 28 页。
[4] 楚雄彝族文化研究所编：《清代武定彝族那氏土司档案史料校编》，中央民族学院出版社 1993 年版，第 28～29 页。

该官员提出，根据国家法规定，戈、萧应该归还土司田亩，但考虑到其并非无故霸种，且田种日久，若被夺田将无处安身。而且盏西汉夷交涉田亩甚多，按律处断必将导致此类夷汉纷争爆发。此案必须"安抚野众，驾驭两造"[1]。同时官员提出，乾隆年间谕旨并不具备普遍效力，不能援引。据此情形，官员主张对本案作变通处理：

"今秉公酌断，惟有将戈姓得典蛮仓寨脚田亩准土司照赎回，其萧姓承种蛮仓蛮布等田系汉民垦种数代，上纳土育租谷。今若断还土司，则汉民未免向隅。从前收租纳租并无凭据，今令萧姓人等写立租帖交与土司收执，土司仍给执照，以昭信守。永不准起佃、短租。"[2]

该县官主张让土司照价赎回田亩，仍然租给戈、萧人等耕种并准永远佃种纳租，且令萧等立下租帖给土司。这样"土司田租均属有着，而汉民亦不致向隅，实属两得"[3]。后其在上报的文书上剖明了变通审理的理由：

"伏查盏西为厅城西南门户，夷多汉少，且逼近野山，夷民与野匪较为联络，若该练有夷无汉则勾野为患，缅箐古永等练永无安枕之日。今得汉民世居其地为之监察，则勾野之事自可较少，故该练汉民不能不设法缓抚，使其足以存身，无如该汉民等所种田亩再再与土司胶葛，卑职不能不酌中定断，使夷汉两得相安。……其汉民违例典买种土司田亩本有不合，但均系该监生等祖父所为之事，历御久远，无从查办，且就该地情形而论，亦不能不变通办理，使汉夷并处，形势得以相维。此卑职酌中定断之原委也。……"[4]

这个案件涉及的是汉夷之间的土地典卖纠纷，属于州县自理案件。司法官员没有直接按照法律的规定处理，而是综合彝族旧有的风俗习惯、当时的民族关系、社会矛盾等因素，并考虑到案件的社会影响，认为"不能不酌中定断"，亦"不能不变通办理"，为使得双方各取所得，避免引发大规模的夷乱，变"缴赎还田"为"放赎纳租"，土司有了土地和租金，汉民也有田可种不至无业安生，

---

[1] 楚雄彝族文化研究所编：《清代武定彝族那氏土司档案史料校编》，中央民族学院出版社1993年版，第28~29页。

[2] 楚雄彝族文化研究所编：《清代武定彝族那氏土司档案史料校编》，中央民族学院出版社1993年版，第29页。

[3] 楚雄彝族文化研究所编：《清代武定彝族那氏土司档案史料校编》，中央民族学院出版社1993年版，第29~30页。

[4] 楚雄彝族文化研究所编：《清代武定彝族那氏土司档案史料校编》，中央民族学院出版社1993年版，第30页。

迅速平息了纠纷，维护了地方的安宁。

3."汉夷案件"法律适用的特点

从以上案例分析中，大致可以总结出彝族地方此类案件法律适用的特点：

第一，范围有限。清律中对于"汉夷"犯罪的规定一般适用于汉人和生夷之间，对于已经实现流官统治且风俗、语言与汉人无异的彝人和汉人的犯罪纠纷不适用这类法律。

第二，以"稳"为先。

在尚未"改土归流"的彝族地区，"互不相犯"是稳定汉夷关系的关键。为了防止汉奸在夷境愚弄夷民、教唆生事，要"严惩汉奸"使汉夷互不相犯，实现地方的稳定。但对于汉夷相争讼的案件仍然以国家法处断，虽有利于促进法制的统一，但也会产生裁决的认可度下降，不利于汉夷关系的稳定的不利后果。

在推行"改土归流"的地方，"和睦相处"是维护二者关系的关键。"改土归流"地区夷汉杂居已成为常态，汉民为加快彝区汉化，加速其经济文化发展发挥了重要作用，因此在矛盾的解决上要"两得相安"，实现地方稳定。因此，面对复杂的汉夷关系以及国家利益，司法官必须周全考虑各种因素，灵活地适用法律。但无论是严格适用还是变通适用，都应该以稳定汉夷关系为核心。

（六）"自理"案件

根据清代司法制度，州县官员对自理案件有直接裁判权，清代《齐民四术》中记载"窃照外省公事，自斥革衣顶、问拟杖徒以上，例须通详招解报部，及奉上司批审呈词，须详覆本批发衙门者，名为案件；其自理民词，枷杖以下，一切户婚、田土钱债、斗殴细故，名为词讼"[1]，《大清律例》中有"户、婚、田、土、钱、债、斗殴、赌博等细事，即于事犯地方告理"[2]的规定，从中可以得出，所谓"自理案件"一般是指应判"笞"、"杖"的轻微刑事案件，例如轻伤、斗殴，以及户、婚、田、土、钱、债等民事案件，对这一类案件，州县官员不必上呈奉批，自己就可以直接处断。国家对这些民事案件并不进行强制管辖，而鼓励通过民间纠纷机制解决，同时民众也可以诉到官府，要求国家解决。

清政府鼓励官员对彝族地区的纠纷进行及时的调解，防止矛盾扩大，认为

---

[1]（清）包世臣：《齐民四术》，潘竟翰点校，中华书局2001年版，第251~252页。
[2]《大清律例·刑律·诉讼》"越诉"条。

"地方纠纷若得地方文武及土司随时与之剖决,庶可冰释"。[1]彝族社会中有着十分健全的民间纠纷解决机制,例如通过土司、土目、头人调解,凉山彝族还有专门解决纠纷的"德古"等,但是随着"改土归流"的不断推进,国家法在彝族社会的认同程度不断提高,彝族也经常将民事纠纷或是轻微的刑事案件诉到官府请求以国家法处断。例如雍正年间猓民毕咱告耕牛被打一案:

"情因本年正月初二日,小的喂养水母牛一条,怀胎将下,放至草场,走至高炉,被湖广李麻子、杨遇光、王缺牙无辜将牛打折腰梁,打断左肋三根,至二十八日死。请凭客长龙以理向说,说是到他菜园去的才打是实,硬然不耳。此系耕牛,春耕播种之时,有误粮差,陷害一家性命。牛价值纹银六两。小的奉差儿斯堡修路做夫。事关耕牛,理合报明大老爷台前施行。"[2]

再如嘉庆五年(1800年)夷民鲁加别告状:

"为贪谋无厌,逐子霸业事。情蚁父保寿生蚁弟兄三人,蚁名鲁加别,次名撒加,季名别列呷。殊伊二人乏嗣,于五十八年凭合堡亲族,抚蚁次子库保过继为子,承役当差,生养死葬,立约柄据。今别列呷夫妇亡故,蚁予依礼安葬,追修超度,众所尽见。陡遇狼心弟媳三以妈串同异姓人等,捏词诬控蚁子数次在案,蒙青天审结金批:今其各守一半,断伊自耕自食,门户库保承当,俟后再行定夺。蚁子谨遵。天所不收,违背争竟,兹有唆棍剪处、布恩呷、呷什别三人,系三以妈之弟兄、外甥,偷名暗控。(思血侄承业,律所必载)女戚霸产,例无可凭。只得泣告青天太老爷台前赏准施行。"[3]

从这些诉状中可以看出,一些轻微的案件,彝人也愿意诉到官府请求解决。这些案件中大部分是经过民间纠纷机制解决不奏效,才诉至官府的,可见司法已经成为彝族社会重要且必要的纠纷解决机制,为国家法对彝族社会的管控带来了积极效果。此外,诉状中"血侄承业,律所必载"等用词可以看出,彝族人对国家法并不陌生。

对于自理案件,国家不要求官员一定按照法律处理,只要能化解纠纷就可以。明末讼师秘本《珥笔肯綮》写到:"凡告家财,不在干名犯义之例,但情词

---

[1] 中国第一历史档案馆藏,录付奏折,乾隆二十五年二月初二日建昌镇总兵董芳奏。
[2] 楚雄彝族文化研究所编:《清代武定彝族那氏土司档案史料校编》,中央民族学院出版社1993年版,第280页。
[3] 楚雄彝族文化研究所编:《清代武定彝族那氏土司档案史料校编》,中央民族学院出版社1993年版,第332页。

畅顺即是,不必原求律法。"官员裁决此类案件时,直接依据民间通常认可的事理和原则,国家法律并不是其判决依据。在彝族地方的司法案件中就能看到此类不以法律审理的案件。

例如,乾隆二十五年(1760年),冕宁地区发生为了管教不法子侄,一时冲动火烧子侄的事件。诉状中称:

"在蚁等以为族中子侄不遵教训,累犯法纪,有辱先人,一时无知,用火燎烧。在蚁蠢见不过做戒陆士边,望其改邪归正,孰知擅用非刑,罪恶难逃。蒙恩化导,愚民始知王章,痛悔莫及,虽立毙杖下,实蚁等自致之罪,无敢怨也。但蚁等生居边末,条例不知,恳乞仁天大老爷台前姑念愚民,格外施仁,恩同西伯,蚁等情愿认罚修理三峡桥路以赎罪愆,则蚁等有生之日,皆戴德之年矣,为此哀哀上诉。"[1]

鉴于案情较轻且当事人认罪态度好,县正堂批:

"尔等既知悔罪,姑予自新。刻即立限将三峡桥石崖绝壁凿开一条平路,以二尺为度,其外悬空处,在水沟底另下一排石柱,上安横梁,接搭浮桥,再宽五尺,连开出石路,共以八尺为度,桥边仍用栏杠。务须刻速修理完固,工竣报查。倘敢粉饰率混,察出二罪并发,断不能为尔等姑宽也。"[2]

根据案件情节,官员认可其自愿认罚修路的请求,这明显不是依照哪个条文或是案例来审判的,而是地方官员根据实际情形自由处断的。

当然,在"自理"案件中法官并不是不受任何约束的。清代诉讼程序中对当事人上诉权的规定以及清律中对官员"出入人罪""断罪不当"的处罚,使得官员的自由裁量权无形中仍然受到国家法律的限制。光绪年间曾任直隶按察使、山西布政使的方大湜就指出:"自理词讼原不必事事照例,但本案情节应用何律何例,必须考究明白,再就本地风俗准情酌理而变通之,庶不与律例十分相背。否则上控之后,奉批录案无词可措矣。"[3]正是说明了州县官员在审理自理案件时仍然需要考虑国家法律的规定,不能与之十分违背,以防止当事人因不满裁判

---

[1]《中国少数民族社会历史调查资料丛刊》修订编委会四川省编辑部编:《四川彝族历史调查资料档案资料选编》,民族出版社2009年版,第332页。

[2]《中国少数民族社会历史调查资料丛刊》修订编委会四川省编辑部编:《四川彝族历史调查资料档案资料选编》,民族出版社2009年版,第332页。

[3](清)方大湜:《平平言》卷二《本案用何律例须考究明白》,清光绪十八年(1892年)资州官廨刊本。

结果而上诉时，受到上司讯问而无词可对。若是司法官不明白具体案件应适用何项律例而肆意背离国法精神断案，也会产生相应的责任。因此，"自理"案件中仍然涉及国家法的适用。

1. 裁判中国家法的适用

乾隆年间，云南武定那氏土司那显宗去世后妻妾安氏和唐氏均无子，只有两婢女各有一子。为立嗣争产一案，三方久不能定，于是诉至官府要求官府出面解决。已故土司所管头人等从中调解，请官府赏准和息立嗣给照。县官批示：

"尔姐安氏女流无识，听人主唆，砌词诬控，自干绝嗣。邱茂才等横逆犯上，均难愤恕。尔以亲谊至成思与自讼，自属美意。但安氏果实心辅孤守业，养育两子。成立唐氏两申氏将来果能得所。安氏将来果不听人唆惑。尔可邀请族亲传齐头目酌议妥协联名具呈夺奉此。"[1]

官府对于和息之事十分赞同，称属"美意"，但同时也指出这一请求中并没有给出最终的调解结果，争产妻妾三人能否各得其所和睦相处官府表示担忧，为了能有效平息此案，以免再起诉讼，官府令头人商议妥协再呈状夺批。由此可以看出，此案虽然是民事案件，官府应准和解息讼，但是案情复杂纠缠，其中又有捏控诬告之情，因此官府要对其调解结果再行定夺。这说明在民事案件中，双方即使愿意和息，官府仍然有干预的权力。

头人商议后呈状：

"蚁等遵即令齐族亲并头人等公同妥议……蚁曾传齐博兴贤等到彼再三理劝立嗣抚孤。其三姑亲常守嗣，沙金凤劝安氏允从认子立嗣，亦各欣喜，自愿具结和息。并头人龙腾云等又再二理劝令安氏抚养长子，分管十分之六；唐氏抚次子分管十分之四。又令邱茂才等将拿去安氏财物，一切银两衣服，文约契券等项如数交还安氏唐氏掌管，茂才等自愿长结和息。两申氏随子安身。三造各得其所，众议之下安氏、唐氏、两申氏、三姑亲并管事头人等俱已听允，愿和。再无更勿。各愿具结永思。伏乞天星俯从民便。赏准和息销案。押令不愿立嗣之地方头人傅兴贤、夏宰、朱继圣、傅国贤、者吕、阿簸、阿常、路几等并禁族人当堂具结，日后不得借端谋霸存殁沾恩公侯万

---

[1] 楚雄彝族文化研究所编：《清代武定彝族那氏土司档案史料校编》，中央民族学院出版社 1993 年版，第 157 页。

代,台阁千秋。为此叩天投息。

> 批:据尔等呈请和息立嗣给照,议以安氏抚子显宗,唐氏抚子耀宗。两申氏各随子安身,不致失所。家业田产,安氏六分;唐氏四分。嫡庶攸关,差等均属允协。既已各愿,即将田产家私妥议照四六公平均配。写立合同送赴州署钤印发给立收执管业,日后永杜争端。"[1]

头人商议后,妻妾三方达成合议:安氏抚养长子,分管财产的十分之六,唐氏抚养次子分管十分之四,两申氏随子安身,三造各得其所,官府认同了这一结果。从批文中可以看出,官府对和解结果的合法性和合理性都进行了查验。

其一,依照法律规定婢所生之子无权继承,安氏、唐氏将婢女所生之子收为名下抚养,使那氏有嗣可承。

其二,妻妾有别,嫡庶有分,因此财产按等分配,妻六分,妾四分,符合伦理。

其三,两婢女各随其子,各有所安,不至失所,符合伦理。

此案虽然是当事人调解和息,但是司法官员仍然对其进行核查检验,并令立凭证甘结,永杜争端。值得注意的是,本案中司法官员用以核验的依据均是国家法和宗法伦理道德,并无彝族习惯的考量,说明该地方开化程度较高,与内地无异。

道光年间一起债务纠纷中也体现出礼和法的协调作用:

> 道光二十九年三月初十日,番夷阿呷央张朝珠并三姑叱等在中,借民钱二十千文,约内注限是年八月,每年按月照算三分行息。逾期未给。不料阿呷已故,所遗伊妻木莫,民向索讨,伊妻称说无倚,勇赘清还。俟唐伍双贵娶配木莫为妻,抚子过门,民知向问已故阿呷该民钱文,有约可凭,伍双贵应认承还,当时缓限去岁,不拘远近,如数楚给。殊伊哄陷,推延至今,硬估抗骗,势仗耆宿,赌控莫何。似此面允背抗,若不叩究,民钱无着,情不得已,为此告乞大老爷台前赏准施行。

> 县正堂批:重利盘剥,且系孤儿寡妇,俟他儿子长成,还本不付利,且系残废儿子,年甫七岁,利已从重盘剥,此账只可承让不算就是。[2]

---

[1] 楚雄彝族文化研究所编:《清代武定彝族那氏土司档案史料校编》,中央民族学院出版社1993年版,第157~158页。

[2] 《中国少数民族社会历史调查资料丛刊》修订编委会四川省编辑部编:《四川彝族历史调查资料档案资料选编》,民族出版社2009年版,第272页。

本案是民间借贷纠纷，彝人阿呷借汉人钱，逾期未还，后阿呷身故，其妻再嫁伍双贵，债权人找到伍要求其还债未果，诉至官府。"父债子偿"是常理，知县判定等阿呷儿子成年后偿还，同时考虑到这笔借贷利息过重，而且阿呷儿子身体残疾，年仅七岁，因此允许还本不付利。符合法律对借贷的保护，又符合情理。

嘉庆年间，武定州茂连乡那氏土司承嗣一案，是自理案件中法律与情理结合的典型。嘉庆十八年（1801年），土司那显宗身故乏嗣，并无同父周亲、期功缌麻等应继之人。仅有远房无服族侄八人，为争夺继承两房宗祧不惜相互构陷捏造、叠讼不止。官府为了解决承嗣之争，出面平息此事。《大清律例》规定，"凡土官故绝无子，许弟承袭，如无子、弟而其妻或婿为其下信服者，许令一人袭替"[1]，又"凡文武官员应合袭荫者并令嫡长子孙袭荫如嫡长子孙有故，嫡次子孙袭荫，若无嫡次子孙方，许庶长子孙袭荫，如无庶出子孙许令弟侄应合承继者袭荫若"[2]，又再有"无子者许令同宗昭穆相当之侄承继。先尽同父周亲，次及大功小功缌麻，如具无方许择立远房及同姓为嗣"[3]。本案中那显宗无子、无弟，无亲子侄，结合清律中对官员荫袭、土司承袭以及无子继承等顺序的规定，应从远房择品行优良之人过继承嗣。

【那沙氏等遵谕禀复事】（嘉庆十八年四月初十日）

缘于本月初九日蒙恩当堂传讯，面奉均谕，命氏等将那族子侄有无贤孝，按名开呈，并将氏夫所管各庄村名造册呈送以凭继立等因。奉此，氏等当即查问头目，所管各庄村名于上年何州主任内业造入案。即将远近族侄有无过犯逐一开名粘呈禀复遵将那族子侄有无过犯子侄，逐一分晰开明呈阅。计开：

那宗元之子那荣祖：五体不全，系属大宗，已被昌祖具禀例不容过在案。

那宗良之子那昌祖：因承继未果，而百（端）勾串污言蔑伦，业具悔呈另立在案。那绍祖与伊胞兄图谋争继不准立。

那宗善之子那振祖：父丧幼小养母尽孝，谨身率教毫无过犯。亦无争继情事，实属贤良。氏等仝头目业已情愿投递公呈在案。

---

[1]《大清律例·吏律·职制》"官员荫袭"条附例。
[2]《大清律例·吏律·职制》"官员荫袭"条附例。
[3]《大清律例·户律·户役》"立嫡长子违法"条附例。

第一章 清代刑法在彝族地区变通适用的具体内容

那宗文之子,那绥祖:于上年蒙何州主批示,钻营谋继,面貌凶恶,应毋庸议,兼之身有过犯在案……

以上各族侄俱系据实呈明,不敢掩饰,伏乞仁恩鉴查选择贤良立继,庶公私皆有裨益矣!

批:那执中等系尔夫高高祖之侄,应毋庸议,兹据将应继各人优劣开张、该氏等既已择定那振兴,倨本州公旋验立可也。[1]

基于本案情形,官府令那显宗之妻妾沙氏等将八个无服子侄的详细情况呈报。因为清律规定土官之妻有选择权,因此官府只是进行查验。

"查荣祖系长房独子,不应出继。昌祖本可继立,因从前甫有其议,昌祖即向沙氏逼索田房银钱账目契据,沙氏不与昌祖。即以沙氏曾经背叔私逃等言,肆行独犯。至绥祖因争继不遂附和昌祖,同声污辱,嫌隙已成,均不应继。绳祖、据祖、绅祖之父宗望存日与显宗因事愤争,拔发伤肤,先有嫌隙,加之绳祖等与显宗时相争角,构怨既深,更难承立。其振祖一人据沙氏族长等咸称为人诚实,素为显宗沙氏所亲爱。"[2]

清律有例,"无子立嗣若应继之人平日先有嫌隙,则于昭穆相当亲族内择贤择爱听从其便"[3]。从官府的查验过程可以看出其对于法律规定和情理的兼顾,将"长房独子"、"犯罪之人"、"争继不准立之人"以及"与沙氏不和之人"排除,遵从立贤立爱之例,听从其便,惟以那振祖立继,与那显宗沙氏为嗣。但官员查到,那振祖之父曾将其出继给那衍为子,单传振祖,如果改继显宗,就导致那衍宗嗣斩绝,如果不改继,显宗承嗣之事又至耽误。斟酌之后,知县作出决定:

"那衍究属次房支子,非显宗长房宗子可比。礼称大宗无子,小宗不得有子,则那衍之嗣续或可断绝,而显宗之宗桃断断不容无继"。卑职再四酌议,以振祖即振兴仍请过与已故之那显宗及现存之沙氏为子,仍充该乡甸头,以专责成。并承那衍宗桃,将来振祖生有子嗣,再为分别接继。如此通权酌断、既与择立贤爱

---

[1] 楚雄彝族文化研究所编:《清代武定彝族那氏土司档案史料校编》,中央民族学院出版社1993年版,第188~189页。

[2] 楚雄彝族文化研究所编:《清代武定彝族那氏土司档案史料校编》,中央民族学院出版社1993年版,第188~189页。

[3] 《大清律例·户律·户役》"立嫡长子违法"条附例。

及承继两房宗祧之定例不致有违。而两房均免绝嗣之惨,且使茕茕寡媳、俾有所依,实为一举两全[1]。"

根据"大宗无子,小宗不得有子"的礼制,断振祖应改继显宗,又根据《大清律例》中"如可继之人亦系独子而情属同父周亲,两相情愿者取具阄甘结,亦准其承继两房宗祧"的规定,由振祖承继两房宗祧,将所有那显宗遗存财产牲畜均归继子承受管理,将来振祖生有子嗣,再分别接继。

2. 裁判中对"彝情"的考量

州县对自理案件可以自行剖断,也可自行省释。这一权力使得官员对案件的处理更为灵活。在开化不深的彝族地区,一方面彝众会将纠纷诉至官府请求剖断,另一方面其不知国法、伦理,处断难免不易接受。因此,对于这类案件,司法官员经常需要考量夷情作出裁判以实现息讼的效果。

乾隆九年(1738年)八月,冕宁县生员凌位百等呈状:

"为聚众霸占,财命两伤事。情因生等住基〔居〕水城,自洪武安插,前有面山一座,此系风水有关,合堡人丁数百余载从无拙〔掘〕挖之例。先年遭王洪昌葬犁一次,合堡损坏人丁牛马,控经分府卫所,严令迁移,合堡得宁。于去岁遭棍姜德齐串同伙党,硬将生等面山伙犁,伤生风化,陷害合屯人丁,牲畜倒毙〔毙〕,老幼男妇可惨,控经在案。蒙准未讯,伏乞赏准差拘严究伙党,使伊等知有王章。"[2]

本案是一起因彝族当地习俗引发的民事纠纷,因为风水原因,合堡数百年就有不能挖掘面山的习俗。姜德齐等人强行开挖面山,彝众认为这样会破坏风水,"伤生风化,陷害合屯人丁,牲畜倒毙〔毙〕,老幼男妇可惨",因此要求官府处理。从诉状中可以看出,曾经有人挖掘此山作为墓地,就被卫所依照风俗严令其迁移。现在彝众要求官府以国家法处理,"使伊等知有王章",体现出彝族地区民众对国家法的认可程度。虽然档案中没有显示后续的审判结果,但是可以看到国家法已经成为彝族地区解决民事纠纷的依据。

---

[1] 楚雄彝族文化研究所编:《清代武定彝族那氏土司档案史料校编》,中央民族学院出版社1993年版,第188~189页。

[2] 《中国少数民族社会历史调查资料丛刊》修订编委会四川省编辑部编:《四川彝族历史调查资料档案资料选编》,民族出版社2009年版,第339页。

第二章 清代刑法在彝族地区变通适用的具体内容

咸丰五年（1855年），番妇帕支吗悔状：

"为无知妄首，悔恳释宥事。情今六月二十七日氏首长子三姑叱在案，蒙恩法究，斥责押禁。今有故夫叔弟应保呷、添受保、姜磋他等不忍坐视，再三劝氏止有二子，念子三姑叱夷性犬羊，目不识丁，自幼丧父，未得教训，居住荒山草野，只知傭工度日，未听琴堂森严。氏系夷妇，眼目不明，误听逸事，一时无知，将氏子被首在案。氏思现年六十余岁，虽有次子福受保，更兼痴愚，恐氏一时不测，无人送葬。只得赴辕昌罪悔恳，祈恩开汤纲一线之恩，大施西伯之仁，省释氏子得归，以全终养，合家沾感，唧环当报，为此悔恳。

县正堂批：准如恩开释，仍饬应保呷等严加管束教训，奉养该氏。"[1]

此案属于家庭纠纷，还未审断，原告后悔，请求官府释放其子，官府应允将其释放。从悔状情形看，官府考虑了两方面因素：

其一，夷妇不知法律，听信逸言，冲动报官。

其二，夷妇年老，次子痴呆，除长子外无人终老。虽未到"存留养亲"规定的七十以上，但是结合案情，准予释放回家。

州县自理案件允许司法官员直接依据民间通常认可的事理和原则，如伦理道德、风俗习惯等裁断，不必事事严格依照法律规定，但是州县司法官员仍然要面对"断罪不当"的风险。在彝族地区，自理案件在对法律的适用、相关因素的考量以及司法责任的规避上都因为"开化"程度的不同而不同。在处理"熟夷"之间或是"汉夷"之间的自理案件时，裁决方式与内地无异，司法官员在自由裁量的同时要考虑国家律令及伦理，裁决不能十分违背法律以规避风险。而在处理"生夷"之间的自理案件时，由于清律"苗例"条中"苗人与苗人自相争讼之事，具照苗例归结不必绳以官法以滋扰累"[2]的规定，实质上是规避了司法官员因违背律例断案而可能带来的"断罪不当"的责任。也就是说，"苗例"不仅具有工具性价值，还具有法律渊源的地位，官员在审理这样的自理案件时，可以不受国家法的约束，只要符合"苗例"，即使违反国家律例，也不会产生"断罪

---

[1]《中国少数民族社会历史调查资料丛刊》修订编委会四川省编辑部编：《四川彝族历史调查资料档案资料选编》，民族出版社2009年版，第346页。

[2]《大清律例·刑断狱》"断罪不当"条附例。

不当"的责任。因此在彝族地区这类自理案件的审理中，法官可以根据夷情灵活变通。但总的来说，彝族地区自理案件中国家法律仍然发挥着重要作用。

第三节　清代刑法在彝族地区司法适用中的变通

国家法的司法适用是运用以正统儒家思想为核心的国家法对彝族地区的案件进行裁决，其根本目的是扩大清政府在这些地区的控制力。但由于彝族地区的历史、文化和地理条件的特殊性，其社会的背景与中原有很大差别，国家法的适用必然会面临巨大阻碍，例如在司法审判中，适用国家法所作出的裁决维护的是以传统儒家思想为核心的社会制度和礼仪，实现的是儒家思想下的公平和正义的理念。但是在对中原文化还没有产生认同和共鸣的彝族地区来说，这些秩序和理念与其认可的秩序和理念存在巨大差异甚至是完全背离的，在这样的情况下，国家法的强制适用就会因为不被认同而不被遵守，甚至引发更严重的抵触，导致社会秩序的混乱，而最终背离其建立统治秩序的初衷。

为了缓解国家法适用给彝族社会的风俗以及社会秩序带来的冲击，渐进式地适用国家法治理彝族社会，清政府允许在一定条件下，有限制地对国家法进行变通适用。即在遵守国家法核心利益和原则不变的情况下，依据实际情况仔细、谨慎考量后进行调整变通。例如依照案件情形不同，适用不同的法律规范，采取不同的量刑标准以及不同的处罚方式，等等，使国家法的适用获得更好的效果，以稳定彝族地区的社会秩序。从清代彝族地区的司法实践中可以看到司法官员对国家法适用的灵活变通。

（一）罪名的变通

在彝族地区的司法案件中，对罪名的定拟，首犯从犯的区别定拟，轻罪重罪的判断，法无明文规定时的比附援引等，都与一般地方无异；但是在涉及特殊情形时，司法官对于律例的选择以及司法技术的运用存在变通，这种变通原因繁复，有的是因为案情的特殊，有的是受当地风俗的影响，有的是为了迅速结案，有的是因为彝区稳定的需要等，这些变通体现了"因俗而治"的治边法律思想。例如《大清律例》"名例律"中规定，"凡土蛮猺獞苗人雠杀劫掳及聚众捉人靴禁者，所犯系死罪，将本犯正法，一应家口父母兄弟侄具令迁徙，如系军流等罪，将本犯照例枷责，仍同家口父母兄弟侄一并迁徙，系流官所辖者，发六百里外之土司安插，系土司所辖者发六百里外之营县安插。"[1]对于具体罪名中有缘坐这一特殊规定的，按照特别规定。在"抢劫磺厂"一案中，对罪犯的家眷，官府按"私藏应禁军器"中除所犯之人处斩以外，其妻及子女给功臣为奴，照例处罚。而道光时期的一个"谋逆"案件中，对罪犯家属就没有依照"谋反大逆"一律中关于缘坐的规定治罪，而是根据"名例律"中的规定定罪的。道光十三年，川省所辖峨边厅逆夷纠众闹事，后经官府派兵镇压，应按"谋反大逆"治罪。对于首犯、正犯的家属，应缘坐的已经按例题拟；而余犯有已经在镇压中被打死，或是生死未知的，也有情罪稍次的，按例"在本犯既无训逼确供，似未便将其家口照反逆案内犯属一并缘坐"[2]，但是考虑到本案是蛮夷所犯，"惟究系夷匪家口，亦难率行免罪释放，致长夷人藐法之心"，因此拟按照夷人犯罪迁徙家口之例[3]，将该罪犯家属等分别发至六百里外营县安插，并在请旨之后越嶲厅再有夷匪犯此类案件，其家口也一律照此办理。根据《大清律例》定律，犯"谋反大逆"之正犯，处凌迟，其祖父、父亲、子孙、兄弟、叔伯、母女、妾等都要受到牵连，依照服制亲疏分别定拟死、均、流、杖等罪。[4]律内有例，对于不知谋逆情形的子孙，根据年龄及不同情形进行不同处置，对于有编造邪说尚未惑众的正犯，其家属一概免坐。原则上，由于具体罪名中有明确规定，本案罪犯家口的处置应当在正犯定罪后，依照"谋反大逆"条中的规定分别治罪，而不应直接按照"名例律"中规定的"夷人犯罪家口迁徙"的原则治罪，但是鉴于此逆反大案发生在彝族地区，清政府为了快速平息叛乱，以儆效尤，在正犯罪行还未确定的情况下，即对其家属不分知情与否，无论年龄大小，服制亲疏，一律按照夷人"雠杀劫掳及聚众捉人靴禁者，所犯系死罪将本犯正法，一应家口父母兄弟子侄具令迁徙……系土司所辖者发六百里外之营县安插"之例，发六百里安插。这样既有利于快速结案，避免时间久了家口逃匿至无法归案的情形，又树立皇权和国法的威严，使夷人不敢藐视法律，优先适用法律原则定拟，是国家

---

[1]《大清律例·名例律·徒流迁徙地方》。

[2] 中国第一历史档案馆选编：《清代皇帝御批彝事珍档》，四川民族出版社2000年版，第1087~1088页。

[3]《大清律例·名例律·徒流迁徙地方》，"凡土蛮猓猡苗人雠杀劫掳及聚众捉人靴禁者，所犯系死罪，将本犯正法，一应家口父母兄弟子侄具令迁徙。如系军流等罪，将本犯照例枷责，仍同家口父母兄弟子侄一并迁徙。系流官所辖者，发六百里外之土司安插，系土司所辖者，发六百里外之营县安插"。

[4]《大清律例·刑律》"贼盗""谋反大逆"。

法在彝族地区变通适用的典型。

(二) 刑罚的变通

在量刑方面，司法官员也会进行适用变通。变通的依据包括：彝族地区的特殊情形、国家之治夷政策、中央势力和地方势力的对比等因素，综合判断案情的轻重。

1. 加重适用

上文提到的雍正年间，川黔违法贩卖人口的，正犯就地正法，从犯挑断脚筋。乾隆年间，四川建昌地方夷人拉当护绑，偷盗抢夺，"为匪者不一而足"[1]，为了快速处理这类案件，以静地方，官府出台禁令："其不法夷猓，按其所犯情罪，轻则捆一绳重责四十棍，重则及时斩首示众。"[2]由此可以看出，在夷患频发的情形下，如果官府每一案件都严格依律断处则会导致陈案积累，且因案件处理时间过长而不能对夷匪及时处罚，以致夷患拖延，国法式微。因此，对夷犯不严格拟定罪名，按照情节轻重迅速处断施以刑罚，起到迅速平息夷乱，警示夷众的效果。

乾隆十五年（1750年），四川建昌镇右营驻防训兵马成柱在奉命查办案件时被彝人脚凹扎伤，两日后死亡。凶手归案后查明，脚凹因曾经控告抢占人口等事情没有被官府受理，怀恨在心，于是将训兵马成柱砍伤，没想到其因伤势过重死亡。此案依照刑律应按"故杀"定罪判处"斩监候"。而地方官员却禀奏要求在当地杖毙脚凹。在当时的四川总督策楞和提督岳钟琪给乾隆的奏报中提及"该处猓夷凶悍顽野，知畏威而不知怀德，现在脚凹擒获，正各猓夷观望知威之际，若招解往返不惟有逃脱之虞而耽延时日，即使将来正法未免不畏心已释，禀请立毙杖下。……夷人犯法原与内地不同，脚凹砍伤马成柱致死即以故杀成招，依律得拟斩监候，转使藉以偷生，而内地行刑更无以示威于番众。"按照律法规定，本案定罪量刑上应以"故意杀人罪"拟定"斩监候"，程序上应当遵循转审程序，由州县转府，府转臬司，臬司转督抚然后再到达刑部，具奏皇上。对于民风凶悍顽野，不知中原文化的猓夷地区，如果层层转审会使案件审理时间过长，处罚失去及时性，再加上"斩监候"最终可能不被执行死刑，使犯人得以苟活，无法

---

[1]《中国少数民族社会历史调查资料丛刊》修订编委会四川省编辑部编：《四川彝族历史调查资料档案资料选编》，民族出版社2009年版，第232页。

[2]《中国少数民族社会历史调查资料丛刊》修订编委会四川省编辑部编：《四川彝族历史调查资料档案资料选编》，民族出版社2009年版，第232页。

"示威于番众"。基于"夷人犯法原与内地不同"的思想，考虑到当地彝人"知畏威而不知怀德"，依律处理并不能使他们畏惧。为了起到理想的社会效果，利用这一案件使蛮夷畏惧王权，奏请"立毙杖下"。这一提议显然得到刑部和皇帝的认可，"于六月初九率文武壮其声势，将凶夷脚凹于夷众聚集之地立毙杖下，各猓夷观者如堵。当众宣谕"。"杖毙"这种酷刑在清代之前就已经出现，《旧唐书·酷吏列传》记载："笞罚人畏其不死，皆杖讫不放起，须其肿愤，徐乃重杖之，懊血流地，苦楚欲死。"其残酷程度与凌迟不相上下。唐代以杖毙代替大部分死罪的绞、斩。清代"杖毙"非国家正式刑罚，但是在司法实践中也存在以"杖毙"代替正式刑罚处决罪犯的情况。"杖毙"不用通过正常法律程序层层审核、刑部备案，只须督抚密奏，皇帝允准，即可执行，被称为"法外之刑"。"杖毙"一来可以规避复杂转审程序，迅速打击犯罪，二来利用州县对"笞""杖"案件的自审权限，让罪犯在当地行刑，加强震慑效果。主要是针对小民聚众闹事，事态难于控制时，才将为首者于闹市通衢杖毙之，以迅速镇压民众暴戾之气。这种行刑方式在彝族土司地方，尤其是在清前期尤为常见，既可以缩短案件审判到执行的时间，有效解决了彝族土司地方交通不便的困难，快速结案起到很好的社会效果，又可以利用刑罚的残酷，在彝众中产生震慑，起到宣扬皇权国法的效果。

2. 宽减适用

再如嘉庆年间，云南武定彝族那氏土司地区土目那显宗奉旨押解夷犯交收。该犯因为枷号刑伤且日行几十里，导致双腿肿胀，食欲日减，据押解人员回报称其脚滥伤重，不能走动。那显宗唯恐押解途中犯人因病一时不测，不敢押解。上报请求是否可以"暂为开枷，传伊父兄取保回家调理，抑或缓缓解来。"[1]后官府批准取下枷号，保证不再行滋事，切实甘结送州存案，并允许保释。后犯人由其亲属领回，并出具甘结存于衙。

再有道光年间，四川越嵩厅邛部土司嶺如龙因为收留夷妇为妾，引起所辖夷众不满，纠集闹事，焚烧房屋。嶺后被押解拟定"引惹边衅"，革职发边远充军。依照《大清律例·名例律》规定，土司有犯军流罪的，其土司并家口应迁于近省安插，系云南四川迁往江西。据越嵩厅通判禀称嶺如龙并无子嗣，有妻子

---

[1] 楚雄彝族文化研究所编：《清代武定彝族那氏土司档案史料校编》，中央民族学院出版社1993年版，第12页。

阿谷。但是自其犯事到官以来，凡一切事物均系阿谷代理，夷众十分拥护，尤其是最近越嶲清溪的一匪聚众滋事，只有阿谷所管的夷人并未附和参与。当地夷众听说土妇按律要随夫迁徙，自发共同呈词，恳求官府让阿谷留下，并自愿出具甘结保证"永不滋事"。四川总督向皇帝请奏，阿谷管理夷人有方，且其夫所犯罪行为私罪，并非仇杀劫掳之罪，如果按例比拟军罪迁徙家口，与实际情形有别。同时还指出"夷性多夷，固不可任其纵肆，亦不得不顺请驾驭"[1]，认为阿谷虽一介女流，但是驭夷有方，夷共相推服，请求皇上准如所请，收取甘结，令土妇阿谷代办邛部宣抚土司事务，以抚夷众而安地方。这一奏请得到道光皇帝的许可。本案中为了彝族地区的安定，对犯事土司家眷给予处罚上的变通，不随其迁徙。

在刑罚执行过程中也会进行适当变通，康熙五十三年（1714年），云南武定暮连乡土舍之弟监生那德洪因为其兄那德发案受到株连，安插府城住居八年，后又被其嫂捏诬，后经官府当堂审讯，事属子虚。因此恳请官府超免安插。洪称其上无叔伯，中鲜弟兄，家有七十余岁残喘老母两目失明，而且自己身染痿疾，举动艰难，"若再住府城，依然母东子西，难免倚门泣哭，必致抱恨终天"。监生在府既无栖止之房屋，又无度日之薪米，借贷无门，存亡难保，田地必致荒芜，钱粮必致赔纳，绝食绝命势所不免。况且事系误中捏害，并非自作恩诏屡下，"不邀铁钺冒死上渎，网开一面超免安插"，是以母子还聚首之乐，安分守已、耕种纳赋。经过几次转请，雍正二年，那德洪被准予超免安插，回到暮连。

处罚的灵活化并无严格规律可寻，是根据案件的情形以及统治者想要实现的短期目的不同和利益的侧重决定的。一方面使得《大清律例》等国家法的威望得到树立，另一方面，量刑的轻重有理，加强了当地彝众对国家法的认可，国家法在彝族地区动乱纠纷解决中的作用越来越重要。

（三）程序的变通

彝族地区司法适用中程序法律规定也会根据实际情况的需要而进行变通。例如彝族地区地处偏远，交通不便形势复杂，每次将罪犯押解至省都需要很长时间，不仅效率低下久难结案，而且起不到及时治罪，震慑乡民的作用。"若拘泥解省，照例审办不特，有稽时日恐致疏虞"[2]，因此对于一些应拟死罪的重大案

---

[1] 中国第一历史档案馆选编：《清代皇帝御批彝事珍档》，四川民族出版社2000年版，第1090~1091页。

[2] 中国第一历史档案馆选编：《清代皇帝御批彝事珍档》，四川民族出版社2000年版，第653页。

件，为了能够迅速结案以起到理想的社会效果，可就地正法而不再解省呈报。此外，司法程序还因彝族风俗习惯的影响而变通。例如嘉庆年间，以普色、六儿为首的凉山彝人掳掠汉人粮食人口滋事，被朝廷镇压后，决定将首犯正法，对其余从犯免于法律处罚，同时让其出具悔罪甘结，"令其叩首指天自誓此守法安分，出具木刻甘结呈案"[1]。官员通过"对天起誓"和"木刻"的方式，对甘结程序作了变通。

（四）管辖的变通

国家法对彝族地区案件的适用范围以及官府的审理权限也会根据具体情形及政策等原因有所变通。乾隆三十年（1765年），四川冕宁彝族地区发生一起夷汉串通，偷卖良女的案件。周元宏控诉其孙周玉龙串同惯犯夷贼结别、呷知等，将幼女埋名偷卖入凉山。"结别等不遵王化，勾引野夷，协同伊奴日偷夜盗，掳绑人口，卷案如山。若不投天缉盗安民，不致汉卖夷巢，地方清宁"，于是恳请官府作主除盗施行。依照大清律法，汉夷串通掳掠人口屡犯不止是重罪，官府受理追究后，"又众亲不忍，于中劝解"，让周玉龙出银五两，以为女日后出姓赔奁之资。又处其兄周世龙备猪酒一付，祭祀宗祖。"蚁等悦服无词，情愿领女回家，日后再无异言，为此恳乞大老爷台前赏准施恩释放批示施行。"县正堂批："据控卖人，自应按律究治，姑念边民无知，尔愿具悔，从宽准悔，仍饬具明白切实甘结呈核。"[2]本案属于严重刑事犯罪，一律应依照国家法处理，但是考虑到边民不知礼法，已通过调解解决矛盾，就不再以国家法追究。咸丰九年（1853年），冕宁县发生一起诬告案件，乡民程显忠之女程氏，自幼嫁潘云腾为妻，和睦无嫌。该年八月民女程氏出外，遇邪回家，自行缢毙，据查无异，头人按照定例让潘云腾等给程家等孝布五十四件，超荐程女经功钱七十二千文，书立合同约据。后程显忠控告潘云腾等殴毙其女致死，告至官府，经查明实为捏造。依照《大清律例》"诬告"条的规定，被诬之人至死罪未决的，杖一百流三千里，加徒役三年，控告人命有诬告情行的，即照诬告人死罪未决律治罪。但是本案中，官府考虑到夷人愚蠢无知，程女年轻丧命，而女婿潘云腾又自愿付给经功钱七十二千文，因此令程显忠当庭领取，出具甘结，免于法律追究。这两起严重刑事案

---

[1] 中国第一历史档案馆选编：《清代皇帝御批彝事珍档》，四川民族出版社2000年版，第654~655页。

[2] 《中国少数民族社会历史调查资料丛刊》修订编委会四川省编辑部编：《四川彝族历史调查资料档案资料选编》，民族出版社2009年版，第272页。

件都由县一级官府准予甘结结案，这是对国家法关于级别管辖和案件类型管辖的变通。

国家法在彝族地区适用的根本目的，是将彝族地区纳入清政府统治秩序中，在彝族地区建立一个符合皇权统治的社会秩序。因此，尽管国家法的变通适用在彝族地区司法实践中似乎频繁发生，但这并不意味着国家法放弃其统治地位或司法管辖权。国家法的变通是权宜性考量的结果，当适用国家法会带来尖锐的矛盾不利于社会秩序的稳定时，不得已做出的一种临时性妥协，目的是维护国家法的统治秩序的稳定，而这种特殊情况一旦消失，这种变通也就不再必要，国家法就会恢复正常适用。例如，国家法允许"生苗之间相仇杀"的案件可以适用习惯法以"赔命金"的方式解决，而一旦这个地方实现了"改土归流"，"生苗"变成了"熟苗"，国家法的适用就恢复正常，这类案件就不再适用习惯法，而必须按律问拟。

总的来说，国家法在彝族地区的司法适用，以严格适用为原则，变通适用为例外。但无论是严格适用，还是变通适用，都是在中央立法原则和制度框架范围内的，即使稍有逾越，也只是权宜之计。

四、彝族习惯法的适用与变通

清政府"因俗而治"的民族政策在法律上的体现就是在一定程度上允许少数民族适用地方风俗习惯或是旧有制度对内部事务进行管理，"以夷制夷"。彝族传统社会以习惯法、土司法的适用为主，清代"改土归流"后以国家法的适用为主，但原有的法律制度在一定条件下仍然得以适用并发挥着重要的作用。

（一）彝族习惯法的效力

"苗例"作为苗疆习惯法的总称，是习惯法效力的依据。彝族习惯法是依据"苗例"的适用规范进行适用的，其效力范围和适用方式受到"苗例"影响，因此，厘清"苗例"的司法效力，有助于研究彝族习惯法的适用。在前文梳理清代彝族地区的法律制度变迁中提到，经过"改土归流"的不断推进，苗疆习惯法的适用效力也不断变化，最终于乾隆五年（1740年）成为定例，写入《大清律例》，成为"苗例"条。学界对"苗例"效力的研究已经相对成熟而且达成一些共识，例如"苗例"中的"苗"包含了南方"苗、瑶、彝、土家"等多个少数民族，"苗例"并不适用于所有"苗疆"地区，而仅适用于尚未开化的"生苗"地区，适用对象是"生苗"和"生苗"的纠纷，以及适用要考虑双方当事人的意愿等。但在"苗例"管辖的案件范围以及"苗例"的内容方面还存在一些争议。

对"其一切苗人与苗人自相争讼之事"中的"一切"二字的理解不同，造成学界对"苗例"管辖的案件范围的分歧。一种观点认为，应按照字面意思，即所有发生在苗人和苗人之间的争讼案件，包括犯军、徒、流、死罪的情形，都用苗例解决。另一种观点则认为，"其一切"应等于"其余"。此条开头用"凡苗夷"，在"俱照苗例归结"前有"其一切"作为前提。这里"其一切"按行文应是"其余"的意思。此法规前半部分规定"苗夷"中犯军、流、徒和死罪的必须适用国家法，后面"其一切"各纠纷则适用各民族固有法。[1]适用于除犯"徒、流、死"之外的情形，也就是"笞、杖"等较轻刑罚的案件。还有观点主张以朝代为界，认为该条款在乾隆年间是按照字面意思，即适用于所有"苗人相互争讼"的案件，但乾隆年间后，适用限缩解释，仅指苗人之间犯"笞"、"杖"罪的情形用苗例解决。[2]以下从"苗例"条的遣词、行文逻辑等方面稍作分析。

明代王明德就提出："律有以、准、皆、各、其、及、即、若八字，各为分注，冠于律首，标曰八字之义，相传谓之律母"，"必于八字义，先为会通融贯，而后可与言读法"。清立法者集前人大成，将这八字的含义作"例分八字之意"图放于《大清律例》首篇。清代刑部侍郎吴坛在其著作《大清律例通考》中更道出这"八字"的重要地位："盖律虽条分缕析，中不足以尽人情之变态，故定此八字收属而连官职，要皆于本条中合上下以比罪，则八字者，乃五刑之权衡也。"更指出"正律为体，八字为用"，而在八字中又以"以、准、皆、各"四字为用中之体，"其、及、即、若"为用中之用。因此，要辨明该条含义，首先要从适用角度，再联系上下文，理解"其"字的含义及作用。

《大清律例》首篇的"例分八字之意"图中就指"其"字的含义：其者，变于先意。即"其"之后的内容与前文不同。《大清会典》定义"更端而竟所未尽者曰其"，《礼记·曲礼上》对"更端"的解释为："君子问更端，则起而对。"《孔颖达疏》记载："更端，别事也；谓向语已毕，更问他事。"也就是说"其"是另起一件事，对"本条"的内容进行补足，使之完备。《大清律例通考》中对"其"字的用法作了更详细的解释："其端而事与情实不然，可为指实共见之端

---

[1] 胡兴东："清代民族法中'苗例'之考释"，载《思想战线》，2004年第6期。
[2] 程泽时："因俗与易俗：清代苗例、苗俗之理讼适用"，载《民间法》2015年第2期。

而竟本条所未尽则用'其',与后'若'字似同而实异。"指出"其"之后的内容是承接上文,对上文同一"事"中的另外的"情"进行说明,目的是使得"本条"在适用上更严谨。而"若"的含义是"设言而广其意",即提出一个新的情形使之归属于前文,丰富其含义。二者相似,但实则不同。相似的是在形式上他们都提出了新情形,不同之处在于"若"是将之后的情形作为前文"事"中的一部分使前文内容丰富详细,而"其"则是"承上而起涉于更端",即提出与前文"事"同但"情"不同的情况,使整个条文周严。简而言之,"若"之后和前文是包含关系,"其"之后和前文是并列关系。例如谋叛逆条规定:"若逃避山泽不服拘唤,以谋叛未行论;其拒敌官兵者,以谋叛已行论。""若"之后的"逃避山泽不服拘唤"是对"谋叛逆"的扩大解释,属于"事";"其"之后是对"若"文中"逃避山泽"这件"事"中没有涉及的"情"进行说明,这个情形就是"拒敌官兵",因此可推出该条的含义:

第一,"逃避山泽不服拘唤"但"未拒敌官兵",以谋叛未行论;

第二,"逃避山泽不服拘唤"且"拒敌官兵",以谋叛已行论。

据此,"其一切苗人与苗人自相争讼之事"与上文是对"凡苗夷有犯"这同一件"事"的不同"情形"所做的说明,"其"字之后是"本条未尽"之意,由此推断,前文针对的是"苗人"在非"苗人与苗人争讼"情形中的断罪。也就是说,仅按照"八字之意"的逻辑,"其一切"之后与前文不同的"情"是"苗人与苗人相争讼",而不是"不同刑罚",而前文中"其罪应论死者"是对"凡苗夷有犯"这件"事"中"应论死"这一"情"的说明。由此,该条文的严密逻辑应该是:

其一,凡苗夷有犯,但并非"苗夷相讼"情形下,应处"军、徒、流"时仍外结;

其二,凡苗夷有犯,但并非"苗夷相讼"情形下,应处"死"罪时内结。

其三,凡苗夷有犯,且属"苗人与苗人相互争讼"情形中时,照夷律完结。

因此,从"其"字的含义看,"其一切"应该理解为字面含义,即为所有苗人自相争讼的事情,都不用绳之于官法。

对条文的解释不能脱离其所处的法律体系。"苗例"一条规定在《大清律例》"断罪不当"条内,关于乾隆五年(1740年)修例,将此条文置于《大清律例》"断狱"门下"断罪不当"条内在立法技术上是否合适,学界一直都有质疑。清代薛允升在《读例存疑》中就主张此条应该归于"化外人有犯",因为雍正时条例主要是对司法官员在对苗夷犯罪如何依律审理，避免断罪不当进行规定，而乾隆五年增加的内容是规定苗人犯罪适用"苗例"的情形，前后并非"一事"。[1]但是这一条自乾隆五年（1740年）成例后就再也没有修改，从体系角度理解该条文更有利于探究《苗例》的真实地位和作用。"断罪不当"一律是对司法人员的行为进行的指引，对不当行为进行处罚。因此"苗例"条也应该在这一立法目的下进行理解。这一条文意在说明司法官员在解决"苗夷有犯"的情形下如何避免断罪不当以及相关法律后果。该条前半部分规定了"苗夷有犯军、徒、流、死"时司法官员断罪应当遵守的规范及违反的法律后果，如果将"犯军流徒罪折枷责之案，仍从外结，抄招送部查核"称为A，"其罪应论死者，不准外结，亦不准以牛马银两抵偿"称为B，我们可以看出，违反A、B法律后果是一样的，其逻辑结构应该是：司法官在审理苗夷犯军、徒、流、死的案件的时候，应按A、B去做，否则以断罪不当论处。从条文逻辑上的一致性以及前文所述"其"字之后另设别情，使处罚有异，后半部分完整逻辑应该是：司法官在审理苗夷犯军、徒、流、死的案件的时候，如果是苗人与苗人自相争讼之事，不照A、B，而照苗例归结，不属于断罪不当。该条文的完整逻辑可如图所示：

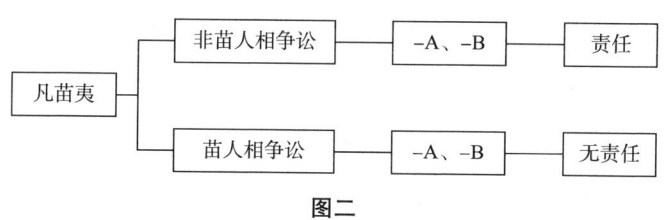

图二

如果只适用于应处"笞""杖"的案件，无法解释对于"非苗人相争讼"时应拟"笞""杖"的情形作何处理，解释将会出现很大的法律空白，逻辑上不严谨。

此外，从清代诉讼体系来看，应判"笞""杖"的案件都只是一些民事或轻微的刑事案件，州县官员拥有对这一类案件的自理权，因此不要求地方官员一定按律处理，只要能化解纠纷就可以。明末讼师秘本《珥笔肯綮》写到："凡告家财，不在干名犯义之例，但情词畅顺即是，不必原求律法。"由此可见，当官员裁决此类案件时，直接依据民间通常认可的事理和原则，国家法律并不是其判决

---

[1] 苏钦在《"苗例"考析》一文中也作此观点。

依据。苗疆"因俗而治",在司法方面比一般的地方政府有更大的自由裁量空间,一般的行政地方的基层政府都拥有的司法自由,苗疆地区更是无须再作规定。因此从体系解释的角度看,"苗例"应该适用于所有"苗人"相争讼的案件。

清代对于"苗例"适用的案件实际上有严格的限制,只不过不是通过"刑罚"来限制,而是以所侵害的利益及其严重程度来划分的,体现在条文中,就是"争讼"二字。

中国古代诉讼将诉讼事件大致分为词讼(细故)与案件(重情)两大类。前者常指户婚、田土等州县官自理型诉讼,后者多为人命、强盗等严重的犯罪。清代《齐民四术》中有"窃照外省公事,自斥革衣顶、问拟杖徒以上,例须通详招解报部,及奉上司批审呈词,须详覆本批发衙门者,名为案件;其自理民词,枷杖以下,一切户婚、田土钱债、斗殴细故,名为词讼"[1]的记载。但是二者之间并无确定的界限,分类标准既与案情本身性质与构成要素有关,同时也包括事后判决结果及量刑轻重。[2] 例如有的案情本身是涉及婚姻方面,但后果可能严重违背了宗法伦理,影响恶劣,也就不能纳入"自理词讼"的范围。

因此,对于"苗例"适用的案件范围的判断,不应以"应处刑罚"为标准,而应该根据具体案件情形及侵犯法益的大小来判断。而这一判断很大程度上取决于地方司法官员是否有规避责任的充足理由。

在关于"苗例"的研究中,对"苗例"指向的内容见解不一,有学者认为"苗例"主要指"杀人、伤人赔牛、赔谷"的这条规范,认为"苗例"之所以称之为"例",是因使用被国家法认可,区别于一般的"苗俗"。也有学者认为清代"苗例"指向的应该是一个规范体系,是南方各民族固有法律或者说是习惯法及中央政府为南方民族特别制定的国家法。

"苗例"规定在"断罪不当"条下,实际上是对司法官"断罪不当"责任的例外规定,和本条文中前半部分强制性规定不同,司法官对"苗例"的适用是任意性和授权性的。结合整个清代法律体系来看,对于轻微的案件,地方官员有自理的权利,可以不按照国家法律规定而根据当地风俗等审理案件,但是这并非是说在自理案件中国家法律就没有作用。光绪年间曾任直隶按察使、山西布政使的方大湜就指出:"自理词讼原不必事事照例,但本案情节应用何律何例,必须

---

[1] (清)包世臣:《齐民四术》,潘竟翰点校,中华书局2001年版,第251~252页。
[2] 邓建鹏:"词讼与案件:清代的诉讼分类及其实践",载《法学家》2012年第5期。

考究明白，再就本地风俗准情酌理而变通之，庶不与律例十分相背。否则上控之后，奉批录案无词可措矣。"[1]正是说明在自理案件中，司法官员仍然需要考虑国家法律的规定以防止在当事人因不满裁判结果而上诉时，受到上司讯问而无词可对。若是司法官不明白具体案件应适用何项律例而肆意背离国法精神断案，也会产生相应的责任。因此在自理案件中，国家法律一方面具有工具性价值，另一方面还意味着"苗例"可以作为其判决的有效性、正当性来源，当事人因不满裁判结果而上诉时，司法官可将"苗例"作为裁判依据，规避其"断罪不当"的责任。从这个角度看，苗例不仅具有工具性价值，还有作为法官断案时正当性来源的实质价值。而法官审理"生苗"相争的案件，尤其是自理案件，实际上考虑的是整个苗疆习惯法体系，而不可能仅是某个实体规范。因此，"苗例"指向的应该是苗疆的习惯法体系。

因此，结合相关材料及论述，"苗例"的适用效力大致可以表述为：

第一，从空间效力和对人效力上看，《大清律例》中的"苗例"仅适用于没有"改土归流"、尚未开化的"生夷"地区，且原则上只适用于"生苗"和"生苗"之间的纠纷，对于"生苗"和"熟苗"，"生苗"和"汉人"，"熟苗"和"熟苗"之间的纠纷原则上并不适用。其目的只是在归顺未久、不懂法律的蛮夷地区实现权力的逐渐过渡。

第二，从案件管辖范围来看，"苗例"适用的案件性质并没有明确的界限，并不能单纯以"应判刑罚"的轻重来划分。司法实践中，司法官员往往是综合案件情形、侵害法益来决定，对于严重侵犯宗法伦理和皇权统治的情形，不适用"苗例"而以国法论处。

第三，从"苗例"的内容来看，"苗例"应指整个"苗疆"习惯法体系而不仅仅是某个具体规范。在具体案件审理中，既是可以直接运用的有效规范，又是这一判决的正当性来源，兼有工具性和渊源性价值。

第四，"苗例"是对司法官员"断罪不当"责任的例外性规定，是授权性规则。根据"夷人犯法与内地不同"这一司法原则，司法人员在处理具体案件时可以对"苗例"进行灵活适用，变通其效力范围，最终目的都是维护清政府的集权统治。

---

[1]（清）方大湜：《平平言》卷二《本案用何律例须考究明白》，清光绪十八年（1892）资州官廨刊本。

当然，不是所有的习惯法规范都具有法律效力，例如一些"恶俗"等就不能被接受。而这一点，是由司法官员在实践中根据"不能与律例十分违背"来予以排除的。适用"苗例"的最终目的都是维护清政府的集权统治。

"苗例"条被认为是苗疆习惯法得到国家认可作为正式法律渊源的重要依据，也是清政府"因地制宜"的民族立法思想在苗疆治理中的重要体现。"苗例"中的"苗"并不是建国后民族识别的"苗族"，而是包含了南方"苗""瑶""彝""土家"等多个少数民族，"苗例"实际上是包括彝族习惯法在内的多个南方少数民族习惯法的总称，司法材料中的"夷例""彝例"等概念，虽然在规范内容上并不完全等同，但从法律渊源的角度看，其效力和地位实际上与"苗例"一致。

（二）彝族习惯法在刑事案件中的适用

清代的司法程序中，刑事案件除有部分应处"笞""杖"的案件州县可以自理外，都必须严格依照国家法律的规定，按照应拟刑罚的轻重进行"外结"或是"内结"；在法律适用上，除了自理案件可以不必严格依法处断外，其余的必须严格依照律例予以定拟，如果适用有误的，要追究司法官员的责任。因此，习惯法在自理刑事案件中的适用与民事适用无异，但是对于其他严重刑事案件的适用，习惯法的适用就受到一定的限制。

清代中央对于苗疆习惯法在刑事案件中的适用规定是一个动态过程，以至于学界对清律"苗例"条的性质及适用范围一直存在争议。以下仅从司法官员的陈述中略作分析：

雍正三年（1725年）三月，贵州巡抚毛文铨在奏折中称：

"贵州苗人自相仇杀者甚多，有数世数十年不能解者。夫苗人自相仇杀，原无抵命之条，惟有偿以牛马布疋，苟非焚劫内地汉民及抗拒官兵，臣只从彝例治之。"[1]

从这段话中我们可以得知：

苗人相仇杀案件十分频繁且持续时间长，都适用国家法处理，在效率和效果上不尽理想。

---

[1]《雍正朝汉文朱批奏折汇编》（第四册），第608页。转引自苏钦：《"苗例"考析》，载《民族研究》1993年第6期。

第二章 清代刑法在彝族地区变通适用的具体内容

苗人习惯法中对于这类案件并不抵命，而是用金钱赔偿解决。

只要不涉及内地汉民以及抵抗官兵的案件，用习惯法解决，不课以国法。

这对习惯法的适用范围作出了详细说明。雍正十年（1732年）六月，贵州按察使方显上奏提出对苗人案件法律适用的看法，指出：

> "臣请归附已久熟苗，有劫盗仇杀等案，应照内地审结，至新开苗疆，如古州、清江、九股、丹江、八寨等地，除劫盗及伤毙汉人，情罪深重难以宽纵者，仍照律究拟外，其各寨仇杀、斗殴、人命，凡具报到官，即准理。如受害之家，必欲究抵，亦应照律审断。或其中有情愿照苗例以牛马赔偿，不愿检验终讼者，似应念其归附日浅，准予息结，详明立案。"[1]

这则材料反映了以下几个信息：

区分"生苗"和"熟苗"，在法律适用方面区别对待。

"熟苗"犯"劫盗仇杀"等罪，依照内地律例审理。生苗犯除了劫盗、殴毙汉人情节严重必须依律例处断的罪外，凡是"生苗"之间的"仇杀""斗殴""人命"案都可以自行调解，官府不主动介入。

如果"生苗"将此类案件告到官府要求官府裁断的，应当受理，如果受害一方要求以律例审判，应适用国家法，如果双方愿意适用习惯法以牛马赔偿解决的，予以同意。

也就是说习惯法可以适用于"生苗"之间的"仇杀""斗殴""人命"等刑事案件，但对于涉及汉人的严重犯罪，不予适用。这一提请得到批准，并广泛适用于苗疆的类似案件。

乾隆二十六年（1761年），四川总督开泰奏请奏折中说道：

> "……川省地方凡番蛮互相斗殴以致毙命者，例得照夷俗罚服完结；汉人殴毙番蛮，死亲愿罚服者并准照夷例办理；如番蛮殴毙汉人则按律问拟俱令抵偿。盖所以严内外之辨也，惟是其间情形不同，以需随时斟酌，以期有益……"[2]

---

[1]《雍正朝汉文硃批奏折汇编》，第715~717页。转引自苏钦：《"苗例"考析》，载《民族研究》1993年第6期。

[2] 中国第一历史档案馆选编：《清代皇帝御批彝事珍档》，四川民族出版社2000年版，第537页。

这则奏折指出司法实践中习惯法的适用规则：

第一，"番蛮"之间斗殴毙命的，应该适用习惯法完结。

第二，汉人殴毙"番蛮"的，原则上适用国家法，但是生夷亲属愿意适用习惯法办理的，可以适用习惯法。

第三，"番蛮"殴毙汉人的，照国家法问拟，均以命抵罪。

此处的"番蛮"指的是尚未开化或是开化未久的苗疆少数民族。这一段材料展现了实际司法案件审理中，"番蛮"斗殴毙命案件的法律适用规则，对于汉夷相殴毙的法律适用作出了变通规定，即汉人殴毙"番蛮"，"番蛮"一方有选择适用国家法还是习惯法的权利，官府应允许；如果是"番蛮"殴毙汉人，则以国法断罪，均拟死罪。但开泰同时也指出，这一规则"惟是其间情形不同，以需随时斟酌，以期有益"，也就是可以根据实际情况再做调整。

从这几则材料对于刑事案件中习惯法的适用范围及规则来看，随着时间的推移，习惯法对刑事案件的适用范围整体上逐渐缩小：雍正初期，习惯法的适用范围大，凡是苗人侵犯汉人及抵抗军队的行为，均可以适用习惯法；到了雍正中期，习惯法适用范围缩小，主体上只限于"生苗"之间；第三则材料虽然只反映出乾隆时期习惯法在殴毙案件中的适用，但可以肯定的是，习惯法的适用扩张到了"生苗"和汉人相犯的案件中。

这种变化，是中央势力在苗疆地方不断扩张的表现。从总体上看，中央对苗疆习惯法在司法中的适用，尤其是在刑事案件中的适用是逐渐紧缩的。但"惟是其间情形不同，以需随时斟酌，以期有益"，司法实践中，根据实际情况的不同，习惯法在刑事案件中的适用十分地灵活多变。从彝族清代司法档案中就可以看到这一现象。

1. "人命案"中习惯法的适用

依照上述分析的结论，一般来说，彝族习惯法可以适用于"生彝"[1]之间的人命案件，在一些情况下也适用于汉人殴毙彝人的案件。

乾隆七年（1740年），有夷民兹披、灌子盗窃别暑的耕牛，后索报银两。发生口角斗殴，兹披回家二十余日后因伤死亡。灌子等率众抄别暑谷子五十石、荞

---

[1] 此处用"生彝"表示还未开化或是开化未久的彝族，与"生苗""生夷""番蛮""生番"等词含义相似。由于本文以彝族为研究对象，且案件均来源于彝事相关档案材料，因此为了突出研究对象以便论述，不以"生苗"这样的词语笼统而论。

子三石,霸占其庄田十三石,揩勒耕种数载。乾隆十三年(1748年),别暑又被抄家,于是控诉在案,官府严饬究追。而其伙头并亲族人等,念系同支,不忍参商,从中调解:

> "照夷俗之例,将揩勒水旱田地十三石并抄家俱什物等项,一例退回别暑管业外,所有兹披身死,议处别暑出备水田一石,家人男妇二口,马二匹,给予兹披之子,以作超度经功之资,了息明白。自今说和之后,任随别暑并家人上下往来,路途逢遇,而糯姑灌子等不得隙仇借事生端。日后如有不遵妄为,系有铁、错铁并伙头一面承认。此系愿和,于中并无逼迫等情。恐后无凭,故立甘结。"[1]

本案是涉及盗窃、殴毙、抢劫、勒索等严重的情形,依照清律规定,这是法律强制制裁的严重犯罪行为,但是由于本案是发生在"生彝"之间的案件,因此官府的介入和法律的适用都有其特殊性:

第一,别暑田地被"揩勒耕种数载",说明这一案件中盗窃、殴毙、抢劫、勒索等情形已经发生和持续数年之久,但是由于没有报官,官府没有主动介入。

第二,别暑控诉至官府,表明愿意以国法处断,官府依法予以受理并表示将依法严厉追究。

第三,伙头、亲戚等希望依照习惯法从中调解,将被勒索的田地财物归还别暑,别暑支付兹披之子"水田一石,家人男妇二口,马二匹"作为赔偿。双方同意后,希望了息结案,官府予以同意并令出示甘结作为和解的凭证,予以结案。

整个案件因为发生在"生彝"之间,因此尽管涉及应拟"徒"以上的犯罪,官府仍然允许其用习惯法调解,且以甘结的形式,赋予夷例的调整结果以法律效力,实质上司法官员是对彝族习惯法进行司法适用。

以上这个案件,是彝族习惯法适用于"夷人相争讼"案件的典型表现。而乾隆时期的另一案件,就对这一适用原则进行了变通。乾隆五年(1740年),建昌地区土司相争,涉及索财拉绑夷人的行为,聚众械斗,致五人死亡,又现诬陷捏造控告之事使得松坪大乱,督抚在奏请乾隆的奏折中称"马泽父子并吞袭署,致夷众不服,左祖马曰纱,而马泽父子耽耽虎视以为不出曰纱无以绝众夷之望,

---

[1] 《中国少数民族社会历史调查资料丛刊》修订编委会四川省编辑部编:《四川彝族历史调查资料档案资料选编》,民族出版社2009年版,第339页。

伊子之袭履行捏诬以重曰纱之罪……各夷构衅多由于此"[1]。乾隆批复极为重视，曰："此等事若稍处置不公，被人欺，则未有不酿成土患者，汝等慎之成之"[2]，"令按察司勒缉审讯自当酌照夷例次第归结……按律应处死，但念其愚忠，情有可原。并无抵抗官兵之情形，准酌量情节，照夷例完结"[3]。之后委派神姐查点户口，督同各寨头人酌议，纳粮管束，出具永远保护地方木刻。打牛鐯皮设誓，并将从前各夷案和解完结。[4]

皇帝在朱批中的亲自批示，体现了彝族习惯法在"生彝"之间人命案中的适用效力，从案件中可以看出：

第一，平息纷争，杜绝土患是处理该案的首要目的。

第二，在没有"抵抗官兵"等逆行的前提下适用习惯法结案，说明习惯法适用范围是有限制的。

第三，对群体性事件依然可以酌照夷例次第归结。这是对"苗人相争讼"案件的突破。

第四，以木刻的方式出具甘结结案，赋予习惯法以官方法律调整结果的效力。

这一案件是针对夷乱频发、土患不断的情形下对彝族习惯法适用规则的变通。其目的是平息夷乱。此外从案件中还可以看出，夷律不仅仅是指"杀人赔牛赔马"这一个规则，还包括习惯法中对索财拉绑等"从前各夷案"的处理规则。

习惯法适用于"生夷"之间的人命纠纷是"因俗而治"思想在司法活动中的典型体现，而在彝族司法档案中，还发现一些"生夷"和"汉人"之间的人命案件也是用习惯法解决的。

光绪十一年（1885年），土职李正芳禀报，有民人严天禄报称不知何时民地内伤毙猓夷一人，土职即会同该处地邻等看实无虚，随派土差一同夷兵各处踩缉，随后有柯别山夷人什都来称，被杀毙的夷人系其使娃，定要赴县鸣冤，于是土职立刻派人赴县，严天禄自知情虚，眼看即将到城，遂央请夷兵恳恩拦控，自愿请中人及夷兵由该地了息。土职念及丫口一路居民鲜少，恐猓夷借端猖獗，于是会同汛主竭力开导，令严于夷人"照夷理息和"，给钱八十六千，口岸钱四

---

[1] 中国第一历史档案馆选编：《清代皇帝御批彝事珍档》，四川民族出版社2000年版，第537页。
[2] 中国第一历史档案馆选编：《清代皇帝御批彝事珍档》，四川民族出版社2000年版，第537页。
[3] 中国第一历史档案馆选编：《清代皇帝御批彝事珍档》，四川民族出版社2000年版，第537页。
[4] 中国第一历史档案馆选编：《清代皇帝御批彝事珍档》，四川民族出版社2000年版，第450页。

千,夷人遵依搬尸了息。[1]

从以上案情可以看出,猓夷死在民人地界内是一起"生夷"和"熟夷"之间的人命纠纷,应该依律例由官府处断,夷人称要告官,于是土职即刻要向官府禀明。在报官之前双方都同意"照夷理息和",于是土职按照"人命价"令汉人赔钱八十六千,口岸钱四千,夷人同意并搬尸了息。后严不服,控到官府,供称:

> "去年腊月十九日,有不知姓名猓夷路毙糖梨坝大路侧首,不与小的地相连。百户李正芳说是小的知夷死的情由,就把小的拴锁,揸要钱文,随后母知认识死的是他兄弟,名叫母牛,他们就要向小的打冤家。李百户又令小的回家,无处措办,才赴案呈控。"

严否认夷人的死与自己有关,但是最终官府判决:

> "死的猓夷既不与地界相连,先不应与他们说给钱文息和,既不应妄控,本应责惩,姑念乡愚,断令仍照以前息和。"

从判决结果来看,第一,官府对双方"依照夷理息和"的做法是认可的。尽管本命案并不是发生在"生夷"之间,但是在夷人同意以夷理解决的情况下,官府也予以认同,这证实了上文开泰在奏折中所说的"汉人殴毙番蛮,死亲愿罚服者并准照夷例办理"的真实性,而且在司法实践中这一规则可能并不仅限于殴毙夷众情形,正如这一案件,并没有殴毙情节,司法官员仍然采用了习惯法断处。

第二,从这起案件的审理过程也可以看到习惯法适用的弊端。本案中原告称其"和息"是被迫的,但是官府为了迅速平息纠纷,避免猓夷群起而乱,并没有查清事实,就断令原告支付赔命金。这一方面说明彝族地区官员存在滥用习惯法审理案件的现象,另一方面也说明只要没有严重侵害到统治利益,稳定是司法官员所追求的第一要素。

乾隆二十六年(1761年)七月二十九日,四川总督开泰奏报中提到一起山西人冠允才潜入凉山拖布地方与彝民争殴身死的案件。

山西人冠允才早年偷潜入凉山拖布地区投彝族人乌曲为奴,后与彝族人三吽

---

[1]《中国少数民族社会历史调查资料丛刊》修订编委会四川省编辑部编:《四川彝族历史调查资料档案资料选编》,民族出版社2009年版,第341页。

斗殴被打死，依照《大清律例》中的规定，三吽应当按照大清律法的规定处罚，但是本案中冠私入夷境在先，且三吽的家人恳请照夷例用牛马布匹银两等赔抵。因此四川总都奏请皇上请准以夷例罚服，他在奏折中写到：

> "……内地安分平民或偶与夷人争角致被殴伤毙命，自应按法拟抵，兹冠允才不守法纪窜入夷地，甚至投为夷奴改名服役，伊已甘心忘本无耻，若仍目为内地之人将凶手拟抵，恐游荡奸民恃有官为执法妄以夷人不敢轻为加害益负效尤，私入希图欺压夷人肆行滋事。冠允才一案应请即照夷例完结，庶使奸民失其所恃，共知忌惮，不敢深入夷巢，于苗疆不无裨益。"[1]

此案依照《大清律例》"凡苗夷有犯……其罪应论死者，不准外结，亦不准以牛马银两抵偿，务按律定拟题结"的规定，彝人三吽殴毙汉人是死罪，应该依律完结。但开泰提出三点异议：

第一，此案发生在夷境且冠允才投为夷奴，改名服役，依夷俗生活，因此不能以"汉人"对待。

第二，"番蛮殴毙汉人则按律问拟"中的"汉民"应是指"内地安分的平民"，冠允才偷潜入凉山彝地，有罪在先，是奸民，不属于这一适用规则保护的利益对象。

第三，三吽的家人主动恳请照夷例用牛马布匹银两等赔抵，和息了结，平息纷争。

因此，本案若仍然按律处死三吽，则不安分的"汉民"更加有恃无恐，偷入夷地欺压夷人，"肆行滋事"，容易激化夷汉矛盾，不利于苗疆的稳定。故开泰奏请皇上，请准依照"夷律"以"赔命价"的方式处断此案，一方面能区分善恶，体现立法精神，另一方面震慑"奸民"使其不敢深入夷地，有利于苗疆社会稳定。此奏得到了乾隆的认可。

这两个案件中的法律适用是对彝族习惯法甚至是苗疆习惯法适用规则的巨大变通。如果说，习惯法在"汉民杀毙夷人"案件中的适用是因为它能同时实现"夷人得到赔偿"而"汉人免于刑罚"的双赢结果而略显投机的话，那么将其适用于"夷人杀毙汉人"的案件，则显示了司法官员对"因俗而治"精神的深刻

---

[1] 中国第一历史档案馆选编：《清代皇帝御批彝事珍档》，四川民族出版社2000年版，第537页。

理解和对习惯法司法效力的巨大认同,与清律中"苗人中有薙发衣冠与民人无别者,犯罪到官悉照民例治罪"〔1〕有异曲同工之处。虽然这种变通有着极其特殊的案件背景,并不具有普遍性,但这恰恰说明司法官员在使用习惯法时"惟其间情形不同,以需随时斟酌,以期有益"的现实。

2."拐卖案"中习惯法的适用

掳掠买卖人口是彝族地区常见的犯罪,前文论述了中央和地方适用国家法对这一行为进行治理的措施及效果。对于这类彝族地区传统纠纷,习惯法的适用起到了平息夷乱,处理纠纷的重要作用。

(1)"生彝"相互拐卖

乾隆二十七年(1762年),西昌县处理一起彝人跨界的拐卖人口案件:

>"案据土妇安氏哞禀报,牛哟等具控呷呷、观音保等习拐家奴一案,经敝县移请添差拘提呷呷、观音保到案,讯据供噜车、长六保等果系牛哟家奴,尚有余车、吾加已经价卖等语。随押令将余车、吾加赎交牛哟服役结案。查呷呷、观音保系贵治夷民,拟合移交。为此合移贵县,请烦查照,希即查收,饬令该土司严加管束,毋致再生〔事〕端,仍祈见复施行。"〔2〕

案件中彝族土妇安氏哞禀报,别属夷人拐本属夷人家奴。西昌县移请冕宁县拘押提讯罪犯,经查实,拐卖情况属实,家奴部分已经被卖。按照清律,拐卖人口应依律治罪。但一方面这是"生夷"之间的纠纷,而对于彝族风俗来说,拐卖奴隶与拐卖普通人口不同,一般赎回退还给事主即可;另一方面,这是不同管辖地区的夷人相犯,处理不当容易引发夷乱。因此西昌县依照夷例断令拐卖之人将已卖奴隶赎回,归还原主。再将犯事彝人交回原籍,让冕宁县官员饬令土司严加管束。

光绪十三年(1887年),冕宁呷卢一支黑夷噜租、耻胡、什雀父子弟兄率领使娃牛三等,拦路行劫黑夷格作家使女呷牛、呷角二人,将用于赔账钱十二千以及使女一并掳夺。格作情迫不已,其只得奔案叩究。在格作的供词中称:

>"小的具控噜租们一案,前蒙审讯,小的与噜租们供词支杂……。今蒙

---

〔1〕《大清律例·名例律下》"徒流迁徙地方"条附例。
〔2〕《中国少数民族社会历史调查资料丛刊》修订编委会四川省编辑部编:《四川彝族历史调查资料档案资料选编》,民族出版社2009年版,第266~267页。

复讯，有夷兵等于中劝说，使女归噜租领回，令他给小的银十两，钱七千文，酒肉各二十斤，照夷理了息，小的不允。今断噜租们着加银二两，照前理妥了息，各具结完案，小的们遵断就是。"[1]

本案中，案件告到官府，因供词不一，难以断处，考虑到这是"夷人"之间的纷争，因此官府令夷兵从中劝说，以夷理了息，格作不同意，仍然要求官府处断，官府仍然依照习惯法中赔偿银两、牲畜的惯例，在调解中多判给格作二两，双方就达成了和解，并出具甘结了息。从本案审理中，我们可以看到司法官员在刑事案件中适用习惯法的路径：

第一，这一案件在双方争执不清，矛盾激化的情况下，主张让"夷兵"从中调和，使案件简化并迅速了结。

第二，在调解中一方不服的仍然可以请求官府处断。格作对赔偿的数额不满意，要求官府处断，可以看出夷理调解并不具有严格的约束力，任何一方都可以不遵守。

第三，本案中官府最终仍然是使用习惯法处理此案，在调解权限的基础上稍作调整，使双方达成一致，并出具甘结结案。此事夷理的调解就变为了司法调解，有了法律效力。

光绪十八年（1892年），冕宁县土职奉命抓捕涉案夷人哈且、牛牛、鸡鸡等，其他夷人不知情由，反而聚众将案犯等人夺回，还反行捆人夺畜。经土职申禀在案，官府差领班讯问。该夷人等情虚畏审，央请土百户卢启荣、夷民乐仆呵落、番民步老二、康和尚等从中拦息，所有汛主一同劝和，三面对质，同吃血酒，誓阁牛皮，永不滋事，各请保人互相保护。盟誓甘结后，夷人等一再向土职哀恳免究，土职向官府申请：

"窃该夷等虽属庸愚，自知痛改悔过认罪，所有一切案资差费如数楚给，若不恳禀恩宪，有负锄莠救良之念。为此禀恳恩宪恩施格外，念系庸劣，彻撤票销案，俾官民相安，汉夷戴德。"[2]

---

[1]《中国少数民族社会历史调查资料丛刊》修订编委会四川省编辑部编：《四川彝族历史调查资料档案资料选编》，民族出版社2009年版，第341页。

[2]《中国少数民族社会历史调查资料丛刊》修订编委会四川省编辑部编：《四川彝族历史调查资料档案资料选编》，民族出版社2009年版，第341页。

此案中夷人劫囚还反绑人夺畜,属于严重威胁统治秩序的犯罪行为,依律当斩[1]。案发后经当地土百户以及乡里夷人从中劝和,同吃血酒,用牛皮起誓保证永不滋事,已经依惯例和解。因此土官考虑夷人不知礼法之情形,恳请撤案。这一"销案"的处理方式与前述案件中按照夷理和解不同,虽然结果都是按照习惯法解决纠纷,但是和解结案是由官府参与协调,其结果得到官府认可,受司法强制力的约束。但"销案"使案件脱离司法程序干预,直接由民间解决机制处理。官府同意撤案,意味着承认习惯法在纠纷解决中的重要地位。

(2)夷汉串卖

"夷人"之间因为教化未深,有同样的风俗习惯而得以适用习惯法解决纠纷,冕宁县清代档案中有一起汉夷串卖人口的案件在处理上也例外地允许了习惯法的适用。

【乾隆三十年六月十八日周元宏等报状】

> 为夷汉通同,偷卖良女,吁天严究事。情因蚁族侄系之撰妻陈氏所生三男一女,之撰去岁病故,陈氏改嫁,长子玉龙闻不知引至何方。本年五月十二日,玉龙串同惯贼结别、呷知等,将幼女压死埋名偷卖入凉山。蚁等寻访查实,报明地保,至六月初二日方得追回。蚁等原系洪武世居马房沟,因城西獟狓不时造反,于万历十七年蚁祖招象岭血呵志看守山口,稍得清宁。血呵志子孙孤弱,冤遭吃食虎夷锅施、呵密咱、结别等不遵王化,勾引野夷,协同伊奴日偷夜盗,掳绑人口,卷案如山。若不投天缉盗安民,不致汉卖夷巢,地方清宁。蚁将惯贼无奈,只得报乞青天太老爷台前赏准作主除盗施行。[2]

从此诉状中可以看出,报状人周元宏为汉人,其侄子串通夷人拐卖侄女,卖到凉山,其中"锅施、呵密咱、结别等不遵王化,勾引野夷"说明案件中是汉夷串卖良民的案件,虽然后来找回,但汉夷勾结仍然猖狂不止,因此报到官府请求严查,"不致汉卖夷巢"。这类案件原则上不属于习惯法的适用范围,是必须

---

[1]《大清律例·刑律·贼盗》"劫囚"条附例,"凡劫囚者皆(不分首从)斩(监候),(但劫即坐不须得囚)若私窃放囚人逃走者与囚同罪,至死者减一等(虽有服亲属与常人同),窃而未得囚者减囚二等,因而伤人者绞(监候),杀人者斩(监候),(虽杀伤被窃之囚亦坐罪불不问得囚与未得囚),为从各减一等"。

[2]《中国少数民族社会历史调查资料丛刊》修订编委会四川省编辑部编:《四川彝族历史调查资料档案资料选编》,民族出版社2009年版,第272页。

依律例断罪的。但就在一天后，周元宏就恳请了息。

"为恳恩准情愿具悔事。情因蚁等县报夷汉通同偷卖良女一案，蒙恩准究，有众亲不忍，于中劝解，系属公孙，不忍参商，处结别出银五两，以为女日后出姓赔奁之资。又处周玉龙备猪酒一付，祭祀宗祖。蚁等悦服无词，情愿领女回家，日后再无异言，为此恳乞大老爷台前赏准施恩释放批示施行。

县正堂批：据控卖人，自应按律究治，姑念边民无知，尔愿具悔，从宽准悔，仍饬具明。"[1]

悔状中，周元宏称众亲属从中调解息和，以夷理解决，夷人出银五两，又处其侄周玉龙备杀猪摆酒，祭祀祖先，以作誓。双方达成一致和解，恳请官府恩释。官府的批示中明确指出，这类罪行是按律究治的，公案不得私和。但看在边民无知，又有悔意，饬令出具甘结在案，以作凭证，以此结案。

这一案件中，司法官员对于涉案双方以夷理和解拐卖人口案件的行为是予以否定的，"据控卖人，自应按律究治"，说明国家法对贩卖人口的案件原则上是有强制管辖权的，是不允许私和的案件。但是考虑到此为亲属之间的拐卖，而且人得以追回，夷人自愿赔偿钱粮以及周玉龙悔过的原因，官府于是允许了息。这说明在夷汉双方自愿的情况下，对于情节不十分严重的拐卖案件也可以因情形适用习惯法。

3. 群体性重案中习惯法的适用

对于上述人命、盗抢等，虽然情节轻重有别，案件类型多样，习惯法在其中的适用无规律可循，但总的来说，以上案件虽然有的情节恶劣，但都不属于严重威胁清政府统治的行为。而对于夷人大规模的械斗，烧杀掳掠，聚众抢劫汉人等重情案件，一般清政府都是直接派兵追剿，平定后再做处断。无论是从清律中对苗例适用范围的规定，还是从大臣、地方官员关于苗疆治理的策略中，都不难看出习惯法在这些案件中的适用。康熙四年（1665年）时，贵州总督上书"凡有啸聚劫杀侵犯当地者，自当发兵剿剿除，其余苗蛮在山箐之中自相仇杀，未尝侵犯地方，止须照旧例令该管头目，讲明曲直……或愿抵命、或愿赔偿牛羊、人口，处置输服，申报存案"[2]，雍正三年（1625年）三月，贵州巡抚毛文铨在

---

[1]《中国少数民族社会历史调查资料丛刊》修订编委会四川省编辑部编：《四川彝族历史调查资料档案资料选编》，民族出版社2009年版，第272页。

[2]《清圣祖实录》卷十六，转引自苏钦：《苗例考析》，载《民族研究》1993年第6期。

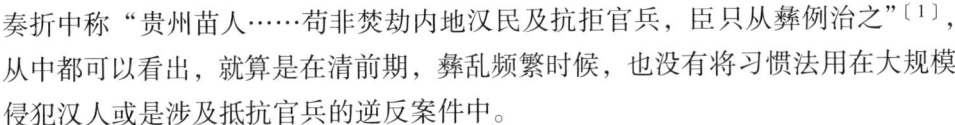

奏折中称"贵州苗人……苟非焚劫内地汉民及抗拒官兵,臣只从彝例治之"[1],从中都可以看出,就算是在清前期,彝乱频繁时候,也没有将习惯法用在大规模侵犯汉人或是涉及抵抗官兵的逆反案件中。

但是在彝族地方官档案中,我们能看到习惯法在此类案件中的适用。

光绪十四年(1888年),冕宁靖远营发生一起夷人聚众抢劫、杀毙汉夷民众的案件。一支名为勒摹的夷人聚众来营屡次劫抢,汉民亦遭该支夷人杀毙二名,捆去数名,又将龙姓房子烧毁一间。靖远营守府称,"敝府当即饬令外班夷人捏租、施列等,前往阻止,限日照夷礼说和,前经移知在案。"[2]在官府的主持下,涉案的汉夷相约四月初二日,在两河口兰家坝"理说"。不料,当日双方正盘旋之间,有龙姓私约十数人,乘夷人防其不备,前往报复,与夷人对敌,登时将龙志海、龙小苟二人杀毙。据夷兵及波罗汛来营呈报,"敝府复饬管夷兵前往阻止,又限四月十五日再行理说"。

本案中,夷人聚众抢劫、杀毙汉人是国家法在彝族地区严厉打击的行为,《大清律例》"白昼抢夺"一条规定,苗人聚众至百人以上烧村劫杀的,首恶之人在犯事地方斩决枭示,从犯具拟斩立决。寻常盗劫抢夺,不计赃的杖一百徒三年,抢夺赃物数额巨大的,加窃盗罪二等罪责杖一百流三千里,伤人者首恶处斩监候。由此可看出《大清律例》对于聚众抢劫杀人的案件的处罚是十分严厉的,且本案涉及杀毙汉人,原则上不属习惯法的适用范围,应按照律例规定依法处断。地方官府应尽快将人抓获,拟罪上呈。但本案中,汛营发现后,没有出兵直接镇压,而是极力从中安排,主张汉夷以夷理说和。第一次理说,汉人聚众想杀夷人,不料又被夷人杀死两名。但汛营仍然还是主张说和,重新约定了"理说"时间,试图利用习惯法促使双方和解,了息纷争,看"可否了息之处,再为移知"[3]。从地方司法官员给上级官府的文书中可以看出,上级机关对"先理说,后移转"的处理方式是认可和接受的。由此我们可以认为,彝族地区司法官员对严重刑事案件也可适用习惯法进行调解了息,这突破了《大清律例》对习惯法

---

[1]《雍正朝汉文朱批奏折汇编》(第四册),第608页。转引自苏钦:《苗例考析》,载《民族研究》1993年第6期。

[2]《中国少数民族社会历史调查资料丛刊》修订编委会四川省编辑部编:《四川彝族历史调查资料档案资料选编》,民族出版社2009年版,第342页。

[3]《中国少数民族社会历史调查资料丛刊》修订编委会四川省编辑部编:《四川彝族历史调查资料档案资料选编》,民族出版社2009年版,第246页。

效力范围的规定。

光绪二十四年（1898年），冕宁地方靖远波罗汛向官府移称：

> 夷人伊达强抢被团上枪毙，于是夷人索要人命金银布匹货物，贪索无厌，还杀死汉人抢去百姓要银赎取，聚众勒逼。此时反者姑哈等其所以负固不服、逗留熬抗者，实由靖远夷兵千户素知地方情由，暗通消息，划策习狡，本靖无有弹压所至耳。若不缕晰恳恩转禀调兵惩创，将来反者不止伊等，受害者亦不止波罗一汛。生等非敢妄讪，但事关切要，情出无奈，冒昧呈恳。所呈有虚，自甘诳报之咎。

> 县正堂批：查此案昨准靖远营李守府移称，姑哈等系归西昌县安土妇管辖，现据定期七月三十日再行理说，业经本县据情转禀府、镇宪，札饬安土妇届期派令得力管夷驰至两河口协同理说在案。着俟奉批至日，饬遵可也。[1]

本案中，夷人滋扰不断，汉夷相互仇杀，又有千户暗通消息，至弹压不止，严重威胁到清政府统治。案件移至县衙门，知县仍主张理说，"业经本县据情转禀府、镇宪，札饬安土妇派得力管夷协同理说"，由此可见官府希望以夷理和解。

【光绪二十四年九月初五日靖远营李守府移】

> 为移知事。窃前因勒摩支夷出巢滋扰，汉夷互相仇杀，酿成巨患，前经移知在案，已蒙饬令岭安氏严加约束，务须办理了息，不惟合境民人实沾德泽，敝府亦叨分外之光。旋于本年九月初二日，岭安氏专土目祁文清等三名到营，并执土署房书寄函内称，此案了息赔银百二十两，钱布各一百，内扣汉民人命银二十两、钱二十五串、布二十五匹，设法齐全，限期牛皮，歃血盟心，互相和好，并不滋事。[2]

可见，理说进行了不止一次，此文书中所说九月初二达成和解，按照习惯法以赔命价的形式了息，汉人向夷人赔银百二十两，钱布各一百，内扣汉民人命银二十两、钱二十五串、布二十五匹，还吃血酒盟誓，相互和好。

---

〔1〕《中国少数民族社会历史调查资料丛刊》修订编委会四川省编辑部编：《四川彝族历史调查资料档案资料选编》，民族出版社2009年版，第246页。

〔2〕《中国少数民族社会历史调查资料丛刊》修订编委会四川省编辑部编：《四川彝族历史调查资料档案资料选编》，民族出版社2009年版，第247页。

第二章 清代刑法在彝族地区变通适用的具体内容

以上这两起案件的相同点在于官府对于严重的侵害统治秩序的行为都主张按彝族习惯法解决,饬令土目理说。而每次和解后彝人又不断反悔滋事,官府仍主张理说,不断赔偿银两,反复数次,视为反常。究其原因,两起案件都发生在清朝末年,这时清政府面临内忧外患,根本无力顾及苗疆地区,兵力财力难以支持剿夷战争,只能尽量满足夷匪,以夷理主和,国家法的地位和效力在彝族地区,尤其是猓夷地方大大减弱。因此,习惯法的适用范围明显扩大,以试图稳定彝族地区秩序。

4. "恶俗"在司法适用中的禁止

所谓民族习惯法,是指被国家统治者认可的、可以作为裁判依据的习惯规范。然而并不是所有的习俗都会被认可,对于那些严重的违背国家法精神的少数民族"恶俗",例如巫蛊、邪教以及有违人伦的、严重威胁皇权统治和国家威严的习俗就不属于可被适用的"苗例"或是习惯法的范畴,反而是法律禁止和惩治的对象。

正如前述,彝族习惯法有着神权法和民族宗教性的特征。在凉山彝族习惯法里,当案件实情难以辨明的时候,就会采取审判、巫师判等方法。例如当受到别人质疑偷盗或是与别人发生争执时,以"掐草棍""掐死鸡"的方式,意思就是向大众表明如果自己真的犯罪,就如同草一样被折掉两端或是像鸡一样被掐死,同时也有给对方诅咒的意思。还有判断是否是罪犯的"嚼生米""捞沸水"以及端烧红的犁头观察伤势,等等。这些习俗与清代司法中注重实证的裁判方式明显冲突,侵犯了司法的理性和法律的威严,不利于官府权威的树立,是不能被清统治者接受而在司法中适用的。

乾隆年间,彝族地区"掐死鸡"立誓的情况演化为"掐死子孙",即当被怀疑犯了盗窃,就掐死自己的子孙,自证清白,以期免除刑罚的处罚。官府认为这一行为不仅大坏伦常,本就为国家所禁止,而且还破坏了司法中以"有赃无赃"的事实判断盗窃与否的法律规范。因此按察使司发布宪牌:

【乾隆三十年宁远府牌】

为遵批通饬事。乾隆三十年又二月十三日奉按察使司石宪牌,乾隆三十年二月十八日奉总督部堂阿批,据涪州禀请通饬严禁故杀子孙缘由,奉批:此等恶习,川省时有,亟宜申禁,仰按察司通饬各属一体严禁。缴。奉此,合就通饬。为此仰府官吏查照牌内奉批事,即便通饬所属一体严禁,毋违,等因。奉此,合就檄行。为此仰县官吏查照牌内奉批及粘单事理,即便一体出示严禁,毋违。须至牌者。[1]

这则禁令表明了对"恶习"的严禁,同时在粘单中,还对司法官员审理案件时适用法律作出明确规定:

> "且盗凭赃定,若起有正赃,虽杀死子女,终难逃盗贼之名,如其无赃,虽不杀子女亦断不能悬指为盗。及至报官验讯,原告本未动手伤人,居然逍遥事外,而伊之是盗非盗,仍当问其有赃无赃,并不能因其将子女杀,为之稍宽一线……嗣后尔等遇有杀人牵累赃迹未明事件,小则邀众理讲,大则告官剖断,毋得藉口明心,再踏前辙。"[2]

这则材料指出,在司法案件的审理中,盗凭赃定,不能以杀死子女作为没有盗窃的证据而从宽。表明了禁止此类"恶俗"的司法适用。

同治三年(1864 年),冕宁县发生一起"捞油锅"的案件,报案人陈志虞状告:

> 为奸谋暗害,叩恳提究事。情典吏李宗义、文生李宗颜弟兄,惯以绅势欺侮乡愚。去岁腊月,将民抚子陈双福刁去伊家帮伊佣,民畏豪强,含忿隐忍。迨今年本月初二日,伊家失遗衣服一件,伊等设计,意图诬子,害民受累,昂然假设公堂,安置油锅。李宗义望空祷告,伤者是贼,李宗颜下手先捞,已被油烫,次逼民子伸手下锅,将钱捞起,毫没损伤。伊等计谋不遂,甜言慰子,不准声张,将米三升折作挂红。民知投明头人地保,讵伊弟兄以强压弱,恶言横估。窃思公堂油锅,岂容伊等图陷平民,貌法滥设,若不叩究,法纪何存,后患难知,只得告乞大老爷台前赏准施行。
>
> 县正堂批:捞油设誓系属乡愚恶俗,例应严禁。李宗义弟兄如果擅设公堂,更为不法,候唤讯查究。[3]

---

[1]《中国少数民族社会历史调查资料丛刊》修订编委会四川省编辑部编:《四川彝族历史调查资料档案资料选编》,民族出版社 2009 年版,第 233 页。

[2]《中国少数民族社会历史调查资料丛刊》修订编委会四川省编辑部编:《四川彝族历史调查资料档案资料选编》,民族出版社 2009 年版,第 233 页。

[3]《中国少数民族社会历史调查资料丛刊》修订编委会四川省编辑部编:《四川彝族历史调查资料档案资料选编》,民族出版社 2009 年版,第 341 页。

第二章 清代刑法在彝族地区变通适用的具体内容

本案中,李宗义等设油锅试图诬陷乡民。官府批示中"捞油设誓系属乡愚恶俗,例应严禁"表明对恶俗的禁止。

从以上两则材料可以看出,清政府所认可的习惯法是《大清律例》中"苗例"的内容,并不是指所有的少数民族风俗,而只是那些不违背根本统治秩序的习惯规范,"恶俗"是被禁止的。

清代官员对彝族习惯法的司法适用,是将彝族社会长期形成的、符合统治利益的纠纷解决规则纳入正统司法活动中,通过司法官员直接对其适用作为判案依据,或是通过官府对习惯法调解结果予以认同的间接适用的方式体现"因俗而治""以夷制夷"的司法理念。一方面彝族习惯法在适用中遵循着清律对习惯法适用的一般规定,例如"苗例"的适用规则等,另一方面又有着自身的独特性:

(1) 适用范围的广泛性和灵活性。清律对于苗疆习惯法的适用,主要是适用于"生苗"之间的"争讼"案件,对严重犯罪仍然要依法处断。但是从彝族地区的司法案例中可以看到,彝族习惯法广泛适用于民事和刑事案件,尤其是"人命""贼盗""掳掠""贩卖人口"等刑事犯罪,而且根据不同的情形进行扩大或缩小。此外当事人双方可以依照自己的意愿选择是否适用习惯法,因此习惯法的适用十分灵活。

(2) 适用主体的多样化。一般来说,苗疆习惯法适用于"生苗"之间的纠纷,但是从司法实践上看,彝族习惯法在一定条件下适用于"汉夷"纠纷。

(3) 适用方式的民族性和调解性。彝族习惯法的司法适用常常依赖当地民间权威,以调解、理说等传统方式进行说和,确立双方都信服的解决方案,对于调解人并无特别要求,可以是土司、土目,也可以是邻居亲族,调解的方式也较为随意,可以一起参与调解,可以是双方专门约定时间地点理说,也可以是当时就进行调解。

(4) 习惯法适用的优先性和对国家权力的依赖性。在可以适用习惯法审判的案件中,国家法当然也是有效力的。但司法官员一般都会优先令土官头人等先行调解了息,然后向官府请求销案或是出具甘结结案。当调解不成或是之后又反悔的,土目或是当事人可再要求官府处断,官府根据情形仍然可再进行调解,或令其依照以前和息,或是启动司法程序依法处置。

由此可见,习惯法的司法适用不管是在程序上还是实体上都具有彝族的民族特性,"邀众理说"等典型的彝族风俗都体现在司法活动中,是清政府"以夷制夷""因俗而治"思想的典型体现,同时司法官员对习惯法的适用技术也十分灵

· 415 ·

活,针对不同情形直接或是间接适用习惯规范。以调解为例,其灵活性和官府认可性在一定程度上加快了彝族地区纠纷的解决。

但是,习惯法的司法适用的弊端也不可避免地给彝族地区的司法环境带来一些负面影响:

首先,习惯法的滥用破坏国家法的权威性。彝族习惯法在纠纷解决中起到了快速解决以及息讼宁人的积极作用。但是,过多适用习惯法,会使国家法变为一纸空文,而让司法机关沦为实施习惯法的机器,不利于国家法权威的树立。例如彝族地区经常出现私和案件的情形,而一般情况下,官府是予以默许的,例如前述乾隆年间周元宏私和贩卖人口案件,县正堂批示"据控卖人,自应按律究治,姑念边民无知,尔愿具悔,从宽准悔,仍饬具明"[1],有匪徒因此敢不断滋扰闹事,事后以银两私和,尤其是人命案的私和,司法官员往往为了减少纠纷,对此采取默认态度。例如自杀,县官发现后批示:"本应按律究治,但念尔等无知,准。"

其次,对民间力量的依赖不利于司法的稳定性。州县官员往往是流官,不熟悉当地情况,因此,习惯法的适用往往依赖于彝族民众或是民间权威。官员只要认为其调解结果不十分违背法律,就能予以认可。但是彝族习惯法最典型的特征就是主观性和灵活性,经常因为调解者的身份、亲属关系以及利益关系等使得结果带有调解人主观意志,而且每案的调解结果不同,这样容易造成地方权威的专制性,不利于司法的稳定和统一。

最后,习惯法的适用一定程度上增加了诉讼成本,其案件的处理往往以调解的方式为主,但实际情况中经常存在调解不成,又请求官府审判的情况。同时由于调解结果本身并不具备国家司法的强制效力,因此调解了息后又翻案的情况十分常见,甚至出现案件调解甘结后,当事人不愿履行而诬告调解人"私和""私受钱粮"等情形,例如咸丰八年(1858年)冕宁县唐大富的店铺有夷人喝酒闹事伤人,房东金怀玺拦息,夷人罚钱十千文,后唐控诉金怀玺受贿私和,官府查讯,"金怀玺并无私和之心,唐实为妄控,掌责",就是典型案例。因此习惯法的适用反而导致了诉讼成本的增加。

清代刑法在彝族地方的变通适用主要表现为变通适用国家法律和适用当地习

---

[1]《中国少数民族社会历史调查资料丛刊》修订编委会四川省编辑部编:《四川彝族历史调查资料档案资料选编》,民族出版社2009年版,第272页。

惯法两个方面。其中，国家法律的变通适用是主要方面，其内容广泛涉及了管辖、审限等程序性规范以及定罪、量刑等实体性规范，内容丰富，形式多样；对习惯法的适用是次要方面，仅在特定主体和事件中有条件的适用。这两个方面相互影响相互配合，使得清代法律在彝族地区刑事案件的治理中产生了极高的权威性，一定程度上扩大了清代刑法的适用效力，取得了一定的治理效果。

第三章

清代刑法在彝族地区变通适用的主要特点

清政府对彝族地区的"改土归流"各有成败,例如云南武定地方以及四川冕宁地方,都在清代完成了从土司制度向流官的转变。但是在凉山腹地彝族地区,清末时黑彝家支力量崛起,取代了土司和流官的统治,仍然维持"奴隶制"的社会制度。但总的来说,清代的"改土归流"是成功的,其中国家法对彝族社会的治理功不可没,清代法律在彝族社会的适用,极大地推进了"改土归流"的成功,为清政府"大一统"的实现作出了重要贡献。彝族社会结构复杂性以及风俗习惯的丰富性,使得国家法在不断推进中既有一般法律适用的特点,又具有彝族地区的特殊性。总的来说,这些特点推进了中央和彝族地区的法制统一。

一、国家法适用和彝族习惯法适用并存

国家法律在彝族地区的适用是国家法的适用和习惯法的适用相互配合实现的,其配合性体现在国家法和习惯法二者在法律适用中的地位、目的、价值以及关注面都不同,而且相互补充。

第一,从二者地位上看,总体上国家法占主导地位,习惯法处于辅助地位。清初期,清政府统治力量还未介入或是介入未深的彝族地区主要由习惯法治理。"改土归流"之后,国家法的适用占统治地位,习惯法的适用效力来源于国家法的认可,在国家法不便调整或是调整效果不好的领域和情况下适用,处于辅助的地位。

第二,从适用作用上来看,国家法的适用实质上是统治者为了在彝族地区建立起一套符合皇权利益的政治、经济、文化等的社会制度,并使之稳定有效运行,实现社会秩序。而习惯法的作用是在这种统治秩序中维护彝族社会的公平、正义以及利益。

第三,从追求的价值上看,国家法的适用主要追求社会稳定和有序,主要体

现为法的秩序价值。而习惯法的适用主要追求社会的公平和正义，主要体现了法的公正价值。秩序是所有其他法价值的基础，而正义是法价值的核心。二者缺一不可。

第四，从利益取向上看，国家法适用关注整体利益和长期利益，它的适用综合考量清政府在彝族地区乃至全国的统治利益。因此它更侧重于对统治秩序有重要影响的领域。而习惯法适用关注的是个体利益和现实利益。主要适用于某一个或某一类事件，使个案得以公正而有益地解决，利益得以实现。

第五，从适用方式上看，国家法主要以裁决的方式适用，这种裁决具有强制性。而习惯法的适用主要以调解为主，以期实现双方利益的协调。国家法的裁决往往是僵硬的，这就需要习惯法从中调解以实现个案的平衡；同时习惯法的调解结果，往往需要通过国家法的认可才能获得强制效力，例如原被告双方向官府出示甘结，或者当习惯法的适用不能实现预期的效果时，例如调解失败等，也需要适用国家法予以裁决，解决纠纷。

国家法和习惯法在彝族地区的配合适用，既有利于实现法制统一，又能兼顾公平正义。

二、"汉彝"统一适用和区别适用并存

清代中央按照开化程度将"苗人"区分为"生苗"和"熟苗"，在一些领域分别适用不同的法律规范进行治理。彝人中久经归化、风俗习惯与内地无异的少数民族称为"熟苗"，"熟苗"与汉人一样适用国家法，《大清律例》中规定"至苗人中有薙发衣冠与民人无别者，犯罪到官悉照民例治罪"[1]，因此"熟彝"和汉人在法律适用的内容和规则上是一致的，其目的是巩固"改土归流"的成果，将开化的彝人和汉人一样进行统一治理。此外，对于一些重大事项的治理或是重大案件的处理，不分"汉人"、"生彝"和"熟彝"，都适用同样的法律规范。例如《大清律例》中规定"苗人有图财害命之案，坻照强盗杀人斩决枭示例办理"[2]，"凡苗夷有犯军、流、徒罪折枷责之案，仍从外结抄招送部查核，其罪应论死者不准外结，亦不准以牛马银两抵偿，务按律定拟题结"[3]等，都不

---

[1]《大清律例·名律例下之三》"徒流迁徙地方"条附例。
[2]《大清律例·刑律·人命之一》"谋杀人"条附例。
[3]《大清律例·刑律·断狱》"断罪不当"条附例。

作民族和文化上的区分，适用同一法律规范。

而在特定的领域和案件中，国家对未经开化或是开化未久的"生彝"规定了特别的法律规范及适用规则，甚至在一定程度上允许适用习惯法，"盖所以严内外之辨也"[1]。例如《大清律例》中规定了"云南贵州苗人犯该徒、流、军、遣仍照旧例枷责完结"[2]，"苗人聚众至百人以上，烧村、劫杀、抢掳妇女，拏获讯明，将造意首恶之人即在犯事地方斩决枭示"[3]，等等。在彝族地区的法律适用中，也遵循这一原则区分"生彝"和"熟彝"。一方面，有利于"因俗而治"，保障"生彝"利益，增强其对清政府的认同，循序渐进地推行"改土归流"；另一方面，有利于中央有侧重地进行苗疆治理，明确主要矛盾和重点治理的对象，对"生苗"严重威胁统治利益的行为重点打击，实现对苗疆地方的社会控制。

因此在彝族地区的法律适用中，根据法律规定以及实际情况不同，同时存在汉彝"统一适用"和"区别适用"两种情况。

三、严格适用和变通适用并存

清政府在彝族地区施行法律治理的最终目的，是希望通过法律的适用，在彝族社会建立起一个符合皇权统治利益的社会秩序。这个目的决定了彝族地区必须严格依照法律治理社会秩序，通过法律的严明和严酷树立皇权的威严，以实现清政府的统治目的。但是国家法作为一种全新的社会规范进入到彝族地区，对彝族社会造成了巨大的冲击，如果僵硬适用法律会激化社会矛盾，带来相反的结果。因此为了维护清政府在彝族地区统治秩序的稳定，清政府采取了"变通"以及对彝族习惯法进行有限制的适用，以缓解清政府统治所带来的冲击和矛盾，保障社会秩序的稳定。

从前面章节中彝族地区法律适用的情形来看，严格适用是常态，尤其是对于涉及清政府重大利益的情形例如彝族聚众滋扰、抵抗官兵、汉夷相犯等严重犯罪行为以及官吏、户籍、赋税等重要事务的管理，基本都是严格适用法律进行治理。例如在"生员私入夷境"一案中，法官就对"夷境""私入"等作了体系性

---

[1] 中国第一历史档案馆选编：《清代皇帝御批彝事珍档》，四川民族出版社2000年版，第537页。
[2] 《大清律例·名例律》"土流迁徙地方"条附例。
[3] 《大清律例·刑律·贼盗》"白昼抢夺"条附例。

的目的解释，目的就是严格适用国家法处理案件。

但在一些特殊情况下，严格适用不能起到好的治理效果。乾隆时期的四川总督开泰曾认为少数民族地区的法律适用必须"惟是其间情形不同，以需随时斟酌，以期有益"[1]。也就是说，法律需要严格适用，但是也要根据实际情况适时进行调整，使之获得更好的效果。在彝族地区的法律实践中，国家法和习惯法会面临变通适用的情况，例如：国家法允许"生苗之间相仇杀"的案件可以适用习惯法以"赔命金"的方式解决，而在适用这一习惯法时，"赔命金"也会因为杀人的原因、情节的轻重以及双方的身份等因素在固有标准上进行灵活调整，使案件得到公平合理的解决。但是国家法和习惯法的变通有着本质上的区别，"以期有益"的"益"对二者来说也不一样。清代国家法的变通是其适用的例外，是消极的、临时性的、带有妥协意味的权宜之计，是为了实现"稳定"和"有序"；而彝族习惯法的变通是为了实现个案的公平正义，因为其主观性、调解性的特征，决定了其变通是常态的、积极的、带有调解性质的有益之策。无论是哪一种变通，其实质都是为了实现清政府对彝族地区的有效统治。

四、官方适用和民间适用并存

彝族地区国家法和彝族习惯法配合适用的特征，决定了适用方式的多样性。从前面章节中可以得知，彝族地区法律适用大体分为官方适用和民间适用两种。官方适用主要是官府的适用，民间适用主要有土官、土目、头人、德古等民间权威的适用，当然还有兼顾二者性质的土司的适用，等等。"改土归流"前，民间适用和土司适用占主要地位，"改土归流"后，流官成为彝族地区法律适用的主要力量，而民间适用等其他适用方式处于辅助地位，当地民众对民间权威的天然认同，成为法律适用不可或缺的力量。

官府对法律的适用主要表现为司法裁判、行政裁决等方式，具有强制性和规范性，民间适用一般以理说等调解方式为主，具有灵活性和任意性的特点。在"改土归流"地区，土官、土目、头人等民间权威仍然在法律适用中起着重要作用，在行政适用上，头人、土目等依照官府的指令负责地方边境保障、土兵的训练、赋税的收缴、户籍的造册等。司法活动对民间力量的依赖更强，"息讼"是清代司法的重要原则，鼓励人们自行化解纠纷。彝族社会有着发达的民间纠纷解

---

[1] 中国第一历史档案馆选编：《清代皇帝御批彝事珍档》，四川民族出版社2000年版，第537页。

决机制,有土司衙门解决机制、家支内部解决机制、德古的解决机制以及头人、亲属、邻居等理说调解机制等,这些机制能够化解大部分彝族社会的纠纷矛盾,是稳定彝族社会的重要力量。清政府在司法活动中经常借助这些力量化解纠纷,例如诉到官府的案件,司法官员可以依情况饬令头人、土目等调解结案,对于一些应按律问拟的犯罪行为,通过民间力量调解达成和解的,司法官员也会予以考虑从轻或是免除处罚,等等。

官方和民间力量的双重适用,有利于快速提高官府的工作效率,减少行政和诉讼成本,而且更容易获得彝族民众的认同,对法律在彝族地区的适用起着积极的作用。但同时,这种依赖性也使得官府权力的独立性、权威性受到破坏,出现地方权威利用职权欺压彝众、私设公堂、重利盘剥等现象,反而激化了彝族社会的矛盾,给社会秩序带来消极影响。

主要参考文献

一、基础资料

1. 《尚书》,《十三经注疏》本,中华书局1980年影印版。
2. 《周礼》,《十三经注疏》本,中华书局1980年影印版。
3. 《礼记》,《十三经注疏》本,中华书局1980年影印版。
4. 《管子》,《诸子集成》本,中华书局1954年版。
5. 《荀子》,《诸子集成》本,中华书局1954年版。
6. 《韩非子》,《诸子集成》本,中华书局1954年版。
7. 《春秋繁露》,(汉)董仲舒撰,四部备要本。
8. 《睡虎地秦墓竹简》,文物出版社1978年版。
9. 《唐律疏议》,刘俊文点校,中华书局1983年版。
10. 《宋刑统》,薛梅卿点校,法律出版社1999年版。
11. 《庆元条法事类》卷七十三,戴建国点校,载杨一凡主编:《中国珍稀法律典籍续编》(第1册),黑龙江人民出版社2002年版。
12. 《大明律》,怀效锋点校,法律出版社1999年版。
13. (明)张楷:《律条疏议》卷一,载杨一凡编:《中国律学文献》(第1辑·第2册),黑龙江人民出版社2004年版。
14. (明)雷梦麟:《读律琐言》,法律出版社2000年版。
15. 《大清律例》,田涛、郑秦点校,法律出版社1999年版。
16. (清)许梿等纂辑:《刑部比照加减成案》,何勤华等点校,法律出版社2009年版。
17. (清)全士潮、张道源等纂辑:《驳案汇编》,何勤华等点校,法律出版社2009年版。
18. (清)祝庆祺等编:《刑案汇览三编》,北京古籍出版社2004年版。
19. (清)沈之奇:《大清律辑注》,法律出版社2000年版。
20. (清)王明德:《读律佩觿》,何勤华等点校,法律出版社2000年版。
21. (清)薛允升:《唐明律合编》,怀效锋、李鸣点校,法律出版社1999年版。
22. (清)薛允升:《读例存疑点注》,胡星桥、邓又天注译,中国人民公安大学出版社1994

年版。

23. （清）沈家本：《历代刑法考》（附《寄簃文存》），中华书局 1985 年版。
24. （清）王又槐：《办案要略》，群众出版社 1987 年版。
25. 高潮、马建石主编：《中国历代刑法志校注》，吉林人民出版社 1994 年版。
26. 杨一凡主编：《历代判例判牍》（第十册），中国社会科学出版社 2005 年版。
27. 中国第一历史档案馆编：《雍正朝汉文朱批奏折汇编》第 22 册，浙江古籍出版社 1991 年版。
28. 中国第一历史档案馆选编：《清代皇帝御批彝事珍档》，四川民族出版社 2000 年版。
29. 中国第一历史档案馆：《朱批奏折》民族类。
30. 中国第一历史档案馆：《军机处录副奏折》民族类。
31. 四川省编辑组编：《中国少数民族社会历史调查资料丛刊》，民族出版社 2009 年版。
32. 楚雄彝族文化研究所编：《清代武定彝族那氏土司档案史料汇编》，中央民族学院出版社 1993 年版。
33. 陈金全、杜万华主编：《贵州文斗寨苗族契约法律文书汇编——姜元泽家藏契约文书》，人民出版社 2008 年版。

二、主要著作

1. 张晋藩主编：《清朝法制史》，法律出版社 1994 年版。
2. 陈金全主编：《西南少数民族习惯法研究》，法律出版社 2008 年版。
3. 戴炎辉：《清代台湾之乡治》，联经出版事业公司 1979 年版。
4. 那思陆：《清代中央司法审判制度》，北京大学出版社 2004 年版。
5. 那思陆：《清代州县衙门审判制度》，中国政法大学出版社 2006 年版。
6. 郑秦：《清代法律制度研究》，中国政法大学出版社 2000 年版。
7. 杨一凡、刘笃才：《历代例考》，社会科学文献出版社 2009 年版。
8. 杨一凡主编：《中国古代法律形式研究》，社会科学文献出版社 2011 年版。
9. 苏亦工：《明清律典与条例》，中国政法大学出版社 2000 年版。
10. 刘广安：《中国古代法律体系新论》，高等教育出版社 2012 年版。
11. 刘广安：《清代民族立法研究》，中国政法大学出版社 2015 年版。
12. 刘广安等：《中国古代民族自治研究》，中央民族大学出版社 2009 年版。
13. 陈新宇：《从比附援引到罪刑法定——以规则的分析与案例的论证为中心》，北京大学出版社 2007 年版。
14. 王志强：《法律多元视角下的清代国家法》，北京大学出版社 2003 年版。
15. 李凤鸣：《清代州县官吏的司法责任》，复旦大学出版社 2007 年版。
16. 柏桦主编：《明清律例研究》，南开大学出版社 2013 年版。

17. 吴吉远:《清代地方政府的司法职能》,中国社会科学出版社 1998 年版。
18. 李世愉:《清代土司制度论考》,中国社会科学出版社 1998 年版。
19. 张晓辉、方慧主编:《彝族法律文化研究》,民族出版社 2005 年版。
20. 张晓蓓:《冕宁清代司法档案研究》,中国政法大学出版社 2010 年版。
21. [德]罗伯特·阿列克西:《法律论证理论:作为法律证立理论的理性论辩理论》,舒国滢译,中国法制出版社 2002 年版。
22. [美]史蒂文·J.伯顿:《法律和法律推理导论》,张志铭、解兴权译,中国政法大学出版社 2000 年版。

三、主要论文

1. 瞿同祖:"清律的继承和变化",载《历史研究》1980 年第 4 期。
2. 何勤华:"清代法律渊源考",载《中国社会科学》2001 年第 2 期。
3. 刘笃才:"律令法体系向律例法体系的转换",载《法学研究》2012 年第 6 期。
4. 何敏:"清代注释律学特点",载《法学研究》1994 年第 6 期。
5. 王志强:"清代成案的效力及其运用中的论证方式——以《刑案汇览》为中心",载《法学研究》2003 年第 3 期。
6. 王志强:"清代刑事司法事实判定中的程序规则——比较法视角下的功能分析",载《中外法学》2014 年第 3 期。
7. 陈锐:"'例分八字'考释",载《政法论坛》2015 年第 2 期。
8. 吕丽:"例与清代的法源体系",载《当代法学》2011 年第 6 期。
9. 陈煜:"立法宗旨的继承与创新——清律与明律中'名例律'的比较分析",载《南京大学法律评论》2005 年第 2 期。
10. 陈煜:"略论《大清律例》的'确定化'",载《中国政法大学学报》2012 年第 4 期。
11. 胡祥雨:"清代刑部与京师细事案件的审理",载《清史研究》第 2010 年第 3 期。
12. 柏桦:"明清州县司法审判中的'六滥'现象",载《清史研究》2003 年第 1 期。
13. 苏亦工:"论清代律例的地位及其相互关系(上)",载《中国法学》1988 年第 5 期。
14. 苏亦工:"论清代律例的地位及其相互关系(下)",载《中国法学》1988 年第 6 期。
15. 里赞:"司法或政务:清代州县诉讼中的审断问题",载《法学研究》2009 年第 5 期。
16. 俞江:"明清州县细故案件审理的法律史重构",载《历史研究》2014 年第 2 期。
17. [美]陈张富美:"清代法律中的类推",陈新宇译,载《中西法律传统》2006 年刊。
18. 陈新宇:"法有正条与罪刑不符:《大清律例》'审拟罪名不得擅拟加等'条例考论",载《清华法治论衡》2009 年第 2 期。
19. 邓建鹏:"词讼与案件:清代的诉讼分类及其实践",载《法学家》2012 年第 5 期。
20. 徐忠明:"清代中国司法裁判的形式化与实质化——以《病榻梦痕录》所载案件为中心的

考察",载《政法论坛》2007年第2期。
21. 周相卿:"清代黔东南新辟苗疆六厅地区的法律控制",载《法学研究》2003年第6期。
22. 王虹懿:"从'圣谕宣讲'看清代少数民族地区的法制教育——以云南武定彝族那氏土司地区为例",载《贵州民族研究》2017年第11期。
23. 杨胜勇:"清朝经营贵州苗疆研究",中央民族大学2003年博士学位论文。
24. 邱凯:"清至民国清水江流域的多元纠纷解决机制——以锦屏苗族契约文书为研究中心",中央民族大学2012年硕士学位论文。
25. 潘志成:"清代贵州苗疆的法律控制与地域秩序",西南政法大学2010年博士学位论文。
26. 舒华:"论黔西北彝族地区法制的变迁:以清初'改土归流'为研究视角",中央民族大学2012年博士学位论文。

附录1 求学小传

明朝云南陆良卫指挥使刘震后裔刘云，于清康熙年间至硝硐村安家。该村位于滇东陆良、罗平、师宗三县交界的杨梅山下。我的少年时代即在该村六户人家的上寨度过。村里识字的人少，书很少。三哥、四哥、五哥留下的小学课本和初中课本，语文、历史、地理三书，我反复看了多遍。1979年我参加高考，语文得了84分，历史、地理各得了94分，幸运地考上北京大学法律学系。三门成绩得力于当年的童子功。

小学时期，四哥买的全套《三国演义》连环画，是我了解历史的启蒙读本，也锻炼了我讲故事的表达能力。五年级时，借到《西游记》小说，看得入了迷。父亲数次命去挑水，都未听清。听清了又顶嘴不行动，父亲大怒要烧此书。书虽未烧，但还给赵老师后，就再没有看过该书下册。小学中学时期，回家就要下地干活。大雪天大雨天方可在家读书。插秧季节大雨天也要下地干活。父亲辛劳扶持几个孩子读书，已是当地有远见的人士。

1967年夏，在大舍小学淘汰的书里得到何其芳著《诗歌欣赏》。书中欣赏李白《蜀道难》、白居易《长恨歌》《琵琶行》的内容，影响了我一生欣赏古典诗歌的倾向。成年后，我才理解李白写蜀道、世道艰险的意境。2010年写《三致猫儿》七言长诗，比《琵琶行》多十余行，也源于此书影响。

童年的阅读培养了我喜欢文史学科的兴趣。大学本科读了法学，研究生选择法律史学作为学术方向。至今仍以法律史学研究为职业，为事业，都根植于童年读书的种子。

刘广安　2019年2月17日于京华东斋

学位论文的典范[1]
——读王名扬先生的博士学位论文

引言：怎样写学位论文？谈论者很多了。建议：精读一篇权威论文，泛读同类论文，少读写作方法论文。王名扬先生的博士学位论文《中国法上公务员对行政相对人的民事责任》是一篇具有国际水准和专业规范的学位论文（巴黎大学法学院1953年答辩通过）[2]，既是一篇行政法学论文（研究行政法的基本问题），又是一篇法制史学论文（研究中国古代法到现代法的连续性问题），也是一篇比较法学论文（中西比较、古今比较），还是一篇法律体系学论文（行政法、宪法、民法、刑法、诉讼法相互关联的问题都有论及）。

一、怎样写导论？

1. 提出命题

以中国法上公务员对行政相对人的民事责任为研究对象。

2. 说明意义

第一，实践意义。一是社会关系发展的需要；二是行政理论发展的需要；三是中国公务现状的需要。

第二，科学意义。一是有助于中国法律科学的发展。实践意义决定该问题在中国法律科学发展中的重要性和紧迫性。中文和外文论著都没有系统地研究该问题。民法学家在有关中国民法的著作中，只提出了这方面的研究轮廓，没有意识

---

[1] 本提纲曾与法大法律史专业2017、2018级博士生交流，曾于2017年5月11日在昌平与法大部分本科生交流。

[2] 王名扬："中国法上公务员对行政相对人的民事责任"，载《王名扬全集4：论文、词条汇编》，北京大学出版社2016年版。

到该问题的重要性。行政法学家在研究该问题时，只是引用了（民国）《民法典》第186条的规定，还认为这可能是民法学家应当研究的问题，没有引起足够的重视。二是有助于比较法学的发展。中国古代文化具有丰富的独特概念，欧洲比较法学家对中国古代法的一些重要方面具有极大的兴趣。这方面的研究可能有助于阐明某些实际的法律制度，特别是能够给法律发展带来一线生机和希望。

3. 说明方法

第一，收集完备的文献资料，查阅了对本文主题有一定价值的以下所有材料：立法文件、判例、对立法动机进行解释的文件等。

第二，将中西法律、古今法律进行比较。

4. 说明结构

第一部分：研究公务员在中国古代法上的民事责任（1912年前的中国）。将唐朝以来的中国法典作为研究中国古代法的基础。《大清律例》包含了中国古代法的所有基本原则。清朝判例保存较多，可以确认和证实法律是如何适用的。

第二部分：研究公务员在中国现代法上的民事责任。第一篇研究大理院判例中公务员的民事责任（1912～1928）。第二篇分析1929年（民国）《民法典》中关于公务员民事责任的规定。指出了中国法的连续性。

二、怎样论证主题？

1. 从历史发展的视角论证

不只是描述历史事实，而是揭示历史连续性的精神内涵。

2. 从比较法学的视角论证

3. 从正反两方面进行论证

不只引用正面材料论证观点，而且引用反面材料印证正面观点。如论证中国古代法中公务员的民事责任问题。

4. 引用典型材料进行论证

古代法与现代法材料的选择。

5. 依据主要法律判例进行论证

《大清律例》，大理院判例和（民国）《民法典》。

6. 兼顾相关问题进行论证

公务员民事责任的相关问题。

三、怎样写结论？

1. 概括正文要点

第一，古代法中公务员民事责任的基础是过错责任，责任的范围限于物质损害。第二，大理院判例扩大了可赔偿损害的范围，第一次提出了公务员的民事责任基础是公务员在公务中所犯的个人过错。个人过错概念采纳了古代法上私罪的传统概念，然后将其转移到民事责任领域，并在现代法律框架下表现出来，但在私罪的主观标准的基础上增加了一种客观标准来表现个人过错。第三，（民国）《民法典》重新回到了古代法中私罪的传统概念，通过公务员的主观意图和背后思想决定公务员在公务中所犯过错，但增加了补充责任的规定。

2. 指出存在问题

由于对行政机关责任的限制，公务员的补充责任变成了一种主要责任。中国政府不会给公务员的公务过错偿还赔偿金，不仅有害于公务员，还有害于公务。让公务员承担公务过错的责任会使他们丧失工作的积极性，公务也将怠惰。

3. 提出改进建议

修改《行政诉讼法》，扩大行政机关的责任范围。（民国）《民法典》中有关公务员民事责任的规定很好，符合现代法的发展趋势，也是我国古代法律学家的一种真正的法律遗产。在（民国）《民法典》废除之后，有可能以法律基本原则的形式继续存在下去。

附录3

法史学论文的选题及论证

法史学论文与法理学论文和各部门法学论文的选题及论证有相通的一般的学术标准，又有非常重视史料引证的特别的学术标准。笔者试从以下两个方面简要论说本文提出的命题，略供学界同仁参考。

一、法史学论文选题的提出

选题是写各种学术论文的前提，也是写法史学论文的前提。选题的第一步是提出有新意的有价值的问题。创新性研究与跟踪性研究的首要区别，从提出问题的新旧和准确度来判断。研究自己提出的问题，还是研究他人提出的问题？两者都可能取得成果，但成果的创新性有差距。前者是开创性论文，有可能取得第一流成果。后者是跟踪性论文，只能取得第二流或第三流成果。

数学家吴文俊先生对学术研究提出问题的重要性和创新性有透彻的说明："我经常提到要从问题出发，不仅是数学，其他学科也是一样。我们现在经常讲创新，怎么去创新呢？首先你要能够提出问题，否则，你老是跟着外国人屁股后面跑，外国人提出问题来，你赶紧去做，就是做得比外国人好，你还是落后一步。最根本的是你能不能提出问题来，先提出问题，然后才谈得上创新。创新的主要表现是你能不能提出问题来，提出问题要比解决问题重要得多。这一步不会弄，你谈创新就是空话。要提出有意义的问题，你就要对客观的情况了解得很透，对前人的成果要研究得很深。一定要对前人研究的来龙去脉搞清楚，站得高，才能看得远，然后在这些基础上提出自己的想法，提出自己的问题。提出问题，倒不是说人家的东西不学，乱闯一通。要提出有价值的问题，要对过去的历史有了解，而且要了解得比较深，比人家要高出一等。一方面，要站在巨人肩膀上，另一方面也要看得远。我们应该能在数学领域提出有价值的问题，能够出现由我们开创的领域。提出问题让外国人跟着我们去做，这是很有希望的。要是外国人提出问题让我们去做,这明显地就等于学生了。老师提问,学生解答。有些问题可能老师做不出来,学生做出来了,你也是落后一步的。这是衡量创新的标准之一。是不是能够提出问题是关键的一步,不是由外国人提出来,而是由我们自己提出来。外国人提出一个庞加莱推测,你把它解决了,即使这样子,你也是落后一步的。庞加莱提出问题是第一流的,你把庞加莱的推测做出来,对于庞加莱来说是第二流的,我们应该这样子来看。"[1]

  吴文俊先生的谈话含有以下几个重要观点:(1)提出问题是创新的前提。能提出有价值的问题,才谈得上论文的开创性。研究他人提出的问题,只是跟踪性研究,不是开创性研究。(2)提出问题比解决问题重要。提出问题是第一流的,解决问题是第二流的。明确了这个认识,就不是"文无第一,武无第二"了。(3)如何提出有价值的问题?一要"对客观的情况了解得很透"。二要"对前人的成果要研究得很深"。前者要求对问题的相关材料有系统的准确的了解;后者要求对问题已有的研究成果有深入的准确的认识。这都要靠刻苦钻研反思体悟获得,不能只靠机遇灵感就企图获得。

  在法史学研究方面。我们也要像吴文俊先生说的那样,努力研究自己提出的问题,尽力获得原创性的成果,争取作出既有新意又有价值的第一流的贡献。这就须要认识法史学选题新意的表现并进行具有针对性的考察研究。法史学选题的新意主要表现在两个方面:在材料方面,要能发掘和识别该选题前人没有利用或较少利用的材料;或是对前人已经发掘利用的材料作出新的解释或辨析。在观点方面,要能提出前人没有提出的观点;或是对前人已提出的观点进行矫正或补充。通常称赞有新意的论文"发前人所未发",就包含了以上所说的两方面的新意。创新选题的发现和提出,取决于学者的学养、天赋、机缘等综合因素,还要经得起时间的检验。开拓新领域的创新选题的提出,只有少数人有此才识有此幸运,可遇而难求。提出一点一滴的小的创新选题,只要学习钻研,多数人都有机会能够做到。选题只具有新意还不够,还必须具有价值。价值的认定比新意的认定要复杂得多,困难得多。参考吴文俊先生的观点,从学术标准来看,选题价值的认定,一要看选题依据的材料是否可靠,是否充分。材料不可靠的选题,其价值也不可靠。材料不充分的选题,其价值也会减少。二要看选题相关的研究背景的认识是否明确,是否全面。有的选题已被前人研究证明没有价值,如果认识不

---

[1] 李涛:《中国口述科技思想史料学》,科学出版社2010年版,第373~376页。

明确而继续研究这种选题,就只能做无用功了。对选题的相关研究背景认识不全面,也会减少选题的研究价值。

法史学选题还要有开拓的空间,这主要表现在三个方面:一是选题的大小要适度。不能过大,也不能过小。选题过大,老虎吃天,难于下口。选题过小,难于扩展论证大的命题。提出小型命题适合个人研究,提出中型命题可供团体研究,提出大型命题能吸引同行研究。从我写作博士学位论文《清代民族立法研究》的经验来看,对《理藩院则例》性质、"苗例"概念的考证,属于小型命题的研究。对清代各种民族法规的相互关系和社会作用的考察,属于中型命题的研究。对根据清代民族立法推论的民族法学、宗教法学、地缘法学的倡导,属于大型命题的研究。[1]二是所选问题已有的相关研究成果不要太多,太多了就难于再开拓新的境地了。三是所选问题涉及的材料,要有利于发掘利用。有的档案材料不对外开放,如果选了密切相关的问题,就难于开展研究。

法史学选题要适合作者的学养和阅历。每个作者的学养不同,有的作者知识面较宽,文史哲、政经法等学科的修养都较好,就能选择内容涉及较广的论题。有的作者知识面较窄,只在个别学科方面有较好修养,就只能选择内容范围较窄的论题,才能在一定期限内完成论文。每个作者的阅历不同,有的作者社会经历丰富,见多识广,对生活认识较深,就能选择与社会联系较多,实践性较强的论题写作。有的作者社会经历少,阅历浅,对生活认识不深,就只能选择与社会联系较少,有利于利用书面材料的问题进行研究,或是及时参加社会调查,以弥补生活阅历的不足。

法史学选题要兼顾微观与宏观的视角。只注意微观视角,局限于个别法学概念或法律条文的认识,见木不见林,导致盲人摸象,坐井观天,甚至抓了芝麻,丢了西瓜。只注意宏观视角,泛论法制的中西特点、古今特点,不作深入考察,具体研究,发现不了细节里的真相,导致大而化之,泛泛而谈,写不出能立得住传得久的论著。

法史学选题还要兼顾内部与外部的视角。局限于法律学科内部的视角,只研究法律规范的内部结构、法律条文之间的相互关系等具体问题,不作交叉学科、跨学科的观察交流,容易导致妄自尊大、自高身价,也容易导致妄自菲薄、自贬身价。只注意外部视角,只注重超出法律学科范围的法律与政治、与经济、与道

---

〔1〕 刘广安:《清代民族立法研究》,中国政法大学出版社2015年版,第113~152页。

德、与风俗、与社会变迁、与文化传统、与语言逻辑的关系等外部考察研究，不结合内部视角，学科专业知识浅薄，就会导致游谈无根，议论空泛，难于提出有法学专业深度的新问题。

二、法史学论文选题的论证

法史学论文选题的论证，第一，要注意材料的准确性、系统性和典型性。因法史学论文涉及的材料种类不同，认定不同种类材料的准确性的根据和标准会有很大的不同。如果是以档案材料或文书材料为基础的论文选题，就要求作者具备档案学或文书学方面的基本知识，特别是对相关档案或文书的专门术语，要有准确的理解，才能有效地识别利用有关材料。如果是以文集材料或碑刻材料为基础的论文选题，就要求作者对文集材料或碑刻材料的来源、性质和类型等问题，都有清楚准确的认识，才能有效地展开研究。以其他各种类型的材料为基础的选题，都要具备相关的鉴别知识，才能较好地解决材料的准确性问题。

材料的系统性很重要，只有局部的、片断的或数量虽多却很零散的材料，是不足以写出优秀的法史学论文的，必须有系统的材料才有利于写出优秀的法史学论文。系统的材料主要有两方面的含意：一是有关论文主题的材料要有系统性；二是选自某类文本的材料要有系统性。有关论文主题的材料，是论文的直接证据。建立可靠的直接证据链，又有丰富的间接证据链，就有利于写出论据充分、说服力强的优秀论文。文本来源材料的系统性，也是增强论文说服力的重要依据。如果是选自某地档案的材料，就应系统引用该档案的材料进行论证。如果是选自《明实录》或《清实录》中的史料，就应系统引用实录中的相关史料进行论证。作者如果掌握了系统的论文主题材料，又掌握了系统的文本来源材料，写出优秀论文就大有希望了。有的学者提出了比系统性地掌握选题的材料更高的标准，主张对选题相关材料的搜集，要做到竭泽而渔，即全面彻底地掌握选题的材料。这在实践中是难于做到的。因为任何一个选题的材料都不会百分之百地记录下来并保存下来。

只有系统性的材料还是不足以写出优秀的法史学论文的。如果只是平铺直叙所有的材料，没有主次轻重区别地辨析论证材料，就只能写出四平八稳的缺乏突出特点的论文。必须认识典型材料，突出典型材料，进行重点论证，才有可能写出主题突出而且特色显明的论文。如果是写法律思想史方面的论文，就应当掌握与论题相关的代表性人物和代表性著作的相关思想材料，并进行细致的辨析与重点的论证。如果是写法律制度史方面的论文，就应当掌握与论题相关的重要法典和重要案例的材料，并把相关的法律条文与司法判决互相结合进行重点的考察研究。

第二，要从多个方面论证主题。著名行政法学家王名扬先生的博士学位论文在这方面树立了典范。[1]该文一是从历史沿革的方面进行论证。根据唐朝、清朝至民国的有关规定进行纵向的论证，不只是描述历史事实，而是揭示历史连续性的精神内涵。二是从比较数国法律的相关规定进行横向的论证。该文比较了法国、英国、中国等国家的相关法律规定，突出了中国法上公务员制度的特点。三是从正反两方面进行论证。不只引用正面材料论证观点，而且引用反面材料印证正面观点。如论证中国古代法中公务员的民事责任问题，经过正反两方面的论证，王名扬先生认为："虽然中国古代法典几乎总是将民事责任与刑事责任联系在一起，但是民事责任并不是刑事责任的一部分，也不是刑事责任的附加刑，古代法明确承认民事责任的独立性。"[2]四是引用典型材料进行论证。该文依据《大清律例》、大理院判例和（民国）《民法典》的有关规定进行了重点的论证，突出了中国法上公务员制度的特点。我在撰写博士学位论文《清代民族立法研究》的过程中，也注意从多个方面论证主题。纵的方面，除了解清代以前历代民族立法的沿革线索之外，还具体考察并概述了清代各个时期民族立法的发展线索。横的方面，比较研究了清代对蒙古地区、青藏地区、回疆地区、苗疆地区各民族立法的异同。正反两方面史料的考察，指出了清代对苗疆的民族立法具有二重性的特点。典型史料集中利用了《理藩院则例》《钦定西藏章程》《西宁青海番夷成例》《回疆则例》和苗疆条例等清代最重要的民族法规史料和《清实录》中的相关史料。[3]

第三，结论部分要概括全文要点，完成对中心论点的最后提炼和论证。王名扬先生的博士学位论文在这方面也树立了典范。该文结论部分概括了全文的要

---

[1] 王名扬先生的博士学位论文"中国法上公务员对行政相对人的民事责任"，巴黎大学法学院1953年答辩通过，既是一篇行政法学论文，研究行政法的基本问题，又是一篇法制史学论文，研究中国古代法到现代法的连续性问题。中译本见王名扬全集4《论文、词条汇编》，北京大学出版社2016年版，第61~197页。

[2] 王名扬："中国法上公务员对行政相对人的民事责任"，见《王名扬全集4：论文、词条汇编》，北京大学出版社2016年版，第85页。

[3] 参见刘广安：《清代民族立法研究》，中国政法大学出版社2015年版，第10~140页。

点：一是古代法中公务员民事责任的基础是过错责任，责任的范围限于物质损害。二是大理院判例扩大了可赔偿损害的范围，第一次提出了公务员的民事责任基础是公务员在公务中所犯的个人过错。个人过错概念采纳了古代法上私罪的传统概念，然后将其转移到民事责任领域，并在现代法律框架下表现出来，但在私罪的主观标准的基础上增加了一种客观标准来表现个人过错。三是（民国）《民法典》重新回到了古代法中私罪的传统概念，通过公务员的主观意图和背后思想决定公务员在公务中所犯的过错，但增加了补充责任的规定。该文结论部分还指出了中国法上公务员对行政相对人的民事责任制度存在的问题，并提出了改进建议。作者认为，由于对行政机关责任的限制，公务员的补充责任变成了一种主要责任。中国政府不会给公务员的公务过错偿还赔偿金，不仅有害于公务员，还有害于公务。让公务员承担公务过错的责任会丧失他们工作的积极性，公务也将怠惰。从而提出改进建议：修改《行政诉讼法》，扩大行政机关的责任范围。（民国）《民法典》中有关公务员民事责任的规定很好，符合现代法的发展趋势，也是我国古代法律学家的一种真正的法律遗产。在（民国）《民法典》废除之后，有可能以法律基本原则的形式继续存在下去。[1]

篇幅较多的法史学论文的中心论点的提炼和论证是不能一蹴而就的，要在每章每节内容分析考察的基础之上，逐步归纳，综合论证，全文的中心论点才会渐次鲜明，达到完善。最后形成的中心论点，最好是能用一句完整的话概括出来，成为一个贯穿全文的论点。这一中心论点如果经过同行专家的质疑辩难而认可，并经受住时间的检验，就为学科的发展提供了新的概念和命题，作出了前人所无的贡献。凝聚法史学论文主题的中心论点，是该论文选题经过艰苦研究后的成功证明。写作之前定下的选题，只是一个没有经过详细考察和综合论证的命题或假说。写作之中或写作结语时提炼出来的中心论点，或称之为本文的结论，才是经过考察论证得到的具有独创性的新观点。社会科学论文提炼得到的结论，虽然不能像自然科学论文的结论一样，能通过实验反复证明，但应经得起同行专家考察相关史料和方法的质疑或认可。我在1988年撰写的博士学位论文《清代民族立法研究》，在这方面提供了可资参考的范例。该文在分别论述清代对蒙古地区、青藏地区、回疆地区、苗疆地区各民族立法的基础之上，最后得出结论：清代民

---

[1] 王名扬：“中国法上公务员对行政相对人的民事责任”，载《王名扬全集4：论文、词条汇编》，北京大学出版社2016年版，第189页。

族立法"不但具有因族制宜的特殊性,而且具有发展趋势上的共同性:不断向内地化的方向发展。"[1]

(本文由法大法律史专业 2017、2018 级博士生《法史学方法》交流提纲增补而成)

---

[1] 刘广安:《清代民族立法研究》,中国政法大学出版社 2015 年版,第 163 页。

附录 4
中国传统刑法的发展线索及主要特点[1]

讲座时间：2019 年 5 月 14 日下午
讲座地点：法大科研楼 A820

主持人（顾元老师）：今天刘老师给我们做报告，是应学院要求。学院要求每位专职教授要做报告，交流近期研究心得和成果。这一期是第 16 期第 2 轮。刘老师今天报告的题目是《中国传统刑法的发展线索及主要特点》。这个题目刘老师准备得特别充分，题目和内容改了好几回。接下来，我们有请刘老师给我们做讲座。（掌声）

刘老师：打了两份提纲，《基地项目研究汇报——传统刑法研究的进展情况》。我当时是想把这个项目的研究进展，和以前完成的情况综合起来汇报一下，就比较轻松一点。所以我把这个项目中我写的这一部分，即发展线索的 6 章的小结，打印了出来。打印之后觉得作为讲座，重点不太突出，所以 5 月 2 日又把题目调整了一下，集中讲《传统刑法的发展线索及主要特点》。在我的微信圈里也可以看到，题目改了几次。因为传统刑法的研究很多，老题目要想写出新意，有点费劲。我现在就按照《中国传统刑法的发展线索及主要特点》的提纲来跟大家交流。每一条线索，选择 2~3 个特点来交流。有的特点很重要，但是研究的人很多，我也没有什么新意，就点到为止；有的我做简略的说明。刑法解释这部分，我近期关注得多一点，所以交流的时间主要用在刑法解释线索这部分。

第一条线索，传统刑法思想发展线索的主要特点。我提炼了两个贯穿始终的特点：一个是德刑关系的认识贯穿始终，一个是罪刑关系的认识贯穿始终。德刑关系这条线索，这些年写的人太多了，我没有新的补充意见，只是把它提出来，作为一个重要的线索。今天不在这条线索上多说什么问题。第二条线索，罪刑关

---

[1] 申巍博士根据讲座录音整理，已经讲者审定。

系的认识线索,不仅贯穿传统刑法认识的始终,一直影响到现代。这条线索我选了几个重要的观点来谈我的认识,一个是商鞅提出的"轻罪重刑"的主张,是一个罪刑关系影响很大的观点。这个观点,韩非和李斯后来都作了进一步的解释和论证,并投入到实践当中。我在《中国法律思想简史》那本书里对这个线索用了比较多的字数来写。在秦朝灭亡之后,公开提"轻罪重刑"思想的,没有见到直接的主张。朱熹主张"严刑峻法",朱元璋主张"重典治国",都是作为"明刑弼教"来强调立法从严、执法从严。但我们看到,到清末沈家本修律的时候,他的《删除律例内重法折》和《历代刑法考》里涉及的重刑制度、重刑评论,看到这么一个现象,在主导思想上没有人再主张"轻罪重刑",但实际上在法制实践中,存在着刑重罪轻的传统。《删除律例内重法折》里面的酷刑,比一般的刑罚要重。还有就是涉及文字狱,罪名和比附的刑罚是偏重的。这可能就是史学界所说的中国古代法制史上的"外儒内法"。"外儒内法"这个标题,是当初申请课题时院里加上去的,可能在这方面反映的就是"外儒内法"。"外儒内法"这个抽象概括性的说法,不知道是哪一个史学者最初提炼出这么一个观点的。是不是写志书的史学者提炼出来这一个观点,后来的法制史论著里就一直这么用。"外儒内法"这个问题,涉及申请这一项目的标题用了这个词,我作说明,就是在"轻罪重刑"已经不是主导思想之后,实际上还存在着重刑传统。

"外儒内法"不能解释法律思想的其他重要观点,我特别举出荀子提出的"罪刑相称"的主张。荀子对"轻罪重刑"这一观点没有在著作中公开批判,但实际上否定了这一主张。他提出"罪刑相称"这个主张,从正面反面进行了系统论证。罪刑相称对治国有什么好处,罪刑不相称对治国有什么坏处。在他系统论证之后,"罪刑相称"这一法律主张为后世正统思想基本继承。这一主张与清末从大陆法系引进的相关主张可以衔接起来,已经是一个正面价值的主张。同时,传统刑法发展过程中并列存在着一个"同罪异罚"的主张。"同罪异罚"不只是思想主张,同时也转化为大家熟悉的制度,服制制度、"八议"制度就是这种思想的体现。"同罪异罚"与"罪刑相称"是冲突的,它不是法家的主张,是儒家的主张。所以用"外儒内法"这样一个概括性的用语来表达,来说明中国传统刑法的特点有局限性。只能说明某一时段某一方面是"外儒内法"。另外一方面,就可能超出了这个用语的范围。这是我谈这两条线索的时候,提出的问题。

第二条线索,传统法律体系发展线索的主要特点,我总结了三个特点。第一个是以律典为中心,其他形式为补充。这里遇到的问题是,编志书的作者认为宋朝是"以敕破律"、清朝是"以例代律"。那么这个"以敕破律""以例代律"的观点,是不是把传统刑法以律典为中心的地位动摇了呢？我看值得重新审定这两个观点的涵义和范围。"以敕破律""以例代律"只是少数情况,不是废弃或者代替了律典本身。我注意到有的学者已经写了文章,多数敕、例主要还是补充律文,不是代替和废弃律文。但是敕、例那么多,附在律文后面,我们还须要对它们系统考察。《宋刑统》后面附的敕基本上是起补充作用的,还有变通作用的。《大清律例》律文后面附的例,还是以补充和变通的作用为主。所以,我还是提炼为以律典为中心,其他形式为补充。

第二个刑法体系线索的特点是以四项协调原则为标志。这四项原则,我在2017年4月份的讲座中讲法律体系与法律变通,有过专门说明。"本条别有制""断罪无正条""断罪引律令格式正文""断罪引新颁律"。这个是从律典内部确立的法律体系协调原则。因为已经谈过,就不再多说了。再补充了一个:"指导性规范与禁止性规范相配合"。增加这个特点,也是根据我写《令在中国古代的作用》的时候,看到在中国的历史上,令规定的主要是指导性规范,现在留下来的《唐令拾遗》中的令的后面部分是没有罚则的,它的罚则是律典规定的禁止性规范。违反《职员令》的行为,就到《职制律》里面适用罚则。违反《狱官令》的行为,就到《断狱律》里面适用罚则。律典中还规定有"违令罪"。从律和令这个关系,我做出这个提炼：令主要是指导性规范,律是禁止性规范。到了清代,令转化为则例这样一种形式,一般则例规定指导性规范,处分则例和律典规定禁止性规范。《吏部则例》《户部则例》规定应该做什么,指导做什么,违反之后,专门有《处分则例》,罚则是在那个部分里。如果在处分则例里没有规定的,就到《大清律例》里面去适用。这个在我前面指导的博士生沈成宝写的《清代则例适用研究》时,他对这个问题做了比较清楚的考证。这是我对传统刑法体系线索提炼的三个特点,作一个简略的说明。

第三条线索,传统刑法解释发展线索的主要特点。近期对这方面重要的论文,我看得比较细致一些。我提炼了两个特点,一个是以实用解释为主,一个是以官方解释为主。以实用解释为主,我在后面的注释里加了"以术为主"的表达。这个是看了法学家王利明写的《法律解释学》,他在书中用了传统的"术"和"道"的概念,认为如果存在"道"与"术"的区分,法律解释学主要是一门关于"术"的学问。[1]现代法学者引用古代概念的人比较少,这就引起了我的注意。我也就用了他引用的"术"的概念来说明实用解释。但在他的书里,"术"的实用技术讲得多,"术"背后的"道"没有讲多少。我用"术"和"道"的概念,引进来看中国传统的刑法解释,"引经解律"在唐律《名例律》这一部分里,不是解释具体实用的方法,而是解释刑法的精神、刑法的作用的。"经义"这种解释就是"道",能不能说"引经解律"就是"术""道"并重?仔细看了引的经义,最后还是为了定罪量刑这个目的服务。所以我提炼的是:"术"后有"道","术"是以"道"为支撑的。如果没有"道"做支撑,"术"的作用就很有限。另外两种解释方式"引令解律"和"引案解律",在《唐律疏议》中数量较多一些。这两种解释方式在秦朝的《法律答问》中就有一些,但背后不是儒家的经义作为"道"。如果要寻找背后的"道",秦《法律答问》背后的道就是法家主张的法治原则。对法家的法治原则的认识,我认为它的最高原则就是"国家本位"。我现在用"国家本位"来说法家的法治原则。我写《中国法律思想简史》时,参考了政治学者的观点,认为"君主本位"的主要线索贯穿始终。因为君主是国家的象征,我在新的修改中就直接说成"国家本位"。在"国家本位"这个"道"的基础之上,儒家和法家达成了共识:君权至上,国家本位。素来说的唐律是"家族本位",我想这是从社会基础这方面来说的。如果是从政治思想这方面说,是以"国家本位"思想为支柱的。这是对以"术"为主、"术""道"关系在传统刑法中的体现,传统名词运用的一点认识。

从解释的方式上来说,现在学界究竟有多少种解释的方式,我没有看很多。我看到何勤华教授在《中国法学史》中总结的唐朝的解释方式,是按照现代的解释方式去分析的,就是按照限制解释、扩张解释、类推解释等方式说明的。[2]我这里是按照传统的"引案解律""引令解律""引经解律"的方式解释的。用传统方式更容易接近《唐律疏议》的特点,做了这么一点区别,这个是在解释方式上面谈的一点认识。

解释的内容主要是两方面:一是专用名词的解释,一是适用术语的解释。专用名词的解释,何勤华教授对专有名词是分成了七类。我不明白他是以一个什么标准、什么逻辑层次分成七类的。我念一下,大家会听出来。他说第一类是表示

---

[1] 王利明:《法律解释学》,中国人民大学出版社2011年版,第8页。
[2] 何勤华:《中国法学史》(第一卷·修订本),法律出版社2006年版,第435~450页。

特定场所的用语；第二类是表示特定物品的用语；第三类是表示特定身份的用语；第四类是表示各种不同犯罪行为的用语；第五类是表示专门制度和法律原则的用语；第六类是表示行使政府职权事关定罪量刑方面的用语；第七类是表示司法实际部门定罪量刑标准方面的用语。我看这是在一个什么逻辑层面上，还是考虑了几个混合性的标准？我感觉他是采用了混合性的标准，因为很难在一个逻辑层面上分出这七类。尤其是第五类，专门制度和法律原则的用语。唐律里面的整个名词，基本都可以说是专门制度和法律原则。这种概括性的分类，虽然出于名家的著作，但是在分类上提炼不够。如果单看分类的标题，就不知道有些类别之间的区别。我想，如果我们做专用名词的分类，应该是在分类的标题上，马上就能看出下面的具体内容的区别。我写刑法这部分解释，就按照罪名是怎么解释的，刑名是怎么解释的，定罪量刑原则是怎么解释的，还有其他的一般的文献解释，就归于"其他解释"。这样，至少是在刑法这一个层面上的分类，我们看到罪名，就知道唐律的罪名是这样一条线索，刑名是这样一条线索，定罪量刑原则是这样一条线索，在分类的逻辑层面上是统一的。这是一点区别。

下面要说的比较多的是刑法的适用术语。刑法适用术语，我主要是细看了陈锐教授写的这篇文章《"例分八字"考释》。他在我们这儿开会讲过，后来发在《政法论坛》上，有3万5千多字，下了很大的功夫，写得非常系统深入。他说："例分八字"的考察研究，法史学界还没有系统的深入的文章。我注意到何勤华教授的《中国法学史》三卷本，重点是对律学著作的概述评论，对法制人物的概述评论，刑法的适用术语"以、准、皆、各、其、及、即、若"，这个被明清律学家称作"律母"，视之为读律的基本方法的"例分八字"，他没有像专有名词那样进行分类解释。他介绍明清律学家的著作，介绍王肯堂、王明德的著作，把王肯堂、王明德对"例分八字"的认识都转述了，最后有一个简单的评语，没有细致的分析考察。在我看来，写法学史的重心要放在法律解释方面。这是整个法学史的核心，要写得多，分析多。但是他的《中国法学史》只是引述简评了"例分八字"，没有进一步深入分析。这个分析工作是陈锐教授完成的。我参加张先生主持的《中国法制通史》的项目，明朝卷那部分的立法概况是我写的，其中"立法解释"部分，只是把《大明律》里的"例分八字"的解释全文都引入书中，有简单的沿革评论，没有展开分析。这就说明我们对"例分八字"的问题还没有深入的认识。陈锐的文章，把唐朝着重解释了哪些术语，宋元明清时期的"例分八字"的解释线索，第一次系统地深入地考证清楚了。他认为：清代律学家王明德是研究"例分八字"的集大成的学者。他总结王明德研究"例分八字"的贡献：第一，王明德研究的全都是作为法律用语的八字，而没有涉及一般用语。因为前面的律学家，宋朝、元朝解释"以、准、皆、各、其、及、即、若"，有时当作一般用语解释，没有完全从法学角度去解释。他把一般用语的解释排除了，完全是解释法律用语，所以成了法律规范的词。第二，王明德对法律中"例分八字"的运用情形进行了更为全面而详细的考察。第三，修正了前人一些不准确的说法，使得八字的解释更为正确。第四，王明德还对"例分八字"在法律中的作用及八字之间的相互关系进行了论述。陈锐对王明德总结的最后一段话的分析，有值得商榷的地方。王明德说："八字者，五刑之权衡，非五刑之正律也。""正律为体，八字为用。"意思是："八字"是适用五刑量刑轻重的一种方法，不是刑罚和罪名本身。规定刑罚和罪名的律文是主体，规定"八字"的律文是方法。王文中的"正律"是指罪名和刑罚，"八字"是指适用方法。"体、用"关系的理解没有错。陈锐认为：王明德"正律为体，八字为用"的说法不合理，理解错了。因为这八字本身就是正律，正律里提取出八个字来，只是为了突出这八个字的重要性，它们本来就处于正律之中，而非正律之外。准确的说法应当是：正律与八字的关系是内容与形式的关系，不是体、用的关系。陈锐的这种解释，是这篇文章里值得商榷的地方。

  以前律学家谈这八个字，包括《大明律》里面的八个字，都是从适用的角度谈，从立法方面谈得少。王明德认为：八字是"前贤制律明义之大旨也"。八字不单是量刑适用的基本方法，同时也有制定法律明确律义的重要意义。但是关于制定法律，立法方面的意义没有展开说。陈锐这篇文章贡献最大的就是把这八个字的立法意义进行了全面分析。他把"以、准"作一组，"皆、各"作一组，"其、及"作一组，"即、若"作一组，逐一进行具体分析。他的分析不仅是史料解释贡献的意义，而且是理论意义贡献更大。大家注意一下他的结论部分。他认为："以、准"是建立了行为模式，"皆、各"是建立了结果模式。他通过前面这四个字提炼出了立法的行为模式和结果模式。后面的四个字，"其、及、即、若"是起连接作用的，他认为"若"的作用更多一些。他着重强调前面四个字的立法意义：建立行为模式和结果模式。这是前人没有说过的，完全是从法律建构意义上面来认识的。陈锐也是把这个作为主要贡献，所以他说："从现在的立法方法看，例分八字的主要作用是建构法律类型，从而使得法律体系化。"这样，他就把古代法律体系建构和现代法律体系建构的方法完全连接起来，一点也不觉得牵强附会。他还统计了现代法律里应用的这八个字，认为如果超过了这八个字，就会多余；如果少于这八个字就显得不够。所以现在立法重要条文建构的模式，他认为还是在"以、准、皆、各"这四个字的意义上建构的。这种立法模式的认识，是陈锐这篇文章在理论上的最大贡献。其他前面的律学家都没有注意过，出了那么多的律学著作，都没有提到这种立法模式上来认识。

我查了蒲老师写的《中国法制史大辞典》，他对"例分八字"解释得很详细。他后面注明，是参考了西南政法大学高绍先教授写的《中国刑法史精要》。那这八个字的现代刑法释义，是参考了高教授的解释方式。因为我没有高教授的那本书，没有对照看。蒲老师把这八个字的含义更加简化了，更加通俗地进行了解释："以"主要是依照、按照。"准"是比照。"皆"就是一律。"各"就是分别。"其"是如果。"及"是以及。"即"是即是。"若"可以说是或。现代解释更通俗，但蒲老师也发现这种更通俗的解释可能只是和传统法律的一部分内容相衔接，传统律学里面的"例分八字"的意思要比现代丰富得多。其他的用法，可能我们现代这样简化的解释还不能包含。

八字适用术语的解释，在戴炎辉的《唐律通论》中，没有把这八个字专门抽出来集中解释，他只是放在法条后面，结合到法条里面解释。陈锐考证，这是因为在唐朝，只是对"以、准、皆"这三个字专门做了解释，后面五个字没有明确解释。当时的律学家对后面五个字在法律里面的明确涵义的解释还没有到位，后面的宋元律学家才解释到位，到清朝的时候才做出更全面的解释。立法意义的解释，是到陈锐这里才做出了充分的解释。刑法解释的线索，我主要是谈陈锐对适用术语的解释，我看了他的文章得到的收获。

另外，我参加张先生主编的《中国法制通史》的写作，对传统刑法解释也总结了一段话。因为当时是1998年，还没有多少律学成果可以参考，主要是针对《大明律》的解释发表了看法：《大明律》立法者的解释非常简略，除在个别律文后加小注，做简要解释外，没有像唐宋时期那样在律文后做详细的解释。由于《大明律》的律文比唐律简核，加之立法解释过于简略，明太祖又有后世子孙不得稍议更改律文的遗训，所以明太祖之后的君臣，不得不以制定各种条例的方式来补充律文的不足。条例除单行者外，有的附于律文之后或列于律文之旁，从而逐步形成了以例辅律的刑法解释模式。（引令解律的模式到明清时期，主要是以条例附在律文后面，即所谓："律为正文，例为附注。"）从洪武三十年《大明律》中的解释和后来的《大明律附例注解》等书来看，明朝的刑法解释具有以下两个显著特点：第一，从律文字面含义进行严格解释，极少做推理和评论方面的引申解释。(《唐律疏议》有引经解律的注释，《大明律》删去了引经解律的注释。当时注意了解释律文的方式，但对"例分八字"没有进行分析。后面的引文不再念了。)

第二，明律制定者着重解释法律适用方面的具体问题，极少进行历史沿革或立法目的方面的解释。(引文不念了。)[1]《唐律疏议》里的经义解释、历史解释在《大明律》中都省略了。清律继承了明朝这种简约的解释特点，但清律主要是引条例附在律文后面起解释作用，这是在明朝基础上又有继承发展。清朝引条例解释，引的条例很多，我没有看全。让后面的博士生来看，例文解释，哪些是补充，哪些是变通，希望他们能系统考察。我只是选择几个条文看，初步得出了这个结论：《大清律例》补充解释的条例很多，涉及律文没有具体规定的各种案情，如律典第十八条"犯罪存留养亲"的律文，规定了存留养亲的基本原则，后面附列了16个条例，分别规定存留养亲的各种具体情况。这个主要是补充，不是"以例代律"。《清史稿》作者说的"以例代律"，是另外的条例，不是律典中附在律文后面的条例。变通解释律文的条例，有的与补充解释的条例合在一起规定，有的作出特别指明的规定。如律典第34条"化外人有犯"的律文，规定了化外人犯罪处罚的基本原则，后面附的4个条例，分别规定了蒙古地方案件变通处罚的具体情况。

传统法律的变通适用，在2017年我的那个讲座《传统法律体系与法律变通》，看到这个方向有广阔开拓的领域。但我自己没有力量来开拓了，我希望学生在变通适用上写出更加厚重的著作。所以现在招的博士生，就是希望他们在变通适用方面，作出既有整体认识，又有重点考察的研究成果。清代刑法的生成方式："因案生例"，孙斌博士已写了近20万字的《"因案生例"考》，已经选到这个项目里。变通适用的论文，让今天来的两位博士生正在撰写。以实用解释为主的特点，今天重点就是谈这个。

第二个特点是以官方解释为主。修律官员、司法官员的解释具有法律效力，占主导地位。私家解释的法律效力，认识空白多。汉朝的私家解律著作留下的文献少，是否有君主认可的私家解释，未看到有力的论说。到魏晋的时候，君主认可的张斐、杜预的解释，是高级司法官的解释，不是一般学者的解释。到明清

---

[1] 张晋藩主编：《中国法制通史》明卷，法律出版社1999年版，第27~31页。

时，私家注律的很多了。来交流之前，我看了杨一凡老师主编的论文集[1]，其中对私家注律的研究，有学者作出初步结论：在明清时候，没有见到君主认可私家解释具有法律效力的材料。但在司法实践中，地方州县官有用沈之奇的《大清律集注》作依据的。引用的集注因为没有君主的认可，有的案件报到刑部被刑部驳回，有的也没有被驳回。实践中不是每个私家注律，都有法律效力。看到的只有沈之奇的《大清律集注》在司法实践中有引用，但这种引用，比起比附典型案例的案件还是少。看了有关论文，我还是以官方解释为主，官方解释具有法律效力，占主导地位。私家解释作品很多，主要是供学习法律、宣传法律之用。

第四条线索，传统刑法原则发展线索的特点。我主要提了两点，一是以总则为基础的法典编纂传统，从《具例》到《名例律》的编纂体例的继承和变化。一般书上写得都很清楚，我只是把它当作一个重点提出来。第二就是以量刑原则为主要原则，我前面提到的在法律体系协调方面的四大协原则：本条别有制、断罪无正条、断罪引律令、断罪引新颁律。那是协调体系的重要原则，在量刑上，这些协调原则还是为故意、过失、公罪、私罪等原则服务的。从这个角度说量刑原则是主要原则。

第五条线索，传统刑罚制度发展线索的主要特点。第一个特点是以教化为目的。这个在我以前写的论文里，已经多次论述过了。《传统法典作用的再探讨》，《令在中国古代的作用》，律典、令典、会典的文章里都强调了教化的作用。"明刑弼教""刑期无刑""先教后罚"的刑罚指导思想，明清时候的普法教育，我在《中国法律传统的再认识》中，总结了六个方面的特点，就把教化这个传统作为一个重要特点做了总结。教化方面的认识说得已经很多，我想补充说的是，近期看了黄源盛老师送给我的一本书《晚清民国刑法春秋》，其中有一部分写传统刑罚的特点，他强调报应刑论和赎罪刑论这两方面最重要，后面才讲的教化，这个与我的认识有所不同。因为报应刑在中国历史上是在复仇时代和佛教传入之后有影响，还有赎罪刑，我认为中国传统没有赎罪这个观念，不是赎罪，是赎刑，是刑罚可以用钱财赎免。赎罪是基督教观念的影响，报应是佛教观念的影响。这两种都是在教化优先之后的特点，我是这样看的。这是学术认识上的不同，选择的不同吧。

---

[1] 杨一凡、[日]寺田浩明主编：《日本学者中国法制史论著选》明清卷，中华书局2016年版，第237~256页。

第二是变通适用的较多。变通适用，我主要说了这样几种情况：因族制宜、因俗制宜、因情变通、因人变通。以前在写民族立法的时候，就接触到这些材料。前面我指导的博士生王虹懿，写《清朝法律在彝族地区的适用》，就是因族制宜、因俗制宜，她在这方面对变通进行了考察，提供了新的材料和观点。后面的因情变通，主要是亲情变通，服制定罪这一条线索，研究的论文很多了。因人变通，主要是因官员的身份变通。除"八议"中的官员外，其他没有享受八议的官员，他们在适用刑罚上要变通。我看到王名扬先生的博士学位论文，他写唐律、清律的规定中，官员的刑事责任怎样转化为民事责任，怎样转化为行政责任。他完全是用现代法律语言解释，一点也不感到牵强附会。他引用了官员犯罪的适用条款，判的是笞杖刑，多转化为罚俸或降职等行政处罚方式。这些都是把刑事处罚转化成了行政处罚，有的转化成了民事处罚，这些变通涉及一般官员。这方面的变通适用还需要详细的考察。还有涉及老幼废疾妇女的变通适用，这方面研究的论文比较多了。这是传统刑罚制度的发展线索，举出这两个特点作交流。

第六条线索，罪名制度发展线索的特点。我写了两点看法：一是主要罪名比较稳定。涉及危害国家政权、家族伦理、命盗重案的罪名是继承多、变化少。这个学界研究得比较多，我不再多说。第二是法外罪名较多，这个法外罪名，还没有见到有人专门对法外罪名应该在什么范围作限定，因为有些就不是按照法律的罪名定罪。传统罪名制度形成和确定于历代律典之后，超出律典范围及相关成文法律规定的罪名，有的是社会急剧变革时期的临时罪名，有的则是专制暴政横行时期的法外罪名。在变革时期，临时罪名有哪些是超出法外的罪名？暴政横行时期的罪名，如腹诽罪，也不是律文本身规定的。主要是思想方面的犯罪，有些罪名没在律文里规定。所以到清朝的思想犯罪，都是比照大逆罪来处理的。但是它本身已经跟大逆罪名不同，沈家本就指出，一个罪重，一个罪轻，是罪刑不相称的，但是也没有说出一个新的罪名。所以我现在觉得有这样几个地方需要考证：比附援引的罪名，究竟援引的有多少罪名，还没有系统的考证。至于援引的罪名，有的是律典里有的，有的是律典里没有的，都需要系统的考证。还有"不应为"这一条，这是轻罪的处罚条文，这方面的轻罪究竟有多少罪名？这可能是不确定性罪名，都值得在这个项目的研究进程中，再进行专门地细致地考察。

（问答部分没有整理）

后 记

1986年,我在上博士生后开始参加法律史项目的写作,至2002年辞去行政职务前,参加的项目主要有以下9种:

1. 《清朝法制史》
2. 《中国法学大辞典》(法律史学卷)
3. 《中华大典》(诉讼法分典副主编)
4. 《中华律令集成》(清卷)
5. 《二十六史大辞典》(刑法志)
6. 《中华监察大典》
7. 《中国法制通史》(明卷、清卷,任明卷副主编)
8. 《中国司法制度史》(副主编)
9. 《走向权利的时代》(副主编)

合编合写的书主要有以下6种:

1. 《法学大辞典》
2. 《中国法学家辞典》
3. 《中国法学之最》
4. 《中国法律思想史》(副主编)
5. 《二十世纪的中国法学》
6. 《中国法制史》(教材)

2002年聘任博士生导师至今,主持的项目有以下6种:

1. 《中国立法史研究》(1997~2002)
2. 《中国古代民族自治研究》(2006)
3. 《中国法制史学的发展》(2007)
4. 《晚清法制改革的规律性探索》(2007~2012)
5. 《中国传统法律体系与社会秩序》(2014~2017)

6.《中国传统刑事法律与社会控制》(2016 至今)

出版文集、教材、专著、合著有以下 7 种:

1.《中华法系的再认识》(法律出版社 2002 年出版)
2.《中国古代法律体系新论》(高等教育出版社 2012 年出版)
3.《中国法律传统的再认识》(中国政法大学出版社 2018 年出版)
4.《中国法律思想简史》(高等教育出版社 2004 年第 1 版,2007 年第 2 版,2011 年第 3 版)
5.《中国法制史》(高等教育出版社 2008 年第 1 版,2014 年第 2 版)
6.《清代民族立法研究》(中国政法大学出版社 1993 年初版,2015 年修订版)
7.《清代法律体系辨析》(与沈成宝合著,中国政法大学出版社 2017 年出版)

自 1996 年至 2005 年,我指导的硕士生有 10 名,硕士学位论文题目如下:

《清末军事立法简论》,罗向京撰。

《藏传佛教对藏区法制的影响》,蒋雪莲撰。

《清代典权制度初步研究》,陈志红撰。

《清代的法律解释》,陈新宇撰。

《金代法律的渊源及其运用》,龙威撰。

《清代发遣制度研究》,刘炳涛撰。

《近代中国立宪的变化》,贾晖撰。

《近代中国民法基本原则简论》,韩冰撰。

《清代的调解制度》,赵连峰撰。

《民国的调解制度》,赵建蕊撰。

自 2002 年秋聘任博导,2003 年开始招生以来,已招博士生 16 届,共 18 名。博士学位论文题目如下:

《清代州县官吏的司法责任》,李凤鸣撰。

《近代中国民法原则研究》,韩冰撰。

《清代民事纠纷的民间调处研究》,胡谦撰。

《清代买卖契约研究》,刘高勇撰。

《清代审判纠错机制研究》,李燕撰。

《清代丧葬法律与习俗》,刘冰雪撰。

《近代中国侵权行为法研究》,王亚敏撰。

《清代西部宗教立法研究》,田庆锋撰。

《宪政编查馆与晚清法制改革》，戴馥鸿撰。
《资政院与晚清法制改革》，杨小莹撰。
《宋代老年人法律保护研究》，石璠撰。
《宋代漕运法制研究》，周春雷撰。
《清代则例适用研究》，沈成宝撰。
《清代因案生例考》，孙斌撰。
《清代法律在彝族地区的适用》，王虹懿撰。
《宋代官吏处罚制度研究》，黄山杉撰。（在研）
《明清刑法教育研究》，陈泉廷撰。（在研）
《清代刑法变通适用研究》，申巍撰。（在研）

其中，李凤鸣学位论文由复旦大学出版社 2007 年出版，田庆锋学位论文由人民出版社 2014 年出版，刘高勇学位论文由中国社会科学出版社 2016 年出版，石璠、刘冰雪、沈成宝学位论文分别被收入台湾"古代历史文化研究辑刊"第十六编第十二册、第十七编第二一册、第十八编第十一册，于 2016 年 9 月、2017 年 3 月、2017 年 9 月出版。其他学位论文也多发表或出版。

指导学生撰写法史学论文的主要方法：一是社会与法律互证；二是思想与制度互证；三是条文与案例互证。

指导学生留下的话语：以学术为生命的寄托。以诚待学，以学为本。学有所本，学有所见。精读要精，泛读要泛。

2019 年 3 月 7 日于京华东斋

声　明　1. 版权所有，侵权必究。
　　　　2. 如有缺页、倒装问题，由出版社负责退换。

图书在版编目（CIP）数据

中国传统刑法：发展线索、生成方式与变通适用/刘广安，孙斌，王虹懿著.—北京：中国政法大学出版社，2019.9
ISBN 978-7-5620-9210-0

Ⅰ.①中… Ⅱ.①刘… ②孙… ③王… Ⅲ.①刑法－研究－中国 Ⅳ.①D924.04

中国版本图书馆CIP数据核字(2019)第198391号

出 版 者	中国政法大学出版社
地　　址	北京市海淀区西土城路25号
邮寄地址	北京100088 信箱8034分箱　邮编100088
网　　址	http://www.cuplpress.com（网络实名：中国政法大学出版社）
电　　话	010-58908285（总编室）58908433（编辑部）58908334(邮购部)
承　　印	固安华明印业有限公司
开　　本	720mm×960mm　1/16
印　　张	28.75
字　　数	500千字
版　　次	2019年9月第1版
印　　次	2019年9月第1次印刷
定　　价	99.00元